"南开史学百年文存"丛书

南开史学百年文存

欧美卷

董瑜 主编

天津出版传媒集团
天津古籍出版社
天津人民出版社

图书在版编目（CIP）数据

南开史学百年文存.欧美卷 / 董瑜主编. -- 天津：
天津古籍出版社 : 天津人民出版社, 2023.9
ISBN 978-7-5528-1380-7

Ⅰ.①南… Ⅱ.①董… Ⅲ.①史学—文集②欧洲—历
史—文集③美洲—历史—文集 Ⅳ.①K0-53

中国国家版本馆CIP数据核字(2023)第155363号

南开史学百年文存·欧美卷

NANKAI SHIXUE BAINIAN WENCUN OUMEI JUAN

出　　版	天津古籍出版社　天津人民出版社	
出版人	张　玮	
地　　址	天津市和平区西康路35号康岳大厦	
邮政编码	300051	
邮购电话	（022）23332469	
电子信箱	reader@tjrmcbs.com	

策划编辑	刘　庆　王　康　沈海涛		
责任编辑	王雅贞		
特约编辑	王向阳		
封面设计	汤　磊		

印　　刷	河北鹏润印刷有限公司	
经　　销	全国新华书店	
开　　本	710毫米×1000毫米　　1/16	
印　　张	39.5	
插　　页	2	
字　　数	647千字	
版次印次	2023年9月第1版　　2023年9月第1次印刷	
定　　价	208.00元	

总　序

　　南开史学诞生于风云激荡的五四运动时期。1919年南开大学创建伊始，即设有历史学一门。从1923年正式创系，2000年改组为学院，至今南开史学走过了漫长而绚烂的峥嵘岁月。百年以来，先贤硕学筚路蓝缕，后继者恢弘开拓，逐渐形成了"中外交融，古今贯通"的学科特色和"惟真惟新，求通致用"的史学传统，从而奠定了南开史学在海内外学术界的重镇地位。

　　20世纪20年代初，应张伯苓校长的邀请，"史界革命"巨擘梁启超欣然来校，主讲"中国历史研究法"，揭橥现代新史学的两大要义，即改造中国史学和重写中国历史。梁氏对于人类文明视野下的中华民族史寄予无穷之期待，并有在南开筹设"东方文化学院"，切实推进文化传统研究的非凡构想。1923年秋，南开大学迁入八里台新址，正式建立历史系，聘请"近代化史观"的先驱蒋廷黻为创系主任，兼文科主任。不久，刘崇鋐、蔡维藩接踵而至。蒋廷黻前后执教六载，系统构建了南开世界史的课程体系。南开文科还有李济、范文澜、汤用彤、萧公权、何廉、刘节、吴其昌、余协中等一批名家执教。

　　1937年7月全国抗战爆发，南开大学与北京大学、清华大学奉命南迁，先组"长沙临时大学"，后移昆明，定名为"西南联合大学"。三校史学系融为一家，弦歌不辍。史界翘楚如北大的姚从吾、毛准、郑天挺、向达、钱穆，清华的刘崇鋐、雷海宗、陈寅恪、噶邦福、王信忠、邵循正、张荫麟，南开的皮名举、蔡维藩，以及联大的吴晗等，春风化雨，哺育一大批后起之秀。民族精魂、现代史学赖以延续和阐扬,功在不朽。

抗战胜利以后,历史系随校重返天津,文学院院长冯文潜代理系务。文学院的规模原本不大,历史系更是小中之小,冯氏苦心擘画历史系的发展事宜。1952年全国院系调整之际,北大历史系主任郑天挺、清华历史系主任雷海宗联袂赴津,转任南开历史系主任和世界史教研室主任。杨志玖、黎国彬、杨生茂、王玉哲、吴廷璆、谢国桢、辜燮高、杨翼骧、魏宏运、来新夏等卓越史家,云集景从,历史系获得突破性发展,成为名家云集的一流重镇,一时有"小西南联大"的戏称。

20世纪五六十年代,历史系除设有中国古代史、中国近现代史和世界史三个教研室外,又经教育部批准,陆续成立明清史、美国史、日本史和拉丁美洲史四个研究室,基本确立了布局合理、学术特色鲜明的学科结构。改革开放以后,南开史学更是焕发了勃勃生机。依托历史系学科及人才的优势,南开大学先后成立历史研究所(1979年)、古籍整理研究所(1983年)、日本研究中心(1988年)和拉丁美洲研究中心(1993年),在国内高校中率先创建博物馆学专业(1980年)。在1988年公布的国家重点学科名单中,中国古代史、中国近现代史和地区国别史三个二级学科全部入选。

2000年10月,历史系、历史研究所、古籍整理研究所和拉丁美洲研究中心合并组建历史学院,南开史学步入任重致远的发展新阶段。2007年,历史学入选国家一级重点学科,拥有中国史、世界史、考古学三个一级学科博士及硕士学位的授予权及博士后流动站。日本研究中心于2012年经教育部批准成为国别和区域研究基地,美国研究中心、拉丁美洲研究中心和希腊研究中心相继成为教育部国别和区域研究备案中心,同时设有中外文明交叉科学中心、科学技术史研究中心、生态文明研究院、古籍与文化研究所、美国历史与文化研究中心等科研机构。2017、2021年,世界史学科两次入选教育部一流学科建设名单,历史学院编制通过了以世界史为龙头、中国史和考古学为支撑及协同的历史学一流学科建设规划。

从梁启超、蒋廷黻、郑天挺和雷海宗开始,南开史学历经孕育(1919—1923

年）、创业（1923—1952年）、开拓（1952—1978年）、发展（1978—2000年）和持续深化（2000年迄今）五个发展阶段。每一代的南开学人坚持与时代同行，和衷共济，在中国史、世界史、考古文博的学科体系、知识体系和理论体系方面踔厉风发，取得一系列卓越的学术创获。正所谓："百年风雅未销歇，犹有胜流播佳咏。"试举其荦荦大端者，分列三项，略述于下。

第一，立足学术传统，彰显史学重镇之本色。南开的中国古代史研究积淀深厚，成就斐然。20世纪60年代，郑天挺参与全国高等学校文科教材编选计划，主编《中国史学名著选》《中国通史参考资料》，成为全国历史学子的必读著作。郑天挺、杨志玖等主编的《中国历史大辞典》和刘泽华等撰写的《中国古代史》，被视为20世纪末学界标志性的学术成果。在郑天挺、杨志玖、王玉哲、刘泽华、冯尔康、郑克晟、南炳文、白新良、朱凤瀚、张国刚、李治安、杜家骥、刘晓、陈絜、张荣强、夏炎和马晓林等几代学人的努力下，南开古代史研究在多个基础性领域内佳作迭出，长期处于领先地位。譬如，先秦部族、家族、地理考订，汉魏户籍简帛，唐代藩镇，元代军政制度、宗教和马可·波罗，明代政治文化、典籍和佛教，清代幕府、八旗、满蒙联姻和区域经济等。不仅上下贯通，形成若干断代史学术重镇，而且薪火相传、代不乏人。

南开世界古史研究亦是源远流长。雷海宗、辜燮高、黎国彬、周基堃、王敦书和于可等前辈史家开辟荆榛，在古希腊、罗马帝国、拜占庭帝国、基督教史等领域取得丰硕成果。陈志强领衔的拜占庭学团队致力于探寻历史唯物论指导下的拜占庭史宏观理论，其重大成果颇受国际同行之认可。杨巨平首次将亚历山大帝国、希腊化世界与丝绸之路开通综合考察，为"一带一路"的建设提供学理借鉴。

史学史是对人们研究历史的过程及其思维成果的反思，是对一切历史知识的再批判。以杨翼骧、乔治忠、姜胜利和孙卫国为代表的南开学人，不仅系统构建了中国史学史的资料体系，而且突破传统的"名家名著"的研究范式，着眼于探索史学发展的社会机制、古典史学的理论体系和东亚文明视野下的比较史学，极大地拓展了史学史的视野、理念及方法。

第二,把握时代脉搏,求通致用发南开之声。地区国别史是南开传统的优势学科。在美洲史领域,杨生茂、张友伦、梁卓生和洪国起等史学前辈着人先鞭,王晓德、李剑鸣、赵学功、韩琦、付成双和董瑜等接续推进,使其成为国内实力最强的研究团队。日本史在吴廷璆、俞辛焞、杨栋梁、李卓、宋志勇、刘岳兵及王美平的带领下,风起云涌,在国内独树一帜,担当领军者角色。南开大学世界近现代史研究中心依托地区国别史的雄厚底蕴,以"世界现代化进程中的社会转型"为主攻方向,超越西方现代化理论视野,以国际视野、比较视角在政治史、经济史、社会史以及环境史、医疗史等领域,致力于建构新时代中国特色的现代化史理论,成果迭出,反响巨大。

20世纪60年代以来,在著名历史学家魏宏运、来新夏、陈振江和李喜所等带领下,南开在全国高校中较早开展"四史"研究,确立深厚的学术传统和研究特色。来新夏的北洋军阀史、陈振江的义和团等研究,学术影响很大。魏宏运开辟了社会经济史视野下的抗日根据地研究,出版了学界最具影响的抗日根据地资料汇编和抗日根据地史专著。结合"乡村振兴"国家战略,王先明悉心探究20世纪中国乡村的发展历程,《乡路漫漫——20世纪之中国乡村(1901—1949)》被译为英文在国外出版。李金铮提出原创性的"新革命史"理念和方法,江沛倡导近现代交通史的研究,李喜所、元青等的近代留学生史研究,受到海内外学界的高度重视。

南开大学是全国第一家开设博物馆学专业的高校,为我国博物馆事业发展培养了大批人才。博物馆学研究团队在博物馆数字化、文化遗产活化利用、文旅融合等具有战略性、紧迫性、前瞻性的研究方向持续发力,有力提升了中国博物馆与文化遗产领域的国际学术话语权。王玉哲主编的《中国古代物质文化》是国内物质文化史研究领域的第一本专著。朱凤瀚的《古代中国青铜器》是国内青铜器研究的扛鼎之作。刘毅在明代陵寝制度研究方面的成就国内首屈一指,主编马克思主义理论研究和建设工程教材《文物学概论》,彰显南开考古文博在国内学界的影响力。刘尊志和袁胜文等在汉唐宋元考古领域取得了良好的成就。

　　科技史与国家战略密切相关,南开史学顺应国内外学术发展新态势,通过人才引进和学术重组,成立了科技史研究中心,在张柏春的带领下,目前正在加强对工程技术、疾病医疗、生态环境、水利灾害等方面的科技史研究,运用生态学思想理论方法探询众多科技领域之间的广泛联系、相互作用和协同演进关系。

　　第三,聚焦学术前沿,引领历史学科之新潮。社会史是改革开放以来中国史学界最具标志性和学术活力的研究领域。南开史学在冯尔康、常建华的引领下,成为这一领域最重要的首创者和推动者,形成了社会结构与社会生活并重嵌合的学科体系,出版《中国社会结构演变》《中国社会史概论》等著作;提出"从社会生活到日常生活""生活与制度"等学术理念,出版《日常生活的历史学》《追寻生命史》等重要学术成果;在宗族史、家庭史研究方面做出开创性贡献,形成了南开社会史的研究特色。明清以来的华北区域社会经济研究,也是南开社会史的一大重要特色,许檀、王先明、李金铮和张思等人的研究颇具学术影响力。

　　21世纪以来,在南开社会史丰厚的学术土壤中,医疗社会史研究破土而出,成为南开史学颇具亮色的学术增长点。余新忠、丁见民等南开学人,从中外疾病医疗史研究出发,立足中国视角和中国经验,融汇新文化史、知识史等新兴前沿理念和方法,提出"生命史学"之标识性学术理念,在国际学术舞台上发出响亮的南开声音。

　　以刘泽华和张分田等为代表的"王权主义反思学派",立足于中国政治思想史的深刻研究,提出"王权支配社会"等一系列重要的命题和论断,对于把握传统政治文化与政治实践的特点,具有极高的理论创新性。刘泽华所著《中国传统政治思想反思》及主编的三卷本《中国政治思想史》被译成韩文在韩国出版,《中国的王权主义》一书正在西方学者的译介之中。"王权主义反思学派"前后出版专著四十余种,在海内外学术界产生巨大的影响。

　　南开史学是中国环境史研究的主要倡导者和引领者。王利华和付成双领衔的南开中外环境史团队开展多项在全国具有首创性的工作:先后组织举办中国和亚洲规模最大、层次最高的国际学术会议,主持成立第一个全国性环境史研究学术团体——中国环境科学学会环境史专业委员会。2015年,历史学院联合相关学科共同创建南开大学生态文明研究院,开展文理学科交叉的生态文明基础理论研究和教育,由十多位院士、长江学者和权威学者共同开设《生态文明》大型慕课,获得多项国家和部省级建设支持或荣誉,南开环境史在全国产生了广泛的影响力。

南开史学创系百年来,秉持南开"知中国""服务中国"的教育理念,追求"做一流学术,育卓越人才"的教育目标,以培养品德高尚、学识卓越、兼具科学精神和人文情怀的优秀人才为己任。迄今已培养数万名合格人才,桃李遍及海内外。毕业生多数工作在高教、科研、新闻、出版、文化、文物考古及博物馆等部门,成为教育文化领域的著名学者和专家,还有一大批活跃在行政、经济、军事等各类管理部门,成为各个行业的领导和骨干力量。

值此百年重逢的历史节点,历史学院决定编纂一套"南开史学百年文存"丛书,以彰显南开史家群体艰辛扎实的学术探索和丰硕厚重的治史业绩,为这不平凡的世纪光影"立此存照"。凡曾执教于南开历史学科的学者均在网罗之列,择其代表性论文一篇,难免疏漏或选择不当,望读者谅解。本套书总计十卷,包括《先秦至隋唐卷》《宋元明清卷》《中国近代史卷》《中国现代史卷》《专门史卷》《世界上古中古史卷》《亚非拉卷》《欧美卷》《日本卷》《文博考古卷》。

南开史学百年来取得的累累硕果,离不开历代南开学人的辛勤耕耘和学界同人的长期扶持。述往事,思来者。新一代的南开学人将一如既往地秉持南开的"大学之道",弘扬"新史学"的创造精神,胸怀时代发展全局,引领中国史学发展的新潮流,为创立中国自己的学科体系、知识体系和理论体系不懈奋进!

"南开史学百年文存"丛书的编辑工作及其顺利付梓,首先需要向南开史学的先辈致以崇高的敬意。特别要提到的是,确定已故史家的入选论文,得到他们的家人、弟子的热心支持,在此一并表达谢忱。其次,要向惠赐大作的诸位师友致以诚挚的感激。尤其是不少已荣退或调离的教师,对于这一项工作极为关心,慨然提交了自己的精心之作。再次,也要感谢南开大学中外文明交叉科学中心对文存出版的慷慨资助。最后,还要感谢天津人民出版社、天津古籍出版社的各级领导和各位编辑,他们对于文存的编辑和出版等各方面,给予了细致、有力的指导和帮助。

　　因编辑时间短促,编者学术水平的限制,文集中会有疏漏之处,凡此,均由文存编委会负责,恳请各位师友不吝赐正。

编委会

2023年6月

出版说明

1. "南开史学百年文存"包含十卷,即《先秦至隋唐卷》《宋元明清卷》《中国近代史卷》《中国现代史卷》《专门史卷》《世界上古中古史卷》《亚非拉卷》《欧美卷》《日本卷》《文博考古卷》,每卷由各个领域相关教研室的负责人担任主编,所选取的文章为曾全职在南开大学历史学科任教的学者具有代表性的论文。在遴选的过程中,各卷均根据实际情况有所取舍,疏漏和不当之处,敬请广大学人和读者包涵。

2. 每卷文章按照发表时间依次排列。

3. 有些文章因撰写和发表的时间较早,有些引文一时难以核查到准确的出处,无法按照现行规范的方式标注,故这次发表保留了刊发时的原貌。

4. 本文存由南开大学历史学科学术委员会策划并统筹相关学术事宜,委托各个领域相应的教研室负责人联合教研室力量开展具体编纂工作,是历史学科全体同人的集体成果。

5. 在全书编校的过程中,为保持作品原貌,对文章的修改原则上仅限于体例上、错别字的勘误等,不过也有部分作品依据作者意愿,进行了增补,或依据最新出版规范,进行了删改。

编委会

2023年6月

目　录

马汉的海上实力论

冯承柏　李元良

　　马克思指出："对于一种地域性蚕食体制来说,陆地是足够的,对于一种世界性侵略体制来说,水域就成为不可缺少的了。"[①]自从资本主义和殖民主义这对孪生怪物降生以来,海洋一直是大国争霸的重要舞台,特别是进入帝国主义时期以后,为了重新分割世界,烟波浩渺的海洋,更成为他们激烈角逐的战场。今天,苏美两个超级大国,出于争夺世界霸权的需要,对于海洋的争夺正愈演愈烈。尤其是苏联,近年来疯狂地扩充海上力量,处心积虑地夺取战略要地,千方百计地谋求海上霸权,致使世界各大海洋浊浪翻滚,硝烟弥漫。

　　在这场争夺海洋的激烈斗争中,不仅美国再次抬出了他们的"现代海军之父"——"海上实力论"的炮制者艾尔弗雷德·马汉这块招牌,为他们撑腰打气,苏联也请出了马汉的亡灵,作为海上扩张的思想武器。美国海军研究所强调,在美西战争以来的历次重大战争中,美国海军之所以能够取胜,都应该"归功于马汉和马汉的著作"。[②]美国前总统肯尼迪则认为马汉的学说在空间取得重大进展的时代,仍然有效。[③]苏联海军头目戈尔什科夫更是连篇累牍地发表论文和专著,极力宣扬海洋霸权主义。尽管他遮遮掩掩,但所贩卖的却完全和马汉是一路货色。就连一位日本学者读了戈尔什科夫的论文后也说戈尔什科夫没有直接援引马汉的词句,"然而一仔细阅读"就可以发现,"显然"是把英文写的海上实力论改写为俄文。[④]这就难怪一位美国海军将领索性称戈尔什科夫为"20世纪俄国的马汉"[⑤]了。

---

　　①《十八世纪外交史内幕》第6章。转引自《历史研究》1978年第1期。

　　②美国海军研究所出版物介绍(1977年)。

　　③约·肯尼迪:《在〈基蒂霍克号〉航空母舰上的演说》,《总统咨文,公文集,约翰·肯尼迪,1963年》,华盛顿,1964年,第445页。

　　④曾村保信:《戈尔什科夫和苏联海军的发展》,《自由世界》1973年1月号。

　　⑤美海军将领埃利莫·朱姆沃尔特为《红星在海上升起》(美国海洋研究所出版社,1974年)一书所写的结束语,见该书第138页。

一

"海上实力论"的始作俑者艾尔弗雷德·塞耶·马汉,1840年出生于美国的一个爱尔兰移民家庭。1859年,毕业于美国最高海军学府安那波利斯海军学院。其后长期在美国海军中任职。内战后,随着美国海军侵略活动范围的逐渐扩大。他先后率舰遍历了拉丁美洲、亚洲和非洲。当时,英国的海军正处于鼎盛时期,殖民地遍于全世界。他对大英帝国的"赫赫声威"佩服得五体投地,对英国主宰世界的霸主地位羡慕得馋涎欲滴。对英国殖民事业和海上霸权的崇拜,是马汉把英国称霸海洋的历史作为研究课题的一个重要动因。

1884年,为了适应对外扩张的需要,美国海军部决定设立海战学院。马汉应首任院长斯蒂芬·卢斯的邀请,于1885年以海军上校军衔出任该院讲师,讲授海军史和海军战略。

在广泛研究西欧各国的政治史和军事史,探索大国消长规律的过程中,马汉发现"控制海洋是一个从未得到系统了解和说明的历史因素",[①]因此,决心把"过去两个世纪的一般历史和海军史放在一起进行研究",[②]以揭示二者之间的相互关系。

在资产阶级的强权政治和实力政策思想指导下,马汉于1886年用了四个月的时间写成了海战史讲稿,又经过四年的讲授、修改和补充,于1890年5月,以《海上实力对历史的影响,1660—1783年》为题公开出版,从而正式提出了被垄断资产阶级奉为经典的"海上实力论"。1892年又发表了《海上实力对法国革命和帝国的影响,1793—1812年》。五年后《纳尔逊生平—英国海上实力的化身》问世。这三部书被时人合称为"海上实力论"的三部曲。此外,马汉还写了大量的关于海军战略和国际时事的文章和著作,直到1914年12月病死之前,他还在钢铁大王卡内基的资助下,研究美国如何利用海上实力争霸世界的问题。

马汉在他的卷帙浩繁的著作中,用"枯燥的文体,冗长的句子和矫揉造作的语言",[③]对他所谓的"海上实力"及其对历史的影响进行了反复的论证。

马汉把晚期重商主义鼓吹的对外贸易致富论作为他立论的出发点,特别强调发展海外贸易和保持海上交通线的重要性,将"没有贸易,就没有繁荣"奉为至

---

① 马汉:《从帆船到汽船,海军生活的回忆》,伦敦,1907年,第266~267页。
② 马汉:《从帆船到汽船,海军生活的回忆》,伦敦,1907年,第277页。
③ 《美国历史评论》1977年4月号。

高无上的原则,在此基础上进而论证了海上实力的含义和构成海上实力的各项因素。

在资本主义发展史上,鼓吹海洋扩张者不乏其人。资本主义萌芽时期,英国伊丽莎白女王的宠臣,著名海盗沃尔特·雷利就曾叫嚷"谁控制了海洋,谁就控制世界贸易,而谁控制了世界贸易,谁就控制了地球的财富和地球本身"。其后,弗兰西斯·培根和乔治·华盛顿等新兴资产阶级代表人物也都从不同的侧面论述过发展海上实力和控制海洋的重要性。这反映了资产阶级在上升时期扩大海外殖民地,榨取殖民地人民血汗,加速资本原始积累的迫切要求。但是,在马汉之前还没有人对构成海上实力的各种因素做过系统的分析和考查。

"海上实力"一词本来是一个军事术语,主要指的是海上的军事力量,即海军。但马汉却把这个词所包含的内容予以扩大,变成为"包括凭借海洋或通过海洋能够使一个民族成为伟大民族的一切东西"。[①]具体说来,不仅包括海军,而且包括商船队、海外殖民地和军事基地,甚至连国家制度、民族性、生产能力也被纳入了海上实力的范畴,这就赋予了这个军事术语以政治的和经济的内容。这反映了进入帝国主义时期,垄断资产阶级利用它所掌握的国家机器,动员、组织经济和军事力量控制海上交通,加紧对外扩张,夺取殖民地的强烈愿望。所以,有人说马汉的海上实力的概念,"实际上成了"帝国主义的"同义语"。[②]

海军,是马汉海上实力论的主体,在他的著作中,始终占有重要地位。恩格斯曾说过,近代海军是为了"保护刚刚开辟的殖民地以及与殖民地的贸易"[③]而建立起来的。对于这一点,马汉毫不讳言,他说"海军的必要性,就这个字的有限含义而言,来源于和平航运的存在",通俗地讲,就是需要对殖民地贸易的整个航程进行保护,而这种保护"在战争期间必须扩大为武装护航"。他认为海军的这种保护作用,对于国家的经济发展有着重大意义。

马汉还认为,在发生国际争端时,海军是极为重要的力量,它在国际事务中"是一种较为经常地起着威慑作用的因素,而不是起刺激作用的因素"。[④]众所周知,所谓"威慑"只不过是"威胁""恫吓"的代名词罢了。这就不打自招地供认出,在马汉的思想中,海军乃是一种侵略弱小国家、进行军事讹诈的工具。

但是马汉并没有忽略海军的"主要活动领域是战争",而不是平时的海上贸

---

① 马汉:《海上实力对历史的影响,1660—1783 年》,波士顿,1903 年,第 1 页。
② 威廉·利维:《马汉论海上实力》,俄克拉荷马大学出版社,1947 年,第 49 页。
③ 《海军》,《马克思恩格斯全集》(第 14 卷),人民出版社,第 383 页。
④ 马汉:《当前和未来美国在海上实力中的利益》,波士顿,1911 年,第 171~172 页。

易。"在战争中无论防御是多么正确,海军不是直接防御的工具,而是进攻的武器"。①他认为保持一支海军而"不能首先或最后派出进攻敌人,并对敌人在其生命攸关的利益方面予以重创"那就毫无用处。因此他极力鼓吹,为了取得未来的争霸战争的胜利,必须拥有强大的海军。因为有了一支不仅能使"敌方舰队绝迹海上",而且能使中立国的船只也无法为敌方所用的海军,就能够打破敌人的海上封锁,切断敌人的海上交通,摧毁敌方舰队主力,掌握制海权,就能够制敌于死地,取得战争的决定性胜利。

要完成这样的战略任务,马汉认为必须改变过去以建造巡洋舰为主的老信条,建立以主力舰为主体的远洋进攻性海军。他承认,用巡洋舰破坏商业可以给敌人造成损失,但不能给敌人以致命的打击,"只有用武力控制海洋,长期控制贸易的战略中心,这样的打击才会是致命的"。②他举例说,在17世纪中期的英荷战争中,荷兰的失败,不是由于英国对敌人海上贸易的破坏,而是由于克伦威尔强大的主力舰队,打败了荷兰海军,控制了海洋,从而把它的商船困在港内,才使阿姆斯特丹的大街上野草丛生。

按照马汉的"海上实力论",一支强大的海军,还必须有一支庞大的商船队作为辅助力量。因为帝国主义吸吮殖民地人民血汗,主要是通过商船队和海上贸易这条管道输入宗主国的。商船队是联系宗主国和殖民地的纽带,是聚敛财富的手段。同时庞大的商船队不但可以为海军提供必要的供应和补给,而且是海军的直接的后备力量,所以马汉认为商船队是海上实力的重要组成部分,"有了和平的贸易和海运,海军才能自然地、健康地成长,才有牢靠的基础"。③

有了海军为核心,有了商船队为后盾,马汉认为还必须有海外殖民地和海军基地作为支撑点,才可以构成完整的海上实力。

马汉不愧为地缘政治学的思想先驱。他一直强调在争霸斗争中必须控制水域,对水域的控制"主要依赖于占有那些具有决定意义的地点"。正是从这种为美帝国主义夺取战略要地的立场出发,马汉把殖民地说成是发展海上实力的必不可少的因素。在他看来,"殖民地为一个国家支持其在国外的海上实力提供了最可靠的手段"。④为此他打了一个形象的比喻说,"如果没有在国外的殖民地或军事基地,在战争期间,美国的军舰将有如陆地上的鸟,不能远离本国海岸",因

---

① 马汉:《亚洲问题及其对国际政治的影响》,伦敦,1900年,第181页。
② 马汉:《海上实力对历史的影响,1660—1783年》,波士顿,1903年,第539页。
③ 马汉:《海上实力对历史的影响,1660—1783年》,波士顿,1903年,第540页。
④ 马汉:《海上实力对历史的影响,1660—1783年》,波士顿,1903年,第28页。

此,他认为,"为军舰提供停泊场所,使他们能够加煤和修理,是一个旨在发展国家海上力量的政府的首要职责"。①

马汉认为,有了以海军、商船队、殖民地这三大要素组成的海上实力,并采取集中优势力量,在具有决定意义的地区,摧毁敌人舰队主力的作战原则,就能够持久地、牢固地控制全部海上交通线。马汉把这样一种态势称之为制海权。他认为,"正是海军力量这种不懈的、逐日的、静悄悄的压力,在它取得了压倒敌人的制海权的情况下——即对于交通线的持续封锁——使得海上实力成为世界历史上真正具有决定意义的因素"。②

为了给他这一结论寻找根据,马汉在他的代表作中不厌其烦地广泛引用了1660—1815年间欧洲各国争霸的历史材料,特别是详细考察了英荷、英法争霸的多次重大战争。

马克思、恩格斯在分析17世纪中期到18世纪末这一百多年的历史时,清楚地告诉我们,当时英荷、英法之间的战争,乃是强大的工业资本与商业资本之间的战争,是资本主义制度与封建制度之间的战争。因此英国的胜利不是偶然的,而是工业资本对商业资本的胜利,是当时处于先进地位的资本主义制度对腐朽的封建制度的胜利。

马汉当然不会也不可能用这样的观点来考察这段历史和战争,他的资产阶级立场决定了他把有组织的武力看得高于一切,这也就使他必然要信奉唯武器论和推崇黩武主义。因此,他把英国的胜利完全归结为英国拥有强大的海上力量,从而控制了海洋。特别是在谈到英法七年战争(1756—1763年)时,马汉更是以无限崇拜的心情来称颂英国的海上力量。他说英国是"靠本国政府运用它的海上实力这个可怕的武器的优越性"③战胜法国的,并使英国从此成为海上霸主。

马汉不仅把海上实力说成是战争胜负的决定因素,而且把它吹嘘为历史发展的决定性力量。他在谈及19世纪初的拿破仑战争时,认为当时已经横扫欧洲大陆的拿破仑,之所以没能统治世界,完全是由于英国强大的海上力量对法国海岸的严密封锁,从而使拿破仑不仅不能进攻英国本土,而且"切断了"法国的"资源","消耗了它的力量",④致使法国财源枯竭,终于失败。而英国则依靠"海上实

---

① 马汉:《海上实力对历史的影响,1660—1783年》,波士顿,1903年,第83页。
② 查尔斯·泰勒:《海军哲学家马汉将军生平》,伦敦,1920年,第194页。
③ 马汉:《海上实力对历史的影响,1660—1783年》,波士顿,1903年,第328页。
④ 马汉:《海上实力对法国革命和帝国的影响》(第2卷),伦敦,1892年,第382页。

力保持了国家的物质力量和士气"成为"欧洲的工厂"和"货栈",①从而夺得了世界霸权。马汉在总结这段历史时,写下了一段诠释他的"海上实力论"的名言:"这些(英国的——引者)巨舰,经年累月,在法国各地的军械库前,监视守候,沉闷无聊令人厌倦,不见有任何动静。这段时间在很多人看来一定会感到毫无意义,但它却挽救了英国。这充分表现出了海上实力对世界历史的影响作用,给人印象之深,举世迄未得见有过于此者。"②

综上所述,我们可以用马汉自己的两句话来概括他的"海上实力论"的主旨,即海上实力"对于世界历史具有决定性的影响",③"控制海洋,特别是沿着已被国家利益或国家贸易划定的那些主要路线来控制海洋,是国家强盛和繁荣的纯物质因素中的首要因素"。④

二

马汉的"海上实力论"之所以于19世纪末出现在美国而且风行一时,是由当时美国历史发展的特点和垄断资产阶级的需要所决定的。

美国经过四年的国内战争,割除了种植园奴隶制这个寄生的赘瘤之后,资本主义经济得到了迅速发展。在不到30年的时间里,工农业生产便全面地超过了其他资本主义国家,跃居世界首位。随着经济的不断发展,生产的集中和垄断程度越来越高,金融资本与工业资本日益融合,到19世纪末叶,美国已成为由一小撮金融寡头统治的高度发展的托拉斯帝国主义,全国1/10的人口占有9/10的国民财富,三四千个百万富翁高踞于社会的宝塔尖上。

垄断资本的特性就是要掠夺,要扩张,要争夺世界霸权。从19世纪80年代起,美国统治阶级的决策人物便不断叫嚷,国内市场已经容纳不下现有的生产能力和资本,不扩大市场就一定会使商业和制造业停止发展。⑤因此,在国会议事堂中关于变中国和拉丁美洲各国为"我们的印度"的声浪越来越高。⑥从19世纪70年代末期开始,工人运动、农民运动就以不可遏制的力量,像燎原烈火般地在美国蔓延开来。美国资产阶级完全懂得,"人民的不满是无法消除的,必须设法

---

① 马汉:《海上实力对法国革命和帝国的影响》(第2卷),伦敦,1892年,第379~380页。
② 马汉:《海上实力对法国革命和帝国的影响》(第2卷),伦敦,1892年,第118页。
③ 马汉:《亚洲问题及其对国际政治的影响》,伦敦,1900年,第7页。
④ 马汉:《当前和未来美国在海上实力中的利益》,波士顿,1911年,第52页。
⑤ W.A.威廉斯:《美国历史的轮廓》,纽约,1961年,第338页。
⑥ W.A.威廉斯:《美国历史的轮廓》,纽约,1961年,第339页。

把这种对政府的不满转移到别人身上去"。①因此,从19世纪末期起,美国垄断资产阶级一再叫嚷要向外扩张,开辟海外市场,以挽救资本主义危机。一个缅因州的参议员便赤裸裸地叫喊:"我们必须占有(中国的)市场,否则就会发生革命。"②

但是,19世纪末,各主要资本主义国家都已经开始了从自由资本主义向帝国主义的过渡,海外市场和殖民地已经成为这些国家的生命线。老牌的殖民主义国家英国和法国,死死抱住已占有的殖民地不放手,后起的资本主义强国德国和日本正准备在争夺殖民地的斗争中与其他列强一决雌雄,西班牙、葡萄牙虽然腐朽衰败,但百足之虫,死而未僵,不甘心自动退出霸占的地盘。因此,美国这个瓜分世界宴席的迟到者,当它踏上争夺殖民地舞台的时候,地球上没有被占据的土地已经所剩无几,要想取得别人的地盘,就不能不和其他列强发生冲突。

当时的美国,虽然经济力量已遥遥领先,但军事力量则不敷所需,特别是推行海外扩张政策的主要工具——海上力量更嫌不足,军舰不仅数量少,吨位小,而且大多陈旧不堪,与英、法等海上强国相比相差很远。垄断寡头卡内基不无讽刺地说"我们的海军……只适宜于占小便宜"。这样一支海上力量远远不能适应同其他列强争夺世界市场、瓜分殖民地的需要。这就使美国垄断资产阶级的狂妄野心,同它所拥有的军事实力之间发生了尖锐的矛盾。1889年美国与英、德争夺南太平洋重要岛屿萨摩亚。三国军舰麇集阿批亚港,但美国的三艘军舰均系木质帆船,遇到暴风袭击,全部被毁,从而使其独霸萨摩亚的企图无从实现,只好接受三国共管的安排。③1895年,美国现代化海军虽已有所发展,但仍不足以同其他海军强国争锋。所以中日战争后,在三国干涉还辽过程中,美国对我东北虽早怀觊觎之心,但在列强进行干涉的时候,它却突然偃旗息鼓,默不作声了。当法国驻柏林大使向德国外交大臣马沙尔询及此事,马沙尔说:"要知道,他们既无海军,又无陆军。"④正是在争夺殖民地和势力范围斗争中的这种力不从心的状况,使美国统治阶级从19世纪80年代起,发出越来越高的发展海军的呼声。

艾尔弗雷德·马汉正是在美国从自由资本主义向帝国主义过渡,"分割世界和重新分割世界的斗争特别尖锐起来的时代",⑤针对美国经济实力的巨大增长

---

① 列宁:《中国的战争》,《列宁选集》(第1卷),人民出版社,1972年,第216页。
② W.A.威廉斯:《美国外交的悲剧》,纽约,1959年,第30页。
③ 参阅托玛斯·贝利:《美国人民外交史》,纽约,1958年,第424~425页。
④ 1895年4月18日埃尔贝特致安诺多急电,鲍·亚·罗曼诺夫:《日俄战争外交史纲》,莫斯科1955年,第170页。
⑤ 列宁:《帝国主义是资本主义的最高阶段》,《列宁选集》(第2卷),人民出版社,1972年,第842页。

和国内市场瓜分完毕,以及重新分割世界的斗争日益激烈而军事力量却相对薄弱这两对十分突出、十分尖锐的矛盾,适应垄断资产阶级摆脱国内危机,夺取海外市场,牟取高额利润进而称霸世界的需要,而炮制出了他的"海上实力论"的。

马汉的"海上实力论"是以在美国风靡一时的社会达尔文主义作为它的理论基础。这个由英国实证主义哲学家斯宾塞倡导,经费斯克、伯吉斯、斯特朗等人在美国广为传播的社会理论,将社会现象与生物现象混为一谈,认为生存竞争不仅是生物发展的法则,也是社会发展的规律。在社会斗争和国际斗争中弱肉强食,优胜劣败,是合乎规律的现象。这种理论,是适应垄断资产阶级对内实行统治,对外进行侵略扩张的需要而产生的。马汉站在维护资产阶级利益的立场上把它奉为至宝,用以分析和解释美国的社会矛盾。在他看来,国家和人一样,生存和生长是它的首要规律。有机体生长到一定阶段就需要从外界吸取养分,国家生长到一定阶段就需要向外扩张。这就把美国向外侵略和扩张说成是美国经济发展的必然结果,是国家成长的客观规律。

马汉还分析了当时资本主义列强瓜分世界的形势,指出美国对外扩张的主要目标应是亚洲,特别是中国的广大领土。他诬蔑亚洲正处于停滞、静止状态,缺乏更新的能力,是一具失去了生命只能供解剖和食用的尸体,"老鹰群集于尸体之上是自然法则,对此抗议是徒劳的"。[1]唯一的办法就是以武力为后盾去参加争夺。这就必然要与西欧列强,与在远东大肆进行领土扩张,夺取不冻港的俄国发生冲突。而美国与亚洲中间隔着辽阔的太平洋,这就更赋予海军以特殊的重要性。帝国主义的争夺必然要导致战争。马汉一再强调美国的对外扩张一定要和其他资本主义国家发生利益冲突,而这种冲突有如"两条怒狗相遇",最后只能用战争来解决问题。马汉认为在任何战争中,海上力量都是起决定性作用的因素,因此他极力鼓吹为了取得争霸战争的胜利,美国必须建立强大的海上力量。

马汉就是这样从所谓美国生存的规律、对外扩张的要求和争霸战争的需要来论证美国建立强大海上实力的必要性,为美帝国主义制订了一幅依靠海上力量,夺取制海权,重新分割殖民地,争夺世界霸权的蓝图。由此可见,马汉的海上实力论正是当时美国国内外各种矛盾发展的产物,它代表了垄断资产阶级的利益和要求,并从理论上和战略上论证了海上实力在争夺世界霸权中所占的地位和所起的作用。

---

[1] 马汉:《亚洲问题及其对国际政治的影响》,伦敦,1900年,第16页。

三

"理论在一个国家的实现程度,决定于理论满足这个国家的需要的程度。"①马汉的"海上实力论"一出笼,便受到资产阶级首脑人物的狂热欢迎和舆论界的一片喝彩。当时担任文官委员会委员、后来出任第二十六届总统的西奥多·罗斯福在《海上实力对历史的影响》一书出版几天后就写信给马汉,把这本书吹捧为"非常好的书","绝妙的书",是一部"经典著作",②美国海军和陆军当局也先后下令大量订购马汉的著作供在职军官阅读。在这一片颂扬声中,马汉的身价倍增,很快就进入了美帝国主义谋臣策士的行列,成为美国军政界,特别是海军中举足轻重的人物。他不仅两度出任海战学院院长,而且在1898年爆发的第一次重新分割殖民地的帝国主义战争中还被聘为海军作战委员会五名成员之一。1899年马汉作为美国海军代表出席海牙和平会议。1906年晋升为非现役海军少将。西奥多·罗斯福离开白宫前任命他为改组海军部报告起草委员会的两主席之一。不仅如此,在马汉的周围还吸引了一批诸如本杰明·特拉西、亨利·卡波特·洛奇和约翰·海等在美国政治生活中颇具影响的人物。通过他们,通过马汉所依附的共和党,以及他本人连篇累牍发表的大量著作,对美国的对外政策,特别是海军的发展发生了巨大的影响。

在马汉的著作问世前,美国就开始了现代化海军的建设,但仍以建造快速巡洋舰为主,将攻击敌方商船队作为主要作战目的。随着马汉的"海上实力论"的提出,关于建立以战列舰为核心的进攻性舰队的思想逐渐为美国军政界人士所接受。1889年,马汉的密友和崇拜者特拉西出任海军部长,在马汉的直接影响下,他上台不久便提出建造20艘战列舰,60艘快速巡洋舰,这是内战以来最庞大的造舰计划。③他企图组成一支装甲舰舰队,作为进攻力量。第二年,由特拉西任命的6名海军军官组成的专门研究海军发展的海军政策委员会,又提出了建造各类现代化军舰200艘的更加庞大的海军长远发展计划,以迎接"巨大的正在增长着的海运贸易的激烈竞争"。④这个野心勃勃的海军长远发展计划,虽因过于庞大,美国财力不胜负担,以及广大人民的抗议而未能实现,但1890年国会通过的"海军法"仍然贯穿着该计划为争霸世界而建设一支能够控制公海的远洋进攻

① 马克思:《〈黑格尔法哲学批判〉导言》,《马克思恩格斯选集》(第1卷),人民出版社,1972年,第10页。
② 埃尔廷·莫里森编:《西奥多·罗斯福书信集》(第1卷),哈佛大学出版社,1951年,第222页。
③ 哈罗德·斯普劳特:《美国海军的兴起》,普林斯顿,1944年,第206~207页。
④ 哈罗德·斯普劳特:《美国海军的兴起》,普林斯顿,1944年,第210页。

性海军的基本精神,批准建造排水量在1万吨以上的3艘大型战列舰,这些军舰构成了美西战争中歼灭西班牙舰队的美国海军主力。

美西战争即将爆发时,为了制定对西作战的战略战术,美海军部特地把正在欧洲访问的马汉调回,作为海军作战委员会的重要成员。马汉不仅在制定作战计划中起了重要作用,而且在战后借总结战争经验为名,继续鼓吹扩大海军,为新的争霸战争做好准备。他说,"过去几个月的胜利和痛苦已经使人们看到增加武力的必要,这不仅是为了保持海外领土,而且也是为了保证在作战中及时地使用国家所拥有的潜在的军事的和海上的力量",他认为"西班牙迅速地,不可避免地屈服,无可辩驳地证明了海军决定海外战争结局时所起的首要作用"。①因此,他要求限期建成至少由20艘一级战列舰组成的太平洋舰队,并加速开凿沟通两洋的地峡运河,以利于海军力量的战略集中。

马汉扩建海军的主张深得美国垄断资产阶级的赞赏,在J. P.摩根的亲自参与下,美国钢铁公司,克兰普船舶和发动机制造公司等企业于20世纪初发起成立海军联盟,要求美国政府倾全力发展海军。②代表垄断财团利益的西奥多·罗斯福在1901年出任美国总统后,立即把马汉的主张付诸实施。他上台伊始便提出建立一支"规模适当""训练有素""其效率与世界上任何一支海军相当"的舰队。③要求国会拨款在1902—1905年间,建造10艘一级战列舰、4艘装甲巡洋舰和其他舰只总吨位共25万吨。在执行造舰计划过程中,罗斯福还专门同马汉研究了增加军舰吨位与增加进攻能力的关系问题。到1908年罗斯福卸任前,美国已建成一支拥有29艘新型战列舰总吨位达61.1万吨的海军,实力仅次于英国,居世界第二。④马汉梦寐以求建立一支除英国而外不亚于任何国家的海军的夙愿总算是实现了。

马汉在为美国海军在广阔的太平洋和加勒比海上建立支撑点,夺取殖民地,建立军事基地方面也费尽了心机。他根据美国濒临两洋一海的特点,早在19世纪90年代初叶就曾指出,控制沟通两洋的地峡运河这个"生死攸关的战略中心"⑤

---

① 马汉:《对西班牙作战的教训》,路易·M.海克尔编:《美国传统的形成》(第2卷),纽约,1947年,第882页。

② 唐纳德·米切尔:《现代美国海军史,从1883年至珍珠港》,纽约,1946年,第136页。

③ 詹姆斯·D.理查逊编:《总统咨文与文件汇编》(第15卷),美国国家文献出版局,第6663、6664、6762页。

④ F.M.穆尔编:《新国际年鉴,1908年世界发展概要》,纽约,1909年,第477页。此项数字不包括舰龄在20年以上的军舰在内。

⑤ 马汉:《当前和未来美国在海上实力中的利益》,波士顿,1911年,第12页。

是控制海洋的关键所在。他认为运河开通后，加勒比海将成为"海上的通衢大道，商业将会大大兴盛起来"。①美国东西海岸的距离将从1.4万英里缩短为5000英里，这就大大减少了商船、舰队的航行时间，增加了海军作战的机动性，加强了美国同欧洲国家争夺亚洲市场的能力，从而大大改善美国的战略地位。所以他一再叫嚣地峡运河是美国两洋海岸的延长，必须夺取运河区，建立美国对运河的绝对控制。

为了确保对运河地区的控制权，马汉要求美国必须在运河两侧的广大海域建立绝对的海军优势。他强调加勒比海是"我国的主要海疆大西洋和太平洋两大洋的战略枢纽"，②因此必须把其他国家所控制的战略基地夺到手。同时，"任何其他国家均不得在距旧金山3000英里的范围内，建立加煤站，这应成为我国不容违背的既定国策"。③这就是说要竭尽全力把欧洲列强的势力从运河两侧的广大海域排挤出去。为此，在20世纪初叶，美国利用欧洲列强争夺正酣的机会，玩弄策动政变的卑鄙伎俩，首先攫取了巴拿马运河的独占权利。1911年美国国会又就巴拿马运河区设防问题展开辩论。马汉给一家美国报纸写信，力主在运河区修筑炮台，并撰写了一篇题为《巴拿马是国耻的一章吗？》的文章，为美帝国主义践踏巴拿马国家主权，霸占运河区的侵略行径辩护。

鉴于太平洋不仅是美国同东方进行贸易往来的通途，而且是大国之间搏斗的重要舞台，马汉指出，美国还必须占领太平洋上的战略要地夏威夷群岛，取得对太平洋的控制权。他危言耸听地说，这些岛屿有朝一日将成为抗击"东方侵略浪潮""保卫西方文明"的"全关重要的阵地"。④因此，在美西战争爆发前，马汉急不可待地写信给罗斯福，建议海军应先行占领夏威夷群岛，然后再作解释。罗斯福以赞许的口吻答称："如果我说了算数，我们将在明天吞并这些岛屿"。⑤美西战争中，国会辩论夏威夷问题，马汉出席作证，强调夏威夷在美强占菲律宾后战略地位更为重要。那些贪得无厌的扩张主义分子把马汉的证词奉为金科玉律加以援引，嗾使美国国会通过了臭名昭著的吞并夏威夷的两院联合决议。尤其值得指出的是，美帝国主义从西班牙手中夺得菲律宾这块"通往中国的踏脚石"后，

---

① 马汉：《海上实力对历史的影响，1660—1783年》，波士顿，1903年，第33页。

② 阿伦·韦斯科特编《马汉论海战，海军少将马汉著作选编》，波士顿，1918年，第112页。

③ 马汉：《当前和未来美国在海上实力中的利益》，波士顿，1911年，第26页。

④ 马汉：1893年1月30日致纽约时报函，见马汉：《当前和未来美国在海上实力中的利益》，波士顿，1911年，第31页。

⑤ 莫里森编前引书第1卷，第607页。

更刺激了马汉的胃口。他在兴致勃勃地挥笔写了鼓吹要与沙俄争夺中国这块肥肉的《亚洲问题》一书的同时,竟公然在海军作战委员会提出的一项报告上签字,建议夺取我舟山群岛作为美国的海军基地,以便伙同英帝国主义鲸吞我长江流域的大好河山。①

有了一支以战列舰为主组成的强大舰队,又有了海外军事基地作为支撑点,美帝国主义自认为海军的羽翼已经丰满,可以对外炫耀武力,"宣扬国威"了。所以到20世纪初美国海军便不断演习进行战争恫吓,践踏别国主权,残酷镇压民族解放运动的丑剧。1904年5月,罗斯福派出由6艘战列舰和8艘巡洋舰组成的北大西洋舰队直驶直布罗陀,在那里逗留了3个月之久。这是现代化的美国海军第一次在欧洲水域显示自己的实力。欧洲和美国的一些报刊认为这是罗斯福推行帝国主义政策的新标志。②为了向世界人民进行讹诈,以及向一些帝国主义国家炫耀武力,罗斯福于1907年派出一支由16艘战列舰组成的舰队,举行了一次绕过合恩角,横渡太平洋,直穿苏伊士运河,跨越大西洋,历时14个月,航程4.6万英里的环球武装大示威。③这是美帝国主义穷兵黩武的一次大表演,也是它称霸世界野心的一次大暴露。

在镇压民族解放运动当中,美国海军更是急先锋。为了镇压中国人民的反帝斗争,美国的海军陆战队远涉重洋,参加了因屠杀义和团而臭名远扬的八国联军,在美国殖民扩张史上写下了血腥的一章。美国在拉丁美洲的侵略活动尤为猖獗。它出动军舰和海军陆战队,入侵墨西哥,占领尼加拉瓜和多米尼加,策动海地政变,仅据不完全的统计,从1898年起的35年中,美国在拉丁美洲犯下的重大武装侵略罪行达23起之多。美国海军战旗上涂满了被压迫人民和被压迫民族的鲜血。

自从马汉的"海上实力论"问世以来,美国海军得到疯狂发展,侵略战争和海外扩张活动连绵不断,这不仅给世界人民带来了巨大的灾难,而且也给美国人民带来了更为沉重的负担。从1883年起,在30多年的时间里,美国海军军费增加

---

① 威廉·布雷斯特德:《太平洋上的美国海军 1897—1907》,得克萨斯大学出版社,1958年,第76页。

② 西华德·利佛莫尔:《作为世界政治因素之一的美国海军,1903—1913》,《美国历史评论》1958年7月号。

③ 布雷斯特德前引书,第205~213页;约瑟夫·毕晓普:《西奥多·罗斯福及其时代》(第2卷),纽约,1920年,第64~68页。

了100倍。①这一沉重的负担落在了美国人民身上,使广大人民同垄断资产阶级之间的矛盾更加尖锐。美国对外侵略扩张活动不但激起了国内外广大被压迫人民和被压迫民族的坚决反抗,而且也使美国同其他帝国主义国家的争夺更加激烈。作为"金融资本的政策和意识形态",②为解决国内外各种矛盾而提出的"海上实力论"非但没有解决这些矛盾,反而"加强了夺取殖民地的趋向",③使这些矛盾更加激化。

历史已经过去半个多世纪,在风云变幻的世界舞台上,一切妄图控制海洋,称霸世界的帝国主义国家和军国主义分子都把马汉的"海上实力论"奉为经典而顶礼膜拜,英法德日等国是这样,军事封建帝国主义的俄国也不例外。在一向把夺取出海口、鲸吞海域引为己任的沙皇俄国,马汉的著作不仅被军界吹捧为"海军的圣经",而且由于沙俄的海军理论家,马汉的忠实信徒尼古拉伊·克莱多(1861—1919年)把它应用于俄国而在宫廷和政界,得到了广泛传播。克莱多关于俄国也必须拥有一支战列舰舰队的主张很快为尼古拉二世所采纳。在称霸世界的野心驱使下,到20世纪初,俄国也迅速建成一支"真正的"远洋进攻性海军。④曾几何时,俄国人民的革命风暴就把沙皇制度连同这支海军吹得云散烟消。

然而,历史毕竟已经前进了半个多世纪,全世界五大洲,三大洋反帝反霸斗争正蓬勃发展。国家要独立,民族要解放,人民要革命,已成为历史不可抗拒的潮流,无论是马汉的"海上实力论"还是戈尔什科夫的改头换面的"海军万能论",都挽救不了它们必然失败的命运。

本文原刊载于《历史研究》1978年第2期。

作者简介:

李元良(1940—1984),1964年毕业于南开大学历史系,并留校任教,讲授世界史。曾与冯承柏合作撰写《资本主义史上最黑暗的一章——西方殖民主义者奴役和贩卖黑人的血腥罪行》《马汉的海上实力论》等文章,发表在《历史研究》和《历史教学》等刊物上。1978年调至中国社会科学院工作。

---

① 让-巴蒂斯特·迪罗塞尔:《从威尔逊到罗斯福:美国外交政策,1913—1945》,伦敦,1964年,第9页。
② 列宁:《帝国主义是资本主义的最高阶段》,《列宁选集》(第2卷),人民出版社,1972年,第804页。
③ 列宁:《帝国主义是资本主义的最高阶段》,《列宁选集》(第2卷),人民出版社,1972年,第804页。
④ 唐纳德·米切尔:《俄罗斯和苏维埃海上实力史》,伦敦,1974年,第198~199页。

略论统一的俄罗斯国家的形成

张义德

有些西欧国家结束封建割据局面、统一为中央集权的国家,是在商品货币关系急剧发展的过程中资本主义的上升时期完成的。然而,东北罗斯各国统一的历史却迥然不同。蒙古人统治下的东北罗斯,名义上是一个弗拉基米尔大公国,实际上是处在政治上分裂为若干个封建小公国的割据局面。形成统一的俄罗斯国家,是在封建主义的上升时期进行的。这是俄罗斯国家"特殊的国家形成方式"。①俄罗斯国家之所以会出现"特殊的"形成方式,其内部必有它自身特有的社会经济、政治情况。本文试图就此问题略做论述。

一

14到15世纪东北罗斯社会经济的新高涨,为罗斯国家的统一创造了前提。早在13世纪上半期,东北罗斯各国没有幸免蒙古人的侵略和破坏。根据史料记载,蒙古人入侵后,东北罗斯各国"田园荒芜","伟业沦丧","劳动所获尽为歹徒所僭窃","土地悉为异族所掠夺"。②但是,这一切并没有改变东北罗斯的社会经济制度。几十年后,到13世纪末期,东北罗斯的社会经济又有了明显的恢复;14世纪中期,国民经济的各个部门出现了繁荣景象。

农业历来是罗斯的主要经济部门。14到15世纪,东北罗斯出现了许多新开垦的耕地,长期荒芜的"田园"重新翻耕了。蒙古入侵时逃往密林深处和沼泽地避难的居民,纷纷回到祖祖辈辈曾经生活和居住过的地方重新定居。东北罗斯的土地上又筑起了许多新的村落,在耕种技术和耕种制度方面也有了明显的改进。耕地上普遍使用粪肥,而且广泛采取"三区轮种"制。为了适应扩大耕种的需要,农具方面推广使用铁铧犁,并以牛、马牵引铧犁耕种。耕耘土地的效率大大提高了。农业以及畜牧业、捕渔业、狩猎业、养蜂业等都有了显著的发展。

农业生产率的提高和生产的发展,引起了封建统治阶级对土地越来越大的

---

① 《斯大林全集》(第2卷),人民出版社,1953年,第301页。
② H.E.诺索夫:《苏联简史》(第1卷上册),三联书店,1977年,第79页。

欲望。封建的王公贵族凭借权势任意掠夺农民开垦的原来属于农村公社的土地，将其变成了私产；或者通过封建战争和金钱购买等手段，从别的王公贵族手中夺取土地。封建土地占有制由此而发展起来了。但是，王公贵族的"领地常常分散在其他封国之内"。①封建土地占有制已经越出某一公国的范围。②从政治上结束封建割据，统一罗斯的土地，则是符合封建土地占有者的切身利益的。

封建土地占有制在东正教教会方面更为发展。教会利用蒙古统治者赐予的各种特权，在各地任意侵吞无人管理的土地；或者直接掠夺农民开垦的属于国家的"黑地"；或者依靠虔诚的信徒慷慨施舍，以兴建教堂、寺院为名大批占有土地。这种属于教会、寺院的领地遍及整个东北罗斯。"莫斯科大主教……则几乎在所有封国和县邑内都拥有领地，其数以千百计，农户和村落数则以千万计。"③教会、寺院的封建土地占有制的发展，同样要求各公国在政治上实现统一和集中。教会驻节地从弗拉基米尔迁移到莫斯科后的历届大主教，差不多都是莫斯科统一东北罗斯的忠实支持者。教会支持罗斯国家的统一事业，这是罗斯国家不同于一些西欧国家的特点。

14—15世纪封建统治阶级中兴起了一个新的阶层，即服役贵族，或者叫封地贵族。大公政权为了巩固自己的统治和抵御外患，封建地主阶级为了在占有的土地上迅速取得经济效果，他们都迫切需要大批服役人员。他们把自己的部分领地作为报酬分封给他们的"宫廷仆从"和"领主侍卫"经营管理，但条件是所分得的土地不得世袭。这些人后来又按战功大小分得土地，并封为贵族，这就出现了一种新的土地占有制，即"有条件的土地占有制"，在14到15世纪相当盛行，是东北罗斯社会经济中的一个重要现象。

封建土地占有制的发展，是统一罗斯土地的经济基础。世俗和教会的封建土地占有者成了统一东北罗斯的主要社会支柱。这是罗斯国家在统一自己国家过程中的特有现象，而在西欧一些国家恰恰相反，封建主阶级则是国家统一事业中的打击和消灭对象。

随着封建土地占有制的发展，许多农民逐渐丧失了独立的经济地位和人身自由，被迫为封建主阶级担负沉重的劳役和繁重的代役租。有的要把收成的1/4缴纳给封建主，有的竟达一半之多。④农民们不得不向封建主借贷，甚至法律上

---

① 梁士琴科：《苏联国民经济史》（第1卷），人民出版社，1959年，第203页。

② Л.契列普宁：《14—15世纪俄罗斯中央集权国家的形成》，莫斯科，1960年，第184页。

③ 梁士琴科：《苏联国民经济史》（第1卷），人民出版社，1959年，第204页。

④ 梁士琴科：《苏联国民经济史》（第1卷），人民出版社，1959年，第199页。

还明确规定:农民未偿还债务之前不得离开封建主的土地。后来,连只要在尤利也夫日(11月26日)之前偿还债务便可离开封建主的权利,也都取消了。农民完全陷入对封建主的依附地位,沦为农奴。由于封建主长期的剥削和压迫,农民与封建主阶级的矛盾日益尖锐。农民普遍以逃亡的形式进行反抗;有的则以拒服劳役、拒缴代役租、犁平地界、折毁篱笆以及焚烧庄园、杀死地主等方式进行斗争。农民奋起反抗世俗和教会封建主的斗争,在14到15世纪相当普遍。封建主阶级要确保自己的利益,对农民实行有效的奴役和镇压,只有建立一个统一而强大的国家机器,才能办得到。

14到15世纪东北罗斯城市手工业和商业的迅速恢复和发展,推动了东北罗斯的统一事业。早在蒙古入侵之前,东北罗斯已有300余座城市。但入侵时多数被毁。从13世纪下半期起,掌握各种手艺的匠人纷纷集居在城市四周,从事生产活动。到14世纪下半期东北罗斯的城市经济迅速恢复了,出现了新的高涨。用于战争需要的各种武器、军需品;供生活需用的餐具、皮革、鞋帽以及酒和面包等;供教堂、寺院和王公贵族装饰和享用的圣象、雕刻、金银首饰等,以及供农业生产需用的铁铧犁头、大镰刀和供城建需用的木材、石料加工以及铸造银币等等,均由城市居民中的手工业者所生产。手工业以莫斯科最为发达,莫斯科成了东北罗斯手工业生产的中心。[1]14到15世纪,商业在城市里占有重要的地位。城市不仅是城乡贸易的集中点,而且还是发展城市之间的贸易或者对外贸易的中心。在14世纪,商业比较发达的莫斯科和诺夫哥罗德,已经出现了规模较大的商人公会组织:"苏罗什行商""呢绒商"和"伊凡斯基百人团"。这些商人组织在经济上拥有相当的实力。有的拥有2万到10万卢布(相当于20世纪初的20万到100万金卢布)资本,有的竟达30万卢布(合20世纪初的300万金卢布)资本。[2]尽管如此,东北罗斯的手工业者和商人在城市中的地位,远不如一些西欧国家的城市市民那样能够主宰城市的命运。罗斯城市的统治者仍旧是封建的王公贵族。由于"王公和领主把土地分给继承人时,是连同'乡镇、道路、村落和一切关税收入'在内"的。[3]商人们要把粮食从梁赞运往缺粮的诺夫哥罗德;或者从莫斯科、特维尔把毛皮、蜂蜡和亚麻等货物由诺夫哥罗德运往西欧;或者把西欧的呢绒、葡萄酒等通过普斯科夫运往莫斯科,再由莫斯科转运到伏尔加河中下游的喀

---

① A.M.沙哈洛夫:《14—15世纪东北罗斯的城市》,莫斯科大学出版社,1959年,第84页。
② 梁士琴科:《苏联国民经济史》(第1卷),人民出版社,1959年,第293页。
③ 梁士琴科:《苏联国民经济史》(第1卷),人民出版社,1959年,第222页。

山和萨莱,需要经过重重关卡,向各公国缴纳名目繁多的关税和杂捐。正是这些关税杂捐有时竟把商人"掠夺得精光"。[①]

政治上的分裂和割据,成了东北罗斯城市经济发展的严重障碍。14—15世纪东北罗斯手工业和商业的发展趋势,要求各公国取消各自设置的关税卡,在政治上结束分裂和割据,建立一个统一的中央集权国家,以利于商业和手工业的进一步发展。

二

14—15世纪东北罗斯社会经济的高涨为罗斯土地的联合和形成统一的俄罗斯国家创造了前提。但是罗斯国家在政治上仍旧受着蒙古统治者的沉重压迫。罗斯国家要完成自己的统一事业,首要的任务在于摆脱蒙古侵略者的统治和压迫。东北罗斯各国的统一,是围绕着莫斯科公国逐步形成的。可是莫斯科公国的兴起,比诺夫哥罗德等一些罗斯国家要晚得多,而且蒙古侵入东北罗斯时,诺夫哥罗德几乎没有受到破坏和损失。东北罗斯各国联合起来的中心,统一事业的领导力量为什么恰恰是莫斯科公国,而不是当时已经比较强大的诺夫哥罗德、特维尔等一些国家?莫斯科公国地处东北罗斯的中心,距离屡遭蒙古人、立陶宛人侵扰和破坏的东西部边境较远;位于伏尔加河上游,奥卡河心脏地区莫斯科河畔,水陆交通四通八达,十分便利。这些得天独厚的地理条件,对莫斯科公国的发展固然非常有利,但最为主要的恐怕是莫斯科公国在摆脱蒙古统治和其他外来侵略的斗争中,始终高举民族独立的旗帜。莫斯科公国适应历史发展潮流的方针和政策,深得包括莫斯科公国在内的罗斯各国社会各阶层的广泛支持。这是莫斯科公国兴起后迅速发展,形成罗斯土地联合的中心和成为统一罗斯的领导力量的主要原因。

莫斯科公国的历代王公长期坚持同蒙古的统治和其他外来侵略进行斗争,而且策略灵活,在斗争中不断壮大自己。蒙古人统治东北罗斯各国并不是采取直接统治的方法,而是利用授予册封诏书,即委任某一罗斯公国的王公担任弗拉基米尔大公,由受命于金帐汗国的弗拉基米尔大公对罗斯各国实行统治。莫斯科公国兴起时,弗拉基米尔大公是由特维尔公国的王公所担任。莫斯科公国的王公们意识到了弗拉基米尔大公头衔的重要性,从莫斯科公国的第二个王公尤里·达尼洛维奇起就长期与特维尔王公争夺弗拉基米尔大公的称号。尤里的弟

[①] M.H.波克罗夫斯基:《俄国历史概要》(上册),莫斯科工人出版社,1931年,第43页。

弟伊凡·达尼洛维奇在协助尤里治理内政方面,充分显示了自己的才干和远见。他利用莫斯科公国各方面的有利条件,使国库盈余,仅征收过境船只、车辆的关卡税一项,便是国库的一笔重要收入。当时的伊凡·达尼洛维奇就有闻名于东北罗斯的一个绰号"卡里达"即"钱袋"之称。由于财政实力日增,国力也就渐渐强盛起来了。但是,莫斯科公国的实力毕竟尚未强盛到足以同蒙古人公开对抗的程度。尤里死后,伊凡·卡里达继任王位,继续与特维尔争夺大公称号,但他的手段却要比尤里高明得多。他机智、灵活地利用了金帐汗国的势力打败了自己的对手,从而壮大自己,为莫斯科公国准备了力量。当伊凡·卡里达了解到金帐汗乌兹别克对特维尔大公亚历山大·米哈依洛维奇并不信任,便等待时机利用金帐汗来打击以致最后消灭自己的对手亚历山大·米哈依洛维奇。

1327年,特维尔公国爆发了声势浩大的反抗蒙古官员横征暴敛的斗争。伊凡·卡里达见机会已到,向乌兹别克汗献策,表示愿为金帐汗效劳。乌兹别克汗同意伊凡·卡里达率领5万官兵前往特维尔镇压反蒙斗争。伊凡·卡里达利用此机,同时打垮了特维尔军队,特维尔大公亚历山大·米哈依洛维奇因此而逃亡到普斯科夫。伊凡·卡里达在这一事件中捞到了莫大的好处:取得了金帐汗乌兹别克的信任,轻而易举地打败了自己的对手,并且从特维尔手中夺走了弗拉基米尔大公的称号。1328年,莫斯科公国正式从金帐汗国取得册封诏书,伊凡·卡里达成了大公,成为东北罗斯各国的"一家之长"。但他并没有因此而迁往弗拉基米尔城,而是继续留在莫斯科巩固他的地盘。

金帐汗国的横征暴敛政策遭到东北罗斯各国人民的反抗,乌兹别克不敢再往罗斯各地委派收税官,而是把征收贡税的权力委托给弗拉基米尔大公伊凡·卡里达。伊凡·卡里达利用这一权力扣留部分贡款存入自己的国库。伊凡·卡里达还善于利用金帐汗的册封诏书凌驾于各公国之上,对他们施加政治和经济压力,强迫他们承担参加莫斯科大公军事远征的义务。对不服从大公领导的王公们,轻者撵出国门,重者杀戮。他们的领地则以"无人继承的财产"的名义并入莫斯科公国。

特维尔公亚历山大·米哈依洛维奇逃往普斯科夫之后,并不甘心自己的失败。伊凡·卡里达则怂恿一向与他关系密切的教会公开"诅咒"亚历山大·米哈依洛维奇,宣布把他"革除教籍"。[①]亚历山大·米哈依洛维奇被迫逃离普斯科夫,

---

① 苏联科学院历史研究所主编:《苏联史纲要》(14—15世纪),苏联科学院出版社,1953年,第200页。

投靠了立陶宛大公国。伊凡·卡里达又疏通乌兹别克汗,使金帐汗国在外交上和财政上都支持莫斯科公国继续与立陶宛大公支持的亚历山大·米哈依洛维奇作斗争。[①]10年后,尽管亚历山大·米哈依洛维奇已经改变了早先与莫斯科公国为敌的政策,然而伊凡·卡里达并没有放弃彻底消灭世仇的计划。亚历山大·米哈依洛维奇终于在1339年以金帐汗召见之名,为乌兹别克所杀。正如马克思指出:伊凡·卡里达"以贿赂和欺骗的办法引诱汗用极残暴的酷刑杀害了他的同族对手。……伊凡·卡里达把汗变成了他用以翦灭他最危险的竞争者和扫除他篡权道路上的一切障碍的工具"。[②]

在提高莫斯科公国的威信,统一罗斯土地的事业中充分发挥才干并取得卓越成绩的是伊凡·卡里达的孙子德米特里·伊凡诺维奇大公。德米特里·伊凡诺维奇继位时年仅9岁,但他得到了莫斯科大主教阿列克塞、莫斯科的服役贵族以及工商居民的支持,使莫斯科公国得以在内乱外患的困难环境中进一步发展起来。

14世纪强盛起来的立陶宛大公国对莫斯科大公政权一直采取敌对政策,而对金帐汗国却一味靠拢和结盟,并蓄意勾结东北罗斯各国的割据势力向东扩张,从而严重威胁了莫斯科大公政权的安全。特维尔公国仍归依靠立陶宛大公国的支持,同莫斯科大公争夺弗拉基米尔大公头衔,企图打败莫斯科公国。鉴于立陶宛大公奥尔格尔德咄咄逼人的攻势,德米特里·伊凡诺维奇决定备战,1368年在莫斯科周围修筑了一道非常坚固的石头城墙,准备迎击奥尔格尔德的侵犯。石城墙刚刚建成,立陶宛大公便勾结特维尔公连续三次(1368、1370、1372年)进犯莫斯科,头两次竟把莫斯科围困数天,但久攻未克。第三次来犯时,莫斯科大公主动出击,在留鲍特斯卡附近重创奥尔格尔德的前哨部队。奥尔格尔德被迫求和,保证"今后不干涉特维尔的事务和不庇护特维尔公国"。[③]

特维尔公虽然暂时失去了立陶宛大公的支持,但仍执迷不返,继续勾结割据势力一起密谋反对莫斯科大公政权,甚至表示要不惜一切同莫斯科大公德米特里·伊凡诺维奇决一死战。特维尔公的民族背叛活动,莫斯科公国坚决反对,甚至激起了特维尔本国的诸侯和属于立陶宛大公国的契尔尼戈夫——塞维尔斯克公国、斯摩棱斯克公国的愤慨。1375年莫斯科大公动员了"全部力量",率领苏兹

---

① 苏联科学院历史研究所主编:《苏联史纲要》(14—15世纪),苏联科学院出版社,1953年,第200页。

② 马克思:《十八世纪外交史内幕》第5章,《历史研究》1978年第1期。

③ B.B.马夫洛金:《统一的俄罗斯国家的形成》,列宁格勒大学出版社,1951年,第109页。

达尔、罗斯托夫、斯摩棱斯克、雅罗斯拉夫、别洛泽尔、卡申公国的王公，[①]一起粉碎了特维尔公的图谋。特维尔被迫求和，承认自己是莫斯科大公的"小兄弟"，[②]答应放弃以莫斯科为敌而与立陶宛结盟的政策。莫斯科大公德米特里·伊凡诺维奇在同立陶宛和特维尔的斗争中，联合了东北罗斯各国，巩固了莫斯科公国作为罗斯各国中心的领导地位。

金帐汗国统治者之间长期的封建战争削弱了汗国的实力，这对于东北罗斯各国摆脱蒙古的统治创造了有利条件。但金帐汗马麦在14世纪末暂时平息了内讧，统一了政权，对日益强盛并对金帐汗国的统治公开进行对抗的莫斯科公国采取大规模的军事行动，这对莫斯科公国来说仍旧是一件十分严重的事情。但是敢于同蒙古军进行斗争的德米特里·伊凡诺维奇依靠罗斯各国的力量，巧妙地组织罗斯军队在库里科沃会战中把蒙古大军打得一败涂地，从而使莫斯科公国在罗斯各国中享有更高的威望。

1377年和1378年德米特里·伊凡诺维奇先后两次打退了马麦汗派遣的蒙军之后，马麦汗对此十分恼怒，发誓要严惩"基督教的王公们"。[③]1380年夏，马麦汗亲自纠集了20余万人马，[④]经过伏尔加河，在沃龙涅什河口等待战机，随时向莫斯科发动攻击。当马麦汗得知立陶宛大公雅盖洛和梁赞公奥列格·伊凡诺维奇对莫斯科仍抱敌对态度，便竭力拉拢他们一起反对莫斯科。梁赞公奥列格卑躬屈节地对马麦汗献媚讨好，莫斯科大公却奋起迎战，迅速集结了10至15万兵力，于8月底在科洛姆纳集合，检阅后就向顿河战场开拨。根据史料记载，参加这次声势浩大反击战的还有来自摩洛姆、弗拉基米尔、佩累雅斯拉夫、科斯特罗马、罗斯托夫、雅罗斯拉夫和别洛泽尔的王公和士兵，[⑤]而以莫斯科军队为中心，"士兵的主干"[⑥]则是市民和农民群众。

莫斯科军队迅速集结、迎战，打乱了马麦汗同雅盖洛和奥列格的进一步勾结计划。会战是在顿河和涅普勒德瓦河的汇合处库里科沃展开的。1380年9月，莫斯科大公率领罗斯大军渡过顿河在库里科沃摆好阵势，并在其左侧埋伏了一支主力部队，便寻找战机同马麦汗决战。马麦汗首先发起进攻，全力冲击罗斯军

---

① 苏联科学院历史研究所：《苏联史纲要》(14—15世纪)，苏联科学院出版社，1953年，第217页。
② B.B.马夫洛金：《统一的俄罗斯国家的形成》，列宁格勒大学出版社，1951年，第109页。
③ B.B.马夫洛金：《统一的俄罗斯国家的形成》，列宁格勒大学出版社，1951年，第112页。
④ B.B.马夫洛金的著作中是20万人；《苏联史纲要》中则为25万到40万人。
⑤ B.B.马夫洛金：《统一的俄罗斯国家的形成》，列宁格勒大学出版社，1951年，第113页。
⑥ И.И.斯米尔诺夫等：《苏联简明通史》(第1卷)，苏联科学出版社，1963年，第92页。

队,防线被蒙军突破。马麦汗以为首战告捷,罗斯伏兵突然从左侧出击,马麦汗措手不及。罗斯士兵"毫不留情地厮杀",蒙军"死尸遍野,血流成河"。①库里科沃会战以罗斯军队的全胜而告终。莫斯科大公德米特里·伊凡诺维奇因此而被尊称为"顿斯柯依"即"顿河王"。

库里科沃会战动摇了蒙古人的统治地位,大大提高了东北罗斯各国摆脱蒙古统治的信心。德米特里·伊凡诺维奇大公统治期间,弗拉基米尔、科斯特罗马、别洛泽尔等公国在反对蒙古统治的斗争中,先后同莫斯科公国合并。德米特里·伊凡诺维奇大公去世时曾经立下遗嘱,要把大公国当作世袭领地传给他的长子瓦西里一世,"而对鞑靼汗颁发大公王位的册封诏书的权利不予理睬"。②史实表明:莫斯科公国在摆脱蒙古统治和反对其他外来侵略数十年的艰苦奋战中,迅速地壮大起来了,已经发展成为统一东北罗斯各国的领导中心。莫斯科公国在斗争中没有被素称不可战胜的蒙古大军所压倒,反而敢于藐视金帐汗的绝对权威,甚至公开提出了挑战。

三

瓦西里一世统治期间,大乌斯丘格、上别热茨克、福明斯克和拉马河的沃洛克先后并入莫斯科公国。苏兹达尔公成了莫斯科大公的"仆从"。③只有诺夫哥罗德、特维尔和梁赞等国继续与莫斯科大公政权相对抗。尤其是诺夫哥罗德贵族共和国的大贵族,是莫斯科公国内部封建割据势力的积极支持者。莫斯科公国在长期的封建战争中,沉重地打击了封建割据势力,为统一东北罗斯各国扫除了障碍,铺平了道路。

1425年,莫斯科大公瓦西里一世死后由其子瓦西里二世继位时,瓦西里二世的叔父,即加利奇的封邑王公尤里·德米特里耶维奇却自称是大公政权的合法继承者。各封邑王公勾结一起支持尤里·德米特里耶维奇。瓦西里二世则以莫斯科的服役贵族、市民和教会为后盾,在大主教福梯的主持下举行就职典礼时,尤里·德米特里耶维奇却在加利奇集结军队,挑起了反对大公政权的、长达20余年的封建战争。尤里·德米特里耶维奇死后,他的两个儿子尤其是德米特里·谢米亚卡蓄意把封建战争的范围扩大,竭力把一直同莫斯科大公政权相对抗的诺夫

---

① И.И.罗曼诺夫斯基:《莫斯科历史与建设博物馆》,文物出版社,1958年,第16页。
② И.И.斯米尔诺夫等:《苏联简明通史》(第1卷),苏联科学出版社,1963年,第94页。
③ В.В.马夫洛金:《统一的俄罗斯国家的形成》,列宁格勒大学出版社,1951年,第130页。

哥罗德、特维尔和梁赞的封建王公都拉入这场漫长的封建战争。

这时,波兰–立陶宛的统治者和蒙古人趁莫斯科公国内乱之机,再次侵犯莫斯科。1445年7月,乌鲁·穆罕默德在苏兹达尔附近突然袭击莫斯科军队的兵营,瓦西里二世受伤被俘。根据史料记载,瓦西里二世缴纳了大约20万银卢布巨额"赎金"①才回到了莫斯科。以德米特里·谢米亚卡为首的反大公政权的割据势力,趁莫斯科局势混乱占领了莫斯科。瓦西里二世再次被俘剜去双眼,并放逐到乌格利奇。一度篡权充当大公的德米特里·谢米亚卡竭力恢复封建割据制度,对莫斯科市民实行暴力统治。谢米亚卡不但遭到莫斯科服役贵族的强烈不满,而且激起了莫斯科市民反抗谢米亚卡统治的群众运动。谢米亚卡迫于各方面的压力,不得不释放瓦西里二世。瓦西里二世重整旗鼓,于1446年底包抄了谢米亚卡的阵地又返回莫斯科。漫长的封建战争以谢米亚卡为首的莫斯科公国的割据势力彻底失败而告终。从此以后,莫斯科公国的所有分封公国都被消灭,由莫斯科大公统一治理。莫斯科大公政权的实力增强,对于进一步统一罗斯国家具有重要的意义。

由于诺夫哥罗德贵族共和国的大贵族积极支持谢米亚卡的分裂割据活动,瓦西里二世于1456年攻打了诺夫哥罗德,并且签订了雅热尔比齐条约。诺夫哥罗德除了承担割地赔款的义务,还同意撤销"市民会议的敕令",②从而削弱了诺夫哥罗德大贵族的权力。可是最后彻底取消诺夫哥罗德政治上的独立,是在伊凡三世统治期间。伊凡三世一直把诺夫哥罗德当作自己的"世袭领地"。诺夫哥罗德的大贵族唯恐丧失全部特权和土地,于1470年公然违背1456年签订的雅热尔比齐条约,召开市民会议,决定邀请立陶宛大公米哈依尔·奥列尔科维奇充当诺夫哥罗德的王公,同时还承认诺夫哥罗德是波兰–立陶宛统治者卡西米尔四世的藩邦。诺夫哥罗德大贵族背叛东北罗斯人民而甘愿充当波兰–立陶宛统治者的走卒的政策,就连诺夫哥罗德的城市手工业者、商人以及部分封建领主也坚决反对。1471年春,伊凡三世决定讨伐诺夫哥罗德。尽管诺夫哥罗德集中了超过莫斯科军队8倍的兵力,③但是当战争开始后,由于诺夫哥罗德城市居民的压力,立陶宛公米哈依尔·奥列尔科维奇却溜之大吉,而卡西米尔四世也没有向诺夫哥罗德的大贵族伸出援助之手。1471年7月,在舍隆河战役中诺夫哥罗德大贵族

---

① Л.契列普宁:《14—15世纪俄罗斯中央集权国家的形成》,莫斯科,1960年,第789页。

② 苏联科学院历史研究所:《苏联史纲要》(14—15世纪),苏联科学院出版社,1953年,第268~269页。

③ Л.契列普宁:《14—15世纪俄罗斯中央集权国家的形成》,莫斯科版,1960年,第860页。

终于遭到了彻底的失败。在科罗斯田镇签订的莫斯科—诺夫哥罗德条约规定：诺夫哥罗德保证1456年签订的雅热尔比齐条约完全生效，并且强调诺夫哥罗德放弃独立的对外政策，保证"不脱离"莫斯科，"不屈从"立陶宛，[①]同卡西米尔四世断绝一切联系。1475年，伊凡三世严厉惩治了一批同立陶宛有密切关系的大贵族。1477年月9月，伊凡三世再次讨伐诺夫哥罗德，11月诺夫哥罗德求和。1478年初，伊凡三世宣布诺夫哥罗德"全国统归吾等治理"。[②]象征诺夫哥罗德独立的"市民会议之钟"卸下后运到了莫斯科。莫斯科公国正式兼并了诺夫哥罗德贵族共和国。伊凡三世统治期间，通过封建战争又先后兼并了雅罗斯拉夫里、彼尔姆、罗斯托夫、特维尔和维亚特卡等公国。至此，东北罗斯的土地基本上都统一在中央集权的莫斯科大公政权之下，统一的俄罗斯国家基本上形成。

自从库里科沃会战之后，金帐汗国日趋衰落。从15世纪20年代开始逐渐分裂成了几个独立的封建汗国，不断进行封建战争。1476年，伊凡三世趁金帐汗国衰落之机拒绝向金帐汗缴纳贡赋，阿合马汗企图以军事行动迫使莫斯科政府继续纳贡，于1480年率军侵入奥卡河一带。伊凡三世迅速占领各渡口，在乌格拉河同阿合马隔河对峙。根据史料记载：阿合马"率领全部兵力逼近乌格拉河，开始攻击我军，我军还击……十一月十一日率领鞑靼人逃走……"[③]阿合马从乌格拉河仓皇撤退后，曾给伊凡三世发了一封"敕令"，"命令"莫斯科大公在40天内恢复纳贡，[④]遭到了伊凡三世的拒绝。阿合马撤退途中在伏尔加河下游为诺盖人所杀。从此以后，金帐汗国一蹶不振，罗斯人民终于彻底摆脱了两个多世纪的蒙古统治。伊凡三世在晚年时还打败了立陶宛和里沃尼亚骑士团。正如马克思所说：到伊凡三世的晚期，"我们就看到伊凡二世坐在独立的宝座上。身旁是拜占庭末代皇帝的公主；脚下是喀山汗，金帐汗国的余部也群集来朝；诺夫哥罗德和其他俄罗斯共和国都已屈服，——立陶宛萎缩了，它的君主成了伊凡手中的一个工具——里沃尼亚的骑士团也被击败了。惊惶的欧洲，当伊凡在位之初，几乎不知道夹在鞑靼人和立陶宛人之间还存在着一个莫斯科公国，这时看到一个庞大的帝国突然出现在它的东部边境而弄得目瞪口呆……"[⑤]

---

① 苏联科学院历史研究所：《苏联史纲要》（14—15世纪），苏联科学院出版社，1953年，第277~278页。

② И.И.斯米尔诺夫等：《苏联简明通史》（第1卷），苏联科学出版社，1963年，第122页。

③ И.罗曼诺夫斯基：《莫斯科历史与建设博物馆》，文物出版社，1958年，第19页。

④ И.罗曼诺夫斯基：《莫斯科历史与建设博物馆》，文物出版社，1958年，第16页。

⑤ 马克思：《十八世纪外交史内幕》第5章，《历史研究》1978年第1期。

瓦西里三世继位后,又先后兼并了普斯科夫和梁赞,并从立陶宛的统治下兼并了斯摩棱斯克。东北罗斯的封建割据局面结束了,最后完成了东北罗斯各国的统一事业,统一的俄罗斯中央集权国家形成了。这时的领土面积共达280万平方公里。[1]

四

莫斯科公国从14世纪初就开始了统一东北罗斯的斗争,到瓦西里三世最后完成统一大业,整整经历了两个多世纪的艰巨、曲折和复杂的历程。在这漫长的岁月里,不论是伊凡·卡里达、德米特里·顿斯柯依,还是瓦西里一世和伊凡三世,历代莫斯科大公都把统一东北罗斯的事业当作自己政策的最高归宿。他们的目标一致,政策一贯,浴血奋战,始终不渝,最后终于达到了统一东北罗斯的目的。

历代莫斯科大公都是封建统治者。但他们始终是罗斯各国摆脱蒙古统治和抵御外国侵略的领导者和组织者。罗斯各国的统一是在推翻蒙古统治和反对外国侵略斗争中同时进行和逐步实现的。虽然罗斯的城市居民和农民是同割据势力和蒙古压迫进行斗争的"主干",但它的领导权却从始至终为莫斯科大公所掌握。在大公政权领导之下所统一的俄罗斯国家,必定是中央集权的国家。一个中央集权的政府,一个君主,是消灭封建割据势力的必然结果。君主专制是统一的俄罗斯国家的政体,大公则是中央集权的俄罗斯国家的最高君主。由此可见,在封建主义上升时期俄罗斯国家统一的历史与道路同一些西欧国家完全不一样。有些西欧国家消灭了封建割据,统一为一个国家后,为资本主义的发展开辟了道路。而东北罗斯统一的结果,却是巩固了封建制度,确立了农奴制度和建立了君主专制制度。

以莫斯科公国为中心的俄罗斯国家的形成,在俄国历史上乃是一个具有重大历史意义的事件。随着罗斯土地的联合和罗斯国家的统一,在东北罗斯出现了一个统一的名称:"俄罗斯"。俄罗斯民族在罗斯的统一事业中形成了,同时还形成了具有本身特点的俄罗斯语言。这为发展国家的经济和文化开辟了道路,同时也为争取民族的独立和发展创造了必要的前提。正如斯大林所说:"只有联合为统一的中央集权国家,才有可能真正实现经济文化的成长,才有可能确定自

---

[1] 苏联科学院历史研究所:《苏联通史》(第2卷),莫斯科,1966年,第142页。

己的独立。"①

本文原刊载于《南开史学》1980年第1期。

作者简介:

张义德,现为南开大学荣退教授。1931年出生于江苏江阴,1951年考入北京大学史学系,1955年留校读苏联史研究生,毕业后分配至南开大学历史系世界史专业任教。长期从事世界现代史和苏联史(俄国史)的教学与研究,主编有《苏联现代史(1917—1945)》和《外国大事典(现代欧洲卷)》,在各类刊物发表论文近20篇。

---

① 原载苏联1947年9月7日《真理报》,转引自В.В.马夫洛金:《统一的俄罗斯国家的形成》,列宁格勒大学出版社,1951年,第3页。

1898年的美西战争

林静芬　白凤兰

一

美西战争是美国垄断资本主义发展的必然产物。1861—1865年南北战争后，美国扫除了资本主义发展的障碍，工业生产迅速增长，在短时期内便赶上并超过了所有其它资本主义国家。生产的集中和垄断程度越来越高，金融资本与工业资本日益融合。随着美西成为经济上最发达的国家和垄断经济力量不断加强，那些力图获取最大限度利润的大资产阶级已不满足于国内市场，要求向外扩张殖民地，进而谋求世界霸权。美国银行协会主席约瑟夫·C.赫德里克斯宣称："我们长期一直是世界的谷仓，我们现在渴望成为世界的工厂，然后我们要成为它的证券交易所。"[1]

美国参议员A.J.贝弗里治也叫嚣："天命已为我们写下我们的政策，世界贸易必须是，而且势必是我们的。……围绕我们的贸易基地将形成许多庞大的殖民地。……美国的法律、美国的秩序、美国的文明以及美国的国旗，将在迄今还是暗无天日、满布血腥的大陆上确立起来。"[2]寥寥数语，充分暴露了美帝国主义称霸世界的野心。适应扩张和侵略的反动理论如盎格鲁–撒克逊种族"优越论"，美国在全世界起着特殊的"文明传播者"的作用等谬论，也相继出笼。

19世纪末，美国的主要侵略目的是控制加勒比海，独霸拉丁美洲；谋求在太平洋上和东部亚洲的霸权地位。夺取古巴和菲律宾是美国整个庞大的侵略计划的两个重要步骤。

古巴位于加勒比海上，与美国领土毗邻。是通往环绕美国南部海岸的墨西哥湾的咽喉，又恰在计划开凿的连接两大洋的尼加拉瓜运河的航线上，具有重要的战略意义。在经济上则是离美国最近的原料供应地、销售市场和投资场所。早在1823年4月23日，美国国务卿约翰·昆西·亚当斯在给美国驻马德里公使的

---

① W.A.威廉斯：《从殖民地到帝国》，纽约，1972年，第186页。
② R.W.利奥波德和A.S.林克：《美国历史上的问题》，新泽西，1957年，第492页。

信件中就强调古巴"对美国政治和贸易利益具有非常重大的意义","将古巴并入我联邦共和国势在必行"。①这充分说明美国扩张主义者有并吞古巴的野心。同时古巴也是欧洲列强觊觎的地方。美国在没有力量独吞古巴前所采取的政策是"熟果政策",即暂时维持西班牙对古巴的统治反对任何欧洲列强侵占它,也反对古巴人民获得独立,以便等待时机成熟,垂手而得。美国也曾施展过强行购买和武力袭击的手段,但都未得逞。

在经济上,南北战争后,美国不断扩张自己在古巴的经济势力,同古巴的贸易额超过了西班牙,古巴90%以上的糖都运往美国销售。美国还在古巴大量投资,控制了古巴的蔗糖业,垄断了古巴的采矿业,并伸手到其他经济部门。1893年美国对古巴的贸易额达到了1亿美元以上,投资额超过5000万美元。无论在战略上和经济上,古巴都是美国扩张主义者的重要目标。

美国夺取菲律宾不仅是为着奴役和剥削菲律宾人民,更重要的是为了把菲律宾作为谋求太平洋霸权和侵略中国的基地。力主兼并菲律宾的W.里德曾直认不讳地说,吞并菲律宾"使我们对于整个太平洋的控制,加倍地强固起来,好好地运用,我们就可以使太平洋成为美国的内湖","菲律宾本身的商务,比起对中国的商务来,不过是一巨桶水中之点滴而已"。②在美西战争前夕,德、英、法、俄和日本各国在中国展开了瓜分"势力范围"的尖锐斗争。美国垄断资本家感到他们日益发展的对华贸易受到威胁,要求政府采取迅速而有力的行动来保护美国在华的利益。夺取菲律宾作为军事基地,对于美国当时与列强争霸中国和太平洋势力的扩展具有重要的意义。

二

美国统治集团为了达到其掠夺古巴和菲律宾的目的,利用了西班牙所遭受的严重困难,发动了重新分割殖民地的战争。

西班牙作为一个老朽的封建专制国家,在维持其殖民统治中遇到了严重的政治和经济困难。1895年古巴人民在何塞·马蒂和马克西莫·戈麦斯的领导下展开了反对西班牙殖民统治的独立战争,这次战争进行了3年之久,击溃了西班牙的20万殖民军,解放了全国大部分土地。与此同时,菲律宾人民在1896年也爆发了大规模的起义,后来虽然由于地主资产阶级保守派执行投降路线,使革命遭

①艾·罗依格·德·卢其森林:《古巴独立史》,三联书店,1971年,第103、104页。
②卿汝楫:《美国侵华史》(第2卷),人民出版社,1962年,第348页。

受挫折,但广大人民群众在各地继续坚持战斗。战争使西班牙消耗了大量的财力和人力,处于兵穷财尽、精疲力竭的困境。美国统治集团看到西班牙已无法应付古巴局势的发展,认为摘取熟果的时机已经到来。垄断资本家在议会中的代言人以保护公民的"人身安全"和"商业利益"为理由,迫不及待地要求政府进行武装干涉。公开的扩张主义者如靠摩根财团支持走上政治舞台的海军部副部长西奥多·罗斯福和参议员亨利·卡波特·洛奇,极力主张挑起对西战争。罗斯福在任职海军部的第一天起,就积极整顿海军,准备对西作战。在美西战争爆发的前两个月,他就给当时驻在香港的亚洲舰队司令乔治·杜威下了准备进攻菲律宾的密令。在大垄断资本家马库斯·汉纳直接支持下当选为总统的麦金莱上台后,就积极采取干涉和发动战争的方针。

. 当时西班牙在国际上孤立无援,这就使美国更加肆无忌惮。德国虽然曾积极活动,打算建立欧洲列强反美外交同盟,可是没有哪个国家愿意因维护西班牙而同美国发生冲突,德国也不愿冒单独对美作战的风险。作为海上霸王的英国,正忙于实现自己的殖民扩张,与法、意、俄矛盾重重,同美国的关系正处于友好时期。在"缅因号"事件发生后,英国的报纸纷纷表示同情和支持美国,美驻英大使约翰·海致参议员洛奇的信中提到,"如果我们需要的话,我们就能够获得英国海军的实际援助"。[1]美国从当时各国所持的态度看出欧洲列强不会出面干涉,于是就放手大干了。

1898年2月15日的"缅因号"事件成了美国政府发动战争的借口。这天傍晚,以进行友好访问为名停泊在哈瓦那港的美国军舰"缅因号",因存煤自燃引起火药库爆炸而沉没。但美国调查委员会力图嫁祸于西班牙,宣称该舰是被水雷炸毁的。美国资产阶级利用这一事件制造反西班牙的舆论,煽动战争狂热。美国政府一方面向西班牙展开外交攻势,一方面加紧进行发动战争的准备工作。尽管西班牙政府希望避免战争,作了很大的让步,同意废除集中营制度,建议将"缅因号"事件交付仲裁,并表示愿意与古巴进行有关停战的谈判等,但是这些都不能满足美国的要求,一场帝国主义战争终于在美帝国主义的一手策划下打响了。

三

美西双方的实力对比相去悬殊。在经济上和军事上,西班牙都不能与美国相匹敌。

---

① W.R.塞耶:《约翰·海的生平和书信》(第2卷),波士顿,1916年,第165页。

战争开始时,美国有常备军6.2597万人,志愿军21.65万人,此外还有一支强大的现代化舰队。尤其重要的是,与美共同作战的是英勇善战而又熟悉地形的古巴和菲律宾起义者,而西班牙军队虽然数量不少,但装备缺乏,武器陈旧,舰队落后,战斗力极差。

战争进程包括四次大战役:马尼拉港湾海战、圣地亚哥港海战、夺取圣地亚哥城的陆战和占领马尼拉市的战斗。从1898年5月1日首次战斗打响,到8月13日最后一次战斗结束,历时共105天。

战争一开始,美国舰队就劫去西班牙在加勒比海和大西洋的商船。4月27日亚细亚舰队由杜威率领,驶离香港附近的大鹏湾,向菲律宾群岛前进。4月30日晚11点30分驶入博卡大(即南航道)。当舰队通过航道的一半时,受到西班牙人的炮击,但炮弹无一命中。"波斯顿号"和"麦克洛克号"开炮还击,美舰且战且进,于5月1日拂晓前抵达马尼拉港外。上午5点15分,双方在马尼拉湾展开了激烈战斗,到12点30分,西班牙舰队全军覆没。

第二次战役是圣地亚哥港海战。5月19日,以塞尔维拉为首的西班牙舰队抵达圣地亚哥港,停泊在蛛网密布的水雷阵的后面,并受到戒备森严的防御工事的保护,准备迎击美舰。5月28日,美军温菲尔德·施莱的舰队驶抵圣地亚哥港外。几天以后,美海军少将威廉·桑普森也率舰队前来支援,对西班牙舰队形成了严密的包围。面对西班牙严防的"阵地",美国乃决定以沉船封锁西班牙舰队。7月3日,西班牙舰队突围,在突围中被美军消灭。美国赢得海战的全部胜利。

第三个大战役是攻占圣地亚哥城的陆上战斗。在这次战斗中,古巴的起义军起了重大作用。为了利用古巴起义军,早在4月9日,美国陆军部长就派剐官罗乌恩到古巴,与在圣地亚地区活动的卡利斯托·加尔阿将军领导的古巴起义军接触。5月20日,美军登陆艇到达圣地亚哥海港时,召开了一次军事会议,以加尔西阿为首的古巴将军们出席了这次会议。会议决定,在海军炮火的掩护下,在陆地上古巴人的支持下,美国军队开始在代基里登陆。6月2日,美军马依尔斯将军又给古巴将军加尔西阿写信,要求古巴起义军切断圣地亚哥城内西班牙军的一切援助,并威胁和包围他们。古巴起义军根据美军的要求,在美军登陆前,就派遣军队加强布防,修筑工事,包围敌军,切断西班牙的一切援助。古巴起义军的这些斗争,有力地保证了美军的登陆。

谢夫特少将率领的美军登陆部队于6月22日在代基里登陆,接着又在锡沃内登陆,并于29日抵达关塔那摩湾外。头一批登陆的士兵是古巴军,他们登陆后俘虏了塞尔维拉将军和他的官兵们。

6月30日下午3点30分时,美军开始全线总攻击。7月16日美军攻占了圣地亚哥城,2.4万名西班牙守军全部投降。但就在西班牙人交出圣地亚哥城的时候,美国背信弃义,把古巴起义军撇在一边,单独同西班牙谈判,并接受西班牙军队的投降。他们甚至蛮横地禁止参加占领圣地亚哥城战斗的古巴军队开进城内。

夺取马尼拉市的陆上战斗是整个战争的最后一次战役。为了利用菲律宾起义者,美军玩弄了狡猾伎俩。杜威亲口与菲律宾起义军负责人达成协议,保证美国承认菲律宾的独立。菲律宾起义军轻信了这一诺言。为了挣脱西班牙殖民主义者的残暴统治,他们竭尽全力打击敌人,做出了巨大的牺牲。

投入战斗后,杜威要立即挤进菲律宾起义军的阵地,要求占用在梅图比格从海边到公路菲律宾起义者的战壕,并用已经占据帕萨伊和辛加朗的菲律宾军队汇合形成一条封锁线。杜威的要求得到了菲律宾起义者的同意。当大批美军到达后,杜威再次要求占据菲律宾起义者的更多战壕。这一得寸进尺的要求又得到了菲起义者的答应。胸怀坦荡的菲律宾起义者将几乎延伸到帕萨伊的战壕给了美军。

8月13日,美军向马尼拉市发起了总攻,菲律宾起义军也立即全线出击。西班牙军在强大的攻势面前退却。美、菲的进攻部队占领了整个马尼拉市和埃米特郊区。这一战役在菲律宾人民支援下打得十分顺利,迅速结束了战斗。

战斗刚一结束,杜威认为夺取胜利果实的时机已到,便悍然撕毁了同菲律宾起义军领导人达成的协议。他给菲律宾起义军发出电报,要求菲起义军撤至郊区,不得进入马尼拉市。

这样,美国就撕破了支持菲律宾起义者的假面具,完全暴露了侵略者的野心。

四

美西战争以美国的胜利宣告结束。两国于1898年12月10日,在巴黎签订和约。根据这个和约,西班牙放弃在古巴、菲律宾的一切权利。西班牙将波多黎各岛、西印度群岛中现属西班牙主权之下的其他各岛、马里亚纳群岛中的关岛以及通称菲律宾群岛的各岛屿让给美国。并且规定美国将在该条约互换批准书后3个月内,付给西班牙2000万美元,实际上就是由美国从西班牙手中"购去"菲律宾。

美西战争使美国获得了新的殖民地、原料产地、销售市场和投资场所,对美国国内外的经济、政治产生了巨大影响,尤其重要的是,对古巴和菲律宾的控制,大大加强了美国在加勒比海和东南亚的战略地位。

1901年,美国政府通过了萨拉特修正案。根据这一修正案的规定,古巴实际成为美国的保护国。此后,美国曾多次武装干涉古巴。美西战争后,美国在古巴的投资大幅度增加,1914年至1924年美国在古巴的全部投资由2亿美元增加到12亿美元,美国垄断公司控制了古巴的主要企业食糖制造业的3/4。

美帝国主义占领菲律宾后,镇压了菲律宾人民的反抗,并把群岛的经济完全控制在自己手里。在菲律宾的进口货物中,美国货达60%。

美西战争大大助长了美帝国主义的侵略气焰。还在战争进行的时候,美国就吞并了夏威夷群岛。1898年7月7日,美国把所谓的联合决议强加于夏威夷,使这次吞并合法化。1899年,美国占领了太平洋上的威克岛。美国还同德、英瓜分了萨摩亚群岛。萨摩亚群岛是中太平洋仅次于夏威夷的第二大岛,位于美国—菲律宾航线的中点,战略地位十分重要,对美帝国主义进而争夺太平洋地区霸权具有重大意义。1899年12月2日、美国同英、德签订了瓜分萨摩亚的三国协定,美国取得了土图拉岛和巴哥巴哥港。美国以萨摩亚为基地,以菲律宾为跳板对中国和远东地区采取了疯狂的侵略政策。

1899年9月至10月间,美国国务卿约翰·海向英、德、俄、法、日、意诸国政府分送了一份照会,这就是臭名昭著的"门户开放"政策。其目的就是要削弱美国对手在中国的"利益范围"的作用,要求在帝国主义瓜分中国的筵席上分得一杯羹汤。美帝国主义还加入了太平洋地区争夺霸权的角逐,朝着"太平洋帝国"迈进。

在国内,美西战争的结果,大大加速了美国国民经济垄断化的进程。以1899年1月1日至1902年9月1日,美国成立的大托拉斯有82家,其资金总额为43.18亿美元。到1904年,纯属工业方面的大公司就有318家。美国当时共有托拉斯445个,其中包括工业托拉斯、运输业托拉斯、电话托拉斯等,资金总额为203.79亿美元。[1]托拉斯化的企业已成为美国经济生活中的"君王",生产着美国全部工业产品的3/4左右。

美西战争前,美国托拉斯化虽已迅速进行,但大多数托拉斯是在工业部门内形成的,而1898年后,银行业的集中以及银行资本与工业资本联合的过程加速。19世纪90年代初,参加纽约证券交易所的64家银行,共拥有资金3.02亿美元。10年之后,银行成为58家,而资金则增加为5.48亿美元。[2]在国民经济中,金融资本取得了主导地位。金融集团的势力大大加强,它们控制了整个国家的经济命脉和政治生活,确立了金融集团的统治地位。

---

① 谢沃斯基扬诺夫主编:《美国近代现代史纲》(第1卷),俄文版,第403页。
② 谢沃斯基扬诺夫主编:《美国近代现代史纲》(第1卷),俄文版,第405页。

美西战争之后,不过十几年,美国不但已经具备了帝国主义的一切特征,而且由于垄断组织的高度发展,成了典型的托拉斯帝国主义。

本文原刊载于《历史教学》1980年第6期。

作者简介:

林静芬,1930年生,福建龙海人。南开大学历史研究所副研究馆员。1953年由印尼归国,1957年毕业于南开大学历史系并留校工作。长期负责美国史资料室的文献整理和保管工作。1987年离休,返聘至1993年。曾参与《美国工业革命》《1898年的美西战争》等书的撰写工作,编辑《美国史论文选》《南开大学图书馆馆藏美国史(英文)目录》(上、中、下),参与翻译《美利坚共和国的成长(下卷)》,担任《美国历史百科词典》编委。

苏格兰、日本、英格兰和中国的兄终弟及制

辜燮高

本文系《世界历史》1981年第6期发表的《从继承制看马克白斯在苏格兰历史上的地位》的续篇。作者运用比较史学的方法探讨苏格兰、日本、英格兰和中国形成国家后的兄终弟及的继承制问题，找出了某些带规律性的东西，诸如兄终弟及制的类型及其存在的长期性、由这种继承制到父死子继的转变及其与各自的社会发展的关系等。

一、题解及标准

兄终弟及或类似兄终弟及的继承制，可溯源于母系氏族社会。这在恩格斯的《家庭、私有制和国家的起源》中已讲得很多。但这本书只写到国家的起源，没有讲到建立国家后的情况，而这样的续承制在建立了国家的地方，还存在了很久。本文拟就其在苏格兰、日本、英格兰和中国的情况加以探讨。至于涉及的时限，在苏格兰为阿尔巴王国成立（843年）到1290年马克阿尔平王系断绝；在日本为3世纪初到奈良时代（710—784年）末；在英格兰为七王国时代（5至9世纪）到诺曼人入侵（1066年）；在中国为商代。

这四个地区的兄终弟及制，大致可分为较典型的和较不典型的两类。划分的标准是女性能否继承王位及在王位继承上是否分主支、旁支。

不分主支、旁支，弟及就较易实现。但为什么兄终弟及竟要用女性能否继承王位作为一条标准呢？这是因为这个制度既然导源于母系氏族社会，当然与女性有关。妇女可以续承，正表明女性的地位还相当高，因而更接近母权制原型。苏格兰和日本具备这两个条件，因而比较典型；英格兰和中国不具这两个条件，因而较不典型。

二、苏格兰与日本

(一)苏格兰①

恩格斯说:"至于从前在苏格兰盛行过的母权制,这从下述事实中可以得到证明,据贝达说,皮克特人的王室是按照女系继承的。"②这里所指的皮克特人王室,不过是一个松散的部落联盟的首领。《盎格鲁-撒克逊编年史》在讲到这一按照女系续承的来源时说,当时居住在日后称为苏格兰的皮克特人,向居住在爱尔兰的苏格特人"要求妻子,苏格特人把妻子给了他们,条件是他们须一贯从女系选择他们的王室,而皮克特人在以后长期内都遵守了这个条件"。③

这个国家的王位实际上虽由男性继承,但女性并未丧失继承权;而由于对偶婚习惯的影响还存在,所以即使在马克阿尔平以后,继承仍是从母系(女系)而不是从父系(男系)计算的。形式上经由贵族会议选举,而实际上由国王指定的继承人,可以是兄弟、从兄弟、再从兄弟,甚至舅父,但就不能是自己的儿子。因为按照当时的观念,母亲是最亲的,国王死时须将王位还给最亲的人——母亲,而不管她在世与否,再由母亲传给最亲的人——另一个儿子。这正是恩格斯讲的"男性死者的子女并不属于死者的氏族,而是属于他们的母亲的氏族;最初他们是同母亲的其他血缘亲属共同续承母亲的,后来,可能就首先由他们来继承了;不过,他们不能继承自己的父亲,因为他们不属于父亲的氏族,而父亲的财产应该留在父亲自己的氏族内"④的情况。母子在同一氏族,而父子不在同一氏族,为了把王位保持在马克阿尔平一家(实即该氏族)手中而不外传,所以由母亲交给她另一个儿子。

历史事实证明了这点。马克阿尔平后代所实行的继承制称为平行制,即他的后代的两支,不分主、旁,地位完全平等,交替继承,甚至其间有一个非马克阿尔平后代的人得位,也未能破坏这一规则。从公元843年马克阿尔平之子肯尼思一世到第13个国王肯尼思二世(971—995)为止的152年中,都是按兄弟一叔

① 关于马克阿尔平王朝建立后的继承制,可参拙文《从继承制看马克白斯在苏格兰历史上的地位》,《世界历史》1981年第6期。

② 《马克思恩格斯选集》(第4卷),人民出版社,第130页。贝达为盎格鲁-撒克逊僧侣学者、神学家和历史学家,此语出自其《盎格鲁教会史》第1册第1章。

③ 《盎格鲁-撒克逊编年史》抄本E(Laud Chronicle)第1段。见G.N.Garmonsway译 *Anglo-Saxon Chronicle*,伦敦,1956年再版,第3页(以下简称《编年史》)。

④ 《马克思恩格斯选集》(第4卷),人民出版社,第50~51页。

侄—从兄弟—从叔侄—再从兄弟—再从叔侄—远房兄弟的规则传袭的。[1]有几个人想破坏这一规则,也未得逞。

但是,随着财富和权力的增加以及封建化的影响,肯尼思二世便在贵族会议上强行通过新平行制的继承制。它规定一个国王死后,"应由子或女、侄或侄女[2]继承;或其亲兄弟或亲姐妹继承"。[3]这个新平行制仍然承认女性有继承权,但把原来没有继承权的儿子提到了首位。他想用此来改变旧的继承制,使其子能在他死后当上国王。但在他死后,贵族会议并未选其子为王,仍按旧制选了该继承的人。这样又经过两个国王,直到1005年,由于其子杀掉在位者而登上王位,才破坏了平行制。

从公元843年到1005年,苏格兰共经历15个国王,162年。在这样长的时间内,这样有规则的兄终弟及而不掺入父死子继,就笔者所知,在世界上是唯一的。

(二)日本[4]

研究日本古代到奈良末期的重要史籍是《日本书纪》和《续日本纪》。尽管前书把日本历史拉得很长,其神武纪元竟相当于公元前660年,但实际要到3世纪时,才出现大体上可以叫作国家的组织。[5]

我们要了解这段时期的继承制,必须先了解日本皇室的婚姻制。

1. 皇室的婚姻制

从3世纪初的仲衷到8世纪末的桓武,共有28个男天皇和6个女天皇(其中两个两次在位,即皇极—齐明、孝谦—称德),另有一个皇后摄政,即仲哀后神功。[6]

这些男天皇的主要婚姻关系是:

(1)与异母妹结婚者四人:仁德(之后皇后)、履中、敏达(之后皇后,即推古)和用明。

(2)与从妹结婚者四人:仲哀(之前皇后)、安康、敏达(之前皇后)和孝德。

---

① 世系表见《世界历史》1981年第6期。

② 因女性有继承权,故侄儿包括外甥,侄女包括外甥女。

③ 出处见《世界历史》1981年第6期。

④ 文中提到的重要史籍系由朝日新闻社于1929年出版。

⑤ 井上清:《天皇制》,商务印书馆,1975年,第8页。

⑥《日本书纪》说她摄政六十九年,活了100岁,这当然不可信,但当时有个最高的女首领,应没有问题。《书纪》谓其告群臣,她要"暂假男貌,强起雄略"。传说中的神武西征,当与扩大大和势力有关。《三国魏志·倭人传》载"(明帝)景初二年六月,倭女王遣大夫难升米等诣郡,求诣天子朝献"的事,也可能与之有关。

（3）与再从妹结婚者一人：允恭（之后及一妃）。

（4）与远房妹结婚者四人：仲哀（之后皇后，即神功），应神（之后及一妃）、仁贤和继体。

（5）与侄女结婚者四人：钦明（之后及两妃）、舒明（之后，即皇极一齐明）、天智、天武（之后及三妃，后即持统）。

（6）与远房侄女结婚者一人：显宗。

（7）与远房侄孙女结婚者一人：光仁。

（8）与姑母结婚者一人：雄略。

（9）与远房姑母结婚者二人：安闲和宣化。

（10）与非皇族结婚者六人：仁德（之前皇后）、反正、崇峻和文武（之夫人，三人均未立皇后，只立夫人）、圣武和桓武。

（11）未详后身份者二人：武烈（之后父未详）、淳仁（后的身份不详）。

另有清宁无皇后。

至于摄政和女天皇的情况是：神功、推古、皇极一齐明、持统四人已见上。元明系天智第四女，与其夫草壁皇子是叔伯姑母与侄儿的关系；元正为二人女，未结婚，但父曾是太子，母当了天皇；只有孝谦一称德母姓藤原，她是本时期中非皇族而确知得立为皇后的第一人，当时已是藤原氏专权。这样，除孝谦一称德而外，所有摄政和女天皇的父母或丈夫，不是天皇便是皇太子。

从上可知绝大部分天皇，皇后为族内婚，所以在藤原氏专权，女得以嫁天皇以前，从未出现外戚一词。不仅天皇如此，皇子、皇女间也盛行族内婚，因此不能用中国的辈分关系来了解日本皇室的婚姻。如安康后中蒂姬原是大草香皇子妻，为安康的婶母，但中蒂姬是履中天皇之女，应为大草香的侄女，与安康则是从兄妹关系；孝德后间人皇女，是舒明与皇极之女，从父看，应是孝德从妹，但从母看，则是孝德的外甥女，因皇极为孝德之姐；又如持统与元明两个女天皇，都是天智之女，持统为天武后，但其子草壁皇子娶了元明，因之本是姐妹又成了婆媳。

在皇室中盛行的这种族内婚，带有"普那路亚家庭"的色彩，有些像恩格斯讲的"如果说家庭组织上的第一个进步在于排除了父母和子女之间相互的性交关系，那么，第二个进步就在于对于姊妹和兄弟也排除了这种关系。这一进步，由于当事者的年龄比较接近，所以比第一个进步重要得多，但也困难得多。这一进步是逐渐实现的，大概先从排除同胞的（即母方的）兄弟和姊妹之间的性交关系开始，起初是在个别场合，以后逐渐形成惯例，最后甚至禁止旁系兄弟和姊妹之间的结婚"①的情况。从日本皇室关系看,约略相当于恩格斯讲的第二个进步,而这一进步确困难得多,是逐步实现的。迟至允恭(412—453)时,太子木梨轻皇子还与同母妹轻大娘皇女发生性关系。②至于"最后甚至禁止旁系兄弟和姊妹之间的结婚"则一直到光仁(770—780)都未办到。

普那路亚家庭在发展上低于对偶家庭,母权要强得多。这就能说明为什么日本真能有妇女当天皇;而在苏格兰,妇女虽未丧失继承权,但实际上并无人当国王。③

2.继承制的特点

从婚姻关系看,日本还处在这样低的水平,但国家已形成,君主早已不是恩格斯讲的军事首长(巴赛勒斯),而是统治者了。这是一个矛盾。它会反映到天皇继承上。从表面看,《日本书记》和《续日本纪》都很强调后妃、嫡庶之分。那么是否也像中国"立嫡以长不以贵、立子以贵不以长"呢? 不完全像。因为立嫡的比例小,立嫡长子的比例还要小。28个男天皇中,嫡长子继父位的只有应神、仁德、履中、武烈、钦明、敏达和天智7人。仔细分析起来,真正的嫡长子只有仁德、履中和天智三人,应神、武烈和钦明因是天皇唯一嫡子而继承,这6个人完全符合中国的嫡长子观念。敏达因兄死,以嫡次子资格继父位,也还符合中国无嫡长孙时的特殊情况。扩大为嫡子,也只能加上安康以嫡次子继允恭之位。所以28个男天皇中,嫡子继位的仅8人而已。

这些情况表明皇后的地位只能说比妃嫔略高。实际上妃嫔中有不少皇族,有些还是皇后的亲姐妹,因此真正的皇后地位更难确立,即使非皇族妃嫔,多数也出自有势力的贵族,如藤原氏得势后,这家当妃嫔者的势力就不会较出自皇室的皇后为小。

既然皇后的地位比妃嫔高不出多少,因此嫡子的地位也比庶子高不出多少,随之而来的是庶子在继承上的地位并不比嫡子低多少,所以嫡庶争立、互相残杀就不会少。

在这种情况下,怎样才能使皇位继承稳定下来? 采取了两种办法:

(1)在继承实践上,不太强调嫡庶之分,而多以长幼为序。如继体本已立嫡为大子,但在他死后,仍由庶长子、次子先立,再轮到嫡子,这就是安闲、宣化和钦

---

①《马克思恩格斯选集》(第4卷),人民出版社,1972年,第33页。

②《日本书纪》卷第十三允恭之廿三、廿四年。另《古事记》卷下允恭天皇之三也提到此事。

③ 马克阿尔平王系的最后一人称挪威幼女玛格丽特(Margrt, Maid of Norway, 1286—1290),是因王系男嗣绝,通过其母(嫁挪威王)而继承的。这是西欧的封建继承制,而非母权制的影响。

明。仁德的三个嫡子也是按长幼次序立的,是为履中、反正和允恭。钦明的三子本为嫡长庶幼,也按长幼顺序即位,是为敏达、用明和崇峻。此外,兄弟继立的还有安康和雄略。所以在继承实践上,兄终弟及表现得比父死子继多。

(2)广泛利用普那路亚家庭制。上一种办法有时还不能解决矛盾,在位的一支和不在位的一支或数支是有可能发生冲突的,特别是前者要排除后者的继承权时更是如此。于是从婚姻制中找出路。最初本是母权制遗风的普那路亚家庭制,越来越被利用来作为竞争的手段,日本天皇之与异母妹、侄女、从妹、再从妹等结婚,在政治上都有减少支数、吞并另一支或与另一支合流的作用。敏达与异母妹(即推古)结婚,具有防止推古与另一皇子结婚形成新的一支的作用。舒明娶侄女三人(皇后即皇极一齐明),具有把其弟茅渟王一支减到只剩孝德的作用。最明显的莫过于天武与其兄天智子女的关系:天武杀兄子大友皇子而娶兄女四人为后妃,又为草壁皇子娶天智另一女为妻,一下就减少天智后代形成好几个新支的机会。这具有吞并作用。天武死,天智之女、天武后当了天皇(持统),就好像皇位又归了天智一支;祖母持统传孙文武,则似天智、天武两大支合流了,因为文武的祖父母、父母是分属两支的。

第二种办法实际是本系族内婚造成的矛盾,又用族内婚的办法去解决。尽管暂时能缓和矛盾,但从根本看是治丝愈纷,问题越来越多的;后来又加上藤原氏的专权(甚至想夺位),使矛盾更复杂化。孝谦到淳仁及孝谦再当天皇(称德)的22年(748—770),这些矛盾都激化了。但孝谦一称德以后,日本再无女天皇,表明母权制影响已大大减弱。

综观日本这段时期的继承制,兄终弟及是占优势的。从世系表看,继承虽甚杂乱,但如从婚姻制加以研究,也大致能找出其特点。这里不是苏格兰的两支,而是多支林立,都可继承,但哪支也成不了主支。于是竞争者须用减少支数、吞并别支等办法来使发展趋势有利于己支,与异母妹、侄女、从妹、再从妹等结婚的特别多,正说明这个问题。直到本时期末,光仁(770—780)以远房侄孙女为后,表明仍未放弃以普那路亚家庭制为手段的做法。有意识地运用它作为竞争的手段,便是国家形成已数百年,还未达到"最后甚至禁止旁系兄弟和姊妹之间的结婚"的原因。

日本和苏格兰比较,虽然没有两支交替继承,但哪支也有继承权,在不分主、旁支上一样。另一方面,苏格兰虽实际无女王,但女性从未丧失继承权,所以上述两个条件都是具备的。

三、英格兰与中国

(一)英格兰

这段时期的重要史料是贝达的《英吉利人的教会史》和《编年史》,但前者只写到公元731年,而后者的抄本中有到1154年的,所以更重要。

裘特人在449年登陆不列颠,接着来了撒克逊人和盎格尔人。他们把不列吞人赶到西部,最后形成7个王国(其中诺桑布利亚是由代拉和伯尼西亚合并而成)。在现存的8个王系中,东撒克斯和南撒克斯缺漏太多,看不出问题;东盎格里亚的也有许多缺漏,难于据以分析;剩下的5个王系中,最有连续性的是诺桑布利亚(包括代拉和伯尼西亚两王系)和西撒克斯。但即使这两个王系,有时年代也有出入。事实上,连年代也靠得住的只有802年艾克伯特即位后的西撒克斯王系。

这三种人虽然不一定都是日耳曼人,但显然以日耳曼人为主。对于他们早期的婚姻状况,恩格斯根据塔西佗的著作讲到了三点:"第一,尽管婚姻十分神圣,——'他们以一个妻子为满足,妇女生活在被贞操防卫起来的环境中',——但是在他们的显贵和部落首长中间仍然盛行多妻制……。第二,从母权制向父权制的过渡,在他们那里只是在前此不久的时候才得以完成,因为母亲的兄弟——按照母权制是最近的男性的同氏族亲属——在他们那里仍然被认为是比自己的生身父亲更亲近的亲属……。第三,在德意志人中间,妇女享有很大的尊敬并且对公共事务也有很大的影响,这是同一夫一妻制所特有的男子的统治直接矛盾的。"[①]

现在已过四五百年,日耳曼人已在不列颠建立了国家,对照恩格斯总结的三点,情况是:

1.在婚姻上肯定是"一夫一妻家庭"制。部落首长现在成了国王,显贵成了他下面的贵族。从《编年史》中看到的情况,国王除偶尔娶本国大贵族家女为妻外,大部分是娶其他国王的姐妹和女儿。如718年提到诺桑布利亚国王阿尔德夫雷斯的妻子是西撒克斯的公主卡斯伯尔;787年西撒克斯王波尔特雷克娶墨西亚国王阿发妹为妻。这当然不是族内婚,而且已越过了对偶婚的阶段了。

这样的婚娶与当时诸国间频繁的战争也有关系。通过结婚,两国往往结成联盟反对第三国,偶尔也有通过结婚使敌对状态停止的。这些国王和显贵也实

---

①《马克思恩格斯选集》(第4卷),人民出版社,1972年,第64页。

行多妻制,《编年史》中提到不合法儿子,即是证明。

但也有例外。肯特王阿塞尔伯尔特娶法兰克国王女伯尔塔为后。她把罗马基督教带到英格兰。597年,圣奥古斯丁到肯特。后来阿塞尔伯尔特也皈依罗马基督教。但他在616年死后,《编年史》提到其子爱德博尔德放弃基督教,并按异教习俗以其父遗孀为妻。这个遗孀是否即伯尔塔不得而知,因阿塞尔伯尔特不一定就她一个妻子,但也不排除就是伯尔塔。所谓异教习俗,自然是从基督教的观点来看的。但它是不列吞人的习俗,还是日耳曼人的习俗,已不得而知。这还是恩格斯讲的血缘家庭阶段的婚姻制,虽然发生在进入不列颠后的较早时期,而且以后也再未见到,但以其表现了家庭制第一阶段的痕迹,仍值得注意。

2.这时已无例外是父亲比母亲的兄弟为亲的。这里不像苏格兰维持对偶婚遗留下来的习俗那样久。

3.妇女地位肯定比塔西佗时代低多了,但也未降到对公共事务毫无影响的地位。公元672年,西撒克斯王孙瓦尔死,其妻塞克斯伯尔统治一年;阿弗烈德的女儿阿塞尔夫莱德,是墨西亚伯爵阿塞尔雷德的妻子(当时墨西亚已为西撒克斯所并),他在其父与其从叔争夺王位时,曾助其父,夫死后还单独管理墨西亚8年;其他如几个王后主持修建教堂,这在当时也是重要的公共事务。但妇女大概已丧失继承权了。阿塞尔夫莱德死的下一年,她和阿塞尔雷德所生之女阿尔夫温被取消墨西亚主上的资格,并被召回西撒克斯,有可能阿尔夫温犯有错误,但也可能是妇女已没有继承权了。

据此可知母权制的影响比苏格兰、日本为小,那么兄终弟及出现的次数也应比二者为少;但现存几个较完全的王系表中,兄终弟及出现的次数仍然相当多,笔者认为这与当时战争频仍有关。父死子继不利于战斗,以子比弟小,而且一场大战往往父子同亡,这时也只得弟及了。这一点在西撒克斯艾克伯特的后代中尤为突出,因须与丹麦人作殊死斗争。就各王系言,墨西亚有两次兄终弟及,一次三人,一次二人;东盎格里亚有两次,每次三人;肯特一次三人;诺桑布利亚较多,两次两人,一次三人,一次四人,西撒克斯在阿塞尔沃尔夫(839—857)以前可能没有,以后一百六十余年间,一次四人,一次三人,两次一人。

兄终弟及在盎格鲁-撒克逊人(包括裘特人)中还表现为父王死时,把土地分给诸子,再由其中最后存者加以统一。如肯特王韦特雷德(690—725)死时,把王国分给三子,其中一人不久即死,三人中最后活着的又使王国复归统一。[①]西撒

①《英国百科全书》,第14版,1956年,肯特王国条。

克斯王阿塞沃尔夫死时也这样。他把西撒克斯分给长子阿塞尔博尔德,把肯特、东撒克斯、南撒克斯(均已臣服西撒克斯王)和沙利分给次子阿塞尔伯尔特。三年后兄死,始由弟统辖全部地区。这样的分治,是根据什么古老习惯,或与军事情况有关就不得而知了。

(二)中国

商代的继承制,我们很熟悉。"从汤到纣,共十七代,但继位为王者却有当十一人,在十七代中兄终弟及位的共九代,计二十三王。"①所以王国维说:"特如商之继统法,以弟及为主而以子继辅之,无弟然后传子。"②商统治者是一夫多妻制,妇女根本无继承权,所以只符合本文提出的较不典型的一类。在继承上,起初虽未分主支、旁支,后来则分了,成为幼弟传子而不复传兄子的情况,所以也只能归入较不典型的一类。

上列四个地区,尽管在表现上有较典型与较不典型之分,但仍有共同点,即恩格斯讲的希腊人的氏族的议事会那样的组织还都存在,甚至还可能有他讲的人民大会存在。议事会的组织是氏族内的组织,当时已由贵族占优势,现在则已是贵族会议了。

国有大事,由贵族会议作出决定,各地区都是如此。在苏格兰,凯尔特人的酋长选举法仍然保存,新国王必须由选举产生,即使是指定继承人,走形式也得经过贵族会议选举。肯尼思二世要改变旧继承制,也必须取得贵族会议同意,但他死后,贵族会议并未按他的意图办。在日本,贵族会议为大臣会议,仲哀死,神功皇后召集大臣举行会议,决定秘不发丧,暗地运走仲哀尸体,而由神功摄政;女天皇推古死未立嗣,由权臣苏我虾夷在家里召开大臣会议,在立谁为嗣上,苏我提出的人选遭到部分出席者的反对,最后苏我取得胜利;女天皇孝谦议立太子时,也召集了大臣会议,出席者提出几个人选,虽然仍是孝谦定调子。这些都表明大臣会议有其重要性。英格兰则有贤人会议。《编年史》提到755年,西撒克斯的孙尼沃尔夫废国王西格伯尔特时,与贤人会议商量过。迟至1066年,守教者爱德华由大贵族戈德温之子哈罗德继位时,《编年史》在讲了爱德华把王国赐给他后,又说:"再者,他还被选为国王。"商代就盘庚迁都事进行讨论时,参加者有同

---

① 赵锡元:《论商代的继承制》,《中国史研究》1980年第4期。

② 《观堂集林》卷10《殷周制度论》。对于商代继承制,以后又有幼子继承制及长子继承制的主张,最近主张前者的即上文,主张后者的是杨升南:《是幼子继承制,还是长子继承制?》,《中国史研究》1982年第1期。

姓贵族、异姓贵族，还有老百姓，这表明人民大会可能还存在。《尚书·盘庚》的上、下篇是各对同姓贵族、异姓贵族讲的，中篇则是对老百姓讲的。[1]

四、由兄终弟及到父死子继的转变

恩格斯讲到由母权制过渡到父权制时曾说："随着财富的增加，它便一方面使丈夫在家庭中占居比妻子更重要的地位；另一方面，又产生了利用这个增强了的地位来改变传统的继承制度使之有利于子女的意图。但是，当世系还是按母权制来确定的时候，这是不可能的。因此，必须废除母权制，而它也就被废除了。"[2]国家的形成已当父系氏族社会之末，此后父死子继应是当然的继承制，按理导源于母权制的兄终弟及制会很快消失，但却延续了很久，在本文列举的地区内，它都不是自动消失的，从它转变到父死子继时，都有维护前者和推进后者的冲突，酿成争夺王位和互相残杀，而在有的地区，到列举时期之末，子继制仍未取得胜利。

苏格兰完成这个转变，经过两次大的斗争。1040年马克白斯维护平行制和邓肯一世推进封建继承制的斗争，延续了18年，以马尔康三世于1058年得位，父死子继制暂时胜利告终。[3]但马尔康三世和子爱德华于1093年战死英格兰时，贵族会议没有选马尔康其他儿子，而选其弟唐纳德为王；当时在征服者威廉宫廷当人质的马尔康子邓肯，借兵回国，赶走唐纳德，是为邓肯二世，但因其重用同来的英国人和法国人，所以在1094年被部分贵族杀死，唐纳德又当王；三年后马尔康另一子埃德加在舅父埃德加（即1066年被选为英王而投降征服者威廉的人，后来他与妹去苏格兰，其妹成为马尔康三世的王后）帮助下，逐走唐纳德。[4]直至此时，兄终弟及制才可说完结。[5]

日本弟及与子继之争的大爆发在公元672年，史称壬申之乱。天智本已立胞弟大海人皇子为大皇弟（皇太弟），但在671年正月时，以大友皇子为太政大臣，这是准备改为立子的先声。10月，天智疾甚时，假意要传位给大海人，大海人表示

---

[1] 参看赵锡元：《论商代的继承制》，《中国史研究》1980年第4期。

[2]《马克思恩格斯选集》（第4卷），人民出版社，1972年，第51页。

[3] 参看拙文《从继承制看马克白斯在苏格兰历史上的地位》，《世界历史》1981年第6期。

[4]《编年史》，伦敦，1956年再版，第228~234页。

[5] 苏格兰何时才确立父死子继制，史学家还有不同意见。以马凯为代表的人，认为埃德加无子传弟亚历山大一世，他亦无子而传弟大卫一世的情况仍是兄终弟及，只有大卫一世传孙马尔康四世，才能说父死子继制确立了。以狄金逊为代表的人认为埃德加是因无子才传弟的，应于此时即算父死子继制确立。因为主张不同，他们对埃德加以后王系表的画法也不同。本文据后说。

愿意出家,于是改立大友为皇太子,达到了子继目的。大海人出居吉野,12月,天智死,大友①即位。但第二年(672,壬申)5月,大海人起兵反对大友,经过激战,消灭大友势力,大友自缢死。所以这场斗争是以兄终弟及制取得胜利而结束的。后来孝谦一称德(分别为748—757,764—770)杀死和流放皇子10多人,客观上有利于父死子继制,所以光仁、桓武、平城能三代父子相继。但日本一直未能建立巩固的传子制。

这一转变在英格兰虽不甚清楚,但901—905年的争位,看来与此有关。阿弗烈德传子爱德华后,爱德华的一个从弟阿塞尔乌尔德②举兵反抗,原诺桑布利亚地区且本认他为王。这件事闹得很大。阿塞尔乌尔德逃到海外,与丹麦人一起来侵英格兰。《编年史》的一个抄本还说丹麦人也承认他为王。905年,双方展开一场大战,阿塞尔乌尔德战死,爱德华也未取胜,不过既然主角已死,事情算完结,爱德华以子继而得的王位,没有再受到威胁。可是爱德华的三个儿子仍是兄终弟及,以后其次子的两个儿子爱德威格和埃德加也是兄终弟及,埃德加的两个儿子亦然。以后丹麦王卡纽特统治英国,其子亦兄终弟及。这里直到1066年也未能确立父死子继制。

至于商代,则有"九世之乱"。《史记·殷本记》称:"祖乙崩,子帝祖辛立。帝祖辛崩,帝沃甲立,是为帝沃甲。帝沃甲崩,立沃甲兄祖辛之子祖丁,是为帝祖丁。帝祖丁崩,立(祖辛)弟沃甲之子南庚,是为帝南庚。帝南庚崩,立帝祖甲之子阳甲。帝阳甲之时,殷衰。自中丁以来,废嫡而更立诸弟子,弟子或争相立代,比九世乱,于是诸侯莫朝。"

这里所谓废嫡是误以周以后的观念来看商的继承制的。至于九世之乱的情况是:③

(1)		(4)	(5)		(7)		(9)
大戊→中丁……		→祖乙→祖辛……			→祖丁……		→阳甲
(2)↓		(6)↓		(8)↓		↓	
外壬		沃甲——		……南庚		盘庚	

① 即现在一般世系表中的弘文天皇,弘文是明治三年的追谥。这里的月份都是阴历。

② 据所有世系表,阿塞尔沃尔夫的四个儿子是兄终弟及,阿弗烈德是最小的,但他可能还有弟兄,《编年史》在这里写作"Aethelwold, Son of his(指爱德华的——作者注) Paternal uncle",如系阿弗烈德三兄长中任一个的儿子,当会明白写出来,但这里没有,按文字理解,阿弗烈德应还有另外的弟兄。

③ 据赵锡元:《论商代的继承制》,《中国史研究》1980年第4期。

(3)↓

河亶甲——

九世之乱的真相,由于材料缺乏,无法弄清楚,这点早经王国维指出,而现在对商代继承制有不同意见者,对此往往提出不同解释。笔者参照其他地区的情况,也试图作一解释,以供参考。

商初的继承制是汤的三子大丁、外丙、中壬兄弟相传后,中壬传给长兄大丁子大甲,这表明不分主、旁支,地位相等,都有继承权,与苏格兰的情况有类似之处。如大甲传外丙子,外丙子传中壬子,则会成为苏格兰那样的纯粹兄终弟及的状况。但大甲传了子沃丁,这就出现了子继,有了主支,使外丙和中壬的两支丧失了继承权。沃丁传弟大庚,则又是兄终弟及。大庚也未传兄子而传己子小甲,摒沃丁一支于不顾。大庚三子小甲、雍己和大戊又是兄终弟及。大戊传己子中丁,又使小甲、雍己两支丧失继承权。大戊的三子中丁、外壬、河亶甲又是兄终弟及的。这样,在世系表上便表现为父死子继和兄终弟及(或者倒过来说兄终弟及和父死子继)相间出现的情况。很显然,这样的继承办法是不能长期维持的。

再往下,如果照大庚和大戊的做法,应是河亶甲传己子,所以祖乙之得位,正是为中丁的一支取得继承权,从而恢复到商初不分主、旁支的情况。祖辛继父祖乙,自然是根据父死子继原则的。但当祖辛要传子祖丁时,却为弟沃甲根据兄终弟及夺取了继承权。祖丁之继沃甲,则既根据子继制本应由他继父祖辛之位,而针对沃甲,则可使用不分主、旁支都有继承权的旧制夺得王位。接着是沃甲子南庚既根据父死子继应继沃甲位,也根据上述旧制取得王位。而后阳甲又根据子继父位原则,针对南庚,也使用按旧制的原则得位。他传弟盘庚,结束了九世之乱。九世中的祖辛、沃甲、祖丁、南庚的继承情况,竟与苏格兰的两支交替,不分主、旁的情况相同,实际上也和肯尼思二世后的两次斗争一样,这里是有兄终弟及和父死子继两种继承制的冲突的。这种冲突正表明兄终弟及制虽已过时,但仍不会自动消失,还要经过斗争。只有在盘庚以后,它才成了强弩之末,但一直要到庚丁以后,父死子继制才得到确立。

苏格兰、日本和英格兰之向父死子继制过渡,都与各自的社会走向封建化有关,即使是商代,也与较低级的奴隶社会发展到较高级的奴隶社会有关。我们不能脱离社会发展来看待继承制的转变问题,形成国家前如此,形成国家后也是如此。

本文原刊载于《世界历史》1983年第1期。

作者简介:

辜燮高,1923年生,四川省眉山人,曾任中国英国史研究会副理事长。1946年毕业于武汉大学历史系,后赴英国爱丁堡大学留学,回国后任广西大学副教授。1951年受聘南开大学,历任历史系副教授、教授。长期从事英国史研究,著有《英国史》(蒋孟引主编)《中东民族解放史》(约旦部分),合编《美国黑人解放运动大事记》,主译《一六八九——一八一五年的英国》(上下册),合译《美利坚共和国的成长》《十七、十八世纪的欧洲大陆诸国》《美国南北战争史资料选辑》《美西战争史资料选辑》《剑桥世界名人百科全书》等著作。

第二次鸦片战争初期美国对华军事行动始末

易廷镇

第二次鸦片战争初期,1856年11月16日,美国军舰"朴资茅斯"(Portsmith)号炮击我国珠江沿岸的猎德炮台,我炮台守军奋力还击,双方发生激烈炮战。美舰被击伤后,于20日至22日间调集海军陆战队袭占并毁坏四座猎德炮台。破坏工作进行了半个多月,于12月6日撤退。中国炮台守军和地方武装曾进行有力的阻击。当时美国驻华公使伯驾(Peter Parker)曾向美国政府报告说:"这是我国驻华海军给予中国的第一次打击,这一打击所采取的方式,估计将使我国海军在这个傲慢自大的政府心目中确立显赫的威信。"①两广总督叶名琛事后在奏折中说:"眯国伯驾……(咸丰六年)十一月初旬竟在东路各炮台接仗,大挫其锋。"②这是中美关系史上一个重要事件。我国历史文献中的最早记载是两江总督怡良署江苏巡抚赵德辙在咸丰六年十一月十七日辛未(即1856年12月14日)的奏折,其中只简单地提及"嘆咪均有占据炮台之事"。③后来的史料和论著也缺乏详细论述。《触藩始末》一书有一段关于当时猎德炮台抗击外国军舰侵袭的记载,显然指的是这一事件,但由于未说明这些外国军舰是美国军舰,而且在时间上也有错误,因而使得这一文献未被充分利用。④夏燮所著《中西纪事》一书对这次事件有论及,但时间和史实都有错误。⑤新中国成立以来,我国关于中美关系史的论著

---

① 参见"伯驾致美国国务卿威廉·马西,1856年11月22日",《卸职美国驻华公使通信汇编》(*Correspondence of the Late Commissioners in China*),第1021页(原《美国参议院第35届第二次会议行政文件》第9卷,华盛顿,1859年,下文简称《驻华公使通信》)。

② 贾桢:《筹办夷务始末》(咸丰朝卷17),中华书局,1979年,第35页。

③ 贾桢:《筹办夷务始末》(咸丰朝卷14),中华书局,1979年,第20页。咪即美国。

④ 华廷杰:《触藩始末》(卷17),《近代史资料》1956年第2期。这段记载说,炮战先后发生于咸丰六年十月初一日(即1856年10月29日)和十月十三日(即1856年11月10日),日期有误。

⑤ 该书记载:"(咸丰六年十月)十七日(即1856年11月14日,记载日期有错误——引者)有花旗(即美国——引者)船只自澳门来,经沿河炮台,兵勇不辨,误击其货船二,花之领事致书粤督不省,遂与弥(即弥利坚,美国——引者)人有隙。"(见该书卷12,第6页)王之春《国朝柔远记》亦有类似叙述(见该书卷13,第5页)。

对这一事件的论述比较简略,①有的没有论述,②有的在论述上有差误。③

　　这一事件曾受到革命导师马克思的注意。他在评述第二次鸦片战争的一系列论文的第一篇《划艇"亚罗"号事件》一文说:"关于美国巡洋舰'朴资茅斯'号击毁一座中国炮台的报道,我们还没有接到足够的消息可以表示确定的意见。"④马克思这篇论文是作为社论发表于1857年1月23日的《纽约每日论坛报》,因此这句话是否确实出于马克思的手笔,还是曾被该报编者窜改,迄今《马克思论中国》这一文集的各国编者意见尚不一致。⑤马克思撰写这篇论文的时间为1857年1月7日,按当时运载来自中国方面消息的邮班一般要走47至48天的时间计算,⑥

---

　　① 刘大年《美国侵华史》论述这一事件时只提及:"在广东方面美舰两度轰击海岸炮台,杀伤中国守军三百多人"(人民出版社,1951年,第8页)。卿汝楫《美国侵华史》引用大量文献史料详述美国侵华各种史实,但对这一事件只有如下简略论述:"美国的海军在英国的海军进攻广州后,也以保侨为名,向广州进发。当中国炮台不知道是美国兵船,开枪止航的时候,他们就进攻中国炮台,并且发出哀的美敦书,限叶名琛于二十四小时内答复"[见该书(第1卷),三联书店版,1953年,第174页]。蒋孟引《第二次鸦片战争》对这一事件立论明确,但论述也只有一段话(见该书三联书店版,1965年,第48页)。

　　② 汪敏之《美国侵华小史》(三联书店版,1950年)、《美国侵华史料》(中国人民保卫世界和平反对美国侵略委员会北京分会编,人民出版社版,1951年),谢牧《美帝侵华政策的百年总结》(上海潮锋出版社版,1951年),王城《中美关系实况》(新潮书店版,1951年),王春《美国侵华史话》(工人出版社版,1956年)等书都没有提及这一事件。丁名楠、余绳武等《帝国主义侵华史》(第1卷)(人民出版社版,1961年)这部重要论著也没有论述这一事件。

　　③ 于蓝编著的《美国初期侵华史话》在论及这一事件时说:"美国海军在这一战役中曾帮助英国强盗,炮毁广州附近的横档炮台。"(开明书店版,1951年,第37页)此处论述有误,横档炮台应为猎德炮台。

　　④《马克思恩格斯论中国》,人民出版社,1961年,第38页。

　　⑤ 英国历史学家端娜·陶尔所编《马克思论中国》一书保留这句话,没有怀疑这句话不是出于马克思的手笔,也没有说曾被《论坛报》编者窜改。(见该书伦敦罗伦斯-韦沙出版社版,1951年,第17页)。1955年柏林狄茨出版社《卡尔·马克思论中国》德文本也同样保留这句话(见该书第28页),1975年美国纽约戈登出版社出版的《马克思论中国,1853—1860年》也作了同样处理。但1973年法国出版了《马克思恩格斯论中国》法文版时,该书编者虽然保留了这句话(见巴黎联合图书出版社1973年第222页),却在编者注中说:"这句话无疑是《论坛报》编者所加。"(见该书第251页注33)《马克思恩格斯全集》中文版第12卷以《英中冲突》为题载入这篇论文时删去了这句话(见该卷第119页),反映了《马克思恩格斯全集》俄文第2版编者对这句话是否出于马克思手笔的怀疑,但编者对这一删节未作任何说明。

　　⑥ 当时有关中国的各种消息的报道,包括如《中华之友》(*Friend of China*)、《跨陆中华之友》(*Overland-Friend of China*)等香港报纸(马克思、恩格斯在论中国论文中多次引用过这些报纸),都是由香港经加尔各答转伦敦的"跨陆邮班"(Overland mail)运送的。笔者见1855年1月22日出刊的第2期《跨陆中华之友》载有1854年全年跨陆邮班由香港抵达伦敦的实际航程时间表,表中所列邮班到达伦敦所需时间最快为45天,最慢为60天,大多数为47天或48天(见该期所载"邮班行程费时统计表")。

美国巡洋舰"朴资茅斯"号第一次炮击中国炮台(1856年11月16日)的最初消息这时大约刚刚到达伦敦,当时事态还在发展,马克思所得到的各方面报道还不充分,所以他就如实地写下了上述这句话,以引起美国读者对这一事件的注意。但鉴于马克思对英国海军借口"亚罗"号事件发动一系列侵略行动的谴责,以及后来在《毒面包案》一文中对美国驻华公使伯驾的批评,马克思也很可能在这篇文章中曾对这一事件发表过评论,而被《纽约每日论坛报》作为社论发表时窜改或删节了。

在论述中国对外关系史的一些美国和英国的重要著作中,这一事件的真相备受歪曲。马士(Hosea Ballou Morse)在所著《中华帝国对外关系史》把美国军舰炮击中国炮台归因于中国炮台在1856年11月15日故意炮击悬挂美国国旗的船只,因而美国海军"决定用还击平息这些犯有侵犯罪的炮台"。①英国历史学家科斯廷(W. C. Costin)还说美国方面曾在袭击中国炮台之前事先向中国当局进行过交涉,"在美国全权公使对此侮辱要求赔补失败以后,美国军舰用炮火平息了这些中国炮台,作出恰当的惩罚"。②马士最后指出;这一事件在叶名琛"于12月5日提出一个圆满的道歉"后结束。③这些论述都不符合史实,所谓"惩罚"更是帝国主义者的腔调。近年出版的《美国历史辞典》为这一事件专列一个词条,指出这是"美国第一次对中国使用武装力量"。该词条只提及1856年11月20日美国海军对猎德炮台的袭击,在史实上有缺漏之处。④

鉴于以上情况,本文根据美国政府档案、英国议会蓝皮书、法国史料和我国文献等多国第一手资料,并查阅了曾被马克思在论中国论文中所多次引用的《跨陆中华之友》等香港报纸的原始记载和报道,综合论述这一事件的背景、起因、经过和结局的全部过程,阐明其历史真相。

一、背景

1856年10月23日,英国舰队在司令官西马縻各厘(Michael Seymour)海军少

① 马士:《中华帝国对外关系史》(第1卷),张汇文等译,三联书店,1957年,第486页。

② 参见科斯廷所著《英国与中国,1833—1860年》(*Great Britian and China, 1833-1860*),伦敦,1937年,第212~213页。

③ 马士:《中华帝国对外关系史》(第1卷),张汇文等译,三联书店,1957年,第486页。

④ 见《美国历史辞典》(*Dictionary of Amerrican History*)1978年纽约斯克里布纳父子公司出版,8卷本(第1卷),第268页。词条"袭击猎德炮台(1856年)"。

将率领下,借口划艇"亚罗"号事件,对我珠江沿岸炮台发动突然袭击,先后占领四沙海炮台,猎德炮台和大黄滘炮台,24日占领凤凰岗炮台,沙面炮台和海珠炮台。27日、28日连续炮击广州,29日英军一度攻入广州外城总督府,开始了第二次鸦片战争的一系列军事行动。①当时在珠江河道上已有英国军舰"加尔各答"号(Calcutta)等10余艘。

美国炮舰"朴资茅斯"号在舰长安德鲁·富特(Andrew H. Foote)的指挥下,应美国驻广州领事奥利弗·佩里(Oliver H. Perry)的要求,②以保侨为名,于10月24日开到广州河面,派出军队守卫美国商馆,另一艘军舰"黎凡特"号(Levant)在舰长威廉·史密斯(William Smith)的指挥下,又在28日到达广州河面,两舰当时连水手及海军陆战队共有140人。③

美国驻华公使伯驾于1856年11月上旬离开上海,11月8日乘美国蒸汽推进的巡洋舰"桑贾辛托"号(San Jacinto)抵达香港,11日回到澳门(美国驻华公使馆所在地)。他向美国国务卿马西(William Learned Marcy)报告了当时广州的局势,并说他已告知美国驻华舰队司令詹姆斯·阿姆斯特朗(James Armstrong)乘"桑贾辛托"号随即离开澳门驶往黄埔,以保护美国侨民。④在美国舰队司令即将离开澳门的时候,伯驾给他写了一封密函,指出在英国政府采取各种措施向中国当局索取赔补的时候,美国侨民的生命财产可能遭到危险。因此要求阿姆斯特朗前往广州,"运用他所掌握的海军力量"保护美国侨民的生命财产安全,要他"严格保持中立",同时又要求他和英法两国在行动上和政策上保持协调一致。⑤

法国军舰"维吉尼"号(Virgihie)早在11月7日前已到达广州河面。11月7日英国蒸汽舰"尼泽"号(Niger)由英国、炮舰"霍尼特"号(Hornet)11日由上海到广州。一时各国军舰云集广州黄埔河面,各种舰艇游弋珠江。10月29日英国军队一度攻入广州外城退回后,"用火药焚一德社铺户,又毁靖海、五仙二门,救火者

---

① "西马縻各厘致英国海军部的报告,1856年11月14日",载1857年1月6日伦敦《宪报》。本文有关炮台译名曾核对《触藩始末》和《中国江海险要图志》第5卷(陈寿彭译,第5~10页,光绪二十七年经世文社版)。

② "佩里致富特,1856年10月21日",《驻华公使通信》第9卷,华盛顿,1859年,第1024页。

③ "佩里致伯驾"(原函未注发信期,只注1856年11月10日收到),《驻华公使通信》第9卷,华盛顿,1859年,第994~995页。

④ "伯驾致马西,1856年11月13日于澳门",《驻华公使通信》第9卷,华盛顿,1859年,第984~985页。

⑤ "伯驾致阿姆斯特朗,1856年11月11日于澳门",《驻华公使通信》第9卷,华盛顿,1859年,第999~1000页。

被敌炮击毙二名,遂无往救者"。①大火焚烧,毁民房无数,激起广州人民的愤慨。10月30日、31日英国接连炮击广州城墙缺口。11月5日英舰袭击东炮台,东炮台猛烈还击,英舰又与东炮台附近的中国红单船20余艘发生激战,红单船大部被毁,东炮台一度被占。从11月8日起中国地方武装用"火筏子"和"火药罐"袭击广州河面英国军舰,11月12日英军又突袭攻占横档炮台,13日攻占亚娘鞋炮台。②广州珠江河道中英双方已全面处于交战状态。

二、事件的经过

约在11月上半月猎德炮台进行修复,150门大炮亦重新装备。③11月15日,猎德炮台开始对来往舰船阻击。首先炮击一艘英国轮船。香港报纸《跨陆中华之友》转载11月15日《中华之友》的报道说:"当今晨二时许英国轮船公司的汽船'广州'号(Canton)在驶离广州途中被暗中为'义勇'们重新占领的猎德炮台开炮轰击。"④15日傍晚,猎德炮台炮击一艘美国小艇。《跨陆中华之友》刊载一篇发自广州的报道说:"当日下午,美国炮舰'朴资茅斯'号的一只属艇在驶向广州途中出现于附近时,他们(指猎德炮台兵勇——引者)竟不加辨别地立即向该船炮击数发。舰长富特站起来向炮台兵勇摇示旗帜。但他们置之不理,仍继续他们的'射击',并且射击得如此准确,致使该船为慎重计立即折回,并将经过报告司令官阿姆斯特朗。"⑤伯驾也在他的报告中说:"15日傍晚,美国军舰'朴资茅斯'号的舰长富特乘小艇去广州,位于黄埔与广州中途的猎德炮台用圆形炮弹和葡

---

① 华廷杰:《触藩始末》,《近代史资料》1956年第2期。

② 均见"西马糜各厘致海军部,1856年11月14日",1857年1月6日伦敦《宪报》。

③ 据西马糜各厘在其11月14日致海军部的报告中说,英国军舰于10月23日占领四座猎德炮台,(该炮台当时有大炮150门),"在钉塞炮眼、破坏炮架和弹药,并焚毁炮台建筑物"后撤离。(见1857年1月6日伦敦《宪报》所载该报告)《触藩始末》载:"有武弁梁定海,谭蛟等献策,谓猎德炮台炮眼虽被钉塞,尚可收拾,但有勇数千,便可保守……阻敌船往来。"经叶名琛同意,"连夜修监炮架及一切备御事宜,令梁、谭两弁率兵千人守之。台后陆路亦驻勇以防绕越"。(均见华廷杰:《触藩始末》,《近代史资料》1956年第2期)西马糜各厘在11月24日又向海军部报告说:"自从我于上月23日对猎德炮台采取行动之后,此数炮台现已重新武装,目前并有强大兵力驻防守卫,附近亦有军队"。(见"西马糜各厘爵士致英国大臣,1856年11月24日发自广州"。载英国议会蓝皮书《英国海军广州行动文件,1856年10月13日至1857年1月31日》(*Papers Relating to the Proceedings of Her Majesty's Naval Forces at Canton, with Appendix, October 13, 1856 to Janurary 31, 1857*)伦敦,1857年(以下简称《英海军行动文件》),第116页。

④ 参见1857年11月24日星期一出刊的《跨陆中华之友》。据当时这些报纸的报道,修复和防守猎德炮台的有不少"义勇""乡勇"等地方武装。

⑤ 参见1856年11月24日出刊的第12期《跨陆中华之友》。

萄弹向他炮击,使小艇上的人员生命遭到危险。曾经摇示美国国旗,但没有结果,于是富特舰长退回,并将事情报告阿姆斯特朗司令官。"①

阿姆斯特朗竟然决定炮击猎德炮台。16日晨派船到猎德炮台测量水深,同时从广州把海军陆战队调回军舰,准备进攻。伯驾在其报告中说:"16日早晨,'桑贾辛托'号的海军上尉J. C.威廉森(J. C. Williamson)和领航艾尔斯(Ayres)乘'桑贾辛托'号的属艇到炮台附近测量水深,这些炮台向他们开炮。第二发炮弹使该艇的舵手J.马伦(J. Mullen)受致命伤。"②在炮台附近测量水深是采取战争行动的前奏,意图非常明显,因此理当遭到中国炮台的轰击。事态进一步发展。英国驻广州领事巴夏礼(Harry Parkes)在16日晨看到驻扎广州的一部分美国海军陆战队调回军舰。他立即(11月16日)向英国驻华公使包令(John Bowring)报告说:"美国海军部队与中国地方政府之间发生了严重的冲突,对于我们目前正在从事的敌对行动,这一冲突可能有极重要的影响。今晨8时,我观察到一部分驻防此地的美军支队登船。……据悉彼等系受命开赴泊于黄浦之船只用于进攻的目的。"③

美国海军开始发动进攻。伯驾在报告中说:"'朴资茅斯'号和'黎凡特'号载着从旗舰派出的军官士兵160人受命立即开赴猎德炮台并用汽船拖进发炮位置,沿河两岸的两座炮台被'朴资茅斯'号的炮弹打哑了。但'黎凡特'号由于搁浅,未能进入发炮位置。"④伯驾没有详述这一炮战经过,我们从《跨陆中华之友》的记载中看到美国炮舰在这一战斗中失败。该报载称:"下午二时,各船开行。不幸

---

① "伯驾致国务卿马西,1856年11月22日",《驻华公使通信》第9卷,华盛顿,1859年,第1020页。西马縻各厘有类似叙述(参见《英海军行动文件》,第116页)。法文史料中电有类以记载。见高第(Henri Cordier)《对华远征文集,1857—1858年》(L'Expédition de Chine de 1857–58, Histoire Diplomatique, Notes et Documents)巴黎,1905年(以下简称《对华远征文集》)第82页。

② 见"伯驾致马西,1856年11月22日",《驻华公使通信》第9卷,华盛顿,1859年,第1020页。《跨陆中华之友》报道说,"当阿姆斯特朗司令官得悉美国旗再度被辱,他一刻也不迟误地立即决定进行报复,并作出安排,由'威廉米特'号与'康法'号两艘汽船拖曳'朴资茅斯'号上溯至曾开炮轰击之炮台所在地,这些炮台就是在费特勒岬(Fidlers Reach)尖端之圆形炮台及其遥对之四方炮台。由于'朴资茅斯'号吃水深度为17英尺,因此要将像它这样大的船只驶至适当的作战位置是有其困难的。于是由'桑贾辛托'号附属第四只汽船载海军上尉威廉森与领航员艾尔斯先生被派去先行探测水的深度。星期日早晨(即11月16日晨——引者注)约9时许,他们在距离中国炮台四百码之内被中国人发现后,中国人立即放炮三发向他们轰击,三炮都非常准确——第一炮把坐在船首的测铅手的头炸断——第二炮、第三炮距船边只有一桨之遥。但测水工作终于完成"(参见1856年第12期该报)。

③ "巴夏礼领事致包令爵士,1856年11月16日发自广州",《英海军行动文件》,第109页。

④ "伯驾致马西,1856年11月22日",《驻华公使通信》第9卷,华盛顿,1859年,第1020页。

'黎凡特'号搁浅,不能驶到射程之内。但'朴资茅斯'号驶到足够的近度,约在下午四时左右开始生气勃勃地发炮,直至因天黑才阻止了战争行动的继续"。又说:"然而中国人也并不是沉默的,并且他们曾十次射穿了'朴资茅斯'号的船身。中国人最初的几发炮弹中就重伤了一个美国水兵。当晚,'朴资茅斯'号与'黎凡特'号均告搁浅。在星期一晨(11月17日晨——引者),经历了极大困难才能将船驶至可以用船边排炮打击炮台的位置上,而中国的炮台则在严阵以待。"①这一史料说明美国炮舰"朴资茅斯"号遭到中国炮台准确而又猛烈的回击,舰身被击伤,不得不退出战斗。②

11月16日美国炮舰炮击猎德炮台就这样以失败告终。美国驻华海军司令一方面修复被击伤的炮舰,一方面调集更多的海军陆战队准备向猎德炮台再度发动进攻。伯驾在报告中说:"17日,史密斯舰长被命令将他所率领的驻守广州保护美国公民的海军陆战队全部撤回到炮舰。"③美国海军不惜倾全力袭击猎德炮台,但当时美国的兵力十分不足,在这些军队撤离之后,在广州的美国侨民就无法"保护"了。伯驾在11月19日致驻广州美领事佩里的信中说:由于要进攻猎德炮台,前时不得不从广州调出这些海军陆战队,现在"我从阿姆斯特朗司令处得悉,目前仍不能将这些军队调回广州,也不能断定在事件的演变过程中,他将来能否加以调回。因此,请你如实通知在广州的美国公民,由彼等自行决定:在这种情况下,当现存困难仍悬而未决之际,是否以离城为妥"。④

伯驾在11月17日下午到达黄埔和阿姆斯特朗会晤。17日由阿姆斯特朗向叶名琛发出最后通牒,要求叶名琛对炮击和侮辱美国国旗一事给予赔补,解释攻击美国国旗的原因,并保证将来使美旗不受侵害。限叶名琛在接到这一照会24小时内给予满意答复,否则他将采取进一步行动。⑤这一照会在19日晨8时送交叶名琛。叶名琛在20日答复阿姆斯特朗的复文中说明当时的中英冲突的局势,指出他曾数度函告美国驻广州领事提出美国侨民和军舰应该撤离广州。在珠江

---

① 参见1856年第12期《跨陆中华之友》。

② 西马縻各厘在他的报告中也说:"中国人斗志昂扬地回击。"关于这次炮战的时间他记载说:"炮舰'朴资茅斯'号于下午四时开始发炮,炮击继续到七时。"(以上均引自《英海军行动文件》,第116页)。法文史料载称:"朴资茅斯"号于16日下午三时半开始炮击猎德炮台,炮战时间超过两个小时(参见《对华远征文集》,巴黎,1905年,第83页)。

③ "伯驾致马西,1856年11月22日",《驻华公使通信》第9卷,华盛顿,1859年,第1020页。

④ "伯驾致佩里,1856年11月19日",《驻华公使通信》第9卷,华盛顿,1859年,第1028页。

⑤ "阿姆斯特朗致叶名琛,1856年11月17日",《驻华公使通信》第9卷,华盛顿,1859年,第1029页。

沿岸处于交战状态下,他质问美方说:"为何在我方军队处于戒备和异常警惕的状态下美国船只再度通过此等炮台?"并解释说:"美国军舰只能凭旗号看出有别于英国军舰,而在远距离中两者实一时难以辨认。"①叶名琛并没有道歉,但没有就美国军舰炮击猎德炮台提出抗议。这一复文是在24小时之内送交阿姆斯特朗的,但到期之前,美国军舰就开始再袭击度猎德炮台了。②伯驾本人承认叶名琛的复文"是在规定限期内送交驻华海军司令",③但又说美国海军由于发现猎德炮台又在重新修复,而且"中国人正在建造新炮位,所以美国军舰未等叶大臣送来复文便在20日晨向炮台再度发起攻击"。④

美国军舰在11月20日晨7时开始向猎德炮台发炮。⑤接着派出海军陆战队登陆向炮台进攻。伯驾没有在他致国务卿的报告中详细叙述这一战斗的经过。我们从当时的香港报纸和英国方面的文献得知有关情况如下:

美国海军派出两艘炮舰("朴资茅斯"号和"黎凡特"号)载去大批海军陆战队和武装水手向四座猎德炮台进攻。美国军舰于20日晨7时开始炮击,"舰上炮火向这些炮台进行了整天的猛烈轰击,在随后两天又不断作间歇性的轰击",⑥以其优势炮火掩护部队登陆进攻。登陆大概是在向炮台轰击几个小时后开始的。香港的报纸报道说,美国兵舰在20日7时开始炮击猎德炮台后,"炮击继续了一小时半(或两小时),美国海军陆战队(另有一部分携带小火器的人员)带着一门野战炮在距炮台后面不远之小村庄处登陆",不久,"他们与数以千计的中国乡勇发生遭遇战"。⑦从四座猎德炮台与美国炮舰互相炮击到美方登陆与大批中国乡勇交战开始,经历了3天战斗,四座猎德炮台才在22日被美国军队占领。

由于我国史料缺乏详细记载,我们不妨摘引巴夏礼对这三天战斗的概述。

---

① "叶名琛致阿姆斯特朗,1856年11月20日",《驻华公使通信》第9卷,华盛顿,1859年,第1030~1031页。

② 当时《跨陆中华之友》报道说,"此照会是由阿姆斯特朗司令署名,而不是由伯驾博士署名发出的,并且限令二十四小时内给予圆满答复,时间应该是星期日(即11月20日——引者注)上午8时到期,但在到期前一个小时美国人就开始以猛烈炮火攻击炮台了"(见1856年第12期该报)。

③ "伯驾致马西,1856年11月22日",《驻华公使通信》第9卷,华盛顿,1859年,第1020页。

④ "伯驾致马西,1856年11月22日",《驻华公使通信》第9卷,华盛顿,1859年,第1020页。

⑤ 美国军舰是在20日7点开炮,我们在西马縻各厘于1856年11月24日致海军部的报告中得到证实。西马縻各厘说,"20日晨7时,美舰再度向诸炮台进行十分猛烈的轰击"(参见《英海军行动文件》,第116页)。

⑥ "西马縻各厘致海军大臣,1856年11月24日",《英海军行动文件》,第117页。

⑦ 参见1856年第12期《跨陆中华之友》11月22日报道。

巴夏礼在向包令介绍战斗过程时还绘了一幅地图,他叙述说:"当20日开炮时,舰上的炮火首先侧重向炮台甲与炮台乙进行轰击,两炮台猛烈还击,双方互轰有数小时之久。然后,一队约由250名水手与海军陆战队组成的武装,携带四门轻型短炮在炮台右方的小庙处登陆,不久就占领了其后面的村庄,在该处他们遭遇到一些抵抗,抵抗是来自据守于村庄及村庄附近高地的几批'团勇'或'义勇',在将团勇从其阵地逐出之后",①守兵退后据守小树林,美国军队不敢追击。"20日余下的时间都用于对炮台甲的大炮进行破坏。次日晨,向炮台乙进攻,但当渡河时,遭受到各炮台的猛烈炮火的轰击,(美国军队)被击毙者3人,受伤者5人,借助于小溪口的堤岸之掩蔽,他们在图中所示之小溪处登陆。涉水渡过当中的水沟,从背后袭击炮台,很快就将之占领。对位于左面的炮台即图上用丙字标志之新建的石筐及土笼筑成的炮堡,亦用同样的方法攻占。这个炮堡及炮台乙之大炮,均转用之来轰击炮台丁。但正当这个时候,他们被来自位于这个炮堡与炮台之后的两个村落的数队中国人所进攻。中国人不久即被击退,并且他们一定又会再度受到重大的伤亡,因为他们暴露于短炮的致命火网之下。当晚占领了炮台丁。……22日晨,进攻炮台戊,这是一次危险的作战,因为当船只绕过伸延出离炮台丁所在地相当远的沙岬时,暴露于炮台戊的集中炮火之下。……但部队一登陆,炮台守兵就立刻撤退。然而很快地当他们得到在炮台后面设阵以待的大队团勇支援后,又重振士气,向前攻击,他们向美国人投掷小型火箭,但美国人向他们发射短炮,迫使他们后退。"②

美国海军以优势火力用了三天时间才攻占四座猎德炮台。③当时中国士兵和"乡勇"作战英勇,但由于军官指挥失当,临阵脱逃,所以失利。④但总起来说中国方面曾进行有力的反抗。⑤在伤亡人数方面,伯驾自称"死4人,伤9人"。⑥随

---

① "巴夏礼领事致包令爵士,1856年11月24日",《英海军行动文件》,第120~121页。

② "巴夏礼领事致包令爵士,1856年11月24日",《英海军行动文件》,第120~121页。

③《触藩始末》载:中国炮台虽然奋力还击,但由于"我炮力不能及西,敌炮中台上,栏石皆碎飞起,守兵受伤甚重"(参见《近代史资料》1956年第2期)。

④《触藩始末》载,"敌人又用汉奸登岸绕进台后入村。时二弁(指负责指挥的武弁梁定海和谭蚊——引者)方在村内为樗蒲戏,闻报仓皇乘肩舆遁"(参见《近代史资料》1956年第2期)。

⑤ 西马縻各厘承认"华人曾进行极其坚决的防卫"(见《英海军行动文件》,第117页)。伯驾也承认中国人表现很有勇气(参见《驻华公使通信》第9卷,华盛顿,1859年,第1021页)。

⑥ "伯驾致马西,1856年11月22日",《驻华公使通信》第9卷,华盛顿,1859年,第1021页。卫三畏(Samuel Wells Williams)在其《中国》(*The Middle Kingdom*)(1913年纽约版)一书中说,"美国人方面死7人,伤22人。中国人死伤可能为300人"(参见该书第2卷,第638页)。

后美国海军继续进行破坏猎德炮台,直到12月6日才撤退。伯驾在其12月9日致美国驻广州领事佩里的信中说:"到本月6日,猎德炮台的破坏工作已告完成。各军舰已返回其在黄埔的停泊处。……数天后,军舰的损伤即可修复。"①在美国军队进行破坏期间,常常受到中国乡勇的袭击。②到撤退时英国人估计美方伤亡为32人。③

叶名琛始终拒绝道歉,美国海军司令在撤回其军舰后,美国方面也不再向叶名琛要求道歉。12月9日伯驾在其致美国驻广州领事佩里的信中说:"昨天阿姆斯特朗司令发来一函……并随函附来他与叶大臣往来照会的几个副本。他提出这样的看法:'于此我认为事情已告终结,只要他(叶大臣)不再对我国国旗及公民施以暴行,我们将停止使用武力'。又叶大臣在本月五日致阿姆斯特朗司令的照会中曾这样说:'由此可以看到阁下对事情确有明见,贵我两国之间并无不和之处,自此之后请将美国船只悬用旗号之式样加以明确,并事先将之告我,则可证明贵我两国之间确属存在友好关系'。"④随后伯驾说他已与叶名琛恢复公文往来。⑤

三、对事件起因的分析

以上就是整个事件的全部过程。事实的真相显然是不同于前引的马士等美英历史著作的一些论述。这是美国对外推行炮舰政策的一个典型事例。在中美关系史上是一次严重事件。当时美国海军不仅炮击中国炮台,而且用海军陆战队入侵中国领土,毁坏中国炮台,杀伤中国兵勇,借口是中国炮台炮击保持中立的美国船只。这一借口是完全站不住脚的。

关于这一事件的起因,我国历史论著中有人认为11月15日猎德炮台对美国

---

① 参见《驻华公使通信》,第1045页。又巴夏礼在1856年12月7日致包令的信中说,"美国军舰在毁坏四座猎德炮台后,已于昨晚从其过去三周中所占领的阵地上撤退"(参见《英海军行动文件》,第131页)。

②《英海军行动文件》,第131页。

③"巴夏礼致包令,1856年12月10日",《英海军行动文件》,第133页。

④"伯驾致佩里,1856年12月9日",《英海军行动文件》,第137页。又这个文件亦载于当时香港报纸,见1856年12月23日出刊的第14期《跨陆中华之友》。

⑤ 巴夏礼在其1856年12月13日致包令的报告中认为叶名琛始终没有道歉。(参见《英海军行动文件》,第136页)又当时曾担任美驻华公使馆秘书的卫三畏也认为叶名琛始终没有道歉。伯驾后来也不再提此要求(参见前引所著《中国》一书第2卷,第639页)。

小艇的炮击是"误击",当时不知道是美国船。①中国炮台 15 日的炮击发生在傍晚,炮台距离美国小艇有 400 码之遥,看不清旗帜是可能的。叶名琛在 1856 年 11 月 20 日致阿姆斯特朗的照会以及在此以前致美国领事佩里的复文中都说旗帜难于识别。②但根据当时珠江河道中英双方已处于交战状态,中国炮台对来往舰船开炮止航是完全正当的。美国船只进入这种交战状态的地区,受到炮击应自负其责。在 15 日炮击美艇之前,叶名琛已先后在 10 月 27 日、③31 日和 11 月 4 日致美国驻广州领事佩里的公文中曾向美方发出要求撤退军舰远离交战地区,退出中国内河的警告。④此不论当时中国炮台知道不知道是美国船只,开炮止航(或警告)都是完全正当的。叶名琛当时应当据理驳斥美方,并在美国军舰炮击猎德炮台时向美方提出最严重抗议。

中国炮台所以炮击美国小艇,也并不排除炮台兵勇知道是美国舰艇而加以炮击的可能性。⑤因为美国官员美国驻香港领事基南(James Keenen)曾在 1856 年 10 月 29 日随同英国军队进入广州外城时,携带美国国旗插在广州城墙上。⑥因此美方已首先破坏了自己的中立立场,美国官员和水兵在英军攻城中展示美国国旗一事就很可能是猎德炮台炮击美船的原因。

---

① 可以夏燮(见前引《中西纪事》卷 12 第 6 页)和王之春(见所著《国朝柔远记》卷 13 第 5 页)为代表。又见前引卿汝楫在其所著《美国侵华史》说,"中国炮台不知道是美国兵船,开枪止航……"(参见该书第 1 卷,第 174 页)方诗铭在其所著《第二次鸦片战争史话》(1956 年上海新知识出版社版)中说:"当时中国炮台不知道这是美国军舰,开炮阻止前进"(参见该书第 37 页)。

②《驻华公使通信》第 9 卷,华盛顿,1859 年,第 1027 和 1030 页。

③ 参见《丙辰粤事公牍要略》所辑录的咸丰六年九月二十九日(1856 年 10 月 27 日)《叶名琛劄各国领事文》,《近代史资料》1956 年第 2 期,该函英译文见《驻华公使通信》,第 997 页。

④ 参见"叶名琛致佩里,1856 年 10 月 31 日",《驻华公使通信》第 9 卷,华盛顿,1859 年,第 998 页;"叶名琛致佩里,1856 年 11 月 4 日",《驻华公使通信》第 9 卷,华盛顿,1859 年,第 999 页。

⑤《跨陆中华之友》转载 11 月 18 日《中华之友》的报道说:就在发生炮击事件的期间,"一只悬挂法国国旗的划艇和另一只悬挂葡萄牙旗的'丽丽'号(Lily)驶过猎德炮台,均未遭受炮击"(见 1856 年第 12 期该报)。这段报道说明中国炮台只是对英美船只加以炮击,而对于悬挂其他国籍的船只则并未开炮。

⑥ 当时美国福特舰长曾以"美国驻广州最高官阶的海军军官"身份立即于 10 月 29 日发出一个公告,谴责这一行为说,"本人据报谓本日当通过英国海军所攻破之缺口时,有人曾在广州城墙上扯起美国国旗。这一未经许可的行动本人完全不予同意,以免使得别人认为美利坚合众国的中立已受破坏"(见《英海军行动文件》第 46 页所载该公告)。又后来 1857 年 5 月 9 日的《跨陆中华之友》转载 1857 年 1 月 23 日美国《纽约每日时报》(New York Daily Times)的广州通讯说,"我遗憾地说,有一两个美国官员曾十分不恰当的参与这次(1856 年 10 月 29 日)攻城队伍的行动。在其中我必须特别指出基南将军,他不但自己参加这个活动,并且带着'黎凡特'号的一个水兵同往,携带一幅美国国旗在城墙之内公开悬示"(见 1875 年第 9 期《跨陆中华之友》)。

本文原刊载于《南开学报》1984年第3期。

作者简介:

易廷镇,1925年生,广东鹤山人,先后就读于西南联大、清华大学。精通英语、德语及多国文字,自50年代起致力于马恩著作翻译和研究工作,参与翻译了《马克思传》和《恩格斯传》等德文著作。1978年调入南开大学历史所担任美国史研究室教授,主要研究方向为美国经济史、外交史、中国经济和中美贸易史。

美国工厂制确立年代质疑

冯承柏

　　大工业的兴起开创了资本主义的全盛时代,工厂制度的确立是资本主义发展进入成熟阶段的重要标志。关于美国工厂制度确立的年代,我国有关论著大多认为内战前美国北部工业革命基本完成,工厂制度已告确立,现代社会的两大对立阶级资产阶级和无产阶级已经形成。[①]内战后,美国就开始从自由资本主义向垄断资本主义过渡了。征诸史实,按之以马克思主义经典作家的有关论述,此说很有探讨之余地。

一

　　美国工厂制度确立于什么年代? 可以从蒸汽机的使用和企业平均雇用工人人数,工农业产值的比例和工农业劳动力的比例,资金的积累和市场的扩大等方面进行考察。

　　首先,看看蒸汽机的使用和企业平均雇用工人人数。

　　工厂制度有其科学的含义。它是资本主义生产力和生产关系发展到一定阶段的产物,是同大机器生产相适应的"生产上的社会关系"。按照马克思的提法,工厂的躯体是有组织的机器体系,[②]它把工人变成了这个"机器体系的有生命的附件"。[③]列宁在研究俄国工厂制问题时则指出:应该把使用蒸汽机和雇用一定数量的工人作为区分工厂和手工工场的标准。[④]用这个标准来衡量美国内战前工业发展的情况,工厂制已在主要工业部门中确立之说就会碰到许多难以回答的问题。

　　美国动力发展史上一个引人注目的现象是,蒸汽机的出现虽然很早(1776

---

　　① 参见樊亢等编:《外国经济史》(第1册),人民出版社,1983年,第201页;黄绍湘:《美国通史简编》,人民出版社,1983年,第154~155、164~165、256页;张友伦等:《美国工业革命》,天津人民出版社,1981年,第120~126页。

　　②《马克思恩格斯全集》(第23卷),人民出版社,1972年,第459页。

　　③《马克思恩格斯全集》(第47卷),人民出版社,1979年,第526页。

　　④《列宁全集》(第4卷),人民出版社,1963年,第28~29页。

年),①但由于工业革命的发源地新英格兰水力资源丰富,成本低廉,而且水轮机不断有所革新,效率显著提高,出现了水轮机与蒸汽机长期并存的局面。蒸汽机大约用了将近100年的时间,才把水轮机赶出历史舞台。1820年工业中使用的水轮机与蒸汽机的比例为100:1,1870年二者的比例是5:4,到1900年,二者的比例倒转过来变成1:4。②按马力计算,1869年美国工业装备的动力为2,236,000马力/小时,水轮机占48.2%,蒸汽机占51.8%,蒸汽机首次取得优势。③大西洋沿岸中部州宾夕法尼亚,水力资源比新英格兰少得多。19世纪中叶,蒸汽机的使用并不广泛。被称为美国工业中心的费拉德尔菲亚,④1850年使用蒸汽机和水轮机的工厂加在一起,只占全部企业总数的10.8%,雇用的工人占全部工人总数的27.7%。⑤同蒸汽机的使用相关还有一个燃料构成问题。这也是衡量工业化程度的一个重要数据。1860年美国燃料中木柴占83.5%,矿物燃料(烟煤、无烟煤、原油、天然气)仅占16.5%。燃料结构发生重大变化是在1880年至1885年间,到这时,矿物燃料的比重才超过了木柴。⑥

工业资本主义是在一个资本家雇用相当数量工人的时候开始的。"工人们不分男女老少聚集在一个劳动场所……是机械工厂所特有的"。⑦因此,工厂的规模,平均雇用工人的数量也是衡量工厂制发展程度的一个尺度。内战前,在机械化程度比较高的棉纺工业部门,已经出现了颇具规模的现代工厂。但整个说来,

① Jeremy Atack, Fred Bateman, and Thomas Weiss, "The Regional Diffusion and Adoption of the Stream in American Manufacturing", *The Journal of Economic History*, Vol. 40, No. 2, 1980, pp.281~308.

② Jeremy Atack, Fred Bateman, and Thomas Weiss, "The Regional Diffusion and Adoption of the Stream in American Manufacturing", *The Journal of Economic History*, Vol. 40, No. 2, 1980, pp.281~308.

③ Sam H. Schurr, et al., *Energy in American Economy 1850–1975: An Economic Study of its History and Prospects*, John Hopkins Press, 1960, p.55, p.36.

④ Thomas C. Cochran, "Philadelphia: The American Industrial Center, 1750-1850", *The Pennsylvania Magazine of History and Biography*, Vol.106, No.3, 1982, pp.323~340.

⑤ Bruce Laurie, *Working People of Philadelphia 1800-1850*, Temple University Press, 1980, pp.16~17.

⑥ Sam H. Schurr, et al., *Energy in American Economy 1850–1975: An Economic Study of its History and Prospects*, John Hopkins Press, 1960, p.55, p.36.

⑦《马克思恩格斯全集》(第47卷),人民出版社,1979年,第528页。

手工作坊、小企业仍占压倒性优势。1850年制造业企业,[1]平均雇用工人7.8人,1860年为9.3人,1870年降至8.2人,1880年才超过10人。[2]此后,制造业企业平均雇用人数大幅度增长,有人把它看成是新工厂制度出现的年代。[3]平均雇用工人人数在不同的工业部门之间发展是不平衡的。以1860年为例,棉纺工业平均每个企业雇用143人;毛纺工业次之,33人;男人成衣业又次之,28人;皮革、面粉工业最少,分别为4人和2人。[4]就地区而论,新英格兰的企业规模最大,平均雇用工人人数最多,1860年为19人,中部诸州10人,南部、西部和太平洋沿岸均为6人。[5]

仅就蒸汽机的使用和企业平均雇用人数的数据看,很难得出工厂制在内战前已经确立的结论。

其次,再看工农业产值的比例和工农业劳动力的比例。

我国史学界一般都采取了美国工业产值于1850年超过了农业产值的说法。[6]这似乎是工业革命完成,工厂制度确立的一个重要佐证。然而,此说是经不起推敲的。1850年美国工业产值确曾一度超过农业产值,该年的工业和农业产值分别为105550万美元和99400万美元。但这里的工业产值是包括渔业和林业产值在内的。而且即便按照这个办法计算,到1860年农业产值又超过了工业产值,分别为191000万美元和188586.2万美元。[7]这就是说工业产值只不过是一

---

① Establishment,国情普查统计单位,定义是:有独立财务记录的制造业单位,而不论其隶属关系,可以是一个工厂,也可以是一组工厂(作为一个企业单位经营)1849—1899年产值在500美元以上者,1921—1939年产值标准提高到5000美元。参见 Bureau of the Census of the United States, *Historical Statistics of the United States, Colonial Times to 1970*, U.S. Government Printing Office, 1975, pp.652~653.

② Albert W. Niemi Jr., *U. S. Economic History: A Survey of the Major Issues*, Rand McNally College Pub. Co., 1980, p.85.

③ Daniel Nelson, *Managers and Workers, Origins of the New Factory System in the United States, 1880–1920*, University of Wisconsin Press, 1975.

④ Edward C. Kirkland, *A History of American Economic Life*, Appleton–Century–Crofts, 1951, p. 290; Daniel Nelson, *Managers and Workers, Origins of the New Factory System in the United States, 1880–1920*, University of Wisconsin Press, 1975, p.4.

⑤ Fred Bateman, Thomas Weiss, "Comparative Regional Development in Antebellum Manufacturing", *Journal of Economic History*, Vol.35, No.1, 1975, pp.182~208.

⑥ 樊亢等编:《外国经济史》(第1册),人民出版社,1983年,第201页;黄绍湘:《美国通史简编》,人民出版社,1983年,第157页。

⑦ Ernest L. Bogart, *The Economic History of the United States*, Longmans, Green, and Co., 1920, p.179.

度领先,并不具有转折意义。更何况计算方法是不科学的。根据工农部门增加的价值计算,工农业比重情况变化如下表所示。

表1　1839年—1899年美国工农业比重情况变化(根据工农部门增加的价值计算)①

年代	工业*	农业
1839	26.0	74.0
1844	31.7	68.3
1849	36.2	63.8
1854	32.1	67.9
1859	36.2	63.8
1869	40.9	59.1
1874	46.7	53.3
1879	44.8	55.2
1884	53.4	46.6
1889	59.1	40.9
1894	58.7	41.3
1899	61.8	38.2

* 包括加工工业及采矿业;建筑及电力工业未包括在内。

1960年美国经济学家罗伯特·高尔曼发表著名论文《商品产量,1839—1899》,对于美国商品产量增长情况作了测定。他指出:"1839—1899年美国经济以非同一般的速度发展,在此过程中,美国经济从农业占统治地位变成了工业占统治地位。"根据他的计算,美国各经济部门商品产量的比重变化如下:

表2　1839年—1899年美国各经济部门商品产量的比重变化②

年代	农业%	矿业%	制造业%	建筑业	
				变式 A	变式 B
1839	72	1	17	10	8
1844	69	1	21	9	8

① 中国科学院经济研究所世界经济研究室编:《主要资本主义国家经济统计集(1848—1960)》,世界知识出版社,1962年,第14页。

② Robert E. Gallman, "Commodity Output, 1839–1899", in National Bureau of Economic Research ed., *Trends in the American Economy in the Nineteenth Century*, Conference on Research in Income and Wealth, Princeton University Press, 1960, p.13, 26.

年代	农业%	矿业%	制造业%	建筑业	
				变式 A	变式 B
1849	60	1	30	10	9
1854	57	1	29	13	11
1859	56	1	32	11	10
1869	53	2	33	12	12
1874	46	2	39	12	12
1879	49	3	37	11	11
1884	41	3	44	12	13
1889	37	4	48	11	12
1894	32	4	53	11	13
1899	33	5	53	9	10

据另一位经济史学家的计算,19世纪美国工农业产值比例变化的情况是:

表3　19世纪美国工农业产值比例变化[1]

年代	农业	工业
1809	84	16
1839	81	19
1849	66	34
1859	63	37
1869	60	40
1879	56	44

这三组数据告诉我们,美国工业产值真正超过农业产值不是在1850年,而是在1879—1884年间。[2]我国史学界遵循的说法把它提前了30多年。

另一个能够反映工业发展程度的相关数字是工农业劳动力比例的变化。据高尔曼等人的计算,19世纪美国劳动力和人口结构变化如下表所示:

---

[1] Barry W. Poulson, *Economic History of the United States*, Macmillan, 1981, p.246.

[2] 1880年农业产值为41.29亿美元,1879年工业总产值(采矿业和加工工业)为56.7亿美元(采矿业为1880年数字)。与欧洲发达国家比较,美国工农业产值发生转折性变化比英国大约晚了半个世纪,与德国同时,较法国、瑞典早20~30年。详见 Brian R. Mitchell, *European Historical Statistics, 1750–1975*, MacMillan, 1981, p.841~845.

表4　19世纪美国劳动力和人口结构变化①

	【1】农业劳动力在			【2】变化	【3】农村人口	【4】变化
	全部劳动力中所占比例			占全国人口比重		
	高尔曼	惠尔普敦	莱伯格特			
1800	82.6				93.9	
1810	83.7			＋1.1	92.7	−1.2
1820	78.9			−4.8	92.8	＋.1
1830	70.6			−8.3	91.3	−1.5
1840	63.4			−7.2	89.2	−2.1
1850	54.8	63.6	54.8	−8.6	84.7	−4.5
1860	53.2	59.0	52.9	−1.6	80.2	−4.5
1870	52.5	53.0	52.5	−.7	74.3	−5.9
1880	51.3	49.5	51.3	−1.2	71.8	−2.5
1890	42.7			−8.6	64.7	−7.1
1900	40.2			−2.5	60.3	−4.4

　　无独有偶,工农业劳动力比例转折性的变化,根据不同的计算结果,又是发生在19世纪的七八十年代。

　　再次,还可以从资金的积累和市场的扩大进行考察。因为工厂制的产生和发展不是孤立现象,而是同许多其他社会经济条件相联系的。除了技术发展水平之外,资金的积累和市场的扩大是不可缺的条件。

　　净国民资本构成(国民投资总额扣除折旧费)与净国民产值之间的比例关系反映了国民经济的资本密集程度。从工场手工业向大机器工业过渡是从劳动密集的经济向资本密集的经济过渡,必然会在这二者的比例关系上有所反映。美国净国民资本构成在国民净产值中所占的比重发生急剧变化,是在19世纪60年代到70年代之间。

---

　　① Robert E. Gallman, "The Agricultural Sector and the Pace of Economic Growth: U. S. Experience in Nineteenth Century", in David C. Klingaman, Richard K. Vedder, eds., *Essays in Nineteenth Century Economic History, The Old Northwest*, Ohio University Press, 1975, p.37; Harold G. Vater, "U. S. Economic Development and the Sectoral Distribution of the Labor Force, 1850–1880", in Hermann Van der Wee, ed., *Fifth International Economic History Conference*, The Hague, Etc. Mouton Publishers, 1979, p.29.

表5　1805—1900净国民资本构成占净国民产值的百分比[1]

1805—1840	0.2—7.0
1834—1843	9.5
1839—1848	10.2
1844—1853	11.4
1849—1858	12.1
1869—1878	17.8
1874—1883	17.6
1884—1893	19.2
1889—1898	19.7
1894—1903	18.4

从净国民资本构成的结构看,自1880年固定资本的农业比重显著减少,加工工业的比重大幅度增加。[2]这种情况在股份公司结构的变化上也有所反映。众所周知,股份公司是加速资本集中、促进资本主义发展的重要企业组织形式。美国的股份公司出现得很早,但制造业公司在19世纪初期所占比重很小。1800年美国有335家公司,其中制造业公司仅有6家。19世纪中叶,股份公司在制造业中有较大发展。新英格兰各州注册的公司数从1831—1843年间的803家增到1844—1862年间的1853家,内战后增长的速度更快。但在相当长的时间里,多数制造业企业仍以非股份公司的形式经营。进入20世纪,股份公司才成为制造业占统治地位的组织形式。[3]柯克兰德曾指出,1860年美国农田土地、牲畜、农具和农业机械的总值是制造业资本的七倍。据此,他认为到内战爆发时,美国还是一个不发达的国家。[4]

全国统一市场的形成是与全国交通运输网特别是铁路网的形成直接联系在一起的,它是大工业成年的一个重要标志。道格拉斯·诺思曾提出,内战前美国

① Peter Mathias, M. M. Postan, eds., *Cambridge Economic History of Europe*, Vol.VII, Cambridge University Press, 1978, p.2.

② L. E. Davis, "Savings and Investment", in Glenn Porter, ed., *Encyclopedia of American Economic History*, Vol.I, Charles Scribner, 1980, pp.191-192.

③ Adolf A. Berle, Gardiner C. Means, eds., *The Modern Cooperation and Private Property*, The Mac-millan Company, 1937; George. R. Taylor, *The Transportation Revolution 1815–1860*, Routledge, 1951, p.241.

④ Edward C. Kirkland, *Industry Comes of Age: Business, Labor, and Public Policy, 1860–1897*, Holt, Rinehart and Winston, 1961, p.1.

已经形成了由北部、南部和西部三个专业经济区（工业区、经济作物区和产粮区）构成的全国统一市场的假说。此说早已遭到费希罗教授所著《内战前区际贸易再考察》一文的非难。[①]费文认为，从西部运往南部港口新奥尔良的粮食和肉食品并不像诺思所设想的那样是供南部消费之用，其中五分之四经新奥尔良运往美国北部和欧洲。南部粮食和肉食品主要靠自给，而不是靠进口。本来，在奴隶制没有废除的情况下侈谈国内市场的形成，未免有违反经济学常识之嫌，费希罗对西部—南部贸易关系的分析，进一步说明诺思之说是缺乏史实根据的。据钱德勒的研究，百货公司、邮购公司、连锁商店这些大规模零售商业组织是在19世纪80—90年代出现的。[②]它是大规模零售商业网形成的标志。同全国铁路网的形成恰好在同一时期。这是全国商品市场在19世纪80—90年代形成的另一个证据。

全国投资市场和货币市场的形成与工厂制在全国范围内确立也有相当密切的关系。戴维斯认为整个19世纪美国各地区的利息率的差别一直是资本流动和全国投资市场形成的重要障碍。1870年以后这种差别逐渐缩小，迄于一次大战，短期利率的地区差别大幅度下降，长期利率也出现同样趋势。所以，他把1870—1914年看成是全国投资市场的形成和发展时期。[③]在戴维斯研究的基础上，詹姆斯进一步论证全国货币市场的形成和发展是内战后美国金融业发展的主要趋势。[④]这对于我们认识工厂制在全国范围内确立的条件也有参考价值。

二

美国工厂制度确立于什么年代？这也是一个形成和演变过程的问题。考察这个过程，工厂制度确立年代的问题也可迎刃而解。

从生产关系的变革着眼，家庭手工业——手工作坊、手工工场、现代工厂是工业组织演进的几个重要阶段。在《美国制造业史》一书中，克拉克把它划分为

---

① 详见 Ralph L. Andrans, ed., *New Views on American Economic Development: A Selective Anthology of Recent Work*, Schenkman Pub. Co., 1965.

② Alfred D. Chandler, Jr., *The Visible Hand: The Managerial Revolution in American Business*, Havard University Press, 1977, p.209.

③ Lance E. Davis, "The Investment Market, 1870–1914, the Evolution of a National Market", *The Journal of Economic History*, Vol.25, No.3, 1965, pp.355-399.

④ John A. James, "The Development of the National Money Market, 1893–1911", *The Journal of Economic History*, Vol.36, No.4, 1976, pp.878-897.

家庭制造业,家庭和作坊制造业,磨坊和炼铁炉工业,工厂制四个阶段。[1]也有人把它划分为家庭制造业,手工作坊和"外送"制(putting-out system),磨坊工业,工厂制。名称不一,但对演进阶段的看法大体一致。种类繁多的"外送"制和"转包"制是从商业资本向产业资本、由手工工场向现代工厂过渡的重要环节。罗拉·米尔顿·特赖恩在《美国的家庭制造业》一书中提出了在1840—1860年间,家庭工业在美国大部分地区失去了重要意义的论断。[2]这可以说明手工业与农业的分离,手工工业的独立发展,手工作坊与手工工场的繁荣以及工业革命的推进,并不能证实工厂制已在美国工业中占压倒优势。特赖恩把这个现象与"工厂制度的确立"直接联系起来是不妥当的,[3]因为他忽略了在家庭手工业同现代工厂之间还有许多中间环节。其中最困难之处在于如何区分"外送"制的"中心车间"(Central Shop)和早期的工厂;如何区分拥有"中心车间"的商人包买主和工厂主。列宁在《俄国资本主义的发展》一书中所说的"商业资本同工业资本之间最密切的不可分割的联系是工场手工业的最明显的特点"。"'包买主'在这里差不多总是和手工工场主交错在一起",[4]并不是俄国特有的现象。克拉克对于美国"外送"制,即列宁所说的包买制的演进有过一段扼要的叙述,说明了这二者交错的情况。他写道:"美国革命后不久,商人就开始通过销售原料和收购成品来系统地组织工业生产。他们不仅是家庭手工业的交换者,而且是车间和工厂生产的推动者。他们用实物支付工资,完全采取计件制,他们的流水账和分类账就是工资发放单。他们之中的许多人,实际上成了制造业的雇主。……后来,商人不仅向操作工提供原料,而且向他们提供工具,这些操作工则向商人供应成品。有些商人终于变成了工厂主;另外一些则仍然保持工业推进者和组织者的地位。"值得注意的是他的结论:"这种商人的影响……在我国制造业史上在不同情况下反复出现。它并不是某一制造业部门的特点,而是在制造业的一切部门中盛行,而且是如此之普遍,以至于我们把内战前时期说成是制造业从商业中完全分离

① Victor S. Clark, *History of Manufactures in the United States, 1607-1860*, Vol. I, McGraw-Hill Book Company, 1929, pp.438-449.

② Rolla M. Tryon, *Household Manufactures in the United States, 1640-1860: A Study in Industrial History*, University of Chicago Press, 1917, pp.370-376, 372.

③ Rolla M. Tryon, *Household Manufactures in the United States, 1640-1860: A Study in Industrial History*, University of Chicago Press, 1917, pp.370-376, 372.

④《列宁全集》(第3卷),人民出版社,1959年,第399页。

出来的时期。"①

具体到各个供应部门，从手工工场向工厂制过渡，情况十分复杂。工厂制形成和确立的年代因部门和地区而异。内战前新英格兰地区的棉纺工业就完成了技术改造，工厂制度基本确立，殆无疑义。对于中部各州的棉纺工业就不一定能得出同样的结论。1850年费拉德尔菲亚纺织工厂雇佣工人数占全行业工人总数的54%，其中二分之一至四分之三是厂外工人。因为费城的纺织工业主要是从手工作坊和小商业企业发展起来的，规模小，而且厂房和机器往往是租来的。②我国史学论著常常提到内战前工厂制已在制鞋业和食品加工工业中流行，③这就更值得进一步研究了。制鞋工业的演变是美国社会史、经济史工作者着力最多的课题之一。他们大多认为18世纪末至19世纪20年代，家庭手工业和手工作坊（俗称10英尺，实际是12×12英尺）是制鞋业最常见的组织形式。1815—1820年间包买商人为统一裁剪皮革而建的中心车间开始出现。迄于19世纪40年代一直使用手工工具。

1852年缝纫机被引入制鞋工业，标志着工厂制阶段的开端。但水力或蒸汽机驱动的机器仍然很少。内战前12486个制鞋企业，平均雇用工人9人，"绝大多数是中心车间，只有少数能称之为现代意义的工厂"。内战期间联邦军队大批量的军事订货和劳动力的严重不足，促进了机器的普遍使用，以蒸汽为动力的麦凯（mckay）机到19世纪60年代末才广泛使用，制鞋工业的全盘机械化和工厂制的确立约在1870—1880年间。④

按产值计算，食品加工工业（粮食、肉食、酿酒等）是1860年美国最大的工业部门，也是最后脱离茅屋工业阶段的部门。商人在这个工业部门长期居于支配地位，一般称他们为食品加工厂老板（packer）。这个称呼在19世纪40至50年代

---

① Victor S. Clark, *History of Manufactures in the United States，1607–1860*, McGraw-Hill Book Company，1929，p.442.

② Bruce Laurie, *Working People of Philadelphia 1800–1850*, Temple University Press，1980，p.16~17.

③ 樊亢等编：《外国经济史》（第1卷），人民出版社，1983年，第198页

④ Victor S. Clark, *History of Manufactures in the United States，1607–1860*, McGraw-Hill Book Company， 1929， pp. 443-445；Alan Dawley, *Class and Community, the Industrial Revolution in Lynn*, Harvard University Press, 1976, pp.73-96；Alfred D. Chandler, Jr., *The Visible Hand: The Managerial Revolution in American Business*, Havard University Press, 1977, p.54；William H. Mulligan, Jr.,"Mechanization and Work in the American Shoe Industry: Lynn, Massachuetts, 1852–1883", *The Journal of Economic History*, Vol.41, No.1, 1981, pp.59-63；F. Lenger,"Class, Culture and Class and Class Consciousness in Ante-bellum Lynn", *Social History*, Vol.6, No.3, 1981, pp.319-320.

含义广泛,可以指牟取佣金的中人、粮食贩子、牲口贩子、经商农民,也可以指牲畜饲养者。尽管在这个时期西部的新兴城市辛辛那提、路易斯维尔、密尔沃基、圣路易斯已经出现了肉食品加工中心,但大量的肉食品从屠宰到加工是由散居在农村和小城镇的屠户和临时加工站生产的。被称作食品加工厂老板的人实际上是从事收购、贩运批发的中间商人,不是现代意义的加工工业制造商。内战期间联邦军队需要大量的给养,需求增加,迫使肉食品生产合理化。在联邦政府的资助下,现代意义的肉食加工厂出现了,食品加工厂老板的名称才与实际相符。这种转变的完成则又是内战以后的事情了。①

有些关于美国工业革命的论著把内战前美国冶铁业说成具有相当高的水平,②这也与事实颇有出入。内战前美国的生铁主要是坐落在农村的小型炼铁炉生产的,有些是由农场主兼营,一直以木炭为主要燃料。直到1883年用烟煤和焦炭炼就的生铁才超过总产量的半数。③铁轨主要靠进口。1850—1855年间美国生产铁轨438,000长吨,进口铁轨达1,287,000长吨。④1863年只生产了9000吨钢,⑤还没有建立起自己的炼钢工业。1870年以前,冶铁业生产率增长缓慢,大大低于英、法、比等国。⑥宾夕法尼亚州的霍普韦尔村炼铁厂的两座冷风炼铁炉1851—1853年间雇用工人225人,只生产了1904吨铁。⑦冶铁业的生产率到1870年以后才有显著提高。⑧现代钢铁企业的出现约在1874—1900年间。⑨

---

① Louis M. Hacker, *The Course of American Economic Growth and Development*, John Wiley & Sons, 1970, pp.143-144.

② 樊亢等编:《外国经济史》(第1卷),人民出版社,1983年,第198页。张友伦等:《美国工业革命》,天津人民出版社,1981年,第112~119页。

③ Peter Temin, *Iron and Steel in Nineteenth-Century America: An Economic Inquiry*, The M.I.T. Press, 1964, p.266, 268.

④ Louis M. Hacker, *The Course of American Economic Growth and Development*, John Wiley & Sons, 1970, p.145.

⑤ Bureau of the Census of the United States, *Historical Statistics of the United States, Colonial Times to 1970*, U.S. Government Printing Office, 1975, p.694.

⑥ Robert C. Allen, "The Peculiar Productivity History of American Blast Furnaces", *The Journal of Economic History*, Vol.37, No.3, 1977, pp.605-633.

⑦ Joseph E. Walker, *Hopewell Village, the Dynamics of a Nineteenth Century Iron-Making Community*, University of Pennsylvania Press, 1966, p.424.

⑧ Robert C. Allen, "The Peculiar Productivity History of American Blast Furnaces", *The Journal of Economic History*, Vol.37, No.3, 1977, pp.605-633.

⑨ John N. Ingham, *The Iron Barons, A Social Analysis of An American Urban Elite, 1874–1965*, Greenwood Press, 1978, pp.13-15.

整个看来,内战前的美国工业还处于商业资本的控制下。工厂制虽然发展了,在许多工业部门还没有取得统治地位。由商人控制的"外送"制和"转包"制还有很强的生命力。值得注意的是机器代替手工操作一般说来促进了工厂制的发展,但在有些部门如成衣业,缝纫机的广泛使用反倒使"外送"制在一定时期内更加繁荣。①著名经济史学家泰勒认为1815—1860年"标志着工厂制度的重要开端,而并非标志着它的完全成熟"是有充分根据的。②1850年制造业中的手工工场产品占制造业总产量的70%,1870年仍占50%,直到1890年现代工厂生产的产品才占绝对优势(80%)。③至此,工厂制度才在全国范围内取得了决定性的胜利。

三

既然19世纪90年代工厂制度才在美国全国范围内取得决定性的胜利,在那以前,现代社会的两大对立阶级资产阶级和无产阶级在美国社会里的关系又是怎样的呢?

经济关系不成熟必然会表现为阶级关系的不成熟。马克思在19世纪50年代谈到美国社会结构时曾指出,在那里,虽然已有阶级存在,但它们还没有完全固定下来,它们在不断更新自己的组成部分,并且彼此互换着自己的组成部分。④"美国的资产阶级社会现在还很不成熟,没有把阶级斗争发展到显而易见和 一目了然的地步"。⑤内战前美国阶级关系不成熟的表现之一就是社会财富的主要占有者还不是工厂主,而是从事海外贸易的商人,土地投资者以及与铁路建设、土地投资有密切联系的银行家。⑥当然,经营制造业已经越来越成为积累资本的重要途径。内战前夕,大铁路公司和与铁路投资直接有关的商业银行在美国的政治经济生活中具有决定性的影响。有人认为林肯政府实际上还不

---

① George R. Taylor, *The Transportation Revolution 1815–1860*, Rinehart and Company, 1951, p.221, 229.

② Joseph G. Rayback, *A History of American Labor*, The Macmillan Company, 1966, p.52.

③ Joseph G. Rayback, *A History of American Labor*, The Macmillan Company, 1966, p.52.

④《马克思恩格斯选集》(第1卷),人民出版社,1972年,第611~612页。

⑤《马克思恩格斯选集》(第28卷),人民出版社,1973年,第508页。

⑥ George R. Taylor, *The Transportation Revolution 1815–1860*, Rinehart and Company, 1951, pp.394-395.

是工业资本家而是大铁路公司和大银行的代理人是有一定道理的。[1]

阶级关系不成熟的另一个表现是在农村和城市存在着一个分布广泛、人数众多、处于不断流动和分化之中的小生产者阶层,包括农民、手工业者、小商贩和小业主。有人估计内战前美国五分之四的自由人拥有财产,[2]这并非言过其实。1860年美国人口总数为31500000人,其中80.2%住在农村。[3]全国共有2423000多个农场,农场主种植园主2510456人。除掉383635个奴隶主,农场主总数为2126821人。农业工人795679人(15岁以上的农民子女往往被计算在农业工人之内),平均大约每三个农场主有一个工人。[4]1880年以前,人口普查资料没有佃农数字,根据对衣阿华州人口普查原始记录的研究,1860年该州佃农在全部农户中占8.6%。[5]这就是说既不租佃土地,又不雇工的自耕农在一半以上。所以,认为1860年的美国是一个自耕农占优势的国家是反映了当时的实际的。在城镇中,独立手工业者、小业主和自由职业者约占城市居民的1/2或全部。[6]没有封建残余的束缚,他们广泛地卷入了市场经济,"每一个人都在从事投机活动,一切都成为投机的对象……棉花、土地、城镇空地、银行、铁路"。[7]在1800—1830年间出

① Philip H. Burch, Jr., *Elites in American History, the Civil War to the New Deal*, Holmes & Meier Pub, 1981, pp.15-61.

② C. Wright Mills, *White Collar, the American Middle Class*, Oxford University Press, 1953, p.7.

③ Bureau of the Census of the United States, *Historical Statistics of the United States, Colonial Times to 1970*, U.S. Government Printing Office, 1975, p.11.

④ Paul W. Gates, *The Farmer's Age: Agriculture 1815-1860*, Harper & Row, 1960, pp.273-275. 奴隶主人数来自 I. A. Newby, *History of The South*, Praeger, 1978, p.141.

⑤ Donald L. Winters, "Tenancy as An Economic Institution, the Growth and Distribution of Agriculture Tenancy in Iowa, 1850-1900", *The Journal of Economic History*, Vol.37, No.2, 1977, pp.382-408.

⑥ 纽约州尤提卡城1817—1865年的职业结构如下:

年代	商人和工厂主	专业工作者	白领工人	小店主	手工业者	非熟练工工厂工人
1817	17.4	9.9	5.17	8.9	42.5	16.1
1828	11.1	8.0	4.8	12.5	46.1	15.1
1845	2.7	7.7	10.2	11.2	45.4	20.2
1855	2.9	5.1	8.6	6.6	40.1	24.1
1865	3.7	5.1	9.4	6.2	33.6	23.8

材料来源:Mary P. Ryan, *Cradle of the Middle Class: the Family in Oneida County, 1790-1865*, Cambridge University Press, 1981, p.253.

⑦ C. Wright Mills, *White Collar, the American Middle Class*, Oxford University Press, 1953, p.95.

生的企业家中,出身于农民、手工工匠、手工工人家庭的约占1/3到1/2。[①]

　　处于2500万农村人口包围之中的131万工人,[②]同农村保持着千丝万缕的联系。迄于上一个世纪四五十年代,在马萨诸塞州为"外送"制干活的人数多于手工工场、现代工厂雇佣的工人。他们在农忙季节是农民,农闲季节是工人。该州东部的制鞋工人养一两头奶牛,粮食生产能够自给者大有人在。间或出海打鱼,进山狩猎以贴补家用。[③]新英格兰纺织厂中的女工,大多来自农村小康之家,很少来自破产的农民家庭。[④]他们是为了减轻家庭负担,增加收入,积攒一份体面的嫁妆而来到工厂工作的,有的则是因向往城市生活或寻找较好的受教育的机会。[⑤]结婚之后,往往不再继续工作。在1846—1847年大饥荒驱使下来到新大陆的100万爱尔兰移民,是早期美国工人队伍的重要组成部分。他们大多来自农村,一贫如洗,很少有机会受教育,多从事低工资的笨重体力劳动,由于民族和宗教信仰的关系,常与土著工人发生龃龉。[⑥]在劳动力求大于供的情况下,美国工资水平高于欧洲,这就使得一部分工人有可能有少量储蓄和不动产。据统计,19世纪中叶,马萨诸塞州纽伯里波特城38%的工人家庭有存款,1/3到一半有房产,价值约为700~800美元,系用抵押贷款方式购得。而英国工人在19世纪30年代有自己的住宅的仅占工人总数的0.3%。[⑦]乞丐可以在一夜间变成百万富翁,这当然是粉饰资本主义制度的神话。但在19世纪中叶,美国工人在社会阶梯上上升一两级的可能性是存在的。据西昂斯特姆的统计,1850—1860年间纽伯里波特的非熟练工有1/6上升为半熟练工,1/6上升为熟练工,5%改为从事非体力劳

　　① Hartmut Kaelble, *Historical Research on Social Mobility*, Columbia University Press, 1981, pp.84-85.

　　② Bureau of the Census of the United States, *Historical Statistics of the United States, Colonial Times to 1970*, U.S. Government Printing Office, 1975, p.666.

　　③ George R. Taylor, *The Transportation Revolution 1815-1860*, Rinehart and Company, 1951, pp.267-268.

　　④ Thomas Dublin, ed., *From Farm to Factory, Women's Letters, 1830-1860*, Columbia University Press, 1981, pp.18-21.

　　⑤ Thomas Dublin ed., *From Farm to Factory, Women's Letters, 1830-1860*, Columbia University Press, 1981, pp.18-21.

　　⑥ Leonard Dinnerstein, Roger L. Nichols, and David M. Reimers, eds., *Natives and Strangers: Ethnic Groups and the Building of America*, Oxford University Press, 1979, pp.92-93; Dennis Clark, *The Irish in Philadelphia*, Temple University Press, 1981, pp.24, 62, 74-75.

　　⑦ Stephan Thernstrom, *Poverty and Progress, Social Mobility in A Nineteenth Century City*, Harvard University Press, 1964, pp.116, 119, 96-97.

动。①同农村的密切联系,较高的工资水平,"大多数的美国本地居民在年轻力壮的时候就'退出'雇佣劳动,变成农场主、商人或雇主"。②这都是早期美国工人运动发展的不利条件,也是经济关系和阶级关系不成熟的表现。

四

其实,马克思主义经典作家对于这一问题早已作出重要的论断。不过,在很长时间里没有引起人们足够的注意罢了。

100多年前恩格斯在评论美国工人运动时不止一次谈到"美国的运动正处在我们的运动在1848年以前所处的那种阶段上"。③19世纪80年代美国工业"已经达到于1844年应归功于大致相同的发展阶段"。④他还特别提出:"既然现在在美国,大工业的发展,蒸汽力和机器的应用,以及它们的社会产物——无产阶级的形成,同1844年英的状况极其相似……那么拿1844年的工业英国同1885年的工业美国比较一下,也可能有一定意义。"⑤恩格斯的这个观察和建议对于我们认识和研究美国资本主义发展程度很有帮助,这就是说美国的工业发展和工人运动同英国相比整整晚了40年。英国已经度过了恩格斯在《英国工人阶级状况》一书中所描写的"资本主义剥削的青年时期",美国"则刚刚踏进这个时期"。⑥本文引证的史实和数字可以证明恩格斯的观察是符合历史实际的。19世纪40年代是英国工业革命基本完成,工厂制度在英国普遍建立起来的年代,也是英国无产阶级和资产阶级形成,英国工人阶级掀起"世界上第一次广泛的、真正群众性的、政治性的无产阶级革命运动"的年代。⑦在美国,则是工业革命刚刚展开,工厂制度开始建立的年代,也是产业工人运动初露头角的年代。经过40年的发展,其间经历了一场历时4年的国内战争,废除了盘踞在北美大陆上达300年之久的种植园黑人奴隶制,移民洪流滚滚向西,开辟了资源和市场,资本主义工业进入成熟阶段。蒸汽机最后战胜了水轮机,矿物燃料取代了植物燃料,焦炭取代了木炭和无烟煤,工业产值超过了农业产值,工业劳动力的比重超过了农业劳动力的比

① Stephan Thernstrom, *Poverty and Progress, Social Mobility in A Nineteenth Century City*, Harvard University Press, 1964, pp.116, 119, 96-97.

②《马克思恩格斯全集》(第21卷),人民出版社,1965年,第296页。

③《马克思恩格斯全集》(第36卷),人民出版社,1975年,第567、279~280页。

④《马克思恩格斯全集》(第21卷),人民出版社,1965年,第295页。

⑤《马克思恩格斯全集》(第36卷),人民出版社,1975年,第567、279~280页。

⑥《马克思恩格斯全集》(第21卷),人民出版社,1965年,第295页。

⑦《列宁全集》(第29卷),人民出版社,1959年,第291页。

重,全国统一的商品、投资、货币市场终于形成,工业资本摆脱了从属于商业资本的地位。国民经济发展达到了英国40年所达到的水平,工厂制度取得了全面的胜利。①大工业的社会产物无产阶级形成了。美国工人作为一个阶级行动起来,掀起了被恩格斯称之为"美国工人阶级发展的真正起点"的争取8小时工作日运动。②工业资产阶级作为一个整体逐渐控制了全国以至地方政权。

恩格斯的这样一个重要论断之所以长期没有引起人们的注意和研究兴趣,究其原因,恐在于史学工作者被另一个重要的历史现象吸引住了。这就是从自由资本主义向垄断资本主义的过渡,帝国主义的兴起。说得更明确些,人们可能会担心恩格斯的论断与列宁所提出的从19世纪70年代起自由资本主义开始向垄断资本主义过渡的论断相矛盾。其实,这种担心是完全不必要的。既然德国、俄国、日本这些后起的国家连资产革命的任务都没有来得及完成就向垄断资本主义过渡了,有什么必要担心美国工业革命尚未最后完成,工厂制度还没有在全国确立就开始向帝国主义阶段过渡了呢?19世纪后半叶美国历史发展的特点之一就是在于同时发生了好几个转变过渡和重大历史现象的交叉,从农业国转变为工业国与自由资本主义向垄断资本主义过渡交叉,第一次产业革命与第二次产业革命交叉。蒸汽机刚刚战胜水轮机,内燃机、电动机取代蒸汽机的过程就开始了。南部的工业化刚刚在进行,北部的垄断阶段已经开始。工厂制刚刚确立,托拉斯就开始流行。历史从来不是也不可能是按照某种预定的模式向前发展,而是按照自身内在的逻辑演进。历史工作者的任务是认识和说明历史发展的不平衡性、多样性以及它自身固有的规律,而不应该回避或绕过它们。

最后,应当指出,工厂制度没有如人们所设想的那样在美国迅速确立有多方面的原因。美国是一个大国,资本主义在900多万平方公里的土地上取得胜利需要时间。在整个19世纪,富于革新、进取精神的美国人民完成了两件大事:使美国工业在全世界居于领先地位;开辟西部广袤、肥沃的处女地。在劳动力十分缺乏的条件下,工业革命与西进运动并举,资本主义在这样一个幅员辽阔的国家里

---

① "工厂法的制定,是社会对其生产过程自发形式的第一次有意识、有计划的反作用。"参见《马克思恩格斯全集》(第23卷),人民出版社,1972年,第527页。比较完备的工厂法,英国是在1833—1843年间制定的,美国则是在1880年以后;英国于1833年开始设工厂观察员,美国则始于1877年,这是工厂制确立在法律上的反映。

②《马克思恩格斯全集》(第36卷),人民出版社,1975年,第591页。内战前的工人运动就整体而言,是手工业工人对于自己的经济地位每况愈下提出抗议的运动,产业工人的罢工斗争,虽时有所闻,但仍处于自发、分散、组织程度不高的阶段。

同时向广度和深度进军,不可避免地会发生向横宽方向发展在一定时期妨碍向纵深发展的情况。马克思在《资本论》第一卷里对于这种情况有过一段十分精辟的论述。他说:"资本主义生产最美妙的地方,就在于它不仅不断地再生产出雇佣工人本身,而且总是与资本积累相适应地生产出雇佣工人的相对过剩人口。……但是在殖民地,这个美丽的幻想破灭了。……劳动市场却总是供给不足。劳动的供求规律遭到了破坏。……今天的雇佣工人,明天就会成为独立经营的农民或手工业者。他从劳动市场上消失,但并不是到贫民习艺所去了。雇佣工人不断地转化为独立生产者,他们不是为资本劳动,而是为自己劳动,不是使资本家老爷变富,而是使自己变富;这种转化又反过来对劳动市场的状况产生极有害的影响。不仅雇佣工人受剥削的程度低得不像样子;而且,雇佣工人在丧失对禁欲资本家的从属关系时,也丧失了对他的从属感情。"①马克思显然是认为西部土地的存在是雇佣劳动制的高级阶段工厂制得以确立的障碍,是让资本主义制度的不可避免的后果充分暴露出来的障碍。列宁从不同的角度也提出过类似看法。他说:"资本主义在古老的为人久居的领土内向纵深发展,由于边区的开发而受到阻碍。资本主义所固有的以及资本主义所产生的各种矛盾的解决,由于资本主义能容易地向广阔发展而暂时延缓起来。"②他特别注意到边疆土地的存在缓和了资本主义与封建农奴制残余之间的矛盾,延长了解决这一矛盾的时间。"如果俄国资本主义在改革后时代初期所占领的领土界限以外没有地方可以扩张,那么资本主义大工业与农村生活古老制度(农民被束缚在土地上等等)之间的这个矛盾就应当迅速引导到这些制度的完全被废除"。③情况恰恰相反,在殖民地化了的边疆"寻求并找到市场的可能(对于厂主),出外到新土地去的可能(对于农民),就削弱了这个矛盾的尖锐性并延缓了它的解决"。④同样,我们也可以设想如果美国在19世纪没有密西西比河以西的土地,那么工业资本主义同南部奴隶制的矛盾就会更加尖锐,从而导致奴隶制问题提前解决。然而,事实并非如此,西部广大土地为北部工业家提供了原料产地和市场,为农民提供了西迁的可能,也为种植园主向西扩张创造了条件,这就削弱南北对立和两种制度矛盾的尖锐性并延缓了它的发展。由此可见,西部土地的存在不仅暂时缓和了雇佣劳动制内部的矛盾,使工厂制未能早日确立;同时也缓和了雇佣劳动制与奴隶制

---

① 《马克思恩格斯全集》(第23卷),人民出版社,1972年,第838页。
② 《列宁全集》(第3卷),人民出版社,1959年,第545页。
③ 《列宁全集》(第3卷),人民出版社,1959年,第545页。
④ 《列宁全集》(第3卷),人民出版社,1959年,第545页。

之间的矛盾,延缓了解决这对矛盾的时间,从而也延缓了工厂制在全国范围内普遍建立的时间。事物的发展当然还有另一个方面,"资本主义增长的这种延缓,无非是准备它在最近的将来更大和更广泛地增长"。[①]19世纪末,20世纪初美国经济的高速发展证明了这一点。

本文原刊载于《历史研究》1984年第6期。

作者简介：

冯承柏,1933年生于天津。曾任南开大学历史系副系主任、南开大学副教务长、社会学系代主任、南开大学图书馆馆长、美国问题研究中心主任、国际问题研究中心副主任、国家教委"八五"社会科学规划项目图书馆学情报学档案学评审委员、天津高等教育文献信息中心主任等职,是南开大学美国史、博物馆学专业的奠基人之一,也是南开大学图书馆信息化数字化的开拓者、天津市高校图书馆信息化建设和管理的发起者和奠基人。

---

① 《列宁全集》(第3卷),人民出版社,1959年,第545页。

论美国19世纪逃奴问题

李 青

在美国历史上，奴隶起义为数甚少，而逃奴现象却大量存在。这是美国近代史上的一个特点。逃亡，作为被压迫人民的一种反抗手段，通常并不具有重要的历史意义。然而，在美国历史上逃亡却成为黑人奴隶反抗奴役的极为重要的手段。千百万机智勇敢的逃亡奴隶，以传奇般的经历和活动，谱写了争取自由的瑰丽篇章。早在一百多年前，废奴派史学家托马斯·希金森就曾经预言："美国历史中的浪漫色彩，后代必将在逃亡奴隶的生涯中寻到。"其实，寻求"浪漫色彩"尚在其次，更主要的是应对逃亡奴隶在美国反奴隶制斗争中所起的作用进行全面的分析和评价。

美国学者往往将奴隶逃亡视作消极行为，看不到它的积极作用。美国史学界流行一种意见，认为奴隶逃亡是奴隶制度的"安全阀"。其主要论点是，由于许多有勇气有才干的奴隶逃亡北方，使南方蓄奴州得以摆脱潜在的叛乱领袖，从而将爆发奴隶起义的可能性减少到了最低程度。①这种"安全阀"说，貌似有理，其实大谬不然。第一，它完全忽视了历史条件的重要意义，未能看到美国黑人奴隶反抗运动逃亡多而起义少的情况是由特定的历史条件所规定的。美国奴隶起义的规模和成就，较巴西、海地、牙买加等国相去甚远。究其原因，并非美国的奴隶缺乏反抗性，而是因为美国奴隶主阶级的专政机器十分完备，统治手法极为凶狠，控制手段非常严密，整个南部就像一座"军营"。在这样的条件下，奴隶起义既难发动，规模又小，且迅速遭到血腥镇压。于是，逃亡斗争自然成为黑人奴隶更有效的反抗手段。美国北方各州奴隶制度的废除，废奴运动和"地下铁路"运动的兴起，更为奴隶逃亡北方造成了有利条件。内战前奴隶逃亡的势头有增无已，乃是顺理成章的事。第二，"安全阀"说还错在它完全抹杀了黑人奴隶逃亡斗争积极的巨大的历史作用。正是基于以上原因，本文试图对19世纪美国逃奴问题做初步探讨。

---

① 持这种观点的美国学者有威廉·杜波依斯、乔治·威廉斯、威尔伯·席伯特、霍雷斯·曼、哈里埃特·比彻·斯托、威廉布雷弗格尔等人。

奴隶逃亡对奴隶主的打击

奴隶逃亡,从多方面打击了奴隶主阶级和奴隶制度。

首先,奴隶逃亡给奴隶主造成了"财产损失"。衡量这种"财产损失"的大小,需要从数量上看逃亡奴隶究竟有多少人。关于内战前的逃奴数字,诸说不一。阿尔伯特·哈特和约翰·麦克马斯特认为,每年有2000奴隶逃亡成功。肯尼思·斯坦普认为,"每年逃亡的奴隶达数千人之多"。威廉·赫塞尔廷估计1830年至1860年每年单是通过俄亥俄"地下铁路"逃亡成功的奴隶就有2000人。"密西西比州长奎特曼估计,1810年至1850年有10万奴隶逃离南方。"①雷福德·罗根在其《美国黑人简史》一书中也认为,截至1850年有10万奴隶逃到北方和加拿大。如果再加上50年代的数字,则不止10万了。

当然,同南部奴隶总数相比,每年逃亡者的数字不算很大。但我们不能单从数字来判断奴隶主的损失,除数量外还应看到质量。詹姆斯·塞勒斯和尤金·吉诺维斯的研究表明,逃亡者80%以上是青壮年男性奴隶。②这些青壮年男奴正是种植园赖以维持的主要劳力,他们的逃亡且多发生在播种、收获等农忙季节,使种植园主受到严重损失是不言而喻的。

还应看到,每一个逃亡成功的奴隶都提供了可资效法的榜样,对其他奴隶具有极大的感染力。佐治亚一个奴隶主在其奴隶逃走之后供认:"每一个获得自由的奴隶……都有吸引他的奴隶伙伴步其后尘的诱惑力。"③

更使奴隶主大伤脑筋的是,不少逃亡成功的奴隶常常以各种方式协助更多的奴隶逃亡。女奴隶哈里埃特·塔布曼逃到北方后,冒险潜回南方蓄奴州凡19次,援助数百名奴隶成功地逃到北方和加拿大。奴隶威廉·布朗逃至北方后,利用船只摆渡逃奴,仅在1842年5月1日至12月1日就援助过69人。④

逃亡使奴隶摆脱奴役,但对于奴隶主来说则意味着"财产损失"。财产观念,为一切剥削阶级所共有。将人视作财产,却是奴隶主阶级独特的财产观念。美国奴隶主阶级及其代言人以维护财产为名,极力为其奴役黑人的丑恶行径辩解。弗吉尼亚的一位奴隶制辩护士著文宣称:"本州的宪法已经使汤姆、迪克和哈里

---

① 约翰·霍普·富兰克林:《从奴隶制到自由:美国黑人史》,艾尔弗雷德A. 克诺夫出版社,1964年,第255页。

② 尤金·D.基诺斯:《奔腾吧!约旦河:奴隶创造的世界》,万神殿出版社,1974年,第798页。

③《黑人历史杂志》1959年1月总第44卷。

④ 威尔伯·席伯特:《从奴役到自由的地下铁路》,P. 史密斯出版社,1967年,第64页。

(泛指男性黑人)成为财产;它又已经使得波莉、南希和莫莉(泛指女性黑人)成为财产;不论这种财产是一个弊端、一个灾祸,我们都打算保持它。财产,这是财产占有者认为最有价值的,是一件好东西。"①奴隶财产是奴隶主的命根子。虽然逃奴的人数不算很多,但就逃亡的性质而言,正好击中要害,不能不令死抱着财产神圣观念的奴隶主阶级感到无比痛心和烦恼。奴隶主本尼特·巴娄有一句话道出了奴隶主阶级的共同想法:"对我来说,一个黑人干任何其他事情都要比逃亡更为可取。"田纳西有一个奴隶主得知他的几名奴隶逃到了加拿大,便恶狠狠地发誓赌咒:"我要去加拿大,春天就去。……即使豁出命也得抓住他们。"从本质上看,奴隶主之所以是奴隶主,就在于对奴隶财产的拥有,就在于对奴隶的奴役。奴隶逃亡则使奴隶主失去奴隶财产,失去奴役的对象,这正是奴隶主最不堪忍受的事。奴隶逃亡造成"财产损失",其最重要的意义就在于此。

逃奴给奴隶主造成的不仅是"财产损失",而且还有道义上的"损失"。

奴隶逃亡行动本身就是对奴隶主阶级和奴隶制度的无言的抗议。言为心声,个别奴隶也曾发出过公开的抗议。逃奴安东尼·蔡斯在逃亡前给奴隶主写下留言:"我知道,当你获悉我即将采取的过去从未考虑过的出人意料的步骤时,你一定会感到震惊。但一个手足被束缚的人,又能怎么办呢? 他当然要以他认为最可行的方式挣脱束缚。"②留言理直气壮,被人称为蔡斯"个人的独立宜言"。

1850年在纽约州卡泽诺维亚举行的逃奴大会致南方奴隶的公开信中写道:"奴役是如此不堪忍受,我们为了逃亡即使抛弃一切东西、历尽千难万险也在所不辞。""对我们来说,世界上没有比奴隶制更可恶的了。因此几乎可以说,在摆脱奴隶制的奋斗中一切可能的遭遇对我们都无所谓了。"③

奴隶逃亡迫使奴隶主发布缉奴告示。这些告示为了说明逃奴外貌特征,不得不描述其脸上身上的各种伤痕,从而将奴隶主残害奴隶的野蛮罪行暴露无遗。这也是逃奴给奴隶主造成的道义"损失"。例如,一则缉奴告示披露一个密西西比逃奴"腰背部和腹部有隆起的巨大伤疤或曰鞭痕,其大如成人手指。"英国大文豪查尔斯·狄更斯在其《美国纪行》一书中曾引用南方报纸上的一些缉奴告示,揭露奴隶主摧残奴隶的暴虐手段:枪击、鞭笞、割耳。他写道:"我可以用断臂、残腿、砍伤的肌肉和敲掉的牙齿,皮开肉绽的背脊、狗的咬啮和烧红铁块的烫烙等

---

① 赫伯特·阿普特克:《美国黑人史论文集》,国际出版社,1969年,第138页。
② 罗伯特·S.斯塔罗宾:《被奴役的黑人;美国奴隶的书信》,新观点,1974年,第120页。
③ 阿普特克:《美国黑人文献史》,斯达德尔出版社,1951年,第304页。

数不清的事例来扩大这个目录。"[1]赫伯特·格特曼曾研究过弗吉尼亚报刊上的589则缉奴告示,发现约1/3的逃亡是因为奴隶家庭被拆散而引起的。[2]所以,缉奴告示又是奴隶主拍卖奴隶、制造妻离子散的人间悲剧的铁证。

逃奴对奴隶主的打击,除了在财产上和道义上给奴隶主造成的损失外,还表现在部分逃奴在南方开展的袭击奴隶主的武装斗争。

1816年著名的"黑人堡"事件,显示了逃奴武装斗争规模之大。1815年,美英战争结束后不久,英军遗弃的布隆特堡(位于佛罗里达),被黑人逃奴占据。"黑人堡"遂成为接纳逃亡奴隶的避难所和讨伐奴隶主的根据地。1000多名来自佐治亚的逃奴啸聚于此。1816年7月,联邦军第四步兵团奉命包围了黑人堡。堡内黑人拒降,并以开炮作为回答。官军围攻整整10天,最后以大炮击中堡内火药库,炸死270名逃奴,才得以占领该堡。

有不少奴隶逃到南方人迹罕至的森林、山区和沼泽地带,这些逃奴被称为"玛茹人"。南方蓄奴诸州以弗吉尼亚、北卡罗来纳、佛罗里达、亚拉巴马的玛茹人为最多,游击活动亦最活跃。1816年南卡罗来纳州长戴维·威廉斯在致州议会的咨文中,陈述了该州玛茹人活动情况后说:"我已命令扬布拉德少将采取必要措施对他们进行镇压。"[3]当局竟然指派一名将军率部去对付逃奴,由此不难看出逃奴游击活动对奴隶主构成的威胁了。

逃奴对废奴运动的贡献

19世纪30年代初,战斗性废奴运动在美国北方蓬勃兴起,废奴派鼓动家不畏强暴,不顾歹徒的威胁和侵犯,坚持废奴宣传,表现了高度的献身精神。然而,废奴运动存在一个致命的弱点,即宣传者对于南部奴隶制度实际状况不甚了了。由于缺乏感性材料,废奴宣传流于道德说教的老生常谈,效果很不理想。使废奴宣传效果大为改观、从而开创了废奴运动新局面的,正是由南方蓄奴州逃到北方自由州的黑人奴隶。

奴隶的逃亡行动本身就是一种无言的然而也是最有说服力的废奴宣传。它促使人们不能不思考这样一个严峻的问题:既然奴隶制度被奴隶主阶级及其辩

---

① 杨生茂编:《美国南北战争资料选辑》,上海人民出版社,1978年,第8页。

② 赫伯特·格特曼:《奴隶制时期与自由时期的黑人家庭,1750—1925》,剑桥大学出版社,1977年,第263页。

③ 内森·欧文·哈金斯等编:《美国黑人经验中的关键问题》(第1卷),哈考特·布雷斯·乔瓦诺维奇出版社,1971年,第107页。

护士吹得那样好,为什么竟会有如此多的奴隶要逃离这一制度呢?威尔伯·席伯特指出,"奴隶向自由州的逃亡……加深了北方人民的信念:奴隶制是错误的"。许多逃奴到北方后,积极投身于废奴事业,他们能起到一般废奴派所起不到的作用。例如,有的逃奴给昔日的主人写信,声讨其罪行。还有不少逃奴成了蜚声讲坛的演说家,他们常常在群众大会上绘声绘色地讲述自己的亲身经历,激昂慷慨地控诉奴隶制的种种罪恶。亨利·毕布在密尔沃基讲述身世时,听众随着他讲的内容"一会儿喝彩,一会儿鼓掌,一会儿跺脚,一会儿大笑,一会儿哭泣"。逃奴宣传效果之佳,由此可见一斑。废奴派领袖加里逊对逃奴的宣传效果给予高度评价:"谁是我们最有能力的讲演者呢?谁最有资格在奴隶制问题上讲演并且最能打动公众的心呢?是你们这些逃亡的奴隶……这些人用中肯的话及有力的辩论震动一切人。"[1]

对废奴宣传贡献最大的逃奴,当数弗雷德里克·道格拉斯。他曾在群众大会上悲愤地说:"我的脊背上全是鞭痕,我可以给你们看。这个制度给我心灵上造成的创伤要是能给人看见的话,我也会给你们看的。"《自由先驱报》曾就道格拉斯的演说发表评论,指出:"这不是一般人们所谓的'能说会道',或'能言善辩'。这要严峻得多,沉郁得多,深刻得多。这是在奴隶制度长期受压抑而终于冲破樊笼的人类本性的猛烈迸发。"[2]

要认识逃奴现身说法的宣传效果,除演说外,还应看到逃奴的出版物。19世纪四五十年代,逃奴自传成了深受读者欢迎的畅销书,在北方各地不胫而走。有的评论家认为,"北方人对于特殊制度的看法主要是由逃奴自述形成的。"逃奴出版物跟一般的废奴小册子迥然不同,它不是以抽象的道德说教而是以奴隶的切身经历取胜。难怪一位废奴派宣传家感慨道:"争论会引起争论,讲道理会遇上诡辩,然而逃奴的自述却径直启开人们的心扉。"[3]

在提高公众的反奴隶制觉悟方面,逃亡奴隶确实起到了一般废奴派根本起不到的作用。他们为废奴运动注入了新的活力,不愧是废奴事业的强有力的促进者。

---

① 刘祚昌:《美国内战史》,人民出版社,1978年,第50页。

② 菲利普·方纳:《道格拉斯的生平与著作》(第1卷),国际出版社,1950—1955年,第58页。

③ 查尔斯·尼科尔斯编:《许多人已经逝去,昔且奴隶关于奴役和自由的叙述》,印第安纳大学出版社,1963年,第162页。

逃奴问题与南北冲突的加剧

要认识逃奴问题如何加剧美国南北冲突,就必须对"地下铁路"运动、1850年逃奴缉捕法以及一些重大的逃奴事件,尤其是对它们所引起的强烈反响和严重后果,进行一番具体的考察。

"地下铁路"运动是有组织的逃亡运动,它是南方黑人奴隶逃亡斗争与北方废奴运动相结合的产物,充分体现了废奴派和北方人民群众对黑人逃奴的同情和对奴隶制度的憎恨。"地下铁路"的经办人和"乘务员"主要有废奴主义者、教友派和自由黑人。他们为奴隶逃亡创造了种种便利条件,于是逃亡人数与日俱增。通过"地下铁路"逃到北方和加拿大的奴隶共约7.5万人。[1]

"地下铁路"是对南方蓄奴州的严重挑战,因而被奴隶主阶级及其代言人视若眼中钉、肉中刺。1849年约翰·卡尔洪攻讦北方有组织地怂恿、勾引、诱惑、唆使奴隶逃离其主人,并将他们秘密地迅速地转送到加拿大。田纳西州长伊沙姆·哈里斯在其1861年年度咨文中指责北方反奴隶制分子以"地下铁路"为手段掠走奴隶财产高达数百万美元,并使得边界州的蓄奴制度极不安稳。南部有些地方还成立了专事对抗"地下铁路"的组织——反废奴警戒委员会。这些情况从反面证明了"地下铁路"运动对南方蓄奴州的沉重打击。

为了运用联邦司法力量打击"地下铁路",奴隶主政客在1850年南北妥协案中宁可在加利福尼亚建州问题上作出"让步"姿态,也要竭力通过一项新的更严酷的逃奴法。臭名昭著的1850年逃奴缉捕法就这样出笼了。

逃奴法是一股政治罡风,立即在北方民众中激起了轩然大波。数以百计的谴责逃奴法的公众集会在北方各地举行。斯普林菲尔德、俄亥俄、克利夫兰等地人民举行公愤示威大会,通过决议要求立即废除逃奴法。

北方的黑人逃奴和自由黑人反应十分强烈。逃奴法颁布三个月后,已有3000名黑人由美国北方逃亡加拿大。也有不少黑人决心抵抗,一位逃奴坚定地表示:"对于这项法律,我不尊重它,我不害怕它,我不服从它!"芝加哥黑人成立了自卫性的治安组织,在该市巡逻,警戒南方缉奴者来犯。宾夕法尼亚某地的自由黑人和逃奴成立了反抗南方缉奴者的联防会组织。

废奴派猛烈地谴责逃奴法。查尔斯·比彻指出:"这项法律……是空前的无

① 伯纳德·曼德尔:《自由劳动和奴隶劳动》,作家协会,1955年,第24页;《科利尔百科全书》(第2卷),1979年,第329页。

081

与伦比的罪孽。这是我们时代的穷凶极恶的卑劣行径,它将作为19世纪最肮脏的丑行的标记而遗臭万年。"塞缪尔·瓦德痛斥逃奴法是"最残暴的人及其走狗为了最残暴的目的而通过的最残暴的法律。"废奴派还激烈地表示了反抗逃奴法和援救逃奴的决心。逃奴法刚生效,西奥多·帕克就在大庭广众中庄严宣誓,要竭尽全力援救逃奴。他在给菲尔莫总统的信中表示,为了保护逃奴,他"宁愿蹲一辈子监狱,哪怕饿死在狱中"。[1]

南方奴隶主原指望逃奴法能迫使北方人民以协助缉奴来充当奴隶制度的维护者。然而,逃奴法不仅没有起到这种作用,反倒成了北方人民反对奴隶制度的动员令。逃奴法是北方人民认识奴隶制度丑恶本质的反面教员。原先,大多数北方人对奴隶制问题漠不关心,对奴隶制的残暴缺乏认识。逃奴法的颁布和推行,大大改变了这种状况。正如路易斯·塔潘所指出的,"逃奴法唤起全国对奴隶制可恶性质的认识"。

逃奴法客观上给废奴运动帮了大忙。康拉德说,逃奴法"造就了大批反奴隶制主义者,其速度要比废奴主义者几十年的鼓动工作所造就的要快10倍!"

逃奴法的施行激起了北方人民对奴者的憎恶和对逃奴的同情。为保护逃奴,印第安纳人民奋起捉拿缉奴者,毒死猎奴犬。遍布北方各地的警戒委员会在抗击逃奴法的斗争中发挥了显著的作用。波士顿、费城、纽约的委员会在援助逃奴方面所做的实际工作尤为出色。逃奴法执行过程中充分暴露了蓄奴州对自由州的骄横态度,势不可免地加深了南方奴隶主阶级同北方资产阶级的固有矛盾。1854年堪萨斯-内布拉斯加法案的通过,更加暴露了奴隶主阶级永无餍足的野心,遂使北方资产阶级为1850年妥协中在逃奴问题上所做的让步感到"上当受骗"和"被出卖"。于是,北方各州议会在人民群众推动下相继通过了同逃奴法势不两立的"人身自由法"。

逃奴法的失败是显而易见的。该法颁布后,每年平均捕捉逃奴尚不足18人。最能说明逃奴法失败的莫过于前后10年的鲜明对照:1850年大批慑于逃奴法淫威的黑人由美国北方逃到加拿大,1860年却有500名逃奴由加拿大重返美国南方蓄奴州援助更多的奴隶逃亡,[2]逃奴法就这样遭到了历史的嘲弄。

南方奴隶主缉捕逃奴的邪恶勾当和北方人民抢救逃奴的正义斗争针锋相

---

① 劳伦斯·拉德:《勇敢的雅士,新英格兰反奴隶制斗争,1831—1863》,E. P. 达顿公司,1961年,第143页。

② 皮特·伯格曼:《美国黑人编年史》,哈珀·柯林斯出版社,1969年,第224页。

对,引起一系列逃奴事件,使逃奴问题成为美国19世纪50年代严重的社会问题,并且加剧了南北冲突这一政治危机。这首先表现在北方人民同南方奴隶主寡头控制的联邦政府之间的对立。

以1851年夏德拉克事件为例。当废奴主义者西奥多·帕克宣布抢救成功的消息时,群众热烈鼓掌喝彩,欢声雷动。而政府的反应与公众情绪适成鲜明对照。菲尔莫总统气急败坏地说:"万万料想不到,一帮无法无天的乌合之众在光天化日下的波士顿市,并且就在正义的殿堂(指法庭),竟然如此粗暴地践踏法律,如此狂妄地藐视合众国的权威。"事件发生后,菲尔莫发表特别声明,要在联邦所有各州竭尽全力贯彻执行逃奴法,并且下令法办抢救逃奴夏德拉克的所有"教唆犯"。

联邦政府极力推行逃奴法,因而极端不得人心。温得尔·菲利普斯就西姆斯事件发表演说,号召人民"千方百计地阻止逃奴法的施行,竭尽全力遏止政府的车轮子。"在抢救逃奴杰里成功之后,抢救者将杰里身上的锁链装入木匣寄给菲尔莫总统,以示对政府的抗议和藐视。

逃奴问题加剧南北冲突,亦反映在暴力提到议事日程上来,反映在北方黑人和废奴派以暴力抗击南北方缉奴者的坚定决心和果敢行动。

在逃奴法通过后,一家黑人报纸发表社论,论述黑人的自卫权,并严正警告逃奴法的执行者:"让他们明白,捕捉奴隶或绑架自由人的勾当都是向北方黑人的权利和自由宣战。……我们应当教训他们,任何人不得干这种勾当,除非是那些甘愿将自己贡献给那该死的奴隶制的肮脏祭坛的人。"黑人领袖道格拉斯著文指出,"医治逃奴法的良方"就是"一支好手枪,一只不发抖的手和开枪射击猎奴者的决心。"[1]

黑人是这样说的,也是这样做的。逃奴法颁布后,匹茨堡许多黑人都以手枪和猎刀武装自己。1851年9月,克里斯蒂安那黑人为保护逃奴同缉奴者发生枪战,打死了蛮横的奴隶主戈萨奇,全国为之轰动。逃奴法对废奴运动影响很大。"该法开创了废奴运动的新时代,不抵抗主义没有市场了,单纯道德说教式鼓动的时期结束了",[2]就连一贯主张非暴力的废奴派领袖加里逊也承认,逃奴打死缉奴者的武装自卫行为是正当的。

---

① 方纳:《道格拉斯的生平与著作》(第5卷),国际出版社,1950—1955年,第326页。

② 奥斯卡·舍温:《自由的预言家温德尔·菲利普斯的生平和时代》,出版商协会,1958年,第223页。

19世纪50年代废奴派武装援救逃奴、以暴力抗击逃奴法的最杰出的代表，是大无畏的约翰·布朗。1851年1月15日，布朗组织了黑人反抗逃奴法的武装团体"基列人同盟"。布朗告诫参加同盟的44名黑人对缉奴者作坚决的武装抵抗，"一旦参战，不要半途而废，而要把你们的敌人杀得一干二净"。1859年布朗发动哈普渡起义的计划，就是在占领军火库、夺取武器之后，开赴阿列根尼山为南方黑人逃奴建立中心联络站，武装护送更多的奴隶逃向自由。

逃奴问题加剧南北冲突，还反映在南方蓄奴州以逃奴问题为武器向北方自由州寻衅，奴隶主政客以逃奴问题为口实极力掀动脱离联邦的声浪。

南方奴隶主阶级一向对逃奴问题高度敏感，动辄利用逃奴问题大做文章。威尔伯·席伯特指出，南方在50多年时间里不断要求国会保护它的奴隶财产免遭北方人"劫掠"。1850年妥协案达成之后，南方奴隶主阶级仍未餍足。佐治亚、密西西比、亚拉巴马、南卡罗来纳等蓄奴州仍以脱离联邦相要挟。南方奴隶主阶级要求联邦政府恪守逃奴法，应作为他们留在联邦的前提条件。这实际上为尔后的脱离活动埋下了伏笔。

1854年伯恩斯事件发生之前，南方缉奴者曾在波士顿缉捕三名逃奴，因受到市民阻挠而没有成功。南方奴隶主大动肝火，又是开会抗议，又是拟请愿书，并且驰书皮尔斯总统要求采取行动。在继而发生的伯恩斯事件中，皮尔斯总统亲自干预。当时，5万愤怒填膺的波士顿市民涌上街头，痛斥缉奴者和帮凶是"绑匪"。当局为押解一名逃奴竟不得不出动大批军队、警察、流氓、打手，耗资十万美元，并且几乎引起了"叛乱"。引渡伯恩斯成功之后，南方视为逃奴法的胜利，曾鸣炮一百响以示庆贺。然而这种闹剧手段掩盖不了奴隶主阶级内心的恐惧。为北方人民反抗逃奴法的钢铁意志所震悚，里士满《查询者报》社论发出哀鸣："像我们在波士顿所看到的执行逃奴法情形，是一种讽刺，是一种侮辱。……这样的胜利再来几次，南方就完蛋了！"它还借题发挥，为脱离联邦制造舆论。

林肯当选总统后，南方蓄奴州脱离运动甚嚣尘上。1860年11月，南卡罗来纳州发表脱离联邦"宣言"，该宣言就逃奴问题大放厥词，作为脱离联邦的主要借口之一。

内战前美国南北方围绕逃奴问题所发生的激烈冲突，涉及双方的根本立场和根本原则。塞缪尔·夏皮罗指出："南方人坚持引渡逃奴，北方舆论则使引渡越来越行不通。……格格不入的逃奴缉捕法和人身自由法作为地区僵局的象征，依然存留在纸面上，直到被内战的血涛冲洗净尽。"①

①《黑人历史杂志》1959年1月，总第44卷。

逃奴在内战中的地位和作用

南北内战期间,奴隶逃亡达到空前规模。同战前相比,这时的逃亡奴隶无须再作长途跋涉。每当联邦军挺进叛乱州某地,附近种植园的黑人奴隶便像潮水一般涌入联邦军阵地。1862年8月,一个南军将领估计,每星期逃往北卡罗来纳联邦军队的黑人奴隶,价值达100万美元。内战四年期间,逃亡奴隶总数达50万人之多,[①]逃奴问题成了关乎内战全局的大问题。

黑人奴隶大规模逃亡,威胁到奴隶制度的生存。有的蓄奴州(如肯塔基),奴隶制度已濒于瓦解。一家刊物这样描述奴隶逃亡造成的严重后果:"谁家也不知道第二天早晨起来还有没有奴隶给做早饭。"奴隶主惶惶不可终日的窘态跃然纸上。这家刊物沮丧地发出哀号:"奴隶制度即将逝去,我们将失去几乎所有的劳动力。""现在的问题不是如何挽救奴隶制,而是我们如何种庄稼,收粮食,烤面包。"[②]一叶知秋,这段文字真是处于风雨飘摇中的奴隶制度的一个生动写照。

黑人奴隶逃亡,沉重地打击了奴隶主叛乱集团。由于奴隶大批逃亡,不少种植园荒芜,直接影响了南方战时生产,使叛军的粮食和其他必需品的供应难以保证。不仅如此,奴隶逃亡还在南方引起连锁反应,迫使叛乱集团不得不派白人到那些被遗弃的种植园去从事生产,相当多的白人因此被豁免了兵役义务,这势必对南方的作战能力产生严重影响。本来在战争初期,南方在人力和物力资源方面就不能与北方同日而语,而数十万奴隶逃亡又大大地削弱了南方的经济和军事实力。战争后期,南方兵源枯竭,经济濒临崩溃,叛乱集团山穷水尽,这种局面在很大程度上是奴隶逃亡造成的。

策动奴隶大批逃亡,如同釜底抽薪,无疑是北方对付叛乱分子的一种有效武器。但在内战初期,由于惧怕边界州倾向"南部同盟"和其他一些原因,林肯政府坚决奉行不干涉奴隶制的方针政策,极力回避黑人问题,特别是逃奴问题。

然而,林肯的方针和态度不是一成不变的,而是随着客观形势发展的需要不断演变的。及至1862年9月,林肯发表了著名的《解放宣言》,它被马克思誉为"联邦成立以来美国历史上最重要的文件。"中外学者探讨林肯发表宣言的背景和动机的论著,数量相当可观,但都忽略了逃奴这一因素。其实,逃奴是推动林

---

① 威廉·Z.福斯特:《美国历史中的黑人》,国际出版社,1954年,第271页。

② 赫伯特·格特曼:《奴隶制时期与自由时期的黑人家庭,1750—1925》,剑桥大学出版社,1977年,第370页。

肯发表宣言的最重要的因素之一。从一方面看,正是前线不断出现的逃奴处置问题向林肯回避黑人问题的方针提出挑战,正是逃亡奴隶的滚滚洪流冲决了林肯"不干涉奴隶制"的防波堤。另一方面,逃奴同林肯考虑解决当时北方面临的最迫切的兵员问题直接相关。由于种种原因,北方征兵工作陷入困境。内战正值危急关头,林肯政府必须及时作出抉择:要么很快输掉这场战争,要么尽快地武装黑人。而北方自由黑人能够参军的人数有限(仅4万多人),因此武装黑人问题就不能不主要指望逃奴来解决。这就是当时萦绕林肯脑际的大问题。

笔者认为林肯发表《解放宣言》的主要动机是:策动奴隶更大规模逃亡,既挖"南部同盟"墙角,又补充北方兵员缺额,造成南北双方兵力"彼消我长"的态势。林肯政府在宣言发表后的所作所为,就是这种"挖南补北"战略意图的佐证。宣言发表之后,林肯心情急切,总感到奴隶逃亡的规模不够大,他设法要"尽量使《解放宣言》发挥最大的作用"。为此,林肯曾召见黑人领袖道格拉斯进行商谈,他说:"奴隶们没有像我所希望的那样迅速地、大批地跑到我们防线里来"。"我希望你着手想出一些办法使他们能够了解《解放宣言》,并把他们带到我们防线这边来。"在林肯的建议之下,道格拉斯同意着手组织黑人敌后工作队,其任务是潜入叛乱诸州传播《解放宣言》以鼓励更多的黑人逃到联邦军队防线里来。[1]从林肯的这番谈话和建议不难看出他发表宣言的动机。

1863年3月,林肯正式宣言发表后不久,陆军部长爱德文·斯坦顿派副官署署长罗伦佐·托马斯赴前线视察。斯坦顿指示他说,"总统希望你"向军官们说明"政府高度重视使用总统宣言所解放的黑人,尤其重视对他们的劳动力和战斗力的组织工作",并且指示他"挖掘最大潜力,组织作战部队"。托马斯在对前线官兵讲话中强调说:"政府已下定决心要剥夺叛乱分子的供给来源——夺走他们的黑人,迫使他们派一部分白人回到被遗弃的种植园去种地"。他告诫前线官兵如何对待黑人逃奴:"如果这个不幸种族的任何人来到你们的防线,你们不得拒之门外,而要亲切友好地接纳。要鼓励他们投奔我方;要热情欢迎他们,要解决他们的吃饭穿衣,要把他们武装起来。"[2]斯坦顿的指示和托马斯的讲话,都表明了林肯政府以南方逃奴来解决北方兵员问题的决心。

参加联邦作战部队的黑人约18.6万人,其中9.3万人来自脱离联邦的叛乱州,4万人来自边界蓄奴州,其余约5.2万人来自北方自由州。莱斯里·费舍尔和

---

① 卡尔·桑德堡:《林肯传》,云京译,三联书店,1980年,第321页。
② 威廉·杜波依斯:《黑人的重建》,哈考特·布雷斯出版社,1935年,第98~99页。

本杰民·夸尔斯指出,"参加联邦军队的黑人,大约 3/4 是从前的奴隶"。[①]

除了投奔和参加联邦作战部队和后勤部队的逃奴外,还有部分逃奴在叛乱分子严密控制地区开展游击活动,骚扰敌人后方。1862 年到 1863 年间,位于佛罗里达州北部六个县及亚拉巴马州东南各县的逃奴根据地拥有很大势力,对于叛乱分子构成了相当威胁。1864 年 8 月,叛军的一个将领从佛罗里达州列克市报告说,黑人逃奴的队伍威胁着塔拉哈西、麦迪逊及马里亚纳诸城。

事态的发展,使黑人尤其是逃奴在内战中的地位和作用逐渐为南北当局所认识。林肯说得很坦率:如果失去黑人的话,联邦方面不出三个星期就得放弃战争。林肯还在一封信中写道,保留黑人部队则联邦存,弃之则联邦亡。一位南方的要人说:"当黑人逃离主人的时候,当黑人表现出逃亡和加入联邦军队的总趋向的时候,所有的明白人都意识到一切全完了。"

本文原刊载于《世界历史》1985 年第 2 期。

作者简介:

李青,1945 年生,陕西人。1982 年毕业于南开大学历史系,获美国史硕士学位,留美国史研究室工作。1985 年作为富布赖特学者赴美国耶鲁大学访问研究。后调杭州师范大学任教,从事美国史的研究和教学。在《世界历史》《杭州师范学院学报》等刊物发表多篇论文,担任《美国历史百科词典》副主编。

---

① 莱斯里·H. 费舍尔等编:《美国黑人文献史》,斯科特·福尔斯曼公司,1976 年,第 216 页。

第一国际纽约总委员会和北美
联合会的关系及其主要活动

张友伦

欧洲是第一国际的主要活动舞台。巴黎公社失败后,第一国际在欧洲遇到了极大的困难。来自外部和内部的巨大压力,使它无法继续开展活动。根据海牙代表大会的决议,第一国际总委员会的驻在地从伦敦迁往纽约。从此开始了第一国际新的活动时期。过去由于种种原因,我们对这一时期的了解和研究都很不够。本文仅就此做一点初步的探索,希望能够引起对这个问题的注意。

一、纽约总委员会是在什么条件下进行工作的?

不少历史著作和文章认为第一国际的领导机构迁往美国以后,国际实际上停止了活动,因此绝口不提纽约总委员会和国际在美国的地方组织的情况,或者语焉不详。这种看法是值得商榷的。诚然,同伦敦总委员会相比较,纽约总委员会的影响和活动范围都大为逊色。但如果考虑一下美国和欧洲的具体情况,就不难发现,第一国际在美国开展的每一项活动,都是同纽约总委员会,北美联合会以及普通会员的努力分不开的。他们的努力应当载入第一国际的史册。

纽约总委员会所面临的形势是极其严峻的。在欧洲,国际上的反动势力趾高气扬、妄图扼杀各国的革命运动和第一国际。镇压巴黎公社的刽子手梯也尔公开宣称:"社会主义从此休矣!""巴黎遍地堆满了尸体。应当相信,这种可怕的景象将成为胆敢宣称拥护公社的起义者的教训。"①德国俾斯麦政府也于1872年5月27日以"图谋叛国"的罪名判处倍倍尔、李卜克内西两年监禁。罗马教皇庇护九世不惜撕去"仁慈"的面罩,号召天主教徒向第一国际宣战,先绞死他们,然后再做"祈祷"。国际内部的敌人无政府主义者,加紧分裂活动,妄图用它的秘密宗派组织来取代国际。蒲鲁东主义者、工联主义者和拉萨尔主义分子的残余也都聚集在无政府主义的旗帜下,成为纽约总委员会的反对派。

海牙代表大会闭会后不久,汝拉联合会的代表大会在瑞士的圣伊米耶召开。会议通过决议,声明不承认海牙代表大会的各项决定和总委员会的权威力量。

---

① 凯尔任策夫:《巴黎公社史》,三联书店,1961年,第659、660页。

同时,在这里还举行了无政府主义者的"国际"代表大会。大会号召各国反对派支部联合建立一个自由联盟来取代第一国际。两个圣伊米耶大会得到一些国家的无政府主义者的支持。法国的卢昂支部公开反对扩大总委员会的权限。1872年12月,比利时工人代表大会和西班牙联合会代表大会也提出了同样的抗议。纽约总委员会很快就失去了在这些地方的影响。在意大利、荷兰和丹麦也发生了类似的情况。

在美国,国际各支部已经发生了分裂。纽约第二支部由于未能取得派代表出席海牙代表大会的权利而成为纽约总委员会的反对派。它甚至把总委员会成员德雷尔开除出自己的组织,并通过《社会主义者》攻击马克思和左尔格。以第十二支部为核心的国际工人协会美国联合会也由于同样原因对纽约总委员会耿耿于怀。它逐渐同无政府主义者合流,并于1873年4月6日发表了一个反权威的《致全体国际工人协会会员的通告信》(下文简称《通告信》)。《通告信》的矛头是直接指向纽约总委员会的。它同无政府主义的宣言极其相似,认为"个人的完全自由和支部、联合会自治"是联合行动的基础,充满了反集权,反权威的思想。①

左尔格充分估计到总委员会迁到美国将面临的种种困难。他在海牙大会上,当表决新总委员会的驻在地和成员时投了弃权票。一直到1872年10月11日,他才接受纽约总委员会的加聘,担任总书记。当时,纽约总委员会已经是四分五裂、涣散不振。意大利裔委员福尔纳契耶利由于必须做工谋生而不能出席会议,最后不得不辞去委员职务。德雷尔离开纽约去南方寻找工作,等于自动退出了总委员会。爱尔兰裔委员圣克莱尔不仅不出席总委员会,而且拒绝交出他负责保管的正式记录。总委员会的司库勒维埃耳曾一度卷款潜逃。这两人也相继退出了总委员会。爱德华·大卫和美国委员华德拒绝接受总委员会委员的职务。在纽约总委员会委员中能够坚持日常工作的,除去左尔格以外,只有卡尔、波尔特、劳雷尔、施佩耶尔几个人了。而波尔特、卡尔两人又是拉萨尔主义者,从一开始就在进行派别活动,给纽约总委员会造成了不少的困难。

在物质条件方面,纽约总委员会几乎是一无所有。根据左尔格提供的情况来看,从海牙代表大会闭幕到1873年3月2日,纽约总委员会不名一文。左尔格在1873年3月2日致各支部的信中写道:"总委员会完全没有基金,也没有得到任何资助,它不得不中断重要的工作。"②在这以后,总委员会虽然陆续收到各地交

---

① 《第一国际在美国》,纽约,1962年,第180页。
② 转引自《第一国际在美国》,纽约,1962年,第166页。

来的会费,但数目太少而且不固定。定期交纳全部会费的只有北美联合会。但是,这个联合会的人数不满一千,而且还要维持自己的机关报《工人报》的开支,要援助逃亡美国的公社社员的家庭和国内外的罢工运动,所以不可能在经济上向纽约总委员会提供更大的支持。因此,纽约总委员会的财政长期处于极端困难的状况。左尔格在1873年8月11日的信中指出:"总委员会的日常收入如此惊人地微薄而不固定,乃至几乎付不出同世界各地进行频繁通信的邮资。"①

在这样的条件下开展工作,其困难程度是不难想象的。

二、纽约总委员会的主要活动

由于左尔格及其支持者的努力,纽约总委员会克服了重重困难,在其存在的短暂时间里开展了一些重要的工作。

左尔格担任总书记以后的第一件事情就是设法使纽约总委员会运转起来,恢复它同欧洲各国分支的联系。1872年10月20日,纽约总委员会发布了致国际工人协会会员的第一个通告,宣布新的总委员会开始行使自己的职权。通告发表在11月23日《国际先驱论坛报》上。在此以前,左尔格曾于10月12日给马克思写信,把纽约总委员会的工作计划告诉他。左尔格认为,在总委员会人数少和不熟悉各国语言的情况下,不可能在总委员会内部设立各国通讯书记的职务,整个通讯工作只能掌握在总书记手中。对于许多难于建立直接联系的国家则由总书记委任总委员会代表和全权代表处理通讯工作。根据这个设想,1872年12月22日,前法国通讯书记赛拉叶被委派总委员会负责处理法国事务的代表。1873年1月5日,恩格斯得到了纽约总委员会的全权委托书,被委派为负责意大利事务的全权代表。后来,恩格斯还兼任总委员会负责西班牙、葡萄牙和英国事务的全权代表。前波兰通讯书记瓦利里·符卢勃列夫斯基也于1873年2月2日被委派为负责波兰事务的全权代表。

总委员会所采取的同各国分支保持经常联系,互通消息的另一个措施就是每月定期发布综合通报。这种通报是在综合各国支部提供的材料和书信中的信息的基础上编写出来的。后来,随着支部数量的减少和联系的削弱而逐渐失去作用。除此以外,纽约总委员会还曾发出一个调查各地工人状况的问答式调查提纲,其中包括工资、工时、用饭时间、生活费用、车间的规模和状况、失业状况及其原因、工人家属的人数以及工业疾病等项目。可惜的是,按照这个提纲所收集

---

① 转引自《第一国际在美国》,纽约,1962年,第166页。

到的材料由于缺乏经费未能印发。纽约总委员会于11月20日发出的一份致协会各联合会、所属团体、支部和全体会员的通告包含有非常重要的内容。它向各支部阐明了总委员会的坚定立场,坦率而又尖锐地指出,在资本主义制度下,工人组织只能采取两种截然不同的立场,反抗或者顺从。第一国际及其拥护者果断地选择了"反抗的道路,选择了斗争的道路,庄严地宣布他们坚定不移的决心,即决定要借助于唯一可靠的手段,通过名副其实的战斗组织即国际工人协会这座坚如磐石的作战营垒,为劳动解放而继续斗争"。[①]纽约总委员会希望通过这个通告使各国分支重新在思想上统一起来,从而进一步粉碎无政府主义者分裂国际的阴谋。通告还谈到了工人阶级行动一致的重要性,并提出了加强国际工人协会组织的任务。

马克思、恩格斯对纽约总委员会恢复同各国分支联系的活动非常关心,并且给予了必要的支持。恩格斯在10月5日致左尔格的信中写道:"每次邮班我们都等着你的消息和新委员会的活动情况。"[②]恩格斯在担任总委员会负责意大利事务的全权代表以前就根据左尔格的委托了解第一国际在意大利的情况,并将结果告诉左尔格和总委员会。例如,他在1872年11月2日致左尔格的信中将意大利两个新支部成立的情况通知总委员会。1872年12月22日,纽约总委员会根据恩格斯的报告接受了这两个新支部。恩格斯在担任全权代表以后,于1月至2月中旬这段时间里撰写了《关于国际在大陆上活动情况的报道》(以下简称《报道》),陆续发表在《国际先驱报》1月11日、2月1日、8日和15日各期上。《报道》的一部分谈到了国际在意大利、西班牙、葡萄牙和英国的活动情况。在意大利,由于政府当局的疯狂迫害,支持纽约总委员会的力量受到了沉重的打击。洛迪支部首当其冲。支部的3名委员被捕,其余6人不得不隐藏起来,躲避政府的搜查。在西班牙,反对分裂,支持新总委员会的力量正在重新组合,准备同分裂者决一雌雄。例如,格腊西阿联合会宣布拥护海牙代表大会的各项决议并谴责西班牙代表在海牙代表大会上的行为。在葡萄牙,由于该国法律的限制,第一国际已经失去了自由进行组织的可能,但是,国际在那里组织的工人运动却得到了蓬勃的发展。在英国,前不列颠联合会委员会多数派是分裂者,因而拥有暂时的优势。《报道》也谈到德国和法国的情况。毫无疑问,所有这些情况对于纽约总委员会都是极其有用的。马克思也于1872年12月30日接受总委员会的委托负责收集

① 伊·布拉斯拉夫斯基编:《第一国际第二国际历史资料》,三联书店,1964年,第166页。

② 《马克思恩格斯全集》(第33卷),北京:人民出版社,1973年,第527页。

和保管前总委员会的全部财产。

纽约总委员会所进行的第二项重要工作就是开展反对无政府主义的斗争。1872年11月8日,总委员会向汝拉联合会发出呼吁书,向它提出警告,要求它修改圣伊米耶大会的决议,否则就将它暂时开除出国际工人协会,交应届大会审议。12月1日,总委员会又向比利时工人代表大会寄去呼吁书,要求比利时工人加强国际团结,并说明海牙代表大会的重要意义。但是,由于无政府主义者拒绝接受总委员会的告诫,纽约总委员会乃于1873年1月5日通过决议将汝拉联合会暂时开除出国际。

纽约总委员会的第三项重要工作是试图建立各种国际工会联合会。根据海牙代表大会关于建立各种国际工会联合会的决议,纽约总委员会在1872年11月20日通告信中就强调了资本主义制度下加强工人阶级国际联合的重要性。纽约总委员会曾经以传单的形式公布了一个国际工会联合会的章程草案,名字叫作《国际工人协会总委员会致各工会和工人协会书》。这个传单发表在1873年3月8日《国际先驱报》第49号上。左尔格曾于1873年2月12日将传单寄给恩格斯。

章程草案的开头强调指出,阶级冲突的扩大和劳动力的输出已经把建立国际工会联合会的问题提上日程。草案认为,首先应当按工业部门建立联合,然后建立全国联合,最后组成国际工会联合会。然而,在当时的条件下,这个设想是脱离实际的,因而始终未能付诸实施。

1873年9月8日至13日,第一国际在日内瓦召开第六次代表大会。本来,召开这次大会来总结国际一年的工作,并为下一步活动制订计划,应当是纽约总委员会的一项中心工作。但是,由于缺乏经费,而且同欧洲各支部的联系又极其微弱,纽约总委员会不但无力进行必要的筹备工作,甚至未能派出自己的代表参加大会。全仗贝克尔的努力,这次大会才得以召开。不过,这次大会没有取得成功,是第一国际历届大会中最缺乏代表性和最缺乏成果的一次大会。欧洲大多数支部都反对召开这次大会,拒绝派代表出席。结果形成了瑞士代表独占优势的局面。出席大会的30名代表中,瑞士代表18人,奥地利代表8人,匈牙利代表2人、德国代表1人、荷兰代表1人。

贝克尔在1873年9月22日给左尔格的信中谈到了筹备这次大会所遇到的困难。他感到意外的是,第一国际英国联合会竟然没有派代表出席大会,认为"这是一件无法辩解,而且也难以原谅的事情"。[1]贝克尔担心,由于英国代表的缺

---

[1] 伊·布拉斯拉夫斯基编:《第一国际第二国际历史资料》,三联书店,1964年,第171页。

席,日内瓦和罗曼语区的代表将利用自己在大会上的优势把总委员会的驻在地从纽约迁到瑞士,从而使总委员会落到亲巴枯宁分子手中。因此,他曾设想"从地下发掘出13名新的代表,以便从与会的人数上来给代表大会增添一些光彩,并且以必要的多数来保证大会的正确进行"。①

纽约总委员会向日内瓦代表大会提出了一份书面报告,报道了各国工人运动的状况和国际组织的活动情况,呼吁各国工人在新形势下组织起来,并且加强自己的国际团结。报告号召说:"工人同志们! 你们要看到旧社会已在土崩瓦解,你们要把自己的队伍团结得更加紧密,要不断改进你们的组织,使它更加完善,以便准备好自己的力量,随时响应客观形势的号召,去解决自己的历史任务——建立一个以劳动为基础的新社会。"②

大会根据总委员会的报告提纲首先讨论了工会运动问题,并且通过了成立各行各业国际工会的决定。决定要求各个国家不同行业的工会联合起来,并选出本国的执行委员会。执行委员会将通过总执行委员会同其他国家建立经常的联系。大会还讨论了工人阶级的政治斗争问题,并通过了关于工人的政治组织的决议,建议"工人阶级参加旨在解放本阶级的任何政治活动"。

在日内瓦代表大会上,日内瓦代表和瑞士罗曼语区的代表曾企图把总委员会搬到日内瓦。幸亏德国代表和瑞士日耳曼语区代表的一致努力,纽约才再一次被选定为总委员会会址,纽约总委员会也才得以继续行使自己的职权。

日内瓦大会后,无政府主义者在欧洲的活动十分猖狂,他们企图自立门户,建立无政府主义者的国际。纽约总委员会基本上失去了同欧洲各国分支的联系,它的主要活动舞台转到美国。

三、纽约总委员会和北美联合会的合流

在美国国内,第一国际各支部经过分裂改组以后,形成了第二支部、美国联合会和北美联合会三支力量。前两支力量都是反对纽约总委员会的。只有北美联合会是唯一能够依靠的力量。总委员会的委员基本上都是这个联合会的成员和领导人。总委员会的驻地设在北美联合会总部第十沃尔德旅馆内。总委员的主要经费来源也是北美联合会定期交纳的会费。在对待美国国内问题上,两个组织经常采取一致行动。他们的关系十分密切。总委员会的工作重点转到美国

---

① 伊·布拉斯拉夫斯基编:《第一国际第二国际历史资料》,三联书店,1964年,第171页
② 伊·布拉斯拉夫斯基编:《第一国际第二国际历史资料》,三联书店,1964年,第174页。

国内以后,两个组织虽然是上下级的关系,但实际上实现了合流。正如左尔格所说的:"在美国,总委员会也作为联合会来行动,经常参加工人阶级的活动,并力求重新赢得已经失去的信任。"①从这个意义上说,北美联合会的活动就是纽约总委员会整个活动的一个主要组成部分。

北美联合会成立于1872年7月,是在原来的第一委员会的基础上组织起来的。海牙代表大会以后,这个组织经历了一个危机时期。它所属的二十二个支部中有两个支部自动解散了。西霍布肯的第二十五支部名存实亡。纽约第七支部、第十支部和布鲁克林第一支部的情况不明,它们是否存在,令人怀疑。纽约第十一支部和第十三支部相继解体,在这个基础上建立了第八支部。会员人数不断减少。许多支部保持缄默,几乎停止了一切活动。联合会书记波尔特曾估计说:"看来大会耗尽了各支部的能量,结果使联合会和各支部的行动受到削弱",各支部的会员人数,"除少数例外,减少多于增加。"②各支部同北美联合会的联系也曾一度中断。波尔特于1872年12月7日写信告诉总委员会说:"没有任何关于有关支部的报告从波士顿、费城、芝加哥、巴尔的摩等地送到我们这里来。"③

北美联合会的领导人感觉到,在这种纪律涣散、精神不振的情况下,迫切需要创立自己的报纸,加强各个支部,立即开展组织群众和宣传群众的工作。波尔特曾在给总委员会的报告中说:"组织工人,只有组织工人……谁最先了解工人的呼声,谁最先向工人提供帮助,工人就将团结在谁的周围。"④

1873年2月,北美联合会的报纸《工人报》创刊。这份报纸虽然是德文报纸,但它的发行量达到三千份,具有一定的影响。《工人报》的出版给北美联合会带来了活力。北美联合会委员会的通知和建议经常通过《工人报》传达给每一个会员和支部,收到了统一行动的效果。

北美联合会最主要的活动就是在1873年至1878年经济危机时期所进行的反失业斗争。1873年经济危机从杰库克银行的倒闭开始,其势如狂风暴雨,顷刻之间席卷了整个美国。全国的信用机构纷纷垮台,或者处于瘫痪状态。到年底,商业破产事件达五千多起。

首先受到经济危机打击的是广大工人。他们的工资被大幅度削减,工时被延长,而且随时面临着失业的威胁。据估计,几年之间纺织工人的工资下降

---

①《左尔格的美国工人运动》,西点、伦敦,1977年,第161页。
②《第一国际在美国》,纽约,1962年,第185页。
③《第一国际在美国》,纽约,1962年,第186页。
④《第一国际在美国》,纽约,1962年,第186页

45%、铁路工人的工资下降30%~40%、家具工人的工资下降40%~60%。[①]到1877年，失业工人占全国工人的1/5,2/5的工人每年只有六七个月的工作，有正常工作的工人约为1/5。1877年到1878年，失业人数达到300万。[②]

成千上万的失业工人为了捍卫自己的生存权利奋起反抗资产者的盘剥，示威运动此起彼伏。北美联合会所属的各个支部积极投入运动，并且成为各地运动的组织核心，发挥了应有的作用。

1873年10月底，北美联合会发表了《致北美工人的宣言》（以下简称《宣言》）。[③]《宣言》指出："在资本和劳动之间没有和谐，只有斗争，只能以这一方或另一方的完全屈服而告终……为了避免奴隶的命运，一切工人都必须组织起来。"[④]《宣言》还提出了具体的组织计划：

> 住在同一个、两个或更多的街段上的工人们在一起组织一个俱乐部，一个区域中的俱乐部联合起来组成一个区域委员会，每一区域委员会要派出三个代表组成一个中心机构。

> 在这种方式下组织起来的工人则将向各地的政府当局提出下列的要求：（一）在一般的工资标准和八小时工作制的原则下，给一切愿意而且有工作能力的人以工作；（二）对于实际在困苦中的劳动者及其家人，贷给他们只够维持一星期生活的现金或食物；（三）在自12月1日至1874年5月1日期间，不容许房主因得不到房租驱逐房客。[⑤]

《宣言》在失业工人中产生了广泛影响。11月9日，在费城有5000工人集会，准备建立失业工人组织。会议要求市政当局实行8小时工作制、禁止使用童工和立刻援助失业工人。在坎顿、纽瓦克、波士顿、辛辛那提、芝加哥、路易斯维尔等城市都发生了类似的事件。美籍德裔工人最先成立了失业工人会。11月15日，纽约市的各个工会也行动起来，举行一次有各工会代表出席的会议，向市政当局和联邦国会发出呼吁，要求解决就业和救济问题。

---

① 参看《美国工人史》，伦敦，1966年，第129页。

② 《美国工人史》，伦敦，1966年，第129页。

③ 这份宣言是用英文写成的，以传单形式向群众散发。德文本于1873年在11月29日《工人报》上刊出。

④ 《第一国际在美国》，纽约，1962年，第221页。

⑤ 转引自方纳：《美国工人运动史》（第1卷），三联书店，1956年，第657~658页。

12月11日,失业工人大会在纽约库柏学院举行。这次会议是由各个工会的负责人和国际第一支部的代表共同筹备发起的。北美联合会书记波尔特参加了筹备工作。参加大会的除去北美联合会的成员以外,还有美国联合会的领导人。出席大会的工人约有5000人。[1]会场挂满了标语,上面写着"失业工人要求的是工作不是救济""当工人开始思想的时候,垄断商人将开始战栗"等口号。《纽约时报》曾惊呼说,这些口号是"无可怀疑的共产主义的"口号。此后,在纽约连续发生失业工人的示威运动。1874年1月13日的示威达到了高潮,出现了警察镇压运动的事件。

在芝加哥,北美联合会所属支部同当地工会联合行动,成立了工人委员会。动员失业工人组织起来开展斗争。工人委员会向政府提出了四点要求:"1.给所有具有劳动能力的人提供职业;2.由财政部门向生活困难者提供钱或食物;3.为了实行公平分配,一切款项和食物的分配都应当由工人委派的委员会进行;4.在财政部门缺少现金的情况下,可以借用城市贷款。"[2]这四点要求很快得到芝加哥广大失业工人的拥护。12月21日,在工人委员会的发起下,举行了失业工人大会。大会要求市政当局向失业工人提供职业和救济。第二天两万失业工人走上街头举行了大规模游行。1873年反失业斗争是北美联合会开展活动的顶峰。在这以后,由于内部分裂活动的加剧,联合会日益削弱。

四、北美联合会的分裂和纽约总委员会的终结

北美联合会从成立开始,内部存在着各种思想和各种派别。除去马克思主义者以外,还有拉萨尔分子、改良主义者、反权威主义者。这就是后来造成分裂的主要潜在因素。首先起来反对北美联合会的是纽约的地方委员会。根据北美联合会第一次代表大会的决议在一个地区,有两个以上的支部,50名以上的会员就可以成立地方委员会。纽约地方委员会就是根据这个原则,由5个支部联合组成的。这个委员会通过了自己的规章,选举前自由思想者协会会员乔治·斯泰布林为通讯书记,并且对北美联合会的权威表示怀疑。为了巩固联合会的地位,联合会的核心第一支部对上述决议定出一条修正案,不允许在北美联合会的驻在地纽约成立地方委员会。这个修正案遭到了纽约地方委员会的拒绝。从此,在北美联合会内部出现了公开的反对派。

---

[1] 参看《第一国际在美国》,纽约,1962年,第225页。
[2] 见1873年12月23日《芝加哥每日论坛报》和《第一国际在美国》,纽约,1962年,第228页。

1873年夏天,北美联合会委员会改选。新选出的委员会对于反对派是有利的。波尔特再度当选为书记,反对派的头面人物斯泰布林当选为司库。新委员会中的四五名委员由于种种原因不能担任职务而使委员会的力量大为削弱。改良主义思想泛滥一时,芝加哥的国际支部竟然建立了一个借贷和宅地协会,把自己的目标转向自由土地运动和金融改革。从而背离了第一国际的基本方向。有些支部的会员甚至陷入了卡贝的伊卡利亚幻想。至少有七名国际工人协会的会员公开表示相信这种幻想有可能实现,人们将会在人间找到这样的天堂。波士顿第一支部按照新英格兰工人改革同盟大会通告信的蓝本,提出实行不可兑换的币制和互助银行计划,走上了同金融改革者合流的道路。拉萨尔分子的活动在国际内部也日益猖獗,引起了同马克思主义者的尖锐冲突。

马克思主义者认为,在当时美国的具体情况下,工人阶级组织自己政党的条件还不成熟。国际首先应当开展工会工作,发展工会组织,在条件具备的时候,再提出建立工人政党的问题。

拉萨尔分子则反对工会运动,主张进行政治斗争。他们重弹拉萨尔的老调,宣传通过选举由工人控制政府,依靠政府帮助来发展合作事业的主张。他们宣布不同工会发生关系,因为工会"从来也没有为任何行业的人争取到有永恒意义的生活上的改善。"在拉萨尔分子的影响下,北美联合会所属的一些支部于1873年12月至1874年5月间分离出去组成伊利诺劳工党和北美社会民主党。

在北美联合会各支部之间也出现了对立双方力量的重新组合。1874年1月底,形成了第一支部和第四支部反对第六支部和第八支部的局面。前两个支部在总委员会中拥有多数代表,后两个支部的主要阵地在北美联合会委员会中。第一支部在北美联合会委员会中的两名成员波尔特和卡尔宣布退出该委员会,出现了纽约总委员会和北美联合会委员会两个委员会对峙的形势。1874年2月5日,总委员会决定解散北美联合会委员会并将斯泰布林开除出去。左尔格曾对此评论说:"各种密谋策划使北美联合会瘫痪到这种程度,致使总委员会终于不得不进行干预:解散联合会委员会,并接替其工作。"[1]

经过总委员会的筹备,1874年4月11日,在费城召开了北美联合会的第二次代表大会。大会肯定了总委员会的决定和工作,选举了新的七人委员会来负责北美联合会的事务。一部分持不同意见者和不遵守纪律的人被开除出联合会。第一国际在美国的力量进一步削弱。第二次代表大会闭幕后不久,北美联合会

---

[1]《左尔格的美国工人运动》,西点、伦敦,1977年,第160页。

失去了9个支部。剩下的14个支部中只有10个支部按时向北美联合会报告情况。其余的支部或者严重减员或者无限期停止活动,甚至同拉萨尔分子的伊利诺劳工党站在一起。①

继北美联合会之后,总委员会也发生了公开的分裂。左尔格同以波尔特为首的拉萨尔分子之间的矛盾达到十分尖锐的程度。1874年下半年,左尔格为了清除国际内部存在的拉萨尔主义的影响,建议《工人报》编辑部邀请威廉·李卜克内西为该报的每周专栏撰稿。但是,这个建议遭到编辑康拉德·卡尔的坚决反对。于是,左尔格辞去了该报监管委员会委员的职务,不久以后又退出了总委员会。从此,总委员会实际上停止了活动。国际工人协会美国会员中,以左尔格为首的马克思主义的拥护者都集中精力于建立工人政党的工作。恩格斯在给左尔格的信中曾经这样估计说:"在你退出以后,旧国际就完全终结了。"②

1876年7月15日,在费城举行了第一国际的最后一次代表会议。出席的共25人,其中总委员会的代表10人,北美联合会的代表14人,德国社会主义组织的代表1人。会议听取了总委员会的报告。报告指出,纽约总委员会已经同欧洲的工人运动失去一切联系,经费耗尽。在法国国际组织没有恢复,德国社会主义者没有积极加入国际的情况下,第一国际和纽约总委员会都应当宣告解散。大会通过了解散第一国际的决议,并发布了宣言。宣言强调指出,国际的组织原则决不会因为第一国际的解散而消失,而是将继续发扬光大,"代之而起的则是整个文明世界的进步工人对这种原则的承认和维护"。③宣言结尾特别表明了总委员会驻在国家美国工人对待第一国际事业的决心:"美国工人向你们保证,他们要神圣地捍卫并珍惜国际在美国所获得的成果,直到更为有利的条件使得各国工人在共同的斗争旗帜下重新团结一起,那时候人们将以更大的力量高呼:全世界无产者,联合起来!"④

的确,第一国际的解散并不是国际的"死亡",它基本上完成了自己的使命,"奠定了工人国际组织的基础,使工人做好向资本进行革命进攻的准备"。⑤从某种意义上说,第一国际的解散是不可避免的,是国际工人运动进一步发展的必然结果。正如恩格斯所说:"工人阶级运动已经大大发展,以至于这类形式上的联

---

① 参看《第一国际在美国》,纽约,1962年,第262页。

②《马克思恩格斯选集》(第4卷),人民出版社,1972年,第412页。

③ 伊·布拉斯拉夫斯基编:《第一国际第二国际历史资料》,三联书店,1964年,第184页。

④ 伊·布拉斯拉夫斯基编:《第一国际第二国际历史资料》,三联书店,1964年,第184页。

⑤《列宁选集》(第3卷),人民出版社,1972年,第809页。

盟不仅不必要而且也不可能存在下去了。"①在这以后,各国社会主义者为了寻求新的国际联合的基础,开始了建立各国工人政党的活动,把国际工人运动推向了新的阶段。

本文原刊载于《国际共运史研究资料》1986年第1期。

作者简介:

张友伦,1931年生于四川成都。1959年毕业于苏联列宁格勒大学历史系,回国后先后在南开大学历史系、历史研究所从事教学、研究工作,为世界史专业博士生导师。曾任南开大学历史研究所所长、美国史研究室主任、校学术委员会委员。曾任中国美国史研究会理事长(1986—1996)和顾问(1996—)、中华美国学会常务理事、《美国研究》编委、中华美国学著作出版补贴基金评审委员会委员等。曾作为富布赖特学者和美国学术团体理事会学者两度访问美国,在明尼苏达大学(1982—1983)、印第安纳大学(1991—1992)和堪萨斯大学(1992.8—11)从事研究。张友伦教授是国内外知名的美国史、世界近现代史和国际共运史专家。他先后完成国家"七五"社科规划重点项目一项、国家社科基金项目一项、国家教委博士点基金课题一项、天津市社科规划重点项目一项。他写作和主编的学术著作、教材和工具书达20余种,其中具有代表性的有《美国农业革命》《马克思恩格斯和第一个国际无产阶级组织》《美国历史上的社会运动和政府改革》《美国工人运动史》等,并获得过天津市和全国性的奖励。在《历史研究》《中国社会科学》(英文版)、《世界历史》及《美国历史杂志》等国内外重要的学术刊物发表了数十篇论文和评论。

①《马克思恩格斯全集》(第19卷),人民出版社,1963年,第143页。

查尔斯·比尔德和他的《美国宪法的经济观》

陆镜生

查尔斯·比尔德是20世纪上半期"进步主义"学派中最著名的史学家,著述甚丰。他于1913年出版的《美国宪法的经济观》是美国史学史上一部划时代的著作。我国早在1949年曾将这本书译成中文,1984年又修订出版,在我国史学界备受重视。值兹今年美国宪法诞生200周年之际,本文试就比尔德的《美国宪法的经济观》的几个问题略抒己见。

一、美国宪法的经济观对美国宪法史学的影响

比尔德在《美国宪法的经济观》一书中通过财产分析,说明在18世纪末叶美国的主要社会矛盾是拥有动产的城市经济集团与拥有不动产的农业经济集团的矛盾和冲突。宪法的制定是拥有动产的经济集团的胜利。"反对宪法的人几乎全是来自农业区和债务人已在那里制定关于纸币或其他的贬值计划的地区。"[1]他批判了"把宪法视为一种抽象的法律,没有反映派别的利益,没有承认经济的矛盾"的"完全错误的观念"。指出,"它是一群财产利益直接遭到威胁的人们,以十分高明的手段写下的经济文献,而且直接地、正确地诉诸全国的一般利益与共的集团"。[2]"宪法在基本上是一项经济文件。"[3]

比尔德对美国宪法的经济解释是同传统地把宪法看作抽象的政治思想的体现的观念大相径庭的。19世纪70年代和80年代,在美国史学界有以乔治·班克罗夫特和约翰·菲斯克为代表的民族主义学派,相信盎格鲁-撒克逊信仰新教的人民具有种族的优越性。他们认为,近代人类的进步和获得越来越多的个人自由,主要是由于盎格鲁-撒克逊人以其杰出的政治才能,建立了强大的稳固的民族国家。在民族主义学派看来,美国宪法代表了世界史上人类文明化的最高水平。他们不仅把美国宪法看作美国的民主文献,而且是人类其他政府应遵循的

---

[1] 查尔斯·比尔德:《美国宪法的经济观》,商务印书馆,1984年,第204页。
[2] 查尔斯·比尔德:《美国宪法的经济观》,商务印书馆,1984年,第130页。
[3] 查尔斯·比尔德:《美国宪法的经济观》,商务印书馆,1984年,第226页。

模范文献。班克罗夫特认为宪法象征着美国革命发展的光辉顶点。他在《美国宪法形成的历史》一书中，把宪法的批准看作美国革命的高潮。由于存在来自英国、西班牙的威胁和国内的谢司起义等动乱，需要更为强大的中央政府，美国人民要求有一个新的、更好的政府文献。美国宪法代表了美国寻觅良好的民治政府的运动的极大胜利。[①]菲斯克的著作《1783—1789年，美国历史上的危急时期》一书论述了宪法制定前后美国的变化。他认为，1783年以后的五年里是"美国人民历史上最危急的时期"。在邦联条例时期，国家处于崩溃的边缘，软弱的中央政府不能处理外交问题、各州之间的争端、战后的经济萧条和谢司起义等动乱。但一俟宪法制定，有了强大的中央政府，国家就避免了灾难。[②]民族主义学派认为，美利坚合众国的开国元勋是基于正义和公正原则而行事的伟人，他们只关心国家的幸福；美国人民联合起来献身于民主社会这一公正和正义的原则；宪法是国家的梦想的体现。

比尔德的《美国宪法的经济观》也是对条顿派的理论的挑战。条顿派著名学者安德鲁·斯蒂芬森和约翰·伯吉斯都曾是比尔德的受业老师。伯吉斯著有两卷本的《政治科学和比较宪法》，当时是部权威著作。他关于代议制政府的理论倾向于孟德斯鸠的观点，即：代议制发轫于"日尔曼森林"。他关于国家的看法，受黑格尔的影响，漠视任何经济解释。在经济理论上，他主张自由放任主义，抨击政府对企业的干预；在宪法问题上，他把人看作除政治利益外，不受一切利益的影响；在国际关系问题上，他主张条顿民族把他们的权力和文化扩大到落后民族。[③]

比尔德虽曾受过条顿派理论的影响，然而摆脱了这种理论。他在《美国宪法的经济观》的第一章中写道："条顿派关于我国宪法的理论深刻地影响了美国历史研究达三十年以上。"他批抨这一学派不过是在"小心翼翼地证明预想的观念"。[④]比尔德在十九年后写的《代议制政府的条顿根源》一文中进一步批判了认为代议制民主源于某一种族的"天才"的条顿派理论。[⑤]

比尔德的《美国宪法的经济观》也抨击了传统的法学和政治学关于宪法的起

---

① George Bancroft, *History of the Formation of the Constitution of the United States of America*, 2 Vols, New York, 1882, pp. 366-367. 因本文发表时代较早，出版者信息不全者付之阙如——编者按。

② John Fiske, *The Critical Period of American History, 1783–1789*, Boston, 1893, pp. 55, 223.

③ John Burgess, *Political Science and Comparative Constitutional Law*, Boston, 1890.

④ 查尔斯·比尔德：《美国宪法的经济观》，商务印书馆，1984年，第14页。

⑤ 查尔斯·比尔德：《美国宪法的经济观》，商务印书馆，1984年，第18页。

源和本质的学说,即"宪法源自人民,人民是在宪法之下行使一切政治权利的根源"①的说法。他指出,宪法是"代表凭其自身经验与同一财产权利,从而深切了解其经济利益的各个集团"。②"如果实际上所有的商人、贷款者、证券持有人、制造家、航业家、资本家、金融家及其职业上的关系者通通站在拥护宪法的一面,而全体或大部分没有奴隶的农民和债务人则站在反对的一面——那么他就不是所谓'全民'的产物,而不过是希望从中获利的一个经济集团的产物。"③

比尔德自写了《美国宪法的经济观》后,把他对历史的经济观贯穿在他陆续出版的著作中。在1915年出版的《杰克逊民主的经济根源》一书和以后的一些著作中,他认为美国政治史上有两种相互冲突的政治传统,其中一个传统是从宪法的支持者到联邦党人、辉格党和共和党,另一传统部分地根植于宪法的反对者,从杰斐逊主义者到安德鲁·杰克逊的民主党。第一个传统是以城市资本家为基础,第二个传统主要代表农业利益。比尔德关于美国政治史中城市资本家利益与农业利益对立的模式也反映在他对内战原因的解释上。比尔德夫妇合写的、于1927年出版的《美国文明的兴起》一书论证说,内战是由于杰克逊各级政府的民主党人威胁了北方资本家的经济活动。在马克思主义史学家看来,当时北方与南方的冲突是北方的自由雇佣制度同南方奴隶制两种社会制度的冲突,但在比尔德的眼里,北方与南方的基本矛盾不是两种社会制度的矛盾,而是南方种植园州与工业化的东北部在诸如关税和全国银行系统问题上的经济冲突,是"财产分配上的巨大冲突"。④

比尔德还把他的经济观应用于对美国外交政策的分析上。他在1934年出版的《民族利益的观念》和《国内门户开放》中断言,经济扩张主义是美国民主的主要内容。

比尔德的《美国宪法的经济观》在20世纪20—30年代是一部探索美国宪法制定和批准过程的权威著作,在美国历史研究领域占据支配地位。1936年,在42种大学教科书中有34种采用了比尔德对宪法的解释。⑤1938年,《新共和》杂志

---

① 查尔斯·比尔德:《美国宪法的经济观》,商务印书馆,1984年,第58页。

② 查尔斯·比尔德:《美国宪法的经济观》,商务印书馆,1984年,第24页。

③ Charles Beard, "The Teutonic Origins of Representative Government", *American Political Science Review*, Feburary, 1932, pp. 28-29.

④ Charles Beard and Mary Beard, *The Rise of American Civilization*, Vol 1, NewYork, 1927, p. 682.

⑤ Maurice Blinkoff, "Influence of Charles A. Beard Upon American Historiography", *University of Buffalo Studies*, Vol.2, May, 1936, pp. 21-36.

编辑部举行了以《改变我们观念的书》为题的专题讨论会,提请知识界的人士推荐供讨论的书目。在被推荐的书目中,制度学派经济学家索尔斯坦·维布伦的《有闲阶级论》和比尔德的《美国宪法的经济观》获得的票数最多。比尔德的地位仅次于维布伦。[1]据统计,比尔德写的历史著作,包括教科书,售出达1600万册。[2]从这里可以窥见比尔德影响之巨大了。

有些进步主义学派史学家,包括蜚声美国史学论坛的弗农·帕宁顿和理查德·霍夫施塔特等人都或多或少地接受过比尔德的影响。帕宁顿谈到制宪会议的重要问题之一是组成中央政府的形式。如果采取共和形式,则应如何对付多数人的意志,而确保少数人的意志。他说,实行制衡,是经济决定论的影响,"在精心设计制衡制度时,制宪会议的成员是受经济决定论的实际考虑的影响,而非受孟德斯鸠理论的影响。他们是现实主义者,他们追随从亚里士多德到洛克等伟大政治家的教导,主张政府问题在于主要阶级的经济利益集团之间作出稳固的平衡。在他们的思想中并没有把革命的平等主义的概念,即那种不计较财产和凌驾于财产的人的权利的主张,作为可行的实在东西"。[3]霍夫施塔特一度是进步主义学派,后来转向新保守主义学派,所以,他在美国史学界被称为"新保守主义–自由主义史学家"。他于1948年出版的《美国政治传统》一书在论述美国宪法时写道:"在制宪会议的秘密讨论中,很清楚,对人的不信任首先是不信任普通人和民主统治。正如革命取消了英国政府的遏制,以往殖民时期农民、债务人和占地者对商人、投资者和大土地所有者的怨恨重又燃烧起来。在一些州,下层人民趁机利用了(州)的新的民主宪法,有产阶级害怕了。制宪会议的成员关注建立一个政府,不仅能管理商业,使债务得以偿还,而且能防止通货膨胀和暂停一些法律的施行,遏制像谢司起义这样的暴动。""限制1776年以来民众的精神,本质上是宪法的目的"。[4]比尔德关于美国宪法的看法是占据了帕宁顿和霍夫施塔特的两本书的中心地位的。可以说,比尔德的《美国宪法的经济观》不仅影响深广,而且造就一代史学家的作用也不容忽视。

---

① Malcolm Cowley and Bernard Smith, eds., *Books that Changed Our Minds*, NewYork, 1940, pp. 12, 19-20.

② Howard K. Beale, ed., *Charles A. Beard, An Appraisal*, Levington, 1954, p. 262.

③ Vernon Parrington, *Main Currents in American Thought*, Vol.1, 1620–1800, NewYork, 1954, p. 286.

④ Richard Hofstadter, *The American Political Tradition*, NewYork, 1973, p. 4.

二、《美国宪法的经济观》一书的社会与学术渊源

比尔德撰写《美国宪法的经济观》不是偶然的。首先,它是"进步运动"的产物。19世纪末和20世纪初叶是美国经济结构和阶级结构大变动时期。垄断资产阶级在经济上和政治上的地位趋于稳固,他们通过政府实行保护关税制度,使他们获利甚丰,通过偷税、漏税和其他手段,在国民财富的分配上处于优势。垄断资产阶级使中小资产阶级企业时时受到兼并的威胁,也加剧了劳动人民的贫困化过程。因此,中小资产阶级改革者在政治上要求直接初选权、创制权、罢免权等,以便更多地参与政府的决策;在经济上反对高关税政策,要求实行累进所得税等措施,以限制垄断组织的发展。他们中间的一些新闻记者和作家奋笔疾书,揭露垄断组织的丑行和联邦政府对垄断组织的庇护,并为劳动人民鸣不平,成为"黑幕揭发者"。这次声势浩大的改革运动,史称"进步运动"。在"进步运动"中,进步主义历史学派应运而生。这一学派的史学家重写历史,总结历史经验,以推动进步和改良。他们开始注意从经济上解释历史,认为人的政治观点主要是由经济利益的考虑决定的,宪法是由代表一定经济利益集团的人制定的,以保护他们的经济利益。这种看法在19世纪末已略见端倪。例如,伍德罗·威尔逊在1893年出版的《分裂和再统一》一书中指出:宪法的"计划和结构……旨在遏止人民多数派的胜利和权力。……政府实际上起源于商人和豪富阶级的主动性和利益并为此而组织起来的……是少数人在代表统治阶级的卓越的人的集中而英勇的领导推动下采取的……在强大的、有知识的阶级的压力下采取的,这个阶级团结一致,意识到共同的物质利益。"[1]亨利·琼斯·福特于1898年出版的《美国政治的兴起和发展》一书中,在谈到宪法时写道:"美国宪法是从由阶级控制群众的政府开始的。"[2]1902年,埃德温·塞利格曼出版了《历史的经济观》,他评论道:"我们翻阅光怪陆离的新近的历史调研,会看到年轻的才华横溢的学者坚持政治和社会进步中的经济因素的极端重要性。"他预言,在将来,这将"在思想发展和科学进步的记录上占有光荣的地位。"[3]艾伦·史密斯于1907年出版的《美国政府的精神》一书所论述的美国宪法的本质具有代表性。他写道:"民主—民治政府或直接对人民负责的政府——并非是美国宪法制定者头脑中的目标。他们希望避

---

[1] Woodrow Wilson, *Division and Reunion*, New York, 1893, pp. 12-13.

[2] Henry Jones Ford, *The Rise and Growth of American Politics*, New York, 1898, p. 59.

[3] Edwin Seligman, *The Economic Interpretation of History*, New York, 1924, p. 116.

免这件事。"他断言,制宪会议是由许多杰出的人物参加的,他们怀有促进国家幸福的真正愿望,但他们代表了"富裕的和保守的阶级,他们多数人不同情政府的民治理论"。①比尔德在1908年出版的《政治学》一书中首次提出了他对历史进行经济解释的看法。他写道:"国家形式的变化主要是由于一些集团对权力的要求,而一般说来,这些集团是同在政治社会内崛起的经济阶级相一致的。"②这可以视为比尔德的经济观的滥觞。比尔德的宪法经济观于胸中埋藏多年以后,又不厌其烦地从财政部埃积尘封的档案中穷搜资料,以饱蘸批判激情的笔锋,写成《美国宪法的经济观》。这本书在当时以翔实的材料,集体传记的方法,鞭辟入里的分析,从经济上解释美国宪法的制定和批准过程,阐明宪法是由一定经济利益集团所制定并为他们服务的文献。这本书一出世,立即为全国所瞩目,争相阅读。它继承了前人的成果,又大大超过了前人,从而成为美国宪法史学的一座里程碑。

其次,对比尔德的《美国宪法的经济观》寻根究源,还会发现,它是同当时的平民党运动的影响分不开的。19世纪南北内战以后,农民运动时续时辍。1892年成立平民党以后,农民运动在中西部蓬勃兴起。它把债权人与债务人的冲突、西部与东部的对立置于突出地位。中西部的反抗意识推动了对美国宪法、财政政策史和货币史的研究。特纳学派的历史观,在某种程度上说,发轫于中西部反抗意识。在比尔德写作《美国宪法的经济观》以前,特纳学派史学家已经出版了一些专著,如威廉·沙佩尔著《南卡罗莱纳的地方主义和代议制》和查尔斯·安布勒写的《弗吉尼亚的地方主义》,而涉及重新评价美国宪法的著作是特纳学派的奥林·利比于1894年出版的《十三州关于联邦宪法选票的地理分布》。利比指出,在邦联条例时期,国家制度起了"保护债务人阶级的作用,而反对宪法的限于内地,那里,农业利益反对商业的利益,农村利益反对城市的利益"。宪法的通过是"从事商业的阶级和拥有财富的阶级"赢得的胜利。③特纳亲自给该书写的序言中抱怨"对我们历史作经济解释被忽视了"。他预言研究美国历史上的"自然经济集团"对研究政治史是会具有无比价值的。④

---

① Alen Smith, *The Spirit of American Government*, New York, 1907, pp. 29-32.

② Charles Beard, *Politics*, New York, 1908, pp. 12,20.

③ Orin Libby, *The Geographical Distribution of the Vote of the Thirteen States on the Federal Constitution, 1787–1788*, Madison, 1894, pp. 2,49,50,60.

④ Orin Libby, *The Geographical Distribution of the Vote of the Thirteen States on the Federal Constitution, 1787–1788*, Madison, 1894, pp. 3,7.

特纳的预言在比尔德身上应验了。比尔德接受了特纳和利比的影响,在研究美国宪法时运用了特纳学派的经济学和地理学分析方法。他在分析美国宪法的著作中强调了东部与中西部、动产集团与不动产集团的矛盾冲突。比尔德本人出身于中西部的印第安纳州,从小感受到中西部农民的反抗意识。比尔德受到、但又不囿于特纳的边疆学派的影响。他在后来的著作中没有像特纳那样把大陆扩张和海外扩张与夺取领土等同起来。他认为经济扩张是美国外交政策的目标。他在外交史著作中,有如在他的政治史著作中一样,也强调上述的两种传统。他认为,在19世纪早期,杰斐逊派和杰克逊民主党人支持大陆扩张,攫取广袤的农耕地区,而联邦党人和辉格党人强调发展海外贸易。[1]

再次,比尔德的《美国宪法的经济观》是当时美国学术界对传统观念挑战的典型表现。19世纪末20世纪初,美国学术界比较活跃,在经济学、哲学、法学和政治学各个领域都突破了传统观念,进行了新的开拓。在经济学方面,出现了制度学派,即美国庸俗经济学中的一个改良派。该派创始人索尔斯坦·维布伦,从改良主义立场,批评资本主义制度和以往的资产阶级经济学说。他于1899年出版的《有闲阶级论》和1904年出版的《企业论》中,宣称财产私有制度和金钱关系形成了所谓"有闲阶级"。他指责垄断组织代表"既得利益",阻碍了工业的发展,损害社会的利益,并据此提出改良方案。他的理论被视为"异端",然而却在学术界名噪一时。在哲学上,美国在19世纪末叶出现了实用主义哲学。查尔斯·皮尔士宣传实在的东西就是人们所相信的东西,凡是有用的就具有实在和真理的意义。威廉·詹姆士则进一步发展成系统的实用主义理论体系,直接论证资产阶级所追逐的个人私利。这种当时颇为时髦的主观唯心主义哲学喧嚣一时。在法学上,出现了把法律思想看作社会经济利益的反映的观点。法学家罗斯科·庞德于1910年撰写了《书上的法律和行动的法律》一文。他写道:"法律思想的历史不会告诉我们什么,除非我们知道它背后的社会力量。"[2]另一位著名法学家弗兰克·古德诺指出,法律是社会的产物。他写道:"这种感觉由实用主义学派影响了哲学,并由对历史的经济解释所加强。"[3]在政治学上,出现了把国家的本质看作具体的社会利益的冲突,而非是相互不一致的各种抽象观念的冲突。阿瑟·本特利于1908年出版的《政府的进程》中,把一切法

---

① Charles Beard, *The Idea of National Interest*, New York, 1934, pp. 124-126.

② Roscoe Pound, "Law in Books and Law in Action", *American Law Review*, Vol.44, January, 1910, p. 34.

③ Frank Goodnow, *Social Reform and the Constitution*, New York, 1911, p. 3.

律的过程和政治的过程都看作是各种经济利益集团之间的斗争。他写道："法律是一种活动,正如政府一样。……法律是……一种斗争,适应集团利益,正如政府一样。"他指出,宪法与法律的性质是一样的,"宪法不过是一种特殊形式的法律"。他说:"一个人怎么能满足于把宪法主要看作是伟大国家的理想呢?"①政治学的新理论否定了把国家看作是抽象的原理或信仰的产物的旧法学理论。当时美国学术界的新思潮无疑对具有探索开拓精神的比尔德有深刻的影响。这种影响在他的力作《美国宪法的经济观》中得到了表现。

三、比尔德的宪法经济史观不是马克思主义的唯物史观

20世纪初叶,随着美国社会主义运动的发展,马克思主义有了更多的传播。然而不善于逻辑思维而务实的美国人,对马克思主义一知半解,似懂非懂。比尔德的《美国宪法的经济观》出版后不久,有人就把他归宗于马克思派。爱德华·科温教授于1914年指责比尔德是"决心展示社会主义的经济决定论和阶级斗争的理论。"②以后有更多的人认为比尔德是马克思的信徒。③

虽然比尔德在《美国宪法的经济观》的1935年再版序言中称他"早已熟悉了马克思的学说和著作",虽然他在该书的第6页注释(中译本未译)也提及"有三本书由社会主义作者撰写,值得学习:阿尔吉·西蒙斯著《美国历史上的社会力量》、古斯塔夫斯·迈尔斯著《美国大亨的历史》和《最高法院史》"。④然而,从根本上来说,他对美国宪法的经济观来自《联邦党人文集》中詹姆士·麦迪逊写的第10篇。麦迪逊认为,人类获取财产的能力悬殊,产生了财产分配的不均,使社会分裂为不同的利益集团和党派。"管理这各种各样、又互不相容的利益集团,是现代立法的主要任务,并且把党派精神和党争带入政府必要的和日常的活动中去。"⑤比尔德把麦迪逊的观点看作是"关于政治的经济决定论的权威说明"。⑥

比尔德的宪法经济观不同于马克思的唯物史观,首先在于比尔德强调的不

---

① Arthur Bentley, *The Process of Government*, Chicago, 1908, pp. 152,244,272,295.

② *History Teacher's Magazine*, Vol.5, No.2, Feburary, 1914, pp.65-66.

③ Theodore Smith, "The Writing of American History in America, From 1884 to 1934", *American Historical Review*, Vol.40, April, 1935, pp.447-449.

④ Charles Beard, *An Economic Interpretation of the Constitution of the United States*, New York, 1914, p. 6. Note 1.

⑤《联邦党人文集》,商务印书馆,1982年,第47页。

⑥ Charles Beard, *An Economic Interpretation of the Constitution of the United States*, New York, 1914,p. 21.

是生产关系,而是"财产",并进而论述不同经济利益集团之间的矛盾冲突,即动产集团与不动产集团之间的矛盾冲突。实际上,他把国家看作不同的、相互竞争的有产集团之间的仲裁人。他对宪法的批评实质上没有超过"黑幕揭发者"的水平。比尔德的这本书和其他书在使用"阶级"一词时,都未赋予马克思主义严格的含义,如把律师看作一个阶级,把殖民地议会的成员看作统治阶级。[1]在比尔德的笔下,"集团"与"阶级"是可以互换的概念。因此,他论述美国宪法的制定和批准过程,重点放在财产分配的斗争上。他不懂得在分析生产关系基础上分析阶级关系和财产分配。比尔德在《美国宪法的经济观》中不提奴隶问题。这也是与马克思的唯物史观相去甚远的。

其次,比尔德解释宪法时,只强调经济因素,忽视政治、思想等因素。恩格斯在论及上层建筑与经济基础的交互作用时,指出:"根据唯物史观,历史过程中的决定因素归根到底是现实生活的生产和再生产。……如果有人在这里加以歪曲,说经济因素是唯一决定性的因素,那么他就是把这个命题变成毫无内容的、抽象的、荒诞无稽的空话。"他又说:"我们自己创造着我们的历史,但是第一,我们是在十分确定的前提和条件下进行创造的。其中经济的前提和条件归根到底是决定性的。但是政治等的前提和条件,甚至那些存在于人们头脑中的传统也起着一定的作用,虽然不是决定性的作用。"[2]比尔德在他的书中忽视了对宪法制定人的政治理论的分析,也未对美国宪法内容本身作分析。我们知道,美国宪法首先是从政治上确立资产阶级的统治,以便维护和发展有利于资本主义经济关系和由经济关系所决定的社会关系和社会秩序。

美国著名史学家亨利·康马杰在20世纪50年代对比尔德忽视政治思想因素提出了批评。他指出,比尔德的这本书"大量地解释了推动制定宪法的势力和1787年聚会于费城的人们,但却极少谈论这一文献的历史意义"。[3]他说,"宪法实质上不是经济文献,它过去和现在本质上都是政治文献。"但康马杰走向另一极端,否认宪法的制定反映一定的阶级利益。美国老左派史学家赫伯特·阿普特克也批评了比尔德把美国宪法称作经济文献的说法"是过分简单化了"。[4]

---

[1] Charles Beard and Mary Beard, *The Rise of American Civilization*, Vol. 1, NewYork, 1927, pp. 101, 108.

[2]《马克思恩格斯选集》(第4卷),人民出版社,1972年,第447~478页。

[3] Henry Commager, "The Constitution, Was it An Economic Document", *American Heritage*, December, 1958, p. 59.

[4] Herbert Aptheker, *Early Years of the Republic*, New York, 1976, pp. 63-64.

到了20世纪30年代,比尔德的经济解释观点逐渐有了改变。1935年,他在《美国宪法的经济观》再版序言中说:"就我自己来说,我可以说我从未相信'所有的历史'可以而且应该以经济关系或任何其他关系加以'说明'。"他说,他的书"并不'说明'宪法,也不排斥其他说明者认为比较满意的别种说明"。①1945年比尔德再版他的《政治学的经济基础》一书时,增加了一章,宣称经济上分析19世纪的工业主义、代议制和自由市场犹可,但远不足以解释20世纪的情况。他分析了"新政"和国外法西斯主义和军国主义后,说国家由于增加对现代经济的干预,"政治的人"常处于可命令"经济的人"的地位,而非相反。由于法西斯主义和军国主义的崛起,"军事的人"也同"经济的人"和"政治的人"竞争,争夺国家的权力。②比尔德开始注意政治因素,反映了他治学上的进步。

四、比尔德受到挑战

时至20世纪40年代末,比尔德的影响开始减小,他的书的销售也日渐式微。原因何在?撮其要者计为如下几点。

首先,经过二战血和火洗礼的美国史学家,有不少人把美国社会与法西斯德国作对比,开始强调美国是具有宪法民主的国家。同时,美国国内的反共气候使人人自危。1949年,美国历史协会主席科尼尔斯·里德要求放弃对美国制度的批评,力图把美国历史写成有利于美国冷战时期的美国国家利益。③另一位主席塞缪尔·莫里森指责"三十年代的比尔德和其他人修正的外交史著作起了松懈美国青年的意志的作用,使国家对战争缺乏准备"。④比尔德的书遭到敌视。

其次,比尔德自己改变观点,在他的笔下阶级冲突的重要性减弱了。他于1943年出版的《共和国》一书开始颂扬美国宪法,强调美国政治制度有效地防止政治权力过分集中和军事统治。"宪法制定者中的领导人采取宪法政府而非采取军事专政。"⑤比尔德夫妇于1944年出版的《美国史略》中把制衡的政府看作容许"大多数人的经久的意志"成功的政府;称赞"没有在国内斗争中抽出刀剑,没有

---

① Charles Beard, *An Economic Interpretation of the Constitution of the United States*, New York, 1914, p. 7.

② Charles Beard, *The Economic Basis of Politics*, New York, 1945, pp. 71-114.

③ Conyers Read, "The Social Responsibilities of the Historian", *American Historical Review*, January, 1950, p. 283.

④ Samuel Morrison, "Faith of A Historian", *American Historical Review*, January, 1951, pp. 266-267.

⑤ Charles Beard, *The Republic*, New York, 1943, p. 21.

流一滴血,就制定、讨论和通过了新政府计划"。①更严重的是,在30年代,比尔德在认识论上陷入主观唯心主义,这典型地表现在他于1933年被选为美国历史协会主席后发表的题为《历史写作是出于信仰的行为》的演说中。②霍夫施塔特恰当地指出:"在20世纪30年代初期和中期,比尔德的思想经历了一场转变,从笃信历史的经济观转向笃信历史相对主义。"③

再次,20世纪50年代崛起的新保守主义学派出版了一些论及美国宪法的专著,对比尔德的《美国宪法的经济观》提出了挑战。最有代表性的是罗伯特·布朗于1956年出版的《查尔斯比尔德与宪法:评〈宪法的经济观〉》,否定比尔德作出的宪法是由动产集团制定的结论。布朗还认为比尔德忽视农业利益。他说,在宪法批准过程中,农场主未被忽视,因为一些完全从事农业的州是最迅速而又几乎一致地批准了宪法。④不过,布朗走向另一极端,不承认当时存在阶级区分和矛盾。福雷斯特·麦克唐纳于1958年出版的《我们人民:宪法的经济根源》一书认为,比尔德关于动产集团拥护宪法和不动产集团反对宪法的论断缺乏根据。他说,反对宪法的人中间的证券持有人数与拥护宪法的人中间的证券持有人数差不多一样。⑤

由于以上原因,比尔德的著作影响有所下降。不过,比尔德作为一代史学巨匠,其影响依然存在。梅里尔·詹森、杰克逊·梅因、曼宁·多尔和小阿瑟·施莱辛格等史学家都程度不同地接受过比尔德的影响。詹森于1940年出版了《联邦条例》,1950年出版了《新国家》,赞同比尔德说的美国宪法是不民主的文献,是由代表既得利益的少数有权势的人强加于群众的。后来,支持詹森关于美国宪法反映上层阶级与下层阶级之间的冲突的看法的史学家,一般被称为"新比尔德派"。詹森的学生杰克逊·梅因于1961年出版的《反联邦党人评宪法》一书采纳了比尔德关于制宪过程和批准过程中的分歧冲突的基本模式,但作了修正,论证了两个变数,即经济集团与地区两变数的相互关系,指出,"商业利益不是只限于城市,一些商业中心得到毗邻的乡村地区的支持,乡村依靠城市作为市场和代理机构,

① Charles Beard and Mary Beard, *A Basic History of the United States*, Philadelphia, 1944, pp. 120,126-127.

② *American Historical Review*, January, 1934, pp. 220-221,228.

③ Richard Hofstadter, *The Progressive Historians*, New York, 1970, p. 304.

④ Robert Brown, *Charles Beard and the Constitution, A Critical Analysis of "An Ecocomic Interpretation of the Constitution"*, New Jersey, 1956, p. 88.

⑤ Forrest McDonald, *We The People, The Economic Origins of the Constitution*, Chicago, 1958, p. 356.

向海外输出产品。商业利益也包括农场主",大种植园主和大土地所有者都连结在这种商业关系中。①小阿瑟·施莱辛格的著作中采纳了比尔德关于发轫于杰斐逊与汉密尔顿的两个政治传统的区分。

20世纪60年代崛起的新左派史学家,如威廉·威廉斯在一定程度上接受了比尔德的影响。威廉斯在他的外交史著作中,强调经济因素对美国外交政策起主导作用。他承认他的经济史观来自马克思和比尔德。②

比尔德早已于1948年去世。他的《美国宪法的经济观》作为20世纪初叶美国史学史上划时代的作品,至今仍是各国史学工作者研究美国宪政史和美国史的重要参考书籍,被摆在流睇可及的案头。

本文原刊载于《南开学报》1987年第6期。

作者简介:

陆镜生,1937年生,江苏南通人。南开大学历史学院教授、博士生导师。1961年毕业于南开大学西方语言文学系英国语言文学专业,曾在中国社会科学院等单位工作,1981年调入南开大学历史研究所,从事美国史的教学和研究,始则研究美国社会主义运动和美国工人运动史。1983年8月至1984年8月在美国明尼苏达大学历史系做访问学者,回国后撰写并出版《美国社会主义运动史》一书,获1987年天津市社科优秀成果(专著类)一等奖。又同张友伦教授合撰《美国工人运动史》一书。参加杨生茂教授等主编的《美国通史丛书》第二卷的写作。继则同杨生茂教授合作撰写《美国史新编》(此书由陆镜生执笔撰写,由杨生茂通审修订)。1993年3月至11月,在美国威斯康星大学研究美国思想史,写作并出版《美国人权政治:理论与实践的历史考察》一书,亦发表涉及美国思想史的论文多篇。

---

① Jackson Main, *The Antifederalist Critics of the Constitution, 1781–1788*, Chapel Hill, 1961, pp. 249-281.

② William Williams, *The Contours of American History*, International Publishers Co., 1961, p. 490.

关于美国卷入越南战争的几个问题

原祖杰

侵越战争，①是美国历史上为时最长的战争。它不仅在印度支那造成了异乎寻常的破坏和惨无人道的杀戮，在美国也引起愤慨、失望和深深的痛苦，从而导致了60年代后期广泛的社会动荡。前美国民主党参议员乔治·麦戈文说："我认为，印度支那战争是我国历史上最大的军事、政治、经济和道义错误。"②那么，这一错误是怎样造成的？根源何在？从越战后期，到战争结束十多年来，美国朝野人士以不同的角度对这些问题进行了一些探讨。在一个较长的时期内曾是美国最热门的论题。但在我国的美国研究领域，对越南战争的研究尚属薄弱，本文不揣谫陋地略述管见，以作引玉之砖。

一

要了解美国卷入越南战争的全过程，就必须对第二次世界大战后美国对越南乃至整个印度支那所采取的政策及其变化的过程进行一番整体考察。战后美国从初涉印度支那事务，到在越南全面军事卷入的完成，大致由三个转折性年头划成四个阶段。

从第二次世界大战结束，到1950年5月为第一阶段。在1966年参议院外交委员会召集的第一次越南听证会上，外交委员会主席威廉·富布赖特向国务卿迪安·腊斯克提问说："你能非常简短地告诉我们，我们是什么时候第一次卷入越南战争的吗？"腊斯克回答说："我认为第一次卷入是在马歇尔计划期间，我们对法国提供援助，而当时法国正在面临越盟运动"。③尽管马歇尔计划具有反共目的，但具体到越南问题，美国当时还没有一个明确的目标。第二次世界大战中，日本的占领显示出印度支那在粮食和原料上的重要性以及监视东亚重要水路的战略位置。因此，也许部分是出于对传统殖民主义的反感，但更多的则是出自在这一

---

① 美国学者一般使用"越南战争"或"美国卷入越南战争"的字样，但并不否认"侵略"事实。因此，本文不求在字面意义上为战争定性，对这些词语便而用之。

② 理查德·尼克松：《真正的战争》，常铮译，新华出版社，1980年，第117页。

③ James William Fulbright, *The Vietnam Hearings*, Random House, 1966, p. 9.

地区扩张美国势力的长远考虑,美国政府不希望法国人在战后重回印度支那。杜鲁门政府既拒绝了法国要美国飞机、船只运送法国军队到印度支那的请求,也拒绝了胡志明要求美国政府支持越盟争取独立斗争的呼吁。五角大楼的研究报告指出,从1940年到1950年,美国的印度支那政策一直是个"引起很大误会"的问题,实际上是处在"混乱"之中。①这种状况从1949年到1950年发生了急遽变化。1950年成为美国介于侵越战争的第一个转折性的年头,事实上也是美国有目的地卷入越南战争的起点。

第二阶段,1950年5月到1954年8月。1950年3月27日国家安全委员会第64号文件阐明,"采取可行措施阻止共产党在东南亚的扩张,对美国的安全利益至关重要。印度支那是东南亚的关键地区,正处在迫在眉睫的威胁之中。如果印度支那为共产党统治的政府所控制,可以预料邻邦泰国和缅甸将相继落在共产党统治之下。东南亚的均势将处于严重危险之中"。②这是"多米诺骨牌理论"的发端。

这样,美国开始明确站在法国一边,为法国在越南的驻军提供援助。除了马歇尔计划内的项目之外,美国政府还把原来给蒋介石政府提供的援华基金的一部分拿出来为法国反对越盟之用。从1950年到1954年四年间美国为给在越南的法国人提供财政支持花掉近30亿美元。③1950年5月和7月,美国经济援助顾问团和军事援助顾问团先后到达越南。这一阶段的主要特征是美国通过给法国提供经济、军事援助间接地介入了印度支那战争。美国之所以把卷入程度限制在给法国提供援助上,其原因有四:第一,经过第二次世界大战中的反法西斯斗争,人民对公开的殖民侵略异常敏感,美国政府在一个较短的时期内还无力推动美国的战争机器,杜鲁门政府的国务卿迪安·艾奇逊承认,如果美国支持法国的"老牌殖民主义态度",将会招致"失败"。但法国的存在对于在印度支那对抗共产主义是必要的。唯一可行的选择是鼓励法国支持下去,直到危机平息。④美国虽有取而代之的野心,又投鼠忌器,对更深的卷入顾虑重重。第二,第二次世界大战后出现的众多国际纷争中,越南问题还没有显示出其重要性。况且因法国

① 《关于美国国防部侵越秘密材料汇编》,三联书店,1973年,第9页。

② Jaya Krishna Baral, *The Pentagon and the Making of U.S. Foreign Policy: A Case Study of Vietnam, 1960–1968*, Atlantic Highlands, Humanities Press, 1978, p. 41.

③ Stanley Karnow, *Vietnam: A History*, Viking Press, 1984, p. 177.

④ George C. Herring, *America's Longest War: The United States and Vietnam, 1950-1975*, Wiley, 1979, p. 17.

人在那里,还没有成为美、苏冷战的直接交锋点。另外,美国在战后迅速卷入侵朝战争,一时无力他顾。第三,朝鲜战争的教训使美国对亚洲的地面战争心有余悸。艾奇逊也认为,"在印度支那保卫印度支那将是无益和错误的,我们不能再来另一个朝鲜,我们不能把地面部队投入印度支那"。①第四,西欧盟国和美国国会反对,至少是不希望美国投入这场战争。英、法等国曾竭力反对富兰克林·罗斯福倡议的托管制度。一方面是出于对自身殖民问题的顾虑,另一方面则是对美国扩张势头的忌惮,不是万不得已,法国是不会把自己在印度支那的控制权拱手让给美国的。艾森豪威尔曾抱怨说,法国"想要我们以低等伙伴参与并提供物资,同时他们自己在这一地区保持主权"。②英国对美国在东南亚的举动一直冷眼旁观,曾劝说美国政府不要把西方拖入另一场亚洲战争,并轻蔑地拒绝了艾森豪威尔提出的盟国在东南亚联合行动的要求。③

第三阶段,1954年8月到1964年8月。1954年是美国卷入越南战争的第二个转折性年头。这一年发生了一系列对其后历史有着重要影响的事件。

其一,是"多米诺骨牌理论"被公开提出来。在4月7日一次新闻发布会上,艾森豪威尔总统为美国干预印度支那事务提出其理论根据说,如果印度支那让共产党统治,东南亚的其他地区将"迅速垮掉",就像"一排多米诺骨牌被推倒了第一个"。④这一个理论后来一直是美国侵越战争的指导方针。

其二,是奠边府战役。这年3月,1万名法国士兵被越盟军队包围在奠边府要塞,他们的命运将决定法国在越南的命运。由于美国国会和英国的反对,杜勒斯的干涉企图没有实现。5月,奠边府的法军向越南民族解放阵线军队投降。以法国扮演侵略主角的第一次越南战争到此结束。

其三,是这年5月至7月召开的日内瓦国际会议。7月21日签署的停战协议,将越南暂时以北纬17度线划分为南越和北越两个地区。美国和南越宣布他们不参加会议最后宣言。但美国首席代表沃尔特·史密斯声明美国将"不使用威

---

① George C. Herring, *America's Longest War: The United States and Vietnam, 1950–1975*, Wiley, 1979, p. 20.

② George C. Herring, *America's Longest War: The United States and Vietnam, 1950–1975*, Wiley, 1979, p. 35.

③ Stanley Karnow, *Vietnam: A History*, Viking Press, 1984, p. 198.

④ Thomas G. Paterson, ed., *Major Problems in American Foreign Policy: Documents and Essays*, Vol. 2, Heath, 1978, p. 370.

胁手段或运用军队来破坏"日内瓦协定。①日内瓦协定的达成，是对大国干涉的否定。美国政府把它看作是进一步干预越南事务的障碍而又忌又恨。艾森豪威尔说它是一场"灾难"，将导致"东南亚的丢失"。②

其四，是台湾海峡出现紧张局势。中国政府把解放台湾看作当时的一项突出任务。8月17日，艾森豪威尔声明美国将"保护台湾"。紧张局势持续了八九个月，这促成美国政府加快了在东南亚的扩张步伐。

其五，是东南亚条约组织的建立。为了弥补日内瓦会议上的"失败"。杜勒斯拼凑起一个新的军事联盟——东南亚条约组织。南越是这一组织的草约国。这是美国卷入越南战争的重要步骤之一。美国政府利用这一条约把美国在越南承担义务合法化。以此抗衡国会，欺骗公众。在1966年2月国会举行的越南听证会上，国务卿迪安·腊斯克认为，东南亚条约"从开始就指导着我们在东南亚的行动"。③

1954年8月20日，艾森豪威尔总统批准了国家安全委员会策划的三种计划的文件。军事上，美国将与法国合作，建立当地部队，保证内部安全；经济上，美国开始把援助直接提供给西贡政权，不再经法国转手；政治上，与南越的吴廷艳政府合作。④凡此种种，都说明从1954年开始，美国已在实质上卷入了越南战争。到50年代末，有1500名美国人在越南，以各种方式支持南越政权。

肯尼迪上台后，迅速扩大了美国在越南的义务。到1963年10月，美国在越南的驻军人数达到16732人。⑤肯尼迪将他所继承下来的艾森豪威尔政府"冒有风险的赌博"政策，改变为"承担广泛义务"的做法。⑥在侵越战争中大大跨前了一步。

林登·约翰逊接任总统后，经过一番斟酌，得出了这样的结论：唯一可行的政

---

① Jaya Krishna Baral, *The Pentagon and the Making of U.S. Foreign Policy: A Case Study of Vietnam, 1960–1968*, Atlantic Highlands, Humanities Press, 1978, p. 51.

② Peter A. Poole, *The United States and Indochina from FDR to Nixon*, The Dryden Press, 1973, p. 36.

③ James William Fulbright, *The Vietnam Hearings*, Random House, 1966, p. 234.

④ Jaya Krishna Baral, *The Pentagon and the Making of U.S. Foreign Policy: A Case Study of Vietnam, 1960–1968*, Atlantic Highlands, Humanities Press, 1978, p. 53.

⑤ *New York Times*, January 28, 1973, p. 25.

⑥ Jaya Krishna Baral, *The Pentagon and the Making of U.S. Foreign Policy: A Case Study of Vietnam, 1960–1968*, Atlantic Highlands, Humanities Press, 1978, p. 161.

策是"把相同的事情做得更多,更有力,更有效"。[1]到东京湾事件前夕,美国在越军队增加到2.1万人。[2]

从1954年到1964年10年间,美国在越南的卷入可概括为以下特点:第一,这一阶段基本上还停留在支持代理人进行反共战争的间接侵略活动上,通过给吴廷艳政府(后期给军人政府)提供军事、经济援助,增派越来越多的军事顾问,使战争的规模不断扩大。第二,美国政府已卷进了南越政权内部的斗争,先是踢开保大,与吴廷艳"沉浮与共",后来又暗中鼓励杨文明为首的军人集团,推翻了吴氏政权。如此一来,美国也就更紧密地系身于这场战争了。第三,军方越来越取代其他机构主宰了战争,中央情报局不得不给国防部让路。

第四阶段,从1964年8月东京湾事件爆发,到1969年8月第一批美国部队撤出。东京湾事件及其后所通过的"东京湾决议",是对美国卷入越南战争的第三次重大推动。

1964年2月,约翰逊政府开始实施一项对北越采取隐蔽军事行动的"34A行动计划"。8月1日到2日,在北越沿海进行挑衅活动的美国驱逐舰"麦道克斯"号与北越鱼雷艇发生冲突。美国政府以此为借口出动飞机轰炸北越,制造了所谓"东京湾事件"。事件爆发后,约翰逊政府掩盖事实真相,说服国会通过了"东京湾决议"。这项决议授权总统,"采取一切必要步骤,包括使用武装部队,支援为保卫其自由而请求援助的东南亚集体防务条约的任何成员国或草约国"。[3]这等于将宣战权交给总统,为美国在越南采取更大的军事行动敞开了大门。

1965年2月,美国政府发起了"响雷行动",对北越进行了历时三年之久的大规模轰炸。1965年3月,由两个海军陆战队营组成的第一批独立的美国作战部队在岘港登陆,表明美国已经完成了在越南的全面军事卷入。此后,地面部队的数量不断增加,到约翰逊离职时,在越南的美军已达到55万人。[4]

这一阶段,美国由通过援助南越军以间接进行战争转变为出动美国海空力量及地面部队,直接进攻越南人民抵抗力量,使越南战争"美国化"了。

---

[1] George C. Herring, *America's Longest War, The United States and Vietnam, 1950-1975*, Wiley, 1979, p. 116.

[2] Peter A. Poole, *The United States and Indochina from FDR to Nixon*, The Dryden Press, p. 111.

[3] Thomas G. Paterson, ed., *Major Problems in American Foreign Policy*, Document and Essay, Vol. 2, Heath, 1978, p. 446.

[4] 理查德·尼克松:《真正的战争》,常铮译,新华出版社,1980年,第126页。

二

美国之卷入越南战争,首先是遏制政策不断发展的结果。战后美国的遏制政策实际上由两部分构成:一是在国际政治中充当世界领袖的野心,二是在意识形态领域的反共教条。

由美国充当世界领袖的观念起码可以推至威尔逊当政时期所奉行的一些国际政策,在富兰克林·罗斯福于第二次世界大战结束之际所提出的战后和平方案中更突出地暴露出来。第二次世界大战前夕,《时代》和《生活》杂志的业主亨利·鲁斯发表在《生活》杂志上的题为《美国世纪》的文章,较全面地阐述了这一思想:"我们需要以各方面寻求和培养一种把美国看成是一个世界性国家的眼光……美国作为不断扩大的事业范围的有力的中心,美国作为人类熟练服务人员的训练中心,美国作为真实地相信给予比接受更令人愉快的乐善好施者,美国作为自由与公正思想的源泉——出于这些因素,必然形成一种20世纪……第一个伟大的美国世纪的眼界。"[1]第二次世界大战后,顾盼自雄的美国把这种所谓"全球主义"观念与反共意识形态结合在一起,成为在世界范围内推行霸权政策的指导性原则。作为遏制政策基石的杜鲁门主义,本身就是一个无限的承诺。而杜勒斯却并不以"遏制"为满足,又抛出了"解放"说。肯尼迪在其就职演说中号召:"不惜任何代价,承担任何负担,面对任何困难,支持任何朋友,反对任何敌人,以确保自由的生存和胜利。"[2]

战后以来,美国的防御圈不断扩大。1946年的参谋长联席会议报告说:"近来的战争总结性地证明,要使国家防御行之有效,必须从国界以外做起。"[3]为此,美国借助于自己的军事实力,在全球许多地区建立军事基地,拼凑军事联盟,作为称霸全球的工具。北大西洋公约组织,东南亚条约组织和巴格达条约组织均属此类。美国政府正是以在东南亚集体防务条约中承担的义务为借口,不断扩大了侵略战争。

美国政府对国家间意识形态差异的扩大化宣传和对共产党危言耸听的攻击,至少造成了以下几方面后果。

首先,它使美国的右翼保守势力在战后重新抬头,并左右了国内形势。当权

---

[1] Stanley Karnow, *Vietnam: A History*, Viking Press, 1984, p. 14.

[2] S. P. Wagner, *American Foreign Policy: Current Documents, 1961*, Vol. 39, Department of State, 1967, p. 8.

[3] Thomas G. Paterson, *On Every Front: The Making of the Cold War*, Norton, 1979, p. 80.

者煽起了反共浪潮,到头来他们自己也控制不了这个放出瓶来的魔鬼了。麦卡锡主义使人人自危,时过多年以后人们回忆起这段可怕的历史还谈虎色变。它所造成的精神上的影响并没有随麦卡锡的一命呜呼而烟消云散,而是笼罩着许多人的心灵达十几年之久。在这方面,就连标榜理性治国的自由主义总统肯尼迪也概莫能外。白宫参谋人员肯尼思·奥唐奈回忆说,事实上到1963年夏,肯尼迪已经认识到在越南卷入的无益,准备一旦重新当选就要改弦更张。他曾向当时参议院民主党领袖曼斯菲尔德诉说自己的苦衷:"如果我们现在从越南完全撤出,我们将有一场麦卡锡红色恐怖需要对付。"[1]约翰逊当政以后,对越南问题也表现出同样的顾虑。他断定越南的"丢失"将引起"一种麻烦的、具有破坏性的争辩","那将毁掉我的总统职位,扼杀我的政府,损害我们的民主"。[2]麦卡锡主义的后遗症,使肯尼迪、约翰逊以及他们的下属,在越南问题上不敢有大幅度的举措,只能听任美国军事卷入的日益加深。

其次,过分强调国家间在意识形态方面的差异,并按杜勒斯式的教条加以解释,造成决策者对国际关系发展方向上的错误估计。这既表现在对中国的长期敌视态度上,也表现在对中越关系不切实际的看法上。

经过麦卡锡主义的洗劫,几位优秀的中国问题专家都先后被逐出国务院,剥夺了发言权。人才上的损失必然造成政策上的恶性循环。这可以说明为什么美国政府一直把中国臆想为具有"侵略野心""试图统治整个亚洲"[3]的国家,并以这种臆想来分析中国与其邻国的关系,解释中国边界周围的冲突。著名中国问题专家费正清教授在谈到这个问题时曾深有感触地说:"我从个人了解的情况可以证明,在50年代初……对研究中国问题的学者的普遍传讯,在公众中造成了使人不敢对中国抱现实想法的后果。我认为这种结果发展成为对中越关系产生了不现实的想法,使我们在那里陷入了困境。"[4]

最后,美国政府把意识形态置于国家利益之上作为制定政策的准则,对国际问题的处理常常表现出政治上的神经过敏。一个明显的例子是美国在涉足越南

---

① George C. Herring, *America's Longest War, The United States and Vietnam, 1950–1975*, Wiley, 1979, p. 95.

② George C. Herring, *America's Longest War, The United States and Vietnam, 1950–1975*, Wiley, 1979, p. 143.

③ Roger Hilsman, *To Move a Nation: The Politics of Foreign Policy in the Administration of John F. Kennedy*, Doubleday, 1967, p. 284.

④ 伊·卡恩:《中国通:美国一代外交官的悲剧》,陈亮、隋丽君译,新华出版社,1980年,第9页。

事务之初,曾为考察胡志明的身份而煞费苦心。从胡志明在苏联待过而断定他是莫斯科的代理人。按这一逻辑推理,胡志明领导的民族解放战争就是苏联控制东南亚的"阴谋"。1950年6月,负责远东事务的助理国务卿腊斯克在参议院外交委员会的讲话说:"这是一场实际上已被(苏联)政治局控制了的内战……由于胡志明已经与政治局连在一起,我们的政策将是支持保大和印度支那的法国人……"[①]凭这种逻辑,美国继朝鲜战争之后,又干预了越南的国内事务。

三

在推行遏制政策的过程中,20世纪50到60年代美国战略方向的转变,战略理论的更新,加深了在越南的卷入。

战后初期直到20世纪50年代末,"大规模报复"理论是美国国防战略中占统治地位的指导原则。20世纪50年代后期,这一理论受到越来越多的怀疑。乔治·凯南、亨利·基辛格和马克斯韦尔·泰勒等权威人士纷纷著书对这一政策提出质疑和批评,并提出了"有限战争""灵活反应"等新战略理论。

基辛格认为:"随着苏联核武器储备的增长,'大规模报复'战略已经从代价最小的战略变成代价最大的战略了。……有限战争就成了使我们能够从我们的工业潜力中得到最大战略利益的一种战争形式。"[②]20世纪50年代后期发表的洛克菲勒报告和福特基金会的盖瑟报告得出了相似的结论。洛克菲勒报告指出,美国缺乏一种合适的能力,对通过政变和内战达到内部倾覆这样一些"有限战争"和"非公开的战争"作出有效反应。[③]

原陆军参谋长马克斯韦尔·泰勒在《不定的号角》 书中较全面地阐述了"灵活反应"战略:"这种战略要求我们能够应付各种各样的战争,从核大战到诸如1955年威胁老挝和柏林之类的侵略。这项新战略承认,遏制和迅速赢得有限战争和遏制大战一样重要。"[④]为此,他主张在使核报复力量现代化的同时,加强进行有限战争的能力。"在任何地点和任何时间,以适合于情况的武器和部队,作出反应"。[⑤]

肯尼迪上台以后接受了"灵活反应"战略,使之成为其国外新边疆政策的重

---

① Stanley Karnow, *Vietnam: A History*, Viking Press, 1984, p. 179.

② 亨利·基辛格:《核武器与对外政策》,北京编译社译,世界知识出版社,1959年,第147页。

③ Lawrence S. Wittner, *Cold War America: From Hiroshima to Watergate*, Praeger, 1975, p. 146.

④ 马克斯韦尔·泰勒:《不定的号角》,王群译,解放军出版社,1963年,第11页。

⑤ 马克斯韦尔·泰勒:《不定的号角》,王群译,解放军出版社,1963年,第128页。

要组成部分。他宣布说他的政府的战略目标是"阻止任何战争,一般的或有限的,核式的或常规的,大的或小的"。①肯尼迪政府的国防部长麦克纳马拉也说:"我们必须处在一种能对(苏联的)任何级别的挑衅作出适当的军事反应的地位。"②当然,他们指责"侵略""挑衅",是在为美国扩张寻找借口。

在这种新的国防政策指导下,不但核武库得以扩大,常规军事力量也迅速发展起来,有了军备后盾作依托,美国在第三世界的扩张野心也随之膨胀。新政府跃跃欲试,要在这块美、苏冷战的新地盘上有所作为。而越南正好成为进行"灵活反应"和开展"有限战争"的试验场。肯尼迪当上总统后向他的助手问的第一个问题是,"关于游击战,我们正在做些什么?"③可以看出,为实现这一新战略,他已急不可待了。

新的国防政策鼓舞了好战情绪,要求打赢越南战争的呼声又升高了。1962年初,总统的弟弟司法部长罗伯特·肯尼迪在对西贡的访问中作出保证说:"我们准备打赢。"理查德·尼克松提出美国应调动"一切能动因素"去夺取胜利。几乎所有报纸都同意《纽约时报》社论中所阐述的越南战争"是这个国家无法推卸的斗争"的观点。④乐观的战略理论,乐观的战争态度,乐观的形势估计,加上投合这些乐观情绪的谎报战绩,加深了肯尼迪时期在越南的卷入。也正是由于对这一新战略的确信不疑,促成了约翰逊政府使越南战争大幅度升级。当约翰逊作出轰炸北越、投入地面部队等重大决定时,仍然自认为是在撤军和全面战争两个极端之间小心地运动。用约翰逊的话来说,要干的"那些是充分的,但不是过分的"。⑤然而,多少才算是充分的,这个前提似乎从来没有人探讨过。对于经济高度发达的美国来说,要把握一场侵略战争的限度,做到关键时候适可而止并非易事。无论是用以煽起仇恨情绪的宣传,还是战争本身相互关联的因素,都容易把战争推向极端。肯尼迪曾把投入越南兵力的不断增多比作喝酒,"酒劲方过,你

---

① John Lewis Gaddis, *Strategies of Containment: A Critical Appraisal of Postwar American National Security Policy*, Oxford University Press, 1982, p. 214.

② John Lewis Gaddis, *Strategies of Containment: A Critical Appraisal of Postwar American National Security Policy*, Oxford University Press, 1982, p. 217.

③ Roger Hilsman, *To Move a Nation: The Politics of Foreign Policy in the Administration of John F. Kennedy*, Doubleday, 1967, p. 415.

④ Stanley Karnow, *Vietnam: A History*, Viking Press, 1984, p. 255.

⑤ George C. Herring, *America's Longest War, The United States and Vietnam, 1950–1975*, Wiley, 1979, p. 143.

又得再喝"。①可以看出他对美国卷入的加深顾虑重重而又无可奈何的心情。

四

越南战争之后,许多人对美国卷入这样一场灾难而其间很少有人觉察到政府政策的错误感到吃惊和费解。在一段较长的时期内,政府中敢于站出来对越南战争提出异议的人寥寥无几。国会中表现出同样的情况,1964年东京湾决议通过时,参议院的投票比例是42∶2,众议院则是一致通过。②迟至1966年,美国侵越战争造成的诸多危害已日渐暴露出来,仍有相当一部分人追随政府的政策。1966年2月的哈里斯调查表明,所谓"鸽派"的比例只占9%。5月份的盖洛普测验,47%的被测验者支持政府的政策,35%的不支持。③对于一场侵略战争有如此之多的人麻木不仁,说明美国在越南卷入的加深,除了政策和策略上的原因外,还有国内政治上的原因。这里我们仅就越南战争所及,分析几点美国政治中便于侵略倾向发展的因素。

第一,行政权利的不断扩大和国会权利的相对缩小。根据宪法,国会可以通过多种途径对外交政策施加影响。然而,随着现代政治生活国际化倾向的发展,总统的行政权利在无形中得到扩大,国会的影响受到不同程度的削弱。

宣战权虽属国会,但总统可以以三军总司令的资格,不于事前得到国会同意,以行政命令与他国造成敌对行为或进入战争状态。侵略越南正是这样一场不宣而战的战争。在这场战争中,政府经常不把军事计划提交国会批准,而是通过别的途径获得执行这些计划的款项。1964年初"34A计划"制定和实施时,美国人民并不知情,国会也不知道有此计划。著名新闻记者哈尔伯斯坦对此有过一段鞭辟入里的评论:"对这个中央集权政府来说,当它企图引导并操纵一个具有反抗潜力的社会时,这种秘密行动真是事半功倍。如果谁也不知道这种活动,那就谁也不会担心;如果一旦暴露,如果共产党进行反击,那么民众和国会就要被迫去选择,究竟是站在他们自己这方面,还是站在共产党方面,那就成为爱国问题了"。④另一方面,行政机构越来越多,行政功能越来越强,尤其在对外

---

① 小阿瑟·施莱辛格:《一千天:约翰·菲·肯尼迪在白宫》,仲宜译,三联书店,1981年,第429页。

② George C. Herring, *America's Longest War, The United States and Vietnam, 1950 – 1975*, Wiley, 1979, p. 123.

③ Jaya Krishna Baral, *The Pentagon and the Making of U.S. Foreign Policy: A Case Study of Vietnam, 1960 –1968*, Atlantic Highlands, Humanities Press, 1978, p. 277.

④ 戴维·哈尔伯斯坦:《出类拔萃之辈》,齐沛译,三联书店,1973年,第742页。

政策方面,总统掌握着一切主动权。因此,有人认为总统现在成了"国会中的第三院"了。①新的信息渠道的打开,为总统驾驭和影响公众舆论创造了条件。同时,他还可以通过召开记者招待会的形式对公众施加强有力的影响,为其政策赢得支持。

而美国国会,一方面认为行政部门拥有更广泛更高级的情报来源而自愧弗如,另一方面则认为战后年代的危机处理要当机立断,从而更多地倚重行政部门的决策。因此,东京湾决议授权总统在越南战争中可以采取"一切必要措施"不是偶然的,而是近年来总统与国会权力变化的结果。由于同样原因,使国会在国际问题上不够敏感,只能在事态扩大以后才能行使调查权。加之行政机构为防止国会干预,故意不向国会提供准确信息,更置国会于五里云雾之中。

凡此种种,造成国会在对外政策上对总统的行政决策亦步亦趋。三权分立的制衡原则受到损害。对外政策在缺乏民主程序,没有进行足够讨论的情况下制定,其错误也就在所难免了。

第二,军方在制定和执行对外政策中作用的增加。第二次世界大战期间,军方影响得到扩大。美国军队在这次大战中所取得的赫赫战绩,使美国获得其历史上的最高威望。职业军人的地位也随之上升。战后,随着美、苏冷战的展开和美、苏矛盾不可调和的绝对主义情绪的增加,职业军人更多地参与了制定和执行美国对外政策。其中地位最高的参谋长联席会议主席,一般都是总统的亲信。此外,许多退役的职业军官在政府部门担任了总统、国务卿和驻外大使等。军队成为美国社会中最令人羡慕的机构之一。父母们把从军看作他们儿子的晋身之阶。

从国家机构上看,国防部和国家安全委员会的设立无疑加强了军方在制定国家政策上的作用。1947年的《国家安全法》及其后的一系列修正案,把美国的军事大权高度集中到国防部。国防部长是总统有关国家安全事务的主要助手,在总统的指导下,"为国家军事建制及其中的所有部门和机构制定总的政策和方案,对这些部门行使指导、指挥和控制权"。②

促成国防部地位急剧提高的是肯尼迪总统,他曾指示其军事顾问泰勒将军对猪湾事件失败的根源进行调查。泰勒得出的结论认为,中央情报局不具备处

---

① Clinton Lawrence Rossiter, *The American Presidency*, Harcourt, Brace, 1962, p. 105.

② Alice C. Cole, and United States. Dept. of Defense. Historical Office, *The Department of Defense: Documents on Establishing and Organization*, [s.n.], 1978, p. 40.

理大规模军事行动的条件,并断定美国在越南所做的努力就属此类。因此他建议把在越南行动的控制权移交五角大楼。尼克松对此评论说:"事实证明,这是一个后果严重的决定。中央情报局在政治上很有经验,对当地的情况有现场感,而这一切都被抛弃了,因为通过技术透镜来看世界的人接过了这场战争的主要责任。"①

军界领导人在制定和执行对外政策时,往往囿于某一具体事件本身的胜负得失,缺乏更广泛的政治考虑和长远的战略眼光。约翰逊就曾抱怨说,在整个越南战争过程中,参谋长们所提议的只是"炸弹,炸弹,炸弹"。②因此,军方在政府中地位的上升是加深美国卷入越南战争的重要原因之一。

第三,决策中的权宜之计和执行中的官僚主义。统观整个越南战争时期的美国政策,不难发现,尽管时间跨度长达二十多年,但这一政策的主要发展路线却是十分简单的。杜鲁门政府确立了一个笼统的目标,就是遏制共产主义发展。以后的几届政府则仅限于在这个总的思想指导下,对越南不断变化的形势作出反应。没有哪一届政府认真反省一下这一目标是否现实,美国的努力是否明智。基于每天的势态临时拼凑办法,很少去考察一下行动的含义。这种以危机处理为主要方式的机械性政策,势必造成执行部门墨守成规,敷衍塞责,甚至弄虚作假的现象出现。正确意见受到排挤,战争指挥脱离实际。

极右势力的猖獗,使人们得出一个结论,只要站在鹰派方面,即使错了也不要紧,如若站在鸽派方面,就是对了也要倒霉。谁要对反共政策提出异议,对越南局势表示悲观,就被视为软弱。鲍尔斯要求对美国的越南政策作出"痛苦的重新估价",加尔布雷斯提出美国正在陷于一场可能"会像法国人那样流血的","长期的、无结果的卷入"。③这些提醒都被肯尼迪搁置一旁。1963年8月31日,国务院的保罗·卡滕伯格第一次在国家安全会议上提出从越南撤军的建议,立即遭到麦克纳马拉和泰勒的反击。腊斯克也称其下属的意见为"主观臆想",表示美国"决不撤出越南,直到赢得战争"。④

---

① 理查德·尼克松:《真正的战争》,常铮译,新华出版社,1980年,第122页。

② 劳伦斯·科布:《五角大楼的沉浮:美国七十年代的国防政策》,陈如为、冯立冬译,新华出版社,1982年,第132页。

③ George C. Herring, *America's Longest War, The United States and Vietnam, 1950–1975*, Wiley, 1979, p. 91.

④ Peter A. Poole, *The United States and Indochina from FDR to Nixon*, The Dryden Press, 1973, p. 96.

作为肯尼迪、约翰逊两届政府的国防部长,麦克纳马拉是操纵美国卷入越南战争的主要人物之一。这位前福特公司的总经理,所热心的是审查平衡表上的统计数字。1962年5月他第一次去越南,下飞机不到48小时就得出乐观的结论:"所有数量上的统计……表明我们正在赢得这场战争。"①这种只重统计数字不做认真调查的作风助长了美国驻越司令部报喜不报忧的做法。这也是美国在不知不觉中陷足泥潭的症结之一。

本文原刊载于《世界历史》1990年第3期。

作者简介:

原祖杰,山东莱州人。1985年从吉林大学毕业后入南开大学历史系攻读美国史硕士学位,1988年6月毕业后留南开大学历史研究所任教,1994年获哈佛-燕京学社奖学金赴美留学,2002年6月获明尼苏达大学博士学位,曾先后任教于美国西南大学和北密歇根大学,2005年12月开始任四川大学历史文化学院教授,曾在《中国社会科学》《世界历史》《南开学报》等刊发表论文五十余篇,近年来主要研究方向为美国社会文化史,为国家重大项目首席专家。

---

① Stanley Karnow, *Vietnam: A History*, Viking Press, 1984, p. 254.

威廉·亨利·西沃德和美国亚太扩张政策

徐国琦

威廉·亨利·西沃德(1801—1872),19世纪美国著名政治家。毕业于联邦学院。历任纽约州议员、州长、联邦参议员等职。1861—1869年间担任国务卿。他是建立美国太平洋帝国的鼓吹者和设计者。有人认为,自西沃德1869年离开国务院后,"美国的东亚政策便没有增加一点新的原则"。[①]本文拟对西沃德和美国亚太扩张政策的关系加以研究,以揭示美国扩张政策发展脉络。

一、西沃德亚太扩张思想的历史背景

美国和亚太地区的关系可上溯到美国立国之初。美国挣脱英国殖民地枷锁后,英国、西班牙和法国等对美国同它们的美洲殖民地之间贸易加以重重限制。但对美国在亚太地区的贸易一时并未干涉。从而在客观上起到鼓励美国商人到亚太地区冒险的作用。1784年"中国皇后"号首抵中国。随后一系列其他美国商船也竞相展开对华贸易。1786年美国开始同毛里求斯进行贸易。1787年同塞勒姆开始贸易。1789年美国商船第一次进入印度港口。同年7月4日,美国在其第一个关税法案中,对从事与中国、印度贸易的美国商人予以优惠待遇。1819年第一批美国人到达夏威夷,其中主要是捕鲸者。19世纪20年代美国在太平洋上的海上贸易利益、捕鲸利益及捕猎海豹利益已经达到一定水平。为此美国政府开始建立常设性太平洋舰队,以保护上述美国利益。

美国是在英国重商主义和扩张传统下的产物——13个美洲殖民地基础上产生的。它不可避免地带有向外扩张的明显印记。扩张成为美国立国之后的永恒主题。华盛顿早在1783年即称羽毛未丰的美国为"正在升起的帝国"。杰斐逊和约翰·昆西·亚当斯更是憧憬一个横跨两洋的美国。美国对亚太地区的兴趣,正与美国的扩张传统紧密相连。

正是由于美国朝野对向太平洋扩张的兴趣,美国的边界向太平洋日趋接近。

---

① Tyler Dennett, "Seward's Far Eastern Policy", *American Historical Review*, Vol. 28, No. 1, 1922, p.45.

1819年美国同西班牙签订的"横贯大陆条约"便暴露了美国政府建立两洋帝国的野心。在这一条约中,美国坚持把美国的西部边界划到太平洋沿岸。在随后发生的美英围绕奥勒冈归属争端中,美国不少朝野之士更是大声疾呼,认为美国的"自然边界是太平洋",无人能够阻止美国向太平洋发展。①

向太平洋扩张的呼声到19世纪40年代达到了一个新的阶段。1840年鸦片战争爆发后,引起美国上下对远东的普遍关注。1844年美国尾随英国炮舰之后胁迫中国签订《望厦条约》,标志着美国正式进入亚洲特别是远东的国际政治。在这种情况下,不少美国人认为美国向太平洋扩张的时代已经来临。天定命运说在美国一时间甚嚣尘上。从1820年到1848年的国会辩论中,美国人对奥勒冈和加利福尼亚表现了极大的兴趣。例如在众议院1846年1月就奥勒冈问题进行辩论时,太平洋的重要性多次被强调。密西西比州的鲍林众议员当时指出,从大西洋到太平洋,"我们生来是,咳,我们被上帝亲手注定是一个民族国家"。②这不仅是出于美国人要做北美大陆主人的动机,而且更重要的是由于把上述两地视为建立美国"太平洋帝国的基础和出发点"。③1846年英美奥勒冈争端终于得到有利于美国的解决。1845—1846年间爆发的美墨战争,使美国获得了加利福尼亚。美国的版图终于扩延到太平洋。实现了杰斐逊等人建立两洋美国的梦想。

完成大陆扩张之后,一般美国人满足于两洋大国的现状,将注意力集中在美国的南北矛盾和内部发展上,对太平洋的兴趣有所下降。而在上述氛围中踏上全国政治舞台的西沃德(其从1849到1861年间任联邦参议员),却"看到了太平洋上的一个伟大商业时代的曙光",④并吹响了美国向亚太扩张的嘹亮号角。

二、西沃德亚太扩张思想的主要构思

西沃德首先是个强烈的扩张主义者,是天定命运论的主要鼓吹者之一。他在1853年曾雄心勃勃地声称,美国的疆域"将无限拓展。无论太阳照耀热带,还是辐射极圈,这个联邦都将迎接那黎明曙光。美国的疆域甚至应包括两大洋中

① Dan E. Clark, "Manifest Destiny and The Pacific", *The Pacific Historical Review*, Vol. 1, No.1, 1932, pp.3-4.

② 南开大学美国史研究会编,中国美国史研究会出版:《美国史译丛》1982年第2期。

③ Foster R. Dulles, *American in the Pacific: A Century of Expansion*, Houghton, Mifflin and Company, 1938, p.4.

④ Julia Pratt, *A History of United States Foreign Policy*, Prentice-Hall, Inc., 1955, p.146.

遥远的岛屿"。①西沃德的扩张思想是建立在美国优越论的基础之上的。他认为"人类必将认同我们为历史上少数几个伟大国家的继承者。这些国家曾在世界上各自拥有发号施令的影响"。②

西沃德扩张思想的主要内容是向亚太扩张,建立太平洋帝国。西沃德这一构思发端于19世纪40年代,成熟于19世纪50年代。其主要观点是,美国在完成大陆扩张后应转向亚太地区扩张。扩张的方式是从领土扩张转为商业扩张,但不排除获得某些重要的贸易据点。用贸易代替武力。不认为战争是扩张的最好手段。因为"战舰绝不是能被派往国外的最成功的使节"。③

西沃德一进入参议院,就大声疾呼亚太地区对美国的重要性。他以一个政治家特有的敏感和预见能力,在美国最先认识到亚洲将成为世界重大事务的中心,是世界贸易的中心地区和"人类活动的新舞台"。欧洲对美国带来威胁的地点不在别处,而在太平洋。④这位美国"拉开的新帝国帷幕中的""演员王子"还指出,未来争夺世界霸权的战争将发生在太平洋。这场战争的胜利应属于拥有巨大经济实力的国家。"美国应该是,而且是地球上伟大的强国"。要做到这一点,美国必须控制世界贸易。⑤西沃德的最大野心是使美国获得世界商业霸权,认为商业是美国"伟大任务之一",是"美国促进文明进步和拓展(美国)帝国的主要使者"。⑥而美国要控制世界贸易,就必须控制太平洋,因为只有"太平洋上的贸易才是世界性贸易"。⑦控制亚洲、太平洋是美国商业帝国的终极目标。所以,美国"必须建立海洋帝国","只有海洋帝国才是真正的帝国"。⑧太平洋是这海洋帝国的中心舞台。美国的伟大端赖于它应该将其力量扩张到太平洋并"掌握东方的

---

① George E. Baker, ed., *The Works of William Henry Seward*, Vol.IV, Redfield, 1861, p.122.

② George E. Baker, ed., *The Works of William Henry Seward*, Vol.IV, Redfield, 1861, p.139.

③ Ernest N. Paolino, *The Foundations of the American Empire: William H. Seward and U.S. Foreign Policy*, Cornell University Press, 1973, p.11.

④ Ernest N. Paolino, *The Foundations of the American Empire: William H. Seward and U.S. Foreign Policy*, Cornell University Press, 1973, pp.28-29.

⑤ Walter Lafeber, *The New Empire: An Interpretation of American Expansion, 1860–1898*, Cornell University Press, 1963, p.27.

⑥ Congress Globe, 31d cong., 2d. sess., 1851.1.21, App., p.92.

⑦ Walter Lafeber, *The New Empire: An Interpretation of American Expansion, 1860–1898*, Cornell University Press, 1963, p.27.

⑧ George E. Baker, ed., *The Works of William Henry Seward*, Vol.I, Redfield, 1853, p.51.

贸易"。①

西沃德告诫他的参议员同事不要看错美国前进的方向。他指出,美国建立帝国的竞争,"不会在美国大湖区,不会在大西洋沿岸,也不会在加勒比海。不在地中海,不在波罗的海,也不在大西洋上。而会发生在太平洋及其岛屿和大陆"。美国的真正竞争对手在亚太地区。所以,美国的命运就是控制亚洲市场。如果美国成功的话,它无疑会成为"现存各国中最强大的国家。比曾存在过的所有国家都强大"。②

西沃德向亚太扩张的构思策应于他的美国文明优越论。他认为欧洲文明已经衰落,美国文明正在兴起。一旦先进的美国文明与古老的亚洲文明结合在一起,那么,美国霸业之梦的实现便指日可待。1852年7月29日西沃德在参议院的演说中说:"甚至发现本大陆及其岛屿以及在其上组织社会和政府——尽管这些事是如此庄严和重要,对于现在正在完成的两大文明重新结合这一辉煌结果来说,也只是有限的、初步的和次要的。这两大文明早在4000年以前便在亚洲的平原上遥遥相对,后来又沿着相反的方向环绕世界,现在又在太平洋的海岸和岛屿重新相遇。诚然,在地球上决没有发生过如此庄严和重大的人类事件……欧洲的商业、欧洲的政治、欧洲的思想和欧洲的活动,虽然实际上还拥有更大的力量,而且同欧洲的联系虽然实际上正变得更加密切,然而谁没有看到其重要性今后逐年会降低,而太平洋,它的海岸,它的岛屿和周围的广大地区,将要变成今后世界的重大事件的主要舞台呢?谁没有看到这个运动必然使我们自己从欧洲残留的影响和偏见中完全解脱出来,并代之以用美国的观念和影响去改造旭日的初升之地(指亚洲——引者)的宪法和风俗呢?"③

西沃德的美国文明优越论是与其世界中心西移论分不开的。他曾预言,美国人"注定将要把他们不可抗拒的浪潮滚滚推向北部冰封的屏障,并将在太平洋岸边与东方文明碰头"。④西沃德指出,3000年来世界中心一直由东向西移动。并"持续向西发展直到世界新兴文明和日趋衰落的文明在太平洋沿岸相遇为止"。⑤其言下之意即只要美国能成为太平洋帝国,便会成为世界中心。西沃德

---

① George E. Baker, *The Diplomatic History of the War For the Union*, Houghton, Mifflin and Company, 1884, p.320.

② Congress Globe, 32d cong., 2d.sess., 1857.7.29, pp.1975-1976.

③ George E. Baker, ed., *The Works of William Henry Seward*, Vol.I, Redfield, pp.248-250.

④ Dan E. Clark, "Manifest Destiny and The Pacific", *The Pacific Historical Review*, Vol.1, No1, 1932, p.8.

⑤ George E. Baker, ed., *The Works of William Henry Seward*, Vol.IV, Redfield, p.319.

还预言,未来的世界是美俄争霸。1861年5月5日,西沃德在致美国驻俄公使卡修斯·克莱的信中预言到:"美国和俄国将一直以好朋友相处,直到两国沿着相反的方向绕地球环行半圈后,在某一地区聚首为止。这个聚首的地区便是文明最先出现的地方。这一古老文明在经过长期的考验后,现在变得萎靡不振和束手无策"。①这里西沃德所指的地区便是亚洲,特别是中国。

为了实现美国向亚太扩张的构想,西沃德在参议院中鼓吹和赞成一切有利于兹的法案或提议。西沃德首先奔走呼号的便是要求国会迅速同意加利福尼亚加入联邦。西沃德强烈反对美国南部奴隶制,自称废奴主义者中的废奴主义者。在他心目中,奴隶制与美国实现太平洋帝国的大目标是背道而驰的。他曾指出,奴隶制"在商业和制造业社会中是不道德的",②"不道德的竞争是不能拓展甚或维持帝国的"。③他早在19世纪50年代就预言美国南北双方将有"不可遏制的冲突"。尽管如此,为了迅速让加利福尼亚成为美国联邦一员,实现其太平洋帝国的构思,西沃德甚至愿意加利福尼亚以蓄奴州身份加入联邦。因为和奴隶制比较起来,他看到"唯一的巨大危险——就是可能忽视太平洋沿岸新地区的犯罪"。④

西沃德为何如此看重加利福尼亚？请看他的解释:加利福尼亚是东西方的联结点,是北美大陆和太平洋帝国的枢纽石,是"年轻的太平洋皇后","世界上再没有第二个比这还伟大的帝国基础了"。处于如此有利地位的国家"必须统治这一海洋帝国",因为这是真正的帝国。⑤在西沃德眼里,"加利福尼亚方向"和"世界商业、社会和政治运动"的方向一致。⑥如果美国不能拥有加利福尼亚,将意味着美国"帝国的解体"。⑦他甚至在1869年(是年他离开国务院)还指出,"旧金山是作为美国帝国的君士坦丁堡而被牢固建立起来的"。⑧原来西沃德坚持要把加

---

① United States, Department of State, *Papers Relating to The Foreign Relations*, Government Pringting Office, 1861, p.293.

② George E. Baker, ed., *The Works of William Henry Seward*, Vol.IV, Redfield, p.326.

③ George E. Baker, ed., *The Works of William Henry Seward*, Vol.IV, Redfield, p.170.

④ Ernest N. Paolino, *The Foundations of the American Empire: William H. Seward and U.S. Foreign Policy*, Cornell University Press, 1973, p.4.

⑤ George E. Baker, ed., *The Works of William Henry Seward*, Vol.I, Redfield p.50–51.

⑥ Congress Globe, 31st. cong. 1st. sess., 1850.3.11, App.pp.261–262.

⑦ Ernest N. Paolino, *The Foundations of the American Empire: William H. Seward and U.S. Foreign Policy*, Cornell University Press, 1973, p.4.

⑧ George E. Baker, ed., *The Diplomatic History of the War For the Union*, Redfield, p.573.

利福尼亚纳入美国联邦的版图是着眼于太平洋。而看重太平洋意在控制亚洲。

除要求加利福尼亚迅速加入联邦外,西沃德还大力支持1853年美国远征日本。美国这次远征的主要目的是同英国争夺亚洲太平洋商业据点。远征的主帅马修·佩里在述及远征的动机时写道,每当我们看到同我们竞争的海上大国英国在东方和太平洋上的属地越来越多,控制的港口数目与日俱增时,"我们日益感到有必要采取行动奋起直追"。"幸运的是,日本和太平洋上许多岛屿尚未被这个贪得无厌的(英国)政府染指"。美国同亚太地区的贸易"至关重要",而这些岛屿正好处于美国贸易航线上。所以,美国应该"刻不容缓地采取积极措施,以求控制众多的岛屿"。①西沃德作为美国亚太扩张政策的设计人,眼光比佩里要远得多。他不仅着眼于同英国争夺亚太贸易据点,更重要的,他想通过对日远征等形式把欧洲势力赶出亚洲,以美国取而代之,并进而成为亚洲的霸主。正值佩里赴日途中时,西沃德踌躇满志地声称:"亚洲国家处于昏睡状态几乎3000多年了。毋庸置疑,除美国之外,无人指望其他影响能把它们从昏睡中唤醒。倘若这些亚洲国家现在被美国唤醒并充满活力,难道它们会饶恕他们的欧洲侵略者,而怨恨其美国恩人吗?"②这番话把西沃德意欲美国成为亚洲太平洋主人的构思暴露无遗。

1853年美国还向北太平洋派出考察舰队。这同样是西沃德大力促成和支持的结果。这次远征考察的主要目的是探索美国北太平洋的贸易路线。力图把北太平洋变成西沃德梦寐以求的"美国湖"。③

此外,西沃德还支持和鼓吹其他一切有利于美国亚太扩张的计划。如西沃德大力鼓吹建立横跨美洲大陆的太平洋铁路。在太平洋底敷设电报线。因为在西沃德眼里,铁路和电报"在完善美国的一体化和实现美国的使命方面,是不可缺少的环节"。④如果美国拥有一条联络大西洋及欧洲和太平洋及亚洲的铁路,美国控制亚洲贸易定无问题。西沃德还大力主张完成对太平洋的勘查工作,赞成开辟美国通往中国等亚洲国家的航线,等等。由于西沃德不遗余力地

---

① William Goetzmann, *New Lands, New Men: America and the Second Great Age of Discovery*, Viking Penguin Inc., 1987, p.345.

② Tyler Dennett, *Americans in Eastern Aisa*, Barnes & Noble, 1922, p.408.

③ William Goetzmann, *New Lands, New Men: America and the Second Great Age of Discovery*, Viking penguin Inc., 1987, p.423.

④ Ernest N. Paolino, *The Foundations of the American Empire: William H. Seward and U.S. Foreign Policy*, Cornell University Press, 1973, p.35.

鼓吹美国应向亚洲太平洋地区扩张,他的反对者甚至指责他希望吞并中国的部分地区。[①]这一指责是否有根据,由于材料所限,尚有待于进一步研究。但至少有一点是明确的,即中国在西沃德的亚太扩张蓝图中占有相当的比重。[②]

1861年西沃德离开参议院,入阁出任林肯总统的国务卿。丹涅特指出,"林肯从当代美国著名领袖中实在找不出一位(比西沃德)对远东更多先知先觉的国务卿了"。[③]的确,西沃德在任参议员期间孕育成熟其向亚太扩张构想后,是带着实现这一计划的希望进入国务院的。

三、西沃德亚太扩张政策的主要实践

然而,等待西沃德的并不是他所希望的能够实现向亚太扩张的有利环境,而是南北战争的炮声。这场长达4年的美国内战打断了西沃德太平洋帝国的计划。当战争硝烟刚刚散去,他便立即重新开始实施其扩张计划。其中最重要的成就便是购买阿拉斯加和签订《蒲安臣条约》。

阿拉斯加,原属俄美公司(1799年建立)。到19世纪四五十年代,由于管理不善,俄美公司债台高筑,无力支付管理阿拉斯加的巨额费用。同时,英国和俄国由于在东方问题上的尖锐矛盾,双方随时有交恶的可能。英俄一旦交兵,俄国很难保证阿拉斯加不会落入英国之手。因此,俄国打算将阿拉斯加卖给美国。俄国这样做可收一箭三雕之效:一是甩掉当时看来无用的包袱。二可得到一笔金钱,以弥补匮空的财库。三可取悦美国,为自己多拉一个战时的盟友。

国务卿西沃德完全同意下述观点,即美国要想控制亚太地区,必须在太平洋上取得立足点。阿拉斯加就是"我们所要的立足点",美国得到它,就"能控制太平洋"。[④]俄国的打算对西沃德来说是欲渡河而船来。当他得知俄国出卖阿拉斯加的消息后,便迫不及待想立刻成交。1867年3月29日晚,俄国驻美公使爱德华·德·斯陶克尔到西沃德家拜访,通知西沃德沙皇正式同意出卖阿拉斯加。如果西沃德愿意,翌日可以签约。西沃德立即表示:"为什么要等到明天呢,斯陶克

---

① Albert Weinberg, *Manifest Destiny, A Study of National Expansionism in American History*, Quadrangle Books, 1963, p.242.

② 甚至在西沃德离开国务院后,仍经常敦促美国政府应把同中国等亚太地区的贸易放到与对欧洲贸易的同等地位。

③ Tyler Dennett, *Americans in Eastern Aisa*, Barnes Noble, 1922, p.409.

④ Ernest N. Paolino, *The Foundations of the American Empire: William H. Seward and U.S. Foreign Policy*, Cornell University Press, 1973, p.110.

尔先生？我们今晚就准备签约吧！"

斯陶克尔有点迟疑，"贵部（指国务院）已经下班，你没有办事员，我的秘书也都回到分散各处的家中"。

"没有关系！如果你能在午夜12点前将你的秘书召集到一起，你会发现我已在国务院恭候。而且国务院也准备就绪"。①

翌日晨4时，美俄双方便正式签订条约。美国以720万美元购下地大物博的阿拉斯加。

美国参议院在1867年4月9日以37:2的票数，迅速批准了购买阿拉斯加的条约。翌年7月14日，众议院以113:43票通过了购买阿拉斯加的拨款法案。

对于西沃德这一外交成就，当时一般美国人兴趣不大，称其为"西沃德的笑柄"，并把阿拉斯加叫作"西沃德冰箱"，认为这是美国一次"赔本的交易"。②美国一些史学家认为，美国国会最终批准购买阿拉斯加，与当时美国舆论高唱美俄友谊是分不开的。美国当时不少议员赞成阿拉斯加购买，部分原因便是出于当时舆论倾向俄国。如果美国人当时知道俄国在内战期间派军舰来美的真正动机，③阿拉斯加购买条约就不会得到批准。这些观点不尽符合事实。因为阿拉斯加购买当时得到美国新闻界和国会的广泛支持，而这些支持原因很复杂。所谓美俄友谊的影响只是其中一个原因而已。

美国国会同意购买阿拉斯加，与当时英美关系的恶劣以及英美在美洲的争夺很有关系。例如，当时的参议院外交委员会主席，在参议院批准阿拉斯加购买条约起了重要作用的查尔斯·萨姆纳认为，购买阿拉斯加是美国获得加拿大的第一步骤。来自俄亥俄州的一位议员则认为美国获得阿拉斯加，可"把英国狮子关在太平洋的笼子里。我们使哈德逊湾那个庞大贪婪的垄断机构束手无策"。④也有一些议员认识到阿拉斯加在美国太平洋扩张中的巨大意义。如罗伯特·J.沃克尔认为美国获得阿拉斯加，"大大加强了美国在太平洋上的地位"。N.P.班克斯，当时的众议院外交委员会主席，也认为阿拉斯加是美国在"太平洋的踏脚石"，是

---

① Foster R. Dulles, *American in the Pacific*, Cornell University Press, 1973, p.89.

② 美国内战期间，俄国曾派舰队抵美，旨在准备同英作战。美国人误以为这是俄国对美友好的表示。

③ 塞弥尔·比米斯著：《美国外交史》（第2册），叶笃义译，商务印书馆，1987年，第202页。

④ Foster R. Dulles, *American in the Pacific*, Cornell University Press, 1973, p.93.

在美国和亚洲之间的"跳板"。①

西沃德正是利用了上述情绪,迈开了其向亚太地区扩张的关键一步。因为购买阿拉斯加是西沃德建立太平洋商业和经济帝国的一个重要组成部分。早在50年代,西沃德就对阿拉斯加商业地位很感兴趣。1867年4月4日,即在阿拉斯加条约签订后的第5天,西沃德的一个密友给他写信说,阿拉斯加森林茂密,有丰富的矿藏和渔业资源。而且,"最伟大的意义"在于阿拉斯加购买给美国提供了太平洋贸易中的"优势"。②西沃德接到该信后,如获至宝,立即加以翻印,广为散发,为购买阿拉斯加制造舆论。

美国新闻界当时也就阿拉斯加购买大做文章。从阿拉斯加购买条约签订的第二天开始,《纽约时报》就用非常醒目的标题加以报道,声称这项购买为美国对中国和日本的贸易带来了"光辉灿烂的前景",无疑对扩大美国的太平洋贸易"有利",从此"通往中国和日本的贸易之途畅通无阻"。③

在西沃德心中,阿拉斯加是美国"未来帝国的基础"。④但由于美国国会和舆论界当时对约翰逊政府持强烈敌视态度,西沃德对于购买阿拉斯加这一得意之举,没有大肆声张。但在1869年夏天他到阿拉斯加旅行时发表的演说中,则充分强调美国的亚太贸易和购买阿拉斯加的关系。西沃德对购买阿拉斯加颇为得意。事后当有人问他在他政治生涯中何时是最重要时刻时,他毫不迟疑地回答是阿拉斯加购买。不过他感到遗憾的是,美国人居然花了一代人时间才理解这一点。阿拉斯加购买只是西沃德一系列扩张计划中一个步骤。在条约签订的当天,他就和美国前驻法公使约翰·比奇洛谈到这一点。⑤

西沃德的太平洋扩张政策是和亚洲特别是和中国联系在一起的。西沃德的对华政策是和英法等列强联合侵略中国的"合伙政策"。以达到"幸分一杯羹"的

① Ernest N. Paolino, *The Foundations of the American Empire: William H. Seward and U.S. Foreign Policy*, Cornell University Press, 1973, p.110.

② Ernest N. Paolino, *The Foundations of the American Empire: William H. Seward and U.S. Foreign Policy*, Cornell University Press, pp.111–112.

③ Alexander Deconde, ed., *Encyclopedia of American Foreign Policy*, Vol.II, Macmillan Pub Co., 1978, p.532.

④ Ernest N. Paolino, *The Foundations of the American Empire: William H. Seward and U.S. Foreign Policy*, Cornell University Press, 1973, p.118.

⑤ David Anderson, *Imperialism and Idealism: American Diplomats in China, 1861–1898*, Indiana University Press, 1985, p.10.

目的。亦即美国学者大卫·安德森所称"我也有一份"(me too)的政策。①西沃德这一政策的执行者便是美国第一任驻北京公使蒲安臣。

美国的合伙政策滥觞很早。例如,1851年4月22日,当时任美国驻广州临时代办的彼得·伯驾就向国务卿丹尼尔·韦伯斯特力陈"合伙政策",美国驻华公使马沙利、麦莲也向美国政府提出相似的观点。不过,美国正式明确提出和奉行合伙政策大概要到美国内战爆发以后。1862年3月6日,西沃德国务卿在给蒲安臣的训令中清清楚楚地说明了这种合伙政策的构思。他说:"英国和法国在中国出现的不仅是它们的外交代表,而且有支持这些外交代表的陆海军力量。然而,不幸的是,你(指蒲安臣——引者)并没有(这些力量的支持)。就我的理解所及,我国在华利益和上述我所提及的两国一致。没有理由怀疑英国、法国公使们的行动将充分促进所有西方国家的利益。所以,兹训令你要和他们会商和合作……除在特殊的事件中有充分理由可以和它们分道扬镳者例外……我们的国内事务正迅速好转,我相信很快我们就能派一艘战舰来支持你"。②从这段话可看出两点:一是美国和英法等列强在压迫侵略中国方面利益一致。二是美国实力限制它在中国侵略的主动性。这一点是理解西沃德以降到美西战争时美国奉行合伙政策的真情之所在。所谓合伙政策,大致不外包含几层含义:一是美国要和欧洲等列强在侵略中国时相互勾结、彼此合伙,联合起来共同对付中国人民和清政府,以求得到更大的让步。二是"合伙"并非意味着列强之间的利益完全一致。美国和列强之间仍存在着巨大的矛盾,只不过因为实力不够才迫使它唯英法等列强马首是瞻。三是"合伙"不是结盟。奉行不结盟政策是美国外交的一大传统。美国的对华政策也不例外。美国不愿束缚自己的手脚。西沃德曾经明确指示美国驻华公使要避免任何和英法在中国问题上订立盟约。四是合伙政策只是美国的权宜之计,一旦条件许可,它就会另辟蹊径。1899年和1900年美国门户开放政策的出笼,就充分说明了这一点。

所以,西沃德的合伙政策和门户开放政策有着直接的联系。在当时美国在华实力比英法等国弱的情况下,美国为避免其利益受到损害,蒲安臣一再反对列强瓜分中国的企图。蒲安臣曾向英法指出,中国的"任何领土的转让均为对我们条约权利的剥夺",美国坚决反对。③从这里我们可以看出,如果说1844年中美

---

① David Anderson, *Imperialism and Idealism: American Diplomats in China, 1861–1898*, Indiana University Press, 1985, p.24.

② Tyler Dennett, *Americans in Eastern Aisa*, Barnes Noble, 1922, p.373.

③ Tyler Dennett, *Americans in Eastern Aisa*, Barnes Noble, 1922, p.383.

《望厦条约》中的"利益均沾"等内容体现了后来门户开放政策的萌芽的话,那么,西沃德的合伙政策则明显含有门户开放政策的特质。这一特质明确体现在应称为西沃德条约的《蒲安臣条约》之中。

《蒲安臣条约》签订于1868年7月28日。其主要内容是:

1.中国领海权仍然存在,租界除有条约规定外,仍归中国地方官管辖。

2.中国对通商、行船各事,均得自订章程,但"不得与原约之义相背"。

3.清政府可在美国各埠设置领事,美国当照各国例,"一体优待"。

4."美国人在中国,不得因美人异教,稍有欺侮凌虐。嗣后中国人在美国,亦不得因中国人异教,稍有屈抑苛待,以昭公允"。

5.两国人民"或愿常住入籍,或随时来往,总听其自便,不得禁阻为是"。

6.两国人民到对方游历或居住,均受最惠国待遇。

7.两国人民均可在对方进入大小官学,并受最惠国待遇。两方都可在对方设立学堂。

8.美国向不赞成无故干涉别国内政,中国的内政全由自主。将来办理各种制造事业需要美国帮助时,美国愿意"襄赞"。

长期以来,国内学者大都将《蒲安臣条约》视为美国掠夺中国廉价华工的条约,从而大大忽略了该条约的重大意义。在笔者看来,西沃德在拟订和签订该条约时,他的目光要比单纯获得中国华工要深远得多。使美国最终控制中国,无疑是西沃德签订该约的一个主要目标。条约的第1、2、8三款即反映了美国对华经济扩张的构思。这几款大力强调保持除条约规定之外的中国主权、中国"自订章程"的权利、"内政自主"的权利等等。这绝不是西沃德对中国大发善心,更不是像蒲安臣自称的"这个条约的每一字句,都是为着中国的利益"。西沃德保持中国上述"主权"的真谛在于要获得同列强在华平等经济竞争的权利。美国学者丹涅特也指出《蒲安臣条约》的第1、2款目的是要求对华"贸易机会均等之门必须对所有国家的自由竞争开放"。[1]这一点与30年后海约翰宣布门户开放政策的动机是不谋而合的。

《蒲安臣条约》第7款的内容也很重要。实际上这一款内容与20世纪20年代

---

① Ernest N. Paolino, *The Foundations of the American Empire: William H. Seward and U.S. Foreign Policy*, Cornell University Press, 1973, pp.149-150.

初美国的"庚款兴学"计划二者间一脉相承。这一点常为中外学者所忽视。早在1862年蒲安臣就上书西沃德,要求美国在华兴学。蒲安臣认为这样做可以扩大美国在中国的影响和对华贸易。从而有利于美国对华经济扩张。一心想建立太平洋帝国的西沃德对这一建议非常热心。在他为约翰逊总统起草的第一个总统咨文中,即包括拨款建立一所主要培养中国人的学院。因为"这样培养出来的人可望拥有巨大的优势来为美国政府服务,促进美国对华商业和贸易的利益"。①虽然这项内容后来在正式发表的总统咨文中被取消,但西沃德的这一想法并未因此泯灭。《蒲安臣条约》第7款即是证明。它含有美国针对中国的长期扩张策略内容。

此外,在向亚太扩张方面,西沃德任内曾计划控制夏威夷、把朝鲜掌握在自己手中、从哥伦比亚手中获得建造巴拿马运河的权利等。但由于多种原因(见笔者下述分析),西沃德未能得手。

四、西沃德亚太扩张政策的结局及影响

西沃德并未实现自己建立太平洋帝国的梦想。他的计划没有得到完全实现。其主要原因是由于在西沃德时代美国尚未具备实现上述目标应有的实力。要建立太平洋商业帝国,必须要有一支强大的海军。然而,美国海军在内战中封锁南方叛乱各州港口尚力不从心,更遑论从事太平洋扩张事业了。

第二,严重的内部矛盾也妨碍了西沃德的亚太扩张政策的实行。当时,由于约翰逊总统同国会的矛盾(其以一票之差未被弹劾即为明证),使得自己的国务卿亦处处受到重重限制。如1868年美国同夏威夷的贸易条约便未得到国会批准。

第三,当时的历史条件决定了西沃德不可能实现其亚太扩张计划。其上任甫就,美国便经历了四年血与火的洗礼。内战使西沃德不可能考虑其他计划。联邦的存在高于一切。内战之后,美国面临着重建和国内经济建设两大任务。美国人根本无暇顾及西沃德的亚太扩张。而且,虽然西沃德的亚太扩张主要是立足于商业扩张之上,但要建立美国在亚太地区的优势,美国仍须获得太平洋上某些重要的立足点。既然西沃德不赞成用武力来夺取这些立足点,这就意味着美国像购买阿拉斯加一样出钱买入。然而在当时,一方面一般美国人认为"我们

---

① Walter Lafeber, *The New Empire: An Interpretation of American Expansion, 1860–1898*, Cornell University Press, 1963, p.31.

最不需要的是增加领土"。另一方面,美国财政困难也妨碍了西沃德这一计划的实行。

尽管如此,西沃德的亚太扩张构思在美国外交史上仍具有重要意义。首先,西沃德的扩张构思表明他是19世纪末美国扩张思潮的先驱。马汉、特纳、布鲁克斯·亚当斯乃至西奥多·罗斯福等人的扩张思想在很大程度上都是西沃德50年代扩张思想的翻版。他们要求的海外扩张、经济扩张和门户开放政策与西沃德的思想并无二致。从这一角度来看美国外交史学家贝米斯认为美西战争、门户开放政策是美国外交史上的"大失常",是没有什么道理的。

其次,西沃德走在了时代前列。他代表着美国当时先进的北部工商业资本家利益。内战后,美国主要致力于国内经济建设和边疆的开发,对海外扩张的呼声不算太高。尽管如此,西沃德还是感觉到了美国新帝国扩张的脉搏,大声疾呼美国应该向海外扩张、向亚洲太平洋扩张。要求从领土扩张过渡到商业扩张。20世纪之交的美国学者亨利·亚当斯写道,"西沃德先生的政策是建立在向外扩张的坚定不移的思想之上的。然而,对公众来说,他积极引导的扩张政策走得有点太远和太快了"。[①]的确,这位晚年寓居纽约州的家乡并被誉为"奥本的圣哲"的人,实在是走得"太快太远"了,其亚太扩张构思的巨大意义在此,而这一构思在当时不可避免地面临失败的原因也在此。

本文原刊载于《美国研究》1990年第3期。

作者简介:

徐国琦,安徽枞阳人。1984年从安徽师范大学毕业后入南开大学历史系攻读美国史硕士学位。1987年毕业后任教于南开大学历史研究所。1991年赴美留学,1999年获哈佛大学历史系博士,曾先后任职于美国卡拉马祖学院、哈佛大学瑞德克利夫高级研究院。现为香港大学历史系教授。在《世界历史》《美国研究》等刊发表论文五十余篇,并先后出版《中国与大战:寻求新的国家认同和国际化》《奥林匹克之梦:中国与体育,1895—2008》等多部著作。

---

① Walter Lafeber, *The New Empire: An Interpretation of American Expansion, 1860–1898*, Cornell University Press, 1963, p.31.

19世纪末20世纪初美国中产阶级
妇女走向社会的动因和问题

张　聪

19世纪末20世纪初,在一向自诩崇尚自由、讲究平等的美国,占人口半数的妇女仍受到多方歧视与限制。她们不仅没有政治权利,而且不能自由地处理各种与自身有关的事务,这不能不说是一大讽刺。同一时期,进步主义改革运动在美国蓬勃兴起,它集中解决的政治腐败、经济机会不平等和道德水平下降等诸多问题吸引了社会各界。随着运动的逐步发展,许多妇女开始第一次走出家门,参加到地方及全国性组织中去,而且成为某些改革团体的主力。这种现象虽然不是这一时代的主流,却影响深远。在这些妇女中,中上层阶级特别是中产阶级妇女占绝大多数是个显而易见的事实。本文试图对她们走出家门的动因、主要活动和存在的问题做些分析。

然而,中产阶级妇女仍是一个很难界定的概念。一般说来,她们多出身殷实,其家庭在地方或全国的社会和政治生活中有一定声望及影响,有机会受过中高等教育,精力充沛。社会变动总是最先波及一部分人,而往往也是一部分社会成员对此有所反应,这是许多社会变革的共同先兆与特征。也正因为如此,这一时期美国妇女运动带有的鲜明的中产阶级性,在后来的妇女史上打上了深深的烙印。

一、影响中产阶级妇女生活变动的因素

19世纪末,小说家威廉·D.豪厄尔在描述镀金时代美国中产阶级生活时,称女性的生活圈子为"不正常妇女的医院",女性只是父亲和丈夫的动产,其天职是做合格的妻子与尽职的母亲。[①]同一时期,查尔斯·吉布森在《生活》杂志上创造了一个受人爱戴的妇女形象——性情活泼健康、穿着简单朴素。由此,开始了激进的"服装改革","吉布森妇女"由此得名。轻便的日常装、运动装逐步进入妇女生活,裙衬被扔掉,宽松服装开始占上风;骑自行车、打高尔夫球、练体操的人中,

---

① Stephen Therstrom, *A History of the American People*, Vol. II., Harcourt Brace Jovanovich, 1984, p.612.

女性人数逐步增加。[①]20世纪初,女性生活与其母辈已大不相同,出现了"新女性"一词,用以形容本世纪初有闲的、受过中高等教育、有兴趣参加妇女组织的中上层妇女。其重要标志不仅在于生活方式的变化:她们中许多人住在城市公寓中,在经济和社会上开始具有一定的独立性,有些人还吸烟、喝酒、打桥牌、化浓妆。妇女生活中的变化还发生在其他几个重要方面,使其走出家门既有可能,又成为某些人的主观需要。这些人中,中产阶级妇女占大多数。

(一)妇女受中高等教育人数急剧增加

18、19世纪,除了少数先进分子,一般人认为妇女无须上学,并对"有学识的妇女"抱有成见。赞成妇女受教育也是出于这样的考虑,即有知识的妇女可以培养出有教养的孩子,把"合众国母德"发扬光大。妇女受高等教育会丧失女性特征,有害心理健康,这是医生和心理学家所大力鼓吹的。19世纪末,初高级中学已普遍招收女生。自从1841年有3位妇女从奥伯林学院获得学士学位之后,女子高等教育便不断发展。内战之后一系列女子学院在各地建立。著名的有瓦萨(1861年)、韦尔斯利(1870年)、史密斯(1871年)、布赖恩莫尔(1895年)等。1920年,全国共有100多所女子学院、350所高校实行男女合校制度。女性走出家门,增长了知识与信心,开始自问:"我受高等教育的目的是什么?"

(二)家庭婚姻关系中的变化

在两世纪之交,妇女的基本生活道路仍遵循传统道德规范的约束。1900年,90%的女性适龄结婚。女权主义者及职业妇女被认为是丑恶狡猾、男人气十足、不受社会欢迎的人。但是社会经济生活的变化也在家庭婚姻关系中有所反映。

20世纪初,在结婚典礼上,女性对男性不再使用"服从"一词,而代之以"伴侣";[②]女性婚龄上升,平均为20岁以上,出生率也开始有所下降,这与"新女性"的产生和部分女性取得新的较独立的地位不无关系。它不仅直接影响家庭的生活水准,而且直接解放了妇女的身体,使之有更多的自由时间。1850年,每个家庭平均有5.42个孩子,1890年为3.87个,1900年为3.56个,到1930年只有2.5个。[③]人口文化是现代妇女史上最重要的因素之一,它使女性在家庭之外选择并利用

---

① Roderick Nash, *From These Beginnings...*, Harper & Row Publishers, 1973, p.833.

② T.R. Frazier , ed., *The Underside of American History*, Harcourt Brace Jovanovich Publishers, 1974, p.107.

③ J.D. Goodfriend, C.M. Christie, eds., *Lives of American women: A History with Documents*, Little Brown and Company, 1981, p.177.

机会成为可能。

在家庭婚姻关系的诸多变化中,还有一个重要标志即是离婚率的明显上升。这可视为女性试图打破仍限制她于家庭事务中的社会常规的开始。[①]1880年,美国的离婚率已高达1/20,1900年为1/12,1916年达到1/9。[②]这种情况在全国引起普遍注意,特别是教会及保守派人士强烈要求通过严厉的立法限制离婚。女性提出离婚,更被指责为危险的"个人主义"。[③]到20世纪初,反离婚运动的失败明确标志着一个更自由的美国社会的开始。[④]

(三)工厂女工大量出现

"1880年至1900年间,经济各部门雇佣妇女已成为一种既定事实,在当代妇女史上,这确实是最重要的事件"。[⑤]1880年,有260万妇女是工资劳动者,1900年达530万,占劳动力总数的18.3%,1900年更达780万,其中工厂女工约占25%。[⑥]年轻妇女大量进入劳动力市场,特别是大机器生产部门在美国历史上是第一次。她们多单身未婚、是贫穷的工人阶级的后代,出外做工既有利于实现社会化,也存在许多问题,后者曾引起许多改革家特别是妇女改革家的注意。

(四)新发明、新产品减轻妇女家务负担

随着工业化的迅速发展和城市工业中心的大量出现,许多生产性活动由家庭转到工厂。1890年开始,大批量生产食品和一些发明创造在一定程度上减轻了家庭主妇的负担,并且使家庭的职能有所下降。这些食品包括:罐装蔬菜、水果、饼干、汤料、饮料等。此外,成衣业的发展、缝纫机、洗衣机的发明节省了手工劳动,其他诸如铝锅、火柴、拉链、瓶盖等一些实用性的、家庭必备物品的批量生产,减少了家务劳动的烦琐性,而像照相机、电影、留声机、汽车的发明则提供了更自由、更充实的生活前景。

总之,19世纪末20世纪初,新的物质基础、新的生活希望、受教育机会的扩

---

① P.N.C. Caroll, D.M. Noble, eds., *The Free and the Unfree*, New York, 1977, p.162.

② R. Roberts, J.S. Olson, eds., *American Experience*, Scott, Foreman and Company, 1986, p.87.

③ R. Roberts, J.S. Olson, eds., *American Experience*, Scott, Foreman and Company, 1986, p.87.

④ R. Roberts, J.S. Olson, eds., *American Experience*, Scott, Foreman and Company, 1986, p.86.

⑤ G.B. Tindall, *America: A Narrative History*, Vol. II., New York, 1988, p.853.

⑥ T.R. Frazier, ed., *The Underside of American History*, Harcourt Brace Jovanovich Publishers, 1974, p.112.

大、家庭婚姻关系中的变化逐步增强影响力,缓慢然而又有力地改变着妇女的生活轨迹,使这一时期成为美国妇女史上的一个重要阶段。必须指出,真正参与社会改革运动及文化福利事业的女性只是中产阶级妇女中的一部分。这些人精力充沛、又深受改革气氛的感染,对前途充满信心,不再只满足于充当贤妻良母的角色,转而走向社会,小试身手。

二、全国性妇女组织的出现及其活动

全国性妇女组织的出现是19世纪末20世纪初美国妇女史的特征之一。女性曾积极参与过19世纪上半期监狱改革、废奴运动和教育改革,但其组织往往是地方性的。与之相比,妇女基督教戒酒联合会(WCTU)和全国妇女俱乐部联盟(NWCU)无论从成员数量、组织规模、影响范围还是持续时间方面看,都颇不寻常。

妇女基督教戒酒联合会成立于19世纪70年代,在农村和西南部影响很大。成员以中产阶级妇女为主,其中包括很多家庭主妇。1874年,弗兰西丝·威拉德加入该组织并长期担任领袖。

戒酒运动的目的有三:一是消除酒精对人体造成的种种伤害;二是从妇女儿童的利益出发,旨在减少酗酒者虐待妻子、放任子女的机会;三是廉价酒馆多是城市党魁势力最大的地方,集中体现了政治的腐败和道德水平下降,也是市民公愤的焦点。其中,保护家庭是戒酒联合会最重要出发点,因为酗酒的直接后果往往是妻儿受害、家庭破裂。联合会强调用基督教信条治家,杜绝酒类,以使"善和美德成为至高无上的东西"。①"每个人的生活习惯都应该成为另外的人可以放心地加以效仿的典型。"②1902年,妇女基督教戒酒联合会发表宣言,提出"教育年轻人,提倡更好的社会风气,尽可能通过宗教伦理说教和科学手段感化酗酒成性者,以上帝恩惠的力量改变我们自己和我们为之努力之人"的主张。③联合会定期举办的集会富有吸引力,且与宗教紧密相连。会员除共同祈祷戒酒之日尽早来临之外,还演唱大量戒酒歌曲。例如,《禁酒,国家的希望》《高举戒酒大旗》《一个孩子的请求》等。④

---

① Smith, *The Rise of Industrial America*, Vol. VI., McGraw-Hill Book Company, 1984, p.410.

② Richard Hofstadter, *The Age of Reform*, Vintage Books, 1955, p.23.

③ Richard Hofstadter, *The Age of Reform*, Vintage Books, 1955, p.23.

④ J. C. Furnas, *The Americans: a Social History of the United States, 1587–1914*, Capricorn Books, 1969, p.737.

从保护家庭出发,妇女逐步发现现实世界与家庭一样不尽人意。联合会的主张不久就从"保护家庭"发展到"拯救美国"。在其鼎盛时期,该组织在40个州设有专门联络员,全国遍布上千个分会。1890年,联合会有会员16万,1900年20万,1911年达24.5万。①除了要求制定宪法修正案禁止美国全境酒类生产和销售,保护家庭之外,联合会还在全美建立幼儿园、解决卖淫这种"社会罪恶"的存在,并为妓女寻找出路,要求州立法机关在监狱中设女管理员、通过童工法等。威拉德还多次撰文呼吁,在正义人道的基督社会,公民收入应大体相等,工业革命须同时造福劳资双方,并因此被指责为激进主义者。②

1917年,美国宪法第18条修正案得以在国会通过并于1920年最后生效,禁止合众国境内酒类的生产和销售,戒酒联合会的活动失去了原动力,影响也逐步缩小,终至衰落。

同一时期,与戒酒联合会影响不相上下的组织,是全国妇女俱乐部联盟。该联盟的出现被看作是"本世纪,也可以说是数世纪以来最重要的现象",标志着"长期以来最未被社会化的成员向社会性组织迈出了最初的、谨慎的步伐"。妇女俱乐部最早出现于1868年,到1892年全国性组织出现,全国已有妇女俱乐部200多个,成员2万多人。1900年,联盟成员近15万,运动最高潮时更达100万,是当时最大的妇女组织。③

妇女俱乐部主要集中于城市,具有自发性,多以社区为基本单位发展起来,是妇女改善自身素质、提高修养、扩大社交范围、寻求乐趣的一种途径。参加者主要是中上层阶级妇女,由于没有生计之忧和家务负担,年幼的子女又有人照顾,这些有闲人士可以聚在一起讨论一些诸如文学、艺术和科学文化方面的问题来消磨时间,同时举行茶会、演讲,内容多与妇女的责任和义务有关,收入捐给教会。弗洛伦丝·哈里曼主持的纽约妇女俱乐部,房间陈设漂亮、用具精美、环境优雅,不失为一个好去处。

通过一些群体活动,妇女们加强了联系,逐步发现外部世界的吸引力和社会上存在着的不公正现象,进而转移注意力,开始介入现实生活,这种转向本身从

---

① Karen Berger Morello, *The Invisible Bar: The Woman Lawyer in America, 1638 to the Present*, Karen Berger Morello, 1986, p.112.

② Smith, *The Rise of Industrial America*, Vol. VI., McGraw-Hill Book Company, 1984, p.421.

③ William O'neill, *Everyone was Brave: The Rise and Fall of Feminism in America*, Quadrangle Books, 1969, p.77.

长期来看既有利于女性的社会化，又可望更快地解决一些社会问题，显示女性的力量。

在全国范围内，妇女俱乐部组织松散庞大，但在地方上的作用却不容忽视。特别是由于这个组织内部的许多中上层妇女可以利用家庭背景对本社区或地方政治和社会生活施加一定影响，许多问题相继被提出，其中包括清洁用水、街道照明、垃圾清理、公共图书馆设置、女工童工劳动保护法的制订等。20世纪初，无论是州级还是全国性食品药物法和劳动保护法，都包含了妇女俱乐部成员的努力。

从以上两个妇女组织的基本主张可以看出，它们的要求虽然涉及许多方面，但并不与传统道德规范对妇女形象的规定相冲突，因而得到了社会认可。但是，大量妇女加入组织中去，逐步产生共识，关心社会问题、扩大眼界，不能不说是妇女史上的一件大事。她们的组织从地方发展到全国，着力解决的问题也从单一转向多方面，并最终影响全国政治。中产阶级妇女一改过去单是集中于认识自身的习惯，积极地对外部世界发表看法，寻找解决途径，其意义无疑是重大的。这标志着女性终于突破了"通过她们的儿子间接地影响公共生活"的模式，"把在家庭中抚养子女、进行道德说教的责任……予以扩大化"，使"家庭最终走进了社会"。[1]对这种并非以争取女权为宗旨的妇女组织及其活动的作用，不应予以低估。

三、社会女权主义者的活动和激进女权主义思想

所谓社会女权主义者，主要指参与进步主义时代改革运动的女性改革家，她们或与男性改革家合作，或独立宣传自己的主张并付诸行动。其共同特点是大多出身中产阶级、受过良好教育且积极参加到一个或几个组织中去，有些人并成为著名的领袖。在以妇女为主要成员的改革组织中，最重要的有全国贫民区社会改良运动同盟、消费者同盟、妇女工会联合会等，简·亚当斯、弗洛伦丝·凯利、格丽丝·艾伯特等女性改革家在社会上都有一定影响。其中，简·亚当斯尤为有名，被誉为"美国最著名的、也许是维多利亚女王之后全世界最著名的妇女"。[2]无论在美国还是世界历史上，妇女改革家获得如此殊荣并不多见。

---

① Linder Kerber, *Women's America: Refocusing the Past*, Oxford University Press, 1982, p.211.

② Nancy Woloch, *Women and the American Experience*, A.A. Knopf, 1984, p.94.

（一）妇女改革家及改革组织关心的多是与人道主义有关的问题，例如城市贫困问题、贫民区生活及就业情况、家庭生活水准等。她们的努力推动了社会福利工作的逐步制度化和劳工立法的制定。

19世纪末20世纪初迅速发展的工业化、城市化和大量新移民的涌入，在城市地区造成了尤为严重的问题，贫民区社会改良组织即是改革家定居城市贫民区、了解贫民生活及内心世界并为之提供服务的一种方式。自从1889年简·亚当斯和艾伦·斯达在芝加哥第19区建立"赫尔会所"（Hull House）后，这一运动发展很快。1900年在全美各大城市已有上百个类似组织，1910年更达400多个，其成员多为女性。①这些组织开设各种职业和语言训练班，以帮助新移民适应美国社会，并与其他改革团体（如消费者联盟、妇女工会联合会等）一道进行立法游说，为女工和童工争取更好的工作条件。消费者同盟在弗洛伦丝·凯利领导下，利用中产阶级妇女的购买力和接近决策者的便利条件来影响生产部门，曾提出"满足一个家庭正常生活水准的条件"，包括一周6天工作制、每天8~9小时工作制、周工资不低于6美元，不使用14岁以下童工，午休时间不少于45分钟等，鼓励消费者购买达到上述条件的厂家的产品。

为女工争取生产安全立法、最高工时和最低工资法的院外活动以及与之相关的调查研究活动均收到了一定成效。1916年，全美已有2/3的州制定了工业事故赔偿法，39个州对妇女儿童的工作时间做了规定，所有各州对雇佣童工的年龄作了限制，11个州试图实行女工最低工资标准。②所有这些，无不与妇女改革家和改革组织的努力有关。她们以减轻社会贫困为"基本责任"，用人道主义改革来消灭工业社会特别是城市中的问题，寻求社会正义，构成了进步主义改革运动的重要内容。

（二）关心社会道德水平下降问题，主张合理而有节制的娱乐活动。

廉价酒馆的大量出现和商业娱乐化是工业化、城市化的副产品，也是改革家关注的问题之一。酒馆往往是城市党魁势力集中之地，且已有女性开始出入酒馆、廉价影剧院，并受廉价文学作品的影响，这被妇女改革者视为一个严重问题。她们普遍抵制强调感官刺激、主张两性自由交往和物质消费的文化趋向，对年轻

---

① Allen F. Davis, *Spearheads for Reform: The Social Settlements and the Progressive Movement, 1890–1914*, Rutgers University Press, 1984, p.12.

② James T. Patterson, *America in the Twentieth Century*, Harcourt Brace Jovanovich Publishers, 1983, p.48.

妇女一味讲究漂亮衣饰、深夜不归、道德观念松弛深表忧虑,为此试图重新规定或限制妇女的社会行为,使之远离"危险的表现外露的文化",用精神力量控制自己的行为。①许多贫民区社会改良组织、女工俱乐部纷纷成立教育联盟,提倡"团结、进步和无懈可击的社交生活"。②到1910年,41个组织在美国各大城市共建立了160个俱乐部和教育联盟。

女性参与改革运动是19世纪末20世纪初的一个重要现象。她们具有的利他主义精神和理想主义目标使之与单纯加入妇女组织的女性大不相同,大多数改革家经过了一定时间的思考过程,自主地投身改革事业,并视其事业为掌握自身命运、接受社会挑战的机会。作为妇女中的先进分子,她们关心而且集中解决的问题并不与社会制度发生冲突,因此能为社会所接受。其实,她们的行为尽管已超出传统的价值观念为妇女规定的活动空间和范围,但其目标却不是女权主义的。改革家们所进行的道德改革、争取社会立法与劳工立法及提高贫民区居民文化素质和开发智力的努力,都旨在把"美国化"的观念推广到全社会。诚如史学家威廉·欧内尔所言,进步运动的特征之一,乃是白人中产阶级试图通过立法和道德说教把自己的道德标准强加于美国人身上,这点不仅适用于妇女改革家,也恰恰反映了她们在许多方面进退两难的处境。③在妇女改革家与其要帮助的工人阶级之间存在的严重隔阂与对立,解决起来远非易事。对贫困者而言,温饱问题乃是第一位的,因此他们无法与中产阶级出身的改革家合作沟通与达成一致。这便是为什么新移民虽饱受城市党魁控制之苦,而亚当斯在芝加哥第19区进行的反对当地党魁约翰·鲍尔斯的斗争却以失败告终的重要原因。事实证明,改革家从未与工人阶级及女工们建立永久工作关系。

不可否认,支持妇女改革家投身社会的动力中,"社会使命感"是最重要的成分,但其中也不乏一些主观因素。简·亚当斯在《贫民区社会改良运动的主观需要》一文中承认改革事业是"同时满足她自身和社会最紧迫需要的一种途径,是互惠互利的"。④她主张首先"学会爱",然后再运用知识,认识生活的本质,使生命过得更有意义。⑤持这一论调的女改革家在当时不乏其人,反映了第一代知识

---

① Kathy Peiss, *Cheap Amusements: Working Women and Leisure in Turn-of-the-Century*, Temple University Press, 1986, p.163.

② Kathy Peiss, *Cheap Amusements,* Temple University Press, 1986, p.168.

③ R. Roberts, J.S. Olson, eds., *American Experience*, Scott, Foreman and Company, 1986, p.86.

④ Nancy Woloch, *Women and the American Experience*, A.A. Knopf, 1984, p.91.

⑤ Smith, *The Rise of Industrial America*, Vol. VI., McGraw-Hill Book Company, 1984, p.668.

女性开始以独特的角度认识自身及社会这一事实。

19世纪末年,妇女解放仍是一个革命性字眼,对此予以理解与赞成的人寥若晨星。但是,许多女改革家已充分认识到单是因为自身性别,即构成了平等参与改革事业的障碍这一事实,就成为激进女权主义思想产生的重要契机。这一点与19世纪中期女性因参与当时的改革运动得不到公平待遇转而提出为妇女争取选举权、率先解决自身问题有某种相似之处。这一时期的激进女权主义思想的特征是从根本上"要求消灭基于性别基础上的在社会、政治、经济和其他方面对女性的歧视,只凭个人能力承担全部义务和责任"。①代表人物为夏洛特·基尔曼和亨利塔·罗得曼。

基尔曼和罗得曼从经济文化的角度提出,不论白人还是黑人、土生美国人还是新移民、穷人或富豪,妇女无一例外都是被压迫者。她们主张废除歧视妇女的法律、两性完全平等,在女性生活得到充实的同时改善家庭及整个社会生活的质量。为此,传统的妇女形象和家庭婚姻制度以及女性与就业的关系,都有必要加以改变。在1898年出版的《妇女与经济学》中,基尔曼强调,妇女待在家中,不过是一个"小妇人",而只有出外工作,接触社会,才称得上"一个真正的人"。②并因此取得经济上的独立,不再单纯依赖丈夫和家庭。在实际生活中,基尔曼设想通过采用通用厨房、增加卫生设备、设立专业托儿所、建复合公寓等措施把家务作为社会责任转交到受过专门训练的人手中,给妇女以自由时间和独立的机会,使其名誉、地位不再完全受一个"小小的金戒指"的控制,而是通过有意义的创造性活动取得经济独立,进而达到思想上的自由,使女性作为一个整体"得到完善,实现进化和社会化"。③

上述思想在19世纪末20世纪初没有得到社会理解与认同,同一时期关于婚姻关系中两性平等和自由恋爱的主张也遭到同样命运。其主要原因在于这些观点大多超出了时人所能接受的极限。重新安排空间与环境、缓解市场与家庭之间的供求关系、实现服务社会化、改善清洁环境及设施,所有这些虽然代表了现代社会的发展方向,在当时还只是趋势而已,在现实生活中也不易实现。对婚姻

---

① Jane Sochen, *Movers and Shakers: American Women Thinkers and Activists, 1900–1970*, Quadrangle Books, 1973, p.36.

② Tane Sochen, *Movers and Shakers, American Women Thinkers and Activists, 1900–1970*, Quadrangle Books, 1973, p.38.

③ James T. Patterson, *America in the Twentieth Century*, Harcourt Brace Jovanovich Publishers, 1983, p.53.

家庭关系的新设想也是如此。虽然这些均在缓慢变化之中，但直到1921年"美国控制生育联盟"成立时，玛格丽特·桑格领导的这一运动仍不断遭到冷嘲热讽，以至严词抨击。西奥多·罗斯福总统甚至斥之为"种族灭绝"措施；自由恋爱思想和离婚自由的主张也被指责为极端个人主义和道德败坏，是威胁家庭稳定和美国文明基础的祸根。可见，传统的束缚和社会深层文化的影响力远远大于新事物、新主张的冲击。激进女权主义市场狭小，是这一历史时期美国妇女史的特点之一。但同属女权主义范畴的妇女选举权运动却在欧美取得了胜利，这一现象值得研究与探讨。

四、选举权运动的兴衰

为妇女争取平等的选举权的要求无疑属于女权主义的范畴。其领袖也多来自中产阶级家庭，但由于这一运动目标单一，且直接关系到女性参政的权利，本人拟单独予以评论。

妇女争取选举权运动始于1848年在纽约州召开的妇女代表大会。会上依《独立宣言》的形式发表了《陈情宣言》，并由伊利莎白·斯坦顿提出了"为自己争取参加选举的权利，是这个国家妇女的责任"的口号。[①]此后，运动主要由苏珊·B.安东尼、斯坦顿和露西·斯通领导。前两位于1869年建立全国妇女选举权协会（NWSA），由斯坦顿任主席，出版《革命杂志》，主张通过制定宪法修正案获得选举权。同年，美国妇女选举权协会（AWSA）成立，观点较前者温和。露西·斯通力求通过在地方、州级的斗争，修改州宪以提高妇女的政治地位。1890年，两组织合并，称全美妇女选举权协会（NAWSA）。到1920年宪法第19条修正案正式生效，选举权运动历经70余年，其间，妇女得到的不只是投票的权利，付出的代价也绝不能单用时间来衡量，其中的复杂艰辛及存在的问题，由于代表了这一时期妇女运动的共同特征，更发人深省。

首先，选举权主义者头脑中存在着严重的种族主义和排外主义情绪。无论是全美妇女选举权协会的领袖还是后来以艾丽丝·保罗和克里斯特尔·伊斯特曼为代表的"妇女党"，在企图以南方白人妇女的选票来抗衡成年黑人选票问题上一直保持一致。从更大范围看来，对"无知者投票"的恐惧一直是妇女争取参政

---

① J.W.T. Youngs, *American Realities*, Little Brown, 1986, p.113.

的一个重要原因。①选举权运动领袖普遍认为,黑人、城市贫民无知卑贱,易受拉拢摆布,城市老板得以用就业机会为诱饵来控制他们的选票,对民主政治不利。②而土生土长的美国妇女应被赋予选举权以抗衡这些男性公民的选票。这里所显露的是对移民、劳工和黑人的歧视与害怕。

第二,选举权运动的领导者把工人阶级妇女抛在一边,主张先给予一部分有教养的妇女以选举权。在长达半个多世纪的时间里,选举权运动本身的派别斗争一直很激烈,在关于通过立法游说还是直接行动、争取宪法修正案还是先改善妇女在地方及州级的处境等问题上一直存在分歧,但运动的整体性质却是中产阶级的,无论是保守者,还是激进派,大都来自这一阶层。在谈到妇女选举权时,她们总是强调要重视女性分属于不同的文化、阶级、种族背景这一事实,这种说法虽然打破了"以性别划分权利"的基础,但主旨却在于强调老移民出身的妇女优于新移民及黑人妇女,反映了妇女运动的阶级性。这种情况使女权主义者哈丽特·S.布拉奇深有感触:"既然劳工的条件那么苦……每个工人都比我更需要选举权,妇女也不例外。"③可惜,即使这种停留在口头上的对工人阶级妇女政治地位的关心,也属罕见。第三,妇女选举权主义者在强调女性参政的必要性时,一方面竭力否认男女天性差别,认为是社会的价值观念束缚了妇女的创造机会,后天作用是决定性的;同时又大力宣扬女性所具备的特殊品质及其道德水平对美国社会的良好作用,以使妇女参政的理由更加充分。这反映了传统价值观念的强大影响力。从妇女领袖仍期望通过妇女的力量来提高全国政治生活的水准和社会对此所持态度可见一斑:1914年至1917年,17个禁酒州都给予了妇女选举权。④女性自身及社会方面仍很少视之为独立的政治力量,安东尼称"妇女是改革家最好的联盟",简·亚当斯强调城市改革、特别是消除城市党魁影响、改善贫民区生活环境需要妇女的选票都不过是把妇女在家庭中的地位大而化之,利用妇女"道德卫士"的身份,夸大了女性天性中爱好和平、反对暴力、作为家庭"天然仲裁者"的作用。

---

① Ellen Carol Du Bois, "Working Women, Clan Relations, and Suffrage Movement, 1894–1909", *The Journal of American History*, Vol. 74, No. 1, 1987, p.40.

② Roderick Nash. *From These Beginnings...*, Harper & Row Publishers, 1973, p.853.

③ Bois, "Working Women, Clan Relations, and Suffrage Movement, 1894–1909", *The Journal of American History*, Vol. 74, No. 1, 1987, p.40.

④ Roderick Patterson, *America in the Twentieth Century*, Harcourt Brace Jovanovich Publishers, 1983, p.54.

第四,作为选举权运动指导思想的自然权利学说也存在缺陷,仍停留在"男人有的、女人也应该有"这样的水平上,从未试图进一步改变家庭婚姻制度和结构,使妇女在两性关系、生育和抚养孩子方面拥有更多的发言权,天真地以为凭借选举权即可以"结束所有形式的性别歧视",使"狭隘地规定女性机会和行为的荒诞神话丧失市场"。①其实,选举权的获得只是妇女运动的基本要求,是妇女参政的第一步,如何争取担任公职并在职位上发挥作用需要更长的时间和更大的努力。妇女参政得到立法肯定是两世纪之交欧美许多国家妇女史上的里程碑,但之后的发展趋势却不容乐观。1925年,当选举权主义者对妇女参政悲观失望时,格利斯·艾伯特一针见血地指出:"第19条宪法修正案只给我们提供了一张进入政治竞技场的门票,它既没有允许我们参加比赛,或坐在看台上,也没有在发奖委员会里为我们保留一个位置。"②选举权理论的提出及宪法修正案的通过历经艰难,而女性参政、担任公职的道路也已为事实证明绝非坦途,其中涉及的妇女解放、两性平等等问题,时至今日仍是美国社会面临的疑难病症。

称19世纪末20世纪初为美国妇女史上的一个重要阶段是有根据的。物质进步、家庭规模缩小、平等言论的出现以及改革运动对妇女生活的冲击,所有这些一方面解放了妇女的身体,同时为她们提供了走向社会的机会和方向。在进步主义时代结束之际,妇女终于获得了投票的权利,在改革家的行列中,也已有些著名的女性。但毋庸讳言,两性平等并未"物化成人们希望变成的现实"。③女性改革家虽然广泛参与了改革运动,在社会上却处境尴尬,大多数中产阶级妇女的活动仍停留在加入俱乐部、读读言情小说、关注时装改革上面,仍以提高自身素质或变得消息灵通为目的。④这些事实证明,部分女性虽然享有更多的自由,也有了自己的组织,却只能在文化允许的范围内发挥作用。况且,由于这一时期美国妇女史所带有的中产阶级特征,相当数量的工人阶级妇女特别是工厂女工受到忽视,二者沟通存在很大障碍。它还同时告诉人们,社会尚未有充分的思想准备去承受女性与男性平等相处、共同创造的前景。到20世纪20年代,在经济

---

① Roderick Nash. *From These Beginnings*..., Harper & Row Publishers, 1973,p.862.

② James T. Patterson, *America in the Twentieth Century*, Harcourt Brace Jovanovich Publishers, 1983, p.54.

③ Jane Sochen, *Movers and Shakers: American Women Thinkers and Activists, 1900–1970*, Quadrangle Books, 1973, p.4.

④ Jane Sochen, *Movers and Shakers: American Women Thinkers and Activists, 1900–1970*, Quadrangle Books, 1973, p.5.

一片繁荣、消费风潮兴起、放浪女性出现的同时,女权主义者和妇女参政思想却倍遭冷落,反映了妇女运动的不成熟性。有必要提到一点,放浪女性大多出身于中产阶级家庭。看来,盲目奢谈两性平等和妇女解放,还为时过早。

本文原刊载于《美国研究》1993年第3期。

作者简介:

张聪,1967年生,辽宁鞍山人。1991年在南开大学历史研究所美国史专业硕士毕业,留美国史研究室工作,先后任助教、讲师,讲授美国通史和美国妇女史等课程。1995年赴美留学,1997年在伊利诺伊大学获硕士学位,2003年在华盛顿大学获博士学位。现执教于弗吉尼亚大学历史系,主讲东亚文明史、中日关系史等课程。主要从事中国社会文化史、中国文学、旅游文化、文化地理学和妇女问题等领域的研究。

19世纪在华基督教的两种传教政策

王立新

　　传教政策与方法是研究传教史时必须着重考察的问题,因为不同的传教政策对近代中国社会的影响是不同的。纵观19世纪,绝大多数传教士采取传统的"直接布道"方式,即宣讲教义、巡回布道和散发宗教印刷品。这种方式既是《圣经》中主耶稣和使徒们所使用的方法,也是差会在派遣传教士来华时规定的主要任务,在基督教传教史上一直为传教士所采用。这种传统的传教方法一般不看重甚至反对办学、办报等活动。采取这种直接布道方式的传教士一般被称为基要派(Fundamentalist),有时也被称为保守派、救灵派或传统派。

　　19世纪80年代后,西方神学界开始兴起以社会福音为特点的现代派神学思想,并逐渐影响传教运动。与此同时,面对在华传教遇到的种种困难,部分传教士感到中国传统文化与基督教文化的不同是传教的最大障碍。因此,要使中国福音化,必须用建立在基督教基础上的西方文化改造中国文化,以建立一个有利于基督教传播的社会文化环境。在这种情况下,"间接布道"形式在一部分传教士中获得认可,他们广泛开展新闻、出版、教育和社会改革等活动。采取这种方式的传教士一般被称为自由派(Liberal)。①

　　在华的基要派与自由派传教士在传教方法、传教对象以及对中国文化和风俗的态度等一系列传教政策问题上截然对立,双方多次发生过激烈的争论。本文试图对两派不同的传教政策进行初步研究。

一

　　近代基督教传教运动是宗教复兴运动的直接产物,传教士受派来华的任务

---

　　① 本文的基要派与自由派并不等同神学上的基要主义和自由主义,而只是对来华传教士不同传教政策的一种概括。自由主义神学(也称现代派神学)盛行于19世纪末至20世纪30年代的欧洲和北美。19世纪在华传教士中的自由派在神学思想上可以说是自由主义神学的先驱。基要主义是在反对自由主义神学中产生的,恪守通常被称为"五点基本要道"的传统神学教条,反对社会福音论。19世纪来华传教士中的基要派的神学思想与后来的基要主义是一致的。

是引导所谓"异教徒"皈依上帝,"拯救世人摆脱罪恶,为基督征服中国"。①"为基督征服中国"是所有传教士的共同目标,在这一点上,基要派与自由派并无分歧。那么,如何实现这一目标呢?两派存在截然不同的看法,并形成不同的传教政策。

基要派传教士是"千禧年"(Millenium)论和"异教徒毁灭"(the Perishing Heathen)论的坚定信仰者。他们把欧洲大陆的战争和工业时代的社会弊病看作是耶稣即将复临的前兆。19世纪30年代兴起的基督复临派集中反映了19世纪的千禧年思想。异教徒毁灭论认为,异教国家缺少福音力量,注定遭受魔鬼撒旦的统治,贫穷、愚昧、堕落使异教徒正濒于毁灭,派遣传教士在耶稣复临之前拯救异教徒是每个教会的职责。因此,基要派传教士认为传教士的任务就是用纯粹的教义、耶稣的福音拯救个人的灵魂,而一个个异教徒灵魂得救终将导致基督征服中国。

基要派传教士最主要的传教方法是向听众直接讲道、巡回布道和散发宗教宣传品。他们坚信"个人得救"为第一要务,办教育和传知识是"人的作为",而非神的旨意,是末流,绝不能舍本逐末。基要派传教士常常用《圣经》中保罗致提摩太的一段话来激励自己:"我在上帝面前,并在将来审判活人死人的基督耶稣面前,凭着他们的显现和他的国度嘱咐你,务要传道,无论得时不得时,总要专心,并用百般的忍耐、各样的教训,责备人、警戒人、劝勉人。"②其他活动,如开办学校,从事医疗和慈善事业必须以传播福音为目的。1834年美国公理会对在华传教士发出如下指示:"要把用生动的语言宣讲福音作为传教士的伟大事业,准备和分发圣经小册子为其次,而办学和旨在改革社会的活动应永远严格地作为从属活动。"③即使如此,1872年来华的美国长老会传教士杜步西仍觉得有必要提醒人们,传教士的主要活动应放在直接到异教徒中宣讲教义。他承认传教士的文字工作有一定作用,把准备宗教宣传品比作军队里将军的作用,但是他认为,更重要的是"传教士使团中的普通士兵必须冲入敌人的阵营,挥舞圣灵之剑"驱散

---

① Griffith John, "The Holy Spirit in Connection with our Work", Matthew Tyson Yates, ed., *Records of the General Conference of the Protestant Missionaries of China held at Shanghai, May 10–24, 1877*, American Presbyterian Mission Press, 1878, p. 32.

②《提摩太后书》第4章,《新约全书》,南京:中国基督教协会,1987年。

③ Sidney A. Forsythe, *An American Missionary Community in China, 1895–1905*, Harvard University Press, 1971, p. 6.

邪恶。①

就传教对象而言,尽管基要派主张人人都应该得救,但他们主要集中在下层社会,遵循的是"自下而上"的传教策略。在19世纪,中国民众对基督教普遍比较冷漠。稍有一定社会地位的人无论从精神上和物质上都看不到入教的必要。传教士对中国文化采取否定和完全不妥协的态度使传统文化的代表——士大夫阶层更是感到愤怒并抵制基督教的传播。传教士对中国士人也无好感。湛约翰写道:"在中国文人主要从儒家学到的温文尔雅的表象后面,几乎只有狡诈、愚昧、野蛮、粗野、鄙俗、猥亵,并伴随迷信、虚荣、傲慢和对任何外来事物的根深蒂固的仇恨。"②但他们却相信"数目多得惊人的没有文化的群众心地却象白纸一样洁净,他们安定,有可塑性,能接受基督教信仰"。③因此,传教士来华后吸收的信徒多为社会下层民众,甚至包括不少老弱无依、乞求救济的"吃教者",几乎完全没有社会地位。这些底层群众缺乏医疗和基本生活条件,念不起私塾,传教士一般通过为他们治病、提供免费教育、开办孤儿院等社会福利和救济活动来吸引他们入教。在整个19世纪,具有一定社会地位的教徒人数不多。

基要派传教士重视信徒的数量,他们以"量"和"面"为原则,追求量和面的扩大。所谓"量"就是教徒人数的增加和更多教堂的建立;"面"是指福音传布区域的伸展和扩大,他们要求福音的传布不能仅停留于通商口岸和东南沿海各省,还应该深入到中国的内地和边远地区,使整个中国福音化。在基要派传教士看来,传教工作成绩大小的标准就是教徒和教堂的多少以及传教区域的大小。派遣传教士来华的西方差会经常督促传教士通报信徒人数并把它作为衡量传教成绩的标准,同时也以此争取国内公众的支持和捐助。来华传教士对此啧有怨言。杜步西曾抱怨说,国内差会只知道在美国用三四周的时间就可以使一个城镇全部皈依基督,"可是在中国的大城市,改变信仰需要三四个世纪"。④

这种以拯救个人灵魂为目的,以直接布道为手段的传教政策一直在19世纪来华传教士中占主导地位。英国传教士戴德生和他领导的内地会是基要派传教

---

① Hampden C. DuBose, *Preaching in Sinism or the Gospel to the Gentiles*, Richmond, Virginia, 1893, p. 42. 转引自 Paul A. Varg, *Missionaries, Chinese and Diplomats*, Princeton University Press, 1958, p. 20.

② Paul A. Cohen, *China and Christianity: The Missionary Movement and the Growth of Chinese Anti-foreignism*, Harvard University Press, 1963, p. 80.

③ 保罗·科恩:《1900年以前的基督教传教活动及其影响》,费正清编:《剑桥中国晚清史》(上卷),中国社会科学院历史研究所编译室译,中国社会科学出版社,1985年,第609页。

④ Paul A. Varg, *Missionaries, Chinese and Diplomats*, Princeton University Press, 1958, p. 22.

政策的典型代表。

戴德生于1853年受英国中国宣教会的派遣来到中国传教,1860年返回英国。1865年在伦敦创立了中国内地会,1866年率13个传教士重新来华,并在上海设立了内地会总办事处,开始深入中国的内地传教。戴德生的神学观点是典型的基要派,在某些方面极端保守。他认为,传教士的主要工作应是拯救每个中国人的灵魂以免受地狱之苦,传教士的一切活动都应为传布福音服务。而医疗、教育等世俗性工作必须有助于带人归主才值得做。他甚至认为,祷告是最有效的工具。戴德生不仅在神学观点上极端保守,在内地会的管理上也非常专断,被称为"彻头彻尾的教皇"。[①]

戴德生认为,知识的多少与人是否能够皈依上帝并无关系,知识的训练远不如心灵的训练意义重大。相反,社会下层因为贫苦的处境和受异教文化影响较小而更容易蒙神召唤。因此,他不热衷于向中国知识阶层传教,也不要求来华传教士有高深的知识,甚至认为接受正式的神学教育也并非成为传教士的必要条件。戴德生主张,内地会传教对象大部分应为文盲,传教士所宣讲的福音要简单明了。所以他招募传教士的标准一是信仰坚定而虔诚,热心讲道;二是不怕吃苦,能够适应中国农村和边远地区的生活条件。戴德生声称,其他条件并不重要,只要具备以上两条标准就可加入内地会。所以,当多数差会把工作集中在东部沿海各省时,他所领导的内地会传教士则深入中国西部边远地区传教,如山西(1876年)、陕西(1876年)、甘肃(1876年)、四川(1877年)、贵州(1877年)等,直到1900年,甘肃、云南、贵州三省还只有内地会传教士的足迹。[②]

二

自由派传教士在19世纪来华传教士中并不占主导地位,但其传教政策在19世纪末逐渐被重视。到20世纪初,随着现代派神学思想的兴起和发展,自由派一跃成为传教士中引人注目的力量。

一般来说,自由派传教士来华之初与基要派一样,也从事直接布道工作。但是,来华后遇到的巨大困难和初期传教经历使他们认识到直接布道难以奏效,并逐渐改变了传教政策。1866年来华的美国监理会传教士林乐知是著名的自由派

[①] Paul A. Cohen, Missionary Approaches: Hudson Taylor and Timothy Richard, *Papers on China*, Vol. 11, Harvard University East Asian Research Center, 1957, p. 33.

[②] Marshal Broomhall, ed., *Martyred Missionaries of the China Inland Mission with a Record of the Perils and Sufferings of Some Who Escaped*, Morgan & Scott, 1901, pp. 320–323.

传教士。在他来华之前,监理会给他的指示是到杭州传教,并把美国的教区制度移植到中国。但是,美国内战和太平天国攻打杭州使他无法去杭州传教,他不得不滞留上海。当时,以美国南方为中心的监理会因美国内战而失去了与海外传教士的联系,林乐知等失去了经济来源。为了维持生计,林乐知不得不在一家美国商行找份工作,后受聘于上海广方言馆和江南制造局翻译馆翻译西书并教习英文。这些经历虽非林乐知自愿,但对他后来的传教方法产生重要影响。林乐知承认受聘于清政府"使他与中国有教养、有学问的上流社会直接接触,获得许多宝贵的经验和(对中国社会)有价值的体察"。①他发现,从事翻译、教育和办报工作似乎比直接布道更有效。一时的权宜之计逐渐发展为林乐知的主要工作方式。林乐知开始采取一种通过启迪民智进而改造中国文化和社会,并最终引导中国人皈依上帝的传教政策。这也是大多数自由派热衷的政策。

从神学观点上看,自由派传教士强调上帝的内在性,不注重末世,不仅关注人的属灵需要,而且关注肉体和物质需要。如果说基要派重视末世和个人灵魂得救,自由派则重视今生,坚信通过渐进的教化和传布福音可以在人间建立公正慈善的社会从而实现"上帝之国"。因此,当基要派热衷于救灵,使人免受地狱之苦时,自由派则积极参与社会,强调传教活动的人道主义目标。在他们看来,"皈依上帝与其说是实现西方化必需的第一步,不如说是受益于西方化的副产品"。②传教运动"最重要目标是推广基督教文明"。③这些思想与后来自由主义神学是一脉相承的。英国传教士李提摩太是一个著名的自由派传教士。他认为他所传播的基督教不应该"通过几本祈祷书仅仅触及人的心灵,为死后获得永远的喜乐做准备",基督教应该展示上帝的国度,使"上帝之国不仅建在人心里,也建在人世间的一切机构里,灵魂与肉体,现在与未来都要拯救,那些尽力改善这世界的人才配得将来永远的祝福"。④李提摩太还认为,圣经并非十全十美。在这种思想指导下,李提摩太积极从事教育、出版和社会活动,致力于改革社会和改变人在现世的生活。

---

① Adrian A. Bennett and Kwang-Ching Liu, "Christianity in the Chinese Idiom: Young J. Allen and the Early Chiao-hui hsin-pao, 1868–1870", John K. Fairbank, ed., *The Missionary Enterprise in China and America*, Harvard University Press, 1974, p. 164.

② Emily S. Rosenberg, *Spreading the American Dream*, Hill and Wang, 1982, p. 30.

③ 此为李提摩太的说法。转引自顾长声:《传教士与近代中国》,上海人民出版社,1981年,第162页。

④ Timothy Richard, *Conversion by the Million in China, Being Biographies and Articles by Rev. Timothy Richard*, Vol. 1, Christian Literature Society, 1907, p. 13.

自由派传教士一项重要传教政策是"以学辅教"，所谓"学"即西学。自由派从初期在华传教经历中认识到，与西方基督教文化截然不同的中国传统文化是传教的最大障碍，只有首先使整个中国社会即个人生活环境实现西方化，然后个人才能彻底得救。因此他们并不急于向个人布道和拯救个人的灵魂，而热衷于用所谓的"西学"改造中国文化和社会。自由派相信中国需要基督宗教，同时也需要科学，需要报纸。传教士不仅要传布福音，而且也应该传播政治、社会科学和自然科学的"简明真理"。[1]李提摩太在同文书会报告中提出该会的目的之一是让中国人明白"基督教到中国来不是为了消灭，而是为了完成和带来物质的、思想的和政治的无数好处以及社会的、道德的和精神的赐福"。[2]因此，通过办学、译书和办报传播西方文化以促进中国改革成为他们的主要工作。自由派认为，这些间接传教方式，要比直接传教更为有效。丁韪良回忆说，他之所以应聘于同文馆，是因为"同文馆将来的影响要比北京道旁教堂的力量大得多"。[3]广学会系统的传教士多属于这种类型。

自由派的这种传教方式使他们特别重视文字工作。自由派发现，直接宣讲福音远不如文字工作有效，因为听众对外国人的好奇远胜于对福音的兴趣，而且直接宣讲福音受到各种条件的限制，能直接聆听讲道的人毕竟有限，传教士不能到达的地区则根本听不到福音。因此自由派认为文字工作更迅速，影响更广泛、更持久。

正因为重视文字工作，所以自由派对差会派遣来华的传教士有较高要求。他们主张来华的传教士应受过高等教育，能够胜任办学和新闻出版工作，并坚持对传教士进行严格的考试。戴德生曾多次呼吁西方差会派遣更多的传教士来华拯救更多中国人的灵魂，并于1890年提出一个派遣1000名传教士来华的计划。而自由派则要求西方差会派遣高水平的传教士来华从事教育工作。1902年中华教育会第四届年会通过《请求外国差会派遣训练有素的教育家来华工作的呼吁书》，要求西方教育家来华办学，发挥"示范作用"并"指导这个大国青年一代的思想"。[4]

---

① *The China Mission Handbook*, Shanghai, 1896, P. 307.

② Timothy Richard, "The Society for the Diffusion of Christian and General Knowledge among the Chinese", *The China Mission Hand-Book*, American Presbyterian Mission Press, 1896, p. 310.

③ 马士、丁韪良：《同文馆记》，《教育杂志》第27卷第4号，1937年4月10日。

④ "An Appeal to Foreign Mission Boards for Trained Educators for China", *The Chinese Recorder and Missionary Journal*, Vol. 33, No. 12, Dec. 1902, pp. 620~621.

从传教对象来看,自由派主张"自上而下",即首先在处于统治地位的士大夫阶层传教,然后扩展到一般民众。他们认识到,士大夫是中国社会最有影响的力量。韦廉臣在谈到广学会应如何开展工作时写道:

> 士大夫们充斥在帝国各地而且受到高度的尊敬,事实上他们乃是这个帝国的真正的灵魂,并实际地统治着中国。这就很明显,如果要影响整个中国,就必须从他们下手;只有当我们愈是博得士大夫的尊敬,我们在中国的事业才愈能顺利进行。①

因此,自由派传教士认为传教"必从导引官绅入手,绅知基督教之善,小民自观听一倾也"。②

自由派的这种传教路线与他们的神学思想密切相关。李提摩太回忆说,《圣经》中耶稣差遣十二使徒时说的一句话对他影响很大。耶稣对十二使徒说:"你们无论进哪一城,哪一村,要打听那里谁是好人,就住在他家,直住到走的时候。"③李提摩太认为,"好人"就是指当地的领导者和社会领袖。他声称他大部分生涯就是寻找"好人"并在"好人"中传教。一些传教士则是通过与士大夫的不断接触悟出"自上而下"传教的重要性。林乐知在1890年上海举行的在华基督教传教士大会上发表演说,为"自上而下"的政策辩护:"从上而下(from top to bottom)……或许是一种不合时宜的思想,然而在当前情况下,难道不是一个效果最佳的办法吗?"④1883年受美国北长老会派遣来华的李佳白最热衷"自上而下"的传教路线。1892年返美休假期间,他向长老会董事部建议在中国传教应以士大夫为对象,不要过于关注社会下层,但未被采纳。后来他脱离长老会于1894年开始以独立传教士身份在清政府上层活动。他于1897年在北京设立尚贤堂,专门吸收上层官吏和士人,宣讲所谓"济世救人"之法,旨在对中国上层统治者施加影响。林乐知主编的广学会机关报《万国公报》的推销对象主要是中国的"为政者"和"为师者"。广

---

① 《同文书会章程、职员名单、发起书和司库报告,1887年》。转引自顾长声:《传教士与近代中国》,上海人民出版社,1981年,第157页。

② 李提摩太:《广学会第十四届年报纪略》,《万国公报》(第33册),华文书局,1968年影印本,第20767页。

③ 《马太福音》第10章,《新约全书》,中国基督教协会,1987年。

④ Y. J. Allen, *The Changed Aspect of China*, *Records of the General Conference of the Protestant Missionaries of China held at Shanghai, May 7-20, 1890*, Shanghai: American Presbyterian Mission Press, 1890, p. 19.

学会曾拟定一个发行计划,该计划充分体现了广学会传教士"自上而下"的政策。按照这个计划,广学会应把《万国公报》送到下列人员手中:县级以上高级文官2289人,尉官以上的高级武官1987人,府视学以上的教育官员1760人,学校、书院中的教习约2000人,居留在各省会、具有举人资格的候补官员2000人,经过挑选的官吏及士大夫阶层的女眷和子女约4000人,以及部分来京和在各省、府、县考取进士、举人和秀才的儒生30000人,总计约44036人。①广学会这个发行计划虽未完全实现,但它试图影响中国统治者和知识阶层的用心是显而易见的。

如果说基要派传教士受到各地官员和士绅的排斥和反对,自由派传教士却与清政府和士大夫阶层保持着良好的关系。基要派对中国文化和风俗采取不妥协态度,深入内地和乡村,常常是各种民教纠纷的制造者。而自由派则或受聘于清政府,或与高级官吏频繁往来。他们传播的西学在一定程度上满足了洋务派和维新派"师夷长技"和变法图强的需要,他们鼓吹中国改革的言论也与一些维新派官僚的思想不谋而合。光绪帝师傅,后来任京师大学堂管学大臣的孙家鼐评论林乐知的书"于中国病源可谓洞见症结,此中国士大夫所不能知,知之而不敢言者",并称赞林乐知"在国家可谓忠荩之臣,在朋侪可谓直谅之友",并表示"能不钦之敬之,爱之重之"。②林乐知在江南制造局工作期间因受到清政府的赏识被授予五品顶戴。维新运动期间,李佳白与李鸿章、翁同龢等来往密切,"日出入王公大人及翰林御史等之门",③受到维新派的推崇。李提摩太曾一度被推荐为光绪帝的顾问,后由于变法失败未能赴任。

概言之,基要派的传教政策是通过直接布道来拯救个人的灵魂,把个人作为一个单元来处理,而自由派则是通过间接传教方式来改变国家的文化,把整个国家作为一个单元来处理,通过"国家得救"使国家里的"个人得救",这是两派的根本区别。二者目标虽然都是使整个中国福音化,但方法却截然不同,体现了传教士面对中国社会现实做出的不同反应。基要派的办法是要求更多的传教士来华为更多的中国人施洗,而自由派则寻求如何通过一部分人即中国的统治者和领导者率领全体中国人归向基督。正如保罗·科恩对两种传教政策的代表——戴德生和李提摩太评论的那样,"戴德生的方法是要求派大批的传教士来华去向百万中国人布道,而李提摩太采取的办法则是让一个优秀的传教士

①《同文书会年报第四号(截止1891年10月31日止)》,《出版史料》1988年第3、4期合刊。
②孙家鼐:《覆龚景张太史心铭书》,《万国公报》(第26册),华文书局,1968年影印本,第16230页。
③《北京外交情形》,中国史学会编中国近代史资料丛刊:《戊戌变法》(3),神州国光社,1953年,第285页。

去接触百万人",并"通过征服中国的领袖集团来让整个中国皈依基督"。①

三

不同的神学思想、传教政策和经历决定了基要派与自由派在对待中国文化和风俗方面存在着截然不同的看法,甚至发生过激烈的争论。分析两派对待中国文化和风俗的态度可以更深刻地了解自由派与基要派不同的传教政策。

毫无疑问,无论是基要派还是自由派,近代来华传教士都有一种强烈的宗教与文化优越感,相信基督教是至高无上,是"任何地区建立真正文明进步社会的根本条件"。②他们蔑视非基督宗教,认为中国文化一无是处,这一点在基要派传教士身上表现得最为明显。基要派传教士甚至指责"汉语是魔鬼发明用来阻止基督教在这个魔鬼狂热信徒的国家进行传播的工具"。③他们不仅完全否认非基督教文化的价值,甚至认为研究它们都是有罪的,表现出极端的文化中心主义。和约瑟指责美国国内大学讲授比较宗教学以及对异教进行研究是"误入歧途和有害的"。④美国传教士湛罗弼声称研究异端宗教就是对福音的怀疑,福音必须具有绝对的权威和唯我独尊。基要派对中国文化的蔑视和否定不仅因为其极端保守的神学思想和种族优越感,也与他们在华的传教经历有关。他们在社会下层布道,很少与代表儒家文化的士大夫阶层接触,既不屑于、又没有机会了解中国文化,可以说既狂妄又无知。

基要派传教士强烈反对向中国风俗礼仪妥协。他们认为妥协是对信仰的威胁,"合格的福音传布者必须是一个毫不妥协的战士"。⑤"孔子或耶稣",要么孔子,要么耶稣,两者必居其一,任何把基督教和儒家文化结合起来的企图都是"误导"。美国公理会传教士李嘉麟在1890年在华新教传教士大会上警告说:"我辈来华之目的是为了传播基督教。我们传播的是一尽善尽美之宗教,能供给人类

---

① 参见 Paul A. Cohen, "Missionary Approaches: Hudson Taylor and Timothy Richard", in, *Papers on China*, Vol. 11, Harvard University East Asian Research Center, 1957, pp. 43、53.

② David Healy, *The US Expansionism: The Imperialist Urge in the 1890s*, University of Wisconsin Press, 1970, p. 135.

③ Donald W. Treadgold, "The United States and East Asia: A Theme with Variations", *Pacific Historical Review*, Vol. 49, No. 1, Feb. 1980, pp. 6–7.

④ Paul A. Varg, *Missionaries, Chinese and Diplomats*, Princeton University Press, 1958, p. 18.

⑤ 这是湛罗弼的说法。*Ibid.*, p. 18.

心灵的一切需要。……这宗教决不允许妥协和玷污"。①英国传教士麦都思的《野客问难记》和倪维思的《祈先辩谬》都表现出对中国文化和礼仪的完全不妥协态度。

那么,自由派是如何对待中国文化呢? 自由派走"自上而下"的传教路线,与士大夫的交往使他们有机会了解儒家文化。为了对士大夫施加影响,他们感到有必要对中国文化进行一定的研究。所以尽管大多数传教士完全否定儒家文化,少数自由派传教士则承认儒家文化有一定的价值。1833年来华的美国公理会传教士卫三畏写道:"不可否认,除了个别例外,孔子的许多信条是值得赞美的。同希腊和罗马哲人的训言相比,孔子著作总的倾向是很好的。其鲜明的实用性和对当时社会的适应性则超出了西方的哲学家。他并未把美德描绘得神圣和高不可攀,但却教育了中国人如何进行日常生活的交往,子女如何对待父母以及男子如何娶妻和入仕。这些对我们来说可能毫无意义,但对当时的人们来说却是必须精心谋划的"。他还说,孔子的著作在文字上引人入胜,其影响"除了圣经以外是任何著作都无法与之匹敌的"。②丁韪良也表现出对中国文化一定程度的尊重,认为古老而又令人尊敬的中国文化遗产是传教士必须予以重视的一种力量,可以利用中国文化的好处为传教士事业服务。③

自由派在承认中国文化有一定价值的前提下,主张"孔子加耶稣",或称"耶儒合流",即把儒家学说与基督教相结合,以便更快更好地传播基督教。他们认为,完全否定儒家文化既不合情理,也不现实,最好的办法是把二者相结合,并以基督教弥补儒学之不足,这样既可以吸引一批士大夫容忍甚至接受基督教,也可以使中国教徒感到基督教教义是更为完善的体系。最早提出"耶儒合流"思想的是林乐知。他在1869年12月4日至1870年1月8日的《教会新报》上连续发表了《消变明教论》,从儒家经典中摘录一些词句与圣经中的言词一一比附,得出"耶稣心合孔孟"的结论。他说:"儒教之所重者五伦,而吾教亦重五伦";"儒教重五常,吾教亦重五常";"儒教君子三诚与吾教上帝十诫有相同者。"然后林乐知分别

---

① *Records of the General Conference of the Protestant Missionaries of China Held at Shanghai, May 7–20, 1890*, Shanghai:American Presby terian Mission Press, 1890, p. 698.

② S. Wells Williams, *The Middle Kingdom*, Wiley and Putnam, 1848, Vol. 1, pp. 530-531.

③ 参见 Peter Duus, "Science and Salvation in China: The Life and Work of W. A. P. Martin (1827–1916)", Kwang-Ching Liu, ed., *American Missionaries in China: Papers from Harvard Seminars*, Harvard University Press, 1966, p. 33.

引用圣经来一一证明。①主张孔子加耶稣最积极者为丁韪良。他写了大量文章发挥"孔子加耶稣"的理论。

如果说,在如何对待中国文化问题上,基要派与自由派的分歧还只表现在各自的文章之中,那么,围绕"祭祖"这个实际问题的分歧则引起了两派直接针锋相对的论战。包括基要派在内的绝大多数传教士认为中国人的祭祖活动是一种"偶像崇拜",与上帝十诫中的第二诫是不相容的,严重阻碍中国人接受福音,因此必欲除之而后快。但是自由派传教士却有着不同的看法,认为祭祖活动本质上并非偶像崇拜。丁韪良对此进行过详细的阐述和论证。1880年10月,丁韪良以《中国的祖先崇拜》为题在美国东方协会年会上发表演讲,首次阐述其观点。1890年在上海召开了在华新教传教士大会,丁韪良虽未出席,但向大会提交了《祖先崇拜——恳请容忍》一文,由他人代为宣读。他在该文中详细阐述了自己的观点,为祭祖行为辩护。他承认祖先崇拜中有迷信成分,但是他论证说,这并不是中国祭祖活动的根本内容。他认为,祭祖的礼仪有三个基本要素,即拜(posture)、祈(invocation)和祭(offering)。丁韪良称,"拜本身并不构成崇拜偶像,因为对活着的人,往往也以相同的跪拜表示尊敬,如子女在父母面前,下人在主人面前,各级官吏在上级面前,普通百姓在官长面前,甚至乞丐在街头行乞时均要跪拜"。而"祈是否为崇拜偶像行为则取决于向死者祈求的性质",如向死去的先辈祈求庇护和保佑即属偶像崇拜,因为"把恩赐和庇护归属祖先损害了只属于上帝的荣耀",但丁韪良认为这种情况并不普遍,在很多情况下,如婚娶、加冠和殡葬时向祖先致敬,则"绝无祈求庇护之心"。至于"祭",他说,中国人用肉食和点心祭祀祖先与西方用鲜花悼念亡灵具有相同的意义,并无偶像崇拜之意。因此,他建议"传教士不要干预中国人的祭祖行为,而应把它置于上帝真理的影响之下,逐渐改造它","使之与基督教信仰的要求逐步一致"。他认为随着基督福音的传播,这种风俗会逐渐改变,否则,如果中国人发现基督教与祖先崇拜势不两立,就会强烈地反对基督教。他的结论是:保留祖先崇拜,同时用基督教真理消除其迷信成分,这是传教士的最佳选择。②

丁韪良的文章在会上引起戴德生为首的基要派传教士的激烈反对。主要人

---

① 《教会新报》第64(1869年12月4日)、65(12月11日)、67(12月25日)、68(1870年1月1日)、69(1月8日)卷。

② W. A. P. Martin, "The Worship of Ancestors-A Plea for Toleration", *Records of the General Conference of the Protestant Missionaries of China held at Shanghai, May 7-20, 1890*, Shanghai: American Presby terian Mission Press, 1890, pp. 619-631.

物除戴德生外,还有美国公理会传教士白汉理、在山东传教的英国浸礼会传教士秀耀春、在广东传教的英国长老会传教士汲约翰和美国长老会传教士赖恩。赖恩说:"我确信在中国的祭祖活动中可以发现偶像崇拜","如果向亡灵致敬、祈求和献祭还不算偶像崇拜的话,那么天下就不会再有偶像崇拜这回事了"。①作为基要派的领袖,戴德生的态度最有影响力。他的态度极为严厉,认为容忍祭祖一事根本不容讨论,他说:"祭祖一事,自始至终,从头到尾以及一切与其有关之事均属偶像崇拜。除了耶和华之外,崇拜任何人都是违反了上帝的戒律。……丁韪良博士的结论是完全错误的,甚至讨论'容忍祭祖'这样的题目都不是一个基督徒应该做的。"②

在这次大会上同情和支持丁韪良观点的人有前文提到的李佳白、李提摩太、韦廉臣和英国传教士艾约瑟。他们均为参加广学会的传教士。李佳白强烈反对那些指责祭祖为偶像崇拜的传教士,认为禁止祭祖不但妨碍传教工作,甚至有可能导致传教事业的失败。

基要派与自由派在对待中国风俗礼仪上的分歧并不仅仅表现在祭祖问题上,但在祭祖问题上的分歧却是最激烈、最尖锐的,是两派不同传教政策的集中体现。

四

在整个19世纪,基要派的传教政策一直占据主导地位,但是,从19世纪90年代起,自由派的思想和传教政策越来越受到重视。如果说,在老一代传教士中,自由派还寥寥无几的话,那么从19世纪80年代兴起的学生海外传教运动则逐渐改变了这种局面。年轻的平信徒大学生们受现代派神学思想的影响,不像老一代传教士那样墨守成规和对圣经教条深信不疑。他们把建立符合基督教原则的新的社会秩序作为首要目标,更乐于把基督教作为广义的西方文化的一部分来传播。这些倾向于自由派传教方法的平信徒传教士大大改变了传教士内部自由派和基要派的比重。到19世纪末20世纪初,西方差会内部对传统神学教条的信仰也发生动摇。第一次世界大战后,基要派和保守派日益感到自由派传教士的威胁。1920年,在华的美国各教派的基要派传教士组织了圣经联盟,号召传教士

---

① *Records of the General Coherence of Protestant: Missionaries of China held at Shanghai, May 7–20, 1890*, Shanghai:American Presby terian Mission Press, 1890, p. 692.

② *Ibid.*, p. 701.

保卫"圣经中体现的特别是受到攻击的真理"。该组织要求国内差会不要派具有自由主义神学倾向的传教士来华传教,并号召公众不要向自由派传教士捐赠。[①]到20世纪20年代,传教士内部自由派和基要派已形成分庭抗礼之势。

从文化传播学的角度来看,自由派传教士的政策更符合文化传播规律。当一种文化传播到另一种文化圈时,它必须适合受体文化的特殊情形,就好像一棵树要移植到他地,必须先适应那里的土壤。没有这种适应,就会引起强烈的拒斥反应,传播便很难进行。近代自由派传教士鼓吹孔子加耶稣,在一定程度上认可中国文化的价值,容忍中国的风俗礼仪,实际上就是在适应中国的特殊情形,以避免中国文化强烈抵制。应该说,这种适应在一定程度上是成功的。自由派的传教政策使他们与清政府保持了良好的关系,并避免了中国文化的拒斥反应。自由派很少卷入教案就是明证。而基要派传教士对中国文化和风俗习惯抱着完全不妥协的态度,在不平等条约的保护下强行深入中国内地,完全按照西方传教模式移植基督教,引起中国士绅的激烈反抗,酿成无数起大小教案。在义和团运动期间,新教来华传教士中共有127人被杀,其中内地会传教士58名,占将近一半。[②]可见,内地会成为除天主教传教士之外的主要被打击对象,这在相当程度上是其传教政策的结果。

从两种政策效果来看,基要派坚持严格的属灵原则,加之对中国文化采取彻底的不妥协的态度,导致传教活动进展极为缓慢。截至1900年,新教在华信徒近10万人,在中国社会占极少数而且多数没有社会地位。但是,基要派深入乡村和边远地区的传教活动毕竟使基督教传播的区域不断扩大,信徒人数逐渐增加,其传教政策是有很大效果的。自由派致力于介绍西方文化知识,试图用西方文化改造中国文化,可以说在一定程度上有助于营造基督教传播的文化环境。但这只是问题的一个方面。传教士以为,基督教是西方文化的核心,中国人接受了西方文化也就朝着福音化迈进了一步,但这只是传教士的一厢情愿,对西方文化的接受者——近代中国知识分子却没有约束力。正如保罗·科恩评论的那样:中国"在接受西方知识的同时拒绝西方宗教不但证明是可行的,而且前者甚至可以变

---

① Kenneth Scott Latourette, *A History of Christian Missions in China*, Macmillan, 1929, pp. 795-796.

② Marshal Broomhall, ed., *Martyred Missionaries of China Inland Mission* with a Record of the Perils and Sufferings of Some Who Escaped, Morgan&Scott, 1901, Preface.

成用来反对后者的武器"。①自由派从事的新闻、出版和教育活动虽然在一定程度上有助于消除中国民众盲目的排外和反教情绪，但在另一方面也给中国的知识分子提供了反教的思想武器，如理性主义和科学主义。他们还发现，并不像传教士宣传的那样，"西方的知识和制度及其相伴随的富强，其源反正出于基督教"，②恰恰相反，基督教对近代科学的摧残的例证却比比皆是。因此，自由派传教政策的效果要大打折扣。赵紫宸指出："宣教会原有的策略是要用教育医药服务文字机构作为传教的工具，没有想到工具是造成了，用工具的教会倒被削弱了。"③这是自由派传教士始料未及的。

从对中国社会的影响来看，基要派传教士的作用主要在于基督教会在中国的扩展。绝大多数信徒是由基要派传教士接引而受洗的。基督教会在中国的扩展为本色教会的建立和成长奠定了基础。而自由派传教士则在中西文化交流和晚清中国现代化运动中发挥了一定的作用。自由派提倡以学辅教，热衷于向中国介绍西方文化，并结交官吏，批评时政，鼓吹中国改革，客观上有利于中国社会变革。本文正是以这批自由派传教士的社会文化活动为主要研究对象。但是，自由派的这一作用具有时代性和局限性。进入20世纪后，中西交流渠道日益多样化，中国知识分子和改革者再也不满足于借助基督教的载体了解西方文化，传教士逐渐失去对中国社会改革的影响力。

本文原刊载于《历史研究》1996年第3期。

作者简介：

王立新，1966年生，辽宁省兴城人。1983—1996年就读于和工作于南开大学，历史学博士，现任北京大学历史学系博雅特聘教授、教育部"长江学者奖励计划"特聘教授，兼任国务院学位委员会第八届学科评议组(世界史组)联合召集人、教育部高等学校历史学类专业教学指导委员会委员、北京大学人文学部副主任。曾入选人事部"百千万人才工程"，并获颁国务院特殊津贴。主要从事美国对外关系史、中美关

---

① 保罗·科恩：《1900年以前的基督教传教活动及其影响》，费正清编：《剑桥中国晚清史》(上卷)，中国社会科学院历史研究所编译室译，中国社会科学出版社，1985年，第617页。

② 保罗·科恩：《1900年以前的基督教传教活动及其影响》，费正清编：《剑桥中国晚清史》(上卷)，中国社会科学院历史研究所编译室译，中国社会科学出版社，1985年，第634页。

③ 赵紫宸：《今后四十年中国基督教教义神学可能的发展》，《金陵神学志》第26卷第1、2期合刊，1950年11月。

系史和国际史的教学与研究,著有《美国传教士与晚清中国现代化》《意识形态与美国外交政策——以20世纪美国对华政策为个案的研究》《踌躇的霸权:美国崛起后的身份困惑与秩序追求(1913—1945)》《有思想的历史》等。

1815年维也纳会议新论

吴木生

1814年10月1日至1815年6月9日,欧洲反法同盟在奥地利首都维也纳举行国际会议。在"正统"原则和"补偿"原则的指导下,各个大国极力扼杀弱小国家和民族的独立愿望和要求,肆意践踏他们的主权,随意地把一些民族买进、卖出、分割与合并,重新绘制欧洲政治地图;竭力恢复欧洲封建秩序,并运用反革命神圣同盟,残酷地镇压了许多国家的资产阶级革命运动。对这种倒行逆施的反动作用,中外学者早有定论,毋庸置疑。尽管如此,欧洲列强为了他们的切身利益,力图以国际公法的方式确定划分国界的原则,制定划一各国外交代表的等级与位次的规则,对国际关系产生了重大的影响。对此,国内学者很少提及。本文试图从这个新角度评论维也纳会议的地位与作用。如有不妥,请批评指正。

一、首创以国际公法确定划分国界的原则

"国际法"亦称"国际公法",即调整国际交往中国家间相互关系,亦即规定其权利与义务的原则和制度的总称。[1]国际公法的主体(权利与义务的承担者)是国家而不是个人和国际组织;它来源于国际条约、国际惯例、国际组织的决议及有关国际问题判例等;它是在平等的基础上,通过各国的协议来制定、修改和执行。与此相反,国际私法,即调整涉外民事法律关系的规范的总称。因其调整的法律关系已越出一国的范围而冠之以"国际"。

虽然从11世纪后半期起,就有不少法学家企图把东罗马帝国皇帝查士丁尼(Justinianus,483—565年)主持编纂的《查士丁尼法典》及其后汇编为《国法大全》解释为适用于国际关系的国际法。其实,它至多只是调整罗马人及与其友好国家的人民之间关系的国家法律,即东罗马帝国法,而不是国际公法。

我同意台湾学者刘达人、王卓然等人的看法,在1814—1815年维也纳会议之前,具有严格科学意义上的国际公法尚未形成。[2]因为,第一,在封建主义时代的

---

① 宋原放主编:《简明社会科学词典》,上海辞书出版社,1984年,第615页。

② 刘达人、王卓然主编:《外交大辞典》,中华书局,1938年,第1047页。

西欧,长期处于神圣罗马帝国(962—1806年)的统治下。在法国大革命前欧洲大陆发生的多次战争,实际上是神圣罗马帝国内部的王位继承战争或者罗马天主教诸侯与新教诸侯之间的战争。第二,虽然法国著名学者让·博丹(Jean Badin, 1530—1596年),早就提出国家主权概念,并且在18世纪下半叶的一系列国际条约中使用"Superioritas Territorialis"或"Territorial-Oberherrschaft"等词来暗示领土主权。①但是,这些国家并不是严格意义的主权国家,它们的领土,从某种意义上说,被认为是个人世袭财产的一部分。正如荷兰乌特勒支大学国际法学教授贝谢尔(J. H. W. Verzijl)指出:"领土一般地被认为是个人的财产权,或起码被认为它是其最高所有者神圣罗马帝国皇帝、国王和较低等的亲王授予的所有权与合法的让与权。"②其条件是封臣必须向封君、大领主进行宣誓效忠,为其效力。如果封臣们拒绝尽义务,或犯重大罪行,他们的领地就被封君、大领主收回并可转让给他人。得到新领地者应向神圣罗马帝国皇帝进行宣誓效忠和服从,被更换主人的臣民也应向新的领主进行宣誓效忠和服从。③第三,这种领地更换的法律依据,主要是神圣罗马帝国的法律与传统习惯,法律的主体是大领主、小领主与封臣、仆人之间的私人关系,而不被认为是国家与国家之间的关系。

拿破仑通过对外战争方式向欧洲各地输出革命,废除了统治西欧长达800多年的神圣罗马帝国,使成打的封建王冠落地,加速了欧洲资本主义民族独立国家的形成。他提出国家基本主权与义务的概念,强调国家主权包括领土主权、民族自决权、对境内外国公民的管辖权等,极大地丰富了国际法的内容。这为维也纳会议以国际公法方式确定划分国界的原则奠定了基础。

虽然1815年维也纳会议的目的并不是为了制定国际公法,而是如维也纳的主谋者、名副其实的会议主席、奥地利首相梅特涅指出:"第一个愿望就是把政治和领土状态恢复到1792年以前。"④为了实现这一目的,与会国还建立了被称之为第一个"近代国际政府机构"(IGOS)的欧洲协调机构。按当时的标准,这种"国际政府机构"又可分为两类:"高级政治"体系和"低级政治"体系。"高级政治"体系,包括维也纳会议建立的全体代表大会、八国委员会、四国委员会(后改为五国委员会)等国际机构,通过各国政府及其代表进行外交谈判、商讨并决定处理战后

---

① W. L. Tung, ed., *International Law in Organizing World*, Thomas P. Crowell Company, 1968, p. 5.

② J. H. W. Verzijl, *International Law in Historical Perspective*, Vol. III, A. W. Sijthoff, 1970, p. 1.

③《国际条约集(1648—1871年)》,世界知识出版社,1984年,第5~7页。

④ Carlton J. H. Hayes, *A Political and Cultural History of Modern Europe*, Vol. I, The Macmillan Co., 1932, p. 722.

欧洲的一切事务,草拟并通过了《巴黎和约》《最后议定书》等一系列国际条约,规定了许多国际关系的准则。这些条约和原则,不仅以原有的国际条约体现的原则与惯例为依据,而且也符合当时欧洲国际政治的新特点,符合国际社会的需要,因此,它不仅对缔约国具有束缚力,而且使之成为对整个国际社会具有普遍指导意义和法律效力的国际公法。维也纳会议建立的另一类具有功能性的"低级政治"体系,①即根据维也纳会议《最后议定书》的有关决定,建立了关于莱茵河自由航行的中央委员会等相应的执行机构,确保国际法有关规定的实施。

维也纳会议以国际公法方式确定划分国界的基本原则与具体做法如下:

第一,从欧洲列强统治者的根本利益出发,人为地确定政治与安全边界线。梅特涅为维也纳条约制定的总原则就是恢复欧洲封建王国的家族统治及其边界。②这就是划分政治边界的总原则。据此,第一次《巴黎和约》规定:"法兰西国王保持1792年1月1日时存在的边界的完整。"拿破仑"百日政变"失败后,反法同盟在第二次《巴黎和约》中规定将法国领土退至1790年时的边境。③法国海外领地亦如此。

不仅如此,欧洲列强还以维护国家安全为借口,要求邻国在其边境附近的军事战略要地或划归自己的领土版图,或者要求对方拆除该地区的军事防御设施,建立安全边界线。

第二,确定变动地区的国民可自由选择国籍的原则。维也纳会议《最后议定书》第17—27条规定:对于必须或将要更换主人的各国,对其本国居民和外国人,不管他们的条件如何,所属国家如何,均应给予一个6年期限(自互换批准书时算起),以便处理他们在这次战争以前或此次战争以来所得的财产并撤退到他们乐于选择的国家,如果他们认为这样做是合适的话。④

第三,建立混合勘界委员会。由有关国家派员组成一个混合勘界委员会,负责划分边界、调整有关标示各国边界的一切事宜。一俟该委员会的工作完成,各委员签字的地图应予以制定,并建立界碑以确认相互间的边界。

第四,制定了便于操作的划分边界的实施细则。在这以前的国际条约中涉

① D. S. Papp, *Contemporary International Relations: Frameworks for Understanding*, The Macmillan Co., 1991, p. 59.

② Carlton J. H. Hayes, *A Political and Cultural History of Modern Europe*, Vol. I, The Macmillan Co., 1932, p. 725.

③《国际条约集(1648—1871年)》,世界知识出版社,1984年,第260、334、263页。

④《国际条约集(1648—1871年)》,世界知识出版社,1984年,第265~266页。

及划分边界的规定极其模糊、粗糙。它们通常规定以边境地区、荒芜地带、山脉、沼泽、河湖为边界。如1659年《比利牛斯条约》规定法国与西班牙两国以比利牛斯山脉为边界,山脉东侧土地归法国,山脉西侧归西班牙。但方圆数百公里的比利牛斯山脉,无法确定两国界在何处。维也纳会议的有关规定则比较细致,由过去的二维平面划分法变成一维直线划分法。①它规定:以山脉为界时,应以山脊之分水线为边界线。在以河川、湖泊为界时,改变过去以整个河床或湖面为界的做法,规定视具体情况而定:一是可航行之河川、湖泊,以其航路的主航道或中心线为分界线,莱茵河主航道为法德边界线;二是不可航行之河湖,以两岸距离之中心线为边界线,而河湖中的岛屿及产业之归属并不依水位之变化而变化;三是作为边界之桥梁,应以该桥中点各分一半,斯特拉斯堡与克尔之间的桥梁,一半归法国,另一半归巴登大公国。②

第五,关于国际河川自由航行的规定。自查理曼大帝以来,作为西欧国际河流之一的莱茵河,一直被视为沿岸国家的内水而被分割管理:水源归瑞士所有,河口归低地国家(即尼德兰,后称荷兰)所有,流经法、德等国地段归它们各自所有。莱茵河从上至下,层层设卡,各自为政:沿岸国家禁止非沿岸国家的航舶自由航行;即使沿岸国家也是上游国家阻止河水下流,下游国家拒绝上游国家的船舶通过,使该河障碍重重,无法畅通,彼此纠纷丛生。为了彻底解决国际河川的问题,维也纳会议专门做出有关规定,制定了国际河川的总原则与管理体制。③

首先,关于"国际河川"的概念问题。有的学者认为,"国际河川"的概念虽首次使用于1919年巴黎对德和约,但始于1814—1815年维也纳会议。④在维也纳会议《最后议定书》关于莱茵河自由航行章程中暗示了"国际河川"的概念,即分割或流经的国家超过一个以上的河流被称为国际河流。

其次,维也纳会议创立了国际河流的总原则:一是国际河流自由航行原则。《最后议定书》规定,作为国际河流的莱茵河、内卡河、美因河、摩泽尔河、默兹河和埃斯科克各河流,"河流全程的航行,从可航行的起点到河口,应完全自由,并不得禁止任何人进行贸易"。二是共有共管原则。作为边界组成部分的国际河流,应为该河沿岸国家所共有,并由他们共同协商解决涉及该河的有关问题。正如《最后协定书》指出:"被同一可航行河流所分隔或流经的各国,保证以共同协

① J. H. W. Verzijl, *International Law in Historical Perspective*, Vol. Ⅲ, A. W. Sijthoff, 1970, p. 514.
②《国际条约集(1648—1871年)》,世界知识出版社,1984年,第48、90、92、238、321、261~263页。
③ J. H. W. Verzijl, *International Law in Historical Perspective*, Vol. Ⅲ, A. W. Sijthoff, 1970, p. 120.
④ 王云五主编:《云五社会科学大辞典》(第4册),台湾商务印书馆,1977年,第226页。

议规定有关该河航行的一切事宜。"①三是设置国际管理机构,实行统一管理而不侵犯各国国家主权的原则。为了保证国际河流的自由航行,维也纳会议决定,流经不同国家的河流应由沿岸国家任命委员共组国际性的专门委员会(如莱茵河中央委员会),经协商一致,制定航行管理章程,保障该河的自由与安全可靠的运输,并允诺不侵犯各国国家主权。②四是国际河流管理章程的法律地位。《最后议定书》规定,关于莱茵河、内卡河、美因河等各河流的专门航行章程与《最后议定书》一样具有同等的法律效力,要求有关国家严格遵守,"章程一经决定,除非全体沿岸国家同意不得更换"。③

1814—1815年维也纳会议关于划分国家边界的总原则与具体规定,不仅在国际法发展史上占有重要位置,而且具有现实意义。首先,它首创各独立的主权国家元首及代表举行国际会议,通过外交谈判协商一致,以国际公法确定划分国界的各项原则。④这为今后解决各国边界纠纷、划分国界提供了重要原则与法律依据。当时划分的各国边界在相当长时间内保持相对稳定。其次,荷兰乌特勒支大学国际法学荣誉教授J.H.W.贝谢尔认为,经过安尼克斯(Annex)修订并经维也纳会议批准的《最后议定书》所创立的关于莱茵河自由航行的章程所规定的基本原则一直保持到现在。⑤最后,为执行国际条约中的有关规定,建立相应的国际机构,已成为国际惯例,为世人效仿。但我们也应看到,正是这些欧洲大国在重绘欧洲政治地图、划分边界时,只重视"正统"与"补偿"原则而完全忽视正在兴起的民族主义运动和弱小国家、弱小民族的根本利益,任意肢解它们,"最终导致维也纳会议功能的毁灭"。⑥

二、关于国君及外交代表等级位次的规定

在等级森严的封建社会里,国王(皇帝)是全国最大的封建主、封建地主阶级的首脑,并依与之血缘关系的亲疏程度与个人好恶,在封建统治阶级内部分封公、侯、伯、子、男等贵族爵位与等级;并严格依其爵位的高低、等级的大小规定不

---

①《国际条约集(1648—1871年)》,世界知识出版社,1984年,第327~328页。

② D. S. Papp, *Contemporary International Relations: Frameworks for Understanding*, The Macmillan Co., 1991, p. 59.

③《国际条约集(1648—1871年)》,世界知识出版社,1984年,第328页。

④ W. L. Tung ed., *International Law in Organizing World*, Thomas P. Crowell Company, 1968, p. 153.

⑤ J. H. W. Verzijl, *International Law in Historical Perspective*, Vol. Ⅲ, A. W. Sijthoff, 1970, p. 128.

⑥《大美百科全书》(第28卷),光复书局,1982年,第142页。

同的接待规格。在国际交往中,无论是以中国封建王朝为代表的东方封建帝国,还是统治西欧达数百年之久的神圣罗马帝国皇帝和控制天主教国家的罗马教皇,概以"我"为中心并依与"我"关系亲疏、臣服程度决定其在外交礼仪中的等级、位次和接待规格。

随着资本主义生产关系的发展和统一的民族国家的形成以及民族意识的增强,国家主权高于一切的观念日益强烈。在15—17世纪,为了维护国家主权和"公共利益",许多国家设置外交事务大臣和专门的管理机构,向国外派遣外交使团,设立使馆。①通过各国元首之间或他们的外交代表间的谈判,平等协商解决国家间的矛盾和国际冲突,已成为当时欧洲各国外交活动的显著特征。在1409年举行的比萨万国宗教会议上,第一次把与会代表分为四个民族:意大利民族、法兰西民族、西班牙民族和日耳曼民族。在1414—1418年举行的康斯坦茨宗教会议上,不仅承认英格兰人为第五个民族,而且首次按民族分别聚会、讨论问题,并且抛弃了按人头进行表决的传统方式,②代之以民族为单位进行表决的新方式。

从此以后,各国统治者十分关注本国在国际外交活动中的位次与投票的先后次序,并时常为此发生冲突。在天主教统治西欧的"世界主义"时期,罗马教皇认为只有他才有权决定各国君主、邦君、诸侯的位次。罗马教皇朱利叶斯二世(Julius Ⅱ,1443—1513年)于1504年颁布训谕,规定基督教国家的君主与公爵的位次表:

基督教国王次序:恺撒皇帝、罗马王、③法兰西国王、西班牙国王、阿拉贡国王、葡萄牙国王、英格兰国王(同前三位国王有争执)、西西里国王(同葡萄牙国王有争执)、苏格兰国王和匈牙利国王(两者之间有争执)、纳瓦尔国王、塞浦路斯国王、波希米亚国王、波兰国王、丹麦国王。公爵次序:布列塔尼公爵、勃艮第公爵、巴伐利亚公爵(宫廷公爵)、萨克森公爵、勃兰登堡侯爵、奥地利公爵、萨包迪亚公爵、米兰公爵、威尼斯公爵、巴伐利亚诸公爵、法兰西公爵、洛林公爵、波尔旁尼公爵、奥里列安公爵、耶路易公爵、弗拉拉公爵。④但台湾外交史学家刘振鹏提出了

① 1455年威尼斯共和国米兰公爵弗朗西斯科·斯福礼率先在热那亚设立公使馆,开常驻外交使团之先河。1589年法国设单独的外交部。见萨道义:《外交实践指南》,杨立义等译,上海译文出版社,1984年,第19页。

② B. Π. 波将金主编:《外交史》(第1卷上册),史源译,生活·读书·新知三联书店,1979年,第28页。

③ 神圣罗马帝国皇帝常被称为罗马皇帝或恺撒皇帝,在其加冕前被称为"最尊严的罗马王"。

④《格拉西斯日记手稿》,保存于英国博物馆,日记手稿类8440、8444号。见萨道义:《外交实践指南》,杨立义等译,上海译文出版社,1984年,第29~31页。

一张与英国学者萨道义不同的位次表。①

荷兰学者路德维克·德宾斯克指出,关于外交代表的等级与优先位次问题是过去经常发生外交纠纷的根源。②在公开的国际外交场合中,许多国家的外交代表根本不遵守罗马教皇规定的位次,屡次引起流血冲突。1661年9月30日,在伦敦举行瑞典大使入城式。按当时的外交惯例,各国驻伦敦使馆都要由大使率各自的车队到托尔码头等候,参加入城仪式。当瑞典大使上岸后乘英国皇家车前行时,法国大使率车队紧随其后。突然,西班牙大使瓦特维尔率车队冲上来,企图抢在法国车队之前,不惜挥刀砍伤法国人马,导致流血冲突与法西两国关系恶化,险些兵戎相见。只因西班牙国王派特使赴法,公开认错并保证今后不与法国大使争先后位次,遂使风波平息。1768年冬,俄、法两国大使在伦敦举行的一次舞会上,因争夺谁坐在罗马教皇使节旁边的座位而引起口角和决斗,致使俄国大使受伤。

为了避免发生类似事件,国际社会曾实行位次轮流制。在国际条约的署名上,一致公认神圣罗马帝国皇帝位居各国之首,其他国家实行轮流制,各文件保存国第二个签名。③后来在某些国际场合下,各国全权代表通常只在给对方的文本上签名以代替轮流签名制。但并未根本解决问题。欧洲反法国同盟击败拿破仑之后曾在里茨威克(Ryswick)举行会议时,德国使节再次挑起位次之争。

为了从根本上解决这个棘手的老问题,1815年维也纳会议曾任命一个专门委员会负责草拟解决方案。经各国代表多次磋商,最终达成共识:"在采取轮流制的国际文件或条约中,各使节签名时应遵循的次序以抽签方式决定之。"④尽管如此,在《最后议定书》上签名时却按各国国名第一个法文字母顺序决定位次:Autriche(奥地利)、Espagne(西班牙)、France(法国)、Grande-Bretagne(英国)、Protugal(葡萄牙)、Prusse(普鲁士)、Russie(俄罗斯)、Suède(瑞典)。这等于宣布国家无论大小强弱,在国际法律面前一律平等。它成为国际社会应遵循的惯例和基

---

① 刘振鹏:《外交掌故》,台湾中华书局,1965年,第21~22页。

② Ludwik Dembinski, *The Modern Law of Diplomacy: External Missions of States and International Organizations*, Dordrecht, Martinus Nijhoff, 1988, p. 8.

③ 萨道义:《外交实践指南》,杨立义等译,上海译文出版社,1984年,第36、35页;Comte d'Angeberg, *Le Congrès de Vienne et les traités de 1815*, Paris: Amyot, 1863, Tome I, pp.501, 503, 504, 612, 660, 735, et Tome II, pp. 932, 939.

④ 萨道义:《外交实践指南》,杨立义等译,上海译文出版社,1984年,第36、35页;Comte d'Angeberg, *Le Congrès de Vienne et les traités de 1815*, Paris: Amyot, 1863, Tome I, pp.501, 503, 504, 612, 660, 735, et Tome II, pp. 932, 939.

本准则之一。1815—1919年期间签署国际文件使用的外文语言为法语,各国代表签名次序依其第一个法文字母的顺序而定。1919年凡尔赛会议规定使用英语为外交语言,故依各国第一个英文字母顺序签名。此后,在举行国际多边会议时,除非议定采用其他次序,均以各国国名的法文或英文第一个字母顺序决定各国代表签名次序。①事实证明:1815年维也纳会议关于各国元首及代表位次的规定,从根本上解决了国际外交活动中的位次之争。从而"结束了18世纪外交实践在地位高下问题上经常发生的无止无休的争吵和冲突"。②

不仅如此,1815年维也纳会议还第一次以国际公法的形式承认各国驻外使馆是其国家官僚机构的组成部分,并统一了各国外交代表的名称、等级和位次。

在这以前,各国外交代表的名称极不相同:大使(Ambassador)、代表(Agent)、公使(Envoye 或 Minister)、驻外代表(Resident)、特命全权公使(Envoye-Extraordinay 或 Minister-Plenipotentiary)、常驻代表(Chargès d'affaires entitere)、临时代办(Chargès d'affaires udinterin)等。③甚至,荷兰在1675年与外国签约时曾使用"崇高和强大的荷兰政府的主人派驻荣誉和神圣的瑞典王国宫廷的公使"或称为"驻办代表先生"。④同时,由于各国驻代表的职责、等级与位次不明确,在国际外交场合中常出现大使、领事、驻办代表之间的位次之争、普通大使与特别大使、普通公使与特别公使之间的位次之争。加之,当时各国接待外交代表的规格不统一,造成国际外交活动的混乱局面,以致出现将特命全权和全权两类不同等级的勋章授予同一人的奇怪现象。⑤1815年维也纳会议以《最后议定书》附件《关于外交代表等级的章程》(以下简称《章程》)的国际公法形式结束了国际外交活动中长期存在的这种混乱现象。

第一,统一了各国驻外使馆及其外交代表的名称与等级。它把各国驻外使馆长分为三级:第一级为大使、教宗特使或教廷大使。只有他们有权代表本国君主与所驻国君主本人直接谈判。如果所驻国君主拒绝接见他,就意味着两国断交。第二级为公使或君主向国外派遣的其他代表。通常由本国元首授予信任

---

① 费多萨姆:《外交手册》,胡其安译,中国对外翻译公司,1984年,第142页;萨道义:《外交实践指南》,杨立义等译,上海译文出版社,1984年,第332页。

② В. П. 波将金主编:《外交史》(第1卷上册),史源译,生活·读书·新知三联书店,1979年,第635页。

③ 萨道义:《外交实践指南》,杨立义等译,上海译文出版社,1984年,第124~130页。

④ 萨道义:《外交实践指南》,杨立义等译,上海译文出版社,1984年,第125页。

⑤ 萨道义:《外交实践指南》,杨立义等译,上海译文出版社,1984年,第126页。

状,到驻外使馆执行国家公务,但不代表国家元首本人,故不能享受大使殊荣,不能请求所驻国元首接见,或与之进行直接谈判。第三级为代办(或称代理)。通常受本国外交部长委派,并将随身携带的代办介绍信或委任状交给所驻国的外交部长。只是在使馆长离任期间或在派遣继承人之前负责代理使馆长(大使或公使)职务。

第二,统一各国外交代表的位次问题。首先,统一了国级外交官的位次问题。《章程》规定:外交代表应依照他们正式通知到达的日期决定他们在各等级中的位次。所谓到任日期,是指向国家元首递交国书的日期或外交部通知到达并向外交部递交国书副本的日期,以各国的惯例而定。如果两国使馆长在同一天递交国书,决定其位次先后有两种办法:或者按他们执行职务的时间顺序决定,或者按其国名的法文第一个字母的顺序决定。[①]但各国必须前后一致,如无事通知,不得更改。其次,《章程》规定对教宗代表的位次不发生变化,即尊重天主教国家的传统惯例:教宗使节或教廷大使,不问其到任日期的先后,均居驻该国各国使节之前。1961年《维也纳外交公约》再次承认这种传统惯例。再次,《章程》规定,各国宫廷间血统或姻亲关系不赋予他们的外交代表以任何位次,故任何正式派遣的外交官都应排在他的前面。但法国外交学家热内指出,在外交实践中,为了表示对特使的"特别尊敬",也给予他优先的位次,"他们本身并不具有优先位次权,而是他人给予"。[②]路德维克·德宾斯基进一步阐明了热内的说法,认为只是在第三国领土上举行各国特使会议上或接待国举行的正式典礼上才享有临时性的优先位次。[③]

第三,《章程》规定,各国对接待各级外交代表应统一接待规格与方式。维也纳会议通过的《关于外交代表等级的章程》第一次以国际公法形式"划一了各种外交代表的等级,这在后来的长时间里一直作为国际法规而成为外交惯例,并且直到今天依然有效"。[④]路德维克·德宾斯基认为这是由三个因素造成的:存在着同样性质的国际交往、承认相互关系和各国普遍懂得了外交使团作为传达信息

---

① 费多萨姆:《外交手册》,胡其安译,中国对外翻译公司,1984年,第30页。

② 萨道义:《外交实践指南》,杨立义等译,上海译文出版社,1984年,第53页。

③ Ludwik Dembinski, *The Modern Law of Diplomacy: External Missions of States and International Organizations*, Dordrecht, Martinus Nijhoff, 1988, p. 116.

④ B. П. 波将金等主编:《外交史》(第1卷下册),史源译,生活·读书·新知三联书店,1979年,第635页。

的手段、特别是在危机时期,具有压倒一切的重要性。①

本文原刊载于《世界历史》1997年第4期。

作者简介：

吴木生,南开大学历史学院教授。从事世界近代史教学与研究,主要研究方向为国际关系史、资本主义国家政治制度史、英国史。先后开设《世界近代史》《近代国际关系史》《资本主义国家政治制度》等课程,在《世界历史》《南开学报》等学术期刊发表论文10余篇,参编《战后东南亚国际关系(1945—1992)》等。

---

① Ludwik Dembinski, *The Modern Law of Diplomacy: External Missions of States and International Organizations*, Dordrecht, Martinus Nijhoff, 1988, p. 8.

略论希特勒攫取政权同德国封建专制势力之间的关系

林和坤

　　1918年11月,持续4年之久的第一次世界大战以德奥集团的失败而告结束。战争的失败,在德国导致的政治后果之一是40多年前在普鲁士邦领导下集结而成的德意志帝国的垮台,建立了德意志共和国(即魏玛共和国)。在魏玛共和国时期,垄断资产阶级无疑在政治生活中起着愈来愈大的作用,但是容克军国主义集团和贵族势力仍然在德国政治和社会生活中有着重要影响。14年之后,德国法西斯之所以比较容易地攫取了政权,这固然首先取决于希特勒得到了德国垄断资本家的大力支持,但传统的封建专制势力和军国主义势力的支持、封建专制思想在德国社会政治生活中根深蒂固的影响等诸多原因,也起了极大的作用。

一

　　迄今,在众多研究德国法西斯问题的论著中,季米特洛夫在共产国际第七次代表大会上所作的报告,仍被认为是研究法西斯问题的最具说服力的论述之一。他在报告中指出法西斯统治的实质"是金融资本的极端反动、极端沙文主义、极端帝国主义分子的公开恐怖独裁",[1]这对我们认识德国法西斯无疑是极有帮助的。可是,德国为什么在经历了十一月革命、建立了资产阶级共和国之后,又出现了希特勒独裁专制的法西斯"第三帝国"呢? 对这个问题,有相当多的论著习惯于依据斯大林和季米特洛夫的论证,把德国社会民主党押上审判台,认为"法西斯德国及其一切恐怖和野蛮行为,归根到底,乃是社会民主党对资产阶级的阶级合作政策的结果",[2]是"替法西斯主义扫清道路的社会民主党叛卖工人阶级的结果"。[3]

　　德国法西斯之所以比较容易地攫取了政权,首先是由于得到了德国垄断资本的大力支持,这已是不争的事实。德国社会民主党对法西斯上台负有历史责

---

[1]《季米特洛夫选集》,人民出版社,1953年,第41页。

[2]《季米特洛夫选集》,人民出版社,1953年,第4页。

[3]《斯大林全集》(第13卷),人民出版社,1956年,第260页。

任,也是符合当时德国历史的实际情况的。问题在于俄国十月社会主义革命后,英国工党和法国社会党也都采取了同本国资产阶级实行阶级合作的政策,为什么这两国没有建立法西斯政权呢? 如果说法西斯在德国上台是因为当时德国无产阶级的力量还相当软弱,而实际上英、法两国无产阶级的组织力量甚至比德国无产阶级的组织力量更差一些。其实,德国法西斯所以在经济危机年代泛滥成灾并终于夺取政权,与德国封建势力和封建专制主义传统的顽固存在、资产阶级政治上的软弱和民主自由思想未能植根于社会深层有重要关系。

众所周知,近代德国的大部分年代是处在分裂为许多小国的王公诸侯的专制统治之下。直到法国正酝酿资产阶级革命的巨大风暴的时候,各自为政的德意志诸侯邦国仍有300之多。特别需要指出,在德意志各邦中有着重大影响的普鲁士王室,一向用强制的办法向臣民们灌输国王拥有绝对权力、容克地主是绝对主人的思想,这严重地阻碍了该邦资产阶级民主自由思想的发展,并对许多其他邦国产生同样的影响。18世纪末和19世纪初,在法国大革命的影响下,德国诸侯邦国的数目曾大为减少,但封建势力并未受到重大打击。不久,当拿破仑统治的法国在英、俄、普、奥等国的联合打击之下遭到失败之后,德国的封建势力在一定程度上重又加强了他们的地位。以大地产为例,到1850年前后,东普鲁士土地的38%,波森土地的46%,波美拉尼亚土地的53%,麦克伦堡薛林土地的60%,是被各自拥有250英亩(1英亩等于0.405公顷)以上土地的大容克地主们控制的。[①]在普鲁士,无力赎偿封建义务的广大贫苦农民继续处在农奴制的重压之下,容克贵族在农村中继续掌握着警察权和审判权。各邦国在奥地利帝国首相梅特涅的支持下重又加强了封建专制,在不少邦国中设立了贵族占统治地位的代议机关,并且只对国王负责。

封建专制的加强与政治上、经济上的割据状态,严重阻碍了德国资本主义的发展。这样,德国资产阶级就难以成长为一支反抗封建制度的强大政治力量。同时,它又为法国无产阶级和其他劳动群众在大革命中表现出来的革命精神所震惊,因而对本国下层群众的畏惧更甚于对封建势力和封建专制制度的不满。于是,当年欧洲爆发革命之后,德国资产阶级终于站在容克地主一边反对无产阶级和其他劳动群众,"德国资产阶级是由脆弱的材料组成的"。[②]自始就表现得

---

① 阿格:《近世欧洲经济发达史》,李光忠译,商务印书馆,1922年,第219页。

②《马克思恩格斯全集》(第17卷),人民出版社,1963年,第291页。

"犹豫、无能和怯弱"。①这就说明,德国的资产阶级与英、法两国的资产阶级在反封建斗争中所起的作用不同,它是作为封建势力的同盟者出现的,与封建势力一起共同扼杀了1848年的德国革命。

1848年革命失败之后,普鲁士和德意志诸邦的反动保守势力开始了旨在消除一切革命痕迹的行动。在普鲁士邦,为了消灭1848年的革命遗痕,国王于1850年颁布所谓"钦赐"宪法。根据这一宪法,君主专制政体被原封不动地保存下来,国王不仅拥有行政权,而且还拥有立法权。尽管宪法规定普鲁士实行议会政治,但实际上它只能起装饰作用,参议院议员是由国王任命的坚决拥护封建专制制度的终身职和世袭职议员组成的,众议院则通过"三级选举"为大企业家、银行家和大地主的当选敞开大门。由于"三级选举"法规定采用记名公开投票的方式进行众议院议员的选举,这就使仍受制于容克地主的广大贫苦农民不得不任其操纵。因此,众议院的选举结果,也总是对反动保守势力有利。为了扑灭一切形式的革命运动,普鲁士政府取消了1848年革命时期宪法所规定的言论、集会和结社自由,尤其加紧了对共产主义者的迫害。

尽管德国继续存在着大量的封建残余,资本主义的发展仍然取得了惊人的成就,到19世纪60年代,德国的工业生产能力已经超过了法国。在这种情况下,资产阶级更迫切要求结束邦国林立的局面,建立一个统一的德意志国家。但是,由于对人民革命运动的恐惧,资产阶级放弃了通过革命道路统一国家、建立资产阶级政权的要求,希望在容克地主的领导下完成国家统一,在容克地主的卵翼之下争得发展资本主义的条件。加之当时德国无产阶级的力量还没有强大到能承担用革命方法完成德国统一的重任。这样,极力想争得德国统一运动领导权的普鲁士容克贵族通过连续不断的王朝战争完成了德国的统一,大地主、普鲁士宰相俾斯麦扮演了这个统一过程的主要角色。1871年初,建立了以普鲁士为中心的德意志帝国,普王一跃而成为德意志帝国皇帝,俾斯麦成为帝国首相。

德意志帝国继承了普鲁士王国的传统,在政治上"封建主、容克地主与王室军人占着首要地位"。②根据1871年4月制定的帝国宪法,德意志皇帝(即普鲁士国王)具有至高无上的权威,如帝国会议的"召集、开会、延会、闭会权属于皇帝","建议并公布帝国法律及监督其执行之权属于皇帝","皇帝委派官吏,命令他们宣誓效忠帝国,并在必要情况下,命令他们退职","如遇联邦领土内有威胁社会

---

① 《马克思恩格斯全集》(第17卷),人民出版社,1963年,第286页。
② 《列宁全集》(第17卷),人民出版社,1988年,第182页。

安全的情况,皇帝可宣布国内任何地方处于戒严状态"。①这就表明,统一后的德意志帝国,实际上仅仅是"一个以议会形式装饰门面、混杂着封建残余、已经受到资产阶级影响、按官僚制度组织起来、并以警察来保卫的、军事专制制度的国家"。②1878年,俾斯麦为加强镇压工人运动,颁布《反社会党人非常法》(以下简称《非常法》),规定取缔德国社会民主党和一切进步工人组织,封闭工人刊物,没收社会主义书报,可以不经法律手续而把所谓危险分子逮捕和驱逐出境。根据这一《非常法》,在10多年的时间内有1000多种书刊被禁止,300多个工人组织被解散,2000多人被监禁和流放。《非常法》虽然在1890年被迫废除,但利用这种手段迫害革命者和一切进步力量的做法,却被后来夺权的德国法西斯党直接移植于"第三帝国"之中。德意志帝国的皇帝是封建专制的总代表,他要所有臣民对自己顶礼膜拜。例如,在1894年12月6日帝国国会会议上,当议长祝贺皇帝威廉二世身体健康和议员们站起来三呼"万岁"时,社会民主党党团议员仍坐着不动,被认为是侮辱陛下的行动,结果由柏林地方法院出面对卡尔·李卜克内西进行刑事追究。又如,1895年3月23日,普鲁士议会未能通过向俾斯麦祝贺80寿辰的建议,威廉二世得悉后"极为震怒",声称"这个决定全是违背了德意志各邦邦君和各邦人民的感情"。恩格斯就此曾进行抨击,认为"毫无疑问,在德国,我们是同现代的查理一世、一个患着极权狂的人打交道"。③其实,威廉二世的这类专制行为,不过是历代普鲁士王权专制的继续。后来,希特勒在法西斯党内实行的"领袖"原则,在国家体制上实行的"元首"制度,也正是体现了这种专制精神。

19世纪末20世纪初,德国资本主义完成了向帝国主义阶段的过渡,但德国依然保留着中世纪的、封建专制的基本特征,它是一个"军阀的、容克的、资产阶级的、帝国主义的国家",④容克地主和军阀势力继续在德国的政治上发挥着主导作用,经济上仍然拥有很强的实力。为了争夺世界霸权,德帝国主义曾同奥匈帝国结成同盟,与英、法、俄协约国集团进行了第一次重新瓜分世界的大战,结果失败了。

二

随着在大战中的失败,德意志帝国的丧钟敲响了,威廉二世被迫退位,各地

---

① 莫洛克、奥尔洛夫编:《世界近现代史文献》(卷2第1分册),耿淡如译,高等教育出版社,1958年,第89页。

②《哥达纲领批判》,人民出版社,1965年,第23页。

③《马克思恩格斯全集》(第39卷),人民出版社,1974年,第431页。

④《列宁全集》(第3卷),人民出版社,1972年,第544~545页。

的大小封建邦国顷刻解体。在十一月革命的推动下,德国建立了共和国。但是,一个毋庸置疑的事实是,共和国的建立是极为勉强的,它的生命力是极为脆弱的。领导建立资产阶级共和国的社会民主党领袖们甚至在十一月革命爆发时还不曾有建立资产阶级共和国的打算。例如,担任新建立的共和国的第一任总统的社会民主党领导人艾伯特,最初就反对建立共和国,他希望威廉二世的儿子能继承皇位,德国仍然保留君主政体。后来,艾伯特等社会民主党右派领袖之所以又匆忙宣布建立共和国,是因为他们了解到以李卜克内西和卢森堡为代表的社会民主党斯巴达克派在号召德国无产阶级为建立苏维埃共和国而斗争。为了不致完全丧失在工农群众当中的影响和防止德国走向建立苏维埃共和国的道路,社会民主党的领袖们才突然决定建立德意志共和国。①

既然德意志共和国是如此勉强建立起来的,那就很难指望它的当权者们能同迷恋帝国的旧势力作认真的坚决有力的斗争。事实上,与霍亨索伦王朝的专制制度利害相关的容克地主、旧官僚、旧军官,在共和国时期基本上保持了他们原有的地位。下面,我们从经济、政治方面做些具体分析:

首先,从政治方面来看,国家体制虽已改变,但政府的实际权力却大都依然掌握在帝国时期的旧官僚手里,让这些人拥有"处理部务的最大权限"。②对帝国时期的军队,共和国没有进行任何改造,容克地主出身的各级军官依然保持着他们对军队的影响。在1919年1月,为镇压德共领导下的无产阶级革命运动,以"嗜血狗"自命的社会民主党头目诺斯克更"招集旧时军队中的反社会主义军官,组织临时机关",实行白色恐怖,③打击德国共产党领导下的革命力量,加强了反动势力的政治地位。此外,在1919年1月19日举行的国会选举中,敌视共和制度的德意志民族党和德意志人民党得到63个议席(国会共421席),它们的议员成了各种反共和国制度的势力在议会中的代言人。

其次,从经济结构方面来看,德国虽然进行了资产阶级民主革命,但事实上贵族地主并没有被逐出他们的根据地。根据统计,1907年,德国占有两公顷以下土地的农户为2940238户,共占地1721千公顷,占有100公顷以上土地的农户为23566户,共占地7005千公顷;1925年,占有两公顷以下土地的农户为3027431户,共占地1588千公顷,占有100公顷以上土地的农户为18668户,共占地5159

---

① 威廉·夏伊勒:《第三帝国的兴亡》,董乐山等译,生活·读书·新知三联书店,1974年,第79~80页。

② G.科尔·M.科尔:《现代欧洲政治经济史》,商务印书馆,1983年,第324~325页。

③ G.科尔·M.科尔:《现代欧洲政治经济史》,商务印书馆,1983年,第324~325页。

千公顷。①上述事实,一方面表明共和国时期大地产的个数和占地面积同帝国时期相比较,并未发生根本性变化,容克地主仍然拥有巨大经济实力;另一方面也可看出,只有两公顷以下土地的小农的数量在共和国时期增加了,但占地面积反而减少。这些小农在经济危机到来时极容易破产,其中会有相当数量的人沦落为漂泊不定的流氓无产者,他们往往被反动势力所利用,成为破坏革命和进步运动的社会力量。

由于社会民主党右派领袖和独立社会民主党首领的叛卖和投降行为,德国无产阶级革命力量在1918年底和1919年初遭受沉重打击。当容克地主、大垄断资本、旧官僚和旧军官等反动保守势力看到真正的革命力量已遭镇压之后,便决定抛弃他们在最危机时刻同社会民主党右派所结成的暂时同盟,以便尽快推翻共和国,恢复旧秩序。1919年中,反动保守势力着手组织政变。当时,全德各地保皇党的、反动军官的各种组织加紧活动,甚至组织了以"国民联合会"为名称的准备进行叛乱的中心,推举同容克地主和大垄断资本都有密切联系的卡普为政变后的政府领导人。这就是说,社会民主党右派领袖和独立社会民主党首领在推行的联合资产阶级和保守势力的政策时,实际上也在挖着他们自己的坟墓。1920年3月,以路德维希将军为首的部分反动军官联名向政府中的社会民主党成员发出最后通牒,要求实行对容克地主和大垄断资本家更加有利的对内对外政策。由于未得到答复,3月13日,一批早已做好叛乱准备的反动军队开进柏林,占领政府机关,宣布建立以卡普为首的新政府。虽然叛乱者的图谋最终在工人总罢工的沉重打击下失败了,但社会民主党领袖在叛乱发生后所表现出的无能和反动,也使他们把握政治局势的能力大大降低了。同年6月,在全国选举中,社会民主党遭受重大失败,不得不退出政府。

1923年1月,为迫使德国交付赔款,法、比两国出兵占领鲁尔,对此,德国政府宣布实行"消极抵抗"。法、比占领鲁尔和德国的"消极抵抗",使德国经济陷于崩溃,但德国垄断资本却趁机加重了对工人和其他劳动群众的剥削。在这种情况下,德国国内的阶级斗争重又激化起来。到1923年秋末,整个德国又呈现出新的革命危机。10月11日,萨克森成立了由左派社会民主党人和共产党人组成的政府,随后,绍林吉亚也组成了工人政府;10月23日,汉堡工人在台尔曼的领导下发动了武装起义。但是,德国无产阶级这些争取建立新政权的斗争在遭到国

---

① 中国科学院经济研究所世界经济研究室编:《主要资本主义国家经济统计表》(1848—1960),世界知识出版社,1962年,第258页。

防军的镇压后失败了。

三

鲁尔危机期间德国国内所呈现的错综复杂的形势,也使得各种反对共和国制度的右派势力蠢蠢欲动。11月8日,希特勒在慕尼黑所进行的未遂政变就是右派保守势力企图改变共和国制度的反映。

希特勒在第一次世界大战中曾为德意志帝国效忠卖命,因作战勇敢而获得过帝国授予的一级铁十字奖章。1918年11月,德国战败投降,使希特勒这个狂热的民族沙文主义分子受到极大打击,为此他曾"痛哭失声"。在他看来,德军所以在前线失败,是因为从"背后中了"来自德国内部的"暗剑",是十一月革命断送了德国称霸世界的前途。此后,他舍弃了其他一切可能的选择而"投身政治",决心为推翻共和国制度"奋斗"。1919年9月,希特勒参加了一个富有民族主义色彩的反犹太主义的德国工人党。很快,他成了这个小党的宣传主管。1920年2月24日,希特勒在一次演讲中第一次阐明了德国工人党的《二十五点纲领》。该纲领鼓吹极端民族主义,主张建立大德意志帝国和强大的中央集权,废除凡尔赛和约及使德国得到原占领土。为了欺骗工人和其他劳动群众,纲领也包括一些反对资本主义和主张社会改革的条款。当然,希特勒根本就没有使反资本主义和社会改革的条款兑现的打算。4月1日,在希特勒等人的策划下,德国工人党又在其名称之前增加了"国家社会主义"的修饰,变成了"国家社会主义德国工人党"(简称"国社党"),从而进一步增强了该法西斯党在工人和其他劳动群众中的欺骗性。对于"国社党"强烈的民族沙文主义和关于建立强大中央集权的主张,容克地主、大垄断资本、旧官僚和旧军官非常赞赏,他们中的一些人便为"国社党"提供活动经费,一些霍亨索伦王朝时代的军官和贵族子弟加入了"国社党"。同时,由于进行了欺骗性宣传,一些不明真相和思想落后的工人群众也加入了"国社党"。

1923年11月,由于鲁尔危机,德国国内呈现出极其尖锐而又错综复杂的形势,已经夺取了"国社党"最高领导权的希特勒以为有机可乘,便在当时德国反动势力的集结中心慕尼黑发动了政变,企图以慕尼黑为根据地推翻柏林的共和国中央政府,夺取全国政权。尽管希特勒及其党徒在举行暴动时曾争得原帝国陆军关键人物鲁登道夫将军的支持,但由于当时"国社党"的力量还很薄弱,在德国占统治地位的垄断资本集团和容克军国主义集团也还远未看中希特勒和"国社党",又担心英、法等国对任何改变现有国家体制的行动进行干涉(从长远来说,这对恢复德国的强大有害无益),因而当时掌握国家实权的陆军头目西克特便暂时支持了共和国政府,对希特勒所发动的政变进行了镇压。这样,暴动很快失败,希特勒被捕入狱。然而,希特勒的入狱不过是反动势力为了装潢门面而演出的一场滑稽剧。本来,根据共和国刑法第81条的规定,"凡企图以武力改变德国宪法或一邦宪法者应一概处以无期徒刑"。但是,仍由反对共和国制度的势力支配的司法当局仅对希特勒判了5年监禁,实际上又只服刑9个月即被保释出狱。至于同希特勒一起搞政变的鲁登道夫,则被判无罪释放。

希特勒在服刑期间,撰写了《我的奋斗》这本法西斯的代表作。在这本小册子里,表现出了他对专制权力的极大兴趣,往往以普鲁士的封建专制作为他的立论根据。希特勒宣称"普鲁士的经验极其鲜明地表明,只有靠思想力量……才有可能组成一个国家。只有在思想力量的保护下,经济生活才能繁荣"。①那么,希特勒的所谓"思想力量"究竟是什么意思呢? 按照希特勒的说明,就是用"领袖原则"实行统治,不允许搞"民主政治那种无聊玩意儿",他强调"绝不能实行多数决定的制度,只能由负责的人做决定……必须要由一个人单独来作出决定……只有他才有权威,才有指挥权力……议会中的议员届时实际上将只提供建议……不论上院下院,都不进行表决"。②这就不难看出,还在希特勒投身政治的初期,就强烈鼓吹专制独裁,像一个封建君主那样要求拥有专制权力。

1925年4月,容克军国主义势力的代表人物兴登堡当选总统。这一事实表明,原在德意志帝国时代的政治生活中起主导作用的容克军国主义势力加强了对德意志共和国政治生活的影响。同时,老牌军国主义分子兴登堡当选总统,也为希特勒法西斯主义越出巴伐利亚、泛滥于整个德国开启了闸门。此后,敌视共和国的容克地主、大垄断资本、旧官僚和旧军官同"国社党"的勾结日益加强,并终于结成了共同反对共和国制度的统一阵线。

四

1929—1933年发生了空前严重的世界资本主义经济危机。在危机的打击下,德国大批工人失业,许多中小农民破产,数以百万计的民众走投无路,困苦无依。在这种情况下,德国国内的阶级斗争形势极为紧张,政局动荡。同时,德国垄断资本同英、法、美等国垄断资本争夺世界市场的斗争非常激烈。面对这种形

---

① Adolf Hitler, *Mein Kampf,* Houghton Mifflin Company, 1943, p.153.

② Adolf Hitler, *Mein Kampf,* Houghton Mifflin Company, 1943, p.449-450.

势,德国各种反动保守势力都希望极端反共、反民主,肆意鼓吹民族沙文主义的希特勒法西斯上台执政。希特勒为了能尽快上台执政,除在危机年代进一步加强对工人和其他劳动群众的蛊惑性宣传,欺骗和拉拢许多觉悟不高的工人和破产农民加入法西斯党外,也进一步加强了争取垄断资本集团、容克地主和军国主义集团支持的活动。

1931年10月10日,已对流亡在荷兰的原帝国皇帝威廉二世复位有所考虑的兴登堡接见了希特勒,希望后者能代表"国社党"参加政府。这次会见,由于希特勒要价太高和过于夸夸其谈而没有取得结果。虽然如此,兴登堡接见希特勒这一事实本身已经说明他赞赏希特勒这个反对共和国体制的急先锋。1932年3月,德国举行了七年一度的总统选举。尽管希特勒作为主要竞选对手败给了争取总统连任的兴登堡,但最保守的容克地主和一些保皇派,其中包括前皇太子腓特烈·威廉都投票支持希特勒担任总统。①在他们看来,由希特勒出任总统,将比兴登堡能更快、更干脆地埋葬魏玛共和国。

希特勒为了更快地夺取政权,此时也更主动地加强了同德国垄断资本集团、军国主义集团和容克地主的勾结。这是因为他愈来愈认识到,没有这些势力的支持,自己将不可能攫取国家的最高权力。1930年9月26日,希特勒在一次因三名国防军尉官从事纳粹宣传活动受审而出庭作证时,为了拉拢国防军,特意宣称"在我们执政以后,以目前的国防军为基础,一支伟大的德国人民军队将会兴起"。②如此表态,显然是为了获得希望通过扩军而有更多升迁机会的军官们的支持。同样,希特勒为了争取容克地主们的支持,也对这些人大许其"愿"。1931年1月4日,他在同欧根·海尔特菲尔德公爵谈话时明确表示:纳粹党即国社党绝不要求没收大地产,并愿意同代表容克地主利益的政党组成联合政府。③

正是由于得到了德国垄断资本、军国主义集团和容克地主在政治和经济上的支持,希特勒法西斯才得以在经济危机年代迅速扩大其影响。到1932年7月举行新的国会选举时,纳粹党竟得到13745000张选票,成为国会中的第一大党。1932年11月19日,德国大企业家和大容克地主的代表联合发出了请求授权"国社党"组阁致兴登堡总统的信。他们在信中表示,反对自1919年后所存在的国会政党体制,提出只有让"国社党""参加政府,居于领导地位",让希特勒组阁,德国

---

① 威廉·夏伊勒:《第三帝国的兴亡》,董乐山等译,生活·读书·新知三联书店,1974年,第225页。
② 朱庭光主编:《法西斯体制》,上海人民出版社,1995年,第62页。
③ 朱庭光主编:《法西斯体制》,上海人民出版社,1995年,第62页。

才能复兴。①

1932年11月19日和21日,本来就敌视共和体制的兴登堡总统两次接见了希特勒,提出支持希特勒在争取到议会多数后组阁。虽然他们的这两次会谈没有达成任何协议,但会谈本身却标志着形式上是德意志共和国总统、实际上却是反共和国势力总代表的兴登堡,已经为希特勒进入总理府开启了大门。其后,兴登堡虽曾让同自己关系很好的施莱彻尔将军一度组织政府,但由于这个政府未能制止国内革命形势的发展,垄断资本家和容克地主极其恐慌,认为只有把政权交给希特勒,才能可靠地维护自己的利益。1933年1月30日,本身已经成为一个容克地主的兴登堡终于任命希特勒为德国总理。这样,以希特勒法西斯党为代表的各种反动保守势力最终联合埋葬了先天不足的魏玛共和国。

为了表示自己的政府是旧普鲁士和霍亨索伦王朝传统的继承者,希特勒特意于1933年3月21日在波茨坦卫戍部队教堂举行新国会开幕仪式。他之所以作出这种安排,是因为波茨坦是霍亨索伦王朝的皇城,该城卫戍部队的教堂内建有腓特烈大帝的陵墓,而3月21日这一天则是1871年俾斯麦主持德意志帝国第一届国会开幕的日子。为了答谢容克地主的支持,1933年9月29日,希特勒政府颁布了《世袭农场法》。该法规定,"一块最低具有足以供养一家农户的耕地规模和最高为125公顷规模的土地及森林产业,如果属于一个有务农能力的人,就是一个世袭农场",只有"世袭农场的所有人才能称为农民","世袭农场须完整地授予特定继承人"。②按照《世袭农场法》的这种规定,只有那些拥有大块或较大块田产的人才称得上"农民",政府将维护他们的地位,这实际上就是设法保护容克地主的利益。至于大量的无地和少地的人,他们的利益不仅在《世袭农场法》中得不到保护,甚至不被承认为"农民"。正是由于实行《世袭农场法》,使那些本来就缺少土地的小农进一步失去土地,而大地主所拥有的土地却在逐年增多。到1939年,占农户总数3/4的200多万农户所拥有的土地,尚不及3.8万个大地主所占有的土地多。③

希特勒及其党徒一向把他们所从事的事业当作普鲁士王室和德意志帝国事业的继续。"国社党"每年9月初在纽伦堡举行代表大会时,总要设法出售一种明信片,上面印着腓特烈大帝、俾斯麦、兴登堡和希特勒的肖像,下面的文字说明

---

① 齐世荣主编:《世界通史资料选辑》(现代部分第2分册),商务印书馆,1982年,第196~197页。
② 齐世荣主编:《世界通史资料选辑》(现代部分第2分册),商务印书馆,1982年,第204页。
③ 维纳·洛赫:《德国史》,北京大学历史系世界近代现代史研究室译,生活·读书·新知三联书店,1976年,第873页。

是："国王所征服的,由亲王完成,元帅保卫,士兵拯救和统一","士兵"就是指希特勒本人。从这一事实可以看出,希特勒的法西斯党及其政权同德国封建专制势力有着多么密切的联系。

本文原刊载于《南开学报》1998年第4期。

作者简介:

林和坤,南开大学历史学院教授。主要从事世界近现代史教学与研究,研究方向为国际关系史、二战史。先后开设《世界近现代史》《国际关系史》《当代国际关系》等课程,在《史学集刊》《南开学报》《历史教学》等学术期刊发表论文十余篇。

论乔治·班克罗夫特史学
——兼释"鉴别吸收"和"学以致用"

杨生茂

古今中外,历史学家成千上万。如何评估一个杰出的历史学家,是个复杂的问题。笔者认为历史学家如获得"杰出"称谓,须具备三个最基本条件:第一,在其研究领域,能鉴别吸收前人的优秀文化遗产,同时分析其不逮之处;第二,在本研究范围内,能有所创新,有益于社会的发展,或能积极应答社会发展中提出的问题;第三,对于社会未来的发展,尽可能地起到有益的启迪效用。

历史长河是后浪推前浪,一往无前。长河中有急流险滩,有汹涌澎湃的狂澜,也有叮叮咚咚的潺流。划行其间的人所经历的航道不会是笔直的,喜怒哀乐各有不同。有的有艰辛的痛苦感,有的有欣慰自得和进取不息的兴奋感。杰出的历史学家是坚强不懈的弄潮儿,能学以致用,即致社会进步之用。他们探索资料,注释往事,谈天说地,评古论今。其目的在于使同代人有一种共同感和责任感。历史学家的社会效益就在于此。这也是评估杰出历史学家的重要准则之一。

依据这些认识,笔者曾评述过美国历史学家弗雷德里克·杰克逊·特纳和威廉·阿普曼·威廉斯,试图在这两个杰出历史学家的业绩中上溯下联,审视他们在美国史学发展中鉴别吸收了什么,对当时美国社会发展起过什么影响,并有什么学术遗产留给后代。现在以同样的认识来评估乔治·班克罗夫特(1800—1891)。

美国史学发展史可分为三个阶段:独立战争至19世纪70年代为第一阶段,19世纪80年代至第二次世界大战结束为第二阶段,二次大战后为第三阶段。约翰·海厄姆在《美国历史的重建》一书中划分的三个阶段是:17世纪、18—19世纪和19世纪末以来。[①]约翰·富兰克林·詹姆森也将17世纪和18世纪作为两个阶段。[②]我认为,17世纪和美国独立前的18世纪不应纳入美国史学史的组成部分,只可视为美国史学发展的背景。美国史学史应从独立革命运动开始计起。就我所厘定的标准言,班克罗夫特、特纳和威廉斯应分别是这三个阶段的杰出的史学

---

① John Higham, ed., *The Reconstruction of American History*, Harper and Row, 1962, p. 10.

② John Franklin Jameson, *The History of Historiography in America*, Houghton Mifflin, 1891, Table of Contents.

家。从社会发展角度,把这三个历史学家联系起来,即可概括美国史学发展的主要线索。在他们三人以外,若再加上两位重叠前后的过渡性史学家,即19世纪末的亨利·亚当斯以及二次大战前夕萌发并至战后盛行的"一致论"史学家丹尼尔·布尔斯廷,美国史学史的发展脉络就更加清晰。埃里克·方纳于多年前曾写道,由于"从弗里德里克·杰克逊·特纳的'边疆论'直到20世纪50年代的'意见一致论'已被粉碎了,至今尚未出现一种新理论能填补这项空白";而美国史学中出现的支离破碎现象,"妨碍了建立一个连贯的研究美国历史的新理论的努力"。[1]因此上述五个史学家在美国史学史上的地位更加突出了。威廉·阿普曼·威廉斯就对外政策这个美国史上越来越显示其重要性的方面做了历史考察和理论阐述,足以反映整个美国历史发展的主流,而方纳对此未予以足够的估计。在评介威廉斯外交史学一文中,我已对"一致论"史学流派做过阐述。今拟在叙述班克罗夫特史学时,对亨利·亚当斯也做些评论。

这五位史学家在史学研究中的共同显著特点是,都较精明地回顾过去的历史,从中吸收他们认为有价值的遗产,并经过消化,提出了对当代社会发展有影响的论点。他们直面社会,议论风发,奏出时代的最强音,对当代人起到激励、鼓舞、启发反思的效用。

这五位史学家在治史的细节上又各具特点,异同参半。他们虽然都在不同程度上重视资料收集,但使用资料的方式不尽相同,如班克罗夫特烦亲托友在国内外搜集资料,但有时随兴释义,不时引起当代人的抗议。[2]威廉斯著书立说时,虽然科学史观已发展了一个世纪之久,但他在史料应用方面不免粗枝大叶,为时人所讥诮。[3]

这五位史学家的学术地位也不宜以其学术著作的数量来衡量。他们中有的人写断代史,有的写通史,有的写卷帙浩繁的巨著,有的只发表精悍的论文。其中一锤定音的史学业绩不在于著作数量和长短,而在于能有发人情愫、动人心弦的观点和思路,并为社会提供具有教益的宏论要旨。这五位史学家中,只有布尔斯廷写出3卷本通史,井然有序地阐发论点。威廉斯虽以写作外交史专著为主,但也试图从通史角度印证其观点。班克罗夫特虽然写出10卷本巨著,但从严格

---

[1] 参见埃里克·方纳等:《新美国历史》,齐文颖等译,北京师范大学出版社,1988年,第3~4页。

[2] G. P. Gooch, *History and Historians in the 19th Century*, Longmans, Green and Company, 1913, p. 405.

[3] Staughton Lynd, Book Review: William Appleman Williams, The Contour of American History, *Science and Society*, Vol. 27, No. 4, 1963, p. 227.

意义上说,他所写的只不过是断代史。1874年出版的第10卷,只写到独立战争的结束;1882年又出版两卷,才续至美国宪法的制定。特纳和亨利·亚当斯都是以发表论文声誉鹊起,在当时史学界激起汹波巨浪。亨利·亚当斯曾出版过9卷本巨著,论述杰斐逊和麦迪逊时期的政治,但为当时人和后来人所瞩目的,还是《亨利·亚当斯的教育》①一书中的最后几章,"致美国历史教师的一封信"和"应用于历史的时势法则"几篇动情的表白和议论。②特纳在哈佛大学历史系的同事爱德华·钱宁虽然讥讽特纳著作不多,但1893年特纳一篇演说便在美国史学界引起轩然大波,此后近40年,许多史学家依据特纳的边疆假说,改写了美国通史。尽管钱宁写出综合史实的6卷本巨著,可是因书中缺乏观点,而被读者束之高阁,逐渐淡忘。③由此可见,扣人心弦的议论,发人深思的观点,贴近时代脉搏的思想,是杰出历史学家必备的功力。班克罗夫特最符合这些条件。

在班克罗夫特同时代的历史学家中,理查德·希尔德雷斯写有6卷本《美国史》巨著。因他崇尚英国边沁学说,在观点上有点超前于美国现实,且反对浪漫主义,针砭杰斐逊,对社会多有指责,这又滞后于美国思潮,所以他在社会影响上不能与班克罗夫特并驾齐驱。④至于其他同代历史学家如约翰·L.莫特利、⑤弗兰西斯·帕克曼、⑥威廉·H.普雷斯科特、⑦贾里德·斯帕克斯等,也都未能产生像班克罗夫特所起的全国性影响。目力受损的弗朗西斯·帕克曼写出多种专著,以文采洋溢的笔墨,把英法在北美大陆的角逐描绘得有声有色,可是所叙述的内容在时间上较早,并有较多地区局限,且书中少宣扬英雄之语,也少党派争议,在广大读者群中的影响不抵班克罗夫特。另一目力不济的约翰·L.莫特利写作的内容不是本国历史,声望自然也未能与班克罗夫特齐名。当时还有一个班克罗夫特,即休伯特·班克罗夫特。他雇人收集整理从巴拿马到阿拉斯加沿太平洋海岸的史迹多达39卷,但集而不述,其影响更未能望乔治·班克罗夫特的项背。乔治·班克罗夫特是美国史学的奠基人,是美国第一代最有影响的国史大师。他的同代人

---

① 这本自传于1905年写成,1907年内部刊行。在亚当斯逝世后,于1918年由马萨诸塞历史学会公开出版。

② W. T. Hutchinson, ed., *The Marcus W. Jernegan Essays in American Historiography*, The University of Chicago Press, 1937, p. 197.

③ Allan Nevins, *The Gateway to History*, D. C. Heath, 1938, p. 272.

④ Michael Kraus, *The Writing of American History*, University of Oklahoma Press, 1937, p. 129.

⑤ 主要著作有《荷兰共和国的兴起》(1856年)等。

⑥ 主要著作有《半世纪的冲突》(1892年)和《庞提亚克的谋叛》(两卷,1851年)等。

⑦ 著有《墨西哥征服史》(1843年)、《秘鲁征服史》(1847年)等。

威廉·普里斯科特称他为美国"当代伟大的历史写作家",是取代英国人著作的第一个本土作家。①当时有人把他与英国史学家托马斯·麦考利相媲美。在他去世后,悼念他的人们称他为"美国史学之父"。②到20世纪60年代,理查德·霍夫斯塔特称班克罗夫特是"美国第一个伟大的美国史学家"。③

独立不久的美国还没有自主的文化,即使文化最发达的新英格兰地区也仍然笼罩在英国文化的阴影下,其道德观念和生活准则因袭英国,具有殖民地色彩。英国作家哈丽雅特·马蒂诺论述当时美国文化时说,"北美共和国是新的,但人们的观念是旧的。……美国人还没有民族特性"。④托马斯·麦考利所写的英国史在美国发行量比在英国还多4倍。⑤当时美国文人和画家都得去欧洲镀金,至少须先在伦敦得到承认。⑥班克罗夫特也不例外,他于1817年毕业于哈佛大学,一年后赴欧洲留学,就读于德意志格廷根大学,师从希棱,获博士学位(1820年)。当时在德国学历史的美国留学生中,他是唯一获得博士学位的学子。⑦1822年他返回美国,其间曾在柏林大学和海德尔堡大学听过神学家什里尔玛克、哲学家黑格尔、法学家泽维叶、语言学家博克等人讲课。班克罗夫特受希棱的影响较深,曾翻译多种希棱著作。希棱也以教导班克罗夫特而自豪。⑧

在国内时,班克罗夫特托人访问马德里、伦敦、巴黎、海牙、柏林和维也纳等地的档案馆,搜集资料。在欧洲期间,他不仅走访档案馆,还同当时杰出的文学家和史学家进行了广泛的接触。在法国,他结交了研究法国革命史的史学家,如米涅、基佐、梯也尔和米什列等;在英国,他结识了史学家麦考利和亨利·哈兰姆、诗人柯立芝、华滋华斯、卡莱尔,小说家司各特等。他还会见过歌德和拜伦。

班克罗夫特取得辉煌成就的主要原因在于:他善于鉴别吸收欧洲文化,并通过消化,把欧洲文化的精华部分运用于美国史坛。他接受欧洲史学的影响,但不

---

① Michael Kraus, *The Writing of American History*, University of Oklahoma Press, 1937, pp. 122, 98, 100.

② John Garraty, ed., *Encyclopedia of American Biography*, Harper and Row, 1974, p. 56.

③ Richard Hofstadter, *The Progressive Historians*, A. A. Knopf, Co., 1968, p. 15.

④ Merle Curti, *The Growth of American Thought*, Harper and Row, 1943, p. 397.

⑤ John Higham, ed., *The Reconstruction of American History*, Harper and Row, 1962, p. 15.

⑥ Russel B. Nye, "Thought and Culture, 1775–1860", John Garraty, ed., *Interpreting American History: Conversations with Historians*, Vol.1, Macmillan, 1970, p. 206.

⑦ George Callcott, "Historians in Early 19th Century America", *The New England Quarterly*, Vol. 32, No. 4, 1959, p. 497.

⑧ 班克罗夫特除在德意志留学外,于1846—1849年任驻英国公使,1867—1874年任驻德国公使。

唯欧至上。如他虽然听过黑格尔的课,但在其著作中并无反映。他只吸收了希棱的治史方法,而对于希棱以地理环境和经济需求解释历史的观点却漠然视之。德意志史学家重视资料的认真勤奋精神,对他发生了深刻影响,但在应用史料方面,他却不若德意志同行们那样严谨不苟。因为他忙于从政,亦未将德意志学院中行之有效的研讨班制度介绍到美国。从外国史学家对他的评论中,也可看出他的著作不是照抄欧洲。普鲁士史学大师兰克在课堂上向学生介绍说,班克罗夫特的著作是"从民主主义观点撰写的前所未有的最佳著作"。[1]兰克的谈话是对他的史学成就的最高奖赏。卡莱尔对班克罗夫特说,"你过于说教"。[2]古奇也说,班克罗夫特所表述的哲学具有"孩子气"。[3]兰克一语中的,道出了班克罗夫特著作的重要内涵,并指出他所描绘的政治制度与普鲁士之不同;而卡莱尔和古奇却未能体察班克罗夫特从欧洲文化汲取所需,用以讴歌年轻祖国的激情。

班克罗夫特从当时欧洲文化中汲取了两大精华:一是民族主义,二是浪漫主义。前者主要取自德意志,后者主要取自英法。

19世纪德意志受法国革命的影响,掀起一股民族主义狂飙。19世纪初年,普鲁士斯泰因男爵呼吁实现德意志统一,号召历史学家激发国民的爱国主义情怀。1822年班克罗夫特学成归国后,曾一度与另一名留德学生,仿效德意志大学预科的教学设置模式,在马萨诸塞的北安普敦,创建一所名为"园山"的学校。这是他醉心德意志教育的具体表现。他是第一个在德意志史学与美国史学家之间架起桥梁的人。[4]1871年俾斯麦完成了德意志统一运动后曾说,"在建立新德国事业中,德意志历史教授们做出仅次于普鲁士军队的巨大贡献"。[5]班克罗夫特晚年在柏林供职时,与俾斯麦交谊甚笃,据英国作家西德尼·惠特曼说,俾斯麦退休后,在他的书房里仍悬挂着班克罗夫特的肖像,[6]他们有共同的情感和语言。而

---

① G. P. Gooch, *History and Historians in the 19th Century*, Longmans, Green and Company, 1913, p. 406; Michael Kraus, *The Writing of American History*, University of Oklahoma Press, 1937, p. 126.

② G. P. Gooch, *History and Historians in the 19th Century*, Longmans, Green and Company, 1913, p. 405.

③ G. P. Gooch, *History and Historians in the 19th Century*, Longmans, Green and Company, 1913, p. 405.

④ Harvey Wish, *The American Historians: A Social-Intellectual History of the Writing of the American Past*, Oxford University Press, 1960, p. 85.

⑤ Michael Kraus, *The Writing of American History*, University of Oklahoma Press, 1937, p. 126.

⑥ Otto Count Zu Stolberg Wernigerode, "Bismark and His American Friends", *Virginia Quarterly Review*, Vol. 5, 1929, p. 398.

1812—1814年美英第二次战争后，美国也迸发出民族主义情绪和思潮。班克罗夫特一生受着这种思潮的激励，年迈不渝。

浪漫主义在18世纪末至19世纪40年代风靡欧洲。浪漫主义是对18世纪理性主义的反动。浪漫主义诗文的主要特征是用绘声绘色的笔触，抒发作者感情，取代理性分析，强调历史的连续性，继承启蒙思想的反封建意识，崇尚民族文化，激励民族自豪感，歌颂第三等级反对贵族的自由精神。这种被自由资产阶级赞赏的浪漫民族主义，在思想上正符合19世纪上半叶美国资产阶级兴国之道，也是班克罗夫特畅怀抒发思想和情感的源泉。

班克罗夫特鉴别吸收欧洲史学方法和理论，是以新英格兰精神为依据。新英格兰精神是在殖民地时期培育出来的。其来源还是欧洲，主要是英国。英国最早向北美大陆移民的船只就把资本主义和与之相适应的宗教思想——清教教义带到北美。1585年移民踏上罗阿诺克（Roanoke）岛时，就把扩张的目光投向西部。"从开始美国的社会和文化就不同于欧洲模式。美国的环境起着溶解的作用。"①在北美，非但封建主义没有植根的土壤，而且摆脱欧洲封建专制制度的移民也天然地以反封建为己任。上帝选民的宗教说教更增强了他们争取扩张物质利益和精神利益的使命感。1630年，未来的马萨诸塞海湾殖民地总督约翰·温思罗普在驶往殖民地途中在名为阿拉贝拉的船上，就写出美国人对未来的憧憬。他借用《圣经》中建立山上之城可睹世界之光的意思，描述他们的殖民地。山上的圣城象征着移民的追求欲和普世观。在北美人民赢得独立之前，清教教义的激励和广阔无垠的西部土地的召唤，已凝聚了美国人前进的目光，在思想上为人们奏起争取独立的进行曲。

清教教义是推动美国资本主义发展的精神力量，是美国资本主义文化的基石，也是美国资本主义发展初期公认的伦理规范。美国神学家赫尔穆特·理查德·尼布尔曾称"近代资本主义体系是以宗教为基础的"，"教会是附属于资本主义的"。②这样，上帝就自然被推到历史的前台。上帝已经人格化和世俗化了。在封建社会，代表上帝说话的是君主；在资本主义社会，代表上帝发言的是教士。在美国殖民地时期和独立初期，教士如同律师一样享有很高的社会地位。《圣经》是家家户户必备的最流行的读物，此处所说的上帝同中国史学之父司马迁所谓

---

① M. A. Jones, *The Limits of Liberty: American History 1607-1980*, Oxford University Press, 1983, p. 1.

② Sydney Ahlstromi, *Theology in America: The Major Protestant Voices from Puritanism to Neo-Orthodoxy*, Bobbs-Merrill Company Inc., 1967, pp. 601-602.

的"天"不尽相同。"天"多指客观的自然,具有泛神的含义。"天"和清教的"上帝"都含有宿命论成分。在农业中,人们围守土地,强调"认命",强调顺应或乞求得到天的好的安排,强调人与自然的和谐。在近代商业社会里人们迁移不定,以主动态度去表现上帝给自己安排了好命运,去证明上帝安排自己为选民,强调开拓扩张,进行征服。班克罗夫特的信念就是浸濡在这种清教教义之中的。他认为,历史研究和写作是对上帝虔敬笃信的行动。他承认自己深受乔纳森·爱德华兹神学的影响。①

在独立初期,新英格兰是美国历史学家的最重要的摇篮。1800—1860年间,完成多部著作的史学家计有145人,其中出自新英格兰的就占48%。在新英格兰的史学家中有26人毕业于哈佛,15人毕业于耶鲁,5人毕业于布朗,4人毕业于普林斯顿,另外有30个学院各造就了1人至3人。②这批人都受过良好教育,他们的读者群也是受过一定程度的教育,并具有一定财力的。

哈佛学院毕业生班克罗夫特是以新英格兰精神撰写美国史的。他以唯一神论的信仰去"注"美国历史,以其消化了的欧洲文化去与在北美衍生的新传统文化相衔接,相融合,并应答美国社会发展中出现的新问题。衔接和融合不是简单的回归。实际上人类社会在不断发展,不可能回归原来的模式。就连对上帝的信仰,也是各派有各派的模式,各代有各代的说法。回归是表面的,实质上是创新。这就是班克罗夫特在学术上取得成功的关键之所在。这个"关键"表现在班克罗夫特虽然是以新英格兰精神写史,但所写的远远不同于约翰·帕尔弗里的五卷本《新英格兰史》。他撰写的不是区域史,而是通史(虽然最后未能彻底完成,只到制宪会议)。更重要的是他在写作通史时把目光投向大西部,而不是南部。他的《美国史》尽管不受南部种植园绅士们欢迎,却引起广大读者对未来的向往。

班克罗夫特首先以上帝名义讴歌共和制,讴歌在近代史上第一次推倒封建专制并建立起的新国家。加尔文教徒认为政治的任务是光耀上帝。③班克罗夫特在1826年7月4日美国国庆日的演说中,就显示出他的民族优越感与对上帝热情歌颂间的联系。他欢呼《独立宣言》是上帝的声音,是圣谕。他说,美国在西半球的成就远比欧洲君主制伟大。"在我们面前出现的前景明亮耀目,几不可估";

---

① Richard C. Vitzthum, "Theme and Method in Bancroft's History of the U.S.", *New England Quarterly*, Vol. 41, 1968, pp. 365, 367.

② George Callcott, "Historians in Early 19th Century America", *The New England Quarterly*, Vol. 32, No. 4, 1959, pp. 496-497.

③ Curtis Nettels, *The Roots of American Civilization*, Crofts, 1938, p. 57.

"我们在实现上帝意志时,上帝答应给我们每个人以帮助。……上帝从他高高在上的地位,赞许地向我们莞尔而笑"。[①]他写上帝,是为了激扬美国历史的风光,是为了证明"显明天命"合乎上帝的意旨。[②]

在1834年出版的第一卷《美国史》中,班克罗夫特显示出在资料使用方面所受的训练,更重要的是他阐发了美国历史的主题思想。他说,从殖民地时期"自由"就是美国的精神。共和制是光荣的,使美国走在世界各国的前列。他赞赏德意志原始种族社会的平等。这种说法为后来赫伯特·巴克斯特·亚当斯所主张的德意志"生源说"埋下伏笔。班克罗夫特所描绘的美国几乎没有任何阴影,所有的都是一派圣洁、自信、希望和进步。人们都依照上帝提出的完美计划,安排他们的社会。1874年《美国史》第10卷问世。他在书中所表达的基本看法、基本方法和基本偏好都原封未变。他依然强调了进步观。他安慰他的读者说,尽管人类在现世生活中有许多无法解决的问题,但最终还是会得到善果的。[③]在这里他偏重了清教教义中的宿命论。班克罗夫特自始至终是一位唯一神论史学家。

因为班克罗夫特直面广大西部,扩张主义使命观自然是他的思想走向。这自然也使他在政治上始终不渝地成为民主党人。在19世纪上半叶,得克萨斯和俄勒冈并入美国版图,美墨战争又扩展了西部边疆。这一连串显示"显明天命"的政治运作照耀着民主党人,其中包括班克罗夫特。至于杰斐逊收购广阔无际的路易斯安那以及西班牙割让佛罗里达,可视为民主党人向西扩张的前奏曲。班克罗夫特是安德鲁·杰克逊总统的追随者。杰克逊是1814年在新奥尔良打败英国军队的英雄。不止于此,他从田纳西走进白宫,就象征着来自西部的"普通人"居然能闻问国事,虽然在班克罗夫特的书中"普通人"是抽象的,不是"有血有肉的人"。[④]班克罗夫特的政治选择不合同代新英格兰人的口味,他在政治上的飞黄腾达也令他们吃惊。1837年他被马丁·范布伦总统任命为波士顿港税务司长。1845年又被波尔克总统任命为海军部长(1845—1846年)。在任期间,他创建了安纳波利斯海军军官学院。在担任代理陆军部长时(1846年),他命令太平

---

① George Bancroft, *Oration*, Schermerhorn, Bancroft & Co., 1865, pp.15, 25.

② Edward Saveth, Scientific History in America, Donald Sheehan and Harold Syrett, eds., *Essays in American Historiography: Papers Presented in Honor of Allan Nevins*, Columbia University Press, 1960, p. 2.

③ Lilian Handlin, *George Bancroft: The Intellectual as Democrat*, Harper and Row, 1984, p. 324.

④ Harvey Wish, *The American Historians, The Intellectual as Democrat*, Harper and Row, 1984, p. 86.

洋舰队司令斯洛特,若美墨战争爆发,就立即夺取加利福尼亚港口,不久又命令泰勒将军跨越墨西哥国境,发动美墨战争。之后他被任命为驻英公使。南北战争结束后,班克罗夫特还被召至华盛顿,为新任民主党人总统安德鲁·约翰逊起草国情咨文,后来他出使柏林。无怪班克罗夫特传记作者莉莲·汉德林视他为"归依"民主党的知识分子。[1]

19世纪上半叶,民主党人长期执政,班克罗夫特以其最旺盛的年华,为民主党服务。他是一个以政治生活为主的历史学家。[2]他的史学业绩同他的政治活动分不开,同他所处的时代分不开。这个时代背景是了解班克罗夫特学术思想和学术业绩的至关重要的提纲。

班克罗夫特处于美国资本主义早期发展阶段。自由资本主义节节挺进,自由资产阶级在年轻的共和国里赢得繁盛丰硕的果实。他诞生前十多年,美国的第一次资产阶级民主革命方告胜利结束;在一生过半时,另一次资产阶级民主革命也吹奏胜利凯歌。这个新兴共和国所发生的新事物激发美国人自己的思考,也引起欧洲人的兴趣。共和国独立伊始,美国人就开始考虑如何摆脱旧殖民主义者的影响,如诺亚·韦伯斯特以美国本土发音和词汇编纂字典,并以宣泄文化独立的民族主义精神,于1787年写了一本美国史。又如超验主义者拉尔夫·埃默森于1838年在哈佛发表题为"美国学人"的演说,提出制定"智力独立宣言"的呼吁。他要求美国人不要一味遵从欧洲价值观,应当在本国文化中寻求启迪。小说家赫曼·梅尔维尔甚至说,"让我们在文学上避开对英国显示仆从主义的影响"。[3]到美国旅游或作短期定居的欧洲人,也对新兴共和国发表各种议论。如1827—1830年间居住在美国的英国小说家弗朗西斯·特罗洛普大人于1832年出版《美国家庭的习俗》,詹姆斯·斯图尔特于1833年在爱丁堡出版《北美旅居三年记》(两卷),弗朗西斯·莱特于1821年出版《美国社会和习俗观》,约瑟夫·斯特吉于1842年出版《1841年旅美记》。法国人克雷弗克、托克维尔和英国人布赖斯三人相互间隔三四十年分别出书,探讨美国的社会和政治问

---

① Lilian Handlin, *George Bancroft The Intellectual as Democrat*, Harper and Row, 1984, .

② John Spencer Bassett, *The Middle Group of American Historians*, Macmillan Co., 1917, p. 178. 关于"Middle Group"一词,马库斯·康里夫和罗宾·温克斯在合编的《过去的大师们》(Marcus Conliffe and Robin Winks, eds., *Pastmasters: Some Essays on American Historians*, Harper and Row, 1969) 中提出质疑。他们认为此词意思含混,因未指明"中间"的涵意(参见该书第Ⅶ页)。以作者叙述的内容看,"Middle Group"是指殖民地时期与20世纪初年之间的史学家,故译为"中期"。

③ F. O. Matthiessen, *American Renaissance: Art and Expression in the Age of Emerson and Whitman*, Oxford University Press, 1941, p. 191.

题。克雷弗克于1782年在伦敦出版《一个美国农民的来函》一书中提出何谓"美国人"问题。托克维尔于1835年和1840年先后出版《论美国的民主》，英国人布赖斯于1888年出版《论美利坚共和国》等。总的来说，他们的论述实质上都离不开"何谓美国人"这个命题。①

班克罗夫特从其唯一神论的宗教观、浪漫民族主义的精神和民主党人的审视角度，成功地回应或者较好地答复了当代社会提出的一些问题，其中包括克雷弗克、埃默森等人提出的问题。1834年第一卷《美国史》的出版，自然引起读者重视。这本书不胫而走，风行一时，10年内连续出了10版。1875年前，第一卷和其余各卷出了20余版。班克罗夫特乘自由主义和进步主义之风，挥毫弄墨，文采熠熠。

美国立国年浅，无本土古代传统可言，美国人重实际，重实用，不重视抽象原理，不重视追究思想意识的辩证发展，不重视历史细节。②有识之士是在实践经验中审时忖势，应答时务。他们未负荷沉重的历史传统包袱，故不受故步自封的困扰；又都具有年轻共和主义的进取精神，故无妄自菲薄、虚无主义的连累。如同全盘照搬一样，故步自封和妄自菲薄都是蒙昧的表现。他们都是摆脱蒙昧主义的佼佼者。班克罗夫特即是其中最突出的一人。

及至19世纪70年代班克罗夫特出版《美国史》第10卷时，美国史学发展开始离开文史不分的年代。由于实证主义的传播，史学被视为科学，历史学家因而被视为从事专门科学研究的自由职业者。70年代前，从事历史写作的人都是业余爱好者。文史合一，以文取胜，历史与史观是通过绚丽璀璨的文采传递给读者的。虽然早在1839年哈佛大学为史料编纂家、《北美评论》主编贾里德·斯帕克斯开设了一个史学讲座，但史学还不是一门独立的学科。从事历史写作的人首先必须有钱，有了钱，自然也就有闲从事历史写作。这批业余爱好者中，只有家庭殷实的帕克曼有一个收藏充实的图书室。班克罗夫特在国外收集资料，主要靠朋友，在国内主要靠名气，别人乐于提供秘藏，而且他和富孀结婚，生计有仗。班克罗夫特边从政，边写作，用了40年才完成《美国史》。他在财政上的幸运还在于售书赢利，而且他善于理财，精于投资。19世纪70年代，东部著名大学设立了历史系。1880年美国已有11个历史教授，此数后来不断增加。密歇根大学、约翰斯·霍普金斯大学（主讲人为赫伯特·巴克斯特·亚当斯）和哈佛大学（主讲人为亨

---

① Henry S. Commager, *The American Mind*, Yale University Press, 1950, p. 3.

② Oscar Handlin, *Truth in History*, Harvard University Press, 1979, pp.60, 83, 93, 94. 汉德林举例称，班克罗夫特让雕版工去掉乔治·华盛顿鼻上的肉赘。斯帕克斯整理乔治·华盛顿的信件时，常常改动文法。

利·亚当斯)开设了研讨班。1884年全国性历史学会成立。此前若干地区性史学会已经建立。1895年全国性历史杂志《美国历史评论》创刊。1882年赫伯特·巴克斯特·亚当斯创办了大学学报《约翰斯·霍普金斯历史与政治科学研究》。美国历史研究沿着班克罗夫特等非职业史学家所开辟的道路前进,推陈出新,更重视资料使用的方法和准确性,索引和附录更加精确完备,研究范围扩大了,贴近了社会,远离了抽象的上帝示谕。进入20世纪,系统资料编纂著作和集体撰写的大型通史和专史丛书出现了,新的学派出场了,书评地位提高了。[1]多卷本丛书中较有影响的有C. C.李和F. N.思奥普编《北美历史》(20卷,1903—1907年出版),A. B.哈特编《美国国家史》(26卷,1904—1908年出版),艾伦·约翰逊编《美国编年丛书》(50卷,1918—1921年出版),A. M.施莱辛格和D. R.福克斯编《美国生活历史》(13卷,1927—1948年出版)等。

在科学历史兴起之际,美国社会发展接近19世纪末。在政治、经济和社会思潮方面出现一个大转折。南北战争后,随着国内统一市场的形成,工农业突飞猛进。在"镀金时代",主要因社会财富分配问题而引起的社会集体间的矛盾有增无已。军国主义开始抬头,海外扩张的喧嚣震耳欲聋。"自由"走向"组织",垄断和帝国主义现象出现了。[2]放任主义已失时效。随之而来的是过度的个人主义、拜金主义和由此而产生的人际关系的疏离、个人的孤独忧惧,从而引发对做人的道理、人生的意义及处世的原则规范,乃至对宇宙、自然、社会、人类命运基本态度的恍怀。一些知识分子经不住客观社会变革的冲击,亨利·亚当斯就是其中最突出的典型之一,他在思想上幻想摆脱令他苦恼的现实,在空间上他想离开美国,浪迹欧洲,在精神上希望逃往中世纪。亨利·亚当斯与他的弟弟、历史学家布洛克·亚当斯不同,没有顺利地通过这个社会转轨时期。布洛克随着社会发展大潮,成为当时海外扩张主义的鼓动者,成为扩张主义带头人西奥多·罗斯福的挚友。

亨利·亚当斯毕业于哈佛大学(1858年),随后两年在柏林学习法律,并访问了意大利和法国。回国后,随父查尔斯·弗朗西斯·亚当斯从政。1871年进入哈佛大学执教(1871—1877年),主讲中世纪史兼任《北美评论》主编。爱德华·钱宁称他是"最伟大的教师"。[3]但在执教7年后,他离开哈佛,声称他不清楚在讲课中要讲

---

① John Higham, ed., *The Reconstruction of American History*, Harper and Row, 1962, p. 4.

② 伯特兰·罗素:《自由与组织》,陈瘦石、陈瘦竹译,商务印书馆,1936年。

③ Michael Kraus, *The Writing of American History*, University of Oklahoma Press, 1937, p. 178.

什么。这种言谈透露出他的苦恼和思想危机。他从理想主义转向犬儒哲学,申言人类未来人性面临惨淡的劫数。他说,在战争杀戮的后面存在着人类文明将如何自处的问题。①他认为,人类肉体上和精神上的能量,依照热力学第二定律逐渐消耗。工业技术革命加速世界最后灾难的来临。1900年11月他写信给他弟弟说,他"暗暗地想人们已临近世界巨大灾难的边缘"。②这种想法显示了亨利·亚当斯对世纪末的彷徨感。他是一个过渡时期的过渡人物,③也是一个悲剧人物。他的言论具有明显的时代特征。这是他之所以在美国史学史上占有一席地位的缘由。

进入20世纪后,美国兴起资本主义改良运动——进步运动。这是对自由资本主义跟踉失势时所提出的新问题的回应。班克罗夫特的著作虽然在广大读者中销声匿迹了,但他所留下的精神却在潜移默化中流传下来。他所宣扬的观念如扩张主义使命观、美国特殊论和优越观等在20世纪美国史学著作中还时隐时现。1966年拉塞尔·B.奈居然将班克罗夫特的《美国史》予以删节,并付诸刊印。理查德·霍夫斯塔特称,班克罗夫特的著作"仍然是19世纪美国历史意识的最伟大的界碑"。④当时美国科学历史学家的前进道路是以班克罗夫特为起点的。科学历史写作家虽然仍沉浸在新教精神中,但在程度上已不尽与以往相同,"上帝"一词已不再是他们的口头禅了。不过有的科学历史学家的文字过于刻板,因而业余史学家的光辉灿烂的文采还不时激起读者怀古之幽情。

本文原刊载于《历史研究》1999年第2期,并依据杨令侠编《杨生茂文集》(南开大学出版社,2019年)补入了为该刊编者所删去的部分文字。

作者简介:

杨生茂,字畅如,1917年生于河北省涿鹿县。1934年入河北省省立北平高级中学,1938年考入北平燕京大学,三年后肄业,1941年秋赴美入加利福尼亚大学(伯克利)历史系读书,1944年获本科学士学位后,旋入斯坦福大学研究院,主修美国外交史,获历史学硕士学位后,1946年底回国,1947年9月任教于南开大学历史系,1995年退休。

杨生茂教授历任南开大学历史系代主任(1949年)和副主任

① William Appleman Williams, "Thoughts on Reading Henry Adams", *Journal of American History*, Vol. 68, No. 1, 1981, p. 15.

② Elizabeth Stevenson, *Henry Adams: A Biography*, Octagon Books, 1977, p. 302.

③ John Barker, "Superhistorians: Makers of Our Past," *Dialogue*, No. 3, 1984, p. 4.

④ Richard Hofstadter, *The Progressive Historians*, A. A. Knopf, Co., 1968, p. 19.

（1962—1964年）、世界近代史教研室主任（1957—1966年）、美国史研究室主任（1964—1984年）、校学位委员会委员（1985—1988年），以及中国美国史研究会副理事长（1979—1986年）、中华美国学会常务理事（1988年）、国务院学位委员会第二届学科评议组成员（1985—1991年）、全国哲学社会科学"七五"规划世界史组成员（1986—1990年）、中国社会科学院美国研究所兼职研究员（1983年）、天津市哲学社会科学规划领导小组成员（1983年）、美国《美国历史杂志》国际特约编辑（1992—2008年）及《历史教学》编委（1951—2010年）等。

杨生茂教授曾获天津市总工会劳动模范（1959年）、天津市"五讲四美 为人师表"优秀教育工作者（1982年）、南开大学教学质量优秀奖（1990年）、天津市总工会"七五"立功奖（1991年）和国务院颁发的政府特殊津贴证书（1991年）等。

民权运动的发展过程和黑人的未来

肖　军

一、民权运动的开始和种族主义势力的负隅顽抗

从广义上说，美国黑人的民权运动已经有一个多世纪的历史了。所有的争取黑人基本权利的运动都可以叫作民权运动。我们这里所指的是20世纪50年代和60年代这一特定时期黑人反对种族歧视、争取平等权利的规模宏大的民权运动。对这次运动始于何时，有不同说法。但大多数人认为，应当以1955年底开始的蒙哥马利市黑人抵制公共汽车运动，或者以1954年最高法院宣判"隔离但平等"原则违宪为开端。两者都是以反对种族隔离、种族歧视为目标，而且都是具有重要意义的事件，作为民权运动的开端是有一定道理的。但是，一个大规模运动的兴起，用某一个事件作为开端，未必妥当，因为任何一个具体事件都有其局限性，不一定能代表整个运动的趋势。因此也有人认为，把20世纪50年代中期作为民权运动的开端更为合适。本书采用的是这一种说法。

20世纪50年代中期正是反对种族隔离、反对种族歧视高潮的开始。这次高潮来势迅猛，对美国的种族主义势力进行了强有力的冲击。但另一方面，几个世纪以来形成的种族主义阶层实在是太深厚了，种族主义势力还有强大的依托。它的代表人物在运动的冲击面前不甘愿退却，而是采取负隅顽抗的态度。他们对涉及取消种族隔离的政府措施、最高法院的判决和民众的行动都要大加反对。1954年，当最高法院宣布"隔离但平等"原则违宪时，他们竟在全国范围内掀起一场反对判决的轩然大波。正如乔安妮·格兰特所描写的那样，"这一裁决在联邦政府和各州政府之间，在南部的几个城市的黑人和白人居民之间，带来了严重的对抗局面"。①

在判决宣布24天后，15个州的种族主义顽固派在弗吉尼亚州的里士满城召开代表大会。其中12个州表示拒绝这一判决。亚拉巴马州议会议员恩格尔哈德十分猖狂地叫嚣说，要竭力保护种族隔离壁垒的每一块砖石。佐治亚州州长公

---

① 乔安妮·格兰特：《美国黑人斗争史》，中国社会科学出版社，1987年，第276页。

开宣称,只要他在职一天,黑白人种混合学校别想出现。密西西比州入选国会的参议员詹姆斯·伊斯特兰的话更加强硬,说什么"南部人民将永不接受这个荒谬的判决,它将引起一个世纪的诉讼"。南方白人还鼓励黑人学生"自愿隔离",把黑白混合班的师生当犯人处罚,或者把公立学校转交给私人组织,以便实行变相隔离。就在最高法院宣布判决的这一年,一个狂热的种族主义团体白人公民委员会宣告成立。

1956年,90多位南部议员向国会递交了所谓的《南方宣言》。他们在宣言中猛烈地攻击了最高法院的判决:"我们认为最高法院对公立学校案件的裁决,显然是对司法权的滥用。它使联邦司法机构执行立法职能趋势达到了顶点,贬低了国会威信,侵犯国家和人民的权利……最高法院不负责任地行使权力,与宪法精神背道而驰。它在受到影响的各州中制造了动荡不安和混乱……我们赞扬声明愿意抵制以任何法律手段实行种族合一的那些州的行动。"①

在1957年以前的三年时间里,南方各州议会通过的阻止黑白儿童合校的法令多达114条。黑人人口密度最大的7个州中的165.8万名儿童竟然全部被排斥在白人学校之外。②根据威廉·曼彻斯特的记载:"在作出……这一重要判决之后六年,弗吉尼亚州的21.4万名黑人学生中只有170名进入了兼收白人和黑人学生的学校;北卡罗来纳州的31.9万名中只有50名;佛罗里达州的21.1万名中只有755名;得克萨斯州的28.9万名中只有3500名。而在佐治亚、南卡罗来纳、亚拉巴马、密西西比和路易斯安那等州(除了新奥尔良市的少数几所学校外),没有一个学校打算遵守法律。"③

1956年,一位黑人佃农的女儿奥瑟琳·露西在经过长达4年的申请后,终于获法院批准,得以进入亚拉巴马大学。但消息传开后,她的汽车马上受到石块的袭击。2月1日,她勇敢地迈进了注册处的大门。然而,她首先接到的却是大学董事会拍给她的一份电报:"为了你个人、本校同学和教职员的安全,决定你暂缓入学。"露西不服,向法院上诉。法院判决露西胜诉。但在校园内迎接她的却是燃烧的十字架、鸡蛋、泥块。校董事会为此连夜举行会议,并决定指责露西小姐对学校当局提出了"虚假的、侮辱性的、无根据的控诉"。3月1日,露西被"永远

---

① 格兰特:《美国黑人斗争史》,中国社会科学出版社,1987年,第292~294页。

② 刘绪贻:《从合法斗争到非暴力群众直接行动》,中国美国史研究会编:《美国史论文集》,三联书店,1980年,第485~486页。

③ 威廉·曼彻斯特:《光荣与梦想》(第3册),广州外国语学院英美问题研究室翻译组、朱协合译、朔望、董乐山、关在汉校,商务印书馆,1986年,第1038页。

开除学籍"。亚拉巴马大学是一所州立大学,部分经费直接来自黑人的捐税,但建校125年来,无一黑人学生获准入学。

同年,当田纳西州克林顿镇12名黑人学生准备到黑白混合学校报到时,在这个仅有7000多居民的镇子里,竟然有上千市民闯入学校,扰乱交通,肆意毁坏过往的黑人车辆,企图阻止黑人子弟入学。他们甚至跑到警察局叫嚷,要"抓住那些给黑鬼撑腰的家伙!夺过枪来,把他们统统干掉"!这一群骚乱的白人制造了一个恐怖之夜。田纳西州政府不得不调动100名州警察、633名国民警卫队员,七辆M-41坦克来平息这场"狂暴活动"。①

在得克萨斯州一个人口仅1450人的小镇曼斯菲尔德,当3名黑人中学生试图进入一个300人的白人学校时,400名白人手举"黑人耳朵两元一打(12只)"的标语牌蜂拥闯入学校。一名14岁的白人女学生对记者说:"如果上帝要白人和黑人在一个学校上课,他就不会把他们造成黑人,把我们造成白人了。"②

1957年,发生在小石城的种族主义者与联邦政府的冲突,使这个位于阿肯色州的居民不过11万的小城之名一下就上了世界各大报的头版。9月2日,刚开学的小石城中心中学突然被肩扛M-1型步枪的州国民警卫队包围。他们的任务是阻止9名黑人进入这所拥有2000名白人学生的学校。尽管这个城市的市长表示根本不需要国民警卫队来维持该市的和平与秩序,但阿肯色州州长福布斯却耸人听闻地声称,该市店铺里的刀已脱销,绝大部分买主为黑人青年,企图让国民警卫队继续包围学校,阻止黑人学生上学,只是在接到联邦法院发来的禁令后才不得不撤走国民警卫队。次日,9名黑人学生将在警察的保护下悄悄进入学校的消息很快传了出去。一群愤怒的白人公民将学校团团围住。当4名黑人记者先于学生到来时,立即遭到20多名职业打手的毒打。甚至连前来维持秩序的警察也成了被攻击的对象。随后进入学校的9名黑人学生胆战心惊,担心遭到校门口将近1000名白人的殴打。最后,市长只得下令让这9名黑人离开学校。

事情一直闹到了美国总统艾森豪威尔那里,但他认为,用法律改变人心本来就不可能,用军队去对付美国公民也绝不是这个国家"应做的事情",因而采取了不加干涉的态度。但第二天,小石城中心中学门口聚集起更多的暴徒。这些人因有州长福布斯的支持而表现得肆无忌惮,公然对前来驱散他们的警察起哄。

---

① 曼彻斯特:《光荣与梦想》(第3册),广州外国语学院英美问题研究室翻译组、朱协合译,朔望、董乐山、关在汉校,商务印书馆,1986年,第1039页。

② 曼彻斯特:《光荣与梦想》(第3册),广州外国语学院英美问题研究室翻译组、朱协合译,朔望、董乐山、关在汉校,商务印书馆,1986年,第1039页。

这种州政府对联邦政府的公然藐视行为自内战结束以来是极其罕见的。事情涉及联邦政府的权威,这就迫使艾森豪威尔总统改变不干涉的态度。总统就此事件向全国发表电视讲话,并派遣联邦军队去小石城进行干预。八架C-130和C-123运输机将101空降师327战斗大队的1000名官兵空运到那里,对一伙暴徒实行警戒。国内因种族问题引起的骚乱竟不得不动用二战期间赫赫有名的王牌部队来加以平息,这既是一种讽刺,也显示出种族冲突的严峻。

对峙局面持续两个月后,黑人学生才得以在军队的保护下上学。联邦军队撤离后仍留下一支象征性部队以显示对暴徒的威慑。为了让9名黑人学生上学,联邦政府共花费405.1万美元,[①]相当于南卡罗来纳州1951年至1955年州教育拨款的3倍多。

但事情至此并没有完结。1958年,阿肯色州人以压倒多数再次将已当选两任的福布斯选为州长。这位持有严重种族偏见的行政长官一直干到退休才离开州长官邸。对于艾森豪威尔总统采取的行动,南方只有1/3的人认为是正确的。如实报道小石城事件的《阿肯色报》记者阿什莫尔被该州首府公民委员会称为本州"第一号公敌"。该报也因此而在该州失去3000个订户。[②]

二、"静坐"与"自由乘客行动"

尽管种族主义势力在力图维持旧体制上表现出了少见的顽强抵抗,然而黑人民权运动的步伐不但未因此而停止,而且创造了一些新的有效的斗争形式来反对种族隔离和种族歧视。"静坐"和"自由乘客行动"就是得到广泛采用,并且行之有效的两种方法。

1960年2月1日,4名黑人学生进入北卡罗来纳州格林斯伯勒城的沃尔夫百货商店。当他们试图在专为白人服务的便餐部就餐时,遭到白人服务员的拒绝。于是他们静坐在便餐部的座位上以示抗议,直到这家百货店关门。当时这4名黑人学生并没有想到,他们创造的这种"静坐"示威能够得到广泛的支持和迅速的响应。在6个星期内,在8个州的几十个城市里相继发生了静坐示威。静坐示威逐渐成为民权运动的一种形式,席卷了20多个州,参加人数超过20万人。其中有7万多人在100多个城市中举行了800次以上的静坐示威。在南卡罗来纳州的

---

① 曼彻斯特:《光荣与梦想》(第3册),广州外国语学院英美问题研究室翻译组、朱协合译,朔望、董乐山、关在汉校,商务印书馆,1986年,第1135页。

② 乔尔·威廉姆逊:《种族的坩埚:黑奴解放宣言颁布以来美国南方的黑白种族关系》,牛津大学出版社,1984年,第486页。

奥兰奇堡,上千名学生上街游行。在佐治亚州的亚特兰大,学生们用步话机相互联系,同时在各商店采取一致行动。

黑人学生的抗议行动从商店静坐开始,发展到那些从前只对白人开放的场所。黑人在剧院"静立",在教堂"静跪",在海滩"静浴",在公园"静游"……在纳什维尔市的和平游行中,黑人提出要将该市变为取消一切种族隔离的"开放市"。尽管学生们在静坐和游行中常常遭到辱骂、殴打、催泪弹袭击,乃至囚禁,但他们不屈不挠,决不后退一步。奥兰奇堡被捕的350名学生在露天拘留所里冒雨高唱美国国歌。

黑人学生的静坐示威很快引起美国社会各界人士,特别是黑人的关注。他们当中不少人立即行动起来声援和支持黑人学生的正义行为。例如,有的黑人商人免费向学生纠察队和静坐学生提供午餐,有的黑人出租汽车司机免费将学生从校园运到餐馆等静坐场所。北部的许多人则着手筹措经费,以便保释南部各州上万名的被捕者。

1960年4月,学生非暴力协调委员会成立,并开始协调各地区的抗议行动。这个组织力图把所有的抗议活动严格限制在非暴力直接行动范围内。它宣布:"非暴力行动的哲学和宗教理想是我们建立目标的思想基础,是我们信念的先决条件,是我们行动的规范",并认为这一行动可以"培养出一种使和睦共居和公正平等得以实现的气氛",从而唤醒人类良知,消除种族歧视。[1]静坐抗议形式的出现和广泛采用,意味着黑人在反种族隔离的道路上又向前迈进了一步。

黑人大规模的行动逐步取得令人高兴的成果。格林斯伯勒城的沃尔夫分店和克雷斯分店以及其他地方的所有连锁店都取消了种族隔离。种族主义影响根深蒂固的弗吉尼亚热餐店,以及诺福克-朴茨茅斯区的4家百货商店也开始接纳黑人顾客。到1961年,已有200个城市实行了非隔离化。[2]

1961年5月,黑人采取了又一个"进攻性和平行动",即所谓的"自由乘客行动"。这个行动主要是向州际长途公共汽车上的种族隔离发起挑战。尽管蒙哥马利市黑人的抗争使市内公共汽车上的种族隔离被宣判为非法,但南部各州在长途汽车及其检票口、厕所依旧实行隔离政策,对于最高法院在1946年作出的关于禁止在州际运输设施中实行种族隔离的判决置之不理。

5月4日,7名黑人和6名白人从华盛顿分乘两辆长途汽车南下。他们在汽车

---

① 格兰特:《美国黑人斗争史》,中国社会科学出版社,1987年,第317页。
② 哈佛·斯蒂罗夫:《1954—1980年间黑人争取平等的斗争》,希尔&王,1981年,第22页。

上实行黑白混坐,并在沿途车站共同使用专为白人设置的候车室和厕所。沿途不断有与他们观点一致的"自由乘客"上车。当汽车行经佐治亚州的亚特兰大时,警察将其中3人以"行为不轨"罪逮捕。在亚拉巴马州安尼斯敦的车站上,"自由乘客"又遭到手持锁链、铁管、棍棒、匕首的200多名白人的袭击,一颗燃烧弹在车厢内爆炸,车行至蒙哥马利市时又有7名"自由乘客"和4名当地黑人运动领导人被捕。在终点站杰克逊市,"自由乘客"在试图进入白人候车室时,有27人被捕。

"自由乘客行动"一出现就被各地的黑人广泛采用,成为民权运动的一种重要斗争形式,发展极为迅速。南方各州政府对此颇感惊恐,并立即动用警察力量到处拘捕"自由乘客"。从5月至12月,在密西西比一州,被捕的"自由乘客"竟多达300人。[①]

"自由乘客行动"同静坐运动一样,所反对的是一个早已被美国最高法院判决为非法的制度。这对一向标榜"以法治国"的美国不啻是一个莫大的讽刺。如果让它继续发展下去,那将对美国的形象造成更大的损害。1962年9月,州际商务委员会不得不发布命令,禁止在州际运输中对运载工具和站场的使用实行种族歧视。

上述两种非暴力直接行动取得的成果值得庆贺,但所付出的代价和历经的坎坷也是令人吃惊的。1960年10月,在为使亚特兰大里奇百货公司附近餐馆接待黑人顾客而组织的一次大规模行动中,民权运动领袖马丁·路德·金和另外25名黑人被捕入狱。在其他人获释后,金又被判处四个月监禁。其罪名是,金没有佐治亚州汽车执照。显然,这样的罪名是很难成立的,更不能作为判处徒刑的依据。联邦政府也不得不出面过问此事。艾森豪威尔政府的司法部起草了一份释放金的文件。但由于当时正值美国总统选举,这件事暂时搁了下来。不过,具有政治眼光的民主党总统候选人约翰·肯尼迪对马丁·路德·金的被捕表现出了少有的关切。他主动从芝加哥给金夫人打去一个问候电话,并表示,如有必要,他将予以干预。次日清晨,对金作出判决的佐治亚州法官也接到了肯尼迪之弟罗伯特·肯尼迪的电话。一天后,金被保释出狱。肯尼迪的这一行动大得民心,黑人的选票纷纷转投到他的身上。

肯尼迪上台以后确实对黑人问题给予了较多的关注,给民权运动带来新的转机。但他绝非反对种族歧视的旗手。他的聪明之处在于看到了民权运动的威力和不可阻挡的趋势,并采取一些顺应形势、平息民愤的措施来缓和紧张局势。

---

① 南开大学历史系编:《美国黑人解放运动简史》,人民出版社,1977年,第330页。

而这些措施客观上对民权运动的发展是有利的。

三、肯尼迪政府的权宜之计

肯尼迪总统入主白宫后,便下令取消海岸警卫队学院只招收白人学员的规定,并指示国防部长增加仪仗队中的黑人比例。他还任命一批黑人担任联邦政府中的重要职务:罗伯特·韦弗担任住房建筑与房屋财政署署长,安德罗·哈彻为副新闻秘书,瑟古德·马歇尔为上诉法院法官,克利夫顿·沃顿为美国驻挪威大使,乔治·韦弗为劳工部助理部长,约翰·邓肯为哥伦比亚特区第一位黑人专员。此外,有5位黑人被任命为终身法官。肯尼迪总统还任命副总统约翰逊担任总统就业机会均等委员会主席,授权该委员会对与政府签订合同的承包商雇佣情况进行调查,一经发现种族歧视现象,立即中止其承包合同。

肯尼迪政府对于在各州发生的种族隔离和种族歧视事件也采取了积极干预的态度。1961年5月20日,蒙哥马利市发生殴打"自由乘客"的暴力事件,正在当地执行公务的司法部长行政助理约翰·西根索尔由于出面阻止也被打伤。肯尼迪政府司法部长立即下令让蒙市警察当局负责保护"自由乘客",同时派遣600名联邦执法人员前往事发地点,制止暴力行为。在密西西比州,联邦执法人员还陪同黑人退伍军人梅雷迪思进入密西西比大学注册入学。在他们遇到州长和一群白人大学生的阻拦时,司法部长立即宣布那些阻拦者蔑视法令,并发布指令,禁止第五巡回法庭作出有利于州长的判决。在事态由于州长巴尼特的顽抗而不断扩大,终于导致白人种族主义者动用枪支、瓶子和石块袭击联邦执法人员时,肯尼迪亲自出面干预,命令驻扎在孟菲斯的联邦军队乘直升飞机火速前去维持秩序。

1963年5月21日,一名联邦法官判决亚拉巴马大学必须接受两名黑人入学,但州长华莱士亲自把守校门,阻止两名大学生和联邦执法人员入校。肯尼迪闻讯后,随即下令将该州的部分国民警卫队置于联邦的控制之下,迫使州长华莱士退却。当晚,他在全国电视演说中声明,他将竭尽全力,并运用总统的职权来解决种族问题,使之不再在美国的生活中和法律上占有任何位置。他还呼吁:"现在该是我国履行其许诺的时候了!"[1]

肯尼迪总统在任内采取的有关黑人民权的最重要措施是1963年6月19日递交给第88届国会的民权法案。用贝茨的话来说,这"是迄今所曾草拟过的最为全

---

[1] 拉尔夫·德·贝茨:《美国史,1933—1973年》(下卷),南京大学历史系英美对外关系研究室译,人民出版社,1989年,第303页。

面的"法案。法案要求"在可能与州际商务条款有关的(不管关系多小)公共服务设施的各种场所禁止种族歧视"。法案还附有有关这方面的补充条款,该补充条款"规定不管是否有人提出诉讼,促使美国采取行动,司法部长都有权主动催促公共教育消除种族隔离"。①这就是说,在个人由于种种原因未能对种族歧视进行控告的情况下,联邦政府的有关部门有权采取主动行动予以干预。但可惜的是,这个法案还没有在国会得到通过,肯尼迪就在达拉斯遇刺身亡了。此后,这个法案也就被搁置起来了。

肯尼迪总统还对马丁·路德·金于8月28日在华盛顿组织的有25万人参加的大规模黑人集会采取了默许态度,并且认为,这次集会是"要求解除疾苦的一次和平集会……这是合乎我们伟大传统的"。②在他的影响下,集会区的警察和保安人员,以及由联邦提供经费的机构都对这次行动提供了一切便利。这样,马丁·路德·金才得以从容不迫地在林肯纪念堂石阶上发表题为"我有一个梦想"的著名演说。他在演说中揭露了种族歧视造成的黑人不平等的困难处境,指责联邦政府违背了"共和国的缔造者",在宪法和独立宣言中关于"给予所有的人以生存、自由和追求幸福的不可剥夺的权利"的承诺,并对此发出了警告。同时他也表达了实现黑白人种平等、相互融合的强烈愿望。他说:"如果美国忽视时间的紧迫性和低估黑人的决心,那么,这对美国来说,将是致命伤……黑人得不到公民的权利,美国就不可能有安宁和平静。正义的光明的一天不到来,叛乱的旋风就将继续动摇这个国家的基础。"③他又说:"现在黑人社会充满着了不起的战斗精神,但是我们却不能因此而不信任所有的白人。因为我们的许多白人兄弟已经认识到,他们的命运与我们的命运是紧密相联的。"④因此,他梦想:"有一天,这个国家会站立起来,真正实现其信条的真谛:'我们认为这些真理是不言而喻的:人人生而平等'。"⑤

集会结束后,肯尼迪还接见了马丁·路德·金等黑人领袖。他的第一句话就是"我有一个梦想"。肯尼迪用金的演讲题目来进行寒暄,无非是想表示对黑人领袖的理解和支持,当然也包含有取得他们的好感的成分。不过,无论如何,总

---

① 贝茨:《美国史,1933—1973年》(下卷),南京大学历史系英美对外关系研究室译,人民出版社,1989年,第302~303页。

② 西奥多·索伦森:《肯尼迪》,复旦大学世界经济研究所译,上海译文出版社,1981年,第338页。

③ 赵一凡主编:《美国的历史文献》,三联书店,1989年,第316页。

④ 赵一凡主编:《美国的历史文献》,三联书店,1989年,第316页。

⑤ 赵一凡主编:《美国的历史文献》,三联书店,1989年,第318页。

统的接见在客观上起到了提高黑人政治地位的作用。

总起来看,肯尼迪总统在其任内的确采取过许多对改善黑人民权状况有力的措施,但这些措施都是行政部门的行动,是治标的办法,只能是权宜之计。他在生前来不及通过有效的带有根本性的立法来保证黑人的平等民主权利的实施。这项工作只能由他的继承人来完成。

四、黑人的进一步行动与民权立法

由于肯尼迪政府未能从根本上遏制种族主义,在民权运动日益高涨的情况下,不可避免地会产生一些失去控制的种族冲突事件,黑人群众不得不采取进一步的行动和更激烈的斗争形式来争取和捍卫自己的合法权益。在被马丁·路德·金称为"美国实行种族隔离最彻底的大城市"伯明翰,黑人占全市人口的40%,达24.2万人,但除公共交通外,各方面都对黑人实行隔离。在民权运动广泛开展的1963年,自4月2日开始,每天都有黑人进行游行、请愿、抵制、静坐和类似的示威活动。伯明翰的种族主义者和市政当局却立即采取暴力手段来压制这些活动。5月2日和3日,数百名列队游行的黑人大学生遭到砖头和玻璃瓶的袭击,警察也同时动用高压水龙、警棍、警犬来对付示威者,这使得游行现场一片混乱。乔安妮·格兰特写道:"压力阀门开得很大,学生们一面是警棍,一面是强大的水柱……水柱碰到树使树皮脱落,碰到墙使砖块松动……几个警察把一个黑人妇女翻倒在地,然后两名警察把膝盖压在她的胸脯上,扭她的胳膊。这件事情是当着她19岁的儿子和几千个黑人旁观者干出来的。"[1]

警察的这种野蛮行为进一步激起了黑人的愤怒,而警察总监尤金·布尔·康纳的警犬撕扯一位黑人妇女示威者衣襟的照片更令世界舆论哗然。马丁·路德·金曾出面干预,在与联邦司法部长代表会晤后同意与当地白人谈判,并宣布谈判期间暂停示威24小时。但白人种族主义者和市政当局以"未经许可示威"为名将金和其他20名黑人领袖逮捕,并判处100天监禁和100美元罚金。被激怒的黑人群众酝酿进行更大规模的示威。在强大的压力面前,伯明翰市政当局被迫于5月9日作出让步:闹市区的商店向黑人开放;向黑人提供更多的就业机会;成立黑白混合委员会,研究消除各种公共设施中的种族隔离。

但是,白人种族主义者很快又挑起冲突。5月10日,示威运动指挥部加斯顿汽车旅馆被炸,示威运动的领导人之一A.D.金牧师的住宅也遭到炸弹袭击。次

---

[1] 格兰特:《美国黑人斗争史》,中国社会科学出版社,1987年,第383~384页。

日,被激怒的2500名黑人走上街头,掀翻出租汽车,并放火焚烧,同时用砖瓦袭击警察和消防队员。同一天,又有黑人住宅和黑人开设的商店被炸。黑人示威者与警察的冲突持续5小时之久。

伯明翰的暴力冲突延续了两个月,有3300多名黑人男女和儿童被捕。他们虽然付出了重大的代价,但这是值得的。从这里燃起的暴力冲突的大火迅速引发美国其他主要黑人聚居城市的声援示威。据美国司法部统计,仅5月19日至25日的一周内,就出现了40多次示威游行。

伯明翰事件表明,黑人的耐心是有限度的。如果联邦政府迟迟不采取果断的、根本性的改革,民权运动就会越过非暴力直接行动的范围而采取更为激烈的斗争形式。有人已经公开声明:"……我不认为,简单地重复举行非暴力示威行动——这种行动在南方另外的地区已经打开了一些缺口——就可以取胜。我现在深信,在南方顽固不化的地方,那道把每个城镇和村庄期望获得公民权利的黑人堵住的墙(它吸吮牺牲者的鲜血的欲望是无止境的),必须要用铁锤来加以击碎……当客观社会形势存在着施加经济、政治和道德压力的可能时,非暴力行动是有效的。但是在一个十足封闭的社会之中,在南方腹地黑人区的各个城镇中,在这些地方黑人被监禁和殴打,而社会上的权力机构却没有受到丝毫触动,在这种情况下,非暴力行动是不可能收效的。"[1]黑人群众转向暴力行动的趋势越来越明显。肯尼迪总统正是由于看清了这一点才在生前提出民权法案,并为他的工作人员留下了指导性意见:"我们这个国家和这个民族面临着一场道义危机。它不能用警察的镇压行动去解决,不能让街头上日益增长的示威行动去解决,也不能用象征性的行动或言论使之平息下来,是行动的时候了。"[2]但是,由于肯尼迪于1963年11月22日突然遇刺身亡,这项十分重要而又紧迫的事情只得由他的继任者来完成了。

林登·约翰逊接替总统职务后,认真地、忠实地遵从肯尼迪的遗愿,在民权问题上表现出坚决的态度。他向黑人承诺,将尽自己的"每一磅精力"促使民权法在国会通过。他向国会两党领袖发出警告,他将为通过民权法案不惜冒让参议院停止运转三个月的风险。约翰逊还利用美国人悼念肯尼迪总统的心情在国会发表演说。他在演说中强调:"对已故的肯尼迪总统的最好悼念或颂扬莫过于尽

---

[1] 格兰特:《美国黑人斗争史》,中国社会科学出版社,1987年,第348页。

[2] 索伦森:《肯尼迪》,复旦大学世界经济研究所译,上海译文出版社,1981年,第331页。

早通过他长期为之奋斗的民权法案了。"①尽管约翰逊总统表示了要使民权法案在国会两院获得通过的强烈愿望和决心,但这个法案在众议院还是受到共和党议员的阻挠。经过长期辩论,法案反对者所提出的122项修正案差不多逐个被否决以后,民权法案才得以通过。法案随即提交参议院,辩论持续了74天,最后以71票对29票的多数得到通过,1964年7月2日经约翰逊总统签署后正式生效。

这次通过的法案同1963年肯尼迪的原提案相比较,内容略有增加。法案禁止在公共场所实行种族隔离,授权司法部对实行种族隔离的公共场所和公立学校向法庭提起公诉,并干预未决的民权诉讼,禁止在任何联邦计划或得到联邦援助的计划中实行种族歧视,否则将注销联邦拨款。法案要求设置社会关系局,其职责是帮助各个地区调查和处理有关民权的事件。

法案受到黑人的普遍欢迎,但也有部分激进的黑人领袖对此不屑一顾。例如,学生非暴力协调委员会的激进领导人斯托克利·卡迈克尔就认为:"这是白人搞的一个法案。作为一个人,我认为自己本来就有那些权利。"②客观地说,1964年民权法案是一个很有意义的法案。拉尔夫·德·贝茨对它的评价很高,认为"这是从重建时期以来最具深远影响的民权立法"。如果这个法案能够得到全面实施,那么,黑人的民权状况将会得到根本改善。但是,由于白人社会中根深蒂固的种族偏见,民权法案在南方某些地区受到顽固的抵制,因而引起黑人的抗议,有时甚至引起骚动,连北部的一些地区也受到影响。例如,1964年夏天,在纽约、新泽西的泽西城、伊丽莎白市、佩特森市和费城的黑人聚居区,就曾发生过严重的黑人骚乱。但这些骚乱是地区性、局部性的,并未影响黑人选民对约翰逊的支持。1964年11月3日,美国总统大选揭晓,约翰逊以绝对多数票战胜了自己的对手戈德华特,当选总统。

约翰逊当选总统以后,面临着许多问题。如何在全国贯彻1964年民权法案就是一个非常棘手的问题。南方最保守的地区仍然我行我素,置民权法案于不顾。在那些地区,黑人选举权被剥夺的情况极为严重。例如,亚拉巴马州的塞尔马当局就采取烦琐的登记手续和变相的考试使许多黑人选民失去投票的机会。那里具备选举资格的白人为14400名、黑人为15115名。但注册日期每月限定两天,注册手续繁杂,需要填写50多张表格,注册人还要听写一段宪法。这样,文化

---

① 贝茨:《美国史,1933—1973年》(下卷),南京大学历史系英美对外关系研究室译,人民出版社,1989年,第342页。

② 贝茨:《美国史,1933—1973年》(下卷),南京大学历史系英美对外关系研究室译,人民出版社,1989年,第343页注①。

水平不高的黑人差不多都被拒之门外,能够完成注册手续、得到投票机会的黑人只有35人。马丁·路德·金曾经帮助该市黑人进行注册登记。但黑人在注册时或注册后受到警方的阻挠和追究,甚至遭到逮捕。于是金在1965年1月和2月组织了从塞尔马到蒙哥马利的抗议示威。华莱士州长曾经答应对示威者给予保护,但很快就违背了诺言。他的州警察纵马践踏示威者并使用棍棒和瓦斯攻击示威群众。支持民权运动的牧师詹姆斯·里布被活活打死。警察还枪杀了一名黑人。游行的最后一天,亚拉巴马州当局还纵容三K党徒开枪打死志愿民权工作者维奥拉·利厄佐夫人。塞尔马流血事件立即激起了美国各地的公愤。人们愤怒地声讨乔治·华莱士州长和那些残暴的打手们。约翰逊总统在国会大声呼吁,"他们的事业就是我们的事业",要求国会"不拖延、不犹豫、也不妥协"地通过一项法案保障黑人能够实施自己的选举权。于是一个有针对性的选举权法案很快送交国会,并得到两院的批准,8月,经总统签署后成为法律。

1965年选举权法案规定,禁止在1964年总统选举时登记的选民不到选民总数50%的州和县在选民登记时所采取的文化考查和其他歧视性措施,授权司法部长选派联邦检察官员到这些地区进行选民登记。[1]

在这项法案通过以后,为了保护民权工作者和行使选举权的黑人的安全,又提出了一个民权保护法案,规定对侵犯上述人员的人进行严厉惩处。后来在讨论过程中又提出一项修正案,要求禁止在出售或租赁住房中的种族歧视。由于这项修正案触及北方的种族隔离问题,同时遭到了部分北方议员和南方议员的抵制。从1966年拖到1968年,直至马丁·路德·金遇害并引起100个大城市的抗议示威后,这项法案才于4月10日获得通过。法案包括两项主要内容:凡伤害从事民权工作者的人以反联邦罪论处;禁止在出售、出租公共和私人住房时实行种族歧视。由于这是20世纪第一个包含黑人和白人混合居住内容的法案,又称为开放住房法。

在实现黑人民权的道路上,美国国会在最近四年里跨越的距离超过了在此之前的一个世纪的行程。这其中除了美国社会的进步、黑人的觉醒和力量的壮大,以及某些政治家的思想观念的转变以外,还有一个重要原因,那就是非暴力直接行动日益失去影响力,而主张暴力行动的思潮正在兴起。早在北部黑人支持塞尔马黑人行动的一次集会上,黑人激进派领袖马尔科姆·爱克斯宣布:"如果

---

① 刘绪贻主编:《当代美国总统与社会》,湖北人民出版社,1987年,第219页。

黑人仍得不到他们的合法权利,他们就有理由用任何手段取得它。"①马尔科姆·爱克斯原来是黑色穆斯林运动的领导人之一,由于对运动上层人物脱离社会政治活动和生活腐化不满,于1964年3月脱离这个运动,并在三个月后在纽约创立非洲裔美国人统一组织。他主张以暴抗暴,认为:"革命只能立足于流血的战斗",并宣布最终要改变美国的社会制度,不赞成马丁·路德·金在美国建立种族融合的社会的说法。

马尔科姆·爱克斯的激进思想和行动招致了白人种族主义者的仇视。1965年2月21日,他在哈莱姆的群众集会上惨遭杀害。但是,他的思想不但没有随着他的肉体被消灭,而且还在继续发展和传播。1966年,托克利·卡迈克尔提出"黑人权利"口号。其核心思想是"黑人是作为一个集团而受到压迫的;要摆脱这种压迫,就必须作为一个集团来显示自己的力量"。②他还认为,黑人有权以枪支保卫自己,必要时甚至可以开展城市游击战。

黑人民权运动思潮的变化,导致若干民权组织的策略发生变化。例如学生非暴力协调委员会、种族平等大会等组织都转而倾向于以暴力对抗暴力的策略。在新任主席卡迈克尔的领导下,学生非暴力协调委员会还采取极端措施,将白人青年排除出外。

1966年,强调黑人武装和军事战略的黑豹党在加利福尼亚州奥克兰成立。它的领导人主要是来自中产阶级家庭的青年,而它的普通成员则大都是大城市的下层黑人。黑豹党的宣传部长克利弗认为,作为一个被殖民化了的民族,美国黑人的任务就是"在白人的母国爆发革命而且为黑人殖民地获得民族解放"。③

五、新的种族冲突与黑人的未来

20世纪50年代中期到60年代中期的非暴力直接行动对美国社会的发展趋向和联邦政府的政策都产生过重大的影响,成为那一个时期黑人民权运动的主要斗争形式。但这种形式并不是万能的,它不可能取代特定条件下的暴力行动。从理论上说,在国会接连通过三个民权法案以后,黑人已经取得了与白人同等的权利和地位,没有必要采取激烈的暴力行动,因为暴力行动很容易招来政府的镇压,使参加者蒙受重大牺牲,而且还会导致社会动荡,恶化种族关系。但实际情

---

① 南开大学历史系编:《美国黑人解放运动简史》,人民出版社,1977年,第367页。
② 刘绪贻、杨生茂主编:《战后美国史,1945—1986》,人民出版社,1989年,第305页。
③ 刘绪贻、杨生茂主编:《战后美国史,1945—1986》,人民出版社,1989年,第308页。

况却并非如此。在美国仍然存在着种族压迫、种族歧视极为严重的地区,在许多大城市还有黑人聚居区。在这些地方,民权法案无法实施,几乎成了一纸空文。有时负责社会治安的警察还公然向黑人动武,挑起事端,酿成流血冲突。这就是中国古话所说的"官逼民反"。在这种情况下,黑人的暴力行动是不可避免的,是一种有效的自卫和抗议手段。事实上,60年代的暴力行动多半是在同军警对抗时发生的。

早在1964年3月,佛罗里达州杰克逊维尔市黑人就在与军警冲突中投掷石块、砖头、瓶子,并从委托商店中强行取走枪支,准备自卫。7月,纽约哈莱姆区一名15岁黑人少年被警察击毙,引起冲突,警察开枪,造成百余人受伤,被捕者达108人。1965年8月,洛杉矶瓦茨区发生骚乱。起因是警察与一名黑人司机和另外几名黑人发生冲突。在6天时间里,连续出现暴乱、纵火、砸坏门窗、抢劫和破坏,造成34人丧生,856人受伤,3100多人被捕,财物损失达200万美元。政府当局使用刺刀、步枪、机枪、催泪瓦斯和直升飞机,并动用1.5万名国民警卫队队员和1000名执法人员来恢复秩序。[1]

1966年,暴乱和冲突仍在继续。在克利夫兰、佛罗里达的杰克逊维尔,印第安纳州的南本德、纽约以及芝加哥等地都出现了规模不等的武装冲突。第二年,暴力事件还蔓延到一些黑人大学的校园里。在田纳西州的菲斯克大学、密西西比州的杰克逊州立学院和得克萨斯南方大学都发生过骚乱。在这些骚乱中丧命的有警官,也有黑人大学生,受伤者多达数百人。这年夏天的暴乱规模更大,席卷了大约65个城市。仅在纽瓦克一个地方就有25人被打死,725人受伤,1462人被捕,财产损失达1500万美元。[2]

如此频仍的暴力事件使联邦政府感到惊恐不安,不得不进行研究。1967年,约翰逊总统指定以伊利诺伊州州长奥托·克纳为首的国内混乱咨询委员会调查事件的起因。第二年,该委员会公布了调查报告。报告特别强调指出,引发暴乱基本的、潜在的原因是美国社会本身的"白人种族主义"。正是种族隔离、就业、住房的不平等、黑人贫民窟的恶劣环境,以及警察的胡作非为引起了各地的暴乱。报告在结尾部分郑重宣布:"这就是我们的结论:我们的国家正逐渐走

---

① 贝茨:《美国史,1933—1973年》(下卷),南京大学历史系英美对外关系研究室译,人民出版社,1989年,第389页。

② 贝茨:《美国史,1933—1973年》(下卷),南京大学历史系英美对外关系研究室译,人民出版社,1989年,第389~390页。

向两个社会，一个是黑人的社会，一个是白人的社会，彼此分离，互不平等。"①

1968年4月4日，马丁·路德·金遇刺事件激发了规模更大、更为激烈的流血冲突。当天，在首都华盛顿、纽约、芝加哥等20个大城市爆发了规模巨大的黑人示威游行。第二天，示威游行扩展到40多个城市。不少地方的示威者对警察的阻拦和殴打进行还击，街头上出现了暴力冲突。约翰逊总统面对黑人的汹涌怒潮不免有点惊慌失措，急忙授权国防部长，必要时调动军队来结束这种"混乱状况"。首都华盛顿、芝加哥、巴尔的摩等地的冲突最激烈。4月6日上午，华盛顿的150家商店起火，街头上，军警和黑人狙击手展开枪战，军警还动用了直升飞机监视和攻击黑人的枪手。第83空降师也被调来参加战斗。随后，政府又调动13600名正规军对黑人区实行封锁。其他地区的战斗也在激烈进行，最后，卷入冲突的城市达到110多个。联邦政府为了平息这次暴动，调动了6万正规军，另外还有2万人作为预备队。冲突持续将近一周。根据美国司法部对76个城市的统计材料，在这场冲突中，死46人，伤2561人，被捕者达21271人，其中黑人占大多数。②

这次规模巨大的黑人抗暴斗争充分显示了黑人争取真正平等和捍卫自身权益的决心和力量，在黑人的民权史上写下了光辉的一页，其影响极为深远。但另一方面，这也说明了民权运动所取得的成果还不巩固，在法律上的平等还不等于在社会上的真正平等，美国黑人还必须在通向自由平等的道路上继续走下去。

这次抗暴斗争被镇压和其后的暂时沉寂标志着20世纪50年代和60年代民权运动的终结。这次运动虽然没有解决所有的问题，但所取得的成就是内战以来最巨大的。从黑人参加选举的情况看，1960年，在11个南部州中只有29.1%的适龄黑人进行选举登记，并参加选举，到1970年增加到62%，接近白人参加选举人数的比例69.2%。③黑人领袖也开始在南部一些地方选举中获胜。1957年，在南部担任民选官职的黑人不到100人，1970年增至500余人；1960年，全国没有一个黑人市长，1970年达到80个；1945年至1954年间只有两名黑人是国会议员，1970年增至18名。④在教育方面，1964年只有2%的黑人学生进入黑白混合学

① 贝茨：《美国史，1933—1973年》（下卷），南京大学历史系英美对外关系研究室译，人民出版社，1989年，第392页。

② 南开大学历史系编：《美国黑人解放运动简史》，人民出版社，1977年，第372页。

③ 阿瑟·林克、威廉·卡顿：《1900年以来的美国史》（下册），刘绪贻等译，中国社会科学出版社，1983年，第163~164页。

④ 斯蒂罗夫：《1954—1980年间黑人争取平等的斗争》，希尔&王，1981年，第230页。

校,1970年达58%;1954年黑人大学生仅7.5万人,1970年达50万人。在经济上,1954年,黑人家庭平均收入仅为白人家庭的53%,1975年上升到62%。[①]1972年,收入在高水平段(11558美元以上)的黑人家庭占黑人家庭总数的13%,在中等水平段的家庭占26%。[②]黑人的年平均失业率也由1954年的9.9%降为1970年的8.2%(白人则从5.0%降至4.5%)。[③]

进入20世纪80年代和90年代以后,黑人争取和维护自身权利的事件还时有发生,有时甚至发展为大规模的暴力事件。1992年,洛杉矶军警同黑人的激烈冲突,至今仍令许多美国人谈虎色变。这不禁使人产生一个问题:在美国,黑人问题为何如此难于解决?根本原因是美国在民主、自由、平等等人权问题上对黑人采取双重标准。无论是《独立宣言》还是《合众国宪法》都把"生命权、自由权和追求幸福的权利"作为造物主赋予每个人"生而平等"的权利。这就是美国的开国元勋们和争取独立的一代人所信奉的理想和价值观念,也是美国民主制度的思想基础。然而,在实践上,美国的主流社会又粗暴地剥夺了黑人的这种权利,因而造成了严重的黑人问题。理想和现实的矛盾、原则和实践的矛盾,使美国社会陷入了长期不能自拔的困境。正如加州大学伯克利分校历史学教授利昂·F.利特瓦克所说:"美国口口声声表示要忠于自己所信奉的理想和价值观念,而两个世纪以来,美国黑人的真实状况对这种忠诚的性质和深度提供了最严厉的检验……无论美国人如何响亮地自称是'山上之城',无论他们如何虔诚地信奉'所有人……生来就由造物主赋予了某些不可转让的权利',无论他们怎样屡屡向世界展现自己的美德,无论伍德罗·威尔逊那样的人怎样不时地声称美国的旗帜是人类的旗帜,任何人都不能回避这样一种历史,即在表白与实践、理想与现实之间存在深刻矛盾的历史。"[④]

只有取消对待黑人和白人的双重标准,消除种族歧视,美国的黑人问题才可能得到彻底解决,美国社会也才可能最终摆脱困境。100年前美国学者亚历山大·克鲁梅尔就曾提醒美国人说,美国的民主实验正在受到考验,不过受到考验的并非黑人,"受到考验的是这个国家。黑人只是一块试金石。在黑人问题上,她要么经受住考验,要么失败。如果黑人在这个国家得不到自由……白人也不

---

① 斯蒂罗夫:《1954—1980年间黑人争取平等的斗争》,希尔&王,1981年,第236页。

② 格兰特:《美国黑人斗争史》,中国社会科学出版社,1987年,第595页。

③ 格兰特:《美国黑人斗争史》,中国社会科学出版社,1987年,第596页。

④ 中国美国史研究会、江西美国史研究中心编:《奴役与自由:美国的悖论》,贵州人民出版社,1993年,第548页。

可能自由"。①

本文原刊载于张友伦、肖军、张聪:《美国社会的悖论——民主、平等与性别、种族歧视》,中国社会科学出版社,1999年,第269~286页。

作者简介:

肖军,南开大学历史学院副教授。1992年毕业于南开大学历史研究所,获硕士学位。曾任中国美国史研究会副秘书长、学术秘书、《美国史研究通讯》编辑。研究方向为美国宪政史,代表作有《美国社会的悖论——民主、平等与性别、种族歧视》(第二作者),开设"美国史历史文献选读""专业英语""外国史学名著选读"等课程。

---

① 亚历山大·克鲁梅尔:《非洲和美国》,黑人大学出版社,1891年,第53页。

独立战争到19世纪中期美国的思想文化与宗教

周基堃

美国人民进行英勇的革命斗争,摆脱英国殖民主义的统治,赢得民族的独立解放,在历史上"开创了资产阶级取胜的新纪元"。随着政治经济的发展,美利坚民族在思想文化和精神生活方面,也力求脱出旧有传统的束缚,逐步开创合于时代精神和实际需要而显露民族特性的新局面。从1775到1860年,美国的思想文化状况,就其哲学、文学、艺术和史学等方面的发展而论,可以按三个不同的阶段来加以概述。

首先是革命和建国的阶段,即从1775年至1815年,这期间历经反英政治斗争,直到奠定实行资产阶级民主共和的联邦制度、扩充国土和自由发展资本主义。这个阶段在意识形态上起主导作用的,是偏重于政治观点的美国启蒙主义思想,政治家就是哲学家,许多启蒙主义者是政治哲学家,也同时是革命和建国的积极参与者和领导人。这个阶段刚刚诞生的美国民族文学艺术,也主要是为政治服务,其作用首先在于揭露和反对英国的横暴统治,鼓舞和激励革命斗志,以及歌颂独立解放和赞美民主自由。1815年以后,由于不断扩大民主和开展工业化,进入了资本主义加速发展的阶段。这个阶段起主导作用的社会思想,是资产阶级自由主义和个人主义,在文学和艺术上表现出来的特点则是浪漫主义,其内容和形式逐渐开始具有美国民族特色。

到了19世纪30和40年代,蓬勃发展的资本主义经济和资产阶级自由主义、个人主义,以及新的工业制度,给社会带来种种不良现象和困难问题,南部落后于时代的种植园奴隶制经济畸形发展,与北部日益形成对立,迄至50年代已达到难以调和的程度。因此在这第三个阶段里,社会思潮活跃分化,各种资产阶级空想社会主义和人道主义观点,以及超验主义、废奴主义、女权主义等等纷纷出现。这时,在科学社会主义创导者马克思的亲自指导下,马克思主义思想在美国开始得到传播。这些都在这个阶段渐趋成熟的美国文学、艺术和史学中有所表现。

哲学

政治哲学家们的贡献　自从18世纪中叶以来,崇尚理性、相信科学的启蒙主义思想,在北美也如同在西欧一样,起到了改造基督教神学和使人们对教会和教士兴趣逐渐减弱的作用。到了美国革命前夕,现实政治问题受到人们最大的关怀,政治开始代替神学,大批涌现的具有启蒙主义思想的政治家取代教士,成为这个时期的哲学家。他们不仅参与和推动反对英国的政治大辩论,发动和领导了推翻英国殖民主义统治的革命,而且还在美国独立以后积极投入立宪建国、组成联邦、奠定各种制度和担当各级共和政府实际领导职务的活动。"美利坚合众国"这个人类历史上首开纪元的新型资产阶级民主国家得以建立和稳定下来。对此作出杰出贡献的有相当一批政治哲学家,其中最杰出的就是本杰明·富兰克林、托马斯·杰斐逊、托马斯·潘恩、帕特里克·亨利、詹姆斯·麦迪逊、约翰·亚当斯等人。尽管美国革命和建国所依据的一些根本原则和思想信念,如人类平等、天赋权利、国家契约、三权分立、共和政体、信教自由和政教分离等,大都并非出自这批政治哲学家的首创,而是渊源于英、法等国的先进思想家如洛克、卢梭、孟德斯鸠等人。但是,他们将这些根本原则和思想信念与北美的历史传统和实际条件结合起来,进行研讨、发挥和宣扬,并极力付诸实践而取得辉煌成就。

在本体论和世界观上,领导美国革命和建国的政治哲学家们所信奉的,乃是18世纪启蒙主义理性思想对基督教神学加以改造而产生的"自然神论"。正是这种崇尚理性和充分乐观的观点,支持和鼓舞了美国的启蒙主义者,使他们意志坚决、满怀信心地推动和领导革命和建国的艰巨斗争,取得许多重大成就,并使他们坚信人类社会是可以通过适当的政府组织和法律手段而不断改善和进步的。也正因为如此,富兰克林、杰斐逊、潘恩、麦迪逊等人遗留下来的、充满这种观点和精神的大量著作,能够给予后世许多有益的启发。

唯一神论和超验主义   19世纪初期美国较普遍流行的哲学思想是与自然神论一脉相承的"唯一神论"。这种思想原是基督教会及其神学本身,在理性和科学的光辉照耀和冲击下发生变化而产生的。早在17世纪时的英国就已露端倪。18世纪末期在美国,随着革命形势和时代潮流的演变,这种自由主义化的基督教神学观点得到复兴而逐渐盛行起来,形成一个影响很大的教派。1815年仅在波士顿地区,16所公理会教堂之中就已有14所,正式宣布信奉唯一神论,很多知识分子和文人都属于这个教派或接受了这种思想观点,连杰斐逊也在晚年自称是唯一神论者。从这个时期起,美国的哲学思想家开始以文学家和科学家为主,而不再以政治家为主了。

唯一神论是一种关系到人生观和社会道德伦理的折中主义哲学思想,它将对自然科学的尊重和对超自然力量的崇拜结合起来,认为人性是本质善良的,既可以借助于理性认识和经验知识以保持宗教信仰,也可以通过实践努力而邀神宠得享福乐。这显然是一种表现出积极进取精神的乐观思想,对于严厉苛刻的加尔文教义说来不啻是一场革命和解放,带有浓重的资产阶级自由主义和个人主义色彩。到了19世纪30和40年代,资本主义工业经济虽大有增长,却给社会带来许多不良现象和困难问题。拜金主义泛滥,人们追逐实利,普遍重物质轻精神,不利于人的全面发展。新的工业制度出现,资本家对工人加重剥削,工人运动逐步开展。经济恐慌造成工人失业和农业萧条,整个社会有待重新调整。在这种新的形势下,包括许多空想社会主义方案在内的种种资产阶级改良运动应运而生,基督教各教派也纷纷标榜革新以求适应,唯一神论教派内部便在这时出现了注重人的精神方面,提倡心灵直觉的"超验主义"。

超验主义并不是一种体系完整的思辨哲学,而主要是代表着一种思想方式或倾向的哲学观点,它的最有影响的积极宣传者,是新英格兰波士顿地区原曾任唯一神论教派牧师的文学家埃默森。他受到德国唯心主义哲学和欧洲浪漫主义运动的影响,不满于唯一神论尊重理性认识和经验知识、忽略人的精神主动作用的一面,认为宗教信仰乃是超越于感觉经验范围之外的事情,真理不取决于客观事实或传统与权威,而是要靠心灵所固有的直觉能力来领会的。埃默森极力推崇人的至高无上,要求人们认识自己,清除头脑中的偏见,求取精神方面的优异卓越,而不是仅仅追求物质上的成就。在埃默森超验主义思想体系中,一个重要的组成部分就是他的自然观,他认为整个自然界本身就是神对人的启示,不仅揭示出物质规律,还更启示道德真理。人通过自己的心灵直觉而不是凭借什么教条或权威,充分领会自然界的启示,就可以得到指导自己行动的真理,以求全面发扬人的个性,发挥人所具有的万能的精神力量,这样也就能够使人类和社会获得更新,不至沉湎于物质而丧失了真、美、善。这种哲学思想虽然带有很重的唯心主义成分和神秘色彩,但却是积极入世而针对着资本主义物质文明的时弊的,触及当时的许多实际问题,它所提出的"精神解放"要求,乃是政治上的民主主义理想在哲学上的反映。它因此成了那个时期美国思潮的主流,启发了整整一代美国文学家,使美国民族文学富有了力求创新的活力,影响很是不小。

进入19世纪50年代,南、北两种不同方向的经济发展以黑人奴隶制问题为焦点,对立日趋尖锐,由此而与政治斗争相表里的思想分化也有了新的发展。尤其应当指出的是,欧洲1848年革命失败后一批优秀的无产阶级领导者避居美国,带来了辩证唯物主义哲学。他们还得到了无产阶级革命导师马克思的亲自指导。尽管他们的人数不多,但却在美国传播马克思主义方面起到了非常重要的作用,为美国的哲学注入了一定的活力。

文学*

革命时期的文学 在美国革命和建国时期,文学充分起到了为政治服务的作用,以启蒙主义思想家富兰克林、杰斐逊和潘恩为首的一大批作家,从独立前展开反英大辩论起直到进行革命赢得独立以至随后建成联邦之时,都全心投入这场轰轰烈烈的斗争,用他们饱含热情和智慧的笔作为武器,写作了无数犀利深刻、激动人心的政治性论文和小册子,有力地启迪、号召和推动广大人民行动起来,取得了开新纪元的重大成就。他们的许多作品,如詹姆斯·威尔逊、托马斯·杰斐逊和约翰·亚当斯在 1774—1775 年间发表的申述美利坚人权利的论文,杰斐逊 1776 年起草的《独立宣言》以及他写于 1782 年、表述他的政治思想的《弗吉尼亚札记》和许多书信,本杰明·富兰克林写作于 1771—1789 年的《自传》,托马斯·潘恩的《常识》(1776 年)、《人权论》(1791—1792 年)和《理性的时代》(1794—1795 年),亚历山大·汉密尔顿、詹姆斯·麦迪逊和约翰·杰伊三人 1787 年为说明美国联邦宪法而合写的《联邦党人》论文集,等等,都已成为美国民族文学中的经典性名著。

民间歌谣和诗歌创作,是北美人民历久以来所最熟悉和喜爱的文学形式,也最便于用以揭露、打击敌人、鼓舞革命斗志和赞颂自由解放。

1775 年,一位无名诗人发表了战斗诗篇《弗吉尼亚倾茶》,公开号召北美人民"为了自由的事业拿起武器","我们将视死如归,勇往直前!"独立战争开始后,出现了更多的革命诗歌。其中最受欢迎的一首嘲笑敌人的战斗故事诗《小酒桶之战》(1778),是《独立宣言》签字人、美国国旗设计者弗朗西斯·霍普金森法官写的,描述了北美军民在战斗中用许多小酒桶满装炸药,放到河里顺流而下炸沉英军战船的故事。

在革命中发挥较大影响的民歌民谣,有赞扬侦察兵的《内森·黑尔》(1776),歌颂青年民兵的《青年志愿军》(1780),以及被称为"美国诗歌中的独立革命"的《扬基小调》。《扬基小调》的曲子早在 1767 年就出现了,独立战争之初保守派文人利用这支曲子填词来嘲笑北美民兵,不久,英勇战斗、满怀胜利信心的民兵改写歌词普遍传唱,起了鼓舞士气和打击英军的作用。

---

* 本节在编写中曾参考和引用董衡巽等编《美国文学简史》(上册)(人民文学出版社,1978 年)的部分内容。

美国文学史上第一个真正把诗歌作为争取民族解放,人民民主权利的斗争武器的专业诗人,是菲利普·弗瑞诺,他出生于纽约,1771年在新泽西学院读书时,就曾与同班同学休·亨利·布拉肯里奇合写了一首公开揭露英国在北美暴行的诗篇《北美勃兴的光荣》。"波士顿惨案"发生后,他写诗直接控诉大英帝国。他不断写诗热情赞扬革命军民,号召大家奋斗到底。战后在建国期中,他坚定地站在杰斐逊一边,主编民主派报纸《国民公报》,同汉密尔顿等联邦党人作斗争。他的诗歌感情充沛想象丰富,精神境界较高。他不仅写了许多战斗性很强的诗篇,而且后期还运用多种诗体,写作了一些自然流畅地表达思想感情的抒情诗,为在诗歌领域建立新的美国民族文学传统作了有益的探索。同时进行这一重要探索的,还有康涅狄格州被称为"哈特福德才子"的约翰·特朗布尔、乔尔·巴洛和蒂莫西·德怀特等人。他们虽都各有成就,留下一些传世的名篇,但总的说来却仍未能完全脱出英国诗歌传统的樊篱,除采用美国的题材和内容而外,在语言文字和方法技巧上尚处于以英国传统为最高标准而极力模仿的阶段。

浪漫时期文学　小说写作在美国发展较迟,1789年以后虽涌现了不少作品,但大都是对欧洲旧作家的模仿,内容贫乏格调不高。直到进入19世纪,在已达全盛时期的欧洲浪漫主义运动影响下,兴起了美国浪漫主义文学,才出现了以美国的历史传说、风俗人情、自然景色等为题材的具有民族风格的小说作品。30年代以前的前期浪漫主义文学。重要作家有欧文、库珀、布赖恩特、爱伦·坡等人。

华盛顿·欧文是美国浪漫主义文学的奠基人,出身于纽约一个富商家庭,他1809年用笔名"迪德尼希·尼克波克"发表的成名作品《纽约外史》运用喜剧手法,描绘纽约早年荷属殖民地时期独具特色的社会风貌,通过滑稽夸张的独特形式,讽刺了当时当地的某些"谬误与弊端"。发表于1818年的《见闻札记》是他成熟时期的代表作,包括散文、杂感、故事等共40余篇,开创了为后世取法的短篇小说这一文学形式,出版后欧洲各国竞相翻译,使欧文成为第一个得享国际声誉的美国作家。在我国,最早有林纾1906年题名为《拊掌录》的古汉语选译本,其中《李迫大梦》(即《瑞普·范·福克尔》)和《睡洞》(即《睡谷的传说》)两篇富有乡土风味和浪漫主义奇想的故事,描绘了宗法社会纯朴的人物性格和淳古的风俗人情,与当时美国社会唯利是图的商业气息和钻营精神形成鲜明的对照,文笔优美,至今犹被广泛传诵。1826年后欧文出任美国驻西班牙的外交官,搜集材料写成若干有关西班牙历史和民间传说的著作,晚年又还撰写了包括《华盛顿传》在内的3部传记作品。

詹姆斯·费尼莫尔·库珀以写作长篇小说著称,对于创建美国民族文学做出了很大的贡献。他出生于纽约地区与未开发地带接壤的库珀顿斯,自幼熟悉当地残存的印第安人和他们的传说,后来利用这种边疆题材写出了他的总称为"皮袜子故事"的一系列著名的长篇小说:《开拓者》(1823)、《最后的莫希干人》(1826)、《草原》(1827)、《探路者》(1840)和《杀鹿者》(1841)。这些"纯粹美国式的小说"内容新颖动人,情节惊险曲折,库珀因此在生时即得享"美国的司各特"之誉。他还写过一些航海小说和历史小说,描绘了美国社会各种不同行业和不同类型的人物。

威廉·卡伦·布赖恩特是诗人兼新闻记者,早年以描写美国北方他的家乡自然景色的抒情诗闻名,开创了美国的浪漫主义诗歌。他从1827年直到逝世为止,在纽约主编《晚邮报》达50余年,成为美国新闻界的一位领袖人物。1844年后布赖恩特不再写诗,大量写作政论文章批评美国现状,积极拥护资产阶级民主事业。他提倡自由贸易、维护工人合法权利、反对黑人奴隶制,南北战争前夕公开赞扬领导黑人起义的约翰·布朗,大力支持林肯的竞选活动。他将美国的新闻写作提到较过去为高的文学和道德水平,赋予他所主编的《晚邮报》一种尊严气派,把它办成当时美国第一流的报纸。

埃德加·爱伦·坡是美国南部作家,生于波士顿,幼年失去父母,由南部一位商人收养,曾被带到英国学习,后返美进入弗吉尼亚大学。22岁时与养父关系破裂,从此浪迹南北,为一些杂志充当编辑和撰写文学评论以维持生计。他受英国唯心主义诗人和理论家柯勒律治的影响,把创作看成是纯粹的主观思维过程,而不是客观现实的反映,也不是作家内心世界的抒发,而是一种所谓"纯艺术"。他写作了相当数量的长诗和短诗,以及许多短篇小说,创造出了各种怪诞、病态的形象,把丑当作讴歌的对象,散发着消极颓废的情绪。他的作品在当时的文坛未能受到重视,但对后世产生了很大的影响,成为西方唯美派文学和侦探小说创作的鼻祖。

新英格兰文艺复兴　后期浪漫主义文学始于19世纪30年代中期,这时美国的文化中心,从纽约地区转移到了新英格兰的波士顿地区,出现了所谓的"新英格兰文艺复兴",其核心就是以埃默森为首的"超验主义俱乐部",其中包括索罗和霍索恩,他们都曾在波士顿地区的康科德村居住,因此亦称"康科德集团"。他们出版文学期刊《日晷》,还建立了两个空想社会主义式的公社"布鲁克农庄"和"花果园地"。这个时期的美国文学开始摆脱对英国文学的形式主义模仿,极力追求思想深度,注重开掘和表现人的内心世界,显露出资产阶级自由主义和个人主义精神特征。

　　总的说来,超验主义代表着一种对人的精神解放的强烈要求,其中心思想是注重个人内心自省的直觉。这一思想运动的倡导者埃默森,是一位具有高深文化修养的作家,他采取散文形式写了很多作品,对超验主义文学主张作了阐发说明。如他在发表于1836年的《论自然》一文中,在说明人如何靠"直觉"领会自然界的启示时,特别强调了诗人的作用,指出诗人通过形象能比普通人更好地领会和传达自然界的启示。他为创造民族化的、具有民主精神的文学而大声疾呼,1837年在哈佛大学发表了《论美国学者》的演说,宣布"我们从属别人的日子,我们长期学习其他国家文化的日子已经结束。我们对于欧洲宫廷文艺女神已经倾听得太久了……奔向生活的千万民众决不能永远靠外国宴席上的残羹剩菜来喂养……这里的事件、这里的所作所为应该予以歌颂,它们要唱出自己的歌",而"每一代新人都要写出自己的书"。埃默森的这篇演说,被人们称为美国在文化上的"独立宣言"。埃默森还特别肯定了当时诗歌中出现的描写"眼前的、平凡的、低贱的"题材的新气象,认为这是美国文学中的"可喜现象"。埃默森的超验主义思想在反对宗教愚昧的同时,大力提倡发扬个性,推崇精神万能,实际上代表了浪漫主义对以金钱为中心的资本主义物质文明的否定。他说:"我就是要歌颂精神的力量,反对机械的力量和眼下的机械哲学",并呼吁人们不要为了沉湎于物质而丢掉"美、真理、艺术、诗歌……"。埃默森的思想反映了美国社会发展本身的要求,属于资产阶级文化中的进步潮流,是合于历史前进的方向、起过积极作用的。在社会实践上,他坚决地站在当时的废奴主义运动一边,赞成解放黑人奴隶。他的著作除分别于1841年和1844年结集为第一集和第二集的《散文选》以及一部《诗集》(1847)外,还有《代表性的历史人物》(1849)、《英国人性格特征》(1856)等。他在诗歌中也如同在散文中一样具有独特的写作风格,语言朴实精炼,思想表达简明有力。

　　超验主义俱乐部的另一成员亨利·戴维·索罗,也生长在波士顿地区的康科德村,青年时期与埃默森过往密切,思想上受到影响。他也是一位以散文写作著称的作家,其主要作品为《康科德河和梅里马克河上一周记》(1849)和《沃尔登,或林中生活》(1854)。索罗20岁从哈佛大学毕业后一度教书,大量阅读英国浪漫主义作家柯勒律治和卡莱尔的文艺理论和历史哲学著作,并接触了东方的哲学思想,形成自己的思想观点,认为人应当到大自然中去寻找生活的意义。他毕生努力实践自己的理论,他在上述代表作中,就记录了他在河上旅行和林中长期生活对大自然的观感和体验,以及从而领会到的人生目的和文艺理想。他也和埃默森一样,认为过分沉湎于物质享乐只会使人失去生活的真正意义,因而他号召人们生活要"简朴、简朴、再简朴",把超过维持起码生活所必需的一切"非生活的东西"都排除,以便尽量"吸取生活的精髓"。他的这种主张并非逃避现实,而是为了彻底追求资产阶级个性解放,要求达到更充分的"自我完成"。索罗的进步观点和实践精神还贯穿在他对社会问题的态度上。他激烈反对当时美国政府侵夺墨西哥领土的战争,曾因拒付战争税而被捕入狱,还为此而写作了著名的政论文章《论公民的不服从》,在其中提出"与其遵守法条,莫如尊重正义"。他还以实际行动积极支持黑人解放运动。在黑人起义领袖约翰·布朗被判处死刑时,索罗挺身而出,发表公开演说为布朗辩护,产生了很大的影响。

这个阶段最重要的小说家纳撒尼尔·霍索恩,出生于马萨诸塞州萨勒姆镇,祖先曾是当地掌权的清教徒。他大学毕业后埋头写作小说。1836年移居波士顿,与超验主义者们发生接触,在创作上受其影响而极力追求抽象的美,但因思想保守且带有浓厚的宗教意识,对现实缺乏深刻的理解。他不满意于当时资本主义和工业革命发展引起的种种新的社会矛盾,却又对包括废奴主义在内的各种改革运动不表赞同,而是依据加尔文教的"原罪"观点,认定一切社会问题均根源于人心中固有的"恶"。因此他要在创作中挖掘揭露这个无所不在的"恶",以求有助于"净化"人心而使社会问题得到解决。这种浪漫主义、神秘主义的空想,使霍索恩的作品不注重对客观社会现实的描绘,而偏重于描写一些超自然的、怪诞恐怖或阴暗反常的心理活动和思想冲突,而且大有说教的意味,令人读来觉得沉闷和不易理解。但这种对人性的开掘触及了人的内心矛盾冲突,开创了美国小说创作中的心理分析手法,增加了作品思想内容的深度。他的小说多以新英格兰殖民地为背景,不仅刻画了美国殖民地时期的阴暗面,而且也揭示出资本主义条件下新旧观念矛盾的精神危机。霍索恩一生著作甚多,其中最著名的为短篇小说集《重讲一遍的故事》第一集(1837)、第二集(1842)和《古屋青苔》(1846),以及长篇小说《红字》(1850)和《七个尖角阁的房子》(1851)等。

以写诗驰誉世界的亨利·华兹沃斯·朗费罗,出生于新英格兰的缅因州,是霍索恩在大学时的同班同学,后赴欧洲留学,从1836年起在哈佛大学任教。朗费罗以写作抒情诗和歌谣闻名,他的诗旋律优美、音调铿锵,技巧娴熟、能够做到雅俗共赏。他的作品虽在意境和思想上并无高深之处,但却因内容明白浅显合于时代精神,易被广泛接受而产生很大影响,使他遐迩闻名。如他的鼓励个人奋斗的《人生颂》一诗就是如此,诗中写道:

　　　人生是真切的!人生是实在的!

它的归宿不是荒坟。

"你本是尘土,仍要归于尘土",

这话说的不是灵魂。

全诗洋溢着刚健自信、乐观向上的精神,传颂极广。这首诗在我国,早在朗费罗本人得以寓目的1864年,就已成为"破天荒最早译成汉语的英语诗歌⋯⋯很可能是任何近代西洋语诗歌译成汉语的第一首。"[1]朗费罗尤其善于利用民间故事传说的题材来写诗,如叙述美国独立战争英雄故事的《保尔·里维尔的夜奔》和记叙印第安人传说的长诗《哈依瓦撒之歌》(1855)等,都已成为美国诗歌中不朽的名篇。他还写过一组反对奴隶制度的短诗《奴役篇》(1842),在当时的废奴运动中起到良好的作用。

美国浪漫主义小说另一位最重要的代表作家赫尔曼·梅尔维尔,出生于纽约市一个商人家庭,从少年时起因家境衰落自立谋生,从事各种职业积累了丰富的生活经验,尤其以长期当水手航海和捕鲸的浪漫惊险经验,对他的创作具有决定性的影响,他的早期作品都是根据他的这类经验和见闻写成的。1847年他定居马萨诸塞州,与霍索恩结为终生文艺之交,在创作上受到霍索恩的影响。他发表于1851年的著名作品《白鲸》,写的是他在南海一艘捕鲸船上惊心动魄的经历,他在这部作品中也如同霍索恩一样运用心理分析的手法,探讨了善恶之间的艰巨斗争,虽然写得冗长晦涩,带有神秘色彩和象征意义,但主题却是十分严肃的,表达了作者对美国社会现实和人生意义的深刻体验,因此被后世公认为美国文学中的不朽杰作。

废奴主义文学　19世纪30年代,美国废奴运动高涨,许多作家受到影响,也站在进步立场上反对黑人奴隶制。埃默森、索罗、朗费罗等都曾发表作品为解放黑奴大声疾呼,梅尔维尔也曾写诗表示支持北部反对蓄奴制的立场。在废奴主义文学中,艺术成就较高影响作用较大的作家有《白奴》(1836)的作者理查德·希尔德雷思,《汤姆叔叔的小屋》(1852)的作者哈丽雅特·比彻·斯托夫人,以及诗人约翰·格林里夫·惠蒂尔。

希尔德雷思是律师、历史学家、经济学家、报刊编辑兼小说家。他的长篇小说《白奴》通过一个混血种奴隶阿尔琪·摩尔的自述,描写了南部庄园里奴隶主对广大黑奴的残酷剥削和压迫,以及非凡的起义领袖汤姆士团结奴隶而进行的英

---

① 钱钟书:《七缀集》,上海古籍出版社,1985年,第117~118页。

勇反抗。由于作者对所描写的对象缺乏亲切的感受,致使人物和情节的真实感不足,形象常常流于概念化,作品的感染力因而不够强烈,其影响作用也难以持久。相形之下,斯托夫人较晚出的同一主题的小说《汤姆叔叔的小屋》,艺术成就要高得多,作品的影响也更为巨大。斯托夫人出身于美国北部著名的牧师家庭,她的丈夫和几个兄弟都是激进的废奴派活动家。她青年时代居住在靠近南部的辛辛那提市,曾亲见亲闻南部黑人受到残酷奴役和被迫大批逃亡的实情。她十分同情黑奴的命运,因而决心拿起笔来,对黑暗的蓄奴制加以揭露和控诉。从1851年起,《汤姆叔叔的小屋》开始在《民族时代》杂志上分期发表,次年全书正式出版,同时还改编成戏剧演出。由于题材取自现实生活,人物形象生动感人,因而立即产生巨大反响,在国内外传播极广,有力地推动了废奴运动。这部作品在创作方法上以现实主义为主导,突破了浪漫主义传统,成为美国文学史上一部重要的现实主义小说。它在我国,曾在1901年由林纾用古汉语译出,题名为《黑奴吁天录》,还曾在1907年由当时留学日本的曾孝谷、李叔同、欧阳予倩等所组织的"春柳剧社"改编为话剧本,在日本东京演出。斯托夫人后来还写过关于奴隶起义的小说,以及其他一些作品。

诗人惠蒂尔是废奴运动中著名的社会活动家,教友派教徒。他自幼贫困,仅上过1年专科学校。后来结识废奴派领袖加里逊,受其影响和他自己宗教信仰的推动,积极投入废奴运动,编报纸,写社论,作巡回演说,为废除奴隶制而奋斗了近30年。他以诗歌为武器,来描述黑奴的悲惨命运,揭发奴隶主的暴行,并歌颂废奴派战士不屈不挠的斗争精神。这些作品传颂一时,后来编成《在废奴问题进展过程中写的诗》(1838)、《自由的声音》(1846)等诗集。惠蒂尔的废奴诗歌像是一部美国反对奴隶制的编年史,反映了当时废奴斗争的历次重大事件,具有强烈的战斗性。

成为美国文学创作重要一支的黑人文学,在这个时期也有了新的开展,主要表现在黑人中间也产生了废奴文学,对于当时反对种族压迫、废除奴隶制度的斗争作出了不少的贡献。著名的废奴派黑人作家有诗人乔治·摩西·霍顿、詹姆斯·怀特菲尔德、女诗人法兰西丝·艾伦·华金斯·哈珀,以及小说家威廉·威尔斯·布朗和马丁·德拉尼。著名的黑人领袖和废奴运动积极参加者弗雷德里克·道格拉斯也是一位作家,他从1845年起开始出版自传,后经一再修改增补,改名《弗雷德里克·道格拉斯的生平和时代》(1881),其中不仅记述了道格拉斯本人丰富的生活经历,还记录了那个时代将近100年的种种社会状况和人物形象,因而在美国文学中占有比较重要的地位。

惠特曼和他的《草叶集》 最后,关于这个时期的美国文学还应该提及的是美国19世纪最杰出的新兴资产阶级诗人沃尔特·惠特曼,他出生于纽约长岛一个农家,自幼家贫很早就外出谋生,利用一切时间和机会自学,阅读了大量的世界文学名著,在思想上推崇超验主义,接受了埃默森的观点。美国当时蓬勃发展的自由资本主义,使社会面貌日新月异,激励了青年惠特曼。他到处漫游,接触各行各业的劳动者,获得丰富的生活感受。1845年他定居纽约的布鲁克林,先后在10多家报馆从事编辑和新闻报道工作了,自己开始尝试文学创作。1855年,他出版了他的著名诗集《草叶集》的第一版,共收入他在此以前写作的《自我之歌》《大陆之歌》《阔斧之歌》等12首诗歌。这部诗集以后不断增补修订。到他逝世的1892年共出了12版。惠特曼在这部具有划时代意义和重大影响的诗集中,运用他所开创的不押韵、不讲究格律的"自由体"诗歌形式,满怀着欢欣鼓舞的乐观情绪来讴歌资产阶级的民主和自由,歌颂那个自由资本主义蓬勃发展的新时代、新社会的新事物和从事各种和平劳动的普通美国人,赞美美国的山河、海洋和新兴的城市,写出了美国诗歌中从未有过的豪迈热烈、激昂奔放、铿锵有力的诗句。作为一位激进的资产阶级民主主义者,惠特曼忠于法国大革命和托马斯·潘恩的资产阶级民主理想,因而他对于美国现实中不符合理想的现象和资本主义发展过程中出现的丑行和罪恶,对于工人、穷人和黑人受到的侮蔑、轻视和压迫,都用火一样的激烈语言进行了谴责。惠特曼对压在美国社会底层的黑人寄予深切的同情,南北战争爆发以前他就写过一些黑人题材的诗篇,抨击了蓄奴制的不合理性,预示了斗争的不可避免,这些诗在当时的废奴文学中占有重要地位。

艺术

绘画 美国人民在殖民地时期,以全副精力艰辛创业建立新的生活,难有余暇从事艺术活动,在绘画、音乐和戏剧等方面不仅极少成就和表现,没有什么优秀的传统,而且一直还受到教会当局的明令禁止和严格取缔。

独立战争的胜利极大地鼓舞了美国艺术的发展,涌现了一大批有才能的画家,使美国的绘画有了明显的民族特色。革命和建国之初这个阶段,是美国肖像画最灿烂的时期。这时期从事创作民族肖像画的最著名的大师,是吉尔伯特·斯图亚特和查尔斯·威尔逊·皮尔。斯图亚特曾于1776—1781年在伦敦师从本杰明·韦斯特,并在那里获得成功。1793年斯图亚特从英国载誉返美,先后曾在纽约市、费城和华盛顿建立画室。他在自己的艺术中,将韦斯特和科普利的优秀传统结合起来,既着重人物形象的精确描绘,又重视心理情绪和精神状态的细致刻画,达到了当时最高的成就。他给包括华盛顿、杰斐逊、麦迪逊和门罗在内的许多早期政府领导人和其他美国名人绘制的巨幅肖像画,成为了美国绘画史上的杰作。皮尔20岁时才开始学习肖像画,曾在波士顿从师科普利,后又曾于1767年去往伦敦在韦斯特的画室中学习。独立革命时他曾充任费城民兵团少尉参加作战,独立后当过一届宾夕法尼亚州州议会议员。皮尔既是画家,又是一位博物学家,1802年在费城开办了"皮尔博物和肖像馆"(后改为"费城博物馆"),1805年又创议建立了"宾夕法尼亚美术学院"。他以"华盛顿画师"著称,从1772年起连续多年不断为华盛顿绘制巨幅肖像,总共达到60幅之多,在所有的华盛顿肖像画中,以皮尔的作品最为忠实不苟,但在性格刻画方面则有所不足,他所作的其他许多人物的肖像画也是如此。

这个阶段最有成就的一位历史画家,是约翰·特朗布尔,他是康涅狄格州州长的儿子,曾就读于哈佛学院,后来在伦敦跟随本杰明·韦斯特学习绘画,1786年在伦敦完成了他的两幅著名的历史画——《波士顿近郊邦克山之战》和《蒙哥马利将军之死》,后又于1786—1794年在美国国会大厦,作出巨型壁画《独立宣言》,描绘了美国独立宣言起草的场面。特朗布尔自认为是唯一的独立战争史画家,事实上他确是比欧洲画家更早地以现代政治历史事件为题材的人,他的画人物众多,包罗很广,真正成为美国革命的编年史。另一位历史画家威廉·邓拉普除绘制了《耶稣受难像》和《攻打罗浮宫》等名画外,还曾于1834年写作了第一部论述美国艺术的著作《工艺美术在美国的兴起和发展》。

19世纪初期兴起的浪漫主义,对美国艺术产生影响,促进了绘画的发展,尤其使历史画派趋于繁荣。但从20年代直到南北战争前夕,资本主义制度迅速发展,给社会带来种种不良风气,致使艺术受到腐蚀,绘画追求廉价效果,流于浅薄庸俗和粗率狭隘,降低了艺术水平。这个时期兴起的所谓"哈得孙河派"风景画,不过是满足"杰克逊民主"的平庸趣味而已。只是到了这个时期的末叶,描绘美国中西部密西西比河谷地带和边疆居民生活的风俗画开始得到发展,取得不少成就。风景画也才给人以对自然界富有诗意而真实的感受,如乔治·卡勒布鲁·宾厄姆就是有意识地将历史画、风景画和风俗画融合起来,他所绘制的《丹尼尔·布思穿过坎伯兰山口》《沿密苏里河下行的毛皮商人》《快乐的平底船工》《人民的裁判》等,很好地记录了过去的时代。此外,杰出的鸟类学家约翰·詹姆斯·奥杜邦为编纂出版其名著《美国鸟类》而在实地调查中所作的水平极高的艺术写生画,也为这个时期的美国绘画作出了重大的贡献。

音乐 美国的音乐在殖民地时期,长久以来仅只有唱歌一种形式,其内容在正式的场合为官方规定的圣歌,即在宗教祈祷仪式上颂扬上帝的赞美诗,在民间则是各种民歌和民谣,而且不论在什么场合唱什么歌,大都套用从旧世界带来的古老曲调。

革命期间爱国歌曲盛行,其中有很多是由现成的民歌改编或另填新词而成的,如广泛流行、起到打击敌人和鼓舞士气作用的《扬基小调》就是如此,它还对后来的美国民歌产生了影响。约翰·迪金森1768年写作的诗篇《美国自由之歌》,则是被广大人民用古老的英国民谣《不列颠掷弹兵》的曲调来传唱。1775年,约瑟夫·沃伦写作了《自由的美利坚》,托马斯·潘恩创作了谣曲《自由树》。最激励人心的一首爱国歌曲《切斯特》是制革匠威廉·比林格斯在1776年前后创作的,它歌颂革命,赞美祖国的自由和独立,号召人民坚决斗争反对暴政,深受美国爱国主义者们的喜爱,被传唱了几十年。比林格斯是第一批美国作曲家之一,他没有受过音乐教育,但天生的才能和作曲的热情和自信心,使他创作出了一系列声乐作品,其中有些是以当时很新奇和大胆的复调音乐为特点的多声部合唱曲。

这时期的另一位美国作曲家弗朗西斯·霍普金森出生于费城,是宾夕法尼亚州出席大陆会议的代表,《独立宣言》签字人,后又出席过全国制宪会议。他不仅是作曲家和费城基督教堂风琴手,而且是诗人、画家、小册子作者和法官,还设计了第一面美国国旗。1781年为了赞颂美国与法兰西共和国结成联盟,霍普金森按照当时欧洲歌剧的传统格式,创作了美国的第一部歌剧《米纳瓦神庙》,全剧包括序曲、咏叹调、合奏曲、合唱曲和舞蹈,于当年12月在费城正式献演于他的亲密朋友乔治·华盛顿之前。霍普金森还写了不少爱国歌曲,如著名的《哥伦比亚万岁》,歌词就是他在1798年写作的。

1814年8月在第二次美英战争中,当英国海军在马里兰州海岸外对麦克亨利堡进行炮轰时,被囚禁在一艘英国炮舰上的一位美军战俘弗朗西斯·斯科特·基,在黎明中从囚室窗口遥遥望见美国国旗仍在麦克亨利堡上空飘扬,他顿生灵感,立即写下了《灿烂的星条旗》这首歌词,它后来成了美国国歌。

美国独立和建国后,文化艺术事业蓬勃发展,纽约、波士顿和费城3个城市成了音乐生活的重要中心。1815年在波士顿成立了"亨德尔—海顿音乐协会",它对于在美国传播德国古典音乐作出了很多贡献。1820年在费城组织了"爱乐协会",负责主办各种交响乐、室内乐及合唱的音乐会。"纽约爱乐协会"成立于1842年,它的交响乐团是世界上最古老和最优秀的乐团之一,一直存在至今。曾为莫扎特的歌剧《唐璜》和《费加罗的婚礼》写作歌词的意大利诗人洛伦索·达庞特于1805年来到美国哥伦比亚学院任意大利文教授,开始向美国介绍意大利歌剧,并于1825年协助西班牙歌唱家曼努埃尔·加西亚在美国组成"加西亚歌剧公司"演出意大利歌剧。1833年达庞特又促成在纽约修建了意大利歌剧院,有力地推动了歌剧在美国的发展,造就了许多有才能的歌唱家。这个时期最著名的美国音乐教育家、组织家和作曲家是洛厄尔·梅逊,他于1827年开始充任波士顿"亨德尔—海顿音乐协会"的主席和乐队指挥,1832年创办"波士顿音乐学院"有助于提高美国的音乐教育;1838年在他的推动和协助下,波士顿各公立学校首次开设了音乐课。

1848年欧洲国家资产阶级革命失败后,大批移民来到美国,其中有很多优秀的音乐家或受过良好音乐训练的人,大有助于美国音乐事业的发展。50年代最受欢迎的美国作曲家是斯蒂芬·福斯特,他出生于宾夕法尼亚州匹茨堡市一个商人家庭,没有受过专门训练,但自幼喜爱音乐,常到当地黑人教堂去偷听黑人唱"圣歌",对当时兴起的一些由自人装扮黑人的流动歌唱剧团的演出尤感兴趣,他从14岁起便开始自行摸索作曲,1848年以《哦,苏珊娜》一曲而闻名全国,一生共创作了200多首,大部分是供流行歌唱剧团演唱的所谓"种植园歌曲",内容多为描写黑人的生活情感,表达他们的欢乐和哀伤,其中最著名的如《我的肯塔基老家》《故乡的亲人》《老黑奴》《金发的珍妮》《美丽的梦中人》等,家喻户晓至今传唱不绝,早已归入世界名曲的宝库。斯蒂芬·福斯特的创作开创了美国早期大众音乐的一代新风,其特色在于将美国传统的民间音乐与黑人音乐结合在一起,形式简单朴素,旋律活泼动人,语言富有民间气息,其内容有的倾吐被压迫者的悲戚,虽带伤感情绪却能启人心扉,有的抒发温情幽默多趣,均能引人入胜,因此受到极为广泛的欢迎和喜爱。美国评论界认为,正是"从福斯特的歌曲开始,美国的音乐才不再是欧洲音乐的回声"。

戏剧 戏剧艺术在美国的发展,受到了最多的障碍。在殖民地时期,北部的清教教会当局是严格禁止演剧的,在南部和中部也只是进入18世纪以后,才逐渐开始有了一点戏剧活动,主要不过是少数英国演员来演过几出英国戏剧。革命时期美国大陆会议曾在1774年和1778年两次议决,要制定立法禁止公共娱乐活动。但在一些英军占领下的城镇,英国军队和效忠派分子却在演出和写作戏剧,来进行反对和嘲笑革命的宣传。革命派为争取自由独立,本着爱国主义的崇高精神和应有的公民责任感,自然不能放弃戏剧这一宣传武器。在爱国戏剧作家里面,最早的有默西·奥蒂斯·沃伦,她的第一个剧本《谄媚者》写作于1773年,是讽刺当时马萨诸塞皇家总督托马斯·哈钦森的;随后她在1775年,根据英王乔治三世撤销马萨诸塞特许状一事,又写作了剧本《群伙》,但两剧本均未获演出。另一位较著名的革命派剧作家,是革命诗人弗瑞诺在大学时的同学休·亨利·布雷肯里奇,他早在1771年就曾与弗瑞诺合写了揭露英国北美暴行的《北美勃兴的光荣》,后又于1776年写作了《邦克山战斗》,1777年写作了《蒙哥马利将军之死》,这些都是供朗诵的诗体叙事剧。

革命结束以后,戏剧生活渐趋正轨,最初所恢复的仍主要是英国剧团的英国剧本演出,但也开始出现了由美国人写作的剧本,其中最出色的是罗亚尔·泰勒1787年所作并由职业剧团在纽约演出的第一部美国喜剧《鲜明对照》,它也是第一部正式出版的美国剧本,其内容取材于美国现实生活,是一部反对亲英分子、肯定民族独立、批评清教观点的作品,在当时具有无可争辩的社会意义。另一位重要的美国剧作家是画家威廉·邓拉普,他创作了《父亲,或美国狂欢节》、《重大骗局》(1794),以及依据独立战争中英国间谍约翰·安德烈少校事件的无韵诗悲剧《安德烈》(1798)等。邓拉普不仅是第一个美国职业剧作家,而且也是当时最大的戏剧艺术活动家,他当过导演和剧院业主,还曾于1832年出版了他所写作的第一部《美国演剧史》,他的多年积极活动为美国的民族戏剧事业奠定了基础。

19世纪初叶文学艺术中的浪漫主义流派,在美国戏剧的发展中也曾经出现,但由于美国特殊的经济与政治现实,这种浪漫主义反映出广大群众对资本主义迅速发展所带来的社会不良现象的不满情绪。如浪漫主义戏剧家中的"费城学派",就以"尽可能远地离开自己的时代"作为他们的基本纲领,他们用理想的笔调来描写原始的印第安人和奇异的自然界,或者取材于中世纪和古罗马。其中如罗伯特·蒙哥马利·伯德描写斯巴达克起义的《角斗士》(1831),富有民主精神和反奴隶制情绪,属于美国浪漫主义戏剧的左翼。右翼则是一些主要描写中世纪意大利情节的剧本,包含着许多幻想形象和神秘观念,常常违背了历史真实性。美国戏剧现实主义流派的发展始于19世纪中叶,最早在喜剧体裁中出现。19世纪前半期这个流派唯一重要的代表作,是美国女剧作家安娜·科拉·莫瓦特的极受欢迎的社会喜剧《时髦》(1845)。

19世纪前半期活跃于民间的所谓"黑人剧",乃是许多白人装扮黑人的巡回剧团,在美国东部沿海各地演出的歌唱滑稽剧,所唱的主要是如像作曲家斯蒂芬·福斯特创作的那类所谓"种植园歌曲"。这种滑稽歌唱剧中有1个角色和1首歌曲,名为"吉姆·克劳",是一位演员和1828年在肯塔基州的路易斯维尔首创的,当时流传其广,使"吉姆·克劳"一词变成了"黑人"的代称,后又转义为对黑人的歧视、隔离或迫害,至今仍留存在美国的日常词汇之中。1852年斯托夫人揭露南部黑人悲惨处境的废奴主义小说《汤姆叔叔的小屋》发表后,曾由剧作家乔治·艾肯改编为剧本,成了这个时期唯一重大的废奴运动戏剧作品。

史学

革命时期和建国初期的史学　18世纪崇尚理性的启蒙主义思想,使美国的资产阶级革命家们在世界观上发生了根本性的转变,从而也改变了他们对历史的看法。启蒙主义者用人类的"理性"和"常识"这两个概念来代替"神的智慧",作为判断历史发展方向的基本准则,并深信人类依靠理性和常识,使自己的知识和道德得到提高,社会就会不断地进步发展,由低级形式进入高级形式。这种历史观虽然仍带有唯心主义的色彩,对于人类社会经济生活的意义和作用缺乏足够的理解,但在当时却是十分进步的。它在富兰克林、杰斐逊和潘恩等启蒙主义思想家有关历史的著作中都有明显的反映。他们依据"理性"和"常识"而见到和认定必须极力维护和争取的社会发展根本原则和必要条件,就是天赋人权,人类平等和社会契约等,这些正是富兰克林在他的许多政治文章和重要历史专著《宾夕法尼亚宪法和政府历史概要》(1759)中,杰斐逊1776年在《独立宣言》草稿和1787年在《弗吉尼亚札记》中,以及潘恩1776年在《常识》和《美国危机》中,作为最重大的历史中心主题而反复加以论述说明的。

独立战争的进步思想,在革命阵营的历史学家如戴维·拉姆齐和杰里米·贝尔纳普的著作中得到了反映。拉姆齐的两卷本《南卡罗来纳革命史》发表于1785年,贝尔纳普的《新罕布什尔的历史》共3卷,于1784—1792年出版。他们站在鲜明的爱国主义立场,描述了反对英国殖民奴役反动统治的斗争,强调指出独立战争的解放性质和"自由精神"胜利的必然性,以此来驳斥效忠派史学家把英国的统治说成是北美殖民地"黄金世纪"的谬论。

在独立以后的建国时期,联邦党人和反联邦党人的分歧,实质上反映出了新国家内部阶级斗争的尖锐化,它自然也影响到美国资产阶级的历史思想。詹姆斯·麦迪逊、亚历山大·汉密尔顿和约翰·杰伊在他们为捍卫新宪法而写的《联邦党人》论文集中,对殖民地反英的斗争和美国独立后国内的阶级斗争,都作了历史的评论。麦迪逊和汉密尔顿放弃了启蒙主义思想家唯理论的观点,不再把理性的进步当作历史发展的动力而提出"激情论"。他们所理解的"激情",既包括竞争、贪权等等,也包括物质利益,因此他们在某些场合也以经济观点来解释政治斗争。麦迪逊承认,社会之分成敌对的党派,是以财产的不同和不平等的分配为转移的。①汉密尔顿在强烈地谴责丹尼尔·谢斯领导的起义时说,如果谢斯不是一个陷入绝境的债务人,马萨诸塞可能不会发生叛乱。②属于联邦党人这一派的历史专著,有约翰·马歇尔的《乔治·华盛顿的生平》和乔治·迈诺特关于谢斯起义的著作,都是充满了对人民大众的诬蔑和憎恨,公然论证为了使"愚民"循规蹈矩,必须建立一个强大的中央集权国家。

反联邦党人一派的历史学家如默西·奥蒂斯·沃伦、约翰·戴利·柏克和梅森·洛克·威姆斯,是维护民主和拥护杰斐逊的,他们对于美国建国初期1783—1787年这段所谓"危机时期"的评价,与联邦党人史学的论述大不相同,警惕美国政治生活中贵族趋势的增长,力图保卫广泛的民主自由。

早期学派和乔治·班克罗夫特　美国史学在19世纪前半期进入了新的发展阶段,这是由于:1.自由资本主义的加速发展不仅带来种种社会问题,而且造成南部与北部之间日益加深的分歧和冲突,国内的政治形势和阶级力量对比发生急剧变化,对史学产生了重大的影响。2.大量有关美国历史的公私文件档案陆续公开发表和搜集整理,有力地促进了历史研究。3.这时正是德国学术昌盛的时期,美国学者开始留学德国,受到深远的思想影响。在这个时期的美国资产阶级史学中,占统治地位的是"浪漫主义学派",亦称"早期学派",其重要代表人物为乔治·班克罗夫特、弗朗西斯·帕克曼、约翰·洛恩罗普·莫特利和威廉·普雷斯科特。

班克罗夫特被誉为"美国史学之父",是第一个编写美国通史的历史学家,又是政治家和外交家。他1817年在哈佛学院毕业以后曾赴德国哥廷根大学学习,获博士学位后返回哈佛大学任教,成为美国首开风气留学德国和接受德国学术观点的四大学者之一。他的巨著《合众国历史》内容仅仅涉及政治和外交方面,从美洲大陆的发现一直叙述到1782年,共分10卷,于1834年开始陆续发表。他深受德国唯心主义哲学和兰克派史学观点的影响,把美国历史看作是自由和民主精神的逐步成长壮大和自我实现,最后通过独立战争摆脱英国的控制,获得完全的解放,这乃是天命所定的必然历史命运。班克罗夫特极力歌颂美国的资产阶级民主自由,对它加以极端的理想化,把美国描写成为一个具有"机会均等"的、没有阶级区分的国家,对奴隶制也抱调和主义的态度,这个严重的缺点,使他

---

① Alexander Hamilton, James Madison, and John Jay, *The Federalist*, The Modern Library, 1937, p. 56.

② Alexander Hamilton, James Madison, and John Jay, *The Federalist*, The Modern Library, 1937, p. 29.

的这部初出版时大受欢迎的美国史著作,到全稿完成后不久便已不再为人们所重视。

帕克曼所着重研究的,是17至18世纪北美西部的历史,特别是英、法在北美的殖民竞争,以及移民与印第安人之间的关系的历史。他于1846年在哈佛大学法学院获得法学士学位后,曾赴远西部旅行搜集材料,于1849年发表他的第一部著作《加利福尼亚和俄勒冈小径》。在远西部的艰辛探访损害了他的健康,以致神经系统崩溃,双目近于完全失明。但他以极为顽强的毅力坚持进行研究和写作,完成了一系列重要的专著,而且写得文笔生动活泼,资料翔实可信,因而得以久享盛誉。他所写的两卷《庞蒂亚克叛乱》和9卷《法国和英国在北美洲》等书,已成为经典性的美国史名著。帕克曼的这些关于北美西部早期历史的著作的缺点在于未能从经济发展方面来说明英国在同法国的竞争中获胜的原因,以及把印第安人描写成应被征服的野蛮民族。

莫特利和普雷斯科特也都毕业于哈佛大学。莫特利并曾留学德国,他们研究中世纪欧洲史,根据欧洲的档案材料来写作专著,为美国在这方面的史学研究奠立了基础。莫特利发表于1856年的3卷《荷兰共和国的兴起》,内容以政治和宗教方面的发展为主,进行了自由与专制对比的探讨,叙述生动而富有戏剧性。后来他还写作了《尼德兰联邦史》和其他关于荷兰的著作。普雷斯科特研究了西班牙的历史,他19岁即已双目失明,依靠秘书的帮助而凭记忆从事著述,写了《斐迪南和伊莎贝拉统治史》《墨西哥征服史》《秘鲁征服史》《菲力浦二世统治史》等,普雷斯科特运用史料严格遵守当时欧洲史学的所谓科学性准则,因而有第一位美国科学派史家之称,但他又十分着重历史记述的文学性,他因此起到了使一般美国人喜爱阅读历史著作的作用。

废奴派史学家和马克思主义史学的萌芽 上述这些"早期学派"史学家不仅带有浪漫主义倾向,他们更难免于用唯心主义的观点来看待历史。与他们大不相同的,则是19世纪50年代的"废奴派"史学家,其著名的代表人物是写作了废奴主义长篇小说《白奴》的希尔德雷思,他的主要史学专著《自美洲大陆发现以来的美利坚合众国历史》,希尔德雷思不同于"早期学派"的是,他在阐明独立战争史的时候,注意到"美国自耕农"——新英格兰农民——在革命中所起的极为重要的作用,对于美国的党派斗争,他也在很多场合指出了它的经济原因。他激烈地反对奴隶制,指出奴隶制与宣布人人平等的《独立宣言》不能相容,他在书中谴责了北部资产阶级对奴隶主退让的政策。希尔德雷思反对南部史学家为了维护奴隶所有制而提出的"州权"论,对一系列维护中央政府权力的联邦运动活动家给予了肯定的评价。

19世纪中叶标志着科学共产主义的诞生,从而也是马克思主义历史科学开始发展的阶段。马克思和恩格斯不仅对历史观进行了革命的变革,揭示了历史发展的规律,而且也奠定了科学地解释美国历史的基础。马克思在《路易·波拿巴的雾月十八日》《资本论》及其他著作和许许多多政论文章中指出,美国资本主义生产方式的发展是和阶级对抗的尖锐化联系着的,同时,马克思主义的奠基者也指出,美国资本主义的迅速增长是和美国不存在封建主义社会制度,以及外来移民大量涌入和"自由土地"等条件有关的。

德国1848年革命失败后,共产主义者同盟的一些著名活动家如魏德迈和左尔格等迁居美国,他们在美国创立了第一批马克思主义组织,在先进的工人中间宣传马克思主义。50年代初,《共产党宣言》和马克思的著作《路易·波拿巴的雾月十八日》就已在美国出版。美国的马克思主义者还对美国的政治经济发展进行了一系列的研究,如魏德迈的《国民经济概要》和克鲁斯的《美国社会史纲》都发表在《改革》报上。南北战争开始前,美国的马克思主义者就已为黑人解放进行了紧张的工作。50年代末,魏德迈在《伊利诺伊州日报》上发表了一系列论文,就奴隶制问题做了全面的研究。他强调指出,奴隶制是生产力发展的障碍,阻挠了美国社会的进步,其他许多共产主义者也都以报告、演说和文章来反对奴隶制,而且后来不少人直接参加了解放黑人奴隶的南北战争。

美国的马克思主义史学,是奠基甚早而有着悠久的传统的。

宗教

美国革命对主要教派的影响   美国是一个移民国家。来自不同国度的移民带来了不同的宗教信仰,形成了众多的教派。据初步估计,1776年时,教派数已达到26个。①不过,其中有较大影响的并不多,大致有安立甘宗(圣公会)、长老会、卫理会、公理会、浸理会等。这些主要教派由于各自的背景不同,对待美国革命的态度也有很大的差异,在合众国成立后的处境当然也不相同。

安立甘宗的处境最糟糕。它是英国国教在美国的分支,在革命战争中同英国政府仍有联系。教会中不少牧师制造谣言,煽动群众反对革命派,甚至直接参加效忠派的叛乱,丧失了人心。共和国成立后,它的许多教徒逃亡加拿大,加入了"帝国效忠派联合会"。也有不少人到南方成为循道宗的教徒。留在共和

---

① 参阅杨真:《基督教史纲》(上册),生活·读书·新知三联书店,1979年,第533页。

国的教徒也面临必须抛弃英国国教的"最高统治者"——英王的尴尬处境。1785年,在威廉·怀特和威廉·史密斯的倡议下改组为美国圣公会,但仍然没有太大的起色。

卫理公会派也由于在革命战争中倾向英国而大受挫折。卫理公会派的奠基人约翰·卫斯理,曾经呼吁教徒在美国革命中保守中立。卫理公会的牧师们纷纷返回英国,只有弗吉尼亚的大部分牧师留下来支持革命。事实上卫理公会已经处于分裂状态,教徒人数锐减,不足65000人。[①]

公理会、长老派和浸礼会是三个不信奉英国国教的教派,在革命战争中都支持美国独立,对年轻的共和国都做出了自己的贡献。美国独立后,他们的地位和声誉明显提高。三个教派之间加强了合作和相互支持,曾表示要共同信奉《威斯敏斯特信仰》。公理会和长老派之间的关系尤为密切。早在殖民地末期,两派的大多数教徒就认为两者属于同一个教派,曾互相在对方的布道坛传教,并设立各式各样的联合委员会。共和国成立后两派又加强了团结,曾在西部边疆地区设立联合教堂,甚至在纽约、俄亥俄、印第安纳、密歇根和威斯康星等地实现过一体化。1801年,长老派和公理会还通过了两派的联合计划。浸礼会在殖民地时期虽然是一个小教派,但一直把传教的重点放在普通人中间和边疆地区,美国独立后得到了迅速的发展成为一支举足轻重的力量。

然而,无论是遭受挫折的教派还是春风得意的教派所面对的都是一个刚刚取得独立、百废待兴的社会。这个新社会的巩固和发展需要各种社会力量的共同努力和合作。困难与机遇同存,对于各个教派都是平等的。他们都得改变自己,顺应潮流,满足社会的需求,去争取光明的前程。

第二次大觉醒 《人民与国家:美国历史》的作者称20到50年代为"改革年代"。[②]这个词用得非常贴切。的确,这是美国社会突飞猛进、不断向西部扩展、从农业社会向工业社会转型,从政治独立向经济自主发展的年代。一切事物都在发生急剧的变化。美国宗教也在变化,经历了一个非常时期。

对美国宗教界影响最大的有三件大事。第一是启蒙思想的影响。伊桑·艾伦、伊莱休·帕尔默、托马斯·潘恩等人倡导的自然神论否定了传统的神学和教会的信条,最终必然导致崇尚理性的自然宗教,动摇了新教各教派的基础。第二是大

---

① Sydney E. Ahlstrom, *A Religious History of the American People*, Yale University Press, 1972, p. 436.

② Mary B. Norton, George C. Warren, and Cynthia L. Ricketson, *A People and A Nation: A History of the United States*, Houghton Mifflin Company, 1986, p. 326.

批移民西进。西部边疆地区成为美国新教的未开垦的处女地。而且传教的对象几乎都是没有文化、居住分散的平民。在美国革命中和革命后的年代,人们更关心的是国家的命运和自己的前途,以及现实社会中的种种问题,宗教热情大减。第一次大觉醒出现的宗教复兴有逐渐衰落的趋势。美国新教的各个教派都必须对这样的客观形势做出反应,于是产生了第二次大觉醒。

这一次宗教复兴首先要解决的问题是如何使宗教精神更加世俗化,更加大众化,更能符合大众的需求。

至善论和至福千年论客观上鼓励人们进取向上,支持社会改革,同当时的"改革时代"的步伐是一致的,皈依的人数越来越多。

第二次大觉醒始于何时? 至今难有定论。《人民与国家:美国历史》一书以1800年左右为开端,倒也算是一种可取的写法。第二次大觉醒作为一次宗教复兴运动持续将近半个世纪。新教各教派加强了合作,相互补充、相互扶持,成立了各派共有的组织。1796年,长老派、浸礼会和荷兰改革派教会联合成立"纽约传教协会"。1812年,公理会的美国对外传教委员会改组为各派共有的委员会。1826年,长老派和公理会共有的传教组织扩展为"美国国内传教协会"。这些跨教派的组织对新教各派在国内外的活动起到了重要的协调作用。

然而,各个教派的活动地区不同、侧重点不同,收效也有差异。浸礼会派过去只是一个小教派,卫理公会派曾由于倾向英国而大受挫折,在美国建国初期都不占重要地位。但两派传教的着眼点在于普通民众和广阔的西部边疆地区,在大觉醒运动中取得了迅速的发展,超过了其他教派的实力。其他各派虽然在西部也开展了传教活动,但声势不大,影响有限。

传教士们为了贴近群众创造了两种大众化的布道形式:野营布道会和延期布道会。野营布道会适合于西部地区。当时西部的移民居住分散,方圆百里之内未必能找到正规教堂。布道只能在野地上临时搭起的帐篷中进行。附近的移民,乃至居住较远的移民都乐于参加这种布道会。他们不仅可以在这里进行祈祷,听牧师讲道,还可以相互交流,消除孤独感,甚至在那里载歌载舞,尽情欢乐。布道要持续6至7天,参加的人数往往超过万人。延期布道会是为城市民众创造的传教形式。布道会以社区为单位,活动时间以晚间为主,一次布道要延续几个星期。

公理会派的影响主要在新英格兰地区,有一段时期对西部不重视,认为那里是不成熟的社会,没有必要在那里开展大规模的传教活动。后来,随着新英格兰人的西进,才把公理会派的影响扩展到中西部地区,在明尼苏达、威斯康星形成"小新英格兰"。长老派对东部的工商业界和教育界有较大影响。有人说："他们的教会是工业与商业阶层,有企业精神和首创精神的人优先选择的宗教信仰形式","他们的强音出现于学院教室间的大厅里,并跨越费城和纽约街道的各个角落"。①

经过半个世纪的活动各个教派都有不同程度的发展。据统计,1855年,卫理公会派有教徒157.701万名、浸礼会派有110.5545万名、长老派有49.5715万名、公理会派20.7608万名。②这四大教派教徒的总数占新教教徒总数的80%以上。

福音新教和社会运动 新教各派在适应社会、走向民众的过程中不仅改造了自身也对当时的各种社会运动产生了影响。福音新教强调自身的修为,以达到至善境界为目标,对于酗酒和放纵行为分外敏感。在福音派教徒看来,"酒精耗量的增加说明个人道德的下降,因而对基督文明构成了极大威胁"。③他们在传教过程中向听讲者宣传酗酒的危害,要求大家行动起来采取禁酒措施,积极投入禁酒运动。1826年,由于新教人士的倡导在波士顿成立了"美国禁酒促进协会",对禁酒运动起到了重要的促进作用。

新教教徒还是一支反对奴隶制的大军,对废奴运动给予了强大的支持。1818年,长老派在总会议的一份反奴隶制声明中指出:"我们认为,一个人类种族强迫奴役另一种族明显违反了人类本质中最珍贵和最神圣的权利。"④新教教徒不分教派都把反对奴隶制作为重要的活动内容。在新教各派占优势的地区废奴运动都得到了民众的广泛支持,发展十分迅速。西部雷恩神学院的全体学生还走出课堂在民众中做反奴隶制宣传,成为运动的积极分子。

随着北部自由州和南部蓄奴州矛盾的加剧,在教会上层有人接受了奴隶制,其理由是教会不应干预世俗生活,新约未有谴责奴隶制的内容。不过大多数教徒并未受到这些人的影响,仍然继续进行反对奴隶制的活动。

第二次大觉醒运动唤起了妇女的宗教热情。卫理公会派和浸礼会派接受了大批女教徒入会,使她们有机会参加公共事务。有不少女教徒还当上了巡游福

---

① Timothy L. Smith, *Revivalism and Social Reform: American Protestantism on the Eve of the Civil War*, Johns Hopkins University Press, 1990, pp. 26, 28, 20-21.

② Timothy L. Smith, *Revivalism and Social Reform: American Protestantism on the Eve of the Civil War*, Johns Hopkins University Press, 1990, pp. 20-21.

③ Robert T. Handy, *A Christian America: Protestant Hopes and Historical Realities*, Oxford University Press, 1984, p. 46.

④ Robert T. Handy, *A Christian America: Protestant Hopes and Historical Realities*, Oxford University Press, 1984, p. 54.

音传道者。她们在活动中发现了自身的价值和尊严。她们产生了拯救人类、改善社会的使命感，同时也痛感妇女自身的状况迫切需要改善。正如美国学者温思罗普·S.赫德森所说："最终由于充满了由福音传道产生的使命感，妇女的热情已经注入了她们自身特别关心的领域，最突出的领域便是女性教育和妇女的选举权。"①从这个意义上说，第二次大觉醒在客观上造就了一批杰出的女权运动活动家。因为早期女权运动所争取的正是女性教育和选举权。女权运动领袖伊丽莎白·卡迪·斯坦顿就是福音派的改革家。

关注教育和教育改革也是新教教徒的活动内容。1800年，在新英格兰以外没有公立学校。私立学校的费用太高，穷人家的孩子被摒弃在校门之外。纽约市就有一半以上的学龄儿童失学。这种状况引起了美国宗教界人士的忧虑。他们认为，对民众的道德和精神指导离不开普及教育，主张广泛建立公立学校和开展公共教育。为此他们还成立了"新教徒公立学校促进会"。经过他们的努力，还成立了面向妇女和黑人的特罗伊妇女神学院（1821年）、林肯大学（1854年）等高等学校。

应当承认，这次宗教复兴运动曾经对美国社会产生过积极的影响，但决不能估计过高。因为它所涉及的只是道德问题、善恶问题，而对各种社会运动的社会、政治、经济内涵，并未触动，其影响是有局限的，不可能起决定性作用。

本文原刊载于刘绪贻、杨生茂主编：《美国通史》（第2卷），人民出版社，2002年，第12章。

作者简介：

周基堃（1917—2000），笔名纪琨，苗族，湖北宣恩人。南开大学教授、硕士生导师，著名外国历史学家、翻译家。周基堃教授1943年毕业于西南联合大学哲学系，1946年起任教于南开大学，精通英、德、俄、西班牙四种外国语言文字，主要译著有《美利坚合众国的成长》等。

---

① Winthrop S. Hudson, *Religion in America: An Historical Account of the Development of American Religious Life*, Charles Scribner's Sons, 1981, p. 145.

美国革命时期马萨诸塞立宪运动的意义和影响

李剑鸣

在独立战争爆发以后,英国在北美殖民地的政治权力迅速瓦解,各殖民地根据大陆会议的建议,纷纷建立新的政府。大多数州通过制定宪法完成了政治权力的转移。马萨诸塞则因情形特殊,始则恢复了带有自治色彩的1691年特许状,继而也兴起了一场颇具声势的立宪运动。马萨诸塞立宪开创了专门制宪会议和人民批准宪法的先例,设计了分权制衡的政府模式,在当时即颇受关注,此后亦为研究者所重视。[1]有关论著在给人以有益启示的同时,也留下了若干值得进一步讨论的问题:专门制宪会议和人民批准宪法的方式何以首先出现于马萨诸塞? 马萨诸塞立宪运动在美国革命期间政治文化的变动中占有何种地位? 它在美国宪政的形成中具有什么意义? 探讨这些问题,无疑有助于深化对美国历史的研究。

---

① 关于马萨诸塞1780年宪法的制定及其内容的评价,美国史学界存在分歧。小罗纳德·彼得斯指出,马萨诸塞1780年宪法在早期各州宪法中是最重要的一部,是世界上延续至今的最古老的成文宪法。参见 Ronald M. Peters, Jr., *The Massachusetts Constitution of 1780: A Social Compact*, The University of Massachusetts Press, 1978, p.13. 马克·克鲁曼则认为,研究各州立宪的学者对马萨诸塞1780年宪法加以神化,把此前各州的立宪视为"马萨诸塞时刻"(Massachusetts moment)的前奏,将马萨诸塞模式视为制定宪法的正确方式。他用了一本书的篇幅来挑战这类观点,详见 Marc W. Kruman, *Between Authority & Liberty: State Constitution Making in Revolutionary America*, The University of North Carolina Press, 1997, p.15-16. 国外史学界论及马萨诸塞立宪的代表性著作,除以上两种外还有:Willi Paul Adams, *The First American Constitutions: Republican Ideology and the Making of the State Constitutions in the Revolutionary Era*, The University of North Carolina Press, 1980;Robert E. Brown, *Middle-Class Democracy and the Revolution in Massachusetts, 1691–1780*, Cornell University Press, 1955;Harry A. Cushing, *History of the Transition from Provincial to Commonwealth Government in Massachusetts*, Columbia University, 1896;Elisha P. Douglass, *Rebels and Democrats: The Struggle for Equal Political Rights and Majority Rule During the American Revolution*, The University of North Carolina Press, 1955;Samuel E. Morrison, "The Struggle over the Adoption of the Constitution of Massachusetts, 1780", *Proceedings of the Massachusetts Historical Society*, Vol. 50, 1917, pp. 353-411;J. R. Pole, *Political Representation in England and the Origins of the American Republic*, Macmillan, 1966;Gordon S. Wood, *The Creation of the American Republic, 1776–1787*, The University of North Carolina Press, 1969. 中文论著中的有关论述见王希:《原则与妥协:美国宪法的精神和实践》,北京大学出版社,2000年,第72~73页;张定河:《美国政治制度的起源与演变》,中国社会科学出版社,1998年,第18~19页。

一、立宪方式的革命

立宪是一个动态的过程,它始于制宪会议的组织,其核心工作是宪法文本的起草、修改和批准,而以宪法的生效告终。马萨诸塞的立宪在其中几个环节上,较其他各州均有显著的不同。马萨诸塞在各州中率先召开专门制宪会议来制定宪法,其宪法的酝酿、起草和批准历时4年之久,1778年和1780年两部宪法草案都曾提交民众审议和批准。召开专门的制宪会议和启用人民批准宪法的程序,意味着立宪方式的一次重大革命。

其实,在马萨诸塞着手立宪之前,其他若干个州早已制定了各自的成文宪法。新罕布什尔拔得头筹,于1776年1月5日制定了第一部州宪法;在此后的两年时间里,先后有10部州宪法相继问世。由于立宪方式无先例可循,根本法和制定法的区别也有待澄清,各州便以普通立法的方式起草和批准宪法。这些宪法均由当时的议会或行使临时政府职能的省区大会(provincial congress)制定,未提交人民批准即告生效。①

正当各州忙于立宪之际,反对包括省区大会在内的立法机构制定宪法的议论即已出现。既然一切权力来自人民或在人民手中,立宪的权力就必须由人民来行使;如果由立法者制定宪法,他们就可能使宪法成为对自己有利的文件。而且,立法机构既有权制定宪法,也就有权改变或废除宪法,于是宪法就如同普通制定法,没有至高法的地位。②在一些人的观念中,制宪会议和普通立法机构是完全不同的:制宪会议是"唯一的制订宪法的适当机构,而议会是制定符合宪法的法律的适当机构"。③虽然特拉华等州曾召开过某种形式的制宪会议,但与政府截然分开的专门制宪会议,则是在马萨诸塞立宪运动中才首次采用的。

① 美国学者马克·克鲁曼认为,省区大会不同于常规立法机构,和专门的制宪会议没有本质区别(参见 Marc W. Kruman, *Between Authority & Liberty: State Constitution Making in Revolutionary America*, The University of North Carolina Press, 1997, p.x.)。省区大会固然不是常规的立法机构,但却是掌握立法、行政和司法全权的临时政府,它们在制宪的同时还处理各种政府事务,与专门的制宪会议有着根本的区别,故不能与专门制宪会议相提并论。

② Willi Paul Adams, *The First American Constitutions: Republican Ideology and the Making of the State Constitutions in the Revolutionary Era*, The University of North Carolina Press, 1980, p.63; Gordon S. Wood, *The Creation of the American Republic, 1776–1787*, W. W. Norton & Company, 1972, pp.337-338; Jack N. Rakove, *Original Meanings: Politics and Ideas in the Making of the Constitution*, Vintage Books, 1997, p.97.

③ Gordon S. Wood, *The Creation of the American Republic, 1776–1787*, W. W. Norton & Company, 1972, p.338.

从某种意义上说,马萨诸塞立宪运动是由民众发动的,是民众与政治领导人密切合作的结果。1775年7月以后,马萨诸塞西部的"伯克希尔立宪派"不断对特许状政府的合法性发出挑战,反复提出制定新宪法的要求。[1]1776年9月,马萨诸塞大议会就立宪问题向各村镇征求意见。鉴于当时各州立宪普遍由议会或省区大会一手操办,马萨诸塞大议会这种将立宪问题交由民众决断的做法,具有不同寻常的意义。多数村镇赞成立即着手制定新宪法。有几个村镇还特别提到要召开专门的制宪会议。康科德村镇会议认为,最高立法机构绝不是适当的制宪机构,因为"一个制定宪法的机构也就相应地有权改变它";而一部可以由最高立法机构任意改动的宪法,就不能保障人民的权利和特权不受政府侵夺。他们呼吁立即由各村镇21岁以上的自由居民按照议员比例选举一个专门的制宪会议,并将起草的宪法草案提交本州居民审查。[2]阿克顿、列克星敦等村镇和伍斯特县各村镇的联合决议也提出了类似要求。[3]在波士顿的报纸上,同样可以读到详细阐述专门制宪会议主张的文章。[4]

不过,这一要求在当时还不是各村镇的普遍呼声,而大议会对此也没有加以理会。1777年6月17日,大议会启动制宪工作,于1778年2月28日完成了宪法定稿,随即交付人民审议,结果遭到多数村镇的否决。波士顿市镇会议重提召开专门制宪会议的主张。[5]1779年2月,众议院再度征求本州居民对制宪的意见,并要求各村镇就是否同意召开专门制宪会议进行表决。1779年9月1日,由各村

---

[1] Robert J. Taylor, *Western Massachusetts in the Revolution*, Brown University Press, 1954, pp.75-83.

[2] "Returns of the Towns(1776): Concord", in Oscar Handlin, Mary Handlin , eds., *The Popular Sources of Political Authority: Documents on the Massachusetts Constitution of 1780*, The Belknap Press of Harvard University Press, 1966, pp.152-153.

[3] "Returns of the Towns(1776): Lexington"; "Returns of the Towns(1776): Acton"; "Resolution of Worcester County Towns, November 26, 1776", in Oscar Handlin, Mary Handlin, eds., *The Popular Sources of Political Authority: Documents on the Massachusetts Constitution of 1780*, The Belknap Press of Harvard University Press, 1966, pp.151, 158, 165-166.

[4] Ronald M. Peters, *The Massachusetts Constitution of 1780*: A Social Compact, The University of Massachusetts Press, 1978, pp.156-157.

[5] "Returns of the Towns on the Constitution of 1778: Boston", in Oscar Handlin, Mary Handlin , eds., *The Popular Sources of Political Authority: Documents on the Massachusetts Constitution of 1780*, The Belknap Press of Harvard University Press, 1966, p.309.

镇选出的近300名制宪代表在坎布里奇开会，①是为"西方历史上第一次真正的制宪会议"。②制宪会议任命一个30人委员会来起草宪法，起草委员会又指定了下属委员会，而实际的执笔者则是约翰·亚当斯。亚当斯起草的文本经过大委员会的修改，提交制宪会议讨论。会议对宪法草案逐条加以审议和修改，于1780年3月2日形成定稿。此前各州的制宪工作大多匆忙仓促，而马萨诸塞制宪会议则有比较充足的时间来集中商讨和修改宪法文本。

这次制宪会议的参加者有不少人曾经是议员或政府官员，许多人后来也在政府中任职，但他们在当时均未担任其他文职和军事职务，仅仅是由于选民的选举，才使他们成为与政府完全分离的制宪者。1787年的费城制宪会议也是一次专门的制宪会议，但其民主性不及马萨诸塞制宪会议：制宪代表乃由各州委派，而非经人民选举产生；制宪活动在秘密状态中进行，事后外界对会议辩论的详情也长期不甚了然。③马萨诸塞的制宪代表系各村镇居民选派，而且制宪过程中存在着活跃的信息交流与互动。

马萨诸塞不仅召开了首次专门的制宪会议，而且还率先将宪法提交人民审议和批准。人民批准宪法的要求并非最早出现于马萨诸塞。在纽约州立宪时即有人提出，人民公决乃是"能够赋予人间制度以合法性的唯一特征"。④但这种在其他州偶尔可闻的声音，只有在马萨诸塞立宪运动中才成为一种强烈的呼唤，成为一种来自基层民众的自觉要求。1776年5月，马萨诸塞西部村镇皮茨菲尔德的居民在请愿书中提出："人民的多数对这部根本宪法的批准乃是绝对必要的，

---

① 关于制宪会议代表的人数有几种意见：莫里森认为有312名（参见 Samuel E. Morison, *A History of the Constitution of Massachusetts*, Wright & Potter Printing Co., 1917, p.19）；道格拉斯认为只有293名，而且会议上的最高表决票数只有247票（参见 Elisha P. Douglass, *Rebels and Democrats: The Struggle for Equal Political Rights and Majority Rule During the American Revolution*, The University of North Carolina Press, 1955, p.189）；彼得斯提供的数字是至少297名（参见 Ronald M. Peters, Jr., *The Massachusetts Constitution of 1780: A Social Compact*, The University of Massachusetts Press, 1978, p.24）。值得注意的是，许多村镇派出的代表人数少于其在大议会的议员名额（参见 Robert E. Brown, *Middle-Class Democracy and the Revolution in Massachusetts, 1691–1780*, Cornell University Press, 1955, p.391）。另外，由于天气恶劣等原因，会议代表人数一度减少到30多人。

② Willi Paul Adams, *The First American Constitutions: Republican Ideology and the Making of the State Constitutions in the Revolutionary Era*, The University of North Carolina Press, 1980, p.92.

③ Thornton Anderson, *Creating the Constitution: The Convention of 1787 and the First Congress*, The Pennsylvania State University Press, 1993, pp.8-12.

④ Elisha P. Douglass, *Rebels and Democrats: The Struggle for Equal Political Rights and Majority Rule During the American Revolution*, The University of North Carolina Press, 1955 pp.61-62.

将赋予它生命和存在。"①诺顿、阿特尔伯勒、达特茅斯、列克星敦等村镇也明确提出了相同的主张。人民代表制定的宪法仍须经人民批准,这种主张反映了人们对代表制的复杂心态。一方面,许多政治文献都反复强调,在新兴的美利坚各共和国(当时各州的称谓)中,代表和人民在利益上是完全同一的;另一方面,人民对于代表又不能绝对信任,否则就会使他们获得损害人民自由的绝对权力。虽然代表受人民的委托而制定宪法,但人民对于他们的工作结果仍须加以仔细审查。

民众提出的要求得到了大议会的采纳。在1777年制宪工作启动之前,大议会就表示要将宪法草案提交各村镇居民审议和批准。1778年宪法在人民的审议中以10716票对2093票遭到否决。②人民的意向决定了这部宪法的命运。1780年宪法定稿后,被印成1800份,③发送到各地供村镇会议审议和批准。为了避免宪法从整体上遭到否决而使立宪进程再次受挫,也便于根据村镇意见对具体条文进行修改,制宪会议对审议和批准方式做了改革:要求各村镇逐条审议,逐条表决,对于不同意的条款可以提出修正案。其时马萨诸塞有居民36.3万人,约1.6万人参加了宪法投票,参与人数超过了此后6年的州长选举。④当时马萨诸塞有290个村镇,从现存档案中发现了181份村镇反馈意见。⑤这说明民众对这次宪法讨论的参与达到了相当广泛的程度。6月15日,经过艰巨繁难的计票工作后,制宪会议宣布宪法的每一条都得到了三分之二多数的同意。

于是,马萨诸塞1780年宪法就成了世界历史上第一部由人民批准的成文宪法。塞缪尔·亚当斯在1780年7月10日致约翰·亚当斯的信中谈到,立宪这件"伟大的工作是在人民的美好心情中进行的";"在这个关口最需要一部良好的宪

---

① "Pittsfield Petition, May 29, 1776", in Oscar Handlin, Mary Handlin, eds., *The Popular Sources of Political Authority: Documents on the Massachusetts Constitution of 1780*, The Belknap Press of Harvard University Press, 1966, p.90.

② 对1778年宪法的表决结果有不同的看法,此处依据历史学家罗伯特·泰勒的计算。参见 Robert J. Taylor, *Western Massachusetts in the Revolution*, Brown University Press, 1954, p.88.

③ Ronald M. Peters, Jr., *The Massachusetts Constitution of 1780: A Social Compact*, The University of Massachusetts Press, 1978, p.21.

④ Samuel E. Morison, *A History of the Constitution of Massachusetts*, Wright & Potter Printing Co., 1917, p.21.

⑤ Robert J. Taylor ed., *Massachusetts, Colony to Commonwealth: Documents on the Formation of Its Constitution, 1775–1780*, The University of North Carolina Press, 1961, p.113.

法"。①第一届议会的参众两院在致州长的答词中则说,新宪法生效后的第一次选举是在"至为完美的秩序与和谐中举行的"。②可见,马萨诸塞人民接受了这部由专门制宪会议制定、经村镇居民批准的新宪法。

1787年联邦立宪也采用了人民批准的程序。詹姆斯·麦迪逊在1796年谈到,费城制宪会议拟定的宪法"不过是一些死的文字",是"人民在各州批准宪法大会上所发出的声音,将生命和效力注入到它当中"。③实际上,在马萨诸塞立宪运动中,人们就对人民批准宪法的意义做了类似的强调。"伯克希尔立宪派"宣称,立法者"不能赋予宪法生命,唯有广大人民的多数的批准才能赋予它生命和存在"。④更为重要的是,马萨诸塞的人民批准程序,是人民直接参与立宪的一种方式,他们拥有充分的机会来发表意见和表达意愿;而联邦制宪中的人民批准则主要是联邦主义者的一种策略,旨在避免各州当权者对新宪法可能实施的阻挠。根据麦迪逊的想法,要确立联邦宪法在各州的权威,就必须通过人民批准来使之获得高于各州宪法的地位。⑤可以说,联邦宪法的批准程序偏重实用的一面,而马萨诸塞的立宪则更多地体现了对人民主权原则的崇奉。

人民直接参与立宪的最大意义,在于使宪法体现人民的意愿而成为至高法,将自然法理论、人民主权原则和根本法观念转化为一种立宪实践,有助于防止立法机构违反和更改宪法。⑥马萨诸塞的经验不久即为新罕布什尔所仿效。在1778年6月以后,新罕布什尔召开数次专门的制宪会议,但提出的宪法草案在村

---

① "Samuel Adams to John Adams, July 10, 1780", in Robert J. Taylor, ed., *Massachusetts, Colony to Commonwealth. Documents on the Formation of Its Constitution, 1775–1780*, The University of North Carolina Press, 1961, p.166.

② "Answer of a Committee of Both Houses…", in Robert J. Taylor ed., *Massachusetts, Colony to Commonwealth: Documents on the Formation of Its Constitution, 1775–1780*, The University of North Carolina Press, 1961, p.162.

③ 转引自 Bernard Bailyn, *The Ideological Origins of the American Revolution*, The Belknap Press of Harvard University Press, 1992, p.321.

④ "Statement of Berkshire County Representatives, November 17, 1778", in Oscar Handlin, Mary Handlin, eds., *The Popular Sources of Political Authority: Documents on the Massachusetts Constitution of 1780*, The Belknap Press of Harvard University Press, 1966, p.375.

⑤ Jack N. Rakove, *Original Meanings: Politics and Ideas in the Making of the Constitution*, Books, 1997, pp.100-101.

⑥ 美国学者爱德华·S.考文写道:"仅仅因为宪法植根于人民的意志就赋予其至上性,这只是美国宪法理论相对新近的一种产物。"见爱德华·S.考文:《美国宪法的"高级法"背景》,强世功译,生活·读书·新知三联书店,1996年,第IV页。揆诸马萨诸塞立宪中的有关史实,可知这种说法并不确切。

镇审议中屡遭否决;直到1784年6月宪法才最终获得了批准。

马萨诸塞在立宪方式上的革命,首先是民众大力推动的结果。人民对立宪的推动主要是通过三种机制来实现的:选举制宪代表组成专门的制宪会议;向制宪会议代表发出有关宪法问题的指令;对宪法进行仔细审查和批准。通过这些机制,马萨诸塞立宪运动的民主性得到了充分展现。无论是民众参与的广泛性还是参与途径的多样性,马萨诸塞立宪都超过了革命时期的任何一次立宪活动。在1780年宪法中,出现了"我们马萨诸塞人民"的用法,①这自然使人联想到1787年美国宪法中"我们合众国人民"的字样。然而,两部宪法中的"人民"却存在很大的区别。在1787年联邦立宪中,"人民"既未参加制宪会议代表的选举,也不知晓宪法文本的起草过程;批准宪法辩论之广泛和激烈诚非各州立宪所能比拟,但参加者多为各界精英,其言论可能表达了普通民众的情感和意见,但他们并不是"人民"本身。因而联邦立宪中的"人民",与洛克理论中的"人民"一样,多少带有抽象性。而马萨诸塞立宪中的"人民",则是在村镇会议中直接就宪政理论和宪法条文发表见解的普通人,是通过指令与制宪代表直接交流沟通的村镇居民。

不过,参与马萨诸塞立宪运动的"人民"并非各村镇的所有居民,而仅只是政治社会的成员。18世纪美国的政治社会,是基于共同的政治观念、宗教信仰和财产关系而结成的共同体,对其成员通常有年龄、种族、性别和财产的限制。在马萨诸塞,政治社会成员乃是拥有一定财产、支持独立事业的自由成年男性,而居住在各村镇的印第安人、黑人、妇女、未成年人和效忠派则不在其列。用贝灵汉村镇会议的话来说,"人民"就是"所有年龄在21岁以上、在各个村镇集会并在会议中行动的男性";这些人"联合起来采取的行动,构成全体人民的行动"。②

而且,那些在立宪运动中发挥关键作用的人,归根到底乃是社会精英。在马萨诸塞制宪会议的代表中,有138人一生中曾担任过众议员,39人一生中曾担任过参议员,7人后来成为马萨诸塞州长;有54人受过一定程度的高等教育,38人的学位得自哈佛学院;共有律师和法官31人,商人和实业家39人,农场主22人,

---

① "The Constitution of 1780", in Oscar Handlin, Mary Handlin, eds., *The Popular Sources of Political Authority: Documents on the Massachusetts Constitution of 1780*, The Belknap Press of Harvard University Press, p.441.

② "Returns of the Towns (1776): Bellingham", in Oscar Handlin, Mary Handlin, eds., *The Popular Sources of Political Authority: Documents on the Massachusetts Constitution of 1780*, The Belknap Press of Harvard University Press, 1966, p.161.

医生18人,牧师21人,官员18人。①其中不少人还有各式各样的头衔。②宪法文本出自约翰·亚当斯、塞缪尔·亚当斯等人的手笔,更多地反映了约翰·亚当斯、西奥菲勒斯·帕森斯、托马斯·艾伦等知识精英的思想,而人民的审议和批准只是在这个基础上进行的。

二、宪政思想的突破

马萨诸塞立宪运动同时也是一场长达数年的宪法讨论,其中包含的政治思想,尤其是宪政理念,同1780年宪法本身一样富有价值。在此前各州的立宪过程中,均未出现类似规模和深度的宪法讨论。马萨诸塞作为反英运动的中心和独立战争的策源地,在独立前夕的政治辩论中扮演了积极的角色。在1776—1780年间,关于宪法的讨论在马萨诸塞政治生活中占据中心位置,可视为此前政治辩论的延续,也是政治自由主义进一步常识化的重要侧面。以托马斯·艾伦为首的"伯克希尔立宪派",在西部到处宣讲立宪政府的要义;在东部则有所谓"埃塞克斯帮",他们在审议1778年宪法以后提出了《埃塞克斯决议》,系统地表述了他们的宪政思想。③此外,在波士顿出版的小册子,用笔名发表在报纸上的政论文章,牧师的布道词,村镇会堂的讨论,村镇会议给代表的指令,以及政治人物之间的通信,都生动地显现了宪法讨论的热烈程度。

这种讨论并非以理论创新为指向,而是运用现有的概念和话语来讨论具体问题,因而相似的观点和主张,也可见于其他州和其他场合。也就是说,马萨诸塞的宪法讨论展现了革命时期美国政治文化的一个基本特征:人们用他们所掌握的理论资源来解释传统、国情和形势,或用理论为制度设计提供合理性依据,或将理论转化为可操作的制度设计。但是,这场宪法讨论也有引人注目的独特之处。普通民众和社会精英使用同样的话语和逻辑,来讨论同样的问题,这表明,自独立战争前的政治辩论以来,政治理论的常识化进程在不断走向深入。一些村镇提交的宪法意见,拼写很不规范,语法也多有讹误,但其理论前提和具体建议却与公开出版的小册子大致相同。举凡自然状态、社会契约、人民主权、自

---

① Ronald M. Peters, Jr., *The Massachusetts Constitution of 1780: A Social Compact*, The University of Massachusetts Press, 1978, p.24.

② Robert E. Brown, *Middle-Class Democracy and the Revolution in Massachusetts, 1691-1780*, Cornell University Press, 1955, p.392.

③ Ronald M. Peters, Jr., *The Massachusetts Constitution of 1780: A Social Compact*, The University of Massachusetts Press, 1978, p.29-31.

由、权利、平等、分权、平等代表权等理论和概念,在村镇的意见书和指令当中随处可见。有些居民不过几百人的偏远小村,人们讨论的问题、使用的话语以及论说的方式,均与波士顿居民如出一辙。经过革命前夕的政治辩论和革命时期的宪法讨论,马萨诸塞民众不仅熟悉了各种政治理论,而且能有选择地运用这些理论,以诠释他们的政治经验,表达他们的现实要求。来自书斋的高深理论变成了民众口头的常识,并能为其日常政治生活提供合理性的有力支持,这确实是革命时期美国政治文化的一个突出特色。

研究美国早期政治思想的学者大多认为,从独立战争前的政治辩论开始,经过革命时期的立宪运动,美国人的宪法概念在不断演变,所达到的思想高度为当时的英国人所不及。在18世纪的英国政治思想中,宪法尚未取得根本法和至上法的地位。北美殖民地居民在与母国的政治辩论中逐渐意识到,宪法是不同于一般制定法的根本法。有的学者断定,到1776年,宪法的观念已不需要任何讨论,几乎取得了"不言自明的真理"的地位。[1]但是实际情况并非如此。在马萨诸塞立宪运动中,人们就宪法的概念进行了充分的讨论,从而使宪法的内涵更加明确和完整,更接近现代的宪法理念。而且,通过这种讨论,宪法的概念深深嵌入大众意识之中,为宪政文化的形成做了观念准备,而宪政文化对于宪法的实施具有不可或缺的意义。

在马萨诸塞的宪法讨论中,宪法被视为稳定和长久之法。"伯克希尔立宪派"表示,他们希望新宪法"具有公民自由和宗教自由的广阔基础,这一基础无论时间多久都不会受到腐蚀,将与日月一样永世长存";[2]因为只有基础稳固才能保证宪法的固定性和永久性。布斯贝村镇居民在1778年提出,用一部宪法来"保障个人的权利,确立权力的最平等的分配,规定权力的最忠实的运用,同时自身又具有稳定性和长久性",这是一件至关重要的事情。[3]在1779—1780年制宪会议的主席詹姆斯·鲍登看来,"会议面前的这件工作不是临时性的,而是长久性的,是旨在为

[1] Willi Paul Adams, *The First American Constitutions: Republican Ideology and the Making of the State Constitutions in the Revolutionary Era*, The University of North Carolina Press, 1980, p.22.

[2] "Pittsfield Memorial, December 26, 1775", in Oscar Handlin, Mary Handlin , eds., *The Popular Sources of Political Authority: Documents on the Massachusetts Constitution of 1780*, The Belknap Press of Harvard University Press, 1966, p.64.

[3] "Returns of the Towns on the Constitution of 1778: Boothbay", in Oscar Handlin and Mary Handlin, eds., *The Popular Sources of Political Authority: Documents on the Massachusetts Constitution of 1780*, The Belknap Press of Harvard University Press, 1966, pp .245-246.

这个共和国最久远的时代谋求利益的工作"。①这些言论都触及宪法的稳定性和长久性,而这两点正是宪法区别于一般制定法的基本特征。

宪法不仅高于制定法,而且还是制定法的基础和依据;这种至高法和根本法的观念,在马萨诸塞宪法讨论中也得到了清晰的阐发。"伯克希尔立宪派"指出,在"自由政府"中,"根本宪法是立法的基础和平台,它确认人民的权利、豁免和自由,规定人民选举文职和军事官员的方式和频率,限制和界定统治者的权力,由此提供一个反对暴政和专制主义的神圣屏障。……立法者站在这一基础上,制定与之相符的法律"。②有的村镇居民还谈道,宪法作为根本法和至上法,是绝对不能由立法机构制定和修改的。人们意识到,一部可以由立法机构改动的宪法,不可能很好地保障人民的权利和特权免于权力的侵夺。③

这也就是说,宪法的根本目的在于限制政府权力和保障人民的自由。宪法首先是对权力和掌权者的约束。用一个马萨诸塞人的话说,宪法乃是"掌权者应当时时遵守的规则"。④宪法既是人民自由的保障,就必然对政府权力构成限制。康科德村镇会议对此有明确的认识:"就确切含义而言,宪法旨在确立一套原则,以保证居民拥有和享有他们的权利和特权,免受政府方面的任何侵夺。"⑤为了实现这一目的,宪法必须包含权利宣言。许多村镇之所以拒绝1778年宪法,主要是因为它缺少一份关于人民权利的宣言。⑥西部村镇莱诺克斯居民希望,借助一部宪法而"将政府的基础牢固地建立在纯粹自由的原则之上,人民的权利和特权由

---

① 转引自 Marc W. Kruman, *Between Authority & Liberty: State Constitution Making in Revolutionary America*, The University of North Carolina Press, 1997, p.19.

② "Statement of Berkshire County Representatives, November 17, 1778", in Oscar Handlin, Mary Handlin, eds., *The Popular Sources of Political Authority: Documents on the Massachusetts Constitution of 1780,* The Belknap Press of Harvard University Press, *1966,* p.375.

③ "Returns of the Towns(1776): Acton", in Oscar Handlin, Mary Handlin , eds., *The Popular Sources of Political Authority: Documents on the Massachusetts Constitution of 1780,* The Belknap Press of Harvard University Press, 1966, p.158.

④ 转引自 Marc W. Kruman, *Between Authority & Liberty: State Constitution Making in Revolutionary America,* The University of North Carolina Press, 1997, p.19.

⑤ "Returns of the Towns(1776): Concord", in Oscar Handlin, Mary Handlin, eds., *The Popular Sources of Political Authority: Documents on the Massachusetts Constitution of 1780, The* Belknap Press of Harvard University Press, 1966, p.153.

⑥ "Returns of the Towns on the Constitution of 1778: Greenwich, Lenox, Brookline, Spencer, Boston, Lexington", in Oscar Handlin, Mary Handlin, eds., *The Popular Sources of Political Authority: Documents on the Massachusetts Constitution of 1780,* The Belknap Press of Harvard University Press, 1966, pp.212, 257, 269, 302, 309, 317.

此获得保障,并能传之后代"。①1778年的《埃塞克斯决议》也表达了相似的观点,并明确指出,立宪政府的最高目的,是使人民"成为自由而幸福的人民"。②1780年以前的各州宪法是否包含权利宣言,完全取决于制宪者对这一问题的态度;而马萨诸塞宪法的权利宣言,则是民众自觉争取的结果。③至此,宪法的内涵变得更加明朗和清晰:它不仅仅是"政府的构成",而且是由权利宣言和政府框架两部分组成的根本法。④

立宪权由谁来行使,也是宪法概念的重要成分。这个问题虽然在其他一些州也有讨论,但只有在马萨诸塞立宪时才得到了切实的解答。人们在宪法讨论中不断强调,权力最初是属于人民的,只有经过人民以适当方式委托的代表才能为他们制定国家的宪法;合法的代表制机构本身乃是宪法的产物,它在宪法问世之前不可能合法地存在,自然就更不可能制定宪法。⑤按照"伯克希尔立宪派"的说法,立法机构的权力来自宪法并以宪法为基础,故不能赋予宪法生命;否则就会赋予任职者及其继任者无限度的权力;每个自由之邦的宪法必须由多数人采纳。⑥专门制宪会议和人民批准的程序,就是落实人民立宪权的基本方式。

---

① "Returns of the Towns on the Constitution of 1778: Lenox", in Oscar Handlin, Mary Handlin , eds., *The Popular Sources of Political Authority: Documents on the Massachusetts Constitution of 1780,* The Belknap Press of Harvard University Press, 1966, p.253.

② "The Essex Result, 1778", in Oscar Handlin, Mary Handlin , eds., *The Popular Sources of Political Authority: Documents on the Massachusetts Constitution of 1780,* The Belknap Press of Harvard University Press, 1966, pp.332, 339, 365.

③ 一些村镇在1779年给制宪代表的指令中,要求他们努力促成在宪法中加入一份权利法案,详见 "Choosing Delegates: Lunenburg", in Oscar Handlin, Mary Handlin, eds., *The Popular Sources of Political Authority: Documents on the Massachusetts Constitution of 1780,* The Belknap Press of Harvard University Press, 1966, p.415.;艾萨克·巴克斯牧师在1779年向制宪会议的一个代表提出了类似的建议,详见 Marc W. Kruman, *Between Authority & Liberty: State Constitution Making in Revolutionary America,* The University of North Carolina Press, 1997, p.38.

④ 马萨诸塞1780年宪法的前言中有这样的句子:"特同意、制定和确立以下的权利宣言和政府框架作为马萨诸塞共和国的宪法"。参见 "The Constitution of 1780", in Oscar Handlin, Mary Handlin, eds., *The Popular Sources of Political Authority: Documents on the Massachusetts Constitution of 1780,* The Belknap Press of Harvard University Press, 1966, p.441.

⑤ "Opinions of Hampshire County Towns, March 30, 1779", in Oscar Handlin, Mary Handlin, eds., *The Popular Sources of Political Authority: Documents on the Massachusetts Constitution of 1780,* The Belknap Press of Harvard University Press, 1966, p.386.

⑥ "Statement of Berkshire County Representatives, November 17, 1778", in Oscar Handlin, Mary Handlin, eds., *The Popular Sources of Political Authority: Documents on the Massachusetts Constitution of 1780,* The Belknap Press of Harvard University Press, 1966, p.377.

1784年,南卡罗来纳的托马斯·图德·塔克对美国人关于宪法的新认识做了如下归纳:"宪法应是全体人民的公开宣布的法令。它应是国家第一位的和最根本的法律,应当规定所有授予出去的权力的限度。它应当被宣布为高于立法机构制定的一切法令,除非按照宪法规定的常规方式而收集的多数公民所表达的同意,任何权力部门都不得对它加以撤销或变更。"[1]美国历史学家戈登·伍德对这段文字大加赞赏,誉之为宪法概念的总结性表述,在此后二百年没有根本性的变化。[2]如果回溯马萨诸塞的宪法讨论就可看出,这一宪法概念所包含的各个要素,都早已有了明确的表述。仅此一点就足以显示,在美国宪法观念的形成中,马萨诸塞宪法讨论具有不可忽视的重要性。

此外,马萨诸塞立宪者还对宪法的形式做了重大改进,确立了一种规范化的宪法文本格式。正如美国历史学家哈里·库欣所指出,马萨诸塞1780年宪法首次对原来松散和零乱的条文做了系统而清晰的安排,根据政府功能的不同而分章、分项排列。[3]1780年宪法由"前言"和正文构成。正文的第一部分为"权利宣言",共30条;第二部分为"政府框架",共6章,各章再分为若干项,分门别类地就立法权、执行权、司法权、大陆会议代表、教育与文化以及其他事项做出了一目了然的规定。这种宪法体例的优点是结构严谨,层次分明,条理清晰,为此后各州宪法和联邦宪法的制定者所采用。

马萨诸塞宪法讨论的另一贡献,在于为解决革命时期代表制的一个理论难题提供了新的思路。根据英国宪政经验和混合政府理论,王室、贵族和平民这三个社会等级,反映在政府结构中就是王权、贵族院和平民院这三个政府分支,它们通过彼此的交叉制约而实现权力的平衡。但是,在美国摆脱英国权威以后,王室和贵族不复存在,人民就成了政府的唯一基础,在这种情况下,是否还有必要区分代表权的不同基础、并据此设立不同的政府分支呢?如果需要区分,又应当采用何种适当的方式呢?马萨诸塞有人提出了一种新的理论,试图用"人身"和"财产"来区分代表的不同基础,以解释共和制下分权与制衡的必要性。

---

① Thomas Tudor Tucker, "Conciliatory Hints, Attempting, by a Fair State of Matters, to Remove Party Prejudice", in Charles S. Hyneman, Donald S. Lutz, eds., *American Political Writing during the Founding Era, 1760–1805*, Vol.I, Liberty Press, 1983, p.627.

② Gordon S. Wood, *The Creation of the American Republic, 1776–1787*, W. W. Norton & Company, 1972, p.281.

③ Harry A. Cushing, *History of the Transition from Provincial to Commonwealth Government in Massachusetts*, Columbia University, 1896, p.246.

以"人身"和"财产"为基础来构建新的代表制理论,其出发点在于保证代表权的平等。约翰·亚当斯在1776年谈到,人数和财富都和代表比例有关,而"立法机构中的平等代表权乃是自由的第一原则"。[①]帕森斯在1778年更明确地提出,"立法的唯一对象"乃是"组成国家的个体的人身和财产";由于立法通常同时涉及人身和财产,因而有必要同时得到多数成员和掌握多数财产的人的同意;如果仅得到一方的同意,就会损害另一方的利益。同时,帕森斯还用多数人统治的原则来支持其理论,认为"在一个自由政府中,一项涉及其成员的人身和财产的法律,如果未得到其成员中的多数的同意,包括国内拥有主要财富的多数的同意,就不是有效的法律"。他的结论是,立法权必须由议会两院分开掌握,一院代表"人身",另一院代表"财产"。[②]这种理论试图调和混合政府观念、共和主义和社会现实三者之间的关系,但在实践中却引出了一个新的难点:在理论上具有不同社会基础的两类代表,却必须由同一选民群体从同一个社会阶层中选出,两者的实质性差异究竟何在呢?无怪乎伦瑟姆村镇居民当时就意识到,"各村镇选出的代表,应当既是人身的代表,也是财产的代表"。[③]

然而,正是这种存在缺陷的代表制理论,不仅直接体现在马萨诸塞1780年宪法中,而且也给联邦制宪者带来了一些启发。在费城制宪会议前夕,麦迪逊对改进全国政体做了深入思考,他同样想到要以财产和人身来区分代表的社会基础,和帕森斯的理论可谓一脉相承。[④]在制宪会议上,南部的一些代表为了应对大州提出的比例代表制主张,极力倡导以财产为基础分配议席,其间反复提到马萨诸塞的"人身"和"财产"两分的代表制原则。[⑤]

对行政权的重新认识,可以说是马萨诸塞立宪运动的又一个重要理论建树。1776年各州宪法的一个突出特点是不信任行政权,并采取多种方式对它加以削

---

① 转引自 Ronald M. Peters, Jr., *The Massachusetts Constitution of 1780: A Social Compact*, The University of Massachusetts Press, 1978, pp.140-141.

② "The Essex Result, 1778", in Oscar Handlin, Mary Handlin, eds., *The Popular Sources of Political Authority: Documents on the Massachusetts Constitution of 1780*, The Belknap Press of Harvard University Press, 1966, pp.336, 339-340, 353-358.

③ 转引自 Harry A. Cushing, *History of the Transition from Provincial to Commonwealth Government in Massachusetts*, Columbia University, 1896, p.269.

④ Jack N. Rakove, *Original Meanings: Politics and Ideas in the Making of the Constitution*, Vintage Book, 1997, p.41.

⑤ Max Farrand, ed., *The Records of the Federal Convention of 1787*, 4 Vols., Yale University Press, 1966, Vol.I, pp.469-470, 475, 542.

弱和限制。这反映了革命初期政治思想的一个取向:对英王和总督所代表的殖民地行政权深为痛恨,而对代表制则满怀信心。人们一度相信,人民选举的代表必能忠实地体现人民的利益和意志,而行政权、特别是单一的行政首脑,则是必须防范的对自由的潜在威胁。在马萨诸塞立宪运动初期,有人也抱有类似的想法。布斯贝村镇居民在1778年提出,州长、副州长等职位在一个"自由之邦"是不必要的,他们可能成为人民自由的威胁;交给州长的权力只能由人民的代表来掌握,而绝不能让一个人来行使。①也就是说,州长非但不是人民的代表,反而是人民自由的对立面。

同样是在1778年,帕森斯就行政权和单一行政首脑发表了不同的见解:州长不是由国王及其大臣任命的,"他的利益和国内每一个人的利益是一样的"。②这种认识在1780年的宪法讨论中得到进一步深化。1780年宪法设立了一个比其他各州行政首脑都要强大的州长,制宪会议在公开信中就此解释说,州长乃是"全体人民的代表",他不是由一个村镇或一个县选出来的,而是由全体人民选举的,因而将这种权力交到他手中是安全的。③有的村镇甚至提出,宪法赋予州长的权力还不够大,州长应成为立法权的一个分支,可以否决两院的任何法案,从而防止两院对行政权和司法权的侵蚀,以保持三种权力的适当平衡。在他们看来,"州长乃是全体人民的代表和共和国的首席官员,那些未为他所同意的法律,既不可能得到有力的执行,也不可能获得人民应有的遵从"。④在有些村镇居民心目中,州长的形象发生了全新的变化,他是"首席官员和整个共和国的唯一代表;是政治机构各个部分和各个成员联合的中心;他是全社会选出和指派的卫士,以特别的方式捍卫宪法和整个国家的权利和利益。每个人在他那里都有同样的利益,和他保持同样的联系,把他作为他们的共同代表"。与州长形成对照

---

① "Returns of the Towns on the Constitution of 1778: Boothbay", in Oscar Handlin, Mary Handlin, eds., *The Popular Sources of Political Authority: Documents on the Massachusetts Constitution of 1780,* The Belknap Press of Harvard University Press, 1966, p.248.

② "The Essex Result, 1778", in Oscar Handlin, Mary Handlin, eds., *The Popular Sources of Political Authority: Documents on the Massachusetts Constitution of 1780,* The Belknap Press of Harvard University Press, 1966, p.361.

③ "Address of the Convention, March 1780", in Oscar Handlin, Mary Handlin, eds., *The Popular Sources of Political Authority: Documents on the Massachusetts Constitution of 1780,* The Belknap Press of Harvard University Press, 1966, p.437.

④ "Returns of the Towns on The Constitution of 1780: Groton", in Oscar Handlin, Mary Handlin, eds., *The Popular Sources of Political Authority: Documents on the Massachusetts Constitution of 1780,* The Belknap Press of Havard University Press, 1966, p.640.

的是,议员不过是州内某个特定小地区的代表,把不受控制的立法权交到他们手中,反而是"极端危险和失策的"。①在这里,立法代表在新的共和体制中的重要性大为下降,他们不再拥有人民的充分信任,地方代表权的局限性也引起了关注;而单一的行政首脑则从自由的威胁变成了"全体人民的代表"。这无疑是美国早期政治理论的一个重要变化。②

受马萨诸塞对行政权重新定位的影响,18世纪80年代各州重新修订或制定宪法时,也对行政权的作用给予了高度的重视。1781年,新罕布什尔制宪会议指出,行政权力是"灵魂,没有它,国家不过是一具僵尸";托马斯·杰斐逊在为弗吉尼亚拟定的新宪法方案中,也赋予州长足够的权力来实施法律,并力图减轻州长对议会的依附。③这一切就为一个拥有强大权力的全国行政首脑的出台,做了至关重要的铺垫。

三、政府模式的创新

约翰·亚当斯在1776年8月说:"我希望马萨诸塞人将他们的政府称作共和国(commonwealth)";④制宪会议在1779年9月3日的决议也声称:"本会议将要形成的政府乃是一个自由的共和国(a free republic)。"⑤毫无疑问,这一共和国乃是一个主权国家,而马萨诸塞宪法也就不是一部地方性法规,而一个共和制国家的根本大法,所设计也是一个独立国家的完整的政府框架。

根据1780年宪法,马萨诸塞政府权力由立法权、执行权和司法权构成;立法机构分为参议院和众议院;行政首脑对议会通过的法案可行使有限否决权;最高行

---

① "Returns of the Towns on The Constitution of 1780: Wells", in Oscar Handlin, Mary Handlin , eds., *The Popular Sources of Political Authority: Documents on the Massachusetts Constitution of 1780*, The Belknap Press of Harvard University Press, 1966, p.735.

② 历史学家戈登·伍德就约翰·亚当斯在1787年表现出的政治思想落伍发表评论说,到1787年,行政首脑和参议院、众议院一样,都成了人民的代表,整个政府都掌握在人民手中,因而是一个真正的人民政府,或者说是"民主制"(参见 Gordon S. Wood, *The Creation of the American Republic, 1776–1787*, W. W. Norton & Company, 1972, p.586)。实际上,将行政首脑视为人民代表的说法,早在马萨诸塞宪法讨论中就出现了。

③ Gordon S. Wood, *The Creation of the American Republic, 1776–1787*, W. W. Norton & Company, 1972, p.435.

④ 转引自 Ronald M. Peters, Jr., *The Massachusetts Constitution of 1780: A Social Compact*, The University of Massachusetts Press, 1978, p.177.

⑤ 转引自 Ronald M. Peters, Jr., *The Massachusetts Constitution of 1780: A Social Compact*, The University of Massachusetts Press, 1978, p.178.

政长官为州长,每年选举产生,其职责是和咨议会一起负责指导州内事务,并担任陆海军总司令,掌握赦免权,在咨议会的建议和同意下提名和任命官员;司法机构的法官由州长任命,任职终身,并享有固定的永久薪俸。[1]这种在今天看来已属寻常的政府模式,却是激烈的政体观念碰撞和反复的立宪探索的产物。

关于立法权的设置,在各州立宪过程中是一个争议颇大的问题。宾夕法尼亚的激进派要求将整个政府都置于人民的控制之下,认为"权力越简单、越直接地依赖于人民就越好"。[2]根据这种观念,立法权只能交给一院制议会掌握。一些对美国各州新宪法有所观察的法国思想家也认为,英国宪政并不适合美国,在一个平等的共和国,根本无须设立参议院。[3]英国议会之设两院,缘于贵族和平民两个社会等级之间实行制衡的需要;而美国各州没有这类等级之分,两院"彼此独立但都依赖于人民",两院议员都是人民的代表。[4]显然,从代表的社会基础来看,两院制与一院制难以形成实质性的区别,其必要性自然会受到质疑。但事实上,1776—1777年各州宪法设立的多为两院制议会,只有宾夕法尼亚和佐治亚属于例外。将议会分成两院的主要考虑,乃在于权力的平衡。为了体现两院之间的差异,各州采取了不同的办法:有的为两院议员规定不同的选民资格和任职资格;有的采用不同的名额分配原则;有的则确定长短不同的任期。马里兰宪法还设计了由选举人选举参议员的方式。[5]但是,这些措施都不能保证两院形成真正的不同。杰斐逊曾谈到,弗吉尼亚的参议院和公民代表院过于相似,而议会分成两院的本来意义在于"引入不同利益的势力或原则"。[6]

在马萨诸塞立宪运动中,关于立法权的设置同样有不同的看法。一院制政府在马萨诸塞也不乏信奉者。在他们看来,总督、副总督、参事会或参议院都可

---

① "The Constitution of 1780", in Oscar Handlin, Mary Handlin, eds., *The Popular Sources of Political Authority: Documents on the Massachusetts Constitution of 1780*, The Belknap Press of Harvard University Press, 1966, pp.448-465.

② 转引自 Gordon S. Wood, *The Creation of the American Republic, 1776-1787*, W. W. Norton & Company, 1972, p.229.

③ Gordon S. Wood, *The Creation of the American Republic, 1776-1787*, W. W. Norton & Company, 1972, p.236.

④ Marc W. Kruman, *Between Authority & Liberty: State Constitution Making in Revolutionary America*, The University of North Carolina Press, 1997, p.146.

⑤ "Constitution of Maryland, 1776", in Francis Newton Thorpe, ed., *The Federal and State Constitutions, Colonial Charters, and Other Organic Laws of the State, Territories, and Colonies Now or Heretofore Forming the United States of America*, 7 Vols., Government Publishing Office, 1909, p.1693.

⑥ Thomas Jefferson, *Notes on the State of Virginia*, W. W. Norton, 1972, p.119.

取消,只设立一个众议院即可;"政府要容易、简单和花费少",人民应"将权杖掌握在自己手中",最合适的政府就是由成年自由男子选举的、不受总督掣肘的一院制立法机构。[1]同时,主张两院制的声音也很强烈。威廉·戈登和约翰·亚当斯都是一院制的坚决反对者。[2]帕森斯则对马萨诸塞设立两院制议会的必要性和意义做了具体的阐述。他认为,"众议院做出的粗糙和草率的决定,会由参议院加以修正和控制;而参议院那些由野心或对公民自由的漠视而产生的观点则会受到挫败。政府会获得尊严和坚定性,这对居民乃是最大的安全之所在"。他相信,两院的平衡可以保证制定最具智慧和良好意图的法律。[3]

从1780年宪法有关立法权的规定看,亚当斯和帕森斯的主张占据了上风。马萨诸塞议会分成参议院和众议院,两院的性质和构成有着明显的差别,体现了两院相互制衡的意图。参议院代表的是"财产",其成员的社会经济地位必然更高,因而参议员的任职财产资格高于众议员;[4]参议员名额按各选区的纳税额分配,财富集中的富庶选区自然可在参议院占有优势。众议员的财产资格较低,名额则按村镇和人口分配,以体现众议院代表"人身"的特点。按照制宪会议的解释,由同样的利益而联合起来的一群人,在同一场合集会,就可能像一个人一样发生错误和存在偏见;当一个人或一群人同时掌握制定、解释和执行法律的权力时,人民就会最终为腐败的力量所击垮;因此,两院制衡是必不可少的。[5]

这种依据"人身"和"财产"两分的原则而建立的两院制,在实际运作中似也难免遇到问题。据本杰明·林肯在1785年所言,马萨诸塞宪法力图区分"人身"和

---

① Gordon S. Wood, *The Creation of the American Republic, 1776–1787*, W. W. Norton & Company, 1972, p.224; Elisha P. Douglass, *Rebels and Democrats: The Struggle for Equal Political Rights and Majority Rule During the American Revolution*, p.172.

② Elisha P. Douglass, *Rebels and Democrats: The Struggle for Equal Political Rights and Majority Rule During the American Revolution*, The University of North Carolina Press, 1997, p.173; John Adams, "Thoughts on Government", in Charles Francis Adams ed., *The Works of John Adams*, Vol. IV, Charles C. Little & James Brown, 1851, p.196.

③ "The Essex Result, 1778", in Oscar Handlin, Mary Handlin, eds., *The Popular Sources of Political Authority: Documents on the Massachusetts Constitution of 1780*, The Belknap Press of Harvard University Press, 1966, pp.334, 335, 358.

④ 众议员、参议员的财产资格分别为100、300英镑自由持有财产,或200、600英镑纳税财产。

⑤ "Address of the Convention, March 1780", in Oscar Handlin, Mary Handlin , eds., *The Popular Sources of Political Authority: Documents on the Massachusetts Constitution of 1780*, The Belknap Press of Harvard University Press, 1966, p.437.

"财产"以修改混合政府理论,但效果并不很好。①马萨诸塞参加费城制宪会议的代表埃尔布里奇·格里,在1787年6月5日的辩论中对东部各州的政治状况大加责怨,指摘有人"主张在马萨诸塞废除参议院,将政府的所有其他权力都授予立法机构的另一个分支"。②

然而,将两院的代表基础加以区分并借助强大的上院来制约下院,代表着18世纪80年代美国宪政探索的方向。在费城制宪会议召开前夕,麦迪逊殚精竭虑地思考解决各州政治混乱失控局面的办法,坚信关键在于设立一个强大的参议院。③爱德蒙·伦道夫在费城制宪会议上谈到,各州"没有一部宪法提供了对民主的充分制约","纽约和马萨诸塞宪法中确立的制约方式,固然是对付民主的较强屏障,但其作用看来都是不足的"。④另一些代表更是直截了当地指出,设立参议院的主要目的,就是"保障财产的权利",就是要制约直接来自人民的众议院,因而参议院必须由拥有"巨额和确定财产"的人组成。⑤由此可见,马萨诸塞宪法基于财产设立参议院的尝试,为联邦制宪代表讨论国会两院制方案提供了某种参考。

相对而言,1780年宪法有关行政权的规定,是一个更重要的创举。这部宪法设立了一个由人民直接选举的、拥有强大权力的单一行政首脑。较之此前各州宪法刻意削弱和限制行政权的倾向,这一设计实在是背道而驰而大异其趣的,其意义也就非同寻常。

革命初期,美国普遍存在张扬立法权而抑制行政权的倾向。在1776—1777年制定宪法的各州中,宾夕法尼亚根本没有设立单一的行政首脑;南卡罗来纳、弗吉尼亚、新泽西、特拉华、马里兰、北卡罗来纳、佐治亚等州的行政首脑由议会选举;只有纽约的州长由选民直接选出。由议会选举行政首脑的目的,在于保证立法权对行政权的控制。马萨诸塞在行政权的设置方面同样存在争论。布斯贝

---

① Gordon S. Wood, *The Creation of the American Republic,1776-1787*, W. W. Norton & Company, 1972, pp.243-244.

② Max Farrand, ed., *The Records of the Federal Convention of 1787*, Vol. I, Yale University Press, 1966, p.123.

③ 参见 Jack N. Rakove, *Original Meanings: Politics and Ideas in the Making of the Constitution*, Vintage Books, 1997, p.41.

④ Max Farrand, ed., *The Records of the Federal Convention of 1787*, Vol. I, Yale University Press, 1966, p.27.

⑤ Max Farrand, ed., *The Records of the Federal Convention of 1787*, Vol. I,Yale University Press, 1966, pp.428, 517.

村镇会议反对1778年宪法的一个理由是,在一个"自由之邦"没有必要设立州长和副州长等职位。[①]塞缪尔·奥蒂斯、亚当斯和帕森斯等人则强调行政权的重要性,主张设立一个强有力的行政首脑,因为如果执行不力,就会使立法权落空,使司法权成为装饰。[②]这种意见最终成了马萨诸塞制宪的指南。1780宪法不仅设立了一个民选的单一行政首脑,而且赋予他超过其他各州行政首脑的权力,特别是任命权和立法否决权。这不仅只是权力分配的调整,而且更是共和政府模式的一次重大革命。

将任命权授予单一行政首脑,在革命时期的政治氛围中是一种相当大胆的做法。当时美国有不少人认为,任命权乃是18世纪专制主义的最有害、也是最有力的工具,因为通过任命官职可以培植亲信,腐蚀人心,使人屈从,从而确立权势。[③]在这种情况下,各州宪法对行政首脑的任命权不是加以分解,就是完全剥夺。多数州将任命权授予了立法机构,有的则由立法机构与行政首脑分享。但是,根据马萨诸塞1780年宪法,州长在咨议会的建议和同意下享有官员的提名和任命之权。1787年联邦宪法关于总统任命权的规定,与此大致相同。

在马萨诸塞1780年宪法中,最具影响的条文是关于州长否决议会立法之权的规定。在英国宪政中,英王对议会立法握有绝对的否决权;在殖民地居民争取自治的过程中,总督的否决权曾是一个巨大的障碍。革命爆发后,人民代表的理论风行各州,立法权成了政府的主导权力,而行政首脑对立法的否决权,则被视为一种十分危险的权力。南卡罗来纳1776年宪法授予州长绝对否决权,但1778年宪法则取消了这一条款。弗吉尼亚、北卡罗来纳、佐治亚、新泽西、马里兰和特拉华的行政首脑都没有否决权。在新泽西和新罕布什尔等州,行政首脑以个人身份参与立法,在参议院或参事会拥有一票表决权。在纽约1777年宪法中,由州长、大法官和最高法院法官组成的咨议会对议会法案拥有否决权,而议会如以三

① "Returns of the Towns on the Constitution of 1778: Boothbay", in Oscar Handlin, Mary Handlin, eds., *The Popular Sources of Political Authority: Documents on the Massachusetts Constitution of 1780,* The Belknap Press of Harvard University Press, 1966, p.248.

② Harry A. Cushing, *History of the Transition from Provincial to Commonwealth Government in Massachusetts*, Columbia University, 1896, p.209; John Adams, "Thoughts on Government", in Charles Francis Adams ed., *The Works of John Adams,* Vol. IV, pp.196~198; "The Essex Result, 1778", in Oscar Handlin, Mary Handlin, eds., *The Popular Sources of Political Authority: Documents on the Massachusetts Constitution of 1780,* The Belknap Press of Harvard University Press, 1966, p.344.

③ 参见 Gordon S. Wood, *The Creation of the American Republic, 1776–1787,* W. W. Norton & Company, 1972, pp.143, 147.

分之二多数再度通过被否决的法案，则可使其生效。①

约翰·亚当斯一向主张赋予行政首脑绝对否决权，当他获得为马萨诸塞起草宪法的机会时，就毫不犹豫地在第1章第1项第2款中将这一权力置于州长手中。但是，制宪会议没有完全接受这一方案，而是将绝对否决权改为有限否决权，规定议会两院可以三分之二多数重新通过被否决的法案，从而使州长的否决无效。②研究马萨诸塞1780年宪法的学者，多未论及绝对否决权和有限否决权的差别，也没有注意到制宪会议这一修改的重要性。如果完全取消行政部门对立法的否决权，就会造成立法机构主导政府的局面；如果赋予行政首脑绝对否决权，则又可能导致行政专权。而有限否决权的安排，极大地改变行政首脑在新共和政体中的地位和角色：其他州的行政首脑至多只能个体性地参与立法，而马萨诸塞州长可对立法权施以整体性的制约，成为分权制衡体制中平等而积极的一个分支。这可以说是分权制衡体制的一个革命性发展。有限否决权的意义在当时似未得到充分估价，直到1787—1788年联邦立宪时，它才被视为共和政体实现权力平衡的一个重要机制。亚历山大·汉密尔顿在为美国总统的立法否决权辩护时，几度谈及马萨诸塞州长的有限否决权，并承认联邦宪法的有关条款完全取自马萨诸塞1780年宪法。③

一个手握任命权、否决权和赦免权的州长，很自然使人联想到殖民地时期的总督形象，因而在宪法讨论中人们对州长的权力议论纷纷。有的村镇反对授予州长否决权，认为这会使之获得控制议会的权力，并有可能使立法者产生偏见，从而阻碍立法过程。④有的村镇主张议会两院只需简单多数即可超越州长的否

① "Constitution of New York, 1777", in Francis Newton Thorpe, ed., *The Federal and State Constitutions, Colonial Charters, and Other Organic Laws of the State, Territories, and Colonies Now or Heretofore Forming the United States of America*, GPO, 1909, pp.2628-2629.

② "The Report of a Constitution or Form of Government, for the Commonwealth of Massachusetts", in Charles Francis Adams, ed., *The Works of John Adams,* Vol. IV, Charles C. Little & James Brown, 1850–1856, p.231. 约翰·亚当斯本人对这一修改深感遗憾。参见 David McCullough, *John Adams*, Simon & Schuster, 2001, p.224.

③ "Federalist 69, Federalist 74", in Clinton Rossiter ,ed., *The Federalist Papers*, New American Library, 1961, pp. 417, 446.

④ "Returns of the Towns on The Constitution of 1780: Sandisfield", in Oscar Handlin, Mary Handlin, eds., *The Popular Sources of Political Authority: Documents on the Massachusetts Constitution of 1780,* The Belknap Press of Harvard University Press, 1966, p.490.

决,并反对赋予州长和其他官员享有固定的薪俸,①其目的显然也是加强议会对行政权的控制。但从整体上看,对州长权力提出异议者属于少数。相反,有的村镇高度重视州长对立法拥有否决权的重要性,认为只有保持行政权和立法权的平衡,才能避免立法权对行政权和司法权的侵蚀。②

在1776—1777年的各州宪法中,关于司法权的规定不是用语简约,就是涵义模糊;除特拉华等州规定最高法院法官任职终身外,大多数州宪法没有涉及司法独立问题。马萨诸塞1780年宪法关于司法权的规定也很简短,但体现了司法独立的原则。③一般说来,实现司法独立的机制有三:将法官的任命权和弹劾权授予不同的政府分支;法官任职终身;其薪俸无须仰赖其他政府部门的拨付。这三种机制在马萨诸塞1780年宪法中都可以找到。制宪会议还就此做了特别说明,强调"法官应当在任何时候都感到他们自己是独立和自由的"。④可见,马萨诸塞宪法关于司法权的规定,在各州宪法中是最有利于司法独立的。费城制宪会议在讨论联邦法官的产生途径时,有人建议由行政首脑在第二院的建议和同意下任命,就像马萨诸塞宪法所规定的方式一样;"这种方式在这个地区长期实行,证明其效果是无可挑剔的"。这种意见得到了詹姆斯·威尔逊和伦道夫的赞同。⑤汉密尔顿在《联邦主义者文集》第81篇中,也对马萨诸塞等州赋予司法独立地位的宪法大加赞赏。⑥

显而易见,马萨诸塞的政府模式遵循分权的原则。国内外都有学者强调,革命初期各州宪法所设计的分权体制,其着眼点是将立法权从殖民地时期那种行

---

① "Returns of the Towns on The Constitution of 1780: Norton", in Oscar Handlin, Mary Handlin, eds., *The Popular Sources of Political Authority: Documents on the Massachusetts Constitution of 1780,* The Belknap Press of Harvard University Press, 1966, pp.524-525.

② "Returns of the Towns on The Constitution of 1780: Newburyport", in Oscar Handlin, Mary Handlin, eds., *The Popular Sources of Political Authority: Documents on the Massachusetts Constitution of 1780,* The Belknap Press of Harvard University Press, 1966, p.916.

③ "The Constitution of 1780", in Oscar Handlin, Mary Handlin, eds., *The Popular Sources of Political Authority: Documents on the Massachusetts Constitution of 1780,* The Belknap Press of Harvard University Press, 1966, pp.461, 464.

④ "Address of the Convention, March 1780", in Oscar Handlin, Mary Handlin, eds., *The Popular Sources of Political Authority: Documents on the Massachusetts Constitution of 1780,* The Belknap Press of Harvard University Press, 1966, p.439.

⑤ Max Farrand, ed., *The Records of the Federal Convention of 1787*, Vol.II, Yale University Press, 1966, pp.41, 81.

⑥ "Federalist 81", in Clinton Rossiter, ed., *The Federalist Papers*, New American Library, 1961, p.484.

政权的控制下解脱出来，带有立法权至上的倾向，与联邦宪法中分权体制的意义不尽相同。[①]有的学者不同意这种说法，认为分权的目的并非将无限制的权力授予立法机构，而在于限制包括立法权在内的一切政府权力。[②]诚然，革命时代的美国人反对一切绝对权力，限权政府乃是普遍的理念，因而对包括立法权在内的一切政府权力施加限制，乃是各州宪法的题中应有之义；但问题是，各州宪法将更关键的权力授予了议会，而对行政权施加了更多的限制，其结果是造成立法机构享有支配地位，议会权力趋于膨胀。马萨诸塞1780年宪法则从根本上扭转了这种状况。

马萨诸塞1780年宪法本着相对分权的原则，设计出一种相当复杂的权力交错、多向制衡的体制。参众两院均可否决对方的法案，形成对立法权的第一层制约；议会制定的法案须经州长同意方能生效，州长的否决权是对立法权的第二层制约；议会两院以三分之二多数再度通过被州长否决的法案而使之成为法律，则是立法权对行政权的反制约；议会掌握行政官员的弹劾权，又对行政权构成制约；法官由州长任命，而一旦获得任命即不受立法权和行政权的控制，只有任职期间行为不当才受议会的弹劾；州长行使赦免权，结婚、离婚、赡养费和遗嘱验证上诉等案件也由州长和咨议会受理，使得行政权涉足司法领域，并对司法权构成制约。总体而言，这一方案冲破了流行的绝对分权的藩篱，将混合政府中的等级制衡创造性地转化为共和政体中的功能制衡，形成了一种新型的政府模式。美国革命所面临的一个核心问题，就是要建立一种既能有效地巩固独立成果、又能切实保障人民自由的政府体制，而马萨诸塞的分权制衡体制不仅满足了这一双重要求，而且顺应历史的长远趋势。马萨诸塞宪法之所以比此前其他各州宪法具有更为持久的生命力，其缘故端在此处。[③]

唯其如此，马萨诸塞宪法设计的政府模式在当时就得到了广泛的好评，并对美国宪政的发展产生了巨大的影响。新罕布什尔用1784年宪法取代了1776年宪法，其政府模式、权力结构和议员名额分配方式，与马萨诸塞宪法大致相同，关

---

① Gordon S. Wood, *The Creation of the American Republic, 1776–1787*, W. W. Norton & Company, 1972, pp.153-157；王希：《原则与妥协：美国宪法的精神和实践》，北京大学出版社，第69页。

② Marc W. Kruman, *Between Authority & Liberty: State Constitution Making in Revolutionary America*, The University of North Carolina Press , 1997, pp.x-xi.

③ 1776—1777年间各州制定的宪法，到19世纪前半期几乎全部被新宪法所替代；而马萨诸塞1780年宪法虽经百余次修改，其基本框架和精神一直延续至今。

键性的差别则在于取消了行政首脑的立法否决权。①在宾夕法尼亚,1783—1784年兴起了一场修改1776年宪法的运动,所提出的修改建议同马萨诸塞宪法也颇为近似。②联邦宪法的政府结构设计,显然是以马萨诸塞模式为蓝本,只是做了若干调整:通过延长议员和总统的任期、增强参议院的权力等手段,进一步削弱人民对政府的直接影响,抑制了民选立法分支的作用,以达到增强联邦政府的权威和稳定性的目的。

四、外来政治资源的本土化

在对美国宪法的理论和经验来源的探讨中,国内外学术界存在多种各有侧重的倾向:有的强调启蒙思想的影响,有的重视自由主义的作用,有的关注共和主义的意义,还有的肯定英国宪政传统的价值。毫无疑问,美国宪法的制订受到了多种因素的影响,借助了多方面的资源,片面强调其中任何一点,都无助于探究其由来和成因。尤须指出的是,所有这些外来资源如果不与本土经验、现实需要和居民心态相结合,就都不可能发挥积极的作用。因此,要更好地了解美国宪政的形成,有必要探讨外来政治资源的本土化问题。

外来政治资源的本土化当然包括观念自身的转化,③但更重要的是,革命时期的美国人将外来理论和经验与本土传统、民众心态及当前情势相结合,并在运用中加以发挥和改造,不期然地熔铸成了一种新的政治文化。独立前的政治辩论可谓这种本土化的开端,殖民地居民利用外来理论和经验为反抗母国的行动寻求合理性;革命时期各州的立宪运动意味着本土化的急速推进,美国人开始借助外来理论和经验来创建新的政府体制;最后,联邦宪法及相关讨论作为这一本土化的丰硕成果,标志着一种不同于英国和欧洲的新型政治国家已经建成。在这场意义深远的本土化运动中,马萨诸塞立宪占有重要的地位。马萨诸塞的民众和立宪者成功地将外来理论和经验融会贯通,结合本地政治传统和现实需要,完成了革命

① "Constitution of New Hampshire, 1784", in Francis Newton Thorpe ed., *The Federal and State Constitutions, Colonial Charters, and Other Organic Laws of the State, Territories, and Colonies Now or Heretofore Forming the United States of America*, GPO, 1909, p.2459-2466.

② 参见 Gordon S. Wood, *The Creation of the American Republic, 1776–1787*, W. W. Norton & Company, 1972, pp.439-440.

③ 美国历史学家伯纳德·贝林和戈登·伍德等学者对此做了富有启示的研究。参见 Bernard Bailyn, *The Ideological Origins of the American Revolution*, The Belknap Press of Harvard University Press, 1992 ; Gordon S. Wood, *The Creation of the American Republic, 1776–1787*, W. W. Norton & Company, 1972.

时期各州立宪中最完善的宪政设计,构成美国宪政在欧洲政治理论和英国宪政经验基础上走向成熟、形成特色的一个重要界标。

在革命初始之际,美国人还没有系统的本土政治理论;他们对于政治问题的思考,完全依靠来自英国和欧洲大陆的概念工具与理论思维。革命者似乎很少意识到他们所借助的理论是外来的,他们只是从基本的务实精神出发,通过两条途径完成了外来政治理论的本土化:一是对外来政治理论进行重新解读,用以说明和解释他们身边的政治现象;二是将外来理念与实际需要相结合,使之转化为具有可操作性的政治机制。在马萨诸塞立宪运动中,制宪者和普通民众都运用经过吸收、消化和改造过的理论与概念,为制定新宪法寻找可信的理论根据,提出了形形色色的宪法设想。在这个过程中,外来理论、本土经验、现实需要三者水乳交融地汇合在一起,奠定了理性的政治思维和现实的宪政方案的坚实基础,创造出一种与新的政治观念互为表里的制度模式,有效地抑制了革命所释放的非理性力量,推动了国家政权建设的进程,为美国宪法提供了直接的经验和理论滋养。

欧洲思想家所阐述的自然状态和社会契约理论,在美国革命中得到了广泛运用,马萨诸塞立宪运动也不例外。随着英国统治的崩溃,原有的政治纽带亦告消失,美国人感到他们似乎被抛回了某种自然状态,获得了重新订立契约、自主选择政府的机会。马萨诸塞的"伯克希尔立宪派"在抵制特许状政府和倡导立宪时,就直接诉诸自然状态理论。他们声称,在英国控制殖民地的权力解体以后,北美人民"落入了自然状态",而"处于这种状态中的人民,为了在他们中间享有或恢复公民政府,所要采取的第一步就是制定一部根本宪法,作为立法工作的基础"。[1]为什么处在自然状态的人们,急于制定宪法和建立公民政府呢?《埃塞克斯决议》借助转述洛克的理论,对此做出了解释:"人类的理性和理解力以及各个时代的经验"证明,个人从自由政府得到的好处多于他们在自然状态下获得的利益,故自由政府更有利于他们谋求幸福。[2]

根据欧洲思想家的论述,从自然状态中产生的政治社会,乃是自由而平等的

---

① "Pittsfield Petition, May 29, 1776", in Oscar Handlin, Mary Handlin, eds., *The Popular Sources of Political Authority: Documents on the Massachusetts Constitution of 1780*, The Belknap Press of Harvard University Press, 1966, p.90.

② "The Essex Result, 1778", in Oscar Handlin, Mary Handlin, eds., *The Popular Sources of Political Authority: Documents on the Massachusetts Constitution of 1780*, The Belknap Press of Harvard University Press, 1966, p.327.

人们自愿订立契约的结果，因而，自认处于自然状态的马萨诸塞人，必然将他们建立公民政府的宪法视为社会契约。列克星敦村镇居民宣称："一部公民宪法或政府形式，从性质上说乃是一项至为神圣的契约或合同，它是由构成社会的个人订立的。"①1780年宪法的前言也将宪法表述为一种在人民中间自愿订立的契约："国民共同体乃是个人自愿联合而形成的，它是一项社会公约，通过它全体人民与每个公民订立契约，每个公民与全体人民订立契约，所有人都要受到为了公共福祉的固定法律的统治。"②在传统上，契约乃是在统治者与被统治者之间订立的；而此时契约却变成了人民之间的契约。可见，契约理论的这一重大转变，并非直到1788年才出现，而是发生于马萨诸塞立宪运动中。③

自然权利与自然状态是紧密相连的。英国和欧陆某些思想家曾以自然权利为旗帜来反对君主的绝对权力，而美国人则借此来说明政府的起源、政府的目的、革命的合理性、权利宣言的必要性和限制政府权力的正当性，并通过立宪使理论上的自然权利转化为具体的法律权利，成功地建构了一种以自由为鹄的的政治制度。在马萨诸塞立宪运动中，人们将宪法必须保障的权利分为两类：不可转让的权利和可转让权利的对等物。有一个村镇的居民提出，"当人将自己拥有的自然权利交给社会时，他们强烈希望从社会状态所带来的裨益中得到一种对等物"。④帕森斯则用布莱克斯顿式的笔调写道："所有人生来就是同等自由的。他们出生时拥有的权利是平等的，也属于同一种类。这些权利中有些是可以转让的，可以通过某种对等物（的交换）而放弃。其他权利则是不可转让的和固有的，由于太重要了，因而没有什么对等物可以与之交换。"他由此推导出人民控制政府的权利及其必要性："如果一个人出让他的所有可以转让的权利，而没有保

---

① "Returns of the Towns on the Constitution of 1778: Lexington", in Oscar Handlin, Mary Handlin, eds., *The Popular Sources of Political Authority: Documents on the Massachusetts Constitution of 1780,* The Belknap Press of Harvard University Press, 1966, p.317.

② "The Constitution of 1780", in Oscar Handlin, Mary Handlin, eds., *The Popular Sources of Political Authority: Documents on the Massachusetts Constitution of 1780,* The Belknap Press of Harvard University Press, 1966, p.441.

③ 历史学家戈登·伍德针对查尔斯·巴克斯在1788年布道中的一段话发表评论说，契约从人民与统治者之间的契约变成了人民自己中间的契约；统治者变成了被统治者，被统治者变成了统治者；这就是政治史上最重大的革命。参见 Gordon S. Wood, *The Creation of the American Republic, 1776–1787,* W. W. Norton & Company, 1972, pp.601-602.

④ "Essex County Convention, Ipswich, April 25, 26, 1776", in Oscar Handlin, Mary Handlin, eds., *The Popular Sources of Political Authority: Documents on the Massachusetts Constitution of 1780,* The Belknap Press of Harvard University Press, 1966, p.73.

留对最高权力的控制,或者没有在一定情况下恢复(那些出让)的权利,那么这种出让就是无效的,因为他变成了一个奴隶,而奴隶是不能接受任何对等物的。"[1]总之,宪法的目的不仅要保护人民的不可转让的权利,而且要保护人民转让权利所得到的对等物。[2]

但是,马萨诸塞村镇居民并不是在讨论抽象的自然权利理论,而是要用这种理论来支持他们对权利宣言的要求。贝弗利村镇居民提出,宪法必须有一个权利法案,其中要描述人的自然权利,区分那些他为了社会的好处而让渡给政府的权利与那些他不能让渡的权利;还要明确说明他在什么条件下转让了哪些权利,清楚地界定对政府的限制,同时明确保证他让渡的权利所应获得的对等物。[3]斯托顿村镇在1779年给其制宪代表的指令中说:宪法首先要有一个权利法案;最高权力是有限度的,不能控制人的不可转让的权利,也不能控制那些没有在社会公约中明确放弃的可转让权利,不得收回人民出让权利所得到的对等物。[4]

宪法既然是人民在自然状态中自愿订立的契约,其制定权就只能属于人民;而由人民选举代表组成制宪会议来起草宪法,再交给人民审议批准,就成为在立宪过程中落实人民主权的重要方式。于是,欧洲思想中带有抽象色彩的人民主权理论,就被马萨诸塞居民用这种方式转化为具体可见的政治实践。在马萨诸塞一些村镇居民看来,人民制订宪法的权力并非仅限于选举制宪代表和就宪法草案投票表决,而是要直接参与宪法条文的酝酿、拟定和修改,使宪法能够集中全州人民的智慧。[5]而且,人民主权并未随着宪法的制定而告终止,依据宪法创

---

[1] "The Essex Result, 1778", in Oscar Handlin, Mary Handlin, eds., *The Popular Sources of Political Authority: Documents on the Massachusetts Constitution of 1780,* The Belknap Press of Harvard University Press, 1966, p.330.

[2] 这种"可转让权利的对等物"的说法,可能源自威廉·布莱克斯顿的一个论点:人们放弃一部分自然权利,作为"有价值的购买"的代价。See William Blackstone, *Commentaries on the Laws of England,* 4 Vols., Printed by Richard Taylor for Thomas Tegg, 1830, Vol. I, p.125.

[3] "Returns of the Towns on the Constitution of 1778: Beverly", in Oscar Handlin, Mary Handlin, eds., *The Popular Sources of Political Authority: Documents on the Massachusetts Constitution of 1780,* The Belknap Press of Harvard University Press, 1966, p.295.

[4] "Choosing Delegates: Stoughton", in Oscar Handlin, Mary Handlin, eds., *The Popular Sources of Political Authority: Documents on the Massachusetts Constitution of 1780,* The Belknap Press of Harvard University Press, 1966, pp.423-425.

[5] "Returns of the Towns, 1776: Norton"; "Returns of the Towns, 1776: Bellingham", in Oscar Handlin, Mary Handlin, eds.,eds., *The Popular Sources of Political Authority: Documents on the Massachusetts Constitution of 1780,* The Belknap Press of Harvard University Press, 1966, pp.124-125, 161-162.

设的政府及其官员,必须时时对人民做出交代,人民通过经常性的选举而实现对政府的监督与限制。斯托顿村镇在给其制宪代表的指令中说:"所有被托与国家的委托权力的人,都是人民的仆人,由他们选举,对他们负责,如果因能力和行为不当而有负所托,则由他们罢免。";人民须时刻保持警惕,防止委托的权力流失,最终导致自由为暴政所淹没。①显然,这里的"人民主权"是一种来自马萨诸塞基层政治社会的声音,是一种存在于民众头脑中的清醒而强烈的常识。

在联邦立宪期间,"人民主权"也是一个经常出现的术语。威尔逊在制宪会议上强调,"由于一切权力来自人民",因而"同等数目的人民应当得到同等数目的代表"。②在这里,他将"人民主权"当成了大州谋求更大权势的旗号。马里兰代表在制宪会议接近尾声时谈到,本州只有议会有权修改宪法,而议会可能会拒绝批准新宪法。麦迪逊当即提示道:人民是实际的权力源泉,只要诉诸人民,"一切困难都可以克服。他们可以按照自己的意愿改变宪法。这是权利法案中的一条原则"。③他的意图是借"人民主权"来压制州议会的权力,以有利于新宪法获得批准。随后展开的批准宪法程序,正是在折中人民主权和州权的基础上进行的。这一切似乎表明,联邦制宪者对于人民主权的真诚信念已退居其次,而利用人民主权来追求现实政治目标的倾向则更加突出。

众所周知,联邦宪法的政体设计体现了分权原则;但是,这种分权原则和原初的理论形态已大有出入,与革命初期美国人的理解也颇为不同。这些变化的出现,正是分权理论在各州立宪、特别是马萨诸塞立宪过程中经历本土化的结果。洛克提出分权问题,旨在张扬立法权的至高地位;④孟德斯鸠的分权理论,也是得自对英国政体的观察,其中包含等级制衡的因素。⑤革命初期美国人观念中的分权,侧重三种权力的分离和独立,其目的在于排除行政权对立法权的控制,防止政府对人民自由的侵害。在马萨诸塞立宪运动中,分权的真谛转变为不同

---

① "Choosing Delegates: Stoughton", in Oscar Handlin, Mary Handlin, eds., eds., *The Popular Sources of Political Authority: Documents on the Massachusetts Constitution of 1780,* The Belknap Press of Harvard University Press, 1966, p.425.

② Max Farrand, ed., *The Records of the Federal Convention of 1787,* Vol.I, Yale University Press, 1966, pp.179.

③ Max Farrand, ed., *The Records of the Federal Convention of 1787,* Vol.II, Yale University Press, 1966, pp.476-477.

④ 洛克:《政府论》(下篇),叶启芳、瞿菊农译,商务印书馆,1993年,第82~83、89、92页。

⑤ 孟德斯鸠:《论法的精神》(上册),张雁深译,商务印书馆,1995年,第155~166页。

权力的相对分享和相互制约，以实现权力平衡和防止暴政。[1]美国历史学家戈登·伍德指出，革命时期的分权主张不同于混合政府或平衡政府的理论，前者是将政府功能部门区分为立法、行政和司法，后者是指社会三个等级和三种古典政体在立法中的混合。[2]但是，马萨诸塞1780年宪法则创造性地发展了分权原则，将分权理论中的功能性分权与混合政府理论中的权力制衡结合在一起，形成一种由分权导向制衡、以制衡维护分权的复杂政体模式。这是美国式分权制衡体制在理论上和实践上走向成熟的关键一步。

分权理论和混合政府理论之所以能在马萨诸塞宪法中成功地糅合在一起，主要是由于两者都包含着以权力制约权力的内涵。分权理论注重的是不同功能的权力彼此分离和独立，使之不得相互侵蚀，这对任何一种权力都构成制约；而在混合政府中，无论是不同等级还是不同政体之间的关系，都是彼此牵制，以防止其中任何等级掌握独断的权力，或其中某种政体取代整个政府，其目的是维持不同等级、不同政体在权力上的平衡。马萨诸塞1780年宪法的"权利宣言"第30条宣布了绝对分权原则，而具体规定政府结构的条文则对这一原则做了很大的变通：政府各个分支不是通过简单的独立而形成制约，而是在表面的分离中包含彼此交错牵制，任何一种权力都不是绝对完整的，任何一种权力也都拥有制约与反制约的手段。这种政体的复杂性远甚于原初的分权理论，也超过传统的混合政府。绝对的分权必然使政府成为一个多头怪物，在现实政治中不是无法运转，就是导致某一权力分支最终取得支配地位；通过不同权力的交错和制约，既可避免专权，又能保障效率。正是这一点启发了1787年的联邦制宪者，他们以马萨诸塞模式为蓝本，设计了一种更加复杂而完善的联邦分权制衡体制。麦迪逊在为这种体制辩护时，很自然地援引了新罕布什尔、马萨诸塞和纽约等州宪法中的有关规定，以说明不同权力部门相互混合交叉实属正常，绝对的分权则是根本不存在的。[3]

如前文所论，马萨诸塞的政府模式对英国宪政有所继承，更有所发展。革命

---

① Marc W. Kruman, *Between Authority & Liberty: State Constitution Making in Revolutionary America*, The University of Noth Carolina Press, 1997, p.130; "The Essex Result, 1778", in Oscar Handlin, Mary Handlin, eds., eds., *The Popular Sources of Political Authority: Documents on the Massachusetts Constitution of 1780*, The Belknap Press of Harvard University Press, 1966, pp.337-338.

② Gordon S. Wood, *The Creation of the American Republic, 1776 – 1787*, W. W. Norton & Company, 1972, p.153.

③ "Federalist 47", in Clinton Rossiter, ed., *The Federalist Papers*, New American Library, 1961, p.303-308.

初期,在对待英国宪政的态度上,美国存在两种极端的倾向。弗吉尼亚的卡特·布拉克斯顿主张全面继承英国宪政,希望在弗吉尼亚建立一个类似英国的政府;[1]托马斯·潘恩则在他的《常识》中对英国宪政大张挞伐,倡导采用一院制政体。[2]约翰·亚当斯对于两种倾向均不以为然,他觉得布拉克斯顿的小册子"太荒谬",[3]而潘恩的主张则"太过于民主","破甚于立"。[4]他在1776年初写成《关于政府的思考》一文,阐述了两院制议会、强大行政首脑和司法独立等主张。[5]他的宪政思想包含了英国宪政的许多成分,同时又与殖民地时期的经验及革命时代的形势相协调,为1776年若干州的立宪提供了指南,在马萨诸塞宪法中也留下了明显的印记。1780年宪法虽然存在许多明显的欠缺,但被时人誉为"一部完美的宪法",认为其优点是重新抓住了在1776年被遗忘的英国宪政的最佳成分。[6]这些"最佳成分"当然不是简单模仿英国宪政而得来的,而是在吸收消化后加以创造性转化的产物,实际上已经变成了本土化的宪政资源。1787年联邦宪法的确带有英国宪政的痕迹,但这种痕迹是经过马萨诸塞等州的立宪实践改造以后才印上去的。

从整体上说,无论是欧洲政治理论还是英国宪政经验的本土化,都是在"自由"这个"酵母"的激发下进行的,这也是外来政治资源本土化的深层动力所在。革命时代的美国人热衷于引述自然状态、社会契约、自然权利、人民主权、分权原则、平衡政府等理论范畴来讨论他们身边的政治问题,其中心意图就是要解答"如何有效而可靠地保障人民的自由"这个问题。无论是召开专门的制宪会议,还是由人民批准宪法;无论是树立宪法的至上性,还是设计分权制衡的政体,都是以人民的自由和权利为归依的。本土化的结果是构建了一种"自由的共和

---

① Carter Braxton, "A Native of this Colony", in Charles S. Hyneman, Donald S. Lutz ,eds., *American Political Writing during the Founding Era,1760–1805*, Vol. I, Liberty Press, 1983, p.336.

② Thomas Paine, *The Political Writings of Thomas Paine*, 2 Vols., George H. Evans, 1837, Vol. I, pp.22-23, 44-46.

③ Gordon S. Wood, *The Creation of the American Republic,1776–1787*, W. W. Norton & Company, 1972, p.97.

④ Eric Foner, "Tom Paine's Republic: Radical Ideology and Social Change", in Alfred F. Young ed., *The American Revolution: Exploration in the History of American Radicalism*, Northern Illinois University Press, 1976, p.207.

⑤ John Adams, "Thoughts on Government", in Charles Francis Adams, ed., *The Works of John Adams*,Vol. IV, Charles C. Little & James Brown, 1850–1856, pp.196-198.

⑥ Gordon S. Wood, *The Creation of the American Republic,1776-1787*, W. W. Norton & Company, 1972, p.434.

制",①它虽然在民主性方面局限甚多,但在18世纪中后期那个君主制和专制政体主宰的世界,实在是一种难得的创举,"又何足病哉! 又何足病哉!"②

约翰·亚当斯在1807年曾说:"我为马萨诸塞制订了一部宪法,它最终造就了合众国宪法。"③这种说法固然略有自夸的意味,但也指明了两次立宪之间的联系。实际上,美国宪法是贯穿美国革命始终的立宪运动的最终成果,而马萨诸塞立宪在其中占有突出地位。它不仅代表了各州立宪的最高成就,而且有效地推动了外来政治资源的本土化,营造出了一种浓厚的宪政文化氛围,为联邦立宪提供了有益的借鉴。在1787年费城制宪会议上,制宪者经常援引各州宪法,一方面旨在吸收其有用的经验,同时又力图纠正其弊端。相对而言,马萨诸塞立宪为联邦立宪提供的正面经验更多,无论是立宪方式和程序,还是宪法设计的政府模式,都为联邦立宪所吸收和采纳。当然,联邦立宪比任何一州的立宪都远为复杂和艰巨,其创造性更是史无前例的。它不仅要确立共和政体,更要建构联邦体制,并将两者结合在一起,形成一种施行于广阔地域的新型共和政体,打破了自古以来欧洲理论家们关于共和制只可行之于小国的论断。费城制宪会议在设计共和政体时,由于有以马萨诸塞1780年宪法为代表的各州经验可供参考,难度相对较小;而联邦制的设计则至为繁难,制宪者之间分歧尖锐,争议纷起,多次出现折冲樽俎、柳暗花明的场面。可见,一种较少本土先例可循的探索,往往更加曲折而艰难。

本文原刊载于《历史研究》2004年第1期,是教育部"跨世纪优秀人才培养计划"项目"美国立国史"的阶段性成果。

作者简介:

李剑鸣,湖南常德人。1982年本科毕业于湖南师范学院,1994年在南开大学获历史学博士学位,1989—2006年在南开大学历史研究所和历史学院任教,2009年入选教育部"长江学者奖励计划(特聘教授)"。

---

① "The Essex Result, 1778", in Oscar Handlin, Mary Handlin, eds., *The Popular Sources of Political Authority: Documents on the Massachusetts Constitution of 1780*, The Belknap Press of Harvard University Press, 1966, p.330.

② 语见陈寅恪:《论唐高祖称臣于突厥事》,陈寅恪:《寒柳堂集》,生活·读书·新知三联书店,2001年,第122页。

③ 转引自 Ronald M. Peters, Jr., *The Massachusetts Constitution of 1780: A Social Compact*, The University of Massachusetts Press, 1978, 14.

现为复旦大学历史学系教授，兼任教育部社会科学委员会委员、国家社科基金评审委员、国务院学位委员会学科评议组（世界史）成员，曾任中国美国史研究会理事长。著有《美国的奠基时代1585—1775》《历史学家的修养和技艺》《"克罗齐命题"的当代回响》等。

关于罗斯福时代新政"宪法革命"的几点浅见

韩　铁

　　1935年5月27日是美国宪法史上的所谓"黑色星期一"。[①]当天,最高法院作出了不利于富兰克林·罗斯福政府的三项重要判决,其中包括九名大法官一致同意推翻新政经济复苏计划的核心立法——《全国工业复兴法》。5月31日,罗斯福在记者招待会上批评法院剥夺了联邦政府应对紧急问题的权力。他说:"我们被划到过时的州际商业定义中去了。"[②]1936年,最高法院又接二连三地作出了反对新政的判决。是年,罗斯福在总统大选中以压倒性多数获得连任。1937年2月5日,他向最高法院宣战,提出了法院改组法案,使美国政界为之震惊。同年,最高法院在一系列重大判决中转而支持新政立法,使危及美国法院体制的宪法危机宣告结束。史称"使九人得救的及时转向"。[③]在当时和此后很多美国宪法学家和历史学家看来,最高法院对宪法授予政府的权力所作的正统解释与新政改革发生了冲突,法院在政治压力下不得不从对抗转向认同,从而使美国宪法的有关法理原则及其应用在1937年发生了重大变化。他们把这些变化视为新政"宪法革命"。[④]

　　从20世纪30年代到今天,包括爱德华·科温、伯纳德·施瓦茨、罗伯特·麦克罗斯基、威廉·洛克滕堡、卡斯·森斯坦、劳拉·卡尔曼等在内的几代美国学者都持有上述看法,强调政治对法官和"宪法革命"所产生的决定性影响。直到20世纪70年代中期,他们的观点才遭到了修正派史学家的质疑。但在新政"宪法革命"研究上真正改弦易辙的则是20世纪90年代以来巴里·库什曼、理查德·弗

---

① Marian C. McKenna, *Franklin Roosevelt and the Great Constitutional War: The Court-Packing Crisis of 1937*, Fordham University Press, 2002, p.96.

② Samuel I. Rosenman, ed., *The Public Papers and Addresses of Franklin D. Roosevelt*, Vol.4., Random House, 1935, pp.200-222.

③ 美国著名宪法学家爱德华·科温在他1937年5月19日给当时的司法部长霍默·I.卡明的信中第一次提出"使九人得救的及时转向"的说法,后广为沿用。此信收藏于普林斯顿大学的爱德华·科温文件,转引自 William E. Leuchtenburg, "FDR's Court-Packing Plan: A Second Life, A Second Death", *Duke Law Journal*, No.35, 1985, p. 673.

④ G. Edward White, *The Constitution and the New Deal*, Cambridge University Press, 2000, pp.16-17.

里德曼、G.爱德华·怀特所发表的一系列论著。他们认为,法院改组法案之争、1936年大选这类政治事件和最高法院态度的转变之间并无决定性因果关系。法官对宪法法理原则的理解所发生的变化,或者说他们在宪法法理观上的转变,还有法官组成的新老交替,才是法院作出不同判决的最重要的原因。①

在美国著名法律史学家莫顿·霍维茨和政治学家劳拉·卡尔曼看来,这两派学者就新政"宪法革命"展开的争论涉及的是长期以来困扰美国法学界的一个核心问题,即法律和政治的关系问题。②对两派观点都相当关注的布鲁斯·阿克曼教授则建议停止这"老旧而令人疲惫的辩论",主张"把两方面的见解结合起来而不要走向任何一个极端"。③笔者既不准备介入法律和政治关系的争辩,也无意对新政"宪法革命"做全面的分析评价。本文所要做的,只是从美国学者有关新政"宪法革命"的最新研究中获取某些重要启示。具体来说,就是在我们探讨美国历史上发生的重大变化,尤其是在将它上升到"革命"和"分水岭"这样的高度时,要特别注意历史发展的连续性、局限性和复杂性。这样,我们最后的结论才会具有一定的辩证性。

一

在美国研究新政"宪法革命"的学者大都认为1937年是这场"宪法革命"的分水岭,其中包括著名宪法学家、1937年法院改组计划的参与者爱德华·科温和研究罗斯福新政的权威历史学家威廉·洛克滕堡。前者是"使九人得救的及时转向"一语的原创者,后者干脆称这场革命为"1937年宪法革命"。④无可否认,最高法院确实是在1937年有关最低工资、劳工关系法(即华格纳法)和社会保障法的一系列判决中,改变了它在1935和1936年的反新政态度,转而支持新政的有关立法。不过,从"宪法革命"的角度来讲,重要的不是最高法院在最低工资、劳工关系和福利国家这些政策问题上所采取的态度发生了什么根本变化,而是最高法院在就这些政策问题作出不同判决时所依据的宪法法理原则是否

---

① G. Edward White, *The Constitution and the New Deal*, Cambridge University Press, 2000, pp.13-32.

② Laura Kalman, "Law, Politics, and the New Deal(s)", *The Yale Law Journal*, No.108, 1999, pp.2167, 2188.

③ Bruce Ackerman, *We the People: Transformations*, Cambridge University Press, 1998, pp.343, 291.

④ William E. Leuchtenburg, *The Supreme Court Reborn: The Constitutional Revolution in the Age of Roosevelt*, Oxford University Press, 1995, pp.213-236.

发生了根本变化。学者们一般认为,1937年"宪法革命"主要是在三大宪法条款的法理原则上发生了变化,即正当程序(契约自由)、商业权和公众福利。在他们看来,这些变化清楚地反映在最高法院1936年和1937年作出的三组重大判决之中。每一组中1937年的判决和1936年的相比几乎迥然不同,所以后来才有"及时转向"之说。①

涉及正当程序(契约自由)条款的第一组判决的案件是1936年的莫尔黑德诉纽约州案和1937年的西岸旅馆诉帕里什案(即最低工资法案件)。1936年6月1日,大法官欧文·J.罗伯茨加入了因保守而有"四骑士"之称的另外四位大法官威利斯·范德凡特、詹姆斯·麦克雷诺兹、皮尔斯·巴特勒、乔治·萨瑟兰,在莫尔黑德案中形成了5比4的多数(少数派是首席大法官查尔斯·E.休斯和三位倾向新政的大法官哈伦·斯通、路易斯·D.布兰代斯、本杰明·卡多佐),判决纽约州妇女最低工资法无效,因为它侵犯了受宪法第十四条修正案正当程序条款保护的契约自由。②然而,到第二年3月29日,罗伯茨反过来加入了莫尔黑德案判决中的少数派,使最高法院得以以5比4的多数在西岸旅馆案中支持华盛顿州的妇女和未成年人最低工资法。于是,西岸旅馆案成了最高法院"转向"的引人注目的开端,而罗伯茨则成了"转向"的典型代表人物。首席大法官休斯在西岸旅馆案判决中明确指出:"宪法没有讲到契约自由。"③有学者认为,这标志着"经济正当程序作为一种宪法形式在事实上的寿终正寝"。④

涉及商业权条款的第二组判决的案件是1936年的卡特诉卡特煤矿公司案和1937年的全国劳工关系局诉琼斯和劳克林钢铁公司案(即华格纳法案件)。1936年5月18日,罗伯茨再次加入"四骑士",在卡特案中以5比4的多数裁定1935年烟煤资源保护法违宪。该法的劳工条款保证劳工有组织起来和进行集体谈判的权利。萨瑟兰代表法院多数在判决中指出,这些条款之所以违宪是因为对矿业进行管制,而矿业和其他生产性活动一样,长期以来被视为地方活动,不是属于宪法商业权条款规定的由联邦政府管辖的州际商业的一部分。⑤到1937年4月

① G. Edward White, *The Constitution and the New Deal*, Cambridge University Press, 2000, p.198.；Richard D. Friedman, "Switching Time and Other Thought Experiments: The Hughes Court and Constitutional Transformation", *University of Pennsylvania Law Review*, No.142, 1994, pp.1891-1984.

② 莫尔黑德诉纽约州案[*Morehead v. New York ex rel. Tipaldo*, 298 U. S. 587, 618-31 (1936)]

③ 西岸旅馆诉帕里什案[*West Coast Hotel Co. v. Parrish*, 300 U. S. 379, 391 (1937)]。

④ John W. Ely, Jr., *The Guardian of Every Other Right: A Constitutional History of Property Rights*, Oxford University Press, 1998, p.127.

⑤ 卡特诉卡特煤矿公司案[*Carter v. Cater Coal Co.*, 298 U. S. 238, 302 (1936)]。

12日,罗伯茨又一次转向,和休斯及三位自由派法官一起组成5比4的多数,在琼斯和劳克林案中支持全国劳工关系法,即华格纳法。在这项判决和其他几项有关华格纳法的判决中,最高法院都裁定,该法可以适用于那些对州际商业有密切和实质性影响的生产性部门。①

涉及公众福利条款的第三组判决的案件是1936年的合众国诉巴特勒案(即1933年农业调整法案件)和1937年斯图尔德机器公司诉戴维斯案、海尔维宁诉戴维斯案(即社会保障法案件)。根据1933年农业调整法的规定,联邦政府为控制农业生产过剩可以认租可耕地,购买剩余农产品,给同意休耕的农场主以补偿。这些项目的经费来自向项目所涉及的农产品之加工商课征的加工税。当农业调整法规定的这种加工税在巴特勒案中遭到挑战时,政府方面为该项法律辩护的法理根据是美国宪法第一条第八款规定国会有权为了美国的公众福利而征税。然而,罗伯茨、休斯和四骑士一起在1936年1月的判决中以6比2的多数拒绝接受这一理由,指责该法的税收和拨款是"达到违宪目标的手段"。在他们看来,联邦政府无权管制农业,更不能如农业调整法项目那样以经济压力实行强制。②可是到1937年5月24日,最高法院在两项社会保障法案件的判决中均以公众福利条款为由确认了该法的有效性。在有关老年福利的海尔维宁案中,最高法院甚至形成了7比2的多数,四骑士中只有麦克雷诺兹和巴特勒持异议。在涉及失业救济的斯图尔德机器公司案中,四骑士仍然是四骑士,不过处于少数地位。③

从以上三组判决看来,最高法院在1937年对正当程序(契约自由)、商业权和公众福利三大宪法法理原则的理解及其运用,与1936年相比似乎是发生了很大的变化,但是近年来美国学者的研究告诉我们,如果从比较长一点的历史时间跨度上来探讨这些条款涉及的法理问题,便会发现很难将1937年定位为新政"宪法革命"的分水岭。首先,就正当程序条款而言,"1937年的宪法革命"实际上有它的连续性,因为这一法理原则的革命性变化在1934年的内比亚诉纽约州案判决中已经发生了。其次,就商业权条款而言,"1937年的宪法革命"实际上有它的局限性,因为这一法理原则的革命性变化要等到1942年的威卡德诉菲尔伯恩案判

---

① 全国劳工关系局诉琼斯和劳克林钢铁公司案[*NLRB v. Jones & Laughlin Steel Corp.*, 301 U. S. 1, 37-38 (1937)]。

② 合众国诉巴特勒案[*United States v. Butler*, 297 U. S. 1, 68, 71 (1936)]。

③ 海尔维宁诉戴维斯案[*Helvering v. Davis*, 301 U. S. 619 (1937)];斯图尔德机器公司诉戴维斯案[*Steward Machine Co. v. Davis*, 301 U. S. 548 (1937)]。

决才真正实现。最后,就公众福利条款而言,"1937年的宪法革命"有它的复杂性,因为这一法理原则的革命性变化并没有发生,有关社会保障法的判决实际上是以制宪以来就有的法理原则为基础的。从现代福利国家的发展上来看,该判决固然是重大的进展,但在法理原则上并不存在进步战胜反动或者自由主义战胜保守主义的所谓革命性变化。不仅如此,即便是在罗斯福任内确已发生的宪法法理原则的重大变化,从其后的影响和结果来看,往往也不是像人们所想象的那样简单或者说那样"革命"。显然,新政"宪法革命"是十分复杂的,需要我们做进一步的思考。

二

首先来看正当程序条款。众所周知,正当程序是19世纪末和20世纪初美国最高法院用以保护经济权利不受政府侵犯的最有力的宪法依据。在此之前,宪法第五条修正案中的正当程序只适用于制约联邦政府,内战后宪法第十四条修正案的通过才使州政府也要受到正当程序条款的制约。按照世纪之交所谓自由放任宪法主义时代很多美国法官的解释,受正当程序条款保护的经济权利主要是私人产权和契约自由,后者牵涉到价格、工时、工资等诸多与经济管制有关的问题。在美国宪法史上可算是划时代的1905年洛克纳判决,就是以纽约州限制面包房工人工时的立法侵犯了受宪法第十四条修正案保护的契约自由为由,宣判该法无效,为新政以前所谓自由放任宪法主义占统治地位的洛克纳时代定下了基调。①宪法第十四条修正案为契约自由和私人产权提供的这种保护,常常被后来的学者称为"经济正当程序"或者"实质性正当程序"。②

不过,正当程序对契约自由的保护有两个例外,一是不适用于政府为保护公众健康、安全和道德而行使的治安权,二是不适用于政府对"受公共利益影响"的

①美国学者对世纪之交的"自由放任宪法主义"存在不同看法。以卡尔·布伦特·斯威舍、艾尔弗雷德·H.凯利、温弗雷德·A.哈比森为代表的传统观点认为,当时最高法院对契约自由的保护是为了资本的利益,尤其是大企业的利益;以霍华德·吉尔曼、迈克尔·本尼迪克特等人为代表的修正派则认为,最高法院是为了维护中立的原则,即反对仅仅有利于某个团体或阶级的所谓"阶级立法"。笔者将另文探讨这个问题,本文中沿用"自由放任宪法主义"这一习惯说法,只是指以宪法第十四条修正案的正当程序条款保护契约自由和私人产权的司法实践,并不表示笔者赞同以上任何一派的观点。关于两派的争论参见 Howard Gillman, *Constitution Besieged: The Rise and Fall of Lochner Era Police Powers Jurisprudence*, Duke University Press, 1993, pp.3-9.

② John W. Ely, Jr., *The Guardian of Every Other Right*, Oxford University Press, 1998, p.100.; Rogers M. Smith, *Liberalism and American Constitutional Law*, Cambridge University Press, 1985, p.75.

经济活动进行的管制。①显然,公私之分是契约自由能否得到正当程序保护而不受政府管制的关键所在。在1877年著名的芒恩诉伊利诺州案判决中,最高法院在价格管制问题上就是以仓储业是"受公共利益影响的行业"为由,认可该州法律(即格兰奇法)对仓储业主收费的管制。②在1905年洛克纳诉纽约州案判决中,最高法院则发现治安权不适用于对面包房工人工时的管制,因为这种管制既不是保护一般公众的健康,也不是保护面包房工人的健康,更不是保护公共安全和道德。③这样,纽约州的法律便因与治安权的公共目的无关而变成对受到正当程序保护的契约自由的侵犯,结果被判无效。在对工资的管制上,法院往往是以实施治安权为由认可有关工资发放时间和方式的立法,但在有关工资数额的管制立法上则常常是看有关行业是否受到公共利益的影响,采纳了自芒恩案以来确定能否对价格进行管制的标准。④

在经历了多年有关工资管制的司法争议后,最高法院在1923年的阿德金斯诉儿童医院案判决中,排除了治安权标准,把是否"受公共利益影响"作为能否对最低工资进行管制的唯一标准。该案涉及的是1918年一项国会立法。这项法律授权在哥伦比亚特区建立的最低工资局为当地就业的妇女规定最低工资,使之足以"为这些妇女提供足够的生活开支使她们保持良好的健康和道德"。⑤显然,该法是以治安权作为对妇女最低工资进行管制的法理依据。⑥可是,萨瑟兰大法

---

① 对治安权(police power)的理解分狭义和广义两种。狭义的治安权只包括州政府为保护公众健康、安全和道德而行使的权力,如本文就是如此。广义的治安权则还要加上为保护公共福利等所行使的权力,因此范围很广,可以把对"受公共利益影响的"经济活动进行的管制也包括进来,如吉尔曼在《四面受围的宪法》一书中就是如此,拙文《美国法律史研究中有关私人产权的几个问题》(《美国研究》2003年第1期)也曾作同样的处理。本文之所以作狭义理解,主要是因为引用的有关案例中法官在判决时对治安权的解释是狭义的。关于源于英国法的"受公共利益影响"的法律概念的源起及运用可看 Breck P. McAllister, "Lord Hale and Business Affected with a Public Interest", *Harvard Law Review*, No. 43, 1930, pp.759, 768-769.

② 芒恩诉伊利诺州案[*Munn v. Illinois*, 94 U. S. 113 , 126 (1877)]。

③ 洛克纳诉纽约州案[*Lochner v. New York*, 198 U.S. 45, 57, 59 (1905)]。

④ Barry Cushman, *Rethinking the New Deal Court: The Structure of a Constitutional Revolution*, Oxford University Press, 1998, pp.56-57.

⑤ Barry Cushman, *Rethinking the New Deal Court: The Structure of a Constitutional Revolution*, Oxford University Press, 1998, p.66.

⑥ 治安权本是由宪法第十条修正案保留给州的权力,不是联邦政府所拥有的权力。但是,最高法院在1903年钱皮恩诉埃姆斯案判决中把商业权条款下的联邦权力扩大到保护公共道德,从而在事实上承认了联邦治安权的存在。参见[*Champion v. Ames*, 188 U. S. 321 (1903)]。因此,阿德金斯案涉及的国会立法才会以治安权为根据。

官在代表最高法院多数写的著名判决中指出,保持健康和道德所必需的收入因人而异,只能由个人决定,而不可能由立法创造的机构规定一个普遍适用的公式。这样,治安权便不再是能否制订最低工资法的依据。按照萨瑟兰在判决中的论证,工资管制和价格管制基本上是一回事,因为"从原则上看,出售劳动力和出售货物没有区别。"过去法院只在两种情况下认可对收费的管制,也就是制订收费标准。一是涉及"公共工程"的合同,二是涉及"受公共利益影响的行业"。由于阿德金斯案中规定最低工资的立法所涉及的既不是公共工程,也不是受公共利益影响的行业,所以该法被宣判无效。[1]根据美国法律史学家巴里·库什曼的研究,"阿德金斯案后……支持规定工资立法的唯一可行途径就是以有关行业是受公共利益影响作为论据"。[2]

然而,"受公共利益影响"并不适用于所有的行业,所以只有扫除这一障碍,才能使美国宪法的正当程序条款在所有行业失去阻挡最低工资法的能力。在20世纪20年代末仍然担任首席大法官的威廉·H.塔夫脱大概已经看出了这种发展势头。他当时非常害怕在他看来是进步主义者的赫伯特·胡佛任命的大法官会毁掉宪法,所以尽管年老体衰且百病缠身,仍决心"留在法院防止布尔什维克获得控制"。塔夫脱在1929年12月给他兄弟的信中写道:"我们保持对宪法的陈述要始终如一的唯一希望,就是我们要尽可能活久一点。"[3]不过,他毕竟没法一直撑下去,终于在1930年2月3日几乎是临死前辞去了大法官的职务。胡佛总统马上任命了查尔斯·埃文斯·休斯接替塔夫脱出任首席大法官。3月8日,爱德华·桑福德大法官去世,胡佛又提名欧文·J.罗伯茨进入了最高法院。撇开塔夫脱有关"布尔什维克"和毁掉宪法的夸张言词不说,后来的发展一定使塔夫脱在大之灵觉得他不幸而言中。正是在休斯主持最高法院的十多年里,"宪法革命"发生了,而且在正当程序条款上打响革命第一枪的就是罗伯茨大法官。在1934年内比亚诉纽约州案的判决中,罗伯茨一举推翻了正当程序条款的公私有别原则,为后来最低工资法在司法审查中被认定符合宪法铺平了道路。

内比亚案涉及的是纽约州对牛奶零售价格的管制。该管制的目的是缓和这一行业里使业者难以生存的你死我活的竞争。利奥·内比亚因为以低于州所规

---

[1] 阿德金斯诉儿童医院案[*Adkins v. Children's Hospital*, 261 U. S. 525, 546-58(1923)]。

[2] Barry Cushman, *Rethinking the New Deal Court: The Structure of a Constitutional Revolution*, Oxford University Press, 1998,p.72.

[3] Henry F. Pringle, *The Life and Times of William Howard Taft: A Biography*, Vol. 2., Easton Press, 1939, p.967.

定的价格出售牛奶而被控罪。他在上诉中称这种管制违反了宪法第十四条修正案,未经正当程序就剥夺了他的财产,因为价格管制只适用于受公共利益影响的行业,例如公用事业或自然垄断的行业,对纯粹是私人性的牛奶零售业进行价格管制则是违宪的。控方纽约州的辩护律师提出的理由是:(1)管制是临时性的,(2)牛奶零售业是受公共利益影响的行业,(3)大量易变质牛奶的积存对公众健康造成的威胁使州不得不行使治安权。代表最高法院多数作出判决的罗伯茨大法官本可根据以上任何一项自1877年以来就为法院承认的理由认可纽约州的管制,但他没有这样做。罗伯茨在宣判纽约州的管制有效时语出惊人地进行了一场正当程序条款上的法理革命。他承认牛奶业不是公用事业,不是垄断,也没有政府授予的特权,然后问道:"但是如果像必须承认的一样,这个行业部门受到了管制,有什么宪法原则禁止州通过有关价格的立法来纠正现存的失调现象呢?"罗伯茨的回答十分明确:"我们认为没有这种原则。"这就是说,无论是否受公共利益影响,这个行业部门的企业都要接受这种管制。那末正当程序条款对私人权利的保护作用何在呢? 罗伯茨的解释是:"联邦活动领域内的宪法第五条修正案和有关州的行动的宪法第十四条修正案不禁止政府为公共福利而进行管制。……正当程序的保证就像通常所认为的一样,只是要求法律不能不合理,不能专断,不能随心所欲,而且所选择的手段要和寻求实现的目标要有真正的和实质性的关系。"①

这样一来,罗伯茨便在内比亚案判决中摈弃了正当程序条款上公私有别的原则,使私人企业和私人行业部门不再能以未"受公共利益影响"而回避政府管制。正当程序条款所要保证的仅仅是这些管制立法的合理性。于是,阿德金斯案判决中确认的最低工资法的唯一宪法障碍便被扫除了。最高法院后来在1937年西岸旅馆案中支持华盛顿州的妇女和未成年人最低工资法也就成了顺理成章的事情。事实上,首席大法官休斯在西岸旅馆案作出判决时在法理上所依靠的就是罗伯特的内比亚案判决。他在判决中写道:"攻击妇女最低工资管制的人所说的侵犯就是剥夺了契约自由。这是什么自由? 宪法没有说契约自由。它说的是自由,并且禁止未经法律正当程序就剥夺自由。""在禁止这种剥夺时,宪法并不承认绝对的和不受控制的自由。……所以宪法之下的自由必须

---

① Barry Cushman, *Rethinking the New Deal Court: The Structure of a Constitutional Revolution*, Oxford University Press, 1998, pp.78~79. 内比亚诉纽约州案[*Nebbia v. New York*, 291 U. S. 502, 525, 531-32(1934)]。

受到正当程序的限制,就其内容而言是合理的,并且是为社区利益所采取的管制就是正当程序。"①

如果说最高法院在1937年的西岸旅馆案判决中才在最低工资这个具体问题上推翻了阿德金斯案判决所确认的原则,那末它所依据的宪法法理原则早在1934年的内比亚案判决中就已经发生了根本性的或者说革命性的变化。这就是"1937年宪法革命"和1934年内比亚案判决在宪法法理原则上不可否认的连续性。由于正当程序条款如罗伯茨在内比亚案判决中所言并不禁止政府为公共福利进行管制,斯通大法官后来在1938年合众国诉卡罗琳制品公司案判决中干脆明确表示,最高法院今后基本上不再依据正当程序对经济管制立法进行司法审查,除非这类立法不是建立在"立法者知识和经验范围内的某种合理基础之上"。②这项判决成了1934年内比亚案判决以后正当程序条款法理革命的又一个里程碑。

三

在讨论了正当程序问题之后,我们再来考虑商业权条款。该条款是防止联邦政府侵入在宪法明文划定界限以外保留给州的权限的宪法依据所在,也是美国二元联邦主义的基石之一。联邦政府在管理州际之间以及与外国或印第安部落之间的商业上有商业权,但无权介入州内商业,更不要说州内生产。1935年,最高法院在谢克特公司诉合众国案宣判《全国工业复兴法》违宪的理由之一,就是被告没有从事州际商业,根据全国工业法制定的对其加以管制的"生禽法规"超出了联邦政府的权限。尽管谢克特公司从州内外都购进了家禽,但屠宰后是在本地售给零售商。因此,法院认为就本案涉及的家禽而言,"州际商业的流动已经停止"。③如前所述,最高法院在1936年卡特案中也是视矿业为地方活动,不在联邦商业权管辖范围之内,故而宣判1935年烟煤资源保护法违宪。法院在判决中指出,州际商业流动在谢克特案已中止,在卡特案则还没有开始。④地方煤业生产既不是州际商业本身,也不是商业流动(a current of commerce)的一个组成部分,而且对州际商业没有造成直接影响,所以对其加以管制的联邦立法无效。

---

① 西岸旅馆诉帕里什案[*West Coast Hotel v. Parrish*, 300 U. S. 379, 391 (1937)]。

② 合众国诉卡罗琳制品公司案[*United States v. Carolene Products Co.*, 304 U. S. 144, 152 (1938)]。

③ 谢克特公司诉合众国案[*Schechter Corp. v. United States*, 295 U. S. 495, 543 (1935)]。

④ 卡特诉卡特煤矿公司案[*Carter v. Carter Coal*, 298 U. S. 238, 306 (1936)]。

到1937年华格纳法案件判决,最高法院似乎转向了。人们通常所说的这一"转向",是指法院从反对管制劳工关系的《烟煤资源保护法》,转而支持同样是管制劳工关系的《华格纳法》。不过,最高法院所依据的法理原则却没有发生什么不得了的变化,基本上仍然是谢克特案和卡特案中适用的商业权条款。真正的变化是华格纳法的起草者不同于全国工业复兴法的设计师,他们在商业权条款上是有备而来。据美国学者彼得·H.艾恩斯研究,《华格纳法》和仓促草就的《全国工业复兴法》不一样,该法的起草者主要是律师,在起草法案和后来选择考验其合法性的案例上可以说煞费苦心。[①]其宗旨就是要使该法对劳工关系的管制在法院经得起是否违宪的挑战,而他们认定的宪法依据就是商业权条款和商业流动说。按照他们的论证,雇主拒绝雇员组织工会和进行集体谈判造成的罢工和其他骚动,是处于商业流动之中,会破坏商业媒介的效率、安全和运行,还会影响到物质与产品的流动和价格等,从而给州际和对外商业造成负担和阻碍。这样,他们就把《华格纳法》对劳工的管制牢靠地建立在商业权条款的宪法基础之上。不仅如此,到1936年末,他们选中的包括琼斯和劳克林案在内的三个《华格纳法》案件都有胜诉的把握。涉案的三个公司都从外州购进材料,又都把产品运到州外去,[②]可以说是确实处于商业流动之中,而不像谢克特案和卡特案中的公司是处于商业流动的两个端头,所以《华格纳法》涉案公司很难被排除在州际商业之外。

由于政府方面精心挑选了这三个案件,最高法院不费吹灰之力就将涉案的三个公司的活动都定位于商业流动之中。[③]因此,首席大法官休斯在琼斯和劳克林案判决中认定涉案公司在华格纳法的合法管制范围以内,并明确指出:"给州际或对外商业或者这类商业的自由流动直接造成困难或阻碍的行动在国会的权力管辖范围以内,是众所周知的原则。……其标准是对商业造成的影响,而不是造成损害的源泉。"[④]这些判决词在商业权条款的有关法理原则上没有任何新义

---

① Peter H. Irons, *The New Deal Lawyers*, Princeton University Press, 1982, pp.203-300.

② Barry Cushman, *Rethinking the New Deal Court: The Structure of a Constitutional Revolution*, Oxford University Press, 1998, pp.162~166. 另外两个华格纳法案件是:全过劳工关系局诉弗吕霍夫拖车公司案[*NLRB v. Fruehauf Trailer Co.*, 301 U. S. 49(1937)]、全国劳工关系局诉弗里德曼-哈里·马克斯制衣公司案[*NLRB v. Friedman-Harry Marks Clothing Co.*, 301 U. S. 58(1937)]。

③ Barry Cushman, *Rethinking the New Deal Court: The Structure of a Constitutional Revolution*, Oxford University Press, 1998, pp.171-173.

④ 全国劳工关系局诉琼斯和劳克林钢铁公司案[*NLRB v. Jones & Laughlin Steel Corp.*, 301 U. S. 1, 31-32(1937)]。

可言。不过,休斯在国会是否可以管制州内经济活动上还是朝前迈了一步。他在判决中指出:"尽管分别考虑时是州内性质的活动,如果它们与州际商业有如此密切和实质性的关系,以至于对它们的控制对于保护商业免遭困难和阻碍至关重要或者适当的话,国会不能被拒绝实行这种控制的权力。"①然而,休斯害怕这一步走得太远,所以在判决中又有如下的限制:"这种权力的范围无疑要按照我们的二元政府体制加以考虑,不得扩大到把对州际商业如此间接和遥远的影响也包括进来,结果将实际上抹杀了全国性和地方性的区别,并且造成完全中央集权的政府。这里的问题必须是一个程度的问题。"②

显然,以休斯为代表的最高法院多数法官在华格纳法案件的判决中,还没有在商业权的有关法理原则上从二元联邦主义中走出来。无怪乎罗斯福政府的司法部副部长斯坦利·里德在判决下达后不久就说:"我看不出有关《华格纳法》的判决和有关《古费法》(即1935年《烟煤资源保护法》)或者全国工业复兴局的判决之间有任何明显的不一致。"③在《华格纳法》案件诉讼中担任政府头号法律军师的查尔斯·费伊在十二年后也写道:"我在当时和现在的观点都是:劳工局案件并不是对过去的背离。"④此外,下级法院和国会议员对于《华格纳法》判决是否真正推翻了谢克特案和卡特案判决也有类似的解读。事实表明,在《华格纳法》判决后三年里,最高法院在涉及全国劳工关系局、1938年农业调整法的一系列案件中,对商业权的解释和运用和过去相比仍是大同小异。休斯在1938年的圣克鲁斯水果包装公司诉全国劳工关系局案判决中,还有斯通大法官在全国劳工关系局诉费因布莱特案判决原稿中,都曾指称谢克特判决仍然有效。不过,斯通后来在罗斯福新任命的大法官雨果·布莱克和费利克斯·法兰克福特的反对下删去了这样的文字。⑤

---

① Barry Cushman, *Rethinking the New Deal Court: The Structure of a Constitutional Revolution*, Oxford University Press, 1998, pp.37-38.

② Barry Cushman, *Rethinking the New Deal Court: The Structure of a Constitutional Revolution*, Oxford University Press, 1998, p.37.

③ 斯坦利·里德1937年给司法部长的备忘录,藏于华盛顿特区国家档案馆(司法部文件),转引自 William E. Leuchtenburg, *The Supreme Court Reborn: The Constitutional Revolution in the Age of Roosevelt*, Oxford University Press, 1995, pp.318-19.

④ Charles Fahy, "Notes on Developments in Constitutional Law, 1936–1949", *Georgetown Law Journal*, No.38, 1949, pp.1, 11.

⑤ William E. Leuchtenburg, *The Supreme Court Reborn: The Constitutional Revolution in the Age of Roosevelt*, Oxford University Press, 1995, pp.177-203.

到1941年,最高法院的组成发生了很大的变化,四骑士或者退休,或者去世,1937年的大法官中只有休斯、罗伯茨和斯通还在位,其他六名大法官全是罗斯福新任命的。这样,商业权法理原则上的"宪法革命"终于成为可能。最高法院在1941年的合众国诉达比案判决中向这个方向迈出了第一步,确认1938年《公平劳动标准法》有效。这项法律禁止在"为州际商业进行的生产"中以低于标准的工资雇佣工人或要他们超时工作,而且不允许在低于标准的雇佣条件下生产出来的产品进入州际运输。对此,斯通在代表法院作出判决时指出,国会的权力可以扩大到影响州际商业的州内活动上去。①休斯虽然没有表示异议,但在法院内部讨论时对于国会有权管制所有"为州际商业进行的生产"有重大保留。他说国会在这项法律中没有提供一种机制来决定成为州际商业一部分所要求的条件,即在生产行动和州际商业之间"密切和实质性的关系"是否确实存在。如果国会的管制权扩大到了与州际商业只有"遥远关系"的地方行动,休斯警告说,"我们的二元政府体制将走到尽头"。②

如果说法理原则上二元联邦主义的终结在达比案中还只是休斯提出的警告而已,那么这种警告到1942年威卡德诉菲尔伯恩案判决则完全成了事实。休斯在前一年已退休了,接替他出任首席大法官的是一向支持新政立法的斯通,代表法院就威卡德案作出判决的是曾经在罗斯福政府担任司法部长的罗伯特·杰克逊大法官。案件涉及的是俄亥俄州的一个叫罗斯科·菲尔伯恩的农场主。他种的小麦亩数两倍于农业部长克劳德·威卡德根据1938年《农业调整法》给他分配的可耕种小麦亩数,从而触犯了这项法律。不过,菲尔伯恩超过分配亩数耕种的小麦收获后完全是在自己的农场上使用和消费的。这就使最高法院碰到了一种它从未认可的联邦管制。用杰克逊的话来说,被管制的不仅是州内活动,而且事实上是农场内的活动,它们"既不是州际的,也不是商业"。法官们在一时难以作出判决的情况下决定重新进行法庭辩论以延长他们思考的时间。③到1942年夏天,用库什曼教授的话来说,杰克逊大法官终于像当年的恺撒一样"作好了准备

---

① 合众国诉达比案[*United States v. Darby*, 312 U. S. 100(1941)]。

② Barry Cushman, *Rethinking the New Deal Court: The Structure of a Constitutional Revolution*, Oxford University Press, 1998, pp.208-209.

③ Barry Cushman, *Rethinking the New Deal Court: The Structure of a Constitutional Revolution*, Oxford University Press, 1998, p.213.

在正午时穿越卢比孔河",采取断然行动。[1]

杰克逊在肯定1938年《农业调整法》有效的判决中论证说,供家庭消费的小麦种植降低了州际商业中对小麦的需求,从而使价格下降。尽管菲尔伯恩种的小麦单独来讲对小麦价格影响很小或者没有影响,但是如果和其他类似的情况加在一起就可能有重大影响。这样,杰克逊便不再理会法院过去在商业条款下要考虑其影响是直接还是间接,是贴近还是遥远的问题,把问题集中到所谓总体的"重大"影响上来了。不仅如此,他甚至没有说影响必须是重大的,而是说"这些记录使我们无可怀疑,国会可能已适当地考虑到在这个农场种植并在那儿消费的小麦如果完全排除在管制计划之外,将对击败和阻碍这个计划靠因此而增加的价格刺激贸易的目的产生重大影响。"[2]这就是说,法院并未肯定在该农场消费的小麦将会或已经产生这种影响,它肯定的是"国会可能已适当地考虑到"会产生这种影响。尽管杰克逊的判决书中有三页有关小麦生产的经济数据,但是这些数据不足以让法院就是否有重大影响作出司法裁定。不过,这些数据却足以让国会就此作出了立法决定。法院现在不愿对国会的决定是否正确作出判断,只要国会的考虑是"适当"的就行了。简言之,在涉及国会对经济问题加以管制的商业权问题上,最高法院将不再轻易作出司法裁决,基本上要尊重国会自己的决定。杰克逊在作出判决后不久曾在一封信中清楚地指出:"当我们承认是经济事务时,我们就几乎是承认它不是法院可以作出裁决的事务。"[3]

由此可见,威卡德案判决所认可的国会的商业权几乎无所不包,[4]二元联邦主义至此可以说在法理上走到了尽头。1937年在商业权条款上尚未发生的"宪法革命"在1942年终于大功告成了。更重要的是,就跟斯通在1938年卡罗琳案判决中宣布最高法院在涉及正当程序的经济管制立法上一般不再进行司法审查一样,杰克逊在威卡德案判决中实际上就商业权条款也作出了尊重国会决定的类似表示。显然,最高法院对它长期以来用以限制政府经济管制的两大宪法法理原则的理解和运用至此都发生了根本性的变化。这就是说,法院今后将不再

---

① Barry Cushman, *Rethinking the New Deal Court: The Structure of a Constitutional Revolution*, Oxford University Press, 1998, p.218.

② 威卡德诉菲尔伯恩案[*Wickard v. Filburn*, 317 U. S. 111, 128-29(1942)]。

③ 转引自 Melvin I. Urofsky, The Roosevelt Court, William H. Chafe , eds., *The Achievement of American Liberalism: The New Deal and Its Legacies*, Columbia University Press, 2003, p.80.

④ Melvin I. Urofsky, The Roosevelt Court, William H. Chafe, eds., *The Achievement of American Liberalism : The New Deal and Its Legacies*, Columbia University Press, 2003, p.76.

以司法审查对经济立法多加干预。不过,斯通在卡罗琳案判决的注4中曾指出,法院对经济立法的司法审查固然要尽可能减少,但这并不等于它在包括各种少数群体的民权在内的个人自由问题上也会采取相同的态度。相反,在涉及后者的有关立法上,最高法院将根据宪法第十四条修正案进行更加严格的司法审查。①这样,上述两项判决加上斯通这一美国宪法史上著名的注4便为今后的司法审查定出了一松一严的双重标准,即对经济立法松,对个人自由和民权立法严。应该说,这是新政"宪法革命"带来的宪法法理原则上的重大变化。它不仅为政府加强对经济的干预开了司法绿灯,而且为战后民权运动和"权利革命"在法院取得重大进展提供了法律渠道。②

四

我们最后还要考虑的就是公众福利条款。一般认为,最高法院在1937年社会保障法案件判决中确认了它在1936年巴特勒案判决中拒绝接受的有关公众福利的法理根据,从而在"1937年宪法革命"中进行了又一次"转向"。③不过,罗伯茨大法官在巴特勒案判决中并未否定联邦政府有为提供公众福利而征税的权力的法理原则,他只是裁定联邦政府为提供公众福利征税和拨款的权力不能用来对农业生产进行管制,后者是在宪法第十条修正案保留给州的权限范围之内。④事实上,据美国法律史学家理查德·D.弗里德曼的研究,罗伯茨在这项判决中明

---

① 合众国诉卡罗琳制品公司案[*United States v. Carolene Products Co.*, 304 U. S. 144, 152-53 (1938)]。

② Melvin I. Urofsky, The Roosevelt Court, William H. Chafe, eds., *The Achievement of American Liberalism: The New Deal and Its Legacies*, Columbia University Press, 2003, p.74.

③ 也有学者把最高法院1937年支持社会保障法的判决看作是相对于1935年宣布铁路退休法违宪的判决的一种"转向"。不过,这两次判决所依据的宪法法理原则完全不同,其间并没有某种宪法法理原则本身或者对它的解释与运用发生了根本性变化,所以没有"宪法革命"可言。具体来说,最高法院在1935年铁路退休管理局诉奥尔顿铁路公司案[*Railroad Retirement Board v. Alton Railroad*, 295 U. S. 330(1935)]。判决中裁定铁路退休法无效,主要是因为该法存在太多技术性问题,而且法院认为仅仅涉及工人社会福利的老年退休金与该法所称改进州际商业效率的目的没有什么关系,因此不在联邦商业权管辖范围之内。最高法院在1937年支持社会保障法并不是因为它在1935年的判决中所依据的商业权法理原则本身或者对该原则的解释发生了根本性的变化,而是因为法院后来依据的是公众福利条款的法理原则,所以两次判决从法理原则上来看没有什么相互联系。故笔者在本文中不作详细分析,而只专注于都涉及公众福利条款的有关判决之间的比较,以探讨该条款的法理原则及其运用是否发生了根本性变化。

④ Alfred H. Kelly, Winfred A. Harbison & Herman Belz, *The American Constitution: Its Origins and Development*, Norton, 1983, pp.491-492.

确表示赞成的是亚历山大·汉弥尔顿和约瑟夫·斯托里大法官在建国之初就对公众福利条款所作的广义解释。詹姆斯·麦迪逊当时曾认为国会只有在行使其他已被授予的权力时才有征税和开支权,但汉弥尔顿和斯托里坚持只要是为了提供公众福利即可。对于首席大法官休斯来说,在法院判决中对公众福利条款下的征税和开支权作广义理解,本就是他长期以来努力的目标。多年以后,休斯在回顾巴特勒案判决时声称有关公众福利的意见是此案"最有意义和最重要的裁定"。①因此,从巴特勒案到社会保障法案件的判决,依据的都是早就为汉弥尔顿和斯托里所主张作广义理解的公众福利条款,在法理原则上并未发生什么重大变化。

其实,对于公众福利条款下联邦政府的征税权和开支权,就连四骑士也常表赞成。他们在1927年佛罗里达诉梅隆案判决中甚至认可联邦政府有关税法的规定,允许在缴纳联邦遗产税时免去已缴州遗产税数额,以此鼓励各州制订遗产税。②后来负责起草1935年社会保障法失业保险条款的保罗·劳申布什曾向布兰代斯大法官请教法律上的问题,布兰代斯要他考虑萨瑟兰大法官当年所写的佛罗里达诉梅隆案判决。③这样,后来的社会保障法才规定,向本州建立的失业保险计划缴纳税款的雇主,可以在缴纳联邦失业保险税时免去已缴给州的部分,从而为各州建立失业保险计划起了重要推动作用。当社会保障法案件在最高法院受审时,政府方面的律师就曾以佛罗里达诉梅隆案判决为失业保险条款符合宪法作辩护。④四骑士中的萨瑟兰和范德凡特大法官在1937年社会保障法案件判决中认可了老年年金条款。尽管他们以某些行政问题为由拒绝支持失业保险条款,但萨瑟兰明确指出:"我同意按工资额征税是在国会权力范围内行使权力……州没有被联邦立法强迫通过失业法律。联邦法律条款的运作可以诱使州通过失业法律,如果它认为这种行动符合它的利益的话。"⑤

由此可见,以公共福利条款为基础的社会保障法案件的胜诉,不仅不是宪法

---

① David J. Danelski and Joseph S. Tulchin , eds., *The Autobiographical Notes of Charles Evans Hughes*, Harvard University Press, 1973, p.309.

② 佛罗里达诉梅隆案[*Florida v. Mellon*, 273 U. S. 12 (1927)]。

③ Bruce Allan Murphy, *The Brandeis/Frankfurter Connection: The Secret Political Activities of Two Supreme Court Justices*, Oxford University Press, 1982, p.166.

④ 斯图尔德机器公司诉戴维斯案[*Steward Machine Co. v. Davis*, 301 U. S. 548, 557, 559, 562, 564 (1937)]。

⑤ 这一段的内容可参见Barry Cushman, "The Secret Lives of the Four Horsemen", *Virginia Law Review*, No.83, 1997, pp.561-563.

法理原则发生重大变化的结果，而且得到了以保守著称的四骑士过去作出的著名判决的支持。新政"宪法革命"的复杂性由此可见一斑。不过，这种复杂性更为重要的表现则涉及在法理原则上已经发生重大变化的正当程序和商业权条款所产生的影响。这些影响并不像人们通常所想象的那样简单或者说"革命"。首先，新政"宪法革命"固然在解除这两大宪法条款对联邦政府的限制时给了联邦政府很多新的权力，但这并不等于州政府权力的缩小。所谓宪法意义上的"国家主义革命"并没有因为二元联邦主义的终结而发生。[①]西北大学法学教授斯蒂芬·加德鲍姆所做的研究就是要扫除人们的这种误解。他发现，最高法院在罗斯福时代解除过去对联邦政府的限制而扩大其权力的同时，也解除了过去对州政府的很多限制而扩大了州的权力。当正当程序法理原则上的"宪法革命"不再以公私有别来限制政府对产权和契约自由等经济权利的管制时，它不仅对联邦政府，而且对州政府也解了禁。另外，过去即便是在联邦政府未实施商业权的州际商业领域，即商业权的所谓休眠地带，法院对州政府的介入往往也严加禁止，可现在由于法院放松了对经济立法的司法审查，州政府在这些领域便获得了很大的活动空间。1938年，最高法院在伊利铁路公司诉汤普金斯案判决中推翻了它1842年的一项裁决，决定联邦法院在涉及不同州公民的案件上不再以联邦普通法为准，而要以由各州法院解释的州法为准，结果大大加强了州一级的司法权。[②]如此等等，不胜枚举。所以，加德鲍姆教授认为有理由得出结论：新政"宪法革命"的"大部分变化中出自对州和全国立法机构适当作用（即联邦主义）的考虑的并不多，它们大多源于对立法机构（无论是州的或是联邦的）和法院在公共政策上适当作用进行思考而发生的根本变化。换言之，'宪法革命'作为整体来说不是与联邦主义，而是与分权有更密切的关系，它引入的是对立法和司法各自功能的新的理解"。[③]

然而，即便是在分权问题上，新政"宪法革命"所产生的影响也和人们通常所预期的不大一样。无可否认，最高法院在经济立法上确实开始尊重国会或者说

① Stephen Gardbaum, "New Deal Constitutionalism and the Unshackling of the States", *The University of Chicago Law Review*, No.64, 1997, p.483.

② Gardbaum, "New Deal Constitutionalism and the Unshackling of the States", *The University of Chicago Law Review*, No.64, 1997, pp.488-489. 伊利铁路公司诉汤普金斯案[*Erie Railroad Co. v. Tompkins*, 304 U. S. 64（1938）]。

③ Gardbaum, "New Deal Constitutionalism and the Unshackling of the State", *The University of Chicago Law Review*, No.64, 1997, p.490.

立法机构的决定,几乎不再诉诸司法审查。不过,就像新政"宪法革命"带来的联邦政府权力的扩大并不等于州政府权力的缩小一样,司法机构对经济管制立法所加限制的迅速减少也不等于立法机构在这方面通过的管制立法的急剧增加。这主要是因为在新政后期和第二次世界大战期间,美国的国家干预经济的方式发生了历史性的重大变化。哥伦比亚大学著名历史学家艾伦·布林克利的研究告诉我们,1937年"罗斯福衰退"发生后,新政改革派急于寻找解决问题的新办法。当时他们大都认为,像全国工业复兴局那样把市场经济的运转交给企业界自我管理是行不通的,必须加强联邦政府的干预来保护公众利益。可是对于如何加强联邦政府的经济干预,新政改革派中出现了两种意见,一种主张强化经济管制,包括严格执行反托拉斯法以反垄断等等,另一种则主张利用政府的税收和开支或者说财政政策来刺激经济复苏,即后来所说的凯恩斯主义宏观调控。这两种意见起初在罗斯福政府内都具有一定的影响力,但是到了新政后期和第二次世界大战,通过财政政策进行宏观调控的主张终于占了上风,并且成为战后美国政府干预经济的主要手段。[①]

其所以发生这种变化,在一定程度上要归结为第二次世界大战的经济繁荣使美国人恢复了对资本主义经济机制的信心。正如布林克利教授所说的一样,半个多世纪以来不少美国人担心工业化所造成的不良影响,对资本主义机制存在很深的疑虑,"想利用政府的力量来改造或者至少驯服它们。这种意愿就是从19世纪末到20世纪30年代后期'进步主义'和'自由主义'希望的核心因素"。[②]可是,1937年到第二次世界大战的经历改变了人们的观念和政府的政策。繁荣和信心使得对资本主义经济机制的改造和管制不再成为当务之急,宏观调控的财政货币政策自然也就成了战后历届美国政府在管理经济上的首选,因为它既可以弥补私人经济的不足,又不需要像管制政策那样直接介入资本主义经济机制的内部运作。正是"在和他们的经济结构作了这样的和解之后,战后世界的自由主义者可以进而开始新的远征——为民权、消灭贫困、挽救环境、保护消费者、反对共产主义、重铸世界而战"。[③]当然,战后美国政府不是不进行

---

① Alan Brinkley, "The New Deal and the Idea of the State", Steve Fraser and Gary Gerstle, eds., *The Rise and Fall of the New Deal Order*, Princeton University Press, 1989, pp.85-121.

② Alan Brinkley, "The New Deal and the Idea of the State", Fraser and Gerstle, eds., *The Rise and Fall of the New Deal Order*, Princeton University Press, 1989, pp.111-112.

③ Alan Brinkley, "The New Deal and the Idea of the State", Fraser and Gerstle, eds., *The Rise and Fall of the New Deal Order*, Princeton University Press, 1989, p.112.

管制,但是正如美国政治学家马克·艾伦·艾斯纳的研究所表明的一样,其管制的主要目标所向在战后很长一个历史时期不再是市场和经济组织之间的关系,而是各种社会关注,如环境污染、消费者利益、职业安全等等。[①]

综上所述,当新政"宪法革命"使法院不再热衷于对经济管制立法进行司法审查而为之大开绿灯之时,美国国会立法的主要管制目标却离开经济领域转向了社会关注。因此,司法机构经济管制作用的削弱并没有像人们所预期的那样造成立法机构在这方面作用的恶性膨胀。历史发展的复杂性就是这样使得新政"宪法革命"的革命性失去了不少锋芒。如果加上前面所说的连续性和局限性,我们对新政"宪法革命"的评价就应该更加全面和谨慎。至于"1937年宪法革命"的说法,则是很难站住脚的。

本文原刊载于《世界历史》2006年第4期,是教育部人文社会科学重点研究基地重大项目"世界近代史上的政治民主化问题"(项目批注号:04JJD770001)的阶段性成果。

作者简介:

韩铁,祖籍江苏如皋,1979—1982年在武汉大学师从刘绪贻教授攻读美国史,获硕士学位后任教于武大美国史研究室,曾作为富布莱特学者在美国威斯康星大学研究美国史两年,后在该校师从斯坦利·柯特勒教授,获美国史博士学位,回国后在南开大学历史学院美国历史与文化中心任教,现已退休。

[①] Marc Allen Eisner, *Regulatory Politics in Transition*, John Hopkins University Press, 2000.

现代环境主义视野下的"生态的印第安人"

付成双

自20世纪60年代以来，随着全球环境主义运动（environmentalism）的兴起和对西方近现代以"征服自然"为特征的环境伦理的反思，"生态的印第安人"一说流行于欧美社会，它所代表的是一种快乐、无忧无虑、与大自然和谐共存的印第安人形象，与西方社会那种恣意破坏自然、贪婪追求个人财富的白人形象形成鲜明对比。这一假说最具代表性的象征莫过于广为流传的西雅图酋长《神圣的大地母亲》(Saint Mother Land)的演说和好莱坞演员克迪（Iron Eyes Cody）所扮演的"哭泣的印第安人"形象：前者堪称一部令人震撼的生态保护宣言，后者则成了倡导环境保护的标志性图片。①

学界对"生态的印第安人"是否属实进行了激烈的争论。以文化人类学解释印第安人环境伦理的学者大多持肯定意见，如著名环境史学家唐纳德·休斯、卡罗琳·默茜特和印第安史专家威尔伯·雅各布斯等。②从考古学入手探讨印第安人对环境、生态产生影响的学者则持否定意见。如戈登·戴伊、奥摩尔·斯图尔特、罗伯特·黑泽、保罗·马丁等学者指出：在白人到来前，印第安人对北美洲自然

---

① 所谓西雅图酋长的演说至少有4个版本。阿尔伯特·弗特范格尔教授的著作《对西雅图酋长的答复》对西雅图酋长演说的来龙去脉进行了详细追踪（详见：Albert Furtwangler, *Answering Chief Seattle*, University of Washington Press, 1997）。"让美国更美丽"（Keep American Beautiful）环保活动所制作的关于"哭泣的印第安人"的影像资料共有两段，其中流传最广的一段是：身着印第安传统服饰的克迪划着独木舟在漂着垃圾的河流中航行，当从一辆飞驰而过的汽车上扔下的垃圾滚到克迪脚下的时候，两行热泪从他的脸颊上淌下，画面的解说音随之传出："有的人对曾经的美丽怀有深厚而持续的尊敬，有的人却没有。人是污染的始俑者，人也能够终结它。"相关资料参见：http://www.adcouncil.org/default.aspx?id=132

② Donald Hughes, *North American Indian Ecology*, Texas University Press, 1996, p.22；Carolyn Merchant, *The Columbia Guide to American Environmental History*, Columbia University Press, 2002, p.140；Wilbur R. Jacobs, "Indians as Ecologists and Other Environmental Themes in American Frontier History", in Christopher Vecsey, Robert W. Venables, eds., *American Indian Environments: Ecological Issues in Native American History*, Syracuse University Press, 1980, p.49.

环境的变化施加了重要影响。[1]

晚近研究表明:西雅图酋长那篇著名的演讲根本不是他本人所为,而是一位环境主义者泰德·佩里为1971年地球日制作的一个电视脚本;[2]"哭泣的印第安人"也是该年地球日另一环保宣传片所塑造的形象,该片主人公克迪虽然宣称拥有切诺基和克里印第安人血统,其实只是一名意大利裔演员。[3]1999年,考古学教授谢波德·克雷克考证"生态的印第安人"真实性的著作《生态的印第安人:神话与历史》遭遇以德洛利亚(Vine Deloria Jr.)为首的一大批土著社会活动家的激烈抨击,他被谴责为白人"反印第安人利益集团的同谋"和"种族主义者"。[4]当代西方环境危机、全球环境主义运动以及印第安人民族权力运动给"生态的印第安人"一说增添了更多变量。

时至今日,围绕"生态的印第安人"一说展开的争论其重心仍然在于印第安人是否是"生态的"。然而,这一假说本身是如何形成的?它在多大程度上反映了印第安人与环境之间的关系?像西雅图酋长的演说和"哭泣的印第安人"这类明显具有文学虚构成分的作品缘何被信以为真且经久流传?这些问题尚未见有分量的学术成果问世。在全球环境问题日益严重的今天,对上述问题进行系统的梳理具有重要的学术价值和现实意义:它不仅有助于厘清欧美主流社会对北美土著人认识观念的变迁,同时对于正确认识印第安人与环境之间的关系以及传统生态智慧在解决当前环境问题中的作用等也具有一定的借鉴意义。

---

[1] Gordon M. Day, "The Indian as an Ecological Factor in the Northeastern Forest", *Ecology*, Vol.34, No.2, 1953, pp.329-346; Omer C. Stewart, *Forgotten Fires: Native Americans and the Transient Wilderness*, University of Oklahoma Press, 2002; Robert F. Heizer, "Primitive Man as an Ecologic Factor", *Kroeber Anthropological Society Papers*, Vol.13, No.2, 1955, pp.1~31; Paul Martin, "Prehistoric Overkill", in P. S. Martin, H. E. Wright, Jr. , eds., *Pleistocene Extinction: The Search for a Cause*, Yale University Press, 1967.

[2] 美国国家档案馆的杰里·克拉克利用档案材料否定了广为流传的西雅图酋长的演说的真实性。参见 Jerry Clark, "Thus Spoke Seattle: The Story of an UndocumentedSpeech", *Prologue*, Vol.17, No.1,1985, pp.58-65. http://www.archives.gov/publications/prologue/1985/spring/chief-seattle.html.

[3] David Rich Lewis, "American Indian Environmental Relations", in Douglas Cazaux Sackman, ed., *A Companion to American Environmental History*, Wiley-Blackwell Publishing Ltd., 2010, pp.191-192.

[4] Shepard Krech III, *The Ecological Indian: Myth and History*, W. W. Norton and Company, 1999; Shepard Krech III, "Beyond the Ecological Indian", in Michael E. Harkin, David Rich Lewis , eds., *Native Americans and the Environment: Perspectives on the Ecological Indian*, University of Nebraska Press, 2007, p.5; Mindy Pennybacker, "The First Environmentalists", *The Nation*, February 7, 2000, p.30.

一、环境伦理视野下的"生态的印第安人"

与当前社会所流行的以满足个人贪欲为目的、以"征服自然"为特征的人类中心主义自然观不同,"生态的印第安人"假说所寓意的是一种全新的环境伦理和生态智慧。但是否为当时印第安人所秉持,尚需仔细辨析。

北美印第安人对于他们所生活的周围环境以及与其他生命之间的相互关系有深入的了解,这是他们对环境进行观察和利用的结果,也是"生态的印第安人"假说能够被主流社会所接受的文化基础。

印第安人在朴素的万物有灵论的基础上发展出了万物平等的观念。万物有灵论是人类历史早期普遍存在的现象,根据雷德菲尔德的研究,所有的原始民族都倾向于与自然相融合而不是分离,人与其他万物保持着"参与性维持"(participant maintenance)关系,即与身边的世界存在着伦理关系。[1]在许多印第安部落中都流传着伟大神灵与动物合作创造世界、人与动物交合或人与动物相互转化的故事。[2]印第安人并不把自己视为优越于其他事物的一个特殊物种,在他们看来,自然界的万物都是有生命的,人类只是其中的一员,动物是带着皮毛的人类亲戚。[3]这一点可以从18世纪60年代著名的毛皮商人亚历山大·亨利(A. Henry)的记述中得到印证:当奥吉布瓦人杀死一只熊以后,"把它的头拿到手中,抚摸和亲吻数次,因拿走了它的生命而数以千次地乞求原谅,称她是亲人和祖母"。[4]

印第安人眼中的大地是神圣的,他们对大地及其上面的万物带着深深的崇敬和感激,这一点与白人的财产观念截然不同。19世纪后期著名的纳兹皮尔斯印第安人(Nez Perce)的首领约瑟夫酋长说:"我们满足于让事物保持伟大精神创造时的样子,而他们(指白人)则不,如果大山、河流不适合他们,就改变它。"[5]

---

① Robert Redfield, "The Primitive World View", *Proceedings of American Philosophical Society*, Vol.96, No.1, 1952, p.34.

② 详见 Bruce White, "The Woman Who Married a Beaver: Trade Patterns and Gender Roles in Ojibwa Fur Trade", *Ethnohistory*, Vol.46, No.1, 1999, pp.109-147; J. Baird Callicott, Michael P. Nelson, *American Indian Environmental Ethics: An Ojibwa Case Study*, Pearson Education, Inc, 2004, pp.38-75.

③ 详见 Donald Hughes, *North American Indian Ecology*, Texas University Press, 1996, p.17; Joseph Epes Brown, *Animals of the Soul: Sacred Animals of the Oglala Sioux*, Element Books, 1997, pp.71-82.

④ Alexander Henry, *Travels and Adventures in Canada and the Indian Territories between the Years 1760 and 1776*, I. Riley, 1809, p.143.

⑤ Young Joseph, "An Indian's View of Indian Affairs", *The North American Review*, Vol.128, No.269, 1879, p.420.

　　许多印第安部落在从事捕猎和采集活动时都有一些特殊的仪式,并流传着关于节制捕杀和采集以及不准浪费食物的禁忌。早期的耶稣会士们留下了很多关于印第安人处理猎物仪式方面的记载。[①]18世纪初期的博物学家劳森(John Lawson)在考察了南部印第安人以后,也曾经以轻蔑的口气说"他们有数以千计的这种愚蠢的仪式和信仰"。[②]此言正是印第安人对猎物采取特定仪式的佐证。

　　印第安人在万物有灵论基础上所形成的环境伦理使其在利用自然的过程中遵循着许多特定的伦理规范,从而对自己的行为有所约束。这正是"生态的印第安人"假说得到部分文化人类学家和环境伦理学者支持的原因之所在。但是不能仅仅由于印第安人环境伦理中的某些观念与现代环境保护主义潮流相符就贸然接受"生态的印第安人"倡导者们的论断,因为在印第安人的环境伦理中,除了上述成分外,还有许多荒诞迷信、言行不一甚至是充满功利性的内容。

　　其一,就如同不存在一个统一的印第安种族一样,北美各个印第安部落之间的生存环境和生活方式存在很大差异,虽然有些部落的环境伦理中有尊重生命、节制捕杀、不准浪费的规范,但也有许多不尊重生命、肆意浪费、甚至是荒诞不经的行为。许多印第安部落在狩猎时并不完全遵守休斯所谓的"明智利用两原则"——取走所需要的,用完所取走的——而是肆意杀戮和浪费。[③]早期与印第安人接触的许多探险者都有这方面的记载。1733年,哈德逊湾公司的罗伯逊就曾记载,他所接触的印第安人"为了取走舌头而杀死许多猎物,而任其尸体腐烂掉"。[④]而曾在1746年到1747年间航行至哈德逊湾地区的亨利·艾里斯(Henry Ellis)也记载了与罗伯逊所言相似的内容。[⑤]甚至阿拉斯加的因纽特人至今都信

---

　　① 保罗·勒热纳神父在其作品中多次提到了蒙塔格奈人(Montagnais)捕杀海狸的仪式,如不能将其骨头喂给狗吃,否则就会猎不到其他猎物,不能将血滴到地上,不能将其骨头投入火中或河湖里面等等。参见 Paul Le Jeune, "Relation of What Occurred in New France in the year 1633", in Reuben Gold Thwaites, ed., *Jesuit Relations and Allied Documents: Travels and Explorations of the Jesuit Missionaries in New France 1610–1791*, The Burrows Brothers Co., 1900, Vol. V, *Quebec: 1632–1633*, pp.165,179; Paul Le Jeune, "Relation of What Occurred in New France in the year 1634", Vol. VI, *Quebec: 1633–1634*, pp.211-215.

　　② John Lawson, *A New Voyage to Carolina: Containing the Exact Description and Natural History of That Country*, [s.n.], 1709, p.210.

　　③ Donald Hughes, *North American Indian Ecology*, Texas University Press, 1996, p.34.

　　④ Joseph Robson, *An Account of Six Years Residence in Hudson's Bay from 1733 to 1736 and 1744 to 1747*, Printed for J. Payne and J. Bouquet etc., 1752, p.51.

　　⑤ Henry Ellis, *A Voyage to Hudson's Bay, by the Dobbs Galley and California, in the Years 1746 and 1747*, Printed for George and Alexander Ewing, 1749, p.85.

奉:"在一年中杀死许多猎物后,来年将会有更多的猎物返回。"①

其二,虽然一些印第安部落信奉万物有灵论,虔诚崇拜大自然,但实际上许多印第安部落对自然抱有实用主义的心态。既是出于对自然哺育万物的感激,同时也是对自身行为的负罪感,他们才诉诸宗教和伦理禁忌。在某些情形下,其宗教和伦理实际上变成了服务于上述目的的一种工具。其实,印第安人对自然的态度是双重甚至是多重的:一个印第安部落可以一边猎杀动物、采集植物、焚烧森林,一边又可以向动植物图腾和神灵表示感激和歉疚,两者并行不悖。威斯康星大学的保罗·纳达斯蒂在研究了加拿大育空地区的克卢安印第安人(Kluane First Nation)的情况后也认为:纵然后者有许多自然崇拜的神话,但主要还是以"实用性的眼光"来看待周围环境。②

其三,印第安人的环境伦理也会随着外部环境的改变而发生变化。"生态的印第安人"假说塑造了一个没有历史、静止不变的自然守护者形象,这是缺乏历史根据的。在白人到来前,大部分印第安部落处于生存经济状态,他们对自然万物的应用以保持食物供应的稳定性和多样性为原则,并不单纯追求产量的最大化。以积累财富多寡作为个人成功标志的牟利精神尚不是各个部落的主流伦理,这在某种程度上确实是印第安人对环境影响相对较小的一个原因。可是,当与白人文化发生接触后,卷入毛皮贸易的许多印第安部落很快就背弃了原来的生存经济和环境伦理,为了获得白人的商品而沦落为白人毛皮贩子的屠杀工具。许多印第安人都对欧洲商品趋之若鹜,比如最初卷入毛皮贸易的蒙塔格奈人,很快就丢弃了原来的谋生手段,不得不依靠白人贸易商供应食物。其中一人曾对耶稣会神父保罗·勒热纳说道:"海狸把我们的一切都打点好了,它会带来锅、斧头、刀剑和珠子,总之,它造就了所有的一切。"③东北部的米克麦克人(Micmac)在卷入毛皮贸易后,"再也不是一个生态共生的世界中的敏感成员了",他们在疾病、欧洲贸易和基督教的压力下,很快杀光了本族所赖以生存的海狸。④在生存

---

① 转引自 John A Grim ed., *Indigenous Traditions and Ecology: Interbeing of Cosmology and Community*, Harvard University Press, 2001, p.548.

② Paul Nadasdy, "Transcending the Debate over the Ecologically Noble Indian: Indigenous Peoples and Environmentalism", *Ethnohistory*, vol.52, No.2, 2005, p.305.

③ Paul Le Jeune, "Relation of What Occurred in New France in the year 1634", in Reuben Gold Thwaites, ed., *Jesuit Relations and Allied Documents: Travels and Explorations of the Jesuit Missionaries in New France 1610-1791, Vol. VI, Quebec: 1633–1634*, The Burrows Brothers Co., 1900, p.297.

④ Calvin Martin, "The European Impact on the Culture of a Northeastern Algonquin Tribe: An Ecological Interpretation", *The William and Mary Quarterly*, Vol.31, No.1, 1974, p.23.

经济时代,一名克里克猎手平均每年要猎杀 25~30 只鹿,以维持生活所需;而在卷入毛皮贸易后,则平均每年要猎杀 200~400 只鹿,以换取生活必需品和奢侈品。[1]无论如何也很难把卷入毛皮贸易的土著部落与"生态的印第安人"形象联系起来。

"生态的印第安人"假说的一条重要论据就是认为后者是北美大陆上的原初"保护主义者"。1915 年,著名人类学家斯巴克根据阿尔贡金印第安人的猎物管理实践,率先提出了这一概念,得到了麦克劳德等人的赞同。[2]其实,"保护主义"(conservation)一词是 19 世纪后期美国资源保护运动中使用的词汇,当时人们在认识到现代化所带来的资源耗竭和环境问题日益严重的情形下形成了有意识的资源保护行为。[3]由此可见,资源保护主义完全是一种现代文化产物,对于白人到来前,还主要处于生存经济阶段的大部分印第安部落来说,缺乏进行资源保护的动机和动力。华盛顿州立大学人类学教授约翰·博德利认为:"当一个集体没有政治、商业所驱动的文化压力来扩张其人口、生产以及消费的时候,其成员没必要成为自律的保护主义者。"[4]另一位社会人类学教授英戈尔德也指出:对一个狩猎社会的生存型经济来说,"保护主义的伦理是陌生的"。[5]

总之,印第安人不是静止的干巴巴的刻板化形象,他们与世界其他地区的人类群体一样,通过自己的活动去认识和改造身边的世界,并对周围环境的变化做出积极的应对。但是,他们毕竟处于生存经济状态,对于他们的行为和伦理,用现代甚至后现代生态主义的概念去套用是不恰当的。

---

[1] Shepard Krech III, *The Ecological Indian: Myth and History*, W. W. Norton and Company, p.158.

[2] Frank G. Speck, "The Family Hunting Band as the Basis of Algonkian Social Organization", *American Anthropologist*, Vol.17, No.2, 1915, pp.289-305; William Christie Macleod, "Conservation among Primitive Hunting Peoples", *The Scientific Monthly*, Vol.43, No.6, 1936, pp.562-566.

[3] 人类采取保护行为一般以下面的三个因素为前提:1.潜在的保护者必须对所保护资源具有可操控性,得不偿失的保护是无法进行的;2.其资源稀缺度与价值,只有稀缺和从中能够得到较高回报的资源才有望得到保护;3.预期收益高于当前损失。详见 Michael S. Alvard, "Evolution Theory, Conservation, and Human Environmental Impact", in Charles E. Kay, Randy Simmons ,eds., *Wilderness and Political Ecology: Aboriginal Influences and the Original State of Nature*, University of Utah Press, 2002, pp.36-37.

[4] John H. Bodley, "Comments on Thomas Headland's paper *Revisionism in Ecological Anthropology*", *Current Anthropology*, Vol.38, No.4, 1997, p.612.

[5] Tim Ingold, *Hunters, Pastoralists, and Ranchers: Reindeer Economies and Their Transformation*, Cambridge University Press, 1980, p.71.

二、白人到来前北美印第安人对环境的影响

殖民地时期的众多记载和传说把白人刚刚到来时的美洲描述为一个人类未曾破坏的处女地和伊甸园,而近些年来伴随着环境主义的兴起,欧美社会对荒野的态度也发生了改变,从原来的贬低和恐惧变成了推崇和赞扬,人们越来越愿意把白人到来前的美洲看作是一片人类未曾开拓的荒野。[1]如果说保护主义的环境伦理是"生态的印第安人"假说赖以存在的思想基础,那么处女地理论就是支撑这一假说的实践基础。根据"生态的印第安人"假说,在白人到达以前,印第安人所居住的北美洲是一片没有被破坏的处女地和伊甸园;而白人到来后,征服印第安人,破坏美洲的环境,导致了日益严重的环境问题。如著名的印第安人社会活动家德洛利亚就曾断言:"印第安人与其土地一起生活,而白人破坏土地,他们破坏地球。"[2]

任何物种在成长过程中都会对其周围的环境产生影响,人类更是如此。人类活动对环境的影响与其居住周期、人口密度、技术水平和生活方式等因素紧密相关。根据德尔科特的研究,当人类某一群体在一个地区定居时间达到两个世纪、人口密度超过50人／平方公里的情况下,就会导致环境退化。[3]而墨西哥以北地区在白人到来前,土著人口最保守的估计也有100万以上。[4]数百万人口上千年来在北美大地上繁衍生息,对这里的环境产生了巨大影响。

首先,印第安人通过用火,大大改变了北美洲的生态和地貌。印第安人在长期的生活和生产实践中,逐渐掌握了火的使用方法,使它成为改善自身生存环境

---

[1] William Cronon, "The Trouble with Wilderness: or, Getting Back to the Wrong Nature", *Environmental History*, Vol.1, No.1, 1996, pp.7~28.

[2] Vine Deloria, Jr., *We Talk, You Listen*, Macmillan, 1970, p.186.

[3] Paul A. Delcourt, Hazel R. Delcourt, *Prehistoric Native American and Ecological Change: Human Ecosystems in Eastern North America since the Pleistocene*, Cambridge University Press, 2004, p.132.

[4] 学术界对北美土著人口数量一直没有定论,早期的人类学家和考古学家们的估计一直偏低,如詹姆斯·穆尼(James Mooney)、阿·克罗伯(Alfred Kroeber)、安·罗森波尔特(Angel Rosenbalt)认为整个美洲大约有800~1400万人,其中北美洲为100万人左右。现代考古学家杜宾斯(Henry Dobyns)的估计则偏高,认为美洲的人口在90043000~112553750之间。威廉·德尼万(William Denevan)认为当时美洲大约有5390万人,其中墨西哥以北地区380万人。参见 Wilbur Jacobs, "The Tip of an Iceberg", *The William and Mary Quarterly*, Vol.31, No.1, 1974, pp.123-132; William Denevan, "The Pristine Myth: The Landscape of America in 1492", *Annals of the Association of American Geographers*, Vol.82, No.3, 1992, pp.369-385.

的一个重要手段。在北美早期文献中,关于印第安人用火的记载不胜枚举。1632年,托马斯·莫顿在《新英格兰的迦南》一书中就有关于土著人用火的描述。①1656年,一位丹麦人唐克(Adriaen Van de Donck)也曾经写道:"印第安人具有每年焚烧丛林、平原和草地的传统。"②18世纪末到达俄亥俄和肯塔基地区的法国人米乔克斯(Andre Michaux)也有土著人放火制造草地,从而有利于捕获猎物的记载。③19世纪30年代去西部旅行的著名画家乔治·卡特林也曾经写道:印第安人用火,"是为了得到更新鲜的牧草而有意为之。为了牧马,也是为了在下一个夏季更便于穿行"。④

　　北美印第安人通过灵活多样的用火技术,塑造了多样化的生态结构,在改善了自身的生活和生产条件的同时,也对北美大陆的自然环境和动植物分布产生了深远影响。第一,印第安人通过定期焚烧,在森林中制造了大片的林间空地,这其中最著名的就是谢南多河谷了。由于印第安人的不断焚烧,造就了一片150英里长、面积达1000平方英里的林间空地。⑤此外,在白人到来前,印第安人通过用火和农耕,已经把纳拉冈塞特湾(Narragansett)两边8~10英里范围内的森林全部清除了。⑥新英格兰著名的牧师弗朗西斯·赫金森曾指出,由于印第安人的焚烧,塞勒姆附近存在着大片空地。⑦第二,印第安人通过用火所制造的林间空地,在森林中形成无数较小的草地生态系统。印第安人通过放火焚烧森林,为新鲜的草本植物和浆果的生长创造了条件。草地上生长的嫩草吸引着食草动物,如鹿、野兔等前来觅食,从而为狩猎创造了便利。19世纪中期的西部旅行者塞缪

　　① Thomas Morton, *New English Canaan, or New Canaan Containing an Abstract of New England*, Printed for Charles Greene, and are sold in Pauls Church-yard, 1632, p.52.

　　② Adriaen Van der Donck, *Description of the New Netherlands*, Cornell University Library, 1993, p.150.

　　③ F. A. Michaux, "Travels to the West of the Alleghany Mountains in the States of Ohio, Kentucky, and Tennessee", in Thwaites, ed., *Early Western Travels, 1748–1846*, Vol. III, Arthur H. Clark, 1904, p.221.

　　④ George Catlin, *Letters and Notes on the Manners, Customs, and Condition of the North American Indians*, Vol. II, Wiley and Putnam, 1841, p.17.

　　⑤ Omer C. Stewart, *Forgotten Fires: Native Americans and the Transient Wilderness*, University of Oklahoma Press, 2002, pp.83-84.

　　⑥ Michael Williams, *Americans and Their Forests: A Historical Geography*, Cambridge University Press, 1990, p.41.

　　⑦ Francis Higginson, *New-Englands Plantation, or A Short and True Description of the Commodities and Discommodities of That Country*, Printed by T. & R. Cotes, 1630, p.8 (B2).

尔·希尔德雷思(Samuel Hildreth)对于印第安人用火曾作过如下描述:"印第安人每年秋季放火,长期以来,破坏了灌木和底层植被,从而提供了最好的猎场,而且在那些地方生长出野牛苜蓿(the buffalo clover)、野豌豆藤以及其他土生植物和葡藤类植物,为鹿和野牛群提供了最为丰茂的草料。"①虽然大火有时候也会失去控制,引起火灾,但印第安人的用火是北美丛林中草地生态得以维持的关键性因素。第三,除了林间空地上的生态系统离不开印第安人的用火外,北美森林的分布也深受印第安人的影响。印第安人通过有规律的定期焚烧,清除一些树木品种,同时又刻意培育一些对自己有利的树种,其中作为印第安人重要食物来源的橡树、核桃和山胡桃木等树种分布范围的不断扩大就是一个典型的例子。德尔科特对花粉的考古研究表明:早在阿基亚克时代,即从距今9500年到4500年之间的这段时期,肯塔基中部、田纳西中部和密苏里东南部地区的上述坚果果树的分布在扩大。同期的考古研究也表明印第安人所消耗的坚果数量在同步增加。②印第安人的影响无疑是这些坚果树种分布扩大的主要原因。科学试验还表明:适度的过火有利于这类耐火坚果丛林的健康成长。③

其次,除了用火所导致的生态变迁外,印第安人的其他活动也对北美洲的自然环境产生了重要影响。第一,对北美地形地貌的影响。虽然北美印第安人没有建立起强大的中央政权,在北美土地上没有留下像拉丁美洲那么多宏伟工程,但他们的活动同样也深深地改变着北美的地形和地貌。著名的卡霍基亚城(Cahokia),其影响北至明尼苏达,南到佛罗里达,周围留下了大约120座大土堆,现在能够辨认的依然有80多座,最大的一个芒克大土堆(Monks Mound),占地15英亩,高100英尺,是墨西哥以北最大的人工建筑遗存。另外,西南部的普韦布洛印第安人通过长期活动,留下了大量村落群,改变了当地的地貌和生态结构。仅在查考峡谷(Chaco Canyon),阿纳萨兹人(Anasazi)村落的建筑用木就达到了20万根。④第二,水土流失。这是印第安人大规模毁坏森林的必然结果之一。考古研究表明,在密西西比河流域东南部的农业走廊地带,随着玉米种植业的兴起,有

① S. P. Hildreth, *Pioneer History: Being an Account of the First Examinations of the Ohio Valley, and the Early Settlement of the Northwest Territory*, H.W. Derby; A.S. Barnes & Co., 1848, p.485.

② Paul A. Delcourt, Hazel R. Delcourt, *Prehistoric Native American and Ecological Change: Human Ecosystems in Eastern North America since the Pleistocene*, Cambridge University Press, 2004, pp.68-71.

③ Emily Russell, "Indian-set Fires in the Forests of the Northeastern United States", *Ecology*, Vol.64, No.1, 1983, p.86.

④ Shepard Krech III, *The Ecological Indian: Myth and History*, W. W. Norton and Company, p.78.

些树木的花粉沉淀变少,而在堆积物中则出现许多灰烬的痕迹,这是土著人焚林种植的直接结果。在公元1100~1300年内,许多溪流中的泥沙沉淀达到了2~3米。[1]第三,土著人对动物种类和数量的影响。生活于北美大草原上的各印第安部落,其主要食物来源是野牛,根据学者们的计算,每名印第安人每天大约需要5磅牛肉,即大约每人每年需要6~6.5头牛。草原印第安人人口在1800年大约为12万人,那他们每年至少就需杀死72万头野牛。[2]土著人渔猎影响动物数量的另一个例子是西北海岸的印第安人对鲑鱼的捕捉。据估计,每年回流到太平洋西北海岸的鲑鱼大约为1100~1600万尾,土著人捕获的数量大约是每年450万~630万尾,占回游总数的28%~57%。[3]此外,土著人的活动,对火鸡、鹿、沿海鱼类和哺乳动物等其他许多物种的分布和数量也都产生过很大影响。

再次,我们在肯定土著人对于北美环境的影响随着社会发展在不断增大的同时,也必须对这种影响有一个度上的把握,既不能缩小,也不宜夸大。从总体上看,印第安人对北美环境的影响是局部性的,比白人到来后所造成的环境破坏要轻得多。在白人到来前,除了个别聚居点以外,北美的人口密度普遍比较低。以新英格兰为例,北部林区印第安人的人口密度大约是41人/100平方英里,南部农业部落的人口密度则达到287人/100平方英里。[4]环境史学家默茜特的研究显示:在白人到来前,缅因州的阿本尼凯人(Abenaki)大约有1.19万人,平均每平方英里0.2人;新英格兰南部地区6.5万人,平均每平方英里2人。[5]林区狩猎部落相对较低的人口密度使得他们对所居住的生态系统的影响相对较小。南部农业部落虽然人口较多,开垦的森林面积较大,但他们由于定期轮换居住地而减小了对环境的影响。易洛魁联盟的中心从1610年到1780年间共迁移了9次,平均

---

① Thomas W. Neumann, "The Role of Prehistoric Peoples in Shaping Ecosystems in the Eastern United States: Implications for Restoration Ecology and Wilderness Management", in Charles Kay, Randy Simmons ,eds., *Wilderness and Political Ecology*, pp.150-151.

② Andrew C. Isenberg, *The Destruction of the Bison: An Environmental History 1750–1920*, Cambridge University Press, 2000, pp.83-84; Dan Flores, "Bison Ecology and Bison Diplomacy: The Southern Plains from 1800 to 1850", *Journal of American History*, Vol.78, No.2, 1991, p.479.

③ Adam M. Sowards, *United States West Coast: An Environmental History*, ABC-CLIO, Inc., 2007, p.28.

④ William Cronon, *Changes in the Land: Indians, Colonists and the Ecology of New England*, Hill and Wang, 1983, p.42.

⑤ Carolyn Merchant, *Ecological Revolution: Nature, Gender and Science in New England*, University of North Carolina Press, 1989, p.38.

每20年一次。①村落地址的流动性以及不同季节食物来源的转换减少了对任何特定生态系统的潜在威胁,使人类"对环境的总体压力变小。"②一般在印第安人迁走一代人的时间后,东部的许多村落旧址就会重新恢复为森林。③

总之,自全新世以来,随着北美土著人口数量的不断增加和社会的进步,他们对环境的影响也越来越大,是北美环境变化的一个非常重要的作用因素。虽然他们对北美自然环境的破坏还没有达到1492年以后那样的强度和速度,但从总体而言,北美土著人作为生态变迁的使者,在过去1.5万年的时间里,其对环境的影响在不断增大。从这一意义上讲,支撑"生态的印第安人"假说的处女地理论是不能成立的。著名的环境史教授丹·弗罗里斯指出:"如同所有的人类一样,印第安人也总是在改变着他们的环境。"④詹宁斯则批判道:"美洲土地不是处女地,更像是一片寡妇地(widowed land),欧洲人在这里发现的不是一片荒野,但不管是多么地不情愿,他们在这里制造了荒野。"⑤维奇教授甚至认为:"处女地论调或许更像是白人用以侵占印第安人已经占据和耕种了上千年的土地的一个阴谋,而不是对当时实际情况的描述。"⑥相关的研究还进一步证实:由于白人的到来导致了北美印第安人人口大量消失,1850年的北美洲甚至比1650年更接近荒野状态。⑦

三、从"高贵的野蛮人"到"生态的印第安人"

无论是从印第安人的环境伦理,还是从他们对北美环境的历史影响来看,

---

① Michael Williams, *Americans and Their Forests: A Historical Geography*, Cambridge University Press, 1990, p.38.

② William Cronon, *Changes in the Land: Indians, Colonists and the Ecology of New England*, Hill and Wang, 1983, p.48.

③ Adriaen Van der Donck, *A Description of the New Netherlands*, Cornell University Library, 1993, p.149.

④ Dan Flores, *The Natural West: Environmental History in the Great Plains and Rocky Mountains*, University of Oklahoma Press, 2001, p.62.

⑤ Francis Jennings, *The Invasion of America: Indians, Colonialism and the Cant of Conquest*, W. W. Norton & Company, 1975, p.30.

⑥ Christopher Vecsey, "American Indian Environmental Religions", in Christopher Vecsey, Robert W. Venables, eds., *American Indian Environments: Ecological Issues in Native American History*, Syracuse University Press, 1980, p.8.

⑦ E. Rostlund, "The Myth of a Natural Prairie Belt in Alabama: An Interpretation of Historical Records", *Annals of the Association of American Geographers*, Vol.47, No.4, 1957, p.409.

"生态的印第安人"假说都是站不住脚的。那么,它为什么会在20世纪60—70年代以后受到社会舆论的青睐而风靡全球呢? 其实,这一神话与其说是印第安人的生态伦理及其与自然关系的反映,还不如说是白人社会对北美土著人的传统偏见与当代环境危机相结合的产物。

欧美白人主流文化长期形成的对印第安社会的片面化和刻板化的认识偏见,是"生态的印第安人"形象产生的文化和历史基础。白人社会在认识和考察美洲土著人时充满着基督教文化中心主义的偏见和简单化、定型化的倾向,虽然几经历史变迁,这种倾向却并没有从根本上得以改变。

众所周知,美洲土著人至少可以分成上千种不同的文化和社会群体,各种文化与社群之间的差异很大。早在白人与土著人接触不久,欧洲人就认识到了各个部落之间的差别,但他们宁愿使用哥伦布所发明的"印第安人"这一错误的词汇来称呼他们。其实,欧洲人所注重的是异己的土著文化与自己的基督教文化之间的差别,至于北美土著部落之间的差别对他们来说无关紧要,无论是以野蛮人、异教徒,还是以印第安人来称呼,都仅仅是把他们与欧洲文化区别开来的一个抽象符号。小罗伯特·伯克胡佛在研究了白人社会对于印第安人的认识观念的演变后指出:"白人主要根据那个时代他们自己所推崇的一些信仰、价值和体制来把印第安人作为一个整体的类别去衡量。"[1]

不同的社会集团出于不同的目的而塑造出两种截然相反的印第安人形象,即"高贵的野蛮人"(noble savage)和"邪恶的野蛮人",并把白人的价值观念和道德评价贯穿于两种形象之中。欧洲人对于美洲印第安人的观念其实是以欧洲文化中一些先入为主的成见为基础,以早期探险者的描述为材料,经过那个时代的文人和思想家的加工而形成的混合体。[2]法国探险家拉斯卡伯特被认为是最早使用"高贵"一词来描述印第安人的欧洲人,[3]拉洪坦男爵则是"高贵的野蛮人"这一概念的最为积极的倡导者,他借休伦人酋长阿德里欧(Adiro)之口歌颂了休伦人远离"诡计和奸诈"、无拘无束的生活方式,以此来批判欧洲社会的腐

---

① Robert F. Berkhofer, Jr., *The White Man's Indian: Images of the American Indian from Columbus to the Present*, Vintage Books, 1979, p.27.

② H. N. Fairchild, *The Noble Savage: A Study in Romantic Naturalism*, Columbia University Press, 1928, p.2.

③ Marc Lescarbot, *Noua Francia, or, The Description of That Part of New France*, Andrew Hebb, 1609, p.257.

朽和堕落。①霍布斯和卢梭可以说是上述两种主张的代表:前者从其理性主义的性恶论出发,认为印第安人代表了人类本性中野蛮、暴力等恶的方面;而后者从其浪漫主义的性善论出发,认为印第安人代表了人类没有被现代社会所污染的纯真、善良的本性,过着"自由、富足、真诚和幸福的生活"。②其实,无论是"高贵的印第安人"还是"嗜血的印第安人"形象,都是其塑造者和使用者笔下的工具,其主要功能就是提供一个模板,用来表达对欧洲社会与文化的价值评判。简单地说,如果认为文明是好的,那么印第安人的形象就是野蛮的,需要加以征服和驯化;而如果认为人类本性是好的,文明社会是腐朽和堕落的,那么印第安人的形象就是高贵的,他们所过的淳朴生活也是令人羡慕的。③

虽然不同的白人集团对于土著人的印象和说法千差万别,但并不是没有规律可循,不同的印第安人形象反映了不同的白人集团的文化价值观念和利益诉求。相比较而言,毛皮贩子、耶稣会士和浪漫主义者,或者出于猎取毛皮和传播福音的需要,或者出于对大自然的热爱,比较倾向于刻画印第安人的良好形象。而英国殖民者和后来的美国人,出于掠夺土著人土地的需要,则更倾向于传播"嗜血的野蛮人"观念。比如在清教徒鼓吹家罗伯特·库什曼(Robert Cushman)看来,印第安人"不勤奋,即没有艺术、科学、技术或手段来利用他们的土地或上面的商品,仅仅是糟蹋和破坏,而且因为缺乏肥料、采集和其他活动而损害了土地……他们仅仅像狐狸或其他野兽那样穿过草地"。④其实,鼓吹印第安人野蛮和落后在这里变成了白人殖民者夺取前者土地、进行殖民征服的借口。

走出殖民时代以后,虽然美国人的印第安人观念也在不断变化,但并没有从根本上改变白人社会的偏见和刻板化印象,因此,他们所刻画的印第安人与其说是印第安部落的情况,毋宁说是不同时代和塑造者个人立场的反映。即便是对

---

① Baron Lahontan, *New Voyages to North-America*, H. Bonwicke et al., 1703, Vol.I, Preface; Vol. II, pp.123-125.

② Thomas Hobbes, *Leviathan*, London, 1651, pp.88~98; Jean Jacques Rouseau, *The Social Contract and the First and Second Discourses*, edited by Susan Dunn et al., Yale University Press, 2002, p.120.

③ Jean-Jacques Simard, "White Ghosts, Red Shadows: The Reduction of North American Natives", in James A. Clifton ed., *The Invented Indian: Cultural Fictions and Government Policies*, Transaction Publishers, 1990, pp.355-357; H. N. Fairchild, *The Noble Savage: A Study in Romantic Naturalism*, Columbia University Press, 1928, pp.15-22.

④ Alexander Young ed., *Chronicles of the Pilgrim Fathers of the Colony of Plymouth: From 1602–1625*, Charles Little and James Brown, 1841, p.243.

印第安文化抱有较多好感的美国浪漫主义者也如同其欧洲同行一样,所描绘的印第安人是想象与真实的混合。就连对印第安人文化极为赞赏的著名超验主义者亨利·梭罗,当遇到真正的印第安人时,也感到他们是"狰狞和沮丧的",并感叹他们对自然的利用是多么的"粗糙和不完善"! ①在19世纪的大部分时间里,随着西部扩张和边疆的不断推进,美国人的主要精力在于获取印第安人的土地,因此,对印第安人的否定意见占主流。以讨伐印第安人而成名的美国总统安德鲁·杰克逊在其国会咨文中公然声称:"对于他们(印第安人)既没有居住、也没有加以改善,仅仅是因为曾在山头上眺望过或在追逐猎物时掠过的土地承认其所有权……对我来说如同幻觉。"②因此,印第安人的形象是各个不同历史时期北美社会观念变迁的一面镜子,是"那个时代白人特定的神经官能症的反映。"③

"生态的印第安人"是"高贵的野蛮人"观念在当代全球环境危机和环境主义运动蓬勃发展形势下的现代版本。"高贵的野蛮人"是浪漫主义者创造出来用以批判欧洲社会腐朽和堕落的参照物,"野蛮"一词本身就具有丛林和自然状态的含义,在其最初的用法中并不含贬义。因此,在"高贵的野蛮人"形象里面也蕴含了土著人是"自然之子"、生活在与自然的和谐之中这么一层意思。④以卢梭为代表的浪漫主义者大都歌颂自然之美,崇尚简朴的生活。如深受卢梭影响的阿比·雷纳尔就对印第安人的自然主义生活方式颇为羡慕:"我们……有谁知道如何操作一艘独木舟,打败敌手,建立一座小屋,依靠很少的供应而生活?"⑤梭罗也对印第安人与自然和谐的生活方式称赞不已:"原始时代人类生活的那种简单朴素不加掩饰本身至少是有这种好处:它让人类依然是大自然中的一个过客。"⑥著名的浪漫主义史学家帕克曼也曾经把印第安人称作"森林和荒漠的真正儿女"。⑦

---

① Henry David Thoreau, *The Writings of Henry David Thoreau, Vol. III, The Maine Woods*, Houghton Mifflin, 1906, p.86, 133.

② U. S. Congress, *Journal of the Senate of the United States of America, 1789-1873*, Government Printing Office, December 8, 1829, p.19.

③ Raymond William Stedman, *Shadows of the Indian: Stereotypes in American Culture*, University of Oklahoma Press, 1967, p.x.

④ Shepard Krech III, *The Ecological Indian: Myth and History*, W. W. Norton and Company, pp.16-17; Francis Jennings, *The Invasion of America: Indians, Colonialism and the Cant of Conquest*, W. W. Norton & Company, 1975, pp.73-78.

⑤ Abbé Raynal, *A Philosophical and Political History of the Settlements and Trade of the Europeans in the East and West Indies*, Vol.VI, A. Strahan et al., 1783, p.445.

⑥ Henry David Thoreau, *The Writings of Henry David Thoreau*, Vol.II, Walden, p.41.

⑦ Francis Parkman, *Conspiracy of Pontiac*, Vol.I, Little Brown and Company, 1870, p.1.

19世纪后期,随着美加两国的工业化、城市化和西部开发,诸如资源破坏和浪费、物种消失、环境污染以及人越来越远离自然等一系列的环境和社会问题也逐渐显露出来。人们的环境观念也在逐渐发生转化,亲近自然成为一种新时尚,荒野和森林成为人们休闲和娱乐的新去处。在西部草原上无拘无束地追逐野牛的印第安人形象受到了欧美社会的热捧,他不仅代表了个人的独立和尊严,也标志着人与自然的和谐,于是,生活于荒野中的土著人形象就成了沦为机器附属物和过度城市化的白人形象的鲜明对照。博物学家格伦尼尔(George B. Grinnell)、塞顿(Ernest T. Seton)和印第安学者伊斯特曼(Charles A. Eastman)是19世纪后期到20世纪初期倡导印第安人与自然和谐共存生活方式的著名代表。格伦尼尔还是著名的保护主义者,他不仅参与建立了奥杜邦协会(Audubon Society)、布恩与克罗克特俱乐部(Boone and Crockett Club),还利用担任《森林与溪流》杂志(Forest and Stream)编辑的便利,刊登了一系列宣传印第安人文化的文章。① 博物学家塞顿积极倡导印第安文化,还利用担任童子军领导的机会,试图通过让孩子们实践印第安人的野外生存来培养他们的男子汉气概。而伊斯特曼则通过像《印第安人的心灵》(The Soul of the Indian)等畅销书描绘了一个与自然相融合的印第安社会。他写道:"除了大自然以外,我们没有神庙和圣物,"印第安人是"大自然的人"。② 塞顿和伊斯特曼实际上是19世纪末期到20世纪上半期"高贵的印第安人"形象最重要的倡导者,他们的思想为后来的环境主义者和印第安人社会活动家宣传"生态的印第安人"提供了理论支持。

美国虽然自19世纪末到20世纪初期逐渐建立起了资源和环境保护的基本体系,可是环境问题并没有得到根本解决,种种迹象表明,美国的环境仍然在不断恶化。1962年,蕾切尔·卡逊女士出版了《寂静的春天》,该书以不可辩驳的事实向人们证实:"人类正因对其他生物种类的傲慢轻率处置的态度而使自身生存面临威胁。"③ 卡逊的著作引发了席卷全球的环境主义运动,它促使人们从各个方面重新审视人与自然之间的关系。1967年,小林恩·怀特在《科学》杂志上发

---

① Sherry L. Smith, *Reimagining Indians: Native Americans through Anglo Eyes, 1880-1940*, Oxford University Press, 2000, pp.45-66. 奥杜邦协会是以美国著名鸟类学家奥杜邦(J. Audubon, 1785-1851)的名字命名的鸟类保护组织。布恩与克罗克特俱乐部1887年由西奥多·罗斯福倡导建立,以美国19世纪初期著名的边疆探险者丹尼尔·布恩和大卫·克罗克特的名字命名,致力于野生动物保护、栖息地建立以及对狩猎的限制等。

② Charles A. Eastman, *The Soul of the Indian*, Forgotten Books, 2008, p.3.

③ 唐纳德·沃斯特:《自然的经济体系:生态思想史》,侯文蕙译,商务印书馆,1999年,第404页。

表一篇名为《我们的生态危机的历史根源》的文章,指责基督教让世人"以一种不关心自然对象的心情去开发自然",应该对当前的生态危机负责。[1]也就在这一时期,哈丁的《公有地的悲剧》(1968)、埃里希的《人口炸弹》(1968)、罗马俱乐部的研究报告《增长的极限》(1972)等一系列论著的出版,揭示了现代经济增长的环境代价以及传统环境伦理的局限性,促使人们从一个全新的角度反思人与自然关系。[2]

面对传统理论的崩溃,西方社会"迫切需要一个新的标杆、一个英雄、一个导师来教诲他们。"[3]而一向被认为与西方文明"征服自然"观念格格不入的印第安人文明及其对地球母亲的崇拜观念对于许多西方人来说,正好就是这样的一个标杆。罗伯·塞耶在《梭罗与印第安人》一书的开篇写道:"在当今生态主义危机的时代,人们求助于亨利·梭罗的著作和伟大的印第安酋长的言辞和预言,似乎它们给予了人们共同的精神支持。"[4]于是乎,"高贵的野蛮人"被赋予了现代环境主义的新含义,变身为"生态的印第安人"。"西雅图酋长的演说"和"哭泣的印第安人"无疑就是他们所塑造的最为成功的"生态的印第安人"形象。因此,"生态的印第安人"形象的流行,所折射的是当代北美主流社会对于环境问题的忧思:环境问题越严重,人们对19世纪的西部荒野也就越怀念,也就越需要"把印第安人与一片'自然的'、'无瑕的'的环境联系起来",[5]至于印第安人的环境伦理及其行为到底是怎样的,那是学者们的问题,社会舆论对此无须关心。著名的西部史学者理查德·怀特一针见血地指出:印第安人及其环境伦理变成了"批判白人社会的工具,至于真实的印第安人或者印第安人的信仰与行为(对白人社会来说——引者注)是无关紧要的"。[6]

---

① Lynn White Jr., "The Historical Roots of Our Ecological Crisis", *Science*, Vol. 155, No. 3767, 1967, pp. 1203-1207.

② Garrett Hardin, "The Tragedy of the Commons", *Science*, New Series, Vol. 162, No. 3859, 1968, pp. 1243-1248; Paul R. Ehrlich, *Population Bomb*, Ballantine Books, 1971; D. H. Meadows, Club of Rome, *The Limits to Growth: A Report for the Club of Rome's Project on the Predicament of Mankind*, University Books, 1972.

③ Calvin Martin, *Keepers of the Game: Indian-Animal Relations and the Fur Trade*, University of California Press, 1978, p.159.

④ Robert F. Sayre, *Thoreau and the American Indians*, Princeton University, 1977, p.ix.

⑤ Lee Schwenninger, *Listening to the Land: Native American Literary Responses to the Land-scape*, University of Georgia Press, 2008, p.22.

⑥ Richard White, "Introduction: American Indians and the Environment", *Environmental Review*, Vol.9, No.2, 1985, p.101.

总之,"生态的印第安人"形象的流行,是欧美社会长期以来对印第安社会文化的认识偏见与当代全球环境主义运动相结合的产物,是"生态的思想召唤了印第安人的形象"。[1]面对日益严峻的环境形势和如火如荼的环境主义运动,对土著文化有着浓厚的刻板化、片面化认识传统的欧美社会再次求助于历史,期望通过神化印第安人,塑造一种自然守护者的形象,以应对传统环境伦理受到批判后所留下的伦理真空。如果白人社会能够正视印第安各个部落之间在文化和生态伦理方面的差异的话,就不会出现"高贵的印第安人"形象;而如果没有20世纪60年代的全球环境主义运动的话,"高贵的野蛮人"也不会化身为"生态的印第安人"。

四、土著民族权力运动与"生态的印第安人"形象的重构

"生态的印第安人"形象虽然是白人文化强加给北美土著社会的不正确观念,但与北美边疆开发时期广泛流传的嗜血的、令人恐怖的野蛮人形象相比,它毕竟树立了一种正面形象,有利于扭转长期以来所形成的对印第安人的否定认识,提高印第安文化在北美社会中的地位和影响力。对于北美土著部落及其争取民族权力的斗争来说,这一形象既是一个机会,也意味着挑战。一方面,一些印第安部落把这一形象当作了争取民族权力的工具,他们通过宣传与大自然和谐的环境伦理、塑造大地守护者的形象来谋求对本民族自然资源的控制权,从而促进了这一形象在现代社会的传播。而另一方面,在争取民族权力的斗争中,北美印第安人对自然资源的控制和开发活动又不可避免地与"生态的印第安人"形象产生冲突,这削弱了"生态的印第安人"形象的影响力和说服力。

自19世纪末期以来,随着印第安人被赶入保留地和美国、加拿大政府文化同化政策的推行,许多印第安领袖就开始有意识地宣传不同于基督教文化的环境伦理和大地崇拜观念,以此来维护本民族的文化生存,激发印第安人的民族自豪感。随着武装抵抗的失败和主流社会的歧视与偏见,北美印第安人面临着既丧失土地,又丧失本族文化的双重风险,重振民族文化的自信心成为土著领袖们面临的当务之急。目睹北美现代化所造成的环境破坏和资源浪费,许多印第安人把弘扬与白人不同的环境伦理和大地崇拜观念当作了实现上述目的的手段。通过倡导大地母亲崇拜,不仅使印第安各部落找到了对抗白人文化的共同点,更可

---

[1] Rennard Strickland, "The Idea of Environment and the Ideal of the Indian", *Journal of American Indian Education*, Vol.10, No.1, 1970, p.14.

以使他们在面对白人文化的压迫和排斥时"保持其独特性、骄傲和尊严"。①许多著名的印第安首领都曾经表达过与白人不同的环境伦理。如基卡普印第安人(Kickapoo)的领袖坎纳库克(Kanakuk)就对白人讥讽道:"并没有告诉我去出卖我的土地,因为我不知道一个美元或者大地上面的动物价值几何"。②1925年,面对白人对大自然所造成的破坏,加利福尼亚的勒基(Kate Luckie)说道:"印第安人从不伤害任何事物,"而白人则对大地肆意破坏,他们"接触到哪里,哪里就有痛苦!"因此,上帝将要摧毁这个世界。③著名的苏族领袖立熊堪称利用环境伦理来弘扬土著文化的一个典型。他在1928年出版的《我的苏族同胞》一书中还主张印第安人需要主动融入主流社会,接受白人的文化和教育。④而在1931年,当他返回苏族保留地看到了那里的悲惨情况以后,转而倡导印第安人与自然和谐的环境伦理。这种转变明显地体现在他1933年出版的另一本著作《斑点鹰的土地》中。他在该书中写道:印第安人"是天生的保护主义者,他从不毁坏任何东西"。在比较了印第安人与白人之间不同的环境观后,他又写道:"我们不认为广阔的大平原、美丽起伏的山峦和布满植被的蜿蜒溪流是荒凉的。只有对白人来说,自然才是荒凉的。"⑤

因此,早在"生态的印第安人"假说出现以前,部分印第安领袖就已经有意识地宣传印第安人与自然和谐的观念了。只不过当时白人社会中欣赏印第安人生活方式的还仅仅局限于梭罗和塞顿等少数环境主义先知,广大民众和社会舆论还沉浸于文明战胜野蛮、现代取代传统的乐观情绪之中,还没有开始反思现代经济增长所带来的环境代价。因此,印第安人这些早期关于大地母亲崇拜和与自然和谐的环境伦理在当时的白人社会中还没有引起共鸣。

20世纪60—70年代以来,随着印第安民族权力运动的兴起和全球环境主义运动的蓬勃发展,许多印第安人社会活动家把"生态的印第安人"形象当作了标榜印第安文化独特性和争取资源控制权的现成工具,任何反对这一形象的言行都被贴上了反对印第安人和文化沙文主义的标签。不久前刚刚去世的土著社会

---

① Sam Gill, "Mother Earth: An American Myth", in James A. Clifton, ed., *The Invented Indian: Cultural Fictions and Government Policies*, Transaction Publishers, 1990, p.142.

② James Mooney, *The Ghost-dance Religion and Wounded Knee*, Dover Publications, Inc., 1973, p.696.

③ Cora Dubois, *Wintu Ethnography*, University of California, 1935, pp.75-76.

④ Luther Standing Bear, *My People the Sioux*, University of Nebraska Press, 2006, p.282.

⑤ Luther Standing Bear, *Land of Spotted Eagle*, University of Nebraska Press, 2006, p.165, 38.

活动家德洛利亚可以说是这方面的一个典型。他一方面批判白人社会对于印第安文化的歪曲,另一方面又对印第安人的环境伦理进行神化,刻意塑造"生态的印第安人"形象。他曾就现代化所导致的环境破坏而怒斥道:"没有空气可以呼吸,谈论进步、文化文明以及技术是荒唐的!"他甚至认为:如果白人社会想要生存下去,就必须"放弃其追逐名利的文明回到一种简单的部落式的狩猎和采集生活之中,"即"选择印第安人的方式"。①针对学术界关于史前印第安人造成大型动物灭绝的说法,德洛利亚驳斥道:"鼓吹灭绝理论是支持持续破坏环境的一种很好的方式,它寓意在任何时期人类都没有珍惜过他所生存的大地!"②除德洛利亚以外,当代的许多印第安社会活动家也都标榜印第安人与自然和谐的生态伦理,如拉姆·迪尔在其自传性著作《寻梦者拉姆·迪尔》中声称:"对我们来说,生命,所有的生命都是神圣的。"而"对于白人来说,每一片叶子或每一滴泉水都有一个价格的标签。"③另外一名著名的土著社会活动家沃德·丘吉尔也说道:"土著美国人很久以前就深深地认识到,人类的进步必须作为自然秩序的一个密不可分的部分去衡量,而不是与其分离或者是凌驾于它之上。"④

由此可见,虽然不是所有的印第安人都赞同"生态的印第安人"形象,但在土著民族权力和文化复兴运动的影响下,越来越多的北美土著人开始把宣扬与基督教文化不同的土著环境伦理当作了显示文化独特性和争取土著权利的工具。历史学家克里斯托弗·维奇指出:"或许印第安人已经把自然热爱者这一形象当成了标榜他们是印第安人的一种途径了。"⑤甚至连质疑"生态的印第安人"假说的克雷克教授也认为,"生态的印第安人过去不存在,但这种神话或许可以催生它"。⑥

在当前北美印第安人争取土地和资源管理权的斗争中,一些部落在成功利

① Vine Deloria, Jr., *We Talk, You Listen: New Tribes, New Turf*, pp.193, 195, 197.

② Vine Deloria, Jr., *Red Earth, White Lies: Native Americans and the Myth of Scientific Fact*, Scribner, 1995, pp. 112-113.

③ John (Fire) Lame Deer and Richard Erdoes, *Lame Deer, Seeker of Visions*, Pocket Books, 1994, pp.123, 36.

④ Ward Churchill, *Struggle for the Land: Native North American Resistance to Genocide, Ecocide and Colonization*, City Light Books, 2002, p.16.

⑤ Christopher Vecsey, "American Indian Religions", in Christopher Vecsey, Robert W. Venables , eds., *American Indian Environments: Ecological Issues in Native American History*, Syracuse University Press, 1980, p.6.

⑥ Jeff Sharlet, "An Anthropologist Finds Indians Lived in Less-than-Perfect Harmony with Nature", *The Chronicle of Higher Education*, October, 1999, p. A21.

用"生态的印第安人"形象取得胜利的同时,也促进了这一形象的传播。与自然和谐的"生态的印第安人"形象是反对工业污染和表明印第安人有能力管理好自己的土地和其他自然资源的一个有效手段。环境史学家沃伦指出:通过把自己刻画成北美大陆上最早的保护主义者,印第安人"就可以挑战'官方'保护主义者在资源管理和利用方面的独享性权利了"。①不少印第安部落利用"生态的印第安人"形象作为舆论宣传的工具,取得了争取资源控制权斗争的胜利,这其中最著名的例子莫过于詹姆斯湾的克里人成功阻止魁北克水电二期工程的事了。

魁北克水电公司在詹姆斯湾附近共规划了三期工程,一期工程自20世纪70年代开工建设以来,就已经造成了周围地区猎物减少、鱼类死亡和严重的重金属污染,严重影响了詹姆斯湾周围的克里人和因纽特人的生活。为了阻止魁北克水电对土地的继续破坏,克里人除了动用法律手段外,还成功利用新闻媒体宣传印第安人的环境观。这其中最为震撼的事情是,由10名克里人和因纽特人组成的团队,划着一条25英尺长的独木舟,从渥太华出发,历时两个多月,在1990年地球日这一天到达了纽约中央公园。②土著人的这一举措引起了巨大的轰动,也赢得了纽约民众的广泛支持。迫于压力,纽约州取消了与魁北克水电总额为170亿美元的水电合作项目。1994年,魁北克省政府也宣布无限期推迟魁北克水电在詹姆斯湾的第二期计划。③

北美印第安人利用"生态的印第安人"形象赢得资源控制权的例子还有很多,如为了宣传和保护大湖区的环境,2001年,由土著人和土著支持者所组成的团体模仿1200多年以前阿尼什纳贝克人(Anishinabek)的迁移路线,从圣劳伦斯河口出发,步行到达苏必利尔湖的马德莱恩岛,全长2200英里。佛罗里达的塞米诺尔人为了保护自己的家园,也在1996年组织了750英里的"为地球而行走"活动。该活动的组织者比利(Bobby Billie)在新闻发布会上对白人社会批判

---

① Louis S. Warren, "The Nature of Conquest: Indians, Americans, and Environmental History", in Philip J. Deloria, Neal Salisbury, eds., *A Companion to American Indian History*, Blackwell Publishers Inc., 2002, p.300.

② 关于此次活动具体情况详见:Michael Posluns, *Voices from the Odeyak*, New Canada Publications, 1993.

③ William Claiborne, "Canadian Indians Battle Massive Hydro Project", *The Washington Post*, April 3, 1990, p. A12; "James Bay Faces International Hearings International Water Tribunal Intercedes at Request of Cree", *The Globe and Mail*, January 6, 1992; John Greenwood, "The Vision of Matthew", *The Financial Post*, April 1, 1995, p.g33; Bruce E. Johansen, *Indigenous Peoples and Environmental Issues: An Encyclopedia*, Greenwood Press, 2003, pp.66-78.

道:"你们不能超越造物主的权力……你们白人看上去像人类,但却并不像人类那样思考。"[1]

"生态的印第安人"形象是一把双刃剑,它在帮助印第安人树立不同于白人社会的生态伦理的同时,也可能成为印第安各部落进行资源开发和经济决策的羁绊。"生态的印第安人"形象无形中为所有的印第安社会树立了一个静止的行为标准,当印第安人在资源管理和利用方面的行为与白人社会所定义的上述形象产生偏差时,后者就会成为攻击和批判印第安人的工具和标尺。

当前被认为最有损于"生态的印第安人"形象的例子是印第安部落与相关部门谈判接受核废料存放一事。自20世纪80年代中期开始,美国能源部就着手寻找合适的核废料存放点,大部分印第安人部落反对接收核废料,但仍有几个印第安部落有意接收,其中最著名的是犹他州斯卡尔谷的戈舒特人(Skull Valley Goshute),他们是所有印第安人部落中接收核废料最为坚决的。按照其酋长利恩·贝尔(Leon Bear)的说法,白人"想象中我们的形象应该是:住在帐篷里,骑着马,那是不真实的,你不能够靠偶像来养活你的家人"。[2]而通过接收核废料存放,既可以赚钱修建保留地的基础设施,并能同时使"传统与文化资源不受影响"。[3]

除了核废料问题外,华盛顿州马卡人(Makah)的捕鲸行为也被认为是与"生态的印第安人"形象相背离的典型事例之一。1994年,随着灰鲸被从濒危物种名单上撤除,马卡人声称为了保持本族的传统文化,申请重新捕鲸。其实在此前的70多年里,他们已经彻底放弃了这一行业。马卡人的行为遭到了环境主义者、动物保护组织和部分反印第安人团体的强烈抗议。《西雅图新闻报》在短短几天里就接到了上百封邮件或电话,其中一名极端分子说道:"我想知道在哪里可以申请一个猎杀印第安人的执照,我的先人帮助安定了西部,他们的传统是杀掉所看到的任何红种人,他们的信条是:唯一好的印第安人是一个死的印第安人。我也想保持父辈的传统!"[4]

这些事例再次表明:"生态的印第安人"形象是脆弱的,印第安人并"不比其

---

① Bruce E. Johansen, "The Right to One's Home: The Seminole Chickee Sustains despite County Codes", *Native Americas*, Vol.13, No.3, 1996, p.47.

② David Rich Lewis, "Skull Valley Goshutes and the Politics of Nuclear Waste: Environment, Identity, and Sovereignty", in Michael E. Harkin and David Rich Lewis ,eds., *Native Americans and the Environment: Perspectives on the Ecological Indian*, University of Nebraska Press, 2007, p.332.

③ Ken Verdoia, "Interview with Leon Bear, Kued Channel Interview", 2001. http://www.kued.org/productions/skullvalley/documentary/interviews/bear.html.

④ Alex Tizon, "E-mails, Phone Calls Full of Threats, Invective", *Seattle Times*, May 22, 1999.

他民族更具生态智慧"。①面对商品经济的诱惑,他们也面临着传统与现代的两难抉择。专栏作家佩特森(Jody Paterson)指出:印第安人也"需要养活家庭……从树木和渔业中赚钱……可不幸的是高贵并不能支付账单"。②总之,在争取民族权力的斗争中,北美印第安人有意识地接受了"生态的印第安人"假说中对自己有利的内容,他们通过宣传与大自然和谐的自然观、甚至刻意塑造"生态的印第安人"形象,以此作为实现本民族政治和经济权利的工具。不过需要指出的是,这一形象的作用是有限的,土著人争取自然资源管理权的斗争主要还是不同利益集团之间权力和利益的博弈。只有当土著人的利益与主流社会的价值诉求相一致的时候,"生态的印第安人"形象才有可能会发挥一些作用。而一旦土著人谋求经济发展的行为与主流社会所认可的"高贵的印第安人"标准不相符合的时候,该形象就变成了对后者进行批判的工具。正如戈舒特人和马卡人的行为所展示的那样,印第安各部落在塑造"生态的印第安人"形象的同时,也以自身的实践行为戳破了这个神话。

余论

印第安人是北美洲最早的居民,数千年来他们在这片土地上繁衍生息,创造了缤纷各异的文化,也通过自己的实践活动,改变着周围的世界。长期以来,他们的文化遭到白人种族主义的歧视和诋毁,他们的权利不断被剥夺。近些年来兴起的"生态的印第安人"形象从某种意义上来说是在当今环境主义时代对过去不公正现象的反击。

印第安人环境伦理中的一些优秀成分值得现代社会予以借鉴和吸收,但不宜盲目夸大。近代以来,在机械自然观指导下,人类社会虽然在现代化方面创造了辉煌的成就,但却盲目乐观地认为"人定胜天",在人与自然的关系方面越来越走上了"征服自然"、与自然对立的发展道路。印第安人的传统生态智慧可以对现代人类中心主义的某些弊端和狂妄做出一些纠正,使人类更清楚地认识到人与自然万物之间的相互关系,对自身的贪欲进行必要的节制。现代社会迫切需要建立一种新的环境伦理,但这种伦理的基础是现代生态意识而不是土著人的

① Ernest S. Burch Jr., "Rationality and Resource Use among Hunters: Some Eskimo Examples", in Michael E. Harkin, David Rich Lewis ,eds., *Native Americans and the Environment: Perspectives on the Ecological Indian*, University of Nebraska Press, 2007, p.145.

② Jody Paterson, "Indians Can't Live on Nobility", *Victoria Times Colonist*, September 4, 1998. http://www.iwmc.org/whales/980904.html.

传统生态智慧,后者只能从中发挥补充和借鉴的作用,如果指望通过重新神化自然来解决当前的环境危机,那将是徒劳的。

本文原刊载于《历史研究》2011年第4期,是国家社科基金"美国现代化中的环境问题研究"(项目编号10BS012)的阶段性成果。

作者简介:

付成双,1970年9月生,山东惠民人,先后就读于曲阜师范大学历史系和北京大学历史学系,2000年获得历史学博士学位,到南开大学历史学院(系)工作至今。2001年—2003年间在南开大学历史学院博士后流动站从事研究工作,合作导师为王晓德教授。现为南开大学历史学院世界近现代史专业教授,主要从事加拿大史、北美西部史和环境史的研究。

试论加拿大社会政策产生的政治
文化背景(20世纪50—60年代)

杨令侠

　　加拿大是当今世界上最发达的资本主义工业国之一,经济实力强,社会秩序安定,居民生活也比较富足,是世界上少见的较成功地构建稳定社会的国家,此功与20世纪50—60年代奠定的社会政策体系紧密相关。20世纪中期的加拿大社会政策产生于一个复杂的政治文化背景之下。众所周知,当今在欠发达国家中,社会不公正与贫穷问题是社会不安定的因素之一。实际上,这类问题在加拿大历史上都不同程度地存在过,并得到过相对良好的解决,但是这个历程并非一帆风顺。

　　本文重点探讨的是20世纪50—60年代加拿大社会政策产生的政治文化背景,揭示加拿大如何将沉重的历史包袱转化为灿烂的文化遗产,创造出符合加拿大国情的、符合公民需求的社会政策体系。虽然这种模式也存在许多问题,甚至是严重的教训,但是在今天世界上因宗教、种族和社会不公正冲突迭起的状况下,发掘加拿大化解社会冲突、保持稳定发展的理论与模式,就显得尤为重要。

　　对加拿大社会政策历史考察的研究自20世纪60—70年代以来都是加拿大学术界的一个重点,关于弱势群体及相关对策研究更为广泛,不胜枚举。国内学术界对加拿大的研究起步较晚,约在20世纪80年代,基础薄弱。90年代尤其是进入21世纪以来,中国的加拿大学研究取得了可观的成果。随着互联网和数据库使用的增扩,目前中国的加拿大研究已经达到了一个较好的水平,无疑为本文的研究奠定了学术基础。然而,国内学界的相关研究虽然具有强烈的现实关怀感,但总体来讲,对社会政策的来龙去脉仍语焉不详,影响了对加拿大社会体系运作的理解。即使在今天,加拿大仍然存在事实上的不平等和许多严重的社会问题。加拿大政府在社会转型期也付出过很多代价。

一

　　加拿大摆脱殖民统治、建立独立国家的道路是独特的,创建社会政策的历程也是唯一的。这个过程至少从一战后就开始了,①从一味地拷贝别国模式到自我创新,经历了很多的波折和艰辛,最终形成了独具风格的社会治理体系。

社会政策形成了人们的日常生活,也是社会的润滑剂和安全阀。研究加拿大社会政策的一个挑战就是其范围太广,因为政策本身就是随着政治磋商、院外集团和新闻媒体的关注的变化而变化。关于"社会政策"的定义,在加拿大也有许多种,比如,说社会政策是关于福利服务的行政管理,即各级政府解释、发展和管理诸如健康、教育、收入和福利等方面的事宜。反对者则认为,这样的解释就把社会政策看成是"斗争"(struggle),即为追赶工业化进程而产生的社会的斗争。②加拿大人是不喜欢斗争这个字眼的。与公共政策③有所不同,社会政策的定义范围包括各级政府向公民提供的各种服务,而且它同经济政策之间还存在着复杂的关系。各种社会政策塑造并影响着一般加拿大公民的日常生活,定义了在某个特定的历史时期大多数加拿大人认为政府应当负责提供哪些公共服务,以及他们认为政府作为公民的代表应当怎样处理这些事务。加拿大社会政策的目标是三大方面,即生活水平、经济业绩和政治民主,鼓励人民拥有获得基本权利资源的路径,保障人民在法律的保护之下得到公正和平等,特别是对那些易受伤害的群体和弱势群体,以全体人民的利益推进社会的发展和社会环境的管理。④

社会政策是针对社会问题而言的。20世纪中期加拿大的"社会问题"被大致归纳成11种。它们是:贫穷和经济不平等、毒品和酗酒、犯罪和暴力、少数族裔和

① 一战后,出现退伍军人、孤儿和寡妇问题,加拿大联邦政府通过了《退伍军人保险法》(1920年)、《士兵安置法》(1927年)、《退伍军人补助法》(1930年)、《老年人补助法》(1927年)和《工伤事故保险法》(1930年)等若干法,是加拿大最早设立的社会福利项目。各省负责管理实施,联邦承担40%开支。大萧条之后失业人数大增,受美国罗斯福新政影响,加拿大政府1935年宣布在加拿大实行新政,制定了两项非同凡响的社会福利政策《失业保险法》(1940年)和《家庭津贴法》(1944年)。《家庭津贴法》规定,不论家庭收入,所有16岁以下儿童都可享受福利津贴。就一般定义来说,公共政策意味着政府所做的所有的事,包括社会政策、军事政策、经济政策、移民政策、劳工政策、环境政策等等。现代加拿大公共政策体系是在二战后建立起来的,它主要以英国模式为基础,并积极借鉴了同时期美国在这方面的一些经验教训。

② Anne Westhues, *Canadian Social Policy: Issues and Perspectives*, Wilfrid Laurier University Press, 2006, p. 6.

③ 就一般定义来说,公共政策意味着政府所做的所有的事,包括社会政策、军事政策、经济政策、移民政策、劳工政策、环境政策等等。现代加拿大公共政策体系是在二战后建立起来的,它主要以英国模式为基础,并积极借鉴了同时期美国在这方面的一些经验教训。

④ Anne Westhues, *Canadian Social Policy: Issues and Perspectives*, Wilfrid Laurier University Press, 2006, p. ii.

民族关系、性和性别不平等、工作与解雇、家庭、老年与年龄歧视、城市问题与无家可归、环境与技术、战争与恐怖主义。除此之外,纳税欺骗、武器销售、垃圾食品、性丑闻,甚至当权者的私生活等也算入其中。①对社会问题的定义既不是固定的也不是绝对的,定义内容是随着社会和历史的迁移而改变。20世纪50年代后,联邦政府正式地、全面地参与到各省的社会资助项目之中,由此深刻地改变了战后加拿大社会政策体系的结构。

20世纪50至60年代是加拿大经济和社会繁荣的黄金时期。至今仍在加拿大践行的社会政策,大多数是在这个时期产生并发展而来的。加拿大的社会保障和福利计划多达一百多种,按照性质可分为全民福利计划、社会保险计划、低工资收入补助和社会救济计划。仅举例如下。最先出现的是《老年人援助法》(1951年)、《盲人法》(1951年)、《残疾人法》(1954年)和《失业援助法》(1956年)。1961年,联邦和省两级政府共同出台了《残疾人再就业法》(Vocational Rehabilitation of Disabled Persons Act)。《残疾人再就业法》规定,联邦与各省各出50%的资金,用于给精神上和身体上有残疾的人群重新上岗的机会。联邦的财政承担无限额,取决于有多少省和地区加入这个条例。②

1951年加拿大政府开始实施《同工同酬法》(Equal Pay for Equal Work Legislation)。雇佣者从法律上被要求给在同一公司里做同样工作的男女性工人同等的报酬。也有一些特殊情况下法律允许工资的差异,其中包括资历、经验和价值因素。但遗憾的是,这一法令并未在缩小男女收入差距方面取得明显效果。主要原因在于这一法令并不完善,存在着诸多问题,它仅适用于在同一家公司做同样工作或者相似工作的男女性。因此,这一法令对于2/3的在外参与有偿工作的加拿大女性都无法适用。

在1957到1963年期间形成框架的《加拿大退休金计划》(Canada Pension Plan)是一个与收入相关的社会保险计划。它是加拿大公共退休收入体系的主要组成部分之一。魁北克省是唯一退出这个计划的省份。魁北克专门制订了本省的《魁北克退休金计划》(Quebec Pension Plan),是加拿大退休金计划的魁北克版本。

加拿大的福利政策从一开始就具有普遍性。这种平等观和集体主义理念

---

① Lorne Tepperman and James Curtis, *Social Problems: A Canadian Perspective*, Oxford University Press, 2004, p. i.

② Lyn Jongbloed, "An Overview of Disability Policy in Canada", *Journal of Disability Policy Studies*, Vol. 13, No. 4, 2003, p. 205, http://dps.sagepub.com/cgi/content/short/13/4/203.

更为突出地反映在《老年保障法》(1957年)、《老年援助法》(1957年,不做财产和贡献测试,所有70岁以上老人每月40加元)和《医疗保险和诊断服务法》(1957年)。所谓平等就是医疗服务不以个人的收入多少而转移,为每个需要的公民平等提供;所谓集体主义就是这种医疗服务覆盖整个社会。与此同时,极富平均主义色彩的由富裕省份向贫困省份的财政转移问题也提出来了。

20世纪60年代加拿大在反贫困政策领域中进行的一场革新,其核心内容是最终于1966年通过的《加拿大资助计划》(Canada Assistance Plan)。该计划是加拿大政府处理社会贫困问题的一次重大行动。它的制定对一些持久困扰着加拿大社会的问题,诸如老年人或单身母亲的贫困问题,进行了有效的解决。《加拿大扶助计划》被称为"可能是合作联邦制时期制定的最和谐的方案",[1]是多边合作联邦制的产物,并在日后的十几年中始终发挥着重要的作用。

1968年7月《医疗保险法》(Medical Care Insurance Act)生效。自此,加拿大全国逐步实施了统一标准的公共医疗保险,即门诊医疗无须个人付费。

20世纪中期加拿大社会政策中体现的普遍性和集体性与其制定过程的特点是一致的。

二

20世纪中期加拿大社会政策是在继承殖民地社会福利模式的基础上,也从当时美国和英国已有的经验中借鉴一些概念和程序,然而大多数工作是由加拿大各级政府操作的,因此体现了加拿大政治文化的固有特点。

第一,"渐进式发展"是社会政策制定过程表现出来的一个最基本的特征。这个渐进过程往往是不连贯的,甚至是重叠、反复的,耗时很长,步伐很小。加拿大的每项社会政策都是通过对一个又一个的基础法案"修修补补",来逐渐接近并最终实现总体政策目标。加拿大社会政策的制定者们在面对不得不对现有项目进行比较重大的改变时,态度都比较谨慎,往往不愿做"伤筋动骨"的改变,更侧重于依靠时间的力量,甚至是几年时间的检验,让政策项目"水到渠成"。

第二,政策制定过程中面对较强的阻力时,制定者会尽量公平地考虑每个群体的利益,但很少会对单个政策项目集中时间进行详细的解释或辩论。主张某政策的政府或部门往往不会采取强势的立场,而是选择迂回策略,如等待适当的时

---

[1] Rand Dyck, "The Canada Assistance Plan: The Ultimate in Cooperative Federalism", *Canada Public Management*, No. 19, 1976, p. 526.

机再次提出建议、利用私人关系谈判协调、在具体规定上适当让步,来达到目的。

第三,加拿大社会政策制定过程中最大障碍也许就是联邦政府与省(地区)政府之间的地位与关系问题。在加拿大宪法危机不断的情况下,两级政府不断磨合,最终达到政府间和部门间的协商和良好沟通,相互依赖、共同解决问题。通常情况是某项政策先在省内试验,然后推至联邦一级。

了解加拿大政策制定的特点可以帮助解释加拿大存在的有别于其他任何地方的行事方式的原因。加拿大地广人稀,是一个典型的移民国家。多民族、多宗教、多文化的特征,非但没有成为加拿大社会的乱源,反而成就了一个高福利、低犯罪率的国家。毋庸置疑,这与其历史经历、政治制度、核心理念和组织架构,甚至其独特的地理条件紧密相关。

加拿大的面积相当于40个英国,每平方公里约平均6人(美国是60人),南起北纬42度,气候差异很大,多高寒地带。恶劣的地理环境使得加拿大大部分人口集中在南方与美国接壤的狭长的边境地带。在早期殖民时期,那些先行到这里的法国殖民者只有依靠当地的土著居民才能过活,才能进行有利可图的毛皮贸易。在这种恶劣的地理和气候条件下,早期移民很难像十三殖民地人民那样以自耕农方式谋生计,而必须靠集体的力量才能生存,久而久之养成了平和、容忍、大度和宽容的基本素养,以及既不断进取,又求稳怕乱的思维习惯。加拿大自治领这个联合体被描述成"非地理形成"(geographic improbability)[1]的国家。遥远的地理距离和凹凸不平的岩石造成了交流联系和交通运输的困难。更麻烦的是,不同的种族拥有各自的民族、语言、宗教和文化背景,而地理上的缺陷更强化了他们的不同。各省都是独立王国,因此联邦和各省的博弈就是加拿大政治的特点之一。这一点强烈地反映到加拿大的社会政策上。

加拿大的社会政策是以1867年宪法和1982年宪法[2]中所谓"分割主权"(divided sovereignty)作为出发点的。加拿大政治制度的确立过程中仿照了英国的君主立宪制和议会制度,使英国宪法中诸如责任内阁制、法制和议会至上等重要原则移植到了加拿大,且结合加拿大殖民地的特点与实际作了调整与改造。因此,加拿大政治体制不同于美国政府的分权制衡原则,它的议会-内阁制政府是一种以权力集中为基础的机制。虽然内阁与议会在形式上是不同的国家机关,

---

① 加拿大的山脉、草原和水流大都是南北向的。

② 1982年加拿大回归最终修宪权时才真正解除了与英国的联系,并将宪法注入新的内容,补充《权利与自由宪章》作为加拿大完整宪法的另一部分,从而使宪法加拿大化。

但实际上二者是结合在一起的。议会的立法权的一半为行政所拥有。这就意味着,政策制定中的部分司法管辖权已经被赋予了联邦政府和各省政府。

毋庸讳言,加拿大在独立国家力量和国际适应能力等方面存在着严重的局限性,而这种先天基因的缺失对政府社会政策的制定和实施而言则是祸福相依。

三

加拿大在20世纪中期产生的社会政策既和其传统的政治思潮、建国道路有关,也与对资本主义的反省有关。

对资本主义制度的反省加拿大比美国要早好几十年。伴随着第一次世界大战的结束,失业和贫困问题接踵而至,大萧条又使情况雪上加霜。加拿大联邦政府前后启动了各种救助措施,是北美最先采取福利保障的国家。痛定思痛,1935年 R. B. 贝内特总理(1930—1935年)就对社会制度进行了深刻的反思。他说,"严格地说,我们长期受益于资本主义这个制度,但不代表就得忠于这个制度、宽恕这个制度的缺点。你们有些人可能拥护我的看法,因为在过去的年代里这个制度曾很好地服务于我们。至于未来,我们希望这个制度继续发挥好作用,但显而易见,没有证据能够证明这点。相反最近的情况证明它的确有问题。如前所述,如果它不能服务于我们,就必须进行改革。没有理由保持这个制度一成不变,只有改变才能为加拿大人谋取幸福和福利";"我不想拿资本主义制度史来打扰你们,但是我认为,应该认真考察一下资本主义的起源和资本主义运转所依据的理论。这对我们理解今天的困难是会有帮助的。你们会发现资本主义起源时的良好运作状况,到今天已面目皆非了;自由竞争和市场开放已经失去原有的作用。你们会理解过去发生的经济萧条都和这个制度运行的失调有关,而在每次危机、困苦之后,这个制度都得到修正。这次大萧条是个灾祸,因此需要联邦政府介入。过去的境况已经不存在了,新的事物已经进入到我们的社会和经济生活。这些新的因素、新的力量必须得到承认,但有人就是不愿承认"。[1]贝内特总理对资本主义制度的这番认知,在当时西方国家领导人中是鲜见的。包括经济政策在内,加拿大进行过许多社会政策的修正,以至于被世界广泛认为,其政治中含有社会主义的成分。实际上,到今天为止,加拿大社会中一直存在社会主义因素。

---

[1] R. B. Bennett, "This is a Critical Hour in the History of our Country", Brian Busby, ed., *Great Canadian Speeches*, Arcturus Pub. Ltd., 2008, p. 136.

20世纪初期在加拿大流行的政治思潮中,占主流地位的是自由主义,其右翼是保守主义,左翼包括有社会主义。加拿大的社会主义不属于传统的马克思主义,而是受英国费边社会主义和基督教社会主义影响的土生土长的社会主义。这种社会主义对特权、等级和资本主义下的分配不公持批评态度。因为加拿大建国就是通过议会道路、通过谈判、通过对现行的制度的改良实现的,所以加拿大的社会主义奉行的是以这些原则为指导的阶级合作主义。与其说它具有改良主义倾向,毋宁说它更易与福利自由主义相一致。二战后加拿大社会政策的完善过程,就是对加拿大社会制度中社会主义因素的最好诠释。加拿大的社会主义与美国的不同。社会主义在美国是某种异端,而在加拿大的政治文化生活中则是一种合理的构成要素。显而易见的是,这种社会主义思想在加拿大政治生活中并不起重要作用,但对二战后社会政策不无影响。

和美国一样的是,加拿大也是西方文明向外扩张的产物;和美国不同的是,加拿大曾是法(1608—1763年)英(1763—1867年)两个国家的殖民地。最重要的是,加拿大自始就不是契约社会,其独立道路是和平、渐进的。19世纪60年代,英属北美各殖民地(即后来的加拿大)为了遏制美国对其土地的觊觎,联合起来建立了一个国家。加拿大人已经从1861—1865年的美国南北内战中吸取了教训。新兴美国血流成河的悲惨场面对加拿大人刺激很深。为避免内战可能会带来的痛苦,加拿大联邦之父约翰·A.麦克唐纳在规划自治领蓝图时,决定宁可牺牲自由,也要拥有强大的中央政府。殖民地的政治精英们经过与母国英国一系列协商、谈判和妥协,对未来国家的政治建构做出了详细的安排。这些安排后来成了由英国议会通过的《1867年不列颠北美法》的主要内容。在英国的同意下,原上加拿大、下加拿大、新布伦瑞克和新斯科舍四个几乎隔绝的殖民地联合起来成立了加拿大自治领(the Dominion of Canada)。《1867年不列颠北美法》是加拿大最基本的宪法文件,规定加拿大是一个君主立宪、民主议会制的联邦国家,同时明确了其核心理念是"和平、秩序与良好的政府"(peace, order and good government)。①这里包含宽容、服从和安宁的含义。加拿大的政治文化吸收了18—19世纪英国、美国政治思潮的养分,在加拿大与其自身特质结合构成了加拿大政治运行的基本框架。从自治领建立后加拿大社会发生了非常大的

---

① W. P. M. Kennedy, ed., *Documents of the Canadian Constitution, 1759-1915*, Oxford University Press, 1918, p. 675.

变化,但是加拿大国家政治体系中的特性并未发生改变。

在建国后约四分之一的世纪中,强有力的联邦政府领导新生的加拿大抑制了美国的扩张威胁,完成了"从海洋到海洋"的版图扩张,并成功地执行了一系列国家政策,[①]初步实现了国家的巩固和繁荣。但是,加拿大联邦制随后的演变却与其建国初衷截然相反。加拿大是世界上国土面积第二大的国家,比它略小的美国分了50个行政区(州),而加拿大只有10个省和3个区(1999年前是2个)。与美国的情况相比,加拿大各省在联邦中的力量和影响要大。随着省权的扩张,除战争等特殊时期外,加拿大联邦制一直向着权力分散的方向发展,各省有义务建立、保持和管理自己的政治运作,联邦政府主宰性的权力已经不复存在了。尽管发生了这种出人意料的变化,并且给社会政策的制定造成许多障碍,历史发展证明,加拿大联邦制仍然具有相当程度的弹性和适应性,对各地区之间的关系,特别是对联邦制下两级政府间的权力划分进行了较为成功的调节。这为加拿大社会政策的制定与实施提供了良好的沟通环境和有效的协调空间。

社会政策研究的一个重要方面是政策制定的过程,但如果将社会政策的制定单纯理解为一个制定过程,则是不全面的。它同时也是一个新思想和新信息稳定扩散的结果。政策的制定是政策制定者们的一种智力活动,是对已有的法律法规进行改变的操作,在某种意义上,都是个人思想的产物,而个人绝对是受当时政治文化的影响和左右的。

从上层讲,精英在加拿大政治生活中拥有极大的权力和影响力,反映到社会政策的制定和社会协调机制的运作也是如此。在加拿大各省走向建国之路的过程中,精英集团起到了先锋作用,他们既是在斗争矛盾中进行妥协斡旋的主角,也是带领广大民众推动加拿大自治领国家实现的重要力量。他们的存在不仅奠定了加拿大精英主政的政治特征,还主导了一系列政治价值观的塑造、实施与传承。这些加拿大政治精英大都是折中里手,而非民族英雄。加拿大史上效忠派移民现象[②]也对上层精英的形成、对其价值理念的塑造产生了重要影

---

① 曾任加拿大第一任总理的麦克唐纳在1878年大选前提出国家政策,内容主要包括三个方面:保护关税政策、修建横贯大陆的太平洋铁路和向西部移民。国家政策的成功实施标志着加拿大国家初步建设的完成。

② 美国独立战争后大量效忠派被迫逃往加拿大。这些人正是后来英美第二次战争中反抗美国入侵的骨干力量,也是英语加拿大最早的主要奠基人。效忠派具有强烈的反美色彩,在政治思想上崇尚保守主义、反对美国的民主和共和主义、反对激进变革。这些思想倾向成为日后加拿大一个长久的政治文化特点。

响。加拿大国家的建立和自治领的建设方式都是自上而下进行的,而稳定社会的构建与改革更多的也是自上而下推行的。因此在考察加拿大社会运行机制的由来、总结有序治理的经验及教训时,加拿大联邦政府的核心作用、联邦与省政府的职能定位等因素,就成为主要关注的对象。

从下层看,弱势群体是民族和睦与社会秩序的基础指数。加拿大政府对待弱势群体的社会政策既具有浓厚的人本主义色彩,又尊重宪法,不失法律、法规的严肃性。加拿大政府针对不同弱势群体制定的不同社会政策,组织和提供对弱势群体公共利益的服务,并帮助他们主动参与社会的政治经济生活,使之由社会的包袱转换成和谐社会最重要的基础层面。正如特鲁多总理在1976年强调的,"当我们决定对一个议案是否投票时,绝对不能只考虑其内容是怎么写的,还要考虑这些内容对某些加拿大人来说意味着死还是活"。[1]

无论从上述哪个层面讲,加拿大迈向稳定社会的每一步都付出很大的努力。自治领建立后,加拿大竭力拒绝做大不列颠在大西洋另一端的翻版,也顽强抵抗美国的扩张欲望和源源不断的文化渗透,最终形成了加拿大特色的自由主义思想。

自由主义是近代西方各国政治文化中的基本价值观之一,也是加拿大政治文化中居主导地位的政治思想。加拿大的自由主义体现着本国社会和文化传统的独特个性,是一种明显被保守主义、社会主义、集体主义、社群主义、多元文化主义等思潮影响、浸润和削弱了的自由主义。它们之间并不是完全对立的关系,而是在很大程度上相互调和,并彼此借鉴主张。这是加拿大政治文化传统的重要特征之一,也是加拿大长期历史发展的产物。首先,加拿大取得独立国家地位的过程是和平的,没有经历任何革命或战争,缺少惊心动魄的事件。它的政治文化从一开始就有着和平稳健、注重协商的传统。其次,美国独立战争给美国人留下了自由革命的传统,却对之后诞生的加拿大自治领产生了完全不同的影响,[2]加拿大反而排斥美国的革命和美国那种"纯粹"的自由主义。最后,"马赛克"[3]式

---

① Pierre Elliott Trudeau, The Debate on Capital Punishment, Brian Busby, ed., *Great Canadian Speeches*, Arcturus Pub. Ltd., 2008, p. 103.

② 战争促使英国加强了当时在英属北美的统治;战争结束后效忠派涌入英属北美(即后来的加拿大领土),更是给当地带来了严重的保守主义情绪;在长期的国家发展过程中,加拿大始终保持着对美国的警惕性,担心它对自己进行武装入侵和文化同化。

③ 和"熔炉论"相反,在加拿大,每个少数民族都可以本民族的文化背景为荣,并弘扬本民族文化,就像一颗颗马赛克各放异彩,拼出一幅加拿大多民族融合的彩图。

的民族结构和非常高的移民比例①使得加拿大有着比美国更多元化的文化和政治格局。在精神内核层面上,加拿大强调追求和谐,以一种中庸忍让的精神处理纷争和事端,由此形成的保守传统使加拿大政治和社会体现出稳健、务实、理想主义和不崇尚英雄主义的特点。加拿大的自由主义思潮更多地趋向保守,同时与其他诸多政治思想协调共处。这与美国国父们"生命、自由和追求幸福"(life,liberty, and pursuit happiness)的信条大相径庭。加拿大从来没有过一个真正的西部开发,也没有在西部开发过程中成功地实现"加拿大化"(Canadianizetion),致使当今加拿大都没有一种代表加拿大精神的文化。先于移民达到西部的是英国政府派遣的总督、牧师和商人。他们划分好定居点,引进移民安家落户。加拿大西部是在相对和平的环境下发展起来的。皇家骑警负责维持秩序,是英国在加拿大的全权代表,一切都显得井然有序。而美国早期西部的开拓伴随着暴力和流血,为抢占土地,人们拼打厮杀。即便是后来的基层民主制度也是移民自发地组织起来,自己管理自己的。这也是为什么加拿大一直较少暴力,而更崇尚秩序。加拿大被认为单调乏味,是因为这里没有战争、革命和核武灾难。他们甚至自嘲,"我们加拿大人不太看重自己的权利(rights)。在聚会中,加拿大人有可能选择一个最不舒服的椅子去坐"。②加拿大人知道,由于他们一贯强调秩序、谨慎行事,而使得他们看起来比世界其他地区的人乏味。③然而,相互容忍、合作,彼此尊重、平等的理念和国风奠定了加拿大的国家地位。

保守主义并不等于不思进取。加拿大只是更加注重在秩序和稳定中求得发展,其政治义化中的保守主义特质也在某种程度上减缓了这一时期社会政策发展的速度。加拿大的政治体制从根基上来自英国,即便如此,它还深深受到美国政治实践的影响。二战后,加拿大决意建设一个具有自己特色的社会,努力避免美国所面临的社会问题。他们认为美国绝对不是一个文明国家,而这样的国家,对全世界来讲,一个就够了。④加拿大不想成为祸害世界的第二个国家。类似言论在加拿大俯首皆是。

社会政策的制定与实施需要和平的环境。在加拿大,除了政策制定的过程平缓,外部的环境也相对稳定。诚然,加拿大的每一项社会政策都曾遇到阻力,

---

① 加拿大移民占美国移民的1/2,而总人口只有美国的1/9。

② Stryker-Post Publication, ed., *Canada Year Book*, Stryker-Post Publications, 2007, p. 13.

③ 被嘲笑了近一个世纪的过于谨慎的加拿大金融体系,在2008年金融风暴中不仅屹立不倒,而且在西方国家中第一个走出危机。

④ Stryker-Post Publication, ed., *Canada Year Book*, Stryker-Post Publications, 2007, p. 14.

比如英裔和法裔之间与生俱来的矛盾对立,还有尖锐的地区主义和省的力量尾大不掉。但无论如何,在20世纪50、60年代,加拿大社会保持着长期的相对稳定的状态,没有发生大的社会动荡,与同期南邻美国相比,简直是天壤之别。用暴力手段解决社会问题这种方式,在加拿大没有社会基础。皮埃尔·E.特鲁多总理(1968—1979年;1980—1984年)在1970年10月加拿大发生史上本土最大的恐怖主义事件①时指出:"在这个国家,无论联邦政府还是各省政府都非常清楚社会问题的严重性,尽管资源和力量有限,但都郑重承诺要解决问题,但不是用绑架和爆炸的手段。如果执政党不能解决问题,还有可选择的许多在野党。总之,在加拿大总会有有效的机制与和平的方式去解决问题的。"②

综上所述,由于历史的原因,加拿大社会存在着盘根错节的民族矛盾与争锋相对的社会分歧,政府制定的政策要得各方心悦诚服是很难实现的事情。但是加拿大是世界上谈判机制最发达的国家之一,一切问题都可以通过谈判、协商来处理,最终在妥协中达成有利于整体利益的决议。虽然加拿大有矛盾、有分歧,但相比其他国家安稳、缓和很多。政府的政绩显然也不是靠政策的花样翻新、或一届一变来衡量的。加拿大政府出台新政策时非常小心谨慎,经常只在原有政策的基础上做些小改进,非常注重政策提升的平稳性和连续性,其劣的一面是缺乏创新性,其优的一面则是减少社会震荡,保持政策的稳定性和持续性。加拿大至今都是一个既有灵活性又不轻易妥协的令人费解的矛盾体。这种状况令得加拿大丧失很多机会,浪费很多时间,但另一方面,又给加拿大带来和平、稳健和可持续的发展。

本文原刊载于《世界近现代史研究》2011年第8辑,社会科学文献出版社,2011年,是教育部人文社会科学重点研究基地重大项目"加拿大建立社会稳定过程的历史考察"(项目编号:2007JJD77013)的阶段性成果;同时受加拿大驻华使馆资助。

作者简介:

杨令侠,1955年生于北京,南开大学美国历史与文化研究中心教授,历史学博士。1995年以访问学者身份在加拿大多伦多大学历史系

---

① "魁北克解放阵线"恐怖分子绑架了英国贸易专员和魁北克省劳工部长,引起"十月危机"。

② Pierre Elliott Trudeau, "Address on the Implementation of the War Measures Act", Brian Busby, ed., *Great Canadian Speeches*, Arcturus Pub. Led., 2008, p. 145.

做研究;分别于1996年和2007年招收加拿大史和美国史方向的硕士和博士研究生,是中国世界史学界第一个招收加拿大史方向的博士生导师。为本科生和硕博研究生开设"加拿大通史""加拿大史专题研究""北美史"和"美加关系史"等课程。主要研究方向是加拿大社会史、加拿大对外关系史。承担过天津市社会科学研究重点项目("加拿大多元文化主义研究")和教育部人文社会科学重点研究基地重大项目("加拿大建立社会稳定过程的历史考察"、"加拿大少数族裔移民的移入、融入与文化调试研究")等课题。

著有《加拿大与美国关系史纲》(天津社会科学院出版社,1995年)和《战后加拿大与美国关系研究》(世界知识出版社,2001年);主编《杨生茂文集》(南开大学出版社,2019年);合主编《20世纪美国和加拿大社会发展研究》(人民出版社,2005年),《中国世界史学界的拓荒者——杨生茂先生百年诞辰纪念文集》(南开大学出版社,2017年)。

2012—2014年任中国加拿大研究会会长,2013年获得由加拿大总督亲自颁发的、加拿大官方最高级别的荣誉"总督奖章",2013年6月代表中国加拿大研究会参加在多伦多约克大学举办的国际加拿大研究会理事会年会。

1917年前俄国政府关于东正教驻北京传教团政策的演变

肖玉秋

东正教具有依附世俗政权的特质，往往成为俄国政府对外扩张的工具。在俄国驻北京传教团存在的两个多世纪中，俄国政府根据对华政策的现实需求，适时发布指令，不断加强其管理，调整其任务，在极力维持其存在的同时，最大限度地发挥其教会、使馆、学馆以及情报机构的综合作用。因此，本文所要关注的重点不是传教团在宗教、外交和中国研究方面的活动，而是通过研读以往中俄学界未曾给予足够重视的俄国政府向东正教传教团颁发的指令，考察该机构在不同历史时期任务或使命的变化，从根本上揭示俄国政府的意图或动机，以期深化对传教团问题的认识。

一

当1715年首届俄国东正教驻北京传教团抵达北京之际，俄国政府并没有立刻为其行动制订详细的指令，只是要求传教团领班为俄罗斯佐领提供宗教服务，维持其正教信仰，在教务上就近接受托博尔斯克都主教和伊尔库茨克主教的指导。而传教团的经费传递和行为监督则由俄国使节或商队主管负责。但事实上，由于俄国使节和商队来京时间具有某种不确定性，传教团大多时候处于一种放任自流的状态。很快传教团内部就出现了混乱。第一届传教团神职人员"衣衫褴褛……在教堂前的街上嬉戏"。[①]第二届传教团领班普拉特科夫斯基贪污公款，克扣属下，致使内讧不断。修士司祭菲利莫诺夫甚至刀伤普拉特科夫斯基，清廷理藩院不得不出面处理。[②]修士辅祭约阿萨夫竟然在醉酒后擅闯皇宫禁苑而被拘押。传教团领班和某些成员的不良行为不仅影响了俄国人的声誉，而且对中俄关系也造成一定困扰，俄国政府中主管东正教事务的圣务院遂于1734年向第三届传教团发布1983号指令，题目为《修士大司祭及其属下

---

① Пан Т. А. Архимандрит Иларион（Лежайский）и первая Пекинская духовная миссия（1717-1729 гг.）// Исторический вестник. 2000, №2.

② 尼古拉·班蒂什-卡缅斯基：《俄中两国外交文献汇编（1619—1792）》，中国人民大学俄语教研室译，商务印书馆，1982年，第217页。

职责和行为管理条例》,其中包括11条规定。这是俄国政府为传教团制定的第一个详细的指令,也是指导第三届至第九届传教团工作的主要文件之一。

为了加强传教士对于俄罗斯佐领的道德影响,同时也为了赢得中国人的尊重,指令首先对传教团领班的道德品行做了细致的规定。指令要求修士大司祭树立良好的个人形象,"无论在任何情况下,修士大司祭都须谦恭、端庄、冷静,务必谨慎行事,顾及当地风俗。无论何时都不要对任何人心怀恶意,更不能有敌对行为,以免因举止不端和粗鲁放肆而对其虔诚信仰产生误导并设置障碍,遭致俄国基督徒的责难。在各方面均要表现为一个诚实、可信和正派之人"。[1]这一条的针对性很强,说明俄国政府意识到,传教团工作的成败在一定程度上决定于修士大司祭的个人修养和精神感召力。

鉴于以往出现的以下犯上,不服管理的局面,指令要求传教团神职人员"就像尊敬父亲、师傅和拯救他们的领路人那样尊敬修士大司祭……不容许有令不遵和顶撞反驳。而且,不论其身份如何,均应举止得体,沉着冷静,不可贻笑于人。遇有玩忽职守、酗酒滋事及不轨行为发生,修士大司祭应果断处理,不得姑息,按照所犯错误轻重以言语和行为加以惩戒和规劝"。对于不听号令而妄为者,领班可以直接向俄国驻京商务专员郎喀举报,由后者对犯戒者进行责罚。此外,"修士大司祭要于商队不在期间记录犯错为恶之人,并及时呈报圣务院。一旦圣务院获悉其事,这些肆无忌惮和罪恶深重之徒将被送交圣务院并受到正教教规及市政法律的严惩,诱惑者和玷污了自己荣誉以及圣务院祝福的品行恶劣之人将被发配到遥远城镇做苦役"。[2]圣务院对传教团领班的地位及其与属下之间的关系所做的严格规定,有助于加强内部管理,维护领班的权威。对于一般神职人员,圣务院尽管没有要求其达到领班的道德水准,只是要求他们"举止得体",但对于违令者的惩罚措施还是相当严厉的。

在传教方面,指令规定可以向异族人传教,"如果对彼邦人施洗,须每年向圣务院和所属主教区大主教详加汇报,其中包括新入教者的异国姓名、身份和年龄"。[3]这里有一点非常值得关注,那就是按照《恰克图条约》的规定,俄国传教士

① Адоратский Н. Православная Миссия в Китае за 200 лет ея существования. Казань, 1887, C.152.

② Адоратский Н. Православная Миссия в Китае за 200 лет ея существования. Казань, 1887, C. 152-153.

③ Адоратский Н. Православная Миссия в Китае за 200 лет ея существования. Казань, 1887, C. 150-151.

在北京的任务是为俄罗斯佐领提供宗教服务,并未允许其在中国居民中传教,而这份指令却提出在"中国人"或"彼邦人"中传教的要求,显然是秉承了彼得一世的遗愿。[①]但是,鉴于雍正登基以后对在华天主教传教士的传教活动采取了严厉禁绝的措施,圣务院对能否实现这一目标还是有所顾虑的。

指令首次规定"新任修士大司祭应利用各种机会,及时向圣务院函报当地局势"。[②]这说明,俄国政府在第一份指令中就对传教团在中国的作用寄予了多种期待。自此以后,密切观察中国的政治和社会现实,详细记录和汇报重要事变,成为传教团的核心工作之一。这项规定与日后外务院给修士大司祭的相关指令合力发挥作用,促使传教团成为俄国政府获取中国情报的主要渠道。

除了上述1734年指令以外,圣务院后来还经常就未尽事宜向传教团发号施令。如1743年圣务院命令第四届传教团领班按照以前的指令行事,遇到疑难问题可依旧向伊尔库茨克主教请示,同时规定"修士大司祭须勉力学习当地的汉语"。[③]这是俄国政府首次对传教士提出学习汉语的要求,目的是"为了提高传教布道工作的主动性",[④]消除与已经忘记俄语的俄罗斯佐领间的语言隔膜。1780年圣务院向第七届传教团领班发布的指令如同1734年指令一样,还是11条,只是对第2、5、7、10、11条的内容做了一些调整。其中比较明显的变化是第二条中强调了传教团领班学习语言的义务,要求他"一到中国就要努力学会使用他们的语言,以便在合适的时机就能用他们听得懂的语言向他们传授福音真理"。[⑤]

1743年俄国外务院也同时向第四届传教团下达了一个指令,标志着外务院开始发挥对传教团的领导作用。传教团成员中的学生担负着学习满汉语言的重任,被外务院寄予厚望。因此这份指令要求学生必须服从领班的领导,而领班有责任加强对学生的管理,"严格监督所有学生努力学习满语和汉语,掌握其书写

---

① 在1700年的谕令中,彼得一世曾期望来华东正教士能够引导中国皇帝、近臣乃至中国人民皈依东正教。参见 Адоратский Н. Православная Миссия в Китае за 200 лет ея существования. С. 57-58.

② Адоратский Н. Православная Миссия в Китае за 200 лет ея существования. Казань, 1887, С. 153.

③ Краткая история русской православной миссии в Китае. Пекин, 1916, С. 44. 此著出版时为匿名,经后考订,确定其作者为第十八届传教团修士大司祭阿弗拉米,俗姓恰索夫尼科夫,参见Бэй-Гуань. Краткая история Российской миссии в Китае.СПб.,2006, С. 6-7.

④ Августин (Никитин). Россия и Китай: Становление отношений (Пекинская Духовная миссия в XVIII столетии)//Миссионерское обозрение. 2001,№ 6.

⑤ 维谢洛夫斯基:《俄国驻北京传道团史料》(第1册),北京第二外国语学院俄语编译组译,商务印书馆,1978年,第90页。

方法,保持端庄持重的生活方式。如有学生不服从修士大司祭管教并且学习不用功,或者行为不检,修士大司祭要视其所犯过错情况,禁闭其于馆内单辟之室,以此代替拘捕,使其驯服。修士大司祭须将其观察到的有关学生学习、生活等情况详加记录,利用各种机会报送外务院"。[1]另外,在传教团来华之前,探听中国情况,向政府提交报告一直是俄国使节或商队领队的任务。然而,随着1727年《恰克图条约》签订后俄国商队来京次数减少并逐渐停止,俄国政府已无法通过使节和商队及时获得所需情报,遂更加重视发挥传教团作为情报机关的作用。外务院在给第七届、第八届传教团领班的指令中除了继续要求加强对学生的管理之外,都强调领班在搜集中国情报方面负有重要责任:"在北京居留期间,如尔感觉方法妥当,又不会引起中国方面的怀疑并将你当作专门监视其事之人,就要探听在这个遥远国家所发生的对其政府思想、行为和活动的形成产生作用的任何情况。尔可将其秘密记录下来,回国后提交给外务院。因为获取有关那里事件的某些可靠信息的其他手段越来越少,所以这样的情报不可能不具价值。"这是外务院首次直接向传教团下达在华搜集情报的指令。在外务院的计划中,传教团领班既要传教布道,也要密探情报,"要顾及国家的荣誉"。[2]

由此可见,从1734年指令颁布至1818年以前,传教团主要受到圣务院和外务院的直接领导。这一时期中俄之间尽管在贸易、非法越界、引渡逃犯等问题上摩擦不断,但在《尼布楚条约》和《恰克图条约》的框架下基本上维持了和平态势。其主要原因是清廷始终从平定准噶尔之乱,维护北部边疆安宁的大局出发,而俄国政府则忙于在西方的争夺,同时也"不愿失去恰克图的贸易"。[3]在中俄关系相对安定的背景之下,圣务院指令的核心内容是规范领班及其属下行为,提高道德影响力,并对其宗教活动给予指导,使其更好地发挥驻华宗教机构的作用。此时传教团不仅要完成维持俄罗斯佐领的正教信仰这一公开的使命,同时还负有在条件允许时在中国人中间秘密传教的任务。而外务院指令更关注传教团的使馆、学馆和情报机构的功能,意在通过传教团培养对华外交亟须的满汉语翻译人才并秘密探听中国情报。

① Адоратский Н. Православная Миссия в Китае за 200 лет ея существования. Казань, 1887, С. 177.

② Адоратский Н. Православная Миссия в Китае за 200 лет ея существования. Казань, 1887, С. 288.

③ 纳罗奇尼茨基等,《远东国际关系史》(第1册),北京外国语学院俄语系译,商务印书馆,1976年,第56页。

二

18世纪末19世纪初期,俄国在中国"独享内地陆路贸易"①的地位受到西方国家海路贸易的威胁。英国和美国不断派遣船只到美洲西北海岸大量收购珍贵毛皮,而后经海路运送到广州销售,对俄国经陆路运输而在恰克图推销的毛皮生意造成了冲击。为了加强与英美等国的资源争夺和贸易竞争,俄国在1799年成立了俄美公司。该公司享有开发太平洋沿岸俄国殖民地资源并与周边国家开展贸易的特权。1805年,未经中国政府许可,俄美公司的两艘三桅战舰"希望号"和"涅瓦号"携带毛皮进入广州交易,"制造来广贸易的既成事实"。②这一年俄国政府还派遣戈洛夫金率团出使中国,企图通过谈判取得对华海路通商特权。此时的俄国政府更加急切地希望通过传教团及时获得有关中国及其与西方国家的贸易情况,并且意识到其在处理对华事务中尚未充分发挥传教团的潜能。亚历山大一世在给戈洛夫金的谕旨中说:"我们的传教团很久以前就在北京,但由于传教士们的玩忽职守或没有明确理解为他们制定的有关这个地区的指令,所以我们至今得到的好处还很不够"。他要求戈洛夫金在离开北京时"根据当地的情况给予修士大司祭有益的指示"。③然而,由于戈洛夫金在库伦与清廷接待官员在外交礼仪上发生争执,俄国使团被拒绝来京。与此同时,有关第九届传教团领班比丘林荒废教务、生活放浪的报告不断由北京寄回圣彼得堡。由于他应酬频繁,开支庞大,经常入不敷出,加上俄国政府忙于欧洲战事,停止了对传教团的资金供给,他不得不抵押教堂财物,传教团的内部管理陷入混乱。鉴于上述情况,在第九届传教团回国之前,外交部就已经开始为整顿传教团而酝酿新的政策。1818年亚历山大一世批准了由原第八届传教团学生、时任外交部译员的卡缅斯基起草的传教团新指令。

1818年指令一共由9部分组成,分别是"传教团的构成及公职人员选拔","路途管理","换班程序","从事工作:主持礼拜、宣讲福音、翻译圣体血礼仪提要、教育阿尔巴津人","学习任务、学习分工、与伊尔库茨克总督及学会通信、选购图书及其他翻译工作","与中国人的关系、结交手段、生活方式、提防措施","内部管理、职务分配、传教团委员会、在华期间奖惩办法","管理程序","回国以

---

① 马克思:《俄国的对华贸易》,《马克思恩格斯选集》(第1卷),人民出版社,1995年,第699页。

② 蔡鸿生:《俄罗斯馆纪事》,广东人民出版社,1994年,第179页。

③ Русско-китайские отношения в XIX веке. Материалы и документы. Т. 1. 1803–1807. М., 1995. С.181.

后奖励措施"。这是一个系统而全面的指令,条文涵盖了传教团从组建、来华旅途、换班过程、在华活动和管理一直到回国后待遇的所有方面。这也是一个具有开拓意义的指令,几乎所有的内容都是前所未有的,与1734年圣务院指令完全不同。这还是一个很具操作性的指令,有助于保证传教团富有成效地开展工作。这个指令的出台,说明俄国政府更加重视传教团对于俄国对华外交所具有的重要意义,并给予了更大的支持。为了让新指令得到有效的实施,外交部决定让卡缅斯基立刻剃度出家,晋升其为修士大司祭,出任第十届传教团领班。亚历山大一世亲自召见卡缅斯基,赐给他一个十字架和一枚圣安娜二级勋章,足见沙皇对新一届传教团寄予厚望。[1]

在传教团的构成上,新指令要求选拔"道德、禀赋、学问俱佳之人"。神职人员须受过东正教神品学校的正规教育,世俗学生须为出类拔萃的大学生。[2]外交部之所以提高传教团人员的选拔标准,完全是吸取了以往的教训。此前,传教士由于素质低下,经常无所事事,酗酒滋事,根本无法充分履行上级指令要求,而主要从中学选派的学生大多年龄偏低,且未接受过学术训练,难以在北京学有所成。

对于传教团的职责,指令规定领班在众多事务中须着重关注三件事,第一是针对北京俄人后裔的传教布道,第二是学习与研究,第三是搜集情报。在传教布道过程中,领班须避免因过度热忱而引起中国人的怀疑,同时不要错过任何有可能维持俄罗斯佐领正教信仰的机会。为了使这些俄人后代恢复祖先的信仰,外交部认为最有效的手段是将各种时课经和教理问答翻译成汉语或满语,同时在传教团办一所学校,教他们学习俄文和圣经,将其培养成宣教士。该指令针对传教团所有人提出了一个完整的学习和研究计划。其中规定:"您(即修士大司祭——笔者)可以选学汉语或者满语。神父们在掌握这些语言之后,须研究佛教和道教,翻译有关这些宗教的著作,草拟驳斥意见。"对于4名学生,指令规定:"其主要任务是学习汉满语言,其他学习内容依照其知识背景、个人愿望以及专长分别确定。第一位学生(即来自医学系的学生)将关注中国的医学和博物学;第二名学生研究中国的数学、文学和哲学,尤其要关注儒学;第三名学生应钻研中国历史、地理、国情和司法;第四名学生将搜集有关中国农业、家庭生活、耕作和手

---

① Шаталов О.В.Архимандрит Петр(Каменский) и десятая российская православная миссия в Пекине//Исторический вестник.2000, №2.

② Инструкция Архимандриту Петру, начальнику 10 - ой Пекинской Миссии//Китайский благовестник. 1915, Вып.13-14.

工艺方面的情况。"指令不仅进一步明确了传教团所担负的搜集中国情报功能，而且还提出了具体实施办法。指令特别提醒领班，传教团不是一个政治机构，修士大司祭也只是一名达喇嘛或大神父，而不是外交代表。因此，修士大司祭必须把握好分寸，不让中国人窥破实情。换句话说，就是传教团领班须在宗教职务的掩盖下秘密窥探中国情报，并及时向伊尔库茨克总督汇报。指令要求传教团成员以令人称赞的道德和行为博得清廷官员的尊重，伺机建立密切联系，同时继续结交在北京落脚已久的耶稣会士。此外，指令规定将医生作为"晋接和交友的新手段"，通过为中国人接种牛痘来赢得信任，而学生们则应利用被理藩院邀请去翻译公文之机结交中国官吏，探听有价值的情报。[①]

为了激励传教团成员忠实履行职责，新指令规定了褒奖办法和惩戒措施。所有传教团成员，如果在驻华期间品行端正且完成了交付的工作，回国后都将被加官晋爵，同时每年还可获得数量不菲的恩给金。修士大司祭将被晋升为主教，每年可获发2000银卢布的恩给金，修士司祭则晋升修士大司祭，每年可领到750银卢布的恩给金，而学生们不仅被聘为国家公职人员，且在同等条件下比他人官高一级，另每年享有500银卢布的恩给金。此外，汲取以往传教团因为领班权力集中和缺少监督以致馆内乱象丛生的教训，指令要求成立三人管理委员会，就重大事项实施集体决策。[②]

此外，该指令将传教团的经费从每年6500卢布提高至16250卢布。这笔经费不仅包括传教团成员的薪俸和活动经费，而且还包括了私聘汉、满、蒙、藏语教师和购买中国图书的费用。次年，亚历山大一世下令为驻北京传教团划拨活动所需的银两，每5年一次。从1840年至1852年俄国政府总共向北京寄送银两300普特，合计30万银卢布。[③]活动经费的增加一改传教团百年来勉强维持的窘迫景象，为实现既定任务提供了物质基础，而新的管理机制也为经费的有效使用提供了一定保障。

在第十届传教团行将回国之际，外交部又为第十一届传教团领班魏若明制订了新的指令草案。其结构与1818年的指令基本一致，所不同的是内容更加丰富。在人员配备方面，外交部在原有基础上增加了一名画家，以丰富传教团晋接

---

① Инструкция Архимандриту Петру, начальнику 10 - ой Пекинской Миссии//Китайский благовестник. 1915, Вып.13-14.

② Инструкция Архимандриту Петру, начальнику 10 - ой Пекинской Миссии//Китайский благовестник. 1915, Вып.13-14.

③ Дацышен В.Г. История российской духовной миссии в Китае. Гонконг, 2010, С.141.

清廷官僚的手段。在换班方面,特别强调了外交部派出的监护官的作用。要求新旧两届传教团领班在交接过程中"必须向他提供全面协助,以便其顺利完成这些任务以及其他使命。"该指令再次明确传教团的宗教使命"仅限于受到中国政府允许的维持阿尔巴津人的正教信仰",将办好俄罗斯佐领子弟学校作为实现这一目标的最有效手段。在外交部的计划中,开办学校最起码可以发挥两个作用:"其一,让阿尔巴津人认识基督信仰真理。在他们的幼小心灵还未受到异教成见侵害之时,这些真理更容易被接受。其二,利用他们为传教团或我们在北京的事业服务。"[①]

在学习与研究方面,给第十一届传教团领班指令首先说明了俄国政府的目的:第一,希望传教团所有成员回国时都具备扎实的语言知识。第二,希望一部分人在自己所研究的领域能提供对政府有益的有关中国政治、商业和工业的情报,而另一部分人则能够在返国后为俄国科学和教育做出贡献。指令要求所有传教团成员来华后积极投身汉语、满语、蒙语和藏语学习。已经确定回国后进入外交部亚洲司工作的学生则被要求必须掌握满语,原因是致清廷理藩院的公函仍需附满语文本。在这种情况下,清廷国子监向俄罗斯馆提供的满汉助教已不能满足俄国人学习语言的需求,因此外交部要求传教团领班抵京后立刻着手私聘教师,提高学习效率。为了加强对中国的研究,外交部提供了比较丰富的本国以及欧洲出版的汉学图书,以便传教团成员预先了解前人研究成果,对自己的学术研究对象做出准确定位。指令要求传教团成员在研究中国的历史、地理、社会之外,还要研究中国的语言、宗教、统治方式以及农业和手工业状况,重视翻译涉及中俄关系的历史文献。医生和画家在做好本职工作的同时,还要利用与中国人密切接触的机会,对中国民众的生活进行细致的观察和描述。[②]

该指令要求传教团领班将获得的有关中国的各种情报汇总上报给伊尔库茨克总督,每年大致三次。今天听来匪夷所思的是,俄国外交部指示领班通过理藩院来寄送这些情报,原因是"中国人对传教团向国内寄送包裹从未设置过障碍……而其他任何办法却可能给传教团造成极大的麻烦"。之所以发生这种助贼运赃的现象,是因为清廷对传教团的真正面目始终没有清醒的认识,对这些"喇嘛"和学生丧失了戒备之心。为了进一步方便情报搜集及传递工作,俄国政

---

① Проект инструкции Начальнику Новой Пекинской Духовной Миссии (1831–37)// Китайский благовестник. 1912, Вып.7.

② Проект инструкции Начальнику Новой Пекинской Духовной Миссии (1831–37)// Китайский благовестник. 1912, Вып.7.

府还拨出专款,预备了大量礼品,以贿赂方式结交清廷官员。在这份指令中,外交部责成传教团领班进一步了解中国边疆地区和周边国家的情况,搜集有关蒙古、回疆、东北以及朝鲜和日本的情报,尤其要关注中国人对欧洲国家特别是英国的态度,因为"中国人与英国人决裂的事件(指马嘎尔尼使团和阿美士德使团的通商要求遭清廷拒绝——笔者)非常引人瞩目"。[①]

在接受这个指令的同时,魏若明还领受了外交部的另一份秘密指令。这份指令完全不涉及传教团事务,而是要求他完成两项重要的外交使命。第一,谋求清政府同意俄国船只在黑龙江航行,以为新占领的堪察加和北美领土运送给养。第二,说服中国人同意在布赫塔尔马河附近开设中俄贸易点,向中国西部省份销售俄国商品。[②]首先争取清廷同意俄国船只在黑龙江航行,进而逐步夺取黑龙江流域,是俄国政府长久以来的侵华方针,而开辟中国西部贸易点可以在恰克图贸易基础上进一步扩大俄国在华商业利益。这份指令说明,实现上述两个目标是19世纪30年代俄国对华外交的重点,而外交部已经不折不扣地将传教团领班视为履行驻华使节职能的人物了。

从1818年外交部指令颁布至1863年传教团改组之前,传教团主要接受外交部的直接领导,依外交部指令而动。外交部已经不再要求传教团在中国人中间进行传教。尽管传教团还要设法维持俄罗斯佐领的正教信仰,但学习中华语言与研究中国、搜集中国情报已变成其主要职能。由此,俄国政府将在更大程度上实现将传教团这个宗教机构作为使馆、学馆和情报机构的既定目标。如前所述,外交部对于传教团主要功能的重新定位,主要与俄国对华外交需求有关。

三

1858年签订的《中俄天津条约》是一个对传教团地位和使命发生重要影响的不平等条约,其中第八条规定肯定了东正教在中国的"合法"地位,并允许俄国人前往北京以外地区传教。据此,传教团摆脱了《恰克图条约》的束缚,可以从以俄罗斯佐领为主要宣教对象转变为在全体中国国民中传播东正教。随即圣务院下达了补充指令:"鉴于1858年所订立之条约……圣务院以为,传教团能够并应该在中国人中传教。但与此同时,传教团的行动要格外小心和理智,尤其是在最初

---

① Проект инструкции Начальнику Новой Пекинской Духовной Миссии (1831–37)// Китайский благовестник. 1912, Вып.7.

② Инструкция Министерства Иностранных Дел о. Вениамину//Китайский благовестник. 1915, Вып.15-16.

阶段。一方面要积极利用任职地区新的传教机遇,另一方面要悄无声息地进行,应尽可能谦恭温顺,以便传教团的劳动得到上帝的祝福,不至引起当地政府的怀疑和不满,不至为未来在这块重要圣教之地开展更为广泛的活动设置障碍。"[1]显然,圣务院希望利用允许外国人自由在华传教的有利形势扩大东正教势力,但又心存疑虑,不赞成大张旗鼓地行动。这份指令接着写道:"通过目前确定的布道活动方式传教团究竟能取得怎样的成绩? 传教团未来的活动范围能有多大? 该采取一些怎样的措施并下达一些什么指令? 中国政府在容忍我方宗教方面能否如实履行条约? 时间会告诉我们这些问题的答案。圣务院不急于做出评论,而是待从外交部获得的信息足以为这些问题提供肯定而清晰的答案后,才会做出决定。"[2]这就进一步说明圣务院对于是否应该立刻开始在中国传教信心不足,希望在中国政治和社会情势明朗之后,特别是传教环境改善之后,再开始行动,而外交部提供的情报和建议是圣务院坚定传教信心和做出最后决策的主要依据。

1861年俄国政府依照《中俄北京条约》在北京设立公使馆,负责对华外交事务。1863年国务会议审议通过了外交部关于改组驻北京传教团的报告,对俄国驻京传教团和外交使团的地位、职能、构成以及给养等问题进行了详细的区分。[3]该报告首先明确传教团从此将完全由宗教部门管理。传教团只保留神职人员,除领班修士大司祭外,另有5名神父,其中两名低级神父可由中国人担任。世俗人员中的医生和学生将转至俄国公使馆,不再为传教团配备画家。传教团经费降至每年10600卢布,1818年以来实施的各种奖励措施也被取消了。这样,传教团遂由一个负载多重使命的机构正式变成以传播东正教为主要任务的机构,同时在名义上脱离外交部的管理,直接向圣务院负责。

---

① Дополнение к прежней инструкции нашей духовной миссии//Китайский благовестник. 1916, Вып.7-8.

② Дополнение к прежней инструкции нашей духовной миссии//Китайский благовестник. 1916, Вып.7-8.

③ 1863 г. Ноября 5 высочайше утвержденное мнение Государственного Совета — о преобразовании Пекинской Миссии// Китайский благовестник. 1916, Вып. 7 - 8; Преобразование Пекинской миссии//Православное обозрение. Т.13. М., 1864. С.156-157.

在新形势下，俄国宗教界将向中国派遣主教的问题重新提上日程，[1]以便能在中国进行神职人员的教阶晋升。但枢密院考虑到中国传教环境未得到明显改善而迟疑不决，最后决定暂仍由修士大司祭担任传教团领班，如有准备接受教职者，即将其送到距离最近的西伯利亚主教处举行仪式。而后，圣务院根据1864年的20230号决议制定了新指令。该指令共包括45项内容，其中第一项规定北京传教团完全由圣务院领导。新指令为传教团确定了三大任务："第一，在北京的东正教堂中组织礼拜和主持圣礼。第二，确立并维持由阿尔巴津人、俄罗斯逃人后代以及接受东正教的中国人构成的东正教群体的正教信仰。第三，根据需要在异教徒中传播正教。"指令还要求传教团成员学习汉语，以便翻译宗教书籍，并对以往传教团所译东正教经书进行补充和完善。传教团成员还要为俄罗斯佐领子弟和中国教徒子弟开办男子学校和女子学校。传教团领班可以建立祈祷所，必要时也可以建立教堂。指令允许传教团活动范围扩大到北京以外地区，但"不应参与政治和外交事务"，"在接受中国人入教时要格外小心"。[2]这个指令显示，圣务院没有立刻将大规模发展中国教徒作为新时期传教团的首要工作，而是要求其继续致力于维持俄罗斯佐领的东正教信仰，同时在条件许可的情况下在中国人中间谨慎传教。

为了实现吞并中国东北的目的，1895年俄国联合德、法两国迫使日本放弃了通过《马关条约》攫取的辽东半岛。继而，财政大臣维特积极策划对华贷款并组建华俄道胜银行，竭力鼓吹西伯利亚铁路穿越中国东北地区的必要性。他认为，这条铁路"随时可以以最短的路程将俄国军队运送到符拉迪沃斯托克；集中到中国东北；集中到黄海沿岸；集中到离中国首都非常近的地方。即使是相当大的俄国部队出现在上述各地的可能性，也会大大加强俄国不仅在中国而且在整个远

---

① 1720年圣务院曾决定将传教团领班的教阶提高至主教，同时拟任命英诺肯提·库利奇茨基为伊尔库茨克和涅尔琴斯克（即尼布楚）主教，执掌中国教务。1721年彼得一世在圣务院的呈文上批复："准予晋升为主教，但最好不要指明城市名称，因为这些城市临近中国，要防止耶稣会士借题发挥，从中作梗。"结果英诺肯提·库利奇茨基被提升为佩列亚斯拉夫尔主教，负责北京的教务，同时兼管西伯利亚、伊尔库茨克和涅尔琴斯克的教务。佩列亚斯拉夫尔是俄国南部的古老城市，11世纪建立主教区，1716—1724年基里尔·舒姆梁斯基担任该教区主教（参见 Боричевский И. Сведения для епархий и иерархов//Журнал Министерства народного просвещения на 1852 год.СПб.,1852, С. 11-12.）。因此，将英诺肯提·库利奇茨基晋升为佩列亚斯拉夫尔主教，只是为了借用这个城市的名称以掩盖俄国对中国进行宗教渗透和领土扩张的真实意图。由于清政府拒绝允许主教来华，俄国在北京设立主教区的第一次努力遂告失败。

② Шубина С.А. Русская Православная Миссия в Китае（XVIII–начало XX вв.）.Диссертация на соискание ученой степени кандидата исторических наук. Ярославль, 1998, С.102.

东的威信和影响"。除了政治上和战略上的作用之外,这条铁路也"将成为中国东北进出口贸易的一条大动脉"。①从清政府方面看,在"三国干涉还辽"之后,李鸿章等人也有联俄拒日的打算。1896年中俄签订《御敌互相援助条约》,俄国获得了在中国东北修筑铁路的特权,其在中国的势力因此大大加强。中俄关系的"改善"让圣务院感到拓展中国教务的时机到来了。三个月之后,圣务院任命英诺肯提乙为第十八届传教团领班。圣务院总监波别多诺斯采夫命令新任领班在前往中国时取道欧洲,沿途考察英国和意大利的教会机构,学习和借鉴天主教和新教在中国的传教经验。英诺肯提乙在1897年到达北京之后立刻着手整顿传教团工作,实施教务振兴计划。他提出:"传教团领班必须在学习汉语的同时学习英语,以便扩大视野和同外部世界的联系。必须挑选年龄在30岁以下的接受过完全的神学教育的人员进入传教团工作。在传教团实行衣食保障制度,而传教团成员必须完全服从指挥。传教团教堂里的神事活动必须每天用汉语进行。布道语言必须是白话,而非大多数听者不懂的文言。为翻译和校订书刊,须成立一翻译委员会。"②英诺肯提乙还建议在农村地区建立教会学校,吸收乡下男童入学。

总之,从19世纪60年代起圣务院成为传教团的直接领导者,但其有关传教团宗教活动的决策在很大程度上仍然取决于外交部的对华政策走向。此时,中国已经成为俄国的侵略对象,但圣务院并未充分利用以武力和胁迫方式取得的在华传教特权。"在吸收有意愿的中国人入教问题上,传教团继续保持极其谨慎的态度",③"其布道活动依然非常微不足道"。④这里最主要的原因是俄国政府将攫取在华领土利益和贸易利益作为一以贯之的对华外交的重点。此外,圣务院对中国传教环境的忧虑也是不容忽视的因素。1861年,巴拉第受命组建第十五届驻北京传教团,但他对新时期传教团所担负的传教任务深感为难,并为此上书圣务院总监亚历山大·托尔斯泰。他认为,中国的儒生对宗教多抱排斥态度,由儒生组成的中国政府视传教士为"潜藏在那里伺机造反的敌人",不可能与基督

① 安德鲁·马洛泽莫夫:《俄国的远东政策:1881—1904年》,商务印书馆翻译组译,商务印书馆,1977年,第84页。

② Краткая история русской православной миссии в Китае. С. 187-188.

③ Из отчета Обер-прокурора св. Синода по ведомству православного исповедания за 1868 год//Православное обозрение. М., 1870.С.402.

④ Хохлов А. Н. Кафаров и его эпистолярное наследие//П. И. Кафаров и его вклад в отечественное востоковедение: К 100-летию со дня смерти. Материалы конференции. Ч.2. М., 1979. С.148.

教和解共生。"儒生阶层信奉基督教是何其不可靠,犹如沙上建屋"。他强调,中国人虽然在武力胁迫下接受了自由传教条款,但内心里感觉受到了欧洲人的凌辱,对其宗教自然会满怀仇视。在这种情况下,中国政府虽不至于公开迫害外国传教士,但会采用各种手段加以限制。[①]第十六届传教团领班法剌韦昂也认为中国永远都不可能成为一个基督教国家。[②]笔者以为,身为传教团领班的"中国通"们对中国传教前景所持的悲观情绪也在一定程度上影响了圣务院的决策。

四

1900年传教团驻地北馆被义和团焚毁,222名中国东正教徒遇难。圣务院总监波别多诺斯采夫对传教团继续在中国立足的必要性和可能性产生疑虑,一度计划关闭驻京传教团或将其转移到西伯利亚或旅顺口。但是,英诺肯提乙认为"义和团暴动必然推动基督教的传播",[③]非但没有停止北京和天津地区教务,而且远赴上海购房置地,修建教堂,开办学校。他还为北馆修建了围墙,并占据了相邻的履亲王府。1901年7月英诺肯提乙奉召回国,接受圣务院就传教团未来命运的指示。最终,中东铁路开工后中国东北地区大批俄国侨民的宗教需求以及中东铁路护路军随军传教士和教堂的管理问题对俄国政府的决策产生了决定性影响。陆军大臣明确要求圣务院派出主教并接管中国东北教务。此项动议获得了国务会议、财政部和外交部的一致支持。1902年4月6日,尼古拉二世下令驻北京传教团领班将由主教神阶担任,使用"佩列亚斯拉夫尔主教"的名号。近两个世纪以后,俄国人依然沿用了18世纪彼得一世设计的这一称号,这说明历代沙皇在利用宗教侵华问题上的策略是一致的。5月25日英诺肯提乙被任命为主教,除领导驻北京传教团外,同时负责中国东北地区的教务,兼管中东铁路沿线教堂。

俄国政府内部虽在中国设立主教区一事上达成一致,但在是否向中国人宣教一事上存在分歧。外交部门认为,传教问题在俄国对华战略中并不占据重要位置,相反可能给外交工作带来困扰。传教团应将工作重点转移到俄国侨民集中的中国东北地区。国务会议关于在中国设立主教区的会议纪要中这样写道:

---

① Некоторые соображения по поводу предполагаемого учреждения Православно-Проповеднической Миссии в Китае//Китайский благовестник. 1915, Вып. 9-12.

② Дацышен В. Г. Епископ Иннокентий (Фигуровский). Начало нового этапа в истории Российской Духовной Миссии в Пекине//Китайский благовестник.2000, №1.

③科罗斯托维茨:《俄国在远东》,李金秋等译,商务印书馆,1975年,第107页。

"不能不承认,最近中国的暴乱主要是由对天主教传教士的愤怒引起的。尽管东正教传教士从未有过这样的行为,但人们在盛怒之下无法区分发泄愤怒的对象。因此,当这种愤怒尚未平息之时,如果从政治的角度出发,是否应该采取措施加强传教工作尚存疑问,或许应当待条件改善时实施。"会议纪要中也记录了圣务院总监波别多诺斯采夫的态度,他认为,在中国建立主教区"主要目的不是为了加强在中国的传教布道工作,而是为了规范教务管理。在中国生活的大量东正教徒要求我们的教务管理必须合乎教规。至于传教问题,东正教驻北京传教团一直非常谨慎。传教团成员过去所做的工作不是传教,而主要是学术研究,同时等待可以和平利用备耕好的土壤确立并传播东正教信仰的时机。未来传教团对其任务将依然抱持谨慎而理智的态度"。[1]但是,也有少数宗教人士支持通过设立主教区培养和晋升中国神父,改变东正教在华影响长期不如天主教和新教的局面。圣彼得堡都主教安东尼·瓦德科夫斯基就是英诺肯提乙拓展在华教务的坚定支持者。俄国政府最终在华建立主教区的决定显示了各种力量的妥协。俄国政府将为俄国侨民服务作为传教团在新时期的重要任务,同时也没有放弃北京这个经营了近两个世纪的东正教据点,要求新任主教在对中国人传教问题上继续保持谨慎。

1902年英诺肯提乙主教在沿西伯利亚铁路东来赴任途中,即从满洲里站开始视察中东铁路沿线教堂,1903年又在中东铁路管理局的支持下在松花江岸边建起一座能容纳千余人的圣母领报教堂。日俄战争爆发以后,大批伤员病患被运送到哈尔滨,传教团急往支援,在圣母领报教堂建立了一所医院,并且创立了"中国东正教公会"。1904年3月25日,"中国东正教公会"创办了机关刊物《中国东正教公会公报》,在哈尔滨出版(1907年更名为《中国福音报》,并改在北京出版)。然而,由于中东铁路护路军并入俄国边防军独立军团之后东北地区的教务仍然没有脱离中东铁路管理局和负责管理沿线教堂的监督司祭[2]的影响,英诺肯提乙并不拥有对这一地区教务的完全控制权,对中东铁路管理局的不满甚至抵

---

① Андреева С. Г. Отношение российской дипломатии к миссионерской деятельности русской (православной) духовной миссии в Китае (конец XIX – начало XX в.) //XXX научная конференция «Общество и государство в Китае». М. ,2000.

② 东正教监督司祭一职设立始于18世纪,其作用是代表主教监管教区的教堂和教务。1901年茹拉夫斯基被任命为首任中国东北监督司祭,继任者有博格丹诺夫、恰索夫尼科夫、别卡尔斯基等。参见 Дионисий Поздняев. Церковная жизнь в Маньчжурии в начале XX века//Китайский благовестник.1999,№2.

触也时有发生。此外,日本对中国东北南部的占领也使驻节北京的英诺肯提乙更加难以对中国东北北部地区的教务进行有效管理。在中东铁路管理局长霍尔瓦特的提议下,1907年4月圣务院决定将原来由驻北京传教团管辖的宽城子以北中东铁路沿线的东正教堂划归符拉迪沃斯托克主教区管辖。当年7月尼古拉二世批准了这一决定。

除了奉命管理中东铁路沿线教堂之外,英诺肯提乙并未停止针对中国人的传教活动,尤其是1907年中国东北北部中东铁路沿线教务转归符拉迪沃斯托克主教区管辖之后,中国教徒数量明显增长,东正教势力很快扩张到中国的许多省份。英诺肯提乙在华积极开拓教务的行为引起了俄国外交部及其驻北京公使馆的不安。1902年新任主教在抵京后随即前往上海、汉口和桂林等地考察,拟将其作为东正教传播据点。财政部驻华代表璞科第立即致函外交大臣拉姆斯多夫,声称"我方主教准备在华中和华南地区异族人中传播东正教的企图只能导致令人沮丧的结果",指责英诺肯提乙无视中国东北大量俄国人的宗教需要而前往中国其他地区传教是"令人费解的行为"。[1]1903年拉姆斯多夫致函圣务院总监波别多诺斯采夫,批评英诺肯提乙的所作所为对俄国的对华外交造成了干扰,要求他前往中国东北地区传教。圣务院为此做出决议,认为"传教是东正教会代表的任务,但应指示至圣英诺肯提乙对中国东北地区的俄国人给予特别关注"。[2]1907年已升任驻华公使的璞科第在致外交大臣伊兹沃尔斯基的信中写道:"我始终认为,对于我国在中华帝国的政治地位而言,我们具有一大优势,就是我们没有传教士(指从事传教活动的传教士——笔者)。我想说的是,如果我们人为地鼓励这里的传教活动,使本来就不轻松的任务变得更加复杂,那将是我们的一大错误。"[3]1915年驻华公使库朋斯齐向外交大臣萨佐诺夫抱怨英诺肯提乙拒绝向来华传教士支付回国路费而引发纠纷。英诺肯提乙致函圣务院指责库朋斯齐所言不实,并称驻华公使馆纵容俄国神父离开传教团。他这样写道:"在两年半的时间里,一共有11名神父自愿或称病离开传教团。然而,如果不是得到了驻华公使馆的热切呼应和国内的盛情迎接,我相信没有一个人会离开。"他认为驻华公使"显然极力诋毁传教团的声誉",要求圣务院与外交部协商并明确俄国公使的

① Андреева С.Г. Пекинская духовная миссия в контексте российско-китайских отношений (1715–1917 гг.). Диссертация на соискание ученой степени кандидата исторических наук . М., 2000, C. 146.

② Дацышен В.Г. История российской духовной миссии в Китае. Гонконг, 2010, С.274-275.

③ Спешнева К.Н. Погибшие за веру//Православие на Дальнем востоке. СПб., 2004.

职权范围,停止插手宗教事务。①当年12月,库朋斯齐在致外交部的一份电报中,状告英诺肯提乙未经公使本人同意,擅自同意中国外交部的请求,准备于翌年元旦为袁世凯称帝祈祷,认为在俄国政府正式承认袁世凯新政府之前,主教不应承诺举行这种具有政治意义的祈祷。②除此之外,驻北京公使馆还指责传教团在中国开办作坊,从事各种违背基督教义的营利性经营活动,通过非法手段获取房产等等。可见,自主教区成立之后,外交部和驻华公使馆与英诺肯提乙之间的矛盾持续不断,英诺肯提乙甚至因此拒绝前往俄国公使馆所在地南馆的奉献节教堂主持礼拜以为俄国参加第一次世界大战祈福,而外交部也曾提议把英诺肯提乙从中国召回并解除其对传教团的管理权,圣务院就此问题专门进行过研究,只是由于1917年俄国爆发革命,未及做出最后裁定。

驻华主教与外交部门在拓展在华教务问题上的分歧和摩擦虽然持续多年,但两者在侵略并控制中国的最终目标上却并无二致,只不过对于实现俄国在华核心利益的方式有着不同主张。外交部延续了俄国政府在针对中国人传教问题上一贯的谨慎政策,刻意淡化驻华传教团的政治色彩,采取政治、经济和军事手段攫取中东铁路筑路权、强租旅大、参加八国联军镇压义和团并武装占领中国东北。而英诺肯提乙则希望利用俄国政府在华设立主教区的条件,通过将东正教中国本土化而扩大东正教的势力范围。英诺肯提在1907年的一份总结报告中这样解释他积极传教的根本原因:"只有在中国加大传播东正教的力度,才能在未来使俄国免受蒙古人新的可怕的进攻。"③也就是说,英诺肯提乙是企图在中国崛起之前通过大规模传教控制中国人的精神。他所说的"蒙古人进攻"是指13至15世纪蒙古大军征服罗斯的历史事件。从这里又不难看出,英诺肯提乙在华扩张东正教的借口与当时俄国侵华势力鼓吹的"黄祸论"和"泛蒙古主

---

① Письмо Обер-прокурора Святейшего Синода Начальнику Духовной Миссии от 16-ого Апреля 1915 г.; Ответ Начальника Духовной Миссии Обер-прокурору Святейшего Синода от 8-ого мая 1915 г.; Отношение Начальника Духовной Миссии Императорскому Российскому Посланнику в Пекине от 7-ого мая1915 г.; Ответ Императорского Российского Посланника Начальнику Духовной Миссии от 13-ого Мая 1915 г.; Письмо Начальника Духовной Миссии Обер-прокурору Святейшего Синода от 14-ого Мая 1915 г.//Китайский Благовестник.1915, вып.7-8.

② Андреева С. Г. Политические события начала XX в. в Китае и судьба Российской (православной) духовной миссии в Пекине //XXXVI научная конференция «Общество и государство в Китае». М. ,2006.

③ По поводу отчета о деятельности Пекинской Духовной Миссии в прошлом году// Китайский Благовестник. 1908, вып.9-10.

义"如出一辙。

总而言之,从1715年首届传教团抵京至1917年罗曼诺夫王朝终结,俄国政府不断发布指令,调整传教团的工作重点。在对传教团发挥过影响的俄国政府部门当中,外交部和圣务院扮演了主要角色,但由于东正教对世俗政权的依附特质,外交部实际上发挥着主导作用。对于俄国政府而言,占领中国领土和攫取贸易利益始终是其对华外交的重点,也是其制定传教团政策的根本出发点,其在中国的宗教存在不过是实现核心利益的手段而已。指令表明,出于维护其在华核心利益的目的,俄国政府将维持雅克萨俄俘后裔的东正教信仰作为维持传教团在北京存在的前提,而在针对中国人的传教问题上基本保持谨慎的态度,同时却一再强化传教团作为汉学人才培养基地、情报机关和非正式外交机构的作用。20世纪初传教团在英诺肯提乙主持下在华扩张东正教影响的行动并不意味着俄国政府对华外交重点和传教政策的改变,其与驻华公使馆的矛盾和冲突更加清楚地显示了外交部门欲将传教纳入对华外交统筹部署的意图和努力。

本文原刊载于《南开学报》2013年第1期。

作者简介:

肖玉秋,南开大学历史学院教授,博士生导师。研究方向为中俄文化关系史和俄罗斯史。著有《俄国传教团与清代中俄文化交流》《中俄文化交流史》(两卷)(主编),参著3部,译有《东正教在华两百年史》(合译),发表论文50余篇,主持或参与国家和省部级项目多种。

19世纪30年代末美国有关女权的争论

张聚国

19世纪30年代末,美国人就女权问题第一次进行了一场公开辩论,这是该国的保守势力与女权主义者之间在历史上的第一次正面交锋。这场辩论围绕妇女的角色定位和职责范围展开。美国历史上妇女们第一次公开掌握话语权,站在自己的立场对男性们划定的"妇女们的领域"做出自己的界定,扩大了美国妇女的公共领域。国内尚无学者对这个问题进行系统研究。国外学者多从女权问题与废奴运动的关系的角度入手,论证女权运动的起源。①他们指出了女权运动与废奴运动的关系,但对于这场争论对后来女权运动兴起和发展的意义与影响关注不够,对于这场争论中女权主义者提出的那些思想与策略与后来女权运动的联系分析不足。他们更多关注的是1848年塞内卡第一次女权大会之后女权运动发展的情况。②本文试图聚焦于这场有关女权问题的辩论,并将这场辩论置于后来美国女权运动发展的进程中,探讨其对于后来崛起的美国女权运动的长期影响。

一、背景与诱因

19世纪上半叶美国女权意识觉醒的根本动力是美国早期工业化所带来的美国社会方方面面的变化。18世纪末至19世纪初,美国的早期工业化推动了家庭功能的转型以及妇女角色的变化。在前工业化时期家庭所承载的一些功能,一些传统上由妇女在家庭中从事的工作,如缝制衣服鞋帽等,开始为机械化工厂所承担。一些美国东北部和东部州的妇女开始走出家庭,离开农场,到城镇和城市

---

① 相关的著作有:Gerda Lerner, *The Grimké Sisters from South Carolina: Pioneers for Woman's Rights and Abolition*, Oxford University Press, 1998, p.139-154; Kathryn Kish Sklar, *Women's Rights Emerge within the Antislavery Movement, 1830–1870: A Brief History with Documents*, State University of New York Press, 2000, pp.40-47.

② 如 Sylvia D. Hoffert, *When Hens Crow: The Woman's Rights Movement in Antebellum America*, Indiana University Press, 1995, p.1; Ellen Carol DuBois, *Feminism and Suffrage: The Emergence of an Independent Women's Movement in America, 1848-1869*, Cornell University Press, 1978, p.15.

中的纺织、制衣、制鞋和制帽等工厂工作。她们开始拥有了自己的第一笔收入，经济独立的意识和保护自己各方面权利的意识开始逐渐觉醒。她们想要保有自己外出打工的收入，而不是按照当时的法律与习俗将这些钱交给丈夫。她们开始组织起来，要求与男性同工同酬，缩短工时。①工业化对家庭的另外一个影响是，在工业化过程中产生的中产阶级家庭里，男女分工越来越泾渭分明。男性外出做工，妇女们将更多的精力投入操持家务和养育子女——这日益成为她们生活的核心内容；同时，中产阶级的家庭主妇们在家庭中有了更多的自主权和自由支配的时间，方便参加各种社会活动。②

早期工业化如火如荼地展开以及19世纪初期以来大规模海外移民的涌入，对包括妇女在内的广大民众的教育水准提出了新的要求。从19世纪20年代起，随着美国公立小学的普遍建立，白人妇女较为普遍地受到了小学教育。到19世纪中期，90%的适龄白人儿童就读小学。在新英格兰，75%的适龄儿童有机会接受小学教育。到1850年，美国至少有一半的妇女拥有了读写能力，而在新英格兰，妇女的识字率更高。③同时，独立女子学校的普遍建立也提升了美国女性的受教育水平。④这也有助于提高她们的权利意识。

与此同时，早期工业化、城市化以及大规模移民潮，带来了一系列新的问题，如城市贫困问题、犯罪率升高、酗酒普遍、社会冲突加剧、社会道德下滑等问题。从18世纪90年代一直持续到19世纪50年代的第二次大觉醒运动在关注人类的灵魂得救的同时，建立了各种宗教与社会改革组织，积极参与社会改革，试图消除早期工业化过程中产生的各种社会弊病，建立一个没有贫困、没有战争、没有压迫的理想的社会。⑤妇女们也积极参与宗教与改革组织，或建立自己的社团，积极参与济贫、社会道德改造、禁酒运动和废奴运动等。通过参与各种社会运动与社会改革，妇女们在家庭这个私人生活空间之外，开辟出一块公共空间。同

---

① Eleanor Flexner, *Century of Struggle: The Woman's Rights Movement in the United States*, Belknap Press of Harvard University Press, 1975, pp.52-65；孙晨旭：《早期工业化进程中的美国妇女》，南开大学世界近现代史研究中心编：《世界近现代史研究》（第3辑），中国社会科学出版社，2006年，第292-304页。

② Nancy Woloch, *Women and the American Experience*, McGraw-Hill, Inc., 1993, pp.114-115.

③ Nancy Woloch, *Women and the American Experience*, McGraw-Hill, Inc., 1993, p.126.

④ Eleanor Flexner, *Century of Struggle: The Woman's Rights Movement in the United States*, Belknap Press of Harvard University Press, 1975, pp.23-40.

⑤ Alice Felt Tyler, *Freedom's Ferment: Phases of American Social History from the Colonial Period to the Outbreak of the Civil War*, University of Minnesota Press, 1944, pp.227-512.

时,她们也密切了相互关系,增强了群体意识。①

　　早期工业化需要越来越多的自由劳力以及越来越大的自由市场,因而,北方自由州与南部蓄奴州之间的矛盾也越来越激烈。以威廉·劳埃德·加里森于1831年1月1日在波士顿创办了《解放者报》为开端,美国的废奴运动进入了一个激进群众性运动的全新阶段,不同于之前的以个人倡导的分散性的逐渐废除奴隶制的渐进性改革阶段。奴隶制问题作为一个道义问题以及政治问题,得到了越来越多的美国民众的关注。美国妇女从一开始,就通过建立女性废奴协会、征集请愿书签名、召开妇女废奴大会、组织义卖为废奴运动筹款、参与"地下铁路"、撰写文章等形式,积极参与和推动废奴运动。②

　　妇女参与济贫、社会道德改造和禁酒运动,为当时主流社会所接受。因为这些问题首先被视为一种道德问题,属于妇女的职责范围。③然而,当妇女普遍参与废奴运动的时候,尤其是当萨拉·格里姆科和安吉莉娜·格里姆科姐妹当着男性听众公开发表反奴隶制言论的时候,④被认为超出了妇女的职责范围。在美国内战前,美国社会普遍认为,奴隶制是一个"政治性问题",应由男性负责解决;妇女参与废奴运动,背离了社会传统与习俗。而且,格里姆科姐妹俩公开巡回演讲,面对广大男性听众,更不能为美国的保守势力所容忍。因为在那个时代,即使是一个妇女在公开的场合对其他的一些妇女发表演讲,也是闻所未闻的事

---

　　① Barbara J. Berg, *The Remembered Gate: Origins of American Feminism: The Woman and the City, 1800–1860*, Oxford University Press, 1978, pp.145-175; Nancy Woloch, *Women and the American Experience*, McGraw-Hill, Inc., 1993, pp.170-200.

　　② 有关妇女参与废奴运动的情况,参见 Alma Lutz, *Crusade for Freedom: Women of the Antislavery Movement*, Beacon Press, 1968(此书涉及女性精英);Julie Roy Jeffrey, *The Great Silent Army of Abolitionism: Ordinary Women in the Antislavery Movement*, University of North Carolina Press, 1998(此书涉及普通女性)。

　　③ 王政:《女性的崛起:当代美国的女权运动》,当代中国出版社,1995年,第8页。

　　④ 1836年12月,因为厌恶南部奴隶制而从南卡罗来纳州迁居费城的萨拉·格里姆科(Sarah Grimké)和安吉莉娜·格里姆科(Angelina Grimké)姐妹接受美国反奴隶制协会聘请,担任反奴隶制宣传员,开始在纽约等地妇女中间宣传反奴隶制的思想。活动最初在私人客厅举行,且只欢迎女士参加。但由于听者甚众,她们不得不转移到教堂。后来男士们听说后逐渐加入进来。1837年6月,格里姆科姐妹从波士顿开始了她们的新英格兰之旅。在6—10月期间的5个月里,她们走过了64个市镇,进行了79次演讲,听众总共达到了4.5万人次。参见 Catherine H. Birney, *The Grimké Sisters: Sarah and Angelina Grimké, the first American Women Advocates of Abolition and Woman's Right*, Lee and Shepard Publishers, 1885, pp.161-163.

情。①她们的行为,触动了当时美国男尊女卑的"自然"秩序。姐妹俩首先成为保守势力的众矢之的,被推到了社会舆论的风口浪尖,身陷嘲讽、谴责和辱骂的暴风骤雨。

二、保守势力的攻击

保守势力借向格里姆科姐妹发动攻击之机,对妇女参加废奴运动进行批评,由此点燃了一场全国性的有关妇女地位和权利的争论。1837年3月,康涅狄格公理会总会(General Association of Congregationalist Ministers)通过了《诺福克决议案》(Norfolk Resolutions),禁止废奴主义者在康涅狄格州的公理会教会演讲。3个月后,马萨诸塞的5个公理会牧师起草了一封"牧师公开信"(Pastoral Letter),呼吁各教区牧师禁止妇女去他们的教堂发表演讲。公开信指出:妇女的影响应当通过对男性的温柔和依赖潜移默化地在私人场合发挥作用。然而,一旦妇女离开家庭,担当起本属于男性的"公共改革家"的角色,就等于放弃了上帝通过男人给予她们的保护,她们就失去了自然的天性,将会对妇女的品格造成"普遍而永久性的伤害"。"葡萄藤的力量和美在于依靠在棚架之上,并且半掩其枝。如果它想要像榆树一样亭亭独立、投下树阴,那么它不仅会停止结果,而且会可耻地跌倒在尘土之中"。公开信认为,鼓励妇女在改革运动中抛头露面、招摇过市,并以"公共演讲家和教师的身分"到处忘乎所以地发表演讲是"错误的行为"。这泯灭了家庭生活的魅力所在和真正能使妇女在社会中发挥影响的"谦逊和柔弱",由此开辟了走向"堕落和毁灭"的道路。②

波士顿公理会牧师哈巴德·温斯洛专门出版小册子引经据典地说明,妇女不宜公开发表演讲。他说,《圣经·哥林多前书》第14章第34节写道:"妇女在教会中要闭口不言。因为不准她们说话。她们总要顺服,正如律法所说的。"这意味着不允许妇女公开发表演讲,否则将会损害妇女的优雅和谦逊的美德;尤其在男性和女性都在场的场合,妇女必须保持沉默。在公开的场合,妇女只能成为学习者,而不是教师,永远不能对男性颐指气使,而只能服从之。应由男性掌握大局,引导公共舆论,控制社会运动。③他认为,自然(Nature)为妇女们划定了一个不同

---

① Alma Lutz, *Crusade for Freedom: Women of the Antislavery Movement*, Beacon Press, 1968, p.98.

② Ruth Barnes Moynihan, Cynthia Russett, and Laurie Crumpacker, eds., *Second to None: A Documentary History of American Women*, Vol.I, University of Nebraka Press, 1993, pp.251-252.

③ Hubbard Winslow, *Woman as She Should Be*, Otis, Broaders, and Company, 1838, pp.13-18.

于男性的"适当行动范围",而且女性的活动范围要从属于男性的活动范围。两性的不同生理结构决定了重体力劳动、田地耕耘、机械技术、经商、需要文化知识的专业领域以及离家处理事情等,都属于男性的职责;而操持家务、生儿育女则是女性的"首要职责"。两性的智力和道德上的差异,决定了国家的一切政治事务和社会事务以及一切公共机构都应由男性领导和控制。妇女不能通过公开的演讲、而只能通过私下的谈话和报刊来影响周围的人以及社会。①救助困苦之人并为此募集捐款、通过私下谈话和撰写文章表达自己的思想、帮助散发宗教小册子、担任私人教师、参与女性社交圈子等,都属于《圣经》为妇女划定的活动范畴;而到处游走公开演讲,组建有关教会和国家事务的社团,集会讨论社会、政治、道德以及宗教事务,并为此通过决议、发表演讲、向政府官员提交她们签名的请愿书、参与道德改造等,这些都超出了妇女的职责范围。②

1837年,当格里姆科姐妹俩在马萨诸塞州安多弗(Andover)发表公开演讲之后,安多弗神学院的39名师生联合发布署名声明,对女性公开发表演讲表示"反对和谴责",认为这是"不适当和不明智的"。③1837年8月27日,马萨诸塞州的普世教牧师阿尔伯特·A.福尔瑟姆(Albert A. Folsom)在布道时指出,参与废奴运动的妇女把家庭职责放在第二位,忽视去履行其"适当的职责"。妇女无权公开谈论宗教问题,也无权谈论奴隶制问题。她们参与国家事务,年复一年地向议会请愿要求废除奴隶制,是"可耻的","有失体统"。④纽约市的《商业广告家报》(Commercial Advertiser)评论道:应当把"那些因为忘记了她们的性别限制而在国内到处游荡的妇女投进精神病院"。⑤需要指出的是,在加里森派废奴主义者阵营内部,也有一些人反对妇女公开发表演讲。废奴主义者小伊莱泽·莱特(Elizur Wright, Jr.)曾说过:"我认为公火鸡应该咯咯地叫。我反对母鸡打鸣,当然按照普

---

① Hubbard Winslow, *Woman as She Should Be*, Otis, Broaders, and Company, 1838, pp.10, 18-19.

② Hubbard Winslow, *Woman as She Should Be*, Otis, Broaders, and Company, 1838, pp.29-31.

③ Gerda Lerner, *The Grimké Sisters from South Carolina : Pioneers for Woman's Rights and Abolition*, Oxford University Press, 1998, p.144.

④ "Abolition Women", *Liberator*, Vol.7, No.39, Sep.22, 1837, p.1. http://proquest.umi.com/login. 原文无作者——笔者注。

⑤ Ira V. Brown, "'Am I Not a Woman and a Sister?' The Anti-Slavery Convention of American Women, 1837-1839", *Pennsylvania History*, Vol. 50, No. 1, 1983, p. 1. http://dpubs. libraries. psu. edu/ DPubS?service=UI&version=1.0&verb=Display&handle=psu.ph.

遍的习惯,反对妇女公开发表演讲。"①

在女性内部,反对的力量也很强大。1837年,凯瑟琳·比彻(公理会牧师莱曼·比彻的大女儿)认为妇女参加废奴运动"不适当也不明智"。因为"上天"规定了长幼尊卑的社会秩序,这种秩序要求女人要服从男人,这种法则是不容变更的。妇女们发挥影响的方面和方式与男性相比"完全不同"。妇女们应该在家庭和社交界通过涵养、温柔和爱心来影响男人,取得他们对其意见的尊重;她们一旦抛头露面参加废奴运动,就会卷入政治冲突,就超越了给她们划定的"适当的领域"(appropriate sphere)。妇女们直接向国会请愿,"完全超出了妇女职责的范围"。妇女们应该履行的职责是在家里教育子女。国家的安宁和幸福都取决于孩子们能否受到良好的文化、道德和宗教教育。②1839年,一位女孩的姨母反对她加入废奴协会。她姨母的观点代表了当时主流社会的普遍性观点:"亲爱的,很显然上苍安排男人制定和实施法律。妇女干预政治违背了神谕。奴隶制是这个国家的法律,它是一个政治性的问题。因此,妇女干预这个问题极不适当。"③

保守派的批评意见反映了当时美国社会有关两性关系和妇女职责的主要观点。首先,在19世纪30年代美国社会舆论认为妇女的职责范围是在家庭之内,为人妻,为人母,养育子女,操持家务,妇女只能通过宗教上的和道德的典范间接影响社会。④"真正的女人"(True Womanhood)应当具备四方面的品质:虔诚(piety)、贞洁(purity)、顺从(submissiveness)和顾家(domesticity)。⑤其次,当时的美国人普遍认为女性与男性在生理和智力上存在着先天的不平等,妇女的智力水平劣等于男性。⑥另外,妇女不应对男性公开发表演讲,不应公开干预"政治"问题。

---

① Aileen S. Kraditor, *Means and Ends in American Abolitionism: Garrison and His Critics on Strategy and Tactics, 1834–1850*, Ivan R. Dee, 1989, p.61.

② Catharine E. Beecher, *An Essay on Slavery and Aolitionism, with Reference to the Duty of American Females*, Henry Perkins, 1837, pp.97-109, 128-129.

③ E. L. F., "What Have Women to do With Slavery?", *Liberator*, Vol. 9, No. 44, Nov. 1, 1839, p.174.

④ Nancy F. Cott, *The Bonds of Womanhood: "Woman's Sphere" in New England, 1780–1835*, Yale University Press, 1977, p.8.

⑤ Barbara Welter, "The Cult of True Womanhood, 1820–1860", *American Quarterly*, Vol.18, No.2, 1966, p.152.

⑥ Barbara J. Berg, *The Remembered Gate: Origins of American Feminism: The Woman and the City, 1800–1860*, Oxford University Press, 1978, p.71.

三、格里姆科姐妹的反击

1837年6月底至11月初,为了回击来自各方的攻击,格里姆科姐妹俩在报纸上公开发表文章,向传统势力展开了反击。

姐妹俩首先对女性从属于和劣等于男性的传统观点进行了尖锐的批判,阐释了两性平等的思想。安吉莉娜认为,妇女和男人拥有同样的权利和义务;妇女应该是男人平等的"伴侣"和合作伙伴;男人们能做的事情,女人们也能做。然而,在实际生活中,妇女们只是"上帝馈赠男性的礼物",只是男人们的"附属品"、便利的"工具"、打发空闲时间的"美丽的玩具",或者是他们取乐的"宠物"。妇女被认为劣等于男人,其个性被抹杀,其在道德问题上进行思考、发表演讲和采取行动的权利以及承担社会责任的权利被剥夺,陷入男性"暴君式的控制"之中。[1]萨拉对保守势力依据《圣经》所建造的男尊女卑的等级结构提出挑战。她认为人们根据《圣经》对妇女的社会地位的解释完全曲解了《圣经》。根据她对《圣经》的理解,她认为上帝在创世纪的时候所创造的男人和女人是"完全平等的",赋予了男人和女人同等的智力、能力和道义责任,但并未给予男人主宰女人的权利。所谓女人需要依赖男人的说法与《圣经》的原则完全矛盾。然而,在整个人类历史上,甚至包括美国这样"开明的"国家,两性之间的社会关系是不正常的。妇女们很早就被灌输永远不能忘记两性之间的差别的思想。男人一直迫使妇女屈从于他自己的意志,利用妇女满足他自己的私欲和肉欲,把妇女作为促进个人安逸和幸福的工具,而从不考虑妇女的幸福。男人们把妇女们作为家庭主妇,其主要职责是做饭和养育孩子。为此,男人一直竭尽所能地压制和奴役妇女的思想,摧毁了女人们的思想和心灵,使她们放弃了自己的宝贵权利,专注于打扮和增加个人魅力,沉溺于虚荣,使她们成为男人们满足个人欲望的工具和打发空闲时间的赏心悦目的"玩物",然后反过来说女人劣等于男人。这给妇女造成了难以言喻的伤害,毁灭了妇女们的尊严。她呼吁妇女们起来争取上帝赋予她们的地位和那些"神圣而不可剥夺的权利"。[2]萨拉指出,自从人类创始之初,男人的目标一直

---

[1] A. E. Grimké, "Letters to Catherine E. Beecher, No. XII", *Liberator*, Vol.7, No.42, Oct.13, 1837, p.167.

[2] Sarah M. Grimké, "Woman Subject Only to God", *Liberator*, Vol.8, No.1, Jan.5, 1838, pp.4; Sarah M. *Grimké*, "The Pastoral Letter of the General Association of Congregational Ministers of Massachusetts", *Liberator*, Vol.8, No.2, Jan.12, 1838, p.8; Sarah M. *Grimké*, "Social Intercourses of the Sexes", *Liberator*, Vol.8, No.2, Jan.12, 1838, p.8.

是压垮女人。他们采用的主要手段有时采用暴力,有时把她们打扮得花枝招展,当作"玩偶"对待,另外还不让她们接受适当的教育。①萨拉认为,妇女并非先天劣等于男性,而是因为男性一直压制她们的发展,剥夺了她们的发展机会。

关于妇女是否有权干预奴隶制这个政治问题,以及妇女参加废奴运动是否超出了女性的职责范围,姐妹俩分别作出了回答。1838年2月21日,安吉莉娜在马萨诸塞州议会发表有关奴隶制的演讲时指出,妇女们有责任关心任何关系着国家利益和人类福祉的问题,包括奴隶制问题。她问道:"难道因为我们身为女性,就成了外国人? 因为我们身为一个强大的人民的母亲、妻子和女儿,我们就应被剥夺公民权? 难道妇女们没有国家? 她们在公共福祉中没有利益? 在国家面临共同的危险时没有责任? 对于国家的罪恶和耻辱不应负责?"②妇女们与奴隶制这个政治性问题有关,因为"每个公民应当对这个国家的政治问题拥有强烈的兴趣,因为每个社会阶层的尊严、幸福和福祉都与其政治、政府和法律紧密相连"。③安吉莉娜认为,有关人类福祉的事情都没有超出妇女们的"范围"(sphere)。她希望妇女们在复兴这个"堕落的世界"中所发挥的不再"仅仅是辅助的作用",而成为男性平等的"合作伙伴"。④萨拉认为,奴隶制属于一种罪恶。妇女们和其他人一道遏止罪恶的继续,帮助那些陷入痛苦之中的人,挽救了那些可能被毁灭的人,并通过这些活动净化了她们自己的心灵,这样的妇女能更好地履行做妻子和做母亲的职责,能对下一代的思想发展产生良好的影响。⑤妇女们应当站出来帮助清除正腐蚀着美国社会的"罪",不应躲在家里,独享家庭之乐趣。她们不应忘记那些处于水深火热之中的、受奴役的黑人"兄弟姐妹们"以及那些堕落的人和酗酒者。⑥

格里姆科姐妹俩不仅仅局限于反抗保守势力的攻击。她们还将视野投向了有关妇女平等的几个重要方面:政治平等、就业平等与同工同酬和教育平等等问题。在参政问题上,安吉莉娜认为妇女应该有权在管理她们的法律和规章的制定中拥有发言权,应当与男性一起参加政治集会和立法活动。而当今社会却剥

① Sarah M. Grimké, "*Ministry of Women*", *Liberator*, Vol.8, No.6, Feb.9, 1838, p.24.

② Gerda Lerner, *The Grimké Sisters from South Carolina: Pioneers for Woman's Rights and Abolition*, Oxford University Press, 1998, p.7.

③ Catherine H. Birney, *The Grimké Sisters: Sarah and Angelina Grimké, the First American Women Advocates of Abolition and Woman's Right*, Lee and Shepard publish, 1885, p.175.

④ A. E. Grimké, "Letters to Catherine E. Beecher, No. XII", *Liberator*, Vol.7 No.42, p.167.

⑤ Sarah M. Grimké, "Social Intercourses of the Sexes", *Liberator*, Vol.8, No.2, Jan.12, 1838, p.8.

⑥ Sarah M. Grimké, "Ministry of Women", *Liberator*, Vol.8, No.3, Jan.19, 1838, p.12.

夺了她们神圣而不可剥夺的权利,是对人权的侵犯和对女性权力的篡夺,给社会造成了无尽的祸患。①关于男性与女性同工不同酬的问题,萨拉指出:在教育行业以及其他行业,男性和女性尽管从事同种性质的工作,但是他们所得到的报酬却并不相同。女性所得明显低于她们的男性同事。一个男性裁缝做一件衣服的收入超过女裁缝两三倍,而一个女洗衣工一天的收入不到男性锯木工收入的一半。但萨拉仍然支持妇女外出工作。她认为,妇女不应该依靠男人们的工资养活,应该走出家庭,承担起养活自己和家庭的责任。这有利于增加女性的力量和尊严,也能使男人分享实行性别平等的好处。②萨拉批评女性被剥夺了平等的受教育机会,对有关女性教育的传统观点进行了批评。这种观点认为,除了持家的常识之外,妇女们没必要受到较好的教育。她借古讽今:在英国查理一世时代,一位作家说,他不喜欢女诗人。一个会做布丁的妇女要比会作诗的妇女更受欢迎。还有人说:"对于妇女们来说,知道的化学知识足以烧开锅就行了,知道的地理知识能够确定她家不同房间的位置就足够了。"③对妇女进行必要的家政教育之外,还要重视对她们进行心智的训练,这样一方面能够增进家庭的幸福,另一方面有利于对子女的教育。④

萨拉还分析了内战前美国妇女的法律地位,指出法律是妇女地位提高的最大障碍。有关法律剥夺了妇女们的基本权利,毁灭了妇女的独立性和个性,妨碍了妇女的进步。除了请愿权以外,妇女没有政治权利。她们被征税,但没有代表权,没有选举代表的自由;妇女的法律权利几乎全部被褫夺,使她们地位如同"奴隶"。她们无权参与有关其利益的法律的制定。她们对有关法律一无所知,而立法者们在立法时很少考虑妇女们的利益,考虑的完全是男性的利益,其目的是压迫妇女;妇女一旦结婚,就失去了独立的法律存在,只能由其丈夫代表她和保护她。因此,丈夫不能馈赠妻子任何东西,不能与其订立契约。妇女与奴隶一样,其存在都被"合并"到其"主人"的存在之中。与妇女们签订的一切合同,就像奴隶与其主人们签订的合同一样,都是无效的。依照法律,妇女的个人财产和土地在婚后要交给丈夫所有,其婚后所有的劳动成果和收入也属于其丈夫;丈夫死

---

① A. E. Grimké, "Letters to Catherine E. Beecher, No. XII", *Liberator*, Vol.7 No.42, p.167.

② Sarah M. Grimké, "On the Condition of Women in the United States", *Liberator*, Vol.8, No.3, Jan.19, 1838, p.12.

③ Sarah M. Grimké, "Intellect of the Woman", *Liberator*, Vol.8, No.4, Jan.26, 1838, p.16.

④ Sarah M. Grimké, "On the Condition of Women in the United States", *Liberator*, Vol.8, No.3, Jan.19, 1838, p.12.

后,妻子只能继承丈夫1/3的财产。已婚妇女如果人身和财产受到伤害或伤害他人不能起诉和被起诉,而只能以丈夫的名义进行起诉或被起诉。她们在结婚后签订的所有合同和契约都是无效的。丈夫对妻子拥有"无限的控制权",可以以体罚或限制人身自由来惩戒犯错误的妻子。她呼吁男性们废除压迫和歧视妇女的不公正和不平等的法律,恢复妇女被剥夺的权利。萨拉认为剥夺妇女权利的法律与奴隶主们制定的管理奴隶的法律"太相似了",给妇女们留下的自由并不比奴隶多多少,她们的地位在某些方面与奴隶相似。①

萨拉对美国妇女中的一些不良现象进行了尖锐批评。一些追求时尚的妇女所受教育不多,把结婚视为唯一必要的事情和获得尊贵地位的唯一途径。她们把自己视为满足男人欲望的"美丽的玩具",把增加外表上的魅力以吸引男人们的关注作为其主要的事情,整天沉迷于穿着打扮和跳舞;而另一些妇女把结婚视为人生幸福的绝对必要条件,把做一个会持家的贤妻作为人生的目标,其所做、所说和所思都是以此为中心。她们所受的教育也是以此为目标,教妇女单纯把自己视为一种做家务的"机器",从而忽视了对她们的智力和文化的培养。②妇女们爱慕虚荣,热衷时尚,过分注重穿衣打扮,用各种饰物装点自己以满足男人们的眼睛之欲有损妇女的尊严。在这些事情上花费过多的时间和精力,也使她们不能培养自己的心智,关注处于艰难困苦之中的人。对服饰的过分关注是妇女无法与男性一样获得人权、道德尊严和智力发展的"主要障碍"之一。只要妇女们乐于被打扮成"玩偶"一样,就无法承担起应有的社会职责,发挥应有的作用。③

萨拉和安吉莉娜姐妹俩在美国的历史上首次系统地阐述了有关女权的思想,已经涉及女权问题的方方面面,触及了妇女解放的一些根本性问题。

四、影响与评价

在格里姆科姐妹着手公开反击保守主义者们对她们的攻击时,女权问题尚属于"几乎没有人涉足的领域"。④以保守势力的攻击以及格里姆科姐妹的反击为开端,美国社会开始了其历史上第一次全社会广泛参与的有关女权的辩论。

---

① Sarah M. Grimké, "Legal Disabilities of Woman", *Liberator*, Vol.8, No.5, Feb.2, 1838, p.20.

② Sarah M. Grimké, "On the Condition of Women in the United States", *Liberator*, Vol.8, No.3, Jan.19, 1838, p.12.

③ Sarah M. Grimké, "Dress of Women", *Liberator*, Vol.8, No.4, Jan.26, 1838, p.16.

④ Sarah M. Grimké, "On the Province of Woman", Liberator, Vol.8, No.1, Jan.5, 1838, p.4.

1837年7月25日,安吉莉娜致函简·史密斯(Jane Smith)指出,整个国家似乎卷入了有关妇女的职责范围(the province of woman)的讨论;女性需要从"公众舆论的奴役下"(the thralldom of public opinion)解放出来。①

格里姆科姐妹有关女权的立场,得到了社会上一些开明人士、包括女性的大力支持。1837年8月15日,废奴主义者西奥多·韦尔德(Theodore D. Weld)致函姐妹俩指出,他一直认为,性别不能限制女性行使任何职能。妇女如果具备了足够的条件,也能参与制定法律,担任法官和其他政府官员,从事律师和牧师等职业。女性与男性在任何方面都拥有同样的权利与责任。②19世纪30年代末期,越来越多的妇女通过报刊阐述自己对女权的看法,宣扬两性平等思想。1838年一位妇女致信《解放者报》,指出《圣经》并未赋予男性主宰妇女的权利,也未给予他担任"绝对统治者或主人"的特权。在上帝的眼里,人无高低贵贱之分。男人与女人生而平等,男人与女人相比并无优越于女人之处。③

一些女性废奴组织和妇女认为,女性参加废奴运动并未超出妇女的职责范围。1837年6月,波士顿女性反奴隶制协会主席玛丽·帕克与协会秘书共同致函新英格兰州妇女反奴隶制协会,呼吁她们为格里姆科姐妹俩的反奴隶制演讲活动提供便利和帮助。④1837年10月21日,罗德岛普罗维登斯市妇女反奴隶制协会(Providence Ladies'Anti-Slavery Society)通过决议,反对马萨诸塞州的5个公理会牧师的公开信,表示支持和赞赏格里姆科姐妹的反奴隶制演讲,认为妇女争取奴隶的解放不会使她们偏离"活动的适当范围";对她们"超越了她们的性别界限"的指责不会令她们退缩。⑤还有人匿名撰文指出,奴隶制不仅仅是一个政治性问题,也是一个道德的和宗教的问题,妇女有权利和有义务在私下和公卉的场合讨论之。⑥俄亥俄州的女性废奴主义者M.H.格里塞尔愤然写道:难道妇女们只能成为男性的"工具"? 如果妇女无权站出来表达自己的观点,那么她们的地位就与牲畜无异,比南部奴隶的地位还要卑贱。男性试图让妇女们服从他们的

---

① Ceplair, ed., *The Public Years of Sarah and Angelina Grimké: Selected Writings, 1835–1839*, Columbia University Press, 1989, p.272.

② Ceplair, ed., *The Public Years of Sarah and Angelina Grimké: Selected Writings, 1835–1839*, Columbia University Press, 1989, pp.280~281.

③ S. B., "Rights of Woman", *Liberator*, Vol.8, No.28, Jul.13, 1838, p.110.

④ Mary Parker, Maria Weston Chapman, eds., "To Female Anti-Slavery Societies throughout New England", *Liberator*, Vol.7, No.24, Jun.9, 1837, p.95.

⑤ "Voice of Woman", *Liberator*, Vol.7, No.45, Nov.3, 1837, p.178.原文无作者——笔者注。

⑥ E. B. K., "Female Liberty of Speech", *Liberator*, Vol.7, No.43, Oct.20, 1837, p.170.

观点。这是"具有压迫性，且令人反感"。①

在这次辩论中，妇女们在美国历史上第一次公开掌握话语权和对自己职责范围的界定权，站在自己的立场对男性们划定的"妇女们的领域"作出自己的界定，将美国妇女的职责范围扩展到政治领域。此前，有关女性职责范围的定义，是由男性界定的。在这次辩论中，女性女权主义者提出了自己的定义。安吉莉娜有关社会整体利益的任何事情，都是妇女应当关心的事情。②萨拉用世界历史上杰出妇女的事例证明，智力与性别无关；有关男性和女性职责范围的划分是"武断的"，人为的；不同时代、不同国家，有关两性职责范围的划分各不相同。作为有责任能力的人，男性和女性的活动范围和社会职责从总体上说没有什么不同，尽管他们作为父亲、母亲、丈夫和妻子，承担着具体的职责各不相同。③波士顿女性反奴隶制协会的玛丽娅·查普曼认为，人们对《圣经》中有关妇女的篇章做出了错误的解释，妇女的身心因此受到了束缚。她认为，妇女的"活动范围与职责"，只能由她们自己来决定。④后来的女权领袖伊丽莎白·斯坦顿认为，每个男人和女人的职责范围是不同的，而且同一个妇女在不同时期的职责范围也不同。如果说上帝为男人和女人划定了不同的职责范围，应当由男人或女人自己判断这种职责的范围。⑤因此，有美国学者认为，在内战之前的时期，妇女的核心诉求是争取"妇女界定其职责范围的权利"。⑥

格里姆科姐妹有关女权的论述，对后来美国女权运动的发展历程也产生了十分重大的影响。格里姆科姐妹"永久性地改变了美国人有关妇女权利的观点"。她们将新的女权观念引入了美国的公共生活。尽管二人在1839年退出了公共生活，她们的观点已经在剧烈变动的社会上扎下了根。⑦

第一，在思想层面上，姐妹俩对两性平等、政治平等（包括女性参政权）、就业

① M. H. Grisell, "Letter from a Woman of Ohio", *Liberator*, Vol.10, No.25, Jun.19, 1840, p.98.

② A. E. Grimké, "Letters to Catherine E. Beecher, No. XII", *Liberator*, Vol.7 No.42, 1837, p.167.

③ Sarah M. Grimké, "Heroism of Women-Women in Authority", *Liberator*, Vol.8, No.4, Jan.26, 1838, p.16.

④ Alma Lutz, *Crusade for Freedom: Women of the Antislavery Movement*, Beacon Press, 1968, p117.

⑤ Theodore Stanton, Harriot Stanton Blatch, eds., *Elizabeth Cady Stanton: As Revealed in her Letters, Diary, and Reminiscences*, Vol.II, Harper & Brothers, Publishers, 1922, pp.19-20.

⑥ Blanche Glassman Hersh, *The Slavery of Sex: Feminist-Abolitionists in America*, University of Illinois Press, 1978, p.189.

⑦ Kathryn Kish Sklar, *Women's Rights Emerge within the Antislavery Movement, 1830–1870: A Brief History with Documents*, State University of New York Press, 2000, p.1.

平等(同工同酬)和教育平等等问题的阐述,在深度上和广度上在美国都是史无前例的,而且这些问题都是当时以及后来美国女权运动所关注和力求解决的一些主要问题,对这些问题的深入探讨对同时代的美国妇女产生了巨大的影响。俄亥俄州的伊丽莎白·鲁宾逊(Elizabeth Robinson)在阅读了安吉莉娜有关女权的公开信之后认识到,妇女像黑人一样被视为劣等人。妇女们也如此看待自己,其行为也受到这种观念的影响。新罕布什尔州的伊丽莎白·塔潘(Elizabeth Tappan)认为有关女权的讨论"激动人心"。她后来考虑不结婚,因为她认识到"已婚妇女形同奴隶"。①后来的女权领袖露西·斯通(Lucy Stone)读了萨拉·格里姆科的致凯瑟琳·比彻的书信之后,认为这些书信是"一流的水平",使她坚定了"不称呼任何男人主人"的信念。②另外一位未来的女权主义者玛丽·利弗莫尔(Mary Livermore)听了安吉莉娜在马萨诸塞州议会的演讲后认识到,妇女应当自由地去做她力所能及的事情。③可以说,格里姆科的女权思想,强化了那个时代部分美国妇女的女权意识,为后来的女权运动的发展奠定了思想基础,对新一代的女权领袖发挥了思想启蒙的作用。

可以想象,如果没有格里姆科姐妹对女权思想的宣传和普及,伊丽莎白·斯坦顿和露西·斯通等于1848年7月19至20日在纽约州的塞内卡福尔斯(Seneca Falls)发起召开美国历史上第一次女权大会是不可想象的。这次大会被史学界普遍认为标志着美国女权运动的兴起。会议发表的《观点宣言》套用《独立宣言》的语言,指出妇女与男性生而具有平等的权利,列举了男人们剥夺女性权利的18条罪状;剥夺了妇女"不可剥夺的"选举权和在议会的代表权;强迫妇女服从她们无权参与制定的法律;褫夺了妇女的全部财产权,甚至包括支配她们挣得的工资的权利;剥夺了妇女们的自由,强迫她们服从形同"主人"的丈夫,遭受打骂;男人们制定的婚姻法剥夺了妇女的一切权利;男人们几乎垄断了一切有利可图的职业(牧师、医生和律师),阻塞了妇女走向财富和荣誉的一切途径;男人们拒绝向妇女们提供接受全面的教育的便利,所有大学都向妇女关闭了大门;男人们剥夺了妇女担任牧师和参与宗教事务的权利;男人们对自己和妇女

---

① Blanche Glassman Hersh, *The Slavery of Sex: Feminist-Abolitionists in America*, University of Illinois Press, 1978, pp.41-42.

② Alice Stone Blackwell, *Lucy Stone: Pioneer of Woman's Rights*, University of Virginia Press, 2001, p.37.

③ Blanche Glassman Hersh, *The Slavery of Sex: Feminist-Abolitionists in America*, University of Illinois Press, 1978, pp.29-30.

执行双重道德标准;男人们极力摧毁妇女们的自信和自尊,使她们心甘情愿地过着依靠男人的卑贱生活。《观点宣言》要求立即给予妇女作为美国公民应该享有的"一切权利和特权"。①塞内卡福尔斯大会对两性平等的强调,对有关法律对女性的平等的参政权、财产权、就业权、教育权的剥夺所进行的有力的嘲讽和批判,以及对这些权利的诉求,都与格里姆科姐妹的主张一脉相承。

第二,在策略层面上,格里姆科姐妹对后来美国女权运动的影响也是显而易见的。首先,姐妹俩为美国女性争取到了公开发表演讲的权利。鉴于许多教会拒绝接纳妇女演讲者以及保守派人士认为妇女不应在有男人参加的聚会上发表演讲,格里姆科姐妹致函西奥多·韦尔德和诗人兼废奴主义者约翰·惠蒂埃(John Greenleaf Whittier),指出如果妇女们不去争取公开发表演讲的权利,就无法继续参与和推动废奴运动,对妇女这一权利的剥夺,成为妇女参与社会改革运动的"绊脚石";如果妇女放弃了公开演讲的权利,她们的请愿权和发表文章和论著的权利也会被剥夺;如果如此,妇女们还怎么为奴隶呐喊呢?②1852年,露西·斯通在全国妇女权利大会上指出:由于格里姆科姐妹的努力,"我们今天才得以安安静静地开会;我们公开发表演讲的权利才没人质疑"。③其次,安吉莉娜强调利用好请愿权的作用,认为请愿权是妇女拥有的唯一的政治权利;如果把这个权利剥夺的话,那么妇女就成了其"主人们"的"奴隶"。④在后来的女性参与的社会改革和女权运动中,请愿权作为一种巨大的武器,得到了充分的利用。

第三,萨拉对美国妇女中的一些不良现象的分析旨在强调,要争取两性平等,女性们也要从改变自我做起。

第四,安吉莉娜强调,妇女的权利要有妇女自己去争取。⑤因此,可以说,19世纪30年代末美国发生的这场有关女权的辩论,在思想上为后来女权运动的崛起奠定了基础,也为后来美国女权运动的发展积累了经验。

---

① Elizabeth Cady Stanton, Susan B. Anthony, and Matilda Joslyn Gage, eds., *History of Woman Suffrage*, Vol.10, Charles Mann, 1881, pp.70-73.

② Ceplair, ed., *The Public Years of Sarah and Angelina Grimké: Selected Writings, 1835-1839*, Columbia University Press, 1989, pp.281-285, 293.

③ Elizabeth Cady Stanton, Susan B. Anthony, and Matilda Joslyn Gage, eds., *History of Woman Suffrage*, Vol.I, Charles Mann, 1881, p.531.

④ A. E. Grimké, "Letters to Catherine E. Beecher, No. XI", *Liberator*, Vol.7, No.40, Sep.29, 1837, p.159.

⑤ Catherine H. Birney, *The Grimké Sisters: Sarah and Angelina Grimké, the first American Women Advocates of Abolition and Woman's Right*, Lee and Shepard publish, 1885, p.178.

19世纪30年代末这场围绕美国女权的争论,体现了美国工业化早期传统与现代的冲突。值得提及的是,受时代的局限,格里姆科姐妹并未完全跳出那个时代给妇女所划定的活动范围。萨拉呼吁妇女们在争取平等的同时,要加倍履行好做妻子、母亲、姐妹和女儿的职责。[1]1838年5月14日安吉莉娜与西奥多·韦尔德结婚之后,主要呆在家里持家,停止了有关女权问题的巡回演讲。1838年7月15日她致函安娜·韦斯顿(Anne Warren Weston),指出操持好家务就像公开演讲一样能够推进女权。因为"我们绝对必要证明,我们作为家庭主妇的角色完全未受到损害。一旦家里的职责召唤我们,我们能够很高兴地退出公共服务,像做好一场演讲一样做好面包"。[2]对争取女权与履行家庭职责的并重,构成了美国第一代女权主义者的一大特点。[3]这也体现了那一时期女权主义者的时代局限性。

本文原刊载于《世界历史》2013年第2期。

作者简介:

张聚国,历史学博士。现为南开大学历史学院美国历史与文化中心副教授,《南开史学》杂志社办公室主任。重点研究19世纪美国史、美国社会运动与社会改革和种族关系、性别史等。

---

① Sarah M. Grimké, "Ministry of Women", *Liberator*, Vol.8, No.3, Jan.19, 1838, p.12.

② Ceplair, ed., *The Public Years of Sarah and Angelina Grimké: Selected Writings, 1835–1839*, Columbia University Press, 1989, p.326.

③ Eleanor Flexner, *Century of Struggle: The Woman's Rights Movement in the United States*, Belknap Press of Harvard University Press, 1975, p.vii.

论析帕麦斯顿时期英美平等关系的确立

王　黎　王梓元

　　1783 年独立的美国渴望融入欧洲外交体系,但它并未因此获得平等的地位。由于在治国经验与实力上和欧洲国家差距甚远,年轻的共和国不仅在政治上遭到欧洲君主们的敌视,同时在心理上也蒙受歧视。这一状况直到 1812—1814 年的英美战争结束时才有所转变。故 1814 年的《根特条约》被认为是美国建国以来首次与英国签订的最为平等的条约。尽管双方对"平等"的理解不同,伦敦政府开始意识到这些前殖民地的民众"确有桀骜不驯的秉性与能量"。[1]

　　此时的英国不仅在欧洲获得了空前的地位与影响,而且在全球范围内谋求更大的商业利益与势力范围。[2] 从 1830 年至 1865 年间,曾几度出任英国外交大臣与首相的 J.T. 帕麦斯顿(Henry J .T. Palmerston.)积极推行帝国扩张。在其执掌英国事务期间,他多次在欧洲、亚洲挑起战事,其中包括两次侵华战争。这位铁腕人物把英国外交政策的原则概括为"没有永恒的敌人也没有永恒的朋友,只有永恒的国家利益"。[3] 丘吉尔称其为英国历史上"最为能干的政治家之一"。[4] 不过,作风强悍的帕麦斯顿在处理 19 世纪中期追求大国地位的美国时却很谨慎。到底是哪些国内外因素的考量让这位政治家接受了美国的挑战? 作为资深的英国政治领袖,帕麦斯顿意识到一旦接受了美国的平等地位,它将意味给大英帝国带来怎样的严重后果。美国开始追求与英国平等地位正值帕麦斯顿任职期间,此时也是英国海军与其金融实力迈向巅峰的时期。然而,任何国家的政策都难免不受变化的国内外环境之影响。因此,他密切关注影响英国外交政策与其核心利益的国际环境的变化,以便在维护国家安全时能够把握"必须"与"可能"的

---

　　[1] Thomas Bailey, *A Diplomatic History of the American People*, Appleton-Century-Crofts, 1969, p. 157.

　　[2] Winston Churchill, *A History of the English — Speaking Peoples*, Vol. IV, Barnes & Noble Books, 1956, p. 51.

　　[3] Harold Nicolson, *Diplomacy*, Georgetown University Press, 1988, p. 73.

　　[4] Winston Churchill, *A History of the English—Speaking Peoples*, Vol. IV, Barnes & Noble Books, 1956, p. 51.

界线。探究帕麦斯顿时期英国缘何接受美国平等地位的这段历史,可以求证欧洲人曾经称之为"店主国家"的英国和美国,除了具有广泛的经济利益与文化共性外,更重要的是它们在如何看待日益形成的全球经济体系方面也趋于认同。[1]

首先,本文追溯并论证帕麦斯顿在推动"以英国为核心的全球经济体系"的同时,注重从全球战略视角去权衡英帝国的整体利益。这一点对英伦岛国来说十分重要。这既显示英国对外政策中的务实特征,也是变化中的国际趋势的要求。准确地讲,19世纪中叶出现的英美平等关系不仅始于帕麦斯顿时期,而且直接影响到后来在两国之间发生微妙的权力转移。其次,传统的国际关系现实主义理论坚持认为:维护现状的国家(status quo power)与志在崛起的国家(rising power)通常"难逃霸权转移的厄运"。[2]由此得出的结论是"大国的和平崛起是不可能的"。本文指出,这一学派信奉的经典案例是古希腊时期雅典与斯巴达之间的伯罗奔尼撒战争、近代早期西班牙、法国与英国之间的长期角逐,特别是19世纪末期开始的德国与英国的海洋争霸。可是它们鲜有提及,同时期支配世界体系的英国却最终接纳了美国权力的崛起。

历史的发展绝非静止或只是偶然。19世纪末英国能够接受美国崛起这一历史性的挑战,是帕麦斯顿时期两国关系悄然变化的结果:即美国看到了在以英国为基础的全球政治经济秩序内求平等、谋发展利大于弊;而英国接受了充满活力且开放自由的美国,是因为这样做更容易影响美国的政治与经济。故论析19世纪中期英美平等关系的变化与确立过程,是理解这两个"盎格鲁—撒克逊"国家之间实现权力和平转移的前提。[3]严格地说,帕麦斯顿并没有目睹美国崛起的整个过程。但是他在任职期间,两国政府开始谋求通过外交与条约而非诉诸战争来解决它们之间关于国际经济体系与国家实力的关系。有鉴于此,英国主导的世界体系反而由于美国的加入变得更加稳固。这就是本文探究的兴趣所在。

一、帕麦斯顿眼中的英美关系

帕麦斯顿出生于1784年,当时美国刚刚从英国殖民体系中独立出去。随之,英国对其外交政策的反思使其对外行为变得谨慎。但是,1789年法国大革命及

---

[1] Walter Mead, *Special Providence – American Foreign Policy and How It Changed the World*, Routledge, 2002, p. xvi.

[2] Joseph S. Nye, Jr., *Power in the Future*, Public Affairs, 2011, p. 208.

[3] Walter Mead, *Special Providence-American Foreign Policy and How It Changed the World*, Routledge, 2002, pp. 81-83.

其随后的拿破仑战争再度让英伦岛国全力投入一场长达20年的欧洲战争中去。正如英国1792年12月递交给法国的外交照会中阐明的那样："英国绝不允许法国在欧洲大陆上推翻欧洲国家共同接受的神圣条约体系。"①1807年年仅23岁的帕麦斯顿带着保守的政治倾向步入英国政坛成为议会议员，并以"维护英帝国的利益为己任"。②他最初在政治上表现强硬是在1808年。当时，英国海军炮轰了奉行中立政策的丹麦首都哥本哈根，目的在于摧毁可能会被拿破仑征用的海军舰只。当这一海盗行径遭到国内外质疑时，他援引国际政治中"自我保护"（self-help）原则为英国辩护。从此，他支持英国在外交努力失败后，使用包括战争在内的强制手段达到其政治目的。这一强硬态度不仅为帕麦斯顿赢得了国内政治资本，同时成为他日后处理外交事务的风格。③1815年拿破仑战争结束后，帕麦斯顿赞成英国在和平时期保持强大海军的主张，以确保其全球范围内的安全与利益。作为政策，他信奉维系欧洲大陆的均衡是英国外交的基石。④

然而，英国很快面对一个新的棘手问题，那就是第二次英美战争的结果带给英国的潜在挑战。虽然从纯军事角度上难以断定英美谁是赢家，但在政治上，美国无疑是一个日益壮大的国家，特别是其潜力与决心更不容轻视。对此，英国惠灵顿将军（A. W. Wellington）写道，美国幅员广袤难以从外部对其攻击；而加拿大地理之遥也难以提供必要的保护。⑤1814年之后的美国社会不时流露出这场与英国的战争带给他们的自信。美国人以"天定命运"为己任在北美大陆进行了历史上的空前扩张——"西进运动"。当时美国与尚属英国领地的加拿大早已存在边界争议。这一历史遗留问题立即成为帕麦斯顿执政时期英美之间的矛盾焦点。

1830年帕麦斯顿初任英国外交大臣。虽然他在1826年支持坎宁关于美国在未来欧洲均势中作用的看法，但他公开抨击美国人的虚张声势以及对土地的贪求，其中包括美国南部盛行的"奴隶制"。然而，出于对加拿大安全的考虑，帕麦斯顿不得不向美国总统杰克逊示好，并于1836年充当了美、法两国在海权司法

---

① Winston Churchill, *A History of English-Speaking Peoples*, Ⅲ., Barnes & Noble Books, 1956, p. 286.

② *Dictionary of British History*, The Wordsworth Reference, 1994, p. 282.

③ Henry Kissinger, *Diplomacy*, Simon & Schuster, 1994, p. 101.

④ Michael Sheehan, *Balance of Power-History and Theory*, Routledge, 1996, p. 138.

⑤ Winston Churchill, *A History of English-Speaking Peoples*, Ⅳ, Barnes & Noble Books, 1956, pp. 4~6.

争议中的调停者。① 这一短暂的和平却被一直存在的美加边界争端所破坏。到了1841年,英美关系变得日益紧张起来。由于在第一次鸦片战争中从中国攫取了殖民权益,帕麦斯顿试图同样以战争威胁来"教训"美国。但是,他的强硬态度却遭到当时英国女王维多利亚夫妇的反对。1841年取代帕麦斯顿主管外交事务的阿伯丁(Lord Aberdeen)努力推动与美国关系的缓和,并派新任驻美公使艾什伯顿(Lord Ashburton)前往华盛顿谈判,随后两国政府签署了重要的《韦伯斯特-艾什伯顿条约》(Webster-Ashburton Treaty)。② 它稳定了美国与加拿大东北部边界,并开始朝着英美平等关系的方向发展。帕麦斯顿不满意条约的内容,但是随着两国间贸易商业往来的扩大,出现了被日后称为以英美为纽带的"大西洋经济体"(Atlantic Economy)。③ 与此同时,两国政府在俄勒冈领地划分问题上的相互让步成为英美关系史上的另一转折点。1846年1月3日《泰晤士报》写道,尽管两国都存在好战分子和极端情绪,但是,公共舆论的主流是反对战争的。两国拥有共同的文化、语言、法律等纽带及其共同追求的目标让我们意识到,使用武力割断这些联系是罪恶的。的确,我们有过反目,但更多的是和解,我们毕竟是同根生。④

不过,这一温情的描述并不能代表英国政治保守派的观点。他们在接受英美经济相互依赖的同时,也流露出对美国觊觎加勒比海与中美洲地峡的担忧与反感。从1846年至1850年,英国与美国的关系很难用"对抗"或"合作"来简单界定。在两国经贸关系日益密切的同时,相互的猜疑与担忧制约了它们政治上的接近。1848年通过的与新格林纳达(即哥伦比亚)双边条约规定:美国在中美洲地峡区域享有广泛的特权。时任美国国务卿克雷顿(John Clayton)提出由英美"平等"控制一条地峡通道,以便让全世界所有国家享受其便利。⑤ 此时,英国对美国在中美洲的战略企图深表不安,帕麦斯顿明示媒体:虽然商业会推进英美的互信,但在公众舆论面前它也常常很脆弱。实际上,他反对克雷顿提出的英美平等的建议,担心这一提法可能单方面导致美国地位的提升,并随时把英国的海外

① Richard Morris, ed. , *Encyclopedia of American History*, Harper & Brothers, 1953, p. 170.

② Richard Morris, ed. , *Encyclopedia of American History*, Harper & Brothers, 1953, pp. 185-186.

③ Crane Brinton, *The United States and Britain*, Harvard University Press, 1945, p. 112.

④ H. C. Allen, *Great Britain and the United States-A History of Anglo-American Relations (1783-1952)*, Odhams Press, 1954, p. 413.

⑤ Thomas Paterson, *American Foreign Policy: A History to 1914*, D. C. Health & Company, 1988, p. 136.

利益拖入困境。帕麦斯顿一贯反感美国人不守常规的作风。他要在加勒比海以及中美洲地峡问题上"不放弃帝国的既得权利与尊严"。[①]这是因为英国在加勒比海地区有着广泛的殖民权益。而美国的介入无疑挑战它的既得利益。作为当时世界上最大的海运国家,英国时刻关注任何新的竞争者。美国此时的航运与造船能力足以让英国担忧。显然,英国深知对中美洲地峡的控制意味着将加强海上的机动性并大大缩短大西洋通向太平洋的距离。无论是对英国还是对美国而言,它都极具战略价值。对于那些主张与美国妥协的阁员,帕麦斯顿警告他们"这无异于助长美国贪得无厌的领土欲望并误导他们更加有恃无恐"。[②]

1849年至1850年,英美两国在中美洲地峡问题上确有剑拔弩张之势。英国的强硬态度让美国政府也有所顾虑。考虑到仍需要时间来消化在不久前美墨战争中吞噬的广袤领土,美国认为"英美两国政府需要表现出极大的克制和智慧,否则,一场大规模的冲突难以避免"。[③]不过对拥有全球利益的英帝国而言,帕麦斯顿很难在地峡问题上与美国摊牌,原因是此时震撼欧洲的1848年革命余波未平,又出现了如何维护奥斯曼帝国生存的"东方问题"。更不能忽视的是,加拿大自身脆弱的防御一直困扰着这位帝国利益的维护者。同样重要的是在英国工商界与知识界中,多数人相信英美商贸之间的往来是加深两国共同利益的纽带,特别是来自英国的金融家与土地投资者,他们与美国有着切身利益的关联。鉴于英国国内舆论的压力以及多数阁员的反对,帕麦斯顿最后同意了美国提出的建议:在地峡区内不设立任何排他性的规定。在保障两国利益的同时,未来开凿的运河将对全世界各国的航运公平开放、利益均等。英美政府同意将这一原则写入1850年4月签署的《克雷顿-布尔沃条约》(*Clayton-Bulwer Treaty*),它规定"英国与美国均不得在中美洲的运河区内追求垄断或设防;为此,禁止任何一方在该地区寻求支配性的权益"。[④]参加谈判的英国特使布尔沃(William Bulwer)认为,该条约缓和了两国关系,并在一定程度上约束了桀骜不驯的美国在中美洲的行为。实际上,帕麦斯顿政府此时渴望通过非武力手段阻止美国在整个新大陆的

① H. C. Allen, Great Britain and the United States-*A History of Anglo - American Relations (1783-1952)*, Odhams Press, 1954, p. 23.

② Gavin Henderson, "Southern Designs on Cuba, 1854-1857 and Some European Opinions", *Journal of Southern History*, No. 5, 1939, p. 385.

③ Thomas Bailey, *A Diplomatic History of the American People*, Appleton-Century-Crofts, 1969, p. 274.

④ Mary Williams, *Anglo-American Isthmian Diplomacy 1815-1915*, American Historical Association, 1916, p. 92.

扩张;这一态度最终导致了1854年6月两国政府签署了英美关系史上另一重要协议:《加拿大互惠条约》(Canadian Reciprocity Treaty)。[1]虽然该条约只是涉及美加双方捕鱼与航运权益,但是它与上述的《韦伯斯特–艾什伯顿条约》《克雷顿–布尔沃条约》以及俄勒冈边划分协议一起在稳定了英美关系的同时,也构成了后来双方视为平等的法律基础。[2] 19世纪50年代,英国政府并没有形成遏制美国的具体政策;相反,英国社会对美国的扩张行径或轻描淡写,或是出于商业利益而主张与其友好。1857年12月帕麦斯顿就英美关系做了这样的分析:"美国拥有地利、人众、做事果断的优势; 他们为达到目的而不择手段、甚至没有底线;而英国则远离事发地区、并常常因优柔寡断而败事;因此,通过互惠的商业往来维系并推动与美国的和平关系,实为上策。"[3] 1859年帕麦斯顿政府在中美洲地区向美国示好,其中包括英国主动放弃一直让美国反感它在该地区拥有的保护国地位。为此,历史学家伯尼(Kennedy Bourne)认为,此举表明英国实际上不再遏制美国在新大陆的扩张及其与日俱增的影响。[4]而美国则通过一系列条约或协议有效促使英国接受它渴望得到的平等地位与国家尊严。早期美国政治领袖——杰斐逊、亚当斯、门罗等人关于对英国的看法似乎已成共识,那就是与欧洲大陆君主国家相比,尽管英国傲慢并工于心计,但它是一个较为可靠的开放型伙伴,故与其达成默契绝非不幸的选择。[5]

1860年爆发的美国内战诱惑帕麦斯顿及英国政界的保守势力试图对美国采取敌视与投机的政策,从而使两国趋于和好的关系再度陷入了长达10年的对抗。

二、美国内战与帕默斯顿的最后选择

学者们通常惯以英国王室1861年2月5日发表的声明来佐证其对美国内战的态度:即"英国无法忽视北美合众国内部发生的分裂及其后果,因为两国人民

---

① Richard Morris, ed. ,*Encyclopedia of American History*,Harper & Brothers,1953,p. 217.

② Charles Campbell, *From Revolution to Rapprochement: The United States and Great Britain 1783 – 1900*, John Wiley & Sons,1974,p. 76.

③ H. C. Allen, *Great Britain and the United States–A History of Anglo – American Relations (1783–1952)*,Odhams Press,1954,p. 423.

④ Kenneth Bourne, "The Clayton – Bulwer Treaty and the Decline of British Opposition to the Territorial Expansion of the United States, 1857–1860", *Journal of Modern History*, XXXIII, 1961, p. 289.

⑤ Walter Mead, *Special Providence – American Foreign Policy and How It Changed the World*, Routledge,2002,p. 200.

的共同祖先以及超出一般外交意义上的密切关系将会受到严重影响"。①然而,再度任英国首相的帕麦斯顿却另有打算。虽然他声称在最后任期(1859—1865)内避免与欧洲其他国家以及美国再度开战,但是,帕麦斯顿必须密切关注美国政局的动态。这是因为南北战争最终所导致的结果对英国而言是非常重要的,这也关系到如何与志在崛起的美国避免敌对关系。②他曾多次表示"已经足够庞大的美国应该解体,这不仅会在地缘上削弱来自美国的竞争,以提升英国在美洲大陆的影响;同时也会由于出现一个南部邦联",而为"英国的工业品提供广阔的市场与廉价的原料"。③毫无疑问,加拿大的安全也会由此得到保障。1861年4月美国内战爆发伊始,英国宣布"中立"并称南北双方为交战方。可见,伦敦的政客们,特别是老谋深算的帕麦斯顿企图利用国际法概念来掩饰他们对南方分裂势力的非正式承认。④当北方政府决定对南方"叛乱"各州实施海上封锁时,帕麦斯顿立即指示英国驻华盛顿公使莱恩斯(Lord Lyons)通知白宫,如果严重依赖外部进口棉花的英国纺织行业蒙受损失的话,"为此承担巨大压力的女王陛下政府将不得不使用任何手段来保障其商业运行"。⑤

战争初期,帕麦斯顿担心如果英国政府在承认南方邦联问题上过于草率,可能会招致美国对加拿大的报复,甚至不惜与南方做出某种程度的政治妥协。当时美国国务卿西瓦德(William Seward)警告欧洲,任何承认南方分裂势力的国家都会被视为美国的公敌。⑥不仅如此,帕麦斯顿相信如果公开站在奉行"奴隶制度"的南方邦联一边,英国民众将不会支持;况且,他本人也厌恶美国南部存在的"黑奴制"。

然而,1861—1862年间所发生的一系列事件几乎把英美两国推向战争的边缘。首先,11月8日发生的"特伦特号"事件是两国政府面临的第一次危机。当时这艘开往欧洲去的英国汽轮被美国海军截获,并带走船上的南方特使梅森

---

① Beckles Wilson, *American Ambassadors to England 1785–1928*, London; 1928, p. 308.

② H. C. Allen, *Great Britain and the United States-A History of Anglo – American Relations (1783–1952)*, Odhams Press, 1954, p. 452.

③ Stuart Anderson, "1861: Blockade vs. Closing of the Confederate Ports", *Military Affairs*, 1977, pp.190~193.

④ Wilhelm Grewe, *The Epochs of International Law*, W. de G, 2000, p. 539.

⑤ Charles Campbell, *From Revolution to Rapprochement: The United States and Great Britain 1783–1900*, John Wiley & Sons, 1974, p. 96.

⑥ Thomas Paterson, *American Foreign Policy: A History to 1914*, D. C. Health & Company, 1988, p. 138.

（James Mason）和司莱代尔（John Slidell）。这一消息很快传到伦敦，在好战派舆论的怂恿下，英国的战争威胁不断升级。然而，美国也提出进犯加拿大以要挟英国。在战争一触即发时，帕麦斯顿向英国女王表示"他已准备给予美国一记彻底难忘的教训"。[1]此时在华盛顿的莱恩斯转告西瓦德"英国政府提出三个要求必须予以满足。即美国正式道歉；释放梅森和司莱代尔；并准许他们继续前往欧洲"。[2]虽然林肯政府最初拒绝放人，但鉴于北方军队在战场上的困境，再与英国开战无异于自杀之举。12月6日，识时务的华盛顿政府正式答复并满足了伦敦的要求。这样，英美之间第一次外交危机便化险为夷了。

然而，英国社会中的保守势力与利益集团继续向帕麦斯顿施压，敦促他利用美国内讧的机会为帝国谋求更多更大的利益。1862年3月和7月，由英国建造的两所新型战舰"佛罗里达号"和"亚拉巴马号"分别"逃逸"到南方军手中。从而引发了英美间的第二次危机。特别是"亚拉巴马号"在以后两年中相继击沉、击伤近60艘北方的船只，并给美国政府友好国家的海运业造成巨大威胁。就连英国政府中的温和派系也被迫承认，这艘由英国海员驾驶而悬挂南方政府旗帜的军舰，用英国的火炮及装备击沉、破坏了友好国家的许多船只，实为英国政府之过错。此时的帕麦斯顿虽然为英国企业利益集团的行为坚决辩护，但是他深知英国社会的公共舆论，特别是此时维多利亚女王的丈夫埃尔伯塔亲王对美国的态度是"只要和平"。[3]

长期以来，学术界存在的疑惑与争论一直围绕着为什么英法两国没有进行计划中的外交斡旋与干涉；如果发生，战争初期深陷困境的美国是否会对英法两国宣战，那后果又将怎样？南方邦联的独立与合法地位是否会被欧洲列强所承认？为此，存在的两种解答：第一，南方军始终没有为其政府获得一场决定性的军事胜利，为此，帕麦斯顿认为最好等到战场上形势明朗之后，英国再做出最后决定；第二，林肯的《解放黑奴宣言》宣读之后，在英国社会上引起巨大的反响。当时在美国驻伦敦领馆任职的亨利·亚当斯（Henry Adams）写道，似乎一夜之间这里的人们变得同情北方的正义事业。英国自由主义政治家考普顿（Richard

---

[1] Charles Campbell, *From Revolution to Rapprochement: The United States and Great Britain 1783-1900*, John Wiley & Sons, 1974, p. 101.

[2] Charles Campbell, *From Revolution to Rapprochement: The United States and Great Britain 1783-1900*, John Wiley & Sons, 1974, p. 100.

[3] Samuel Morison and Henry Commager, *The Growth of the American Republic*, Vol. I, Oxford University Press, 1962, p. 711.

Cobden）也写道："显然赞成干涉美国内战的情绪一直存在。但是，总统的黑奴解放宣言激起了英国民众前所未有的反对奴隶制的情绪。我现在可以预言，由于这是一场明确反对奴隶制度的战争，所以任何英国政府对美国采取的不友好行为都不会得到英国民众的赞同。"[1]言下之意，没有任何英国政府敢对为消除奴隶制度而战的美国公然采取战争行为。

就帕麦斯顿而言，他对这场战争的看法以及对美国整个政策的分析始终受三方面因素的影响。其一，最初的战局状况。虽然1861年南方军在东部战绩辉煌，但在得克萨斯和西部却成就甚微。此外，北方海军对南方邦联港口的封锁更让其对外贸易锐减。无论是北方还是南方都没能在关键的东部战场上获得决定性的胜利，这让帕麦斯顿认定，战场上的僵局会耗尽北方人民的承受限度，最终迫使南北双方以停战的方式来维系现状。这样的结果就是英国以不战而屈人之兵的设想完成分裂美国的目的。其二，"棉花至上"理论的局限性。尽管南方以棉花为武器，并深信英国和欧洲国家为了本国的企业开工要卷入这场南北战争。然而，他们忽视了英国纺织业主不仅早有大量棉花贮备，而且埃及和印度的棉花也源源不断地流入英国市场。同样，英国民众对北方小麦的需求也大于对南方棉花的依赖。这样，以棉花为武器的奇想在南北战争中成效甚微。其三，英国决策层中的顾虑。尽管帕麦斯顿及同僚希望南方邦联早日获得国际承认，但不稳定的欧洲局势迫使他们行动谨慎。1863年夏季，法国对墨西哥出兵之举震惊英国朝野，同样拿破仑三世在意大利统一战争中表现得出尔反尔，让英国不得不谨慎与其合作。此时，俄国希望借助统一强大的美国来制衡英国霸权的计划也困扰着英国决策者。[2]这一切都让英国社会上下认为，再与美国发生一场全面战争是绝对不符合英国长远利益的。

当美国内战进入第三年时，英国政府的观望态度有了明显的改变，代之而起的是"不轻易激怒美国政府"的共识。此时已80高龄的帕麦斯顿在写给罗塞尔的信中说道，美国南北双方的冲突是近代史上规模最大的军事角逐，对此，英国应该在静观这场战争结果的同时，避免由于草率而引起的麻烦。虽然他在晚年仍不喜欢美国，但是与当时其他欧洲君主不同的是，帕麦斯顿懂得，无论你是否喜

---

[1] Charles Campbell, *From Revolution to Rapprochement: The United States and Great Britain 1783–1900*, John Wiley & Sons, 1974, pp. 98, 105.

[2] Thomas Paterson, *American Foreign Policy: A History to 1914*, D. C. Health & Company, 1988, pp. 144-145.

欢美国,你都不能忽视它的存在与未来的潜能。[1]到了1863年末,南方邦联企图获得欧洲国家的承认与援助已成为泡影。而北方外交则表现得更加灵活而富有成果,他们拥有着南方正在失去的东西——那就是足以支持外交的工业实力与军事能力。英国仍是战时外交的焦点,因为它是欧洲政治中的支配大国并直接控制着加拿大,同时皇家海军也是唯一能够封锁或保障大西洋航线的力量。然而,这些强势渐渐受制于美国的地理优势。远离帝国政治中心的加拿大时刻暴露在美国的威胁之下,欧洲国家中也不乏支持美国的朋友,就连帝国海军也受到私掠船队的攻击。虽然此时的英国仍然比美国强大,但它已经不再可以发号施令。[2]最后需要提及的是,曾经被拿破仑戏称为"店主国家"的英国与美国,不仅关心自己眼下的安全与利益,而且同样思考世界秩序的构建。两国的治国精英们认为,世界范围的贸易和金融体系会使国家富裕起来,这些财富能够赋予它施展军事力量的能力。这样,英国和美国之间的金融、商贸关系在19世纪初已经渐趋紧密。作为原材料和食品的来源地,作为爱尔兰移民的安全阀,作为海外投资的理想场所,美国对大英帝国的整个安全利益不仅变得日趋重要,而且形成了相互依存的关系。这些就是帕麦斯顿在处理美国问题时必须考虑的现实。

结 语

探究国家间的外交关系应该关注政府层面,但同样重要的是要了解两国之间如何看待或认知对方。在一定的条件下,这点尤为重要。基辛格在他《大外交》一书中称,自1830年以降的30年间,帕麦斯顿是这一时期英国外交政策的主要策划与执行者。尽管最初他资历尚浅,但当时奥地利首相梅特涅却欣赏这位晚辈在欧洲外交舞台上的纵横捭阖。他曾说过:"帕麦斯顿可以得到他想要的东西;他在游刃有余地干涉埃及的同时,也能够让法国感受到英国实力的存在;他暗示奥地利与普鲁士,在关键时分他更需要俄国而非它们;同时,他又通过接近法国让沙皇在心理上常有失落感。总之,帕麦斯顿能够让其他欧洲列强相互猜测而又不暴露自己的底牌。"[3]历史学家泰勒把帕麦斯顿的治国方略概括为:他从

---

① Norman Graebner, "Northern Diplomacy and European Realism", Thomas Paterson, *Major Problems in American Foreign Policy*, D. C. Heath and Company, 1989, pp. 323-324.

② Thomas Paterson, *American Foreign Policy: A History to 1914*, D. C. Health & Company, 1988, p. 146.

③ Harold Kissinger, *Diplomacy*, Simon & Schuster, 1994, p. 101. 当时激进的英国议员 Thomas Attwood 称帕默斯顿是外交上的伪君子。

一个政治上保守的普通官员转变为自由主义外交政策的制定者与执行者；他对外彰显英帝国的实力，并信奉维护均衡的外交原则。此外，他巧妙地利用媒体舆论在英国的政治中发挥作用。①

可是，上述评价忽视了一点，作为英国的政治家，帕麦斯顿一贯强调英帝国已是成熟的世界大国。所谓成熟大国应该是根据国际政治中环境的变化，审时度势地为维护自身的长远利益修改或自愿限定所追求的目标。为此，英国在关注欧洲国家间相互制衡的同时，能够在战略上灵活处理与美国的长远关系。②这样，支配整个19世纪的英国外交政策虽然始于坎宁，但是最终促使这一政策成熟的则归功于帕麦斯顿的努力与贡献。③他在处理外交事务时务实谨慎，并在1845年就发出警告，历史上的英国天然护城河——英吉利海峡将变得意义甚微，从而危及帝国本身的安全与海外贸易。④因此，帕麦斯顿似乎回到了1823年坎宁坚持的立场，那就是，在继续维护英国既得利益的同时，应该学会如何接受美国在西半球挑战英国并要求与其地位平等。本文的中心论题也即在此。

本文原刊载于《史学集刊》2013年第3期。

作者简介：

王黎，教授，英国阿伯丁大学国际关系学博士。先后获南开大学世界史专业学士和硕士学位，1988—1990年美国哈佛-燕京访问学者。1995—2004年先后在美国、英国访学。2004—2013年在南开大学历史学院世界史系任教，主讲欧洲外交史、美国外交史和欧盟对外政策等课程，2014年调入吉林大学公共外交学院。

---

① A. J. P. Taylor, "Lord Palmerston", *History Today*, No.1, 1991, p. 1.

② Robert Watson, *Britain in Europe, 1789 – 1914*, The Macmillan Company, 1937, p. 53.

③ Hans Morgenthau, ed., *Politics among Nations – The Struggle for Power and for Peace*, Mc-Graw-Hill Publishing Company, 1985, p. 488.

④ 马丁·怀特:《权力政治》, 宋爱群译, 世界知识出版社, 2004年, 第169页。

商业公司的建立与美国建国
初期的政治文化的转型

董 瑜

美国建国初期,为了复苏国内经济,在一批政治精英的提议下,各州建立起各种商业公司,以聚集私人资金从事国家暂时无力进行的公共事业。从18世纪末到19世纪初,这种组织形式广泛分布于银行、交通、保险和制造业等重要领域。

在主张建立商业公司的政治精英看来,这种组织形式并非为了私人获取利益,而是为了公共利益(public good),[①]各州政府赋予商业公司特权,也旨在推动社会的公共利益。因此,商业公司被界定为"公共机构"(public agencies),[②]各州政府将它限制在公共服务的范畴中。然而,在建国初期,为了获取私利而建立商业公司是普遍存在的现象。因此,建国初期的商业公司扮演着双重角色,一方面,它是推动社会"共同福祉"(common good)的途径;另一方面,它是商业公司支持者与经营者谋利的工具。换言之,建国初期的商业公司既非纯粹的公共机构,也不同于为获得经济利益而建的现代大公司。

[①] 不同学者对公共利益的界定有所不同,但总体来说,公共利益的概念"内在于集体性自我意识的本质之中",它不同于地区或集团性利益,也是不受时间限制的,是超越每个社会成员暂时利益的,并且能影响每个社会成员的共同的、普遍的利益。关于公共利益的概念,参见爱德华·希尔斯:《市民社会的美德》,李强译,邓正来、杰弗里·亚历山大主编:《国家与市民社会———一种社会理论的研究路径》,上海人民出版社,2006年,第44、50页;Franklin A. Kalinowski, David Hume and James Madison on Defining "The Public Interest", in Richard K Matthews, ed., *Virtue, Corruption, and Self-Interest: Political Values in the Eighteenth Century*, Lehigh University Press, 1994, p.175.

[②] "公共机构"(public agencies)是借用了波林·梅尔在《美国公司的革命根源》一文中的用法。在18世纪末到19世纪初美国关于商业公司的文献中,经常提到商业公司是一种公共事业(public utility),在颁布商业公司的特许状中,明确表示建立商业公司是为公共利益服务。参见 Pauline Maier, "The Revolutionary Origins of the American Corporation", *The William and Mary Quarterly*, Vol.50, No.1 1993, pp. 51-84.

国内外很多学者都关注过美国建国初期的商业公司。[①]对于各州建立商业公司的缘由,大多数学者强调商业公司的目标是促进社会的"共同福祉",并且探讨商业公司作为公共机构的特征。比如奥斯卡·汉德林与玛丽·汉德林认为,至少在马萨诸塞,运用商业公司发展经济的方式来自共同体(commonwealth)思想。在共同体中,运用一些传统的管理机构完成发展经济的目标,是共同体的职责。通过为共同的目标与相同的利益建立的商业公司,共同体渗透到马萨诸塞居民的生活中。[②]波林·梅尔则认为,接受并使用特许公司这种形式,是蕴含在新英格兰地区文化中的特征。北美殖民地时期的清教徒为了一致的目标联合并组织团体,他们订立契约,组成村镇和教会。村镇与教会在18世纪得以延续,而且通过建立公司汇聚资源的习惯逐渐扩展到其他地区。她还将美国革命后的政治体系看作"复合型公司"的形式。[③]汉德林夫妇从古老的共同体思想探究商业公司的源起;梅尔从社会文化中寻找建立特许公司的渊源。虽然汉德林夫妇和梅尔都探寻了商业公司公共特征的历史根源,但却把商业公司的建立与建国初期的政治文化割裂开来,忽略了商业公司建立过程公私利益交织的复杂性。尽管一些学者也提到,商业公司建立过程中交织着私人利益,然而,他们却没有进一步解释为何建国初期的政治精英依然将商业公司界定为公共机构。[④]实际上,无论是建国初期各州政府对商业公司的界定,还是商业公司建立过程

---

① 相关论著有 : Pauline Maier, "The Revolutionary Origins of the American Corporation", *The William and Mary Quarterly*, Vol. 50, No. 1, 1993, pp. 51-84; Oscar Handlin and Mary Flug Handlin, *Commonwealth: A Study of the Role of Government in the American Economy: Massachusetts, 1774–1861*, New York University Press, 1947; "Incorporating the Republic: The Corporation in Antebellum Political Culture", *Harvard Law Review,* Vol. 103, No. 8, 1989, pp. 1883~1903; Edwin Merrick Dodd, *American Business Corporations until 1860; With Special Reference to Massachusetts*, Harvard University Press, 1954; Ronald E. Seavoy, *The Origins of the American Business Corporation, 1784–1855: Broadening the Concept of Public Service During Industrialization*, Greenwood Press, 1982; John Lauritz Larson, *Internal Improvement: National Public Works and the Promise of Popular Government in the Early United States*, University of North Carolina Press, 2001;韩铁:《试论美国公司法向民主化和自由化方向的历史性演变》,《美国研究》2003 年第 4 期;韩铁:《美国公司的历史演变和现代大企业的崛起》,《南开学报》2002 年增刊。

② 参见 Oscar Handlin and Mary Flug Handlin, *Commonwealth: A Study of the Role of Government in the American Economy: Massachusetts, 1774–1861*,New York University Press, 1947 pp. 94-98.

③ Pauline Maier, The Revolutionary Origins of the American Corporation, *The William and Mary Quarterly*, Vol.50, No.1, 1993, pp. 57-58, 82.

④ Andrew M. Schocket, *Founding Corporate Power in Early National Philadelphia*, Northern Illinois University Press, 2007, pp.81-82, 89.

中包含的复杂利益关系,都与建国初期的政治文化存在密切的关联。因此,本文将商业公司的建立置于建国初期的历史语境中,考察商业公司的建立与当时复杂的政治文化之间的互动,分析商业公司不同于公共机构的复杂特性,探讨各州政府建立商业公司所体现的政治文化变迁。

一、建国初期各州对商业公司的界定

公司(corporation)作为一种组织形式历史悠久,在美国建国以前就被运用于政治、经济与社会服务等领域。"corporation"来自拉丁语"corpus",直译为许多人联合起来形成的"机构"(body)。根据18世纪英国法学家威廉·布莱克斯通(William Blackstone)的研究,公司的渊源可追溯至古典罗马努马·庞庇利乌斯(Numa Pompilius)执政时期的世俗与宗教组织。[1]在中世纪的欧洲,享有特权的商业行会、教会以及地方政府等都被视为公司。18世纪末,首位探讨英国公司法的学者斯图尔特·基德(Stewart Kyd)为公司下了这样的定义:许多人形成的机构,这个机构被赋予权力,它可以获得或转让财产,可以被起诉或诉讼,享有一定的特权和豁免权,可以行使各种政治权利,能够永久存在。总之,在法律规定内,它像人一样活动。[2]从公司的定义可以看出,它与现代意义上的公司不同,是被赋予特权、因一些人共同的信仰或目标而形成的组织。

在18世纪以前的英国,公司的建立与王室权威密切相连。在都铎王朝之前相当长的一段时间,行会与自治市镇为了保持垄断和权威地位,促使国王或议会颁发特殊许可,赋予它们合法的特权,从而形成了公司。到了都铎王朝时期,随着土权进一步加强,王室需要树立合法的权威,所以由王室颁发特许建立自治市镇和贸易行会成为通例,于是这些机构自建立之日起,就拥有了特权。[3]可以说,在16世纪的英国,公司代表了王室的权威,是国王授予"名誉、司法权、自由权、豁免权和特许权的一个组成部分"。到了17世纪初,查理一世仍把建立从事经济活动的公司视为王室垄断的权力。在他看来,"所有的经济活动都从属于国王的特权"。而且,通过颁布特许状,王室能获取大量收入,在17世纪20至30年代,查理

---

① William Blackstone, *Commentaries on the Laws of England*, Vol.1 Philadelphia, 1771, p.468. http://infoweb.newsbank.com/.

② Stewart Kyd, *A Treatise on the Law of Corporations*, Vol.1, [s.n.], 1793–1794,pp.12-13.http://babel.hathitrust.org/cgi/pt?id=mdp.39015031427589;view=1up;seq=43.

③ James Willard Hurst, *The Legitimacy of the Business Corporation in the Law of the United States, 1780–1970*, University Press of Virginia, 1970, pp.1-3.

一世从兜售特权建立公司过程中"获得100000英镑甚至更多的年收入"。[1]

16世纪末欧洲开始向北美拓展殖民地,同时将公司移植到美洲。从此,公司成为开发殖民地的有效工具。例如在英属北美殖民地,公司涉及政治、经济与文化等多个领域,甚至有的殖民地就是由公司所建。比如弗吉尼亚和马萨诸塞殖民地的前身分别是弗吉尼亚公司和马萨诸塞海湾公司。公司获得英王颁发的特许状,使其具有合法性。它们在北美不仅从事商业活动,而且还承担"较多的政治控制和社会管理功能",进行移民与殖民地开发,并建成永久定居地。[2]而在各个殖民地,管理者相继建立起单一的、小型的公司,其中包括一些行政机构以及以经济、宗教、教育或慈善为宗旨的公司。从它们的活动与职责来看,基本都带有公共职能,因此,它们在一定程度上可以被看作是公共机构。

美国革命后,公司的形式得以延续。各州政府以公司的形式建立为数众多的村镇与城市、学校、教会、图书馆、医院以及慈善机构等。在这些公司中,有一些是出于经济目的建立起来的,后来的研究者将其统称为"商业公司",这些商业公司分布在银行、交通、保险与制造业等领域。[3]和殖民地时期相比,革命后的商业公司依然保持公共特征,不过在数量与规模上,远远超越了殖民地时期。在建国初期,对于在银行业、交通业、保险业等各领域建立商业公司,都有众多支持者。这些支持者自然包括希望通过商业公司获利的商人,比如曾担任北美银行主管的大商人托马斯·威林(Thomas Willing)就是其中之一。不过需要指出的是,在建立商业公司过程中,起到关键作用的则是各州的政治精英。这些政治精英并非来自单一的政治派别,也不一定具有相同的政治理念,却都成了某些商业公

[1] Ron Harris, *Industrializing English Law: Entrepreneurship and Business Organization, 1720–1844*, Cambridge University Press, 2000, pp.17-18, 41, 47.

[2] 李剑鸣:《美国的奠基时代(1585—1775)》(修订版),中国人民大学出版社,2011年,第87、89页。

[3] 最先研究美国早期商业公司的学者西米恩·埃本·加尔德温(Simeon Eben Baldwin)将进行经济活动的公司称为"商业公司",之后的学者沿用了商业公司的说法。参见 Simeon Eben Baldwin, "American Business Corporations Before 1789", *The American Historical Review*, Vol.8, No.3, 1903, pp.449-465; Joseph Stancliffe Davis, *Essays in the Earlier History of American Corporations*, Vol.2, Harvard University Press, 1917, p.3; Oscar Handlin and Mary F. Handlin, "Origins of the American Business Corporation", *The Journal of Economic History*, Vol.5, No.1, 1945, pp.1-23; Ronald E. Seavoy, *The Origins of the American Business Corporation, 1784–1855: Broadening the Concept of Public Service During Industrialization*, Greenwood Press, 1982, pp.3-7.

司的支持者。从18世纪末到19世纪初,联邦党和共和党①都曾有选择地支持建立一些商业公司。

值得注意的是,随着社会观念与政治体制的变迁,关于商业公司的认知也在发生变化。相比16世纪和17世纪初期的英国,建立商业公司既不意味着要加强各州政府权力、树立政府权威,也不是要建立特权集团。建立商业公司的直接推动力是美国建国初期面临的经济困境。革命后,各州不仅担负战争中的巨额债务,而且还面临通货膨胀、金银硬币缺乏的问题。与此同时,随着人口定居点不断扩展,各州迫切需要改善交通,满足地域之间居民往来的需要,并与其他州进行商业竞争。在这种情况下,各州急需建立具有信用的银行,解决债务资金和货币信用问题。另外,各州还需通过铺路、建桥和修运河,改善内陆航线和村镇之间的交通。然而,无论是个人或是政府,都缺乏足够的资金和实力解决困境。于是,各州政府采取了建立商业公司的方式。不同于私人机构和政府部门,公司由政府颁发特许,汇聚私人资金,政府有时也会注入一定的资本。按照惯例,商业公司接受政府的监督与限制,同时被赋予一些必要的特殊权力。在商业公司的支持者看来,在政府或个人单独行动难以复苏经济的情况下,这种特许组织由于政府提供的政策保障而易于筹集资金、堪当重任。更重要的是,在共和思想的影响下,商业公司的支持者都将建立商业公司看作推动社会公共利益的有效途径,强调商业公司是公共机构,宣称他们支持建立的商业公司会推动社会繁荣。

对于建国精英来说,商业公司是国家管理社会经济的辅助工具。这种态度体现了他们的价值取向。作为革命一代的政治精英,他们普遍相信,社会存在着超越个体的"共同福祉"。建国初期,作为建国之父之一的约翰·亚当斯在公开演说和政论文章中先后几次提到,除了多样的相互斗争的利益,社会中还存在更广阔的利益。他批评那些沉迷于为各自阶层利益斗争的人。并且认为,"在多样性的背后有超越各种利益的、社会所有成员的共同利益",它"在国家政治中表现为

① "共和党"也称"民主共和党"。在美国18世纪末的文献中,党派冲突中的两派通常被时人称为"Federalist"和"Republican"。18世纪末的"Republican"不同于美国现代政党政治中的"共和党",他们主张忠于美国革命精神与宪法,建立共和形式的政府,所以称之为"Republican"。之后的政治学家在论著中将其称为"Democratic-Republican",即"民主共和党"。而美国的大部分历史学论著中则仍然称其为"Republican"。文中为了与18世纪末美国文献保持一致,将"Republican"译为"共和党"。

一个道德整体"。①

在革命一代的政治精英眼中,国家的职责就是维护和推进社会的"共同福祉"。国家的一切制度安排,都必须有助于实现和增进这种"共同福祉"。②"在他们心目中,'自由政府'的目标必然是'人民'的'普遍福利和幸福'"。③在这样的政府中,全体"人民"都应该遵守推动公共利益的法律。④1789年,当国家出现党派分歧时,乔治·华盛顿在国会演说中提到,积极的政府要为共同利益而行动,国会要鼓励采取对公众有益的措施,珍惜对人类有益的体制。在他看来,政府要有益于公众,他向往建立能推动"共同福祉"的共和制国家。⑤总之,在这些精英的话语中,他们更强调州或联邦的公共职能和整体利益,国家与社会的"共同福祉"紧密相连。

基于这种国家观念,虽然商业公司是集合私人资金而建,但各州政府普遍将商业公司界定为"公共机构"。在主张建立商业公司的政治精英看来,这种组织形式的存在就是为了社会的"共同福祉"。例如,1785年,在梅福德、查尔斯顿以及波士顿地方政府的支持下,雷塞尔的查尔斯河桥公司(Charles River Bridge Company)获得马萨诸塞州议会颁发的特许状,修建查尔斯河桥。其支持者就宣称,建立这样的商业公司将会"推动公共利益,帮助村镇发展,同时协助他们负担战争中繁重的债务"。⑥还有人在支持建立查尔斯河桥公司时表示,商业公司提

---

① John Adams,"An Address of the Convention to the People", *Journal of Convention for Framing Constitution of Government for the State of Massachusetts Bay, from The Commencement of their First Session, September 1, 1779, to the Close of their Last Session, June 16, 1780,* Boston, 1832, p. 216, http://books.google.com; John Adams,"A Defense of the Constitutions of Government of the United States of America, against the Attack of M. Turgot, in his Letter to Dr. Price", Charles Francis Adams, ed., *The Works of John Adams*, Vol.4, Little, Brown and Co., 1865, p. 404.

② 李剑鸣:《"人民"的定义与美国早期的国家构建》,《历史研究》2009年第1期。

③ 李剑鸣:《"共和"与"民主"的趋同——美国革命时期对"共和政体"的重新界定》,《史学集刊》2009年第5期。

④ "A Constitution or Frame of Government", *Journal of Convention for Framing Constitution of Government for the State of Massachusetts Bay, from The Commencement of their First Session, September 1, 1779, to the Close of their Last Session, June 16, 1780,* Boston, 1832, p. 222. http://books.google.com.

⑤ George Washington,"First Annual Message to Congress",John C. Fitzpatrick et al.eds., *The Writings of George Washington from the Original Manuscript Sources, 1745-1799*, U.S. Government Printing Office, 1931-1944, pp. 491-492.

⑥ Oscar Handlin and Mary Flug Handlin, *Commonwealth: A Study of the Role of Government in the American Economy: Massachusetts, 1774-1861*, New York University Press, 1947 p.109.

供的是"是一种服务",公共服务与"被赠予的特权是等价的"。①在银行业,各州政府也将公司视为"公共机构"。在宾夕法尼亚州议会上,有议员直接宣称,"实际上,银行是人民的服务者"。②1790年,亚历山大·汉密尔顿在提议建立合众国银行时明确表示,合众国银行是促进金融繁荣的最重要机构,它能够促进资金流通,最大限度地支持公共信用,为政府提供资金资助,是为公共利益而建。③

商业公司服务于公共利益的理念,不仅反映在政治精英的话语中,而且体现在各州议会制定的商业公司法令中。1784年建立马萨诸塞银行的法令前言中写道,建立银行是"为了公共信用……而且尤其会促进贸易";法令中还要求银行维持合法的利益比例,保障储蓄的安全。④同年,马里兰建立萨斯奎汉纳河航线的法令中提到,建立航线推动"公共事业",会带来"有益的结果",能"扩大贸易"。⑤1789年,马萨诸塞通过法令建立贝弗利棉花制造厂。法令指出,通过建立特许公司,发展制造业,"特别是以美国本土原料生产的制造业,有助于促进农业发展,扩展国内商业,进而提高国家福利和人民的共同福祉"。⑥进入19世纪以后,政府建立商业公司的法令依然明文规定,商业公司的建立是为了公共利益。1811年,宾夕法尼亚通过法令组建联合运河公司。该法令宣称,修建运河会增进不同地域之间人民的交流,促进农业和制造业发展,推动商业繁荣。⑦总之,从18世纪末到19世纪初,几乎所有建立商业公司的法令都将商业公司界定为"服务于公共利益"的机构。

---

① "For the Centinel", *Columbian Centinel*, Jan.21, 1792. http://infoweb.newsbank.com/.

② "Proceedings of the Third Session of the Ninth General Assembly, of the Freemen of the Commonwealth of Pennsylvania, Monday, September. 5 A.M.," *Pennsylvania Evening Herald*, September 7, 1785. http://infoweb.newsbank.com/.

③ "National Bank. Communicated to the House of Representatives, December 14, 1790", *American State Papers* 09, Finance Vol.1, 1st Congress, 3rd Session, p. 68. http://infoweb.newsbank.com/.

④ *The Laws of the Commonwealth of Massachusetts: from November 28, 1780 to February 28, 1807*, Vol.1, Bostom, 1807, p. 115. http://babel.hathitrust.org/cgi/pt?id=nyp.33433008587432;view=1up;seq=9.

⑤ *An Act of the General Assembly of the State of Maryland, Entitled, An Act for Making the River Susquehanna Navigable from the Line of This State to Tide Water*, Annapolis, 1784. p.4. http://galenet.galegroup.com.proxy-remote.galib.uga.edu.

⑥ *Private and Special Statutes of the Commonwealth of Massachusetts, from the Year 1780, to ... 1805*, Vol.1, Bostom, 1805, pp. 224-226. http://infoweb.newsbank.com/.

⑦ *An Act to Incorporate the Union Canal Company, of Pennsylvania, with the Bye-Laws, Rules, Orders and Regulations*, Philadelphia, 1811, p.3. http://galenet. galegroup.com. proxy-remote.galib.uga.edu.

与17世纪的英国相同，美国建国初期的商业公司也拥有特权，①然而各州政府并非有意建立一个特权阶层，而是格外强调，正因为商业公司被视为"公共机构"，各州政府才能赋予其特权。在马萨诸塞的《权利宣言》中规定，如果是出于推进"共同福祉"的目标，特权就可以被授予一些人、组织或者联盟，使他们具有与共同体其他人不同的优势。在其他州的《权利法案》中也有类似的条款。②政治精英在主张建立银行并授予其特权时表示，银行的目标是公共利益而非私人利润。政府就是要根据这样的原则建立银行。③可以说，由于建立商业公司的初衷是推进"共同福祉"，所以他们拥有的特权具有合法性。

从主张建立商业公司，到赋予商业公司特权，政治精英的目标都是为了推动社会的"共同福祉"。他们视商业公司为公共服务组织，并通过国家权力将它限制在公共服务的范畴中。对此，汉德林夫妇总结道："商业公司被认为是政府机构，被赋予公共属性、特权和政治权力，系为州的社会功能而建立"，"因为社区共同体（community）而不是冒险的资本家限定了它的活动领域。"④可以看出，美国建国初期，建立商业公司的初衷有别于16至17世纪英国的商业公司，也与现代意义上整合资源追求经济利益的大企业迥异。商业公司是国家的延伸，是为了推动社会经济的发展而形成的国家辅助机构。

---

① 各州议会在颁发给商业公司的特许状中，都明确列出了商业公司的特权。一般来说，商业公司具有地方垄断性。比如1792年，宾夕法尼亚授权组建公路公司的法令就规定："公司和公司的管理者拥有在该路段的所有水域建立永久性桥梁的权力。"1818年，马萨诸塞赋予波士顿—罗克斯伯里磨坊厂特许状的法令中提到，磨坊厂能够"出售或租赁水域，期限和条件由他们决定"。1784年马里兰批准建立萨斯奎汉纳河航线的法令中提到，获得授权的公司在沿线"有完全的权力建立谷物磨坊和其他水力项目"，其他人不得在此地另建运河，也不得对运河航线造成损害。"公司拥有完全的权力使用河流的水资源，为建立的运河作补给，或者用于水利项目"。引自"An Act to Enable the Governor of this Commonwealth to Incorporate a Company, for Making an Artificial Road from the City of Philadelphia to the Borough of Lancaster", *Dunlap's American Daily Advertiser*, Apr.18, 1792. http://infoweb.newsbank.com/; *Boston and Roxbury Mill Corporation*,Boston,1818,p.15. http://infoweb.news-bank.com/; *An Act of the General Assembly of the State of Maryland, Entitled, An Act for Making the River Susquehanna Navigable from the Line of this State to Tide Water*, pp. 10-11.

② "A Declaration of the Rights of the Inhabitants of the Commonwealth of Massachusetts(1780)", *The Revised Statutes of the Commonwealth of Massachusetts*, 1836, p.21. http://books.google.com/; Virginia *Bill of Rights*, June 12, 1776. http://www.constitution.org/bor/vir_bor.htm.

③ "National Bank, Dec. 13, 1790", *New York Daily Gazette*, December 25, 1790. http://infoweb.newsbank.com/.

④ Oscar Handlin and Mary F. Handlin, "Origins of the American Business Corporation", *The Journal of Economic History*, Vol.5, No.1, 1945, p. 22.

二、商业公司服务于公共利益的制度安排

商业公司作为公共机构,为它设计一套确保其公共服务功能的管理制度,成为各州政治精英的重要任务。在建国初期,深受古典共和思想影响的政治精英将"精英治国"与"信奉美德"的思想付诸实践,制定了各项法令与规则,按照他们对如何保障商业公司发挥公共职能的理解,打造他们理想中的商业公司。

虽然商业公司被界定为公共机构,不过,它的资金毕竟来自个人。对此,主张建立商业公司的政治精英心知肚明。而且,他们还懂得,经营者的私人利益是实现公共利益的隐患。因此,早在建立合众国银行时,政治精英们就曾为此展开讨论。汉密尔顿认为,银行资本中的大部分来自私人,而不是公共财源;"是以**个人利益**,而不是**公共政策**为指导"。这有可能成为一个弊端,结果会腐蚀银行的根本目标。[1]他进一步解释说,在合众国银行运作中,持股人自然希望股票价值提高,增加分红,于是便会反对银行增加它迫切需要增加的认股资本,结果股东的利益反而成为银行的根本出发点,而公共利益受到忽视。他还指出,公共功能确实是公共银行的目标,政府组建特许公司也是以此为原则,但是私人利益才是很多人想参与这项事业的根本动机,公共利益对他们并不具有吸引力。由于银行的董事并不是由社区选举产生,他们便不会由持不同立场的人组成,而是由相同阶层的少数人构成,具有共同的目标,代表着这个阶层中最有影响的人。这些人代表的是本利益集团的利益要求,而非公共利益,遂成为银行的一大垢弊,很难不引起不满和怀疑。[2]

显然,政治精英不是没有看到,商业公司在获得政府授予的特权后,其投资人可能会滥用特权,在获取私人利益的同时损害公共利益。一些支持商业公司的政治精英和政论作家就曾直截了当地指出,投资人的私人利益会带来危害。在1786年的邦联国会辩论中,有议员表示,"银行的管理者由股东选择",这样的机构具有危险性。因为当所有的工作由少数几个人来完成时,银行就可能变成暴政的工具,"成为少数人的代表"。[3]

---

[1] "Treasury Department, Dec. 13, 1790", *Pennsylvania Packet*, December 23, 1790. http://infoweb. newsbank.com/. 黑体为原文斜体。

[2] "National Bank: Communicated to the House of Representatives, December 14, 1790", *American State Papers* 09, Finance Vol.1, 1st Congress, 3rd Session, p. 72.

[3] "General Assembly Saturday, April. 1, 1786, A.M.", *Pennsylvania Evening Herald*, May 10, 1786, http://infoweb.newsbank.com/.

　　既然建国之初的政治精英们相信商业公司可以服务于公共利益,同时意识到商业公司有将私人利益置于公共利益之上的危险性,那么如何保证建立商业公司的公共目标不被私利吞噬,以及如何判断申请者的项目是否确实有利于公共福祉等问题,就自然成为政治精英关注的中心。简言之,他们必须找到能确保商业公司服务于公共利益的对策。

　　政治精英找到的第一种对策,就是由政府对商业公司进行制度性规范与监督。也就是说,各州政府设计各种机制,作出各种规定,用以规范商业公司的职责、义务和经营管理,并加以监管。这方面的例证不胜枚举。在银行业中建立商业公司方面,汉密尔顿认为,为了防范银行董事会滥用特权、操纵垄断,需要施行轮换制,而且要对此作出明文规定,否则更换董事会成员就会沦为空谈。[1]他相信,通过轮换制,定期改变董事,使之进行小心谨慎的管理,就可以维护公共利益。汉密尔顿还主张,政府在进行金融监管时,有权根据需要,与银行作出互惠安排。[2]根据这一思想,宾夕法尼亚银行的特许状规定,银行有义务向州提供一次性50万美元的借款,并为州的金库保留大笔股份。[3]可以说,各州政府拥有相当大的权力来干涉公司的活动。例如,1815年,马萨诸塞州议会通过建立戴德姆银行(Dedham Bank)的法令。法令指出,立法机关有权监督银行的工作,并可以干涉银行的规定。如果银行行使了超过法律规定的权力,或是没有遵守立法机关的规定和限制,它就会面临罚款或被撤销。[4]在交通业中,商业公司同样受到州政府的限制。收费公路公司建立时,尽管可以从议会获得收取过路费的特权,但过路费金额已由议会做出规定,不得多收。不仅如此,作为获得特权的条件,收费公路公司也承担了一些职责。比如,公司必须在规定的时间内建成;收费口以及公路的宽度必须依照法令执行,如果更改要经立法机关同意;公司必须保证公路通行,如果拖延建设时间或者公路出现缺陷,都要受到惩罚;公司还要允许例行做礼拜者、军人和农民免费通过其收费口。一般来说,州政府"要在特许状颁发20年后降低过路费","在公司收回成本并每年赚取12%~15%的利润时,即

---

① "Treasury Department, Dec.13, 1790", *Pennsylvania Packet*, December 23, 1790.

② "National Bank: Communicated to the House of Representatives, December 14, 1790", *American State Papers* 09, Finance Vol.1, 1st Congress, 3rd Session, pp.74-75; "Treasury Department, Dec.13, 1790", *Pennsylvania Packet*, December 23, 1790.

③ *Laws of the Bank of Pennsylvania*, Philadelphia, 1811, p.18. http://infoweb.newsbank.com/.

④ *An Act to Incorporate the President, Directors, and Company of the Dedham Bank, Together with the Bye Laws of Said Corporation*, Dedham, 1815, pp.8-9. http://infoweb.newsbank.com/.

可解散公司"。①

除了政府的制度性规范与监管以外,政治精英在确保商业公司服务于公共利益上找到的第二种对策,就是让社会精英来监管、组建和经营商业公司。在美国革命时期至建国初期,精英虽然没有世袭的头衔,但却是在社会中区别于大多数人的富有阶层。在各个地区,由于社会经济形态差异,精英阶层来自不同集团,代表不同利益,是多样化的群体。但从总体上看,政府官员、大种植园主、大土地所有者、富有的商人以及律师被普遍认为是社会精英阶层,他们拥有财富、社会地位和权力,不需要从事体力劳动,在各地政治生活中占据重要职位。美国的建国者们相信,美国社会中存在一个"天然的贵族"(natural aristocracy)群体,他们是社会精英,具备足够的能力、热情、财富和社会声望,相比普通民众更具有"公共服务"精神,更能超越个人利益而维护公共利益,因此唯有将商业公司交给这些人管理和经营,才可以确保公司驶入公共服务的轨道。②在费城组建特许银行时,政治精英就曾指出,最好的方式是由富有且有节制的人建立金融机构。③对于普通民众,他们则表现出极端不信任的态度。在制造业领域建立商业公司的问题上,供职于财政部的联邦党人坦奇·考克斯(Tench Coxe)明确表示,手工业者通常都比较"放纵和没有秩序","制造业的模式不需要他们"。④这些政治精英倚重社会精英确保商业公司服务于公共利益的对策,具体表现为两方面的政策实践。

一方面,政治精英作为政府代表进入关键行业的商业公司直接参与管理,并进行监督。在银行领域,各州议会几乎都安排了官员进入银行董事会。1790年,在关于建立合众国银行的讨论中,汉密尔顿提出,"参与运作银行的人不应该拥有所有或者大部分的股票","如果大部分财富属于公有,如果银行的运行掌握在

① Oscar Handlin and Mary Flug Handlin, *Commonwealth: A Study of the Role of Government in the American Economy: Massachusetts*,1774-1861, New York University Press, 1947,pp. 119-120.

② 关于美国革命时期至建国初期"精英"的界定参见 Gary J. Kornblith and John M. Murrin, "The Making and Unmaking of an American Ruling Class", Alfred F. Young, ed.,*Beyond the American Revolution: Explorations in the History of American Radicalism*, Northern Illinois University Press, 1993, pp. 43-64; Gordon S. Wood, *The Creation of the American Republic, 1776-1787*, W. W. Norton & Company, 1993, pp. 71, 479; Terry Bouton, *Taming Democracy: "The People", the Founders, and the Troubled Ending of the American Revolution*, Oxford University Press, 2007, p.129.

③ Andrew M. Schocket, *Founding Corporate Power in Early National Philadelphia*, Northern Illinois University Press, 2007,p.40.

④ Joseph Stancliffe Davis, *Essays in the Earlier History of American Corporations*,Vol.1, Harvard University Press,1917 p.354.

私人手中","就要将国家的利益交给那些无私的个人",进行适当的管理。"谨慎的管理需要政府拥有监察的手段,执行起来需要忠诚和细心"。①在这种思想逻辑下,各州议会选出一些代表进入银行。在组建宾夕法尼亚银行时,议会规定,银行应该有25个主管,其中6人由州议会选举,参议院和众议院各选举3人,剩下的19人由股东选举。②在银行以外其他领域的商业公司中,各州议会也指派了管理者或监督者。宾夕法尼亚议会颁发的公路公司特许状就规定,在建设道路过程中,州长会安排3名具有专业背景的代表监督工程。议会要求公路公司随时向他们报告工程进度。③同样也是在宾夕法尼亚,州议会为联合运河公司颁发特许状时规定,议会要安排州审计长、财务主管和秘书官作为运河公司的董事会成员。④

另一方面,而且更重要的是,政治精英还让各行各业的社会精英来组建和经营商业公司,当然,他们也把自己视为社会精英的一部分。早在建立北美银行时,汉密尔顿就认为,完成这个项目需要将"管理"从国会转移到那些"具有名誉、明显正直、拥有能力和财富的个人"手中,要信任这些商业精英、律师和绅士。⑤显然,汉密尔顿是在寻求建立一种依靠并信任富有上层人士的公司机制。此时主管合众国金融事务并支持建立北美银行的罗伯特·莫里斯、北美银行行长托马斯·威林(Thomas Willing)以及北美银行章程的起草者威廉·宾厄姆(William Bingham)等人,更是将北美银行的股票卖到一股400美元。当时费城人均拥有财产的数额不过600美元而已,一个四口之家每年生活必需品的花销也只有264美元,一个裁缝的平均年收入仅215美元。北美银行如此之高的股票价格自然使大多数人对认购银行股票、从中分享股份利润不得不望而却步。这就

---

① "Treasury Department, Dec.13, 1790", *Pennsylvania Packet*, December 23, 1790.

② "Bank of Pennsylvania, December 16th, 1793," *General Advertiser*, January 21, 1794. http://infoweb.newsbank.com/.

③ "An Act to Enable the Governor of this Commonwealth to Incorporate a Company, for Making an Artificial Road from the City of Philadelphia to the Borough of Lancaster", *Dunlap's American Daily Advertiser*, April 18, 1792.

④ Louis Hartz, *Economic Policy and Democratic Thought: Pennsylvania, 1776-1860*, Harvard University Press, 1948, p. 96, note 49.

⑤ "Alexander Hamilton to Robert Morris, Apr.30, 1781", E. James Ferguson, ed., *The Papers of Robert Morris,1781-1784*, Vol.1, University of Pittsburgh Press,1973, pp.31-32. http://digital.library.pitt.edu/.

保证了银行的股份持有人都是有钱人,他们牢牢掌握着商业公司的运营。①

在制造业倡导建立商业公司时,很多政治精英也希望它们由社会精英组建、管理和经营。尽管这样做会伤害很多小商人和手工业者的利益,但是联邦党人费希尔·埃姆斯(Fisher Ames)仍然赞同将制造业控制在具有"公信力"的富有绅士手中。②在大多数政治精英看来,普通劳动者缺少足够的能力与品德,不适合参与商业公司的组建、管理与经营。1787年,时任新泽西州长的威廉·利文斯顿(William Livingston)抱怨说,国民"没有展现出支持共和政府所必备的美德"。③《联邦主义者文集》的撰写人之一约翰·杰伊(John Jay)表示,"我们对人民的美德有太多的期望",然而美国人却缺乏"共和美德"。④

事实证明,建国初期商业公司的投资人几乎都是各行各业中的精英。在宾夕法尼亚,诸如罗伯特·莫里斯和托马斯·威林等大商人的主要商业利益在海外贸易领域,但他们也希望开拓新的事业,比如他们也是北美银行的组建者与经营者。⑤此外,在18世纪末,各州政府将银行的经营者限制在精英范围内,赋予他们特权,使他们成为政府的"盟友"。在波士顿和纽约,很多商业精英的经济与政治身份重合,他们既在各州议会发挥着重要影响力,为商业公司颁发特许状,又参与建立商业公司。⑥在新泽西,汉密尔顿为了促成建立大型制造业,拉拢了一批"大人物"。其中威廉·杜尔(William Duer)是当时最有影响力的大商人。他是赛欧托公司的大股东和主要创办人之一,并在1789年担任汉密尔顿的助理。伊莱亚·鲍迪诺特(Elias Boudinot)是邦联国会的前主席,在联邦众议院是来自新泽西的议员。尼古拉斯·劳(Nichloas Law)和威廉·康斯特布尔(William Constable)则是纽约银行的主要管理者。尼古拉斯·劳、赫尔曼·勒鲁瓦(Herman LeRoy)、菲力

---

① Andrew M. Schocket, *Founding Corporate Power in Early National Philadelphia*, Northern Illinois University Press, 2007, pp. 46, 54.

② Andrew Shankman, "'A New Thing on Earth': Alexander Hamilton, Pro-Manufacturing Republicans, and the Democratization of American Political Economy", *Journal of the Early Republic*, Vol. 23, No. 3, 2003, p. 333.

③ Theodore Sedgwick, *A Memoir of the Life of William Livingston*, [s. n.], 1833, p. 403, http://books.google.com.hk/books.

④ "John Jay to Jefferson, Feb. 9, 1787", Julian P. Boyd, ed., *The Papers of Thomas Jefferson*, Princeton University Press, 1955, p. 129.

⑤ Robert James Gough, "Towards a Theory of Class and Social Conflict: A Social History of Wealthy Philadelphia, 1775–1800", PhD dissertation., University of Pennsylvania, 1978, p. 262.

⑥ Andrew M. Schocket, *Founding Corporate Power in Early National Philadelphia*, Northern Illinois University Press, 2007, p. 17.

普·利文斯顿(Philip Livingston)都是合众国银行的第一届董事会成员。马修·麦康奈尔(Matthew McConnell)是证券商,布莱尔·麦克莱纳根(Blair McClenachan)是富有商人。[1]从这些行业精英参与投资的角度来看,有些投资人是多个商业公司的大股东,而这些商业公司之间又有着千丝万缕的联系。例如,詹姆斯·沙利文是西波士顿桥梁公司、波士顿水渠公司和马萨诸塞共有保险公司的投资人之一,还在米德尔赛克斯运河公司长期担任董事会主席。[2]如果从投资人的身份来看,那么有相当一批政治精英参与了商业公司的建立与经营。像罗伯特·莫里斯、托马斯·菲茨西蒙斯(Thomas Fitzsimons)、乔治·克莱默(George Clymer)等人都是宾夕法尼亚众议会议员,也是银行股份的持有人。[3]

在支持建立商业公司的政治精英看来,政府对商业公司进行制度性规范和限制,加上由社会精英对商业公司进行监管、组建和经营管理,这两手是保障商业公司作为"公共机构"推动社会"共同福祉"的"双重保险"。然而,有了这两手,商业公司的建立与经营是否就真的如这些政治精英们所期望的一样呢? 商业公司的公共服务特征是否就得到保障呢? 除了维护公共利益以外,商业公司的建立与经营是否包含了更复杂的利益呢? 与民众相比,社会精英是否更具有公益心呢? 美德是否就战胜了私利呢? 这些问题从合众国初期商业公司建立的历史事实中可以找到答案。

三、商业公司建立过程中的各种利益追求

实际上,商业公司的建立从一开始就不是仅仅为了服务于公共利益。当初关于建立商业公司的讨论,很大程度上可以说是不同利益集团之间的竞争。公司投资人与经营者为了追求个人利益,千方百计维护他们的特权。各州议会里不同的政治派别为了实现自己的政治理念和笼络人心,在支持建立各种商业公司上费尽心机,彼此博弈。各个区域则出于保护地方利益的考虑,支持或阻碍商业公司的建立。如此一来,在商业公司建立过程中就夹杂了个人利益、党派利益和区域利益等各种利益追求。在这些彼此交织的不同利益影响下建立的商业公

---

[1] Joseph Stancliffe Davis, Essays in the Earlier History of American Corporations, Vol. 1, Harvard University Press, 1917, pp.372-373.

[2] Joseph Stancliffe Davis, *Essays in the Earlier History of American Corporations*, Vol. 2, Harvard University Press, 1917, p.69.

[3] Bray Hammond, *Banks and Politics in America: From the Revolution to the Civil War*, Princeton University Press, 1985, p.104.

司也就不同于最初的设想,它并非仅以推动社会"共同福祉"为目标,而是承载更复杂的内容。

在经营者眼中,政府确保商业公司作为"公共机构"的种种限制,恰恰成为获利的障碍。通常情况下,银行需向州政府提供贷款,但是因为贷款数额巨大,限制了银行开展其他业务的灵活性。诚然,州政府要向银行交纳利息,但时常拖延利息的支付,有碍于银行向其他人发放贷款。另外,州政府还限制董事会成员任期,制定董事会成员的资格标准。银行经营者对此也非常不满。在宾夕法尼亚的农民与手工业者银行,州政府经常更换董事会成员,银行经营者认为,政府的这类制约已经对银行的运作产生不便,希望能够从中摆脱出来。于是,从1780年到1820年,宾夕法尼亚的银行经营者展开了摆脱州政府监督的一系列行动。他们与州政府尽力讨价还价,希望减少州政府的限制,避免与其"合作"。一些银行经营者还将州议会安排的董事会成员排除出决策圈,并游说州议会减少指定的董事会成员人数,以加强自己的控制力。[1]不仅如此,经营者担心,州议会授权建立同样类型的商业公司,会损害他们的垄断地位。像宾夕法尼亚银行的投资人就对费城银行的建立表示不满。他们认为这会导致银行之间的"战争",使自己银行的利益受损。[2]纽约的商业公司对政府监管也多有抱怨。1798年,纽约州的西内河航运公司向立法机关汇报说,当前的评估方式是"有害的、成本高昂的",他们要求遵循正义的原则,修改某些法律规定。[3]不过,商业公司的投资人在要求减少政府监管与限制的同时,却希望增加公司特权,并为此不遗余力。例如马萨诸塞收费公路在盈利困难时,就求助于议会,促使州设立特殊法律,允许他们变更路线,改变收费站的位置,延长修路时间,调整公路收费标准,放弃没有利润的路段。其经营者还向州政府提出,要允许他们建设分公司,希望政府赠予更多免税的土地以及其他特权。[4]从18世纪末到19世纪初,商业公司经营者与州政府之间的紧张状态表明,大多数公司投资人与经营者想的是借助特权追求利润,不希望因为公共利益而受到政府的限制与监控。

---

① Andrew M. Schocket, *Founding Corporate Power in Early National Philadelphia*, Northern Illinois University Press, 2007, pp. 88, 102, 81.

② Andrew M. Schocket, *Founding Corporate Power in Early National Philadelphia*, Northern Illinois University Press, 2007, p. 89.

③ Albert Gallatin, Roads and Canals: Communicated to the Senates, April.6, 1808, *American State Papers, Class 10 Miscellaneous*, Vol.1, W. S. Hein, 1998, p. 779. http://memory.loc.gov/cgi-bin/ampage.

④ Oscar Handlin and Mary Flug Handlin, *Commonwealth: A Study of the Role of Government in the American Economy: Massachusetts, 1774-1861*, New York University Press, 1947, p. 120.

特别值得注意的是,即使是主张建立商业公司的政治精英也常常为私人利益所支配。在很多情况下,他们既是批准建立商业公司的掌权者,也是商业公司的受益人或投资人,集政治权力与经济权力于一身。弗吉尼亚出席大陆议会的代表亨利·李(Henry Lee)赞同建立波托马克公司,希望在大瀑布地区建立运河。他虽然没有向运河公司直接投资,但是他购买了附近的土地,希望因为运河的建立而使自己的土地升值。[1]华盛顿也极力促成建立波托马克公司,发展弗吉尼亚向西的内陆航运事业。这项事业在推动公共利益的同时,还能使他拥有的西部6万英亩土地增值。[2]康涅狄格一位银行用户在1791年坦言,如果哈特福德银行想让康涅狄格议会授予特许状而成立的话,它的股份就不得不向议员"开放"。因为"议会里有些人希望成为股东,当他们觉得自己能获得股份时,他们当然将尽力促成这个议案;相反,如果股票都已售完,他们就会激烈地反对这个议案"。[3]这些政治精英的做法表明,其中不少人支持建立商业公司的出发点,并非为了推进社会公共利益,而在于他们自己能从中获得经济利益。显然,依靠政治精英维护商业公司公共职能的设想并不现实。

由此可见,尽管商业公司投资人和经营者的背景截然不同,但他们积累个人财富的欲望却是相同的。大多数经营者对私人利益的渴望远胜于对公共事业的追求。马萨诸塞州有人在1792年评论建立桥梁公司的申请人时就曾指出,这些人投资的目标大都是获取私人利益。"他们希望有两倍或三倍的利益",即使他们没有如此多的收益,至少他们投资的公司也应是"一个有价值的、可以获利的"事业。说穿了,他们是想借助公共机构来追逐个人利益。很多人宣称他们是在为公共利益服务,并主动降低自己获得的报酬,甚至自称是"唯一愿意进行这些事业的人",但是此类话语并不代表这些投资人的真实意图。他们其实是想获得特权,"很多人在拥有特权后都愿意参与"投资建立商业公司。[4]可以说,大多数商业公司的投资人与经营者都将商业公司看作是获取私利的工具。

不仅是投资人与经营者试图在为公共利益服务的商业公司名义下获得个人

---

① 参见 Charles Royster, *Light-Horse Harry Lee and the Legacy of the American Revolution*, Cambridge University Press, 1982, pp. 71-75.

② Charles Henry Ambler, *George Washington and the West*, The University of North Carolina Press, 1936, p. 173.

③ P. H. Woodward, *One Hundred Years of the Harford Bank, Now the Harford National Bank of Harford, Conn., 1792–1892*, Case, Lockwood & Brainard, 1892, pp. 50~51. http://catalog.hathitrust.org/Record/00858716.

④ For the Centinel, *Columbian Centinel*, January 21, 1792.

利益,在18世纪末激烈的党派斗争中,各个政治派别也希望通过建立商业公司获取党派利益。简言之,这些派别认为,支持某些群体需要的商业公司,就可以赢得这些群体的选票,而反对不受某些群体欢迎的商业公司,也可以赢得这些群体的选票,因此,自己的派别赢得选民或者说获得更多的政治资源,才是支持或反对建立商业公司的关键。从18世纪末到19世纪初,政治派别通过建立商业公司谋取党派利益的现象屡见不鲜,纽约市曼哈顿公司在18世纪末的建立就是其中一个典型事例。

18世纪90年代,在纽约和费城这样的大城市,银行数量极少。在费城,合众国银行分行和宾夕法尼亚银行都由联邦党人主导。在1799年以前,纽约只有纽约银行和合众国银行分行两家银行,而且这些银行的主管大部分都是联邦党人。随着城市人口增多与商业发展,这些银行逐渐难以满足越来越多的客户需求。[①]在这种情况下,在1798年,纽约共和党人阿伦·伯尔(Aaron Burr)抓住机会计划建立曼哈顿公司从事银行业,以此争取需要银行服务的手工业者和其他选民的支持。因此,为党派斗争增加砝码是伯尔建立曼哈顿公司的重要目标。但在联邦党人看来,建立新的银行会打破他们对银行的垄断,使他们的政治和经济利益受损。

为了获得占纽约州议会多数席位的联邦党的支持,伯尔决定要个手腕。18世纪末,纽约市的自来水需求增多,偏偏在1798年夏天纽约又爆发了黄热病,很多居民怀疑饮用水源遭到污染。这恰恰成为伯尔利用的条件。他以解决用水危机、建立自来水公司的名义申请建立曼哈顿公司,却暗中在曼哈顿公司特许状的条款中塞进了可以让该公司从事货币业务的隐晦话语,从而避免议会中反银行人士的反对,并最终成功获得州议会批准。1799年公司建立后,很快合法进入银行业。以伯尔为首的董事会表面上极力宣传对水利事业的投入,但实际上迅速将用于水利项目的资金缩减,将大量精力与资金投入银行建设。[②]

曼哈顿公司在银行业的投入,为伯尔所属的共和党赢得了政治支持。曼哈顿公司通过各种方式,将股票持有和货币服务范围扩大,解决了当时银行供不应

---

① Robert E. Wright, "Artisans, Banks, Credit, and the Election of 1800," *The Pennsylvania Magazine of History and Biography*, Vol.122, No.3, 1998, p.224.

② 曼哈顿公司的特许状条款中,涉及银行的部分写道,"公司将**剩余资金**用于购买公共或其他股份,**或进行任何货币交易或操作**,只要不违反宪法或美利坚合众国的法律,并且符合公司的利益,就是合法的"。黑体字为原文斜体。*An Act of Incorporation of the Manhattan Company*, New York, 1799. http://infoweb. newsbank. com/; "Manhattan Company," *Albany Centinel*, June 4, 1799. http://infoweb.newsbank.com.ezp-prod1.hul.harvard.edu/iw-search/we/HistArchive/.

求的问题,使从中获益的手工业者改变了政治立场,转而支持共和党人。首先,以伯尔为首的共和党把曼哈顿银行的股票价格调低。以往联邦党建立的银行每份股票价值数百美元,而曼哈顿银行的每份原始股价格最低时只有2.5美元,普通股票每份的价值也只有50美元。低价的股票使更多中等收入的人能够投资于银行业,从中获得利润分红。据统计,股东包括多样的群体。"除了普通的商人和律师、零售商、食品杂货商、制鞋匠、帽商、陶工、理发师、面点师、木匠、裁缝,甚至赶大车的人都拥有曼哈顿公司的股份。"其次,伯尔还向小商人和手工业者等群体提供贷款。当其他银行要求归还贷款时,曼哈顿公司却增加了减息贷款。尽管已经无法找到19世纪初获得曼哈顿公司减息贷款的个人详细记录,但是很明显,除了共和党商人以外,银行还向更广泛的职业人群提供了贷款,其中包括手工业者、小制造业商以及小店主等。[1]总之,纽约的小商人和手工业者加入共和党的"阵营",不仅使伯尔赢得1800年纽约州的选举,而且使共和党在纽约州第23届议会中占据多数。这届议会正是负责选举纽约州1800年总统竞选中选举人的机构,而纽约选举人的投票在这次总统竞选中又起到至关重要的作用,因此可以说,托马斯·杰斐逊赢得1800年选举,与建立曼哈顿公司赢得手工业者的广泛支持有很大关系。[2]

伯尔被同时代人和之后的研究者称为"不在意名誉"的精英。[3]如果按照当初建立商业公司的设想,商业公司的推进者和建立者须是公正无私、能推动公共利益的精英,那么伯尔显然不符合这个标准。而且,伯尔并非是为党派利益促成建立商业公司的个别精英。在19世纪初的纽约州,建立银行很大程度上就是一场政治竞争。1800年总统大选失败后,联邦党试图通过建立银行,获得更多的支持。但他们在纽约建立纽约商人银行(Merchant's Bank of New York)来扩大"股东和顾客基础"的努力,却遭到共和党人的重重阻碍。与此同时,共和党也在纽约加紧建立迎合他们支持者的银行,如兰辛博格农业者银行(Farmers' Bank of Lansingburgh)和纽约手工业者银行。在这种情况下,纽约的手工业者基本都加

---

① Robert E. Wright, "Artisans, Banks, Credit, and the Election of 1800", *The Pennsylvania Magazine of History and Biography*, Vol.122 ,No.3, 1998, pp. 227, 231.

② Robert E. Wright, Artisans, Banks, Credit, and the Election of 1800, *The Pennsylvania Magazine of History and Biography*, Vol.122,No.3, 1998, p.230.

③ 汉密尔顿曾提到过,伯尔"从不在意名誉"。参见 Hamilton to James A. Bayard, Jan.16, 1801, in Harold C. Syrett et al., eds., *The Papers of Alexander Hamilton*, Columbia University Press, 1961–1979, p. 323; Gordon S. Wood, "The Real Treason of Aaron Burr", *Proceedings of the American Philosophical Society*, 1999, pp. 283, 286.

入了共和党的阵营。①不可否认,各党派支持或反对建立银行,与他们的政治理念密切相关。18世纪末到19世纪初,共和党担心联邦党支持建立的银行只满足少数精英的利益,而使大多数人的利益受损,他们希望商业公司能顾及包括城市手工业者和乡村农民在内的普通社会群体的利益。但同时,共和党在与联邦党的竞争中,他们也从党派利益出发,阻碍反对党建立有益于小商人和手工业者利益的银行。因此,从某种程度上来说,建立商业公司的过程卷入了党派利益。

区域利益也是影响商业公司建立的重要因素。当时的一些作家、评论家就公开发表言论,鼓励通过建立商业公司,展开区域经济竞争。例如作家埃尔卡纳·沃森(Elkanah Watson)积极主张在纽约市建立收费公路。他提醒人们说,宾夕法尼亚"扩展了收费公路,跨越了我们的边界","紧盯着我们西部郡县的贸易",其他州也都开始"富有见识"的行动,纽约要与他们展开竞争。在沃森的号召下,有报刊登出文章,讲述了在纽约市与费城、巴尔的摩之间的竞争,并指出西部地区是竞争的直接目标。②在区域性竞争中,交通业和银行业等领域商业公司的建立不可避免地牵涉到区域利益之间的争斗。1787年,北美银行重新获得特许状,它所获得的支持主要来自区域利益与北美银行密切相关的费城和周边地区。然而对于山区和西部地区的乡村居民来说,北美银行这类城市银行是压迫乡村利益的工具。③6年后,为了本地区经济发展的需要,来自山区和西部地区的代表要求建立一个新银行,为这些地区的居民提供服务。在他们的支持下,州议会授权建立了宾夕法尼亚银行,允许其在州内开设五个分支,来满足乡村支持者的需求。在地区利益上受惠于宾夕法尼亚银行的西部地区和山区的议会代表,后来在议会表决中反对在费城建立其他银行,以免宾夕法尼亚银行遭遇竞争。④此外,费城的社会精英为扩展与内陆的商业往来,资助建立商业公司修建了数条公路,但是却阻碍建立商业公司推动萨斯奎汉纳河下游地区的交通发展,因为他们认为这会使该地区与马里兰州巴尔的摩的商业圈建立密切联系,不利于宾夕

① Robert E. Wright, Artisans, "Banks, Credit, and the Election of 1800", *The Pennsylvania Magazine of History and Biography*, Vol.122,No.3, 1998, pp. 233, 237,239.

② Daniel B. Klein and John Majewski, "Economy, Community, and Law: The Turnpike Movement in New York, 1797-1845", *Law & Society Review*, 1992, p.476.

③ Louis Hartz, *Economic Policy and Democratic Thought: Pennsylvania, 1776-1860* , Harvard University Press, 1948, p.48.

④ Andrew M. Schocket, *Founding Corporate Power in Early National Philadelphia*, Northern Illinois University Press, 2007,pp. 57-58.

法尼亚州内的经济发展。①也就是说,当商业公司的建立威胁当地利益时,就会遭到当地人的抵制和反对;反之,则会得到支持。当人们要确保本地的经济发展时,在商业公司的建立上往往不会考虑超越区域利益的整体利益。由此可见,商业公司的建立与否,并非只是与社会的共同福祉密切相关,区域竞争也在推动或阻碍商业公司的建立。

从商业公司建立过程中交织的各种复杂利益可以看出,各界精英并不拥有异于常人的美德,不能牺牲个人、派别和区域的私利,而为超越这些私利之上的公共利益服务。因此,由这些社会精英经营管理商业公司并非能确保商业公司为公共利益服务。可以说,现实世界的商业公司与政治精英们的设想并不一致,甚至存在很大的差距。既然由社会精英监管、组建与经营商业公司无法完成保证商业公司服务于公共利益的最初设想,那么这种由精英主导商业公司的安排与商业公司的实际发展之间的巨大反差是如何造成的? 它又具有何种历史含义呢?

四、相信美德与追求私利并存的政治文化及其转变

社会精英建立与经营商业公司,与建国初期的政治文化存在紧密的关联。②建国初期的政治文化中,"精英统治"的观念一直存在,此观念强调精英拥有美德,由精英管理国家与各类公共事务,有助于推进社会的共同福祉。正是这种理念催生了由社会精英经营和管理商业公司的举动。然而随着商业资本主义的发展,个人、党派和区域利益在人们心目中占据越来越重要的地位,人们对各种私

---

① John Lauritz Larson, *The Market Revolution in America: Liberty, Ambition, and the Eclipse of the Common Good*, Cambridge University Press, 2010, p.52.

② 1956年,加布里埃尔·阿尔蒙德在《比较政治体系》一文中首次对"政治文化"作出界定,认为"某种政治系统根植于其中的'为政治行为定向的具体模式'"是政治文化。塞缪尔·比尔和亚当·乌拉姆在1958年重新界定了"政治文化",提出:"在一个社会的一般文化中,有某些方面专门涉及政府应当如何办事和应当办什么事。我们把文化的这个部分叫作政治文化。如同社会的一般文化一样,政治文化的主要成分包括价值、信念和情感态度。"政治学家悉尼·维巴在1965年进一步解释了"政治文化",认为"政治文化的'定向'分解为'认知定向、情感定向和评价定向',或简化为'认知、情感和评价'"。在政治文化的研究范式中,"政治不仅仅是权力运作的领域,权力也不仅仅是体现为外在的控制方式;作为观念和符号的政治信念、政治话语和政治象征物,不仅包含复杂的权力关系,而且对政治制度和政治行动具有塑造和限制的作用"。因此,在政治文化的视野下,要考察"通过语言、仪式和象征物而体现的政治态度、情感、信念和价值,进入到政治行动者的内心世界"。关于政治文化的概念与研究范式,转引自李剑鸣:《戈登·伍德与美国早期政治史研究》,《四川大学学报》(哲学社会科学版)2013年第5期;李剑鸣:《美国政治史的衰落与复兴》,《史学集刊》2013年第6期。

利的追求同样影响政治权力的运作。可以说,在建国初期,精英统治的观念与追求私利并存且交织,共同塑造了复杂的政治文化,也造就了两种面目共生的商业公司。值得注意的是,"精英统治"的思想,显然与社会现实之间出现了越来越大的"鸿沟",这种滞后使"精英治国"的观念遭到挑战,挑战不仅来自于18世纪末政治生活领域的政党之争,而且体现在商业公司的建立过程中。个人、派别和区域利益交织在商业公司建立过程中,向"精英治国"的理念发起冲击。

美国建国初期的政治文化中,具有强烈的"精英统治"色彩,这可以从政治精英的思想意识中体现出来。在大多数政治精英看来,精英与民众之间"界线分明"。汉密尔顿对此的态度是始终一贯的,他认为社会被分为"少数人和多数人","少数人"富有、拥有社会地位且受人尊重,而"多数人"就是除"少数人"之外的芸芸众生,要区别对待。根据汉密尔顿的经验,他相信这少数人行动的动机不同于大多数人,他们道德至上,能够理解公共利益的含义,并服务于公共利益。①汉密尔顿的观点在当时相当多的政治精英中被认可。他们当中很多人都认为,无论在财富上,还是在道德上或是公益心上,精英与民众都存在差距。尽管麦迪逊在18世纪90年代与汉密尔顿出现严重分歧,但在18世纪80年代,他们两人在对精英与民众的态度上如出一辙。麦迪逊也承认精英群体更具有智慧,更能辨明国家的真正利益,他们热爱"国家与正义",最不可能把公共利益"牺牲于短期或局部利益"。比起"人民"自己表达意见,由这样的"人民代表表达的公众声音"与公共利益更为一致。②同时,相当多的政治精英认为,受过教育的绅士熟读古希腊、罗马文献。为了平衡少数有才能的人和多数平庸者,达到稳定,少数人理所当然要成为政治家、法官和将军,管理政府,而多数人则负责监督少数人的权力。他们提出,精英阶层可以在公共舞台与政治生活中发挥作用,而普通人则注定在耕种、买卖和投资中过着属于他们的生活。③总之,由"天然的贵族"管理国家的思想"蕴含在18世纪受过教育的绅士思想中","财富、教育、经历与社会关

---

① Susan Hoffmann, *Politics and Banking: Ideas, Public Policy, and the Creation of Financial Institutions*, The Johns Hopkins University Press, 2001, pp. 23-24.

② Alexander Hamilton, John Jay and James Madison, *The Federalist: A Commentary on the Constitution of the United States*, No.10, J.B. Lippincott & Co., 1866, pp. 109-110. http://books.google.com.hk/books.

③ Joyce Appleby, "The American Heritage: The Heirs and the Disinherited", *The Journal of American History*, Vol.74, No.3,1987, p. 801.

系"被认为是成为政治领袖的考量资格。①从这些政治精英的视角来看,由精英阶层掌握权力的政治体系不仅能"减轻大众的狂热和喧嚣",还能推进社会的公共利益。②

这种精英观念的形成是他们深受古典知识和文艺复兴以来欧洲政治思想熏陶的结果。古典作品里的共和制依托的一个核心价值就是美德。在追求美德的社会中,个人利益要为推动社会公共利益作出牺牲。不仅如此,古典学者们还提出,社会中存在着一些"少数人",他们天生具有优秀才干,学识渊博且生活富足无忧,并因具备美德而得到社会中大多数人的承认。这种"精英论"不断出现在古典作品中,到文艺复兴时期得以沿袭,之后又出现在英国反对派的话语中,包括弥尔顿、哈灵顿、西德尼、特兰夏、格登、博林布鲁克等人的论著中都不乏此类话语。③美国建国初期的政治精英大多受过良好教育,他们无论是在学校里,还是在日常生活中,都阅读过大量关于"美德治国"与"精英统治"的论著。他们或从中汲取历史经验及教训,或选择性地吸收其中有用的内容。④在从历史角度思考共和国的建制时,相当多的政治精英认为,古代的雅典和罗马等共和国以美德作为治国的基础,最后却因让人民拥有过度的权力而导致国家走向覆灭。因此,他们对民众拥有美德缺乏信心,但十分认同古典作品中对精英的赞美之词,希望建立起由精英主导的共和制国家,在北美大陆设计出一个全新的共和国。可以说,建国初期的政治文化深受共和主义精英治国理念的影响。

"精英统治"的观念自然要外化为政治精英具体的行动与话语。首先,它体现在政治精英的政府设计上。革命与制宪时期,在构建国家政体过程中,建国者就显露出"精英统治"的态度。美国革命时期与革命后,深受古典共和主义影响的建国者曾经设想过一个由"公正的代表"组成的议会,这些代表应该是"少数最有智慧、最善良"的人,他们比"人民"更清楚社会的公共利益。他们能"公

---

① Gordon S. Wood, *The Creation of the American Republic, 1776–1787*, W. W. Norton & Company, 1993, p.480.

② Jennifer Nedelsky, "The Protection of Property in the Origins and the Development of the American Constitution," Herman Belz, Ronald Hoffman and Peter J. Albert, eds., *To Form a More Perfect Union: The Critical Ideas of the Constitution*, University Press of Virginia, 1992, p. 65.

③ J.G.A. Pocock, *The Machiavellian Moment: Florentine Political Thought and the Atlantic Republican Tradition*, Princeton University Press, 1975, pp. 485, 507.

④ 李剑鸣:《在雅典和罗马之间——古典传统与美利坚共和国的创建》,《史学月刊》2011年第9期;Gordon S. Wood, *The Creation of the American Republic, 1776–1787*, W. W. Norton & Company, 1993, pp.49-50.

正地形成判断",不受地方和任何团体利益的影响,他们"是国家的代表","将生命全部奉献给公共利益",推动有益于每个部分的整体利益。他们认为,由这样的代表组成的议会才不会成为众多"局部利益和地方利益"斗争的战场。①虽然由"少数最能服务于公共利益"的人组成代表的观念并没有付诸实践,但是相当一批建国者仍相信,少数社会精英才是推动社会公共利益的引领者。制宪时期,约翰·亚当斯曾表示,"人民政府中会有一个绅士阶层,不会破坏政府的平衡,是政府的灵魂"。②

在现实政治世界中,"人民"选举出的代表大多属于社会精英。尽管政府奉行"代表制"原则,无论精英还是民众,只要满足被选举资格,理论上都有机会做"人民"的代表,然而在当时的政治精英看来,这并不意味着政治精英认为代表大多数人的意见或利益都是正确的。在选举各个部分的"人民代表"时,"只有众议院是由人民直接选举的,参议员和总统这些关键性的职位,不仅任期较长,而且都采用间接选举,法官和其他官员则由任命产生"。"这样就将人民从政府决策过程中排除出去,使统治完全成为精英的事务"。③而且,在众议院的设置上,麦迪逊解释道,代表大多数人利益的众议院中,激情总是战胜理性。④为了保持"公正和所有人的利益",政府需要在结构设计上防止"多数人奴役少数人"。保持政府公正与社会稳定,需要少数人平衡多数人,特别是利用"不平等的财富分配",来牵制多数人的意志。⑤

其次,"精英统治"观念还体现在建国初期政治精英的日常行为举止中。政治精英担心自己私下的社交活动会被认为夹杂私心,所以竭力将所有的会谈和社交活动公开化,树立自己具有公共责任感的形象。比如,约翰·莫里斯(John Morris)明明想和汉密尔顿作交易,但他却没有安排私人会议,反而写了个告示,

---

① "For the Independent Chronicle. Letter VIII", *Independent Chronicle*, April 3, 1777. http://infoweb. newsbank. com/; "Characteristics of a Good Assembly-Man", New Jersey Gazette, Jan. 7, 1778. http://infoweb.newsbank.com/; "For the Pennsylvania Packet, *Pennsylvania Packet* ", Sept. 15, 1786. http://infoweb. newsbank.com/; John Adams, "Thoughts on Government", Charles Francis Adams, ed., *The Works of John Adams*, Vol.4, Little, Brown and Co., 1865, pp.194-195.

② John Adams, "Writers on Government", Charles Francis Adams, ed., *The Works of John Adams*, Little, Brown and Co., 1865, p. 6.

③ 李剑鸣:《美国革命时期民主概念的演变》,《历史研究》2007年第1期。

④ Alexander Hamilton, John Jay and James Madison, *The Federalist: A Commentary on the Constitution of the United States*, No.55, J.B. Lippincott & Co., 1866, p. 424.

⑤ "Madison to James Monroe, Oct. 5, 1786", Gaillard Hunt, ed., *The Writings of James Madison*, Vol. 2, G. P. Putnam's Sons, 1901. p. 273. https://archive.org/.

公布他"会在早上散步,如果汉密尔顿有任何计划,可以在那里和他见面"。①另外,对于政治精英来说,晚餐派对也是比较理想的社交模式,因为派对是公开的,这样一来,就避免给人一种"偷偷摸摸"私下交易的印象。②总之,他们要尽可能避免公众指责他们缺乏公共责任感,树立自己的公众形象,希望得到人民的拥护和效仿。对此,汉密尔顿曾指出,普通人的行动为个人利益所驱使,而这些具有"高贵心灵"的精英更"渴望扬名"。③政治生活中,他们在公共事务上谨慎的言行,甚至给人一种"做戏感"。当时有不少外国观察者都看到了这种现象。法国的外交使节孔特·德穆斯捷(Comte De Moustier)提出,美国的政治家似乎在进行"一种表演",而这种表演"既不令人愉快也无用"。④另一位法国公使路易斯·奥托(Louis Otto)在1786年出访美国时观察到,"尽管美国没有贵族",但是"有命名为'绅士'阶层的人",他们拥有"财富、才能、教育水平、家庭和职位",渴望"人民"认同他们的杰出。⑤这些外国使节观察到的情形,从另一个侧面也印证了"精英统治"观念在建国初期政治文化中的真实性和重要性。

在相信精英拥有美德的同时,政界精英并非否认个人利益的存在。不过他们强调,精英的个人利益与多数人的个人利益不同。麦迪逊曾说过,"不同阶层的人有不同的利益",社会地位、教育水准、职业与财产拥有数量都会影响个体的利益诉求。⑥汉密尔顿则更直接地提出少数人和多数人的利益区别。他表示,在设计服务于公共利益的体制时,通过政府的调节,少数人的个人利益被导向公共利益。至于其他人的私人利益,体制设计不是利用它们,而是减小它们的冲

---

① Kenneth R. Bowling and Helen E. Veit, eds., *The Dairy of William MaClay and Other Notes on Senate Debates*, The Johns Hopkins University Press, 1988, p.292; 参见 Joanne B. Freeman, *Affairs of Honor: National Politic in the New Republic*, Yale University Press, 2001, p.51.

② Joanne B. Freeman, *Affairs of Honor: National Politic in the New Republic*, Yale University Press, 2001, p.52.

③ Alexander Hamilton, John Jay and James Madison, *The Federalist: A Commentary on the Constitution of the United States*, No.72, J.B. Lippincott & Co., 1866, p. 540.

④ 转引自 Joanne B. Freeman, *Affairs of Honor: National Politic in the New Republic*, Yale University Press, 2001, p. 39.

⑤ "Otto to Vergennes, New York, Oct, 10, 1786", George Bancroft, *History of the Formation of the Constitution of the Constitution of the United States of America*, D. Appleton, Vol.2, 1882, pp. 399-400. http://babel.hathitrust.org/cgi/pt?id=mdp.39015076291965#view=1up;seq=422.

⑥ Max Farrand, ed., *The Records of the Federal Convention of 1787*, Vol. 1, Yale University Press, 1911, p.422. http://memory.loc.gov/.

击。①显然,推进建立商业公司的政治精英赞同汉密尔顿的观点。他们试图通过政府的制度安排与限制,保障社会精英的公益心,使精英不至于因为个人利益而有损社会的"共同福祉"。

然而,从商业公司建立过程中交织的各种利益可以看出,依靠少数精英无私奉献的精神推动社会"共同福祉"只是政治精英的设想。在很多情况下,银行的建立、桥梁的铺架、运河的开通以及道路的建设这些推进公共利益的项目都是在各种复杂的利益冲突中进行,个人利益、党派利益和区域利益才是建立商业公司的主导因素。个人、派别和区域的私利在人们的思想和生活中变得越来越重要。

在18世纪末,追逐私利是人们进行经济活动的重要目标。从18世纪中期,随着北美殖民地人口数量不断扩张,与欧洲贸易往来增多,越来越多的人参与到商业活动中。对于很多殖民地居民来说,将他们的资源投入市场,获取更多财富,具有难以抵抗的吸引力。对此,早在美国革命前,北美殖民地商人就承认,对于大多数人来说,他们很难抗拒私人利益。②商人、农民、手工业者以及制造业者都追求他们自己的目标。每个人在做他们看来正确的事,追求个人利益与自我保护。③很多政治精英也深深感到追求个人利益才是社会普遍的价值观念。比如本杰明·富兰克林和曾担任纽约首席大法官的罗伯特·R.利文斯顿(Robert R. Livingston)都承认,个人利益在社会生活中具有统治地位。④革命时期,汉密尔顿也认识到,追求私欲是人们的天性。他表示,就是不停地宣讲在共和制国家人们保持公正无私的必要性,就是一直讲到厌倦这个话题,也不会有一个人改变初衷。人们"根本的动机就是自身利益"。⑤建国初期,还有人评论道,财富与利润具有与生俱来的吸引力。每天人们都在为财富而忙碌,互相阻碍与抢夺,在所有

① Susan Hoffmann, *Politics and Banking: Ideas, Public Policy, and the Creation of Financial Institutions*,The Johns Hopkins University Press, 2001, pp. 23-24.

② "Public Victure to be Distinguished by Public Honours", *The Independent Reflector*, Jan. 25, 1753. http://infoweb.newsbank.com/.

③ David Cooper, *An Enquiry into Public Abuses, Arising for Want of a Due Execution of Laws, Provided for the Suppression of Vice, in the State of New-Jersey*, Philadelphia, 1784, p. 16; Henry Cumings, *A Sermon Preached before His Honor Thomas Cushing*, [s.n.], 1783, p.39. http://infoweb.newsbank.com/.

④ Joyce Appleby, *Liberalism and Republicanism in the Historical Imagination*, Harvard University Press, 1992, p.180.

⑤ Alexander Hamilton, "The Continentalist No. VI(1782)", Harold C. Syrett, et al.,eds., *The Papers of Alexander Hamilton*, Vol.3, Columbia University Press, 1961-1979, p.103.

的地方,个人利益都占主导。①而且,追求私人利益不仅是普通人的目标,也是社会精英的诉求。美国历史学家戈登·伍德曾提到,很多国会议员"要么是身不由己地利用职权谋取利益,要么是从他们的职责中脱身",卷入投机活动。②据说,约翰·杰伊曾纠结于做首席大法官还是国务卿,而薪水的高低则是纠结的重要原因。③建立商业公司过程中的利益争夺也表明,社会精英摆脱不了私利的巨大诱惑。

可以看出,社会不同群体对各种私利的追求同样影响政治权力的运作。在建构政治体制时,政治精英就考虑过社会利益多样性的问题。麦迪逊曾说,不同阶层的人有不同的利益。除了贷款者和借款者,还有农民、商业和制造业者,其中有富人和穷人之分。不能被看作完全一致的整体。随着人口增多,政治经济随之变得复杂。④因此,建国者设计出一套适用于利益多元化社会的代表制政体,在制度上认可并规范个人利益。代表制政府并非是单一利益的代表,而是代表了社会利益的多元性。选民选举代表,不是因为代表的才能、正直与爱国主义,而是因为与他们相同的兴趣与动机。⑤而在实际的政治生活中,各种为私利进行讨价还价的政治交易、为报答支持者进行的政治分肥活动比比皆是。选民也是"出于某种狭隘的、自私自利的或者是毫无定见的动机"去投某人的票。⑥

因此,建国初期的政治文化是极为复杂的。这种政治文化强调公共利益至上,相信精英具有美德,能够超越个人利益推进公共利益;与此同时,政治文化又不可避免地受到自由主义价值观的影响,个人、党派和区域利益交织,影响着各种政治决定与行为。政治精英不同的价值体系与对政治的认知,以及他们的表达与行动,共同塑造了建国初期复杂多重的政治文化。18世纪末商业公司的建立就像一个多棱镜,反映了"精英统治"理念与各种私利追求并存的政治文化。当然,随着社会经济的发展,建国初期的政治文化在逐渐发生转变。

在人们普遍追求私利的社会中,强调"精英统治"的思想观念无疑遭到了巨

---

① "For the Independent Chronicle", *Independent Chronicle*, August 31, 1786. http://infoweb.news-bank.com/.

② Gordon S. Wood, *The Radicalism of the American Revolution*, Vintage Books, 1993, p. 264.

③ Gordon S. Wood, *Empire of Liberty: A History of the Early Republic, 1789-1815*, Oxford University Press, 2009, p. 329.

④ Max Farrand,ed., *The Records of the Federal Convention of 1787*, Vol. 1, Yale University Press, 1911, p.422;Vol. 2, p.124.

⑤ "The Republican", *Connecticut Courant*, Feb. 5, 1787. http://infoweb.newsbank.com/.

⑥ Gordon S. Wood, *The Radicalism of the American Revolution*,Vintage Books, 1993, p.251.

大挑战。在政治领域，从社会公共利益出发而否定派别和政党的政治精英，不得不面对18世纪末愈演愈烈的党派斗争。建国初期的政治精英普遍相信社会存在"共同福祉"，他们的各项行动与举措都是为了增进社会的公共利益。对于党派，他们则大多持排斥与厌恶的态度。约翰·亚当斯曾表示，"共和国被划分为两个政党"是"最大的政治罪恶"。[1]来自弗吉尼亚的参议员约翰·泰勒（John Taylor）提出，国家制定宪法，是为了推动整体利益和为全体公民服务，不是为一部分公民服务，党派则是宪法推进目标的对立物。[2]总之，在大多数人看来，党派的成员只关注局部利益或个人利益，他们渴望权力，希望通过"掌控政府"，为个人利益服务。[3]然而，批评党派的政治精英却在18世纪90年代身陷党派斗争。因为内政与外交上的分歧，约翰·亚当斯和汉密尔顿联合组成联邦党，与以麦迪逊和杰斐逊为代表的共和党展开竞争。他们在国会辩论与各种公开言论中相互指责。麦迪逊批评汉密尔顿的财政政策赋予少数人特权，旨在建立君主制和贵族制，威胁共和政府的基本原则。[4]而汉密尔顿则质疑杰斐逊暗中动用政府资金资助反对派报刊。[5]在1796年的总统竞选活动中，联邦党与共和党都在为各自的总统候选人拉票，希望能赢得诸如宾夕法尼亚州这种摇摆州的选票。[6]到了1800年的总统竞选，联邦党与共和党的党派竞争达到巅峰。联邦党利用1798年通过的《惩治煽动叛乱法》压制共和党的批评言论，给竞选施加影响。而共和党则借助民众对联邦党人控制言论的不满情绪，在报刊与小册上不断批判联邦党剥夺言论自由，为选举制造声势。杰斐逊为削弱联邦党人在新英格兰地区的影响，与该地区的共和党领袖密切联系，以争取更多的支持。[7]尽管当时的政治精英仍然坚信自己拥

---

① "To Jonathan Jackson, October 2, 1780", Charles Francis Adams, ed., *The Works of John Adams*, Vol.9, Little, Brown and Co., 1865, p.511.

② John Taylor, *A Definition of Parties*, [s.n.], 1794, p.4. http://infoweb.newsbank.com/.

③ James Roger Sharp, *American Politics in the Early Republic: The New Nation in Crisis*, Yale University Press, 1993, p.232.

④ Drew R. McCoy, *The Elusive Republic: Political Economy in Jeffersonian America*, W.W. Norton & Company, 1982, pp. 154-159.

⑤ "T.L. No.III, August.11, 1792", Harold C. Syrett et al., eds., *The Papers of Alexander Hamilton*, vol.12, Columbia University Press, 1961-1979, pp.193~194; "Metellus, October, 24, 1792", Harold C. Syrett et al., eds., *The Papers of Alexander Hamilton*, Vol.12, pp.613-617.

⑥ James Roger Sharp, *American Politics in the Early Republic: The New Nation in Crisis*, Yale University Press, 1993, pp.155-156.

⑦ James Roger Sharp, *American Politics in the Early Republic: The New Nation in Crisis*, Yale University Press, 1993, p. 230.

有美德,组成的是"爱国者联盟",所有的行动都是为了拯救国家,但是联邦党与共和党的激烈斗争却表明,强调"精英统治"的理念正在不断被政党政治所削弱。直到19世纪20年代中期,来自纽约州、时任国会参议员的马丁·范·布伦(Martin Van Buren)公开承认党派利益的必要性,他提出,"政党是自由政府不可分离的"组成部分,它能更有效地监督政府,防范政府滥用权力。[1]

与此同时,在经济领域,强调"精英统治"的理念也遭遇挑战。在18世纪末,相当一批政治精英秉持"精英统治"的价值取向,并且通过一套依靠精英治国的话语,构建了权力体系。这些政治精英包括了具有共和精神的政治家,也有很多种植大宗农产品的种植园主、大农场主、出口和进口大宗货物的商人、金融人士以及律师。他们宣扬自己为广泛的群体服务,而不是为任何派别谋取私利。他们几乎从没有公开表示自己的政治与经济主张中包含个人利益,而是通过竭力展现他们的优越性,证明自己能为公共利益服务。在他们的公共言论中充满共和话语:"秩序是脆弱的,所有人都有权力欲;美德被野心和欲望侵害;只有那些每天免于生活压力的人才能被信任,肩负职责。"[2]然而,精英治国理念在商业公司上的运用却遭遇挫折。各种私利影响着商业公司的建立,精英的监管和精英并没能确保对公共利益的追求超越对私利的渴望。在精英对复杂利益的追逐中,依靠精英推动公共利益的想象被瓦解,甚至被摧毁。可以说,在商业公司建立过程中,错综复杂的利益冲突实际上是对"精英统治"话语与理念的一种"解构"。

结论

商业公司建立的过程中,"精英统治"的理念与人们普遍对私利的追求,在共同塑造建国初期政治文化的同时,也充满对抗性。美国历史学家乔伊斯·阿普尔比曾分析说,18世纪末的美国是古典共和思想和自由主义思想共存的时代,在社会经济发展中,"个人不断增多的需要"在"挑战有具体职责和特权的公民"。[3]在

---

[1] "The Autobiography of Martin Van Buren", John C. Fitzpatrick, ed., *Annual Report of the American Historical Association for the Year 1918*, Vol.2, [s.n.] 1920, p.125.

[2] Joyce Appleby, "The American Heritage: The Heirs and the Disinherited", *The Journal of American History*, No.3, 1987, p.801; Joanne B. Freeman, *Affairs of Honor: National Politic in the New Republic*, Yale University Press, 2001, p.46.

[3] Joyce Appleby, "Republicanism in Old and New Contexts", *The William and Mary Quarterly*, Vol.43, No.1, 1986, p.32.

这种社会环境中，不仅"精英统治"思想受到冲击，而且兼容了共和主义与自由主义两种价值观的政治文化已经在发生意义深远的变化。

政治文化的转变可以从人们思想观念的变化中体现出来。在"精英统治"的理念中，公共利益处于至高无上的地位，对于个人利益，政治精英普遍相信，多数人对个人利益的追求会损害社会的公共利益。实际上，这种利益观念深受古典作品中利益观念的影响。在古典作品中，个人利益与公共利益处于"势不两立"的状态，相当多的人都认为，对个人利益的追逐势必会损害公共利益。而到了中世纪，"对金钱和财富的贪婪"也被视为堕落的主要罪恶之源。①不过，随着社会经济的发展，在欧洲和美国，人们的利益观都开始发生变化。

从16世纪开始，在欧洲，个人利益存在的合理性逐渐得到承认，个人利益的含义明显发生了变化与扩展。马基雅维利更强调"利益"的"不可避免性"，在他笔下，利益似乎成了生活的"必需品"。②如果说之前个人利益被贴上了等同于"贪欲"和"不道德"的标签，那么在17世纪的论述中，个人利益开始具有了一种正面的"形象"，它被认为可以带来"有预见性的"好处。在18世纪，孟德斯鸠则更清晰地提出，在一定条件下，个人欲求会不知不觉与公共利益汇合，"虽然每个人都认为是在为自身的利益而工作，但结果却是为公共福利做出了贡献"。③而亚当·斯密在《国民财富的性质和原因的研究》中，则彻底挑战了依靠少数精英持有特权推动公共利益的观点。他指出，每个人追求改善自己的状况是自然的事，这种无计划、无引导的体系会推动公共利益。④个人利益观念的变化同样发生在美国。在美国建国初期，一些政治精英已经意识到，在某种程度上，公共利益与个人利益之间存在一致性。威廉·芬德利(William Findley)在1786年宾夕法尼亚议会关于是否重新颁给北美银行特许状的讨论中提出，只要做法是"安全有益的"，"在政治上促进各种利益的发展"就应该被允许。"促进各种个人利益的发展实际

---

① 艾伯特·奥·赫希曼：《欲望与利益：资本主义走向胜利前的政治争论》，李新华、朱进东译，上海文艺出版社，2003年，第3页。

② Harvey C. Mansfield, "Self-Interest Rightly Understood", *Political Theory*, Vol.23, No.1, 1995, pp. 50-51.

③ 艾伯特·奥·赫希曼：《欲望与利益：资本主义走向胜利前的政治争论》，李新华、朱进东译，上海文艺出版社，2003年，第66~70页，第3页。

④ 亚当·斯密：《国民财富的性质和原因的研究》(下卷)，郭大力、王亚南译，商务印书馆，2011年，第24~27页。

上正是美国政治应该做的工作"。①在19世纪初,当时著名的建筑师本杰明·拉特罗布(Benjamin Latrobe)则坦言,"每个人努力争取自己的利益才能够最大地促进公共利益"。②

伴随着人们利益观的转变,古典共和语境下的美德概念也在发生变化。在古典作品中,衡量美德的标准就是要牺牲个人利益,为公共利益服务。当人们意识到个人利益与公共利益并非完全对立,在一定条件下个人利益可能推动公共利益时,美德也就不再只被界定为超越个人利益,具有公共精神,也不再局限于政治生活领域,而被赋予了更丰富的内涵。除了政治领域,在社会生活中展现的个人能力与才干,以及人们在私人生活中展现出的责任感也被视为具有美德的重要标准。③这样一来,拥有美德就并非是精英特有的标签,"精英统治"的合理性就遭到弱化。

在商业公司建立过程中,错综复杂的利益追求与"精英统治"理念之间的巨大落差,不仅使"精英统治"的理念遭遇挑战,而且展现了这个时代政治文化的复杂性和变动性。美国史学界普遍认为,18世纪末美国的政治生活中包含多样化且不断变动的思想与概念。④古典共和思想中的追求美德与公共利益、现实世界

① Mathew Carey, *Debates and Proceedings of the General Assembly of Pennsylvania, on the Memorials Praying a Repeal or Suspension of the Law Annulling the Charter of the Bank*, [s.n.] 1786, p.73; Gordon S. Wood, *The Radicalism of the American Revolution*, Vintage Books, 1993, p.257.

② Gordon S. Wood, *The Radicalism of the American Revolution*, Vintage Books, 1993, p.296.

③ Gordon S. Wood, *Empire of Liberty: A History of the Early Republic, 1789–1815*, Oxford University Press, 2009, pp.12-13; Joyce Appleby, *Capitalism and a New Social Order: The Republican Vision of the 1790s*, New York University Press, 1984, pp.14-15.

④ 相关论著包括Gordon S. Wood, *The Creation of the American Republic, 1776-1787*, W. W. Norton & Company, 1993; Gordon S. Wood, *The Radicalism of the American Revolution*, Vintage Books, 1993; J.G. A. Pocock, *The Machiavellian Moment: Florentine Political Thought and the Atlantic Republican Tradition*, Princeton University Press, 1975; Lance Banning, "Some Second Thoughts on Virtue and the Course of Revolutionary Thinking", Terence Ball and J. G. A. Pocock, eds., *Conceptual Change and the Constitution*, University Press of Kansas, 1988, pp.194-212; Lance Banning, *The Jeffersonian Persuasion: Evolution of a Party Ideology*, Cornell University Press, 1978; Joyce Appleby, "Republicanism in Old and New Contexts", *The William and Mary Quarterly*, No.1, 1986, pp. 20-34; Joyce Appleby, "The American Heritage: The Heirs and the Disinherited", *The Journal of American History*, No.3, 1987, pp. 798-813; Joyce Appleby, "Republicanism and Ideology", American Quarterly, Vol.37, No.4, 1985, pp. 461-473; Joyce Appleby, *Capitalism and a New Social Order: The Republican Vision of the 1790s*, New York University Press, 1984; Robert E. Shalhope, "Republicanism and Early American Historiography", *The William and Mary Quarterly*, Vol.39, No.2, 1982, pp. 334-356; Daniel T. Rodgers, "Republicanism: the Career of a Concept", *The Journal of American History*, Vol.79, No.1, 1992, pp.11-38.

中对私人利益与财富的渴求,这些看似矛盾的思想交织,使当时的政治话语缺乏明确的界定,变得模糊不清,成为融汇了多种概念的"混合物"。阿普尔比认为,"18世纪末的美国社会经历着巨大的改变","自由交换"和各种社团变得越来越重要,以至于"以往的思考方式失去了物质基础",之前的"体制"慢慢变得和现实"毫无关联"。[1]建国初期的政治文化确实经历着转变,强调精英美德与公共利益至上的价值观念正在逐渐被削弱,强调合理的个人利益与公共利益存在一致性的自由主义观念在美国政治文化中的地位开始上升。直到19世纪中期,"精英统治"的观念最终被强调个人利益的自由主义理念所取代。政治文化在主体内容上逐渐发生的变化,使19世纪的美国在政治和经济领域发生了意义深远的改变。在政治领域,强调合理的个人利益与公共利益具有一致性的理念,促使"精英统治"的思维模式被打破,更广泛的社会群体参与政治生活,在19世纪推进了美国政治走上民主化的道路。在经济领域,则使美国的商业公司从公共机构逐渐演变成为私人牟利的经济组织。如果没有18世纪末个人、党派与区域利益给"精英统治"思想带来的冲击,没有政治文化上的转变,自然就不会有19世纪自由主义在美国的发展。可以说,商业公司的建立,充分展现出追求各种私利与强调"精英统治"并存的复杂政治文化,揭示了美国建国初期"精英统治"理念遭到的严重挑战。更重要的是,商业公司的建立从一个侧面反映了美国建国初期的政治文化处于转变中,而政治文化的转变对于19世纪美国政治民主化与自由市场经济的发展具有关键影响。

本文原刊载于《中国社会科学》2015年第6期,是国家社会科学基金重点项目"美国早期政治文化的演变研究"(批准号2ASS001)、教育部人文社科青年基金项目"美国建国初期商业公司的演变与政治文化的互动研究"(批准号12YJC770011)和南开大学中央高校基本科研业务费专项资金资助项目"美国建国初期关于商业公司的争论及其意义"(批准号NK2XB1437)的阶段性成果。

作者简介:

董瑜,南开大学历史学院副教授,研究方向为美国早期史、美国政治文化史、美国资本主义史。入选国家级青年拔尖人才计划。在《中国

---

[1] Joyce Appleby, "The American Heritage: The Heirs and the Disinherited", *The Journal of American History*, No.3,1987, p.802.

社会科学》《历史研究》和《世界历史》等学术期刊发表论文多篇。主持
国家社科基金与教育部人文社科基金项目共4项。研究成果获天津市
第十五届社会科学优秀成果奖二等奖和"杨生茂美国史最佳青年论著
奖"提名奖。

自由农民与农业革命

——英国东盎格利亚地区的圈地运动和农业革命

周东辰　马世力

　　圈地运动和农业革命长期以来一直是英国经济史研究的重点。而作为英国传统农业产区的东盎格利亚地区由于其相对特殊的地理因素和经济体制,其圈地运动的发展模式和状况和英国其他区域相比有着其独有的特点,其最大的特点就在于此区域出现了大量的自由农民。再加上其农业经济极为发达,以自由农民为主要推动力的英国农业革命也首先在此区域发生并发展到全国。由此,对于东盎格利亚地区的圈地运动和农业革命的研究,特别是对其自由农民的研究,不仅仅可以从新的视角去研究英国的圈地运动,而且可以追溯英国农业革命的起源和发展轨迹,同时对于英国区域史的研究也能提供新的线索。

一、中世纪时期东盎格利亚地区的自由农民发展研究

　　位于英格兰东部的东盎格利亚地区,包括萨福克、诺福克两郡,以及剑桥郡和埃塞克斯郡的一部分。这一区域自诺曼登陆起即为英格兰最为重要的农业产地和渔业中心。诺维奇是这个区域的核心城市。据《末日审判书》(*Domesday Book*)记载,诺维奇在11世纪已经是英格兰最大的城市之一,拥有25座教堂,人口约为5000~10000人。[①]相对于中世纪时期英国相对分散的农业生产,东盎格利亚地区相对发达的农业生产有其特殊的特点,在此土壤上产生了英国最早的一批自由农民。

　　首先,中世纪东盎格利亚地区庄园的封建关系较为松弛。这主要是由于东盎格利亚的地理位置造成的。其位于英国东部,深入北海,形成了一个相对封闭的半岛,英国盛行的庄园制经济在此地没有蓬勃地发展起来。再加上丹麦人在此定居多年,留下了大量的"丹麦法区",使得一些丹麦习惯法如土地分割继承制(Partible Inheritance),即土地分割后,继承者有权出卖自己的份地,在此地一直留存至14世纪。份地的继承和买卖使得份地支离破碎,最终导致了份地体系的

---

① Dorothy Clayton, *Richard Davies and Peter Mcniven edited, Papers in Later Medieval History*, Alan Sttton Publishing, 1994, pp. 147-150.

崩溃。①14世纪的黑死病极大地改变了东盎格利亚地区的生产关系:人口的大量死亡使得土地集中到领主手中,但是上升的雇工工资又迫使领主把自营地的经营权外租,致使庄园制经济基础之一的份地进一步削弱。②由此,此地的自由农民开始产生。

与此同时,伴随着此地自由农民的传统,持续不断的农民起义也在不断地削弱着本就发展不健全的东盎格利亚庄园制经济。自1381年开始,诺福克和萨福克地区的农民起义就一直连绵不绝,中间虽然遭到镇压,但是直到1391年仍有相当规模的起义农民存在。③以诺维奇地区的弗恩赛特(Vern Dorset)庄园为例:在1400年,庄园还拥有16个佃农,一个世纪后的1500年下降为8个,在25年后的1525年进一步下降为3个,而到了1575年庄园里已经没有一个佃农存在了。④

其次,中世纪东盎格利亚地区有着相当发达的农牧混合农业经济,自由农民的经济地位相对较高。东盎格利亚地处英格兰东部低地,土质多数属于黏土和白垩土的混合体,非常适合养羊和耕种。其西部主要是畜牧区,而中部和东部则是混合农耕区。混合农耕区多采取此地特有的"羊农混合耕作"(Sheep -Corn Husbandry)。其主要方式为领主要求佃农在其自营地里放牧,以便利用畜粪作为肥料来提高土壤肥力。从《末日审判书》可以看到很多关于这种特别生产方式的记载,并且明确"养羊者有将羊群赶往领主土地中放牧的义务",并称之为"牧地积肥权"(Fold-course Right)。据记载,其重要方式是在5—11月份,羊群白天在牧场放养,晚上则圈在耕地中过夜。⑤这样做的目的不仅仅是为了获取羊毛,更重要的是为土地积肥使其获得更好的收成,因为"有羊群和牧场优先权的地主更能使自己的土地处于肥沃状态"。⑥其养羊的数量在当时初具规模,据《末日审判书》记载,埃塞克斯郡每个庄园平均有100只羊,而在诺福克516个村庄中共养

---

① George C. Homans, "The Explanation of English Regional Differences", *Past and Present*, No.42, 1969, p.26.

② Frances G. Davenport, "The Decay of Vileinage in East Anglia", *Transactions of the Royal Historical Society*, New Series, Vol.14, 1900, pp.192, 45.

③ Herbert Eiden, "Norfolk, 1382: A Sequel to the Peasants' Revolt", *The English Historical Review*, Vol.114, No.456, 1999, p.14.

④ Jane Whitle, *The Development of Agrarian Capitalism: Land and Labor in Norfolk, 1440 - 1580*, Oxford University Press, 2000, p.117.

⑤ 约翰·克拉潘:《简明不列颠经济史:从最早时期到1750年》,范定九等译,上海译文出版社, 1980年,第27~77页。

⑥ M. S. Bruce Campbell, "Agricultural Progress in Medieval England: Some Evidence from Eastern Norfolk", *The Economic History Review, New Series,* No.1, 1983, p.140.

羊46864只。[1]

此地区中世纪主要种植大麦、小麦以及燕麦。据统计，在13—14世纪，诺福克郡的庄园里每英亩可产小麦 10.8～13.6 蒲式耳（bushel）、大麦 14.7～15.6 蒲式耳、燕麦 12.2～13.1 蒲式耳并可产豆类作物 7.2～7.5 蒲式耳。[2]根据赫尔大学（University of Hull）教授特纳（M. E. Turner）所著的《18世纪英格兰的农业生产率》（*Agricultural Rent in England, 1690-1914*）一书中的统计，直到1650年英格兰小麦每英亩的平均产量才达到11蒲式耳，1800年增至19.5蒲式耳，这还是在考虑到17世纪"农业革命"扩展至全英以及17至18世纪英国农业出现了长达半个多世纪的连续大丰收的情况下得出的结果。[3]而东盎格利亚地区在11世纪就达到了每英亩小麦10.8～13.6蒲式耳的产量，可见其土地之肥沃以及农业之发达。同时我们可以发现早在11世纪诺福克地区就开始种植豆类，这种作物可以凝聚土壤中的氮，维持土地的肥力。东盎格利亚也是英国最早取消休耕制度的地区之一，早在1268年东诺福克就取消了休耕制。到了1350年，诺福克庄园保留休耕制度的土地只占全部耕地面积的7%。在此地的11个领主自营地中，每年用于种植粮食作物的耕地占总面积的3/4，大于三圃制下 的耕地面积。[4]与此同时，农民对休耕地还会反复破土翻耕，以便铲除杂草并保持地力。而休耕地的减少意味着耕地面积的扩大和农业生产率的提高。

由此可见，东盎格利亚地区在中世纪时期就是英国最为重要的农产区，并有其自身独有的特点。其中相对松弛的封建人身关系和发达的农牧混合农业都为此地自由农民的出现和发展奠定了坚实的基础，并为之后的圈地运动和农业革命提供了相当强大的动力。

与此同时，东盎格利亚地区除了得天独厚的地理条件和传统使得英国的自由农民可以在此快速发展外，英国的宗教改革和之后的内战也为东盎格利亚地区自由农民的发展提供了政治保障。

首先，随着英国宗教改革的深入，一批提倡教会改革，"清洗"天主教遗毒的复原派人士兴起，他们被通称为清教徒。虽然在玛丽女王的统治期间，清教徒多

---

① 波斯坦主编:《剑桥欧洲经济史》(第1卷)，王春法主译，经济科学出版社，2002年，第55页。

② M. E. Seebohm, *The Evolution of the English Farm*, Harvard University Press, 1927, p.69.

③ M. E. Turner, J. V. Beckett and B. Afton, *Agricultural Rent in England*, 1690-1914, Cambridge University Press, 1997, p.112.

④ Frances G. Davenport, *The Decay of Vileinage in East Anglia*, Transactions of the Royal Historical Society, 1900, pp. 192, 45.

流亡海外；当伊丽莎白执政后，这些人纷纷带着强烈的加尔文思想回到了英国，盼望改革教会。在这些回归英国的清教徒中有大量随着16世纪移民的涌入聚集在以诺维奇为核心的东盎格利亚地区。这些回归的清教徒大部分主张留在圣公会内，以渐进的方式改革教会；但另有一派较为激进，要求政教分离，这些人又被称为分离主义者。1572年，剑桥大学教授卡特赖特（Thomas Cartwright）更是进一步在清教徒会议中，提出信徒平等的论点，要求放弃主教制度，由信徒自行推选长老。这无疑是对圣经会的主教权威发出挑战，卡特赖特因此被开除教职，由此开始了英国长老会。在此同时，另一班主张政教分离的清教徒（分离主义者），开启了公理主义（Congregationalism）。其中，1581年，毕业于剑桥的布朗尼（Robert Browne）在东盎格利亚首府城市诺维奇成立了第一个自由教会，主张教会应由真基督徒组成，并由信徒自行治理。由此清教思想得以在东盎格利亚地区广泛传播，使得东盎格利亚地区自由农民的思想得以解放。

其次，随着英国内战（English Civil War，即英国资产阶级革命）的爆发，作为清教徒和自由农民占多数地位的东盎格利亚地区坚定地站在议会党的一方，成了对抗王党的中坚力量。在1642年11月，由东盎格利亚地区主要的代表诺福克郡、萨福克郡等五郡组成了"东方联盟"（Eastern Association），此联盟之后成了英国内战期间议会军的主要兵源和战略物资的产地。其中最著名的就是几乎全部由诺维奇自由农民构成的由克伦威尔所率领的"铁骑队第十一分队"（The Ironsides 11th Troop）。虽然战争期间王党在东盎格利亚地区有所反扑，但是随着英国内战的结束，东盎格利亚地区自由农民作为议会党取得内战胜利的中坚力量，其政治地位也最终确立了起来。

二、东盎格利亚地区的圈地运动

英国的圈地运动始于15世纪早期，随之席卷英国35个郡，进入16世纪圈地运动在英国迎来其最高潮。

东盎格利亚地区的圈地运动实际上进行得相对缓慢。1488—1517年，虽然圈地的行为在诺福克郡已经相当普遍，但相对于密德兰地区在15世纪上半叶就圈占的数千英亩的庄园，诺福克地区的圈地运动显得相对缓和。其在这一段时间内所圈占的土地往往在40英亩以下，全郡平均下来的圈地面积也仅仅为56英亩，只有少数庄园达到300英亩以上。①但是进入16世纪中期，东盎格利亚地区

①W. A. Dutt, *Norfolk*, Cambridge University Press, p.171.

的圈地运动也开始变得激烈起来。据 E. F. 盖伊(E. F. Gay)整理的 1517—1579 年圈地调查委员会的调查档案记载,在此期间圈地最为严重的几个郡中,诺福克排名第五,共圈占土地 9334 英亩,涉及 112 个村庄,摧毁房屋 70 座(见表 1)。

表 1 1517—1579 圈地调查委员会关于 10 郡圈地情况统计报告

郡	圈地面积(英亩)	报告涉及村庄数	被毁房屋	流离失所人口
北安普顿郡	14081.5	112	345	1405
牛津郡	11831	107	176	720
白金汉郡	9921	70	160	887
沃里克郡	9794	70	189	1018
诺福克郡	9334	112	70	–
伯克郡	6392	86	116	588
莱切斯特郡	5780.5	49	136	542
林肯郡	4866.5	63	70	158
诺丁汉郡	4470	80	71	188
贝德福德郡	4137	36	89	309
合计	80507.5	795	1422	5815

注:1. 本表根据盖伊(E. F. Gay)于 1900 年在《皇家社会历史研究》(*Transactions of the Royal Historical Society*)中所发表的论文《1517 年人口减少调查和圈地运动》(*The Inquisitions of Depopulation in 1517 and the 'Doomsday of Enclosure*)一文以及戴耶(Christopher Dyer)于 1982 年在《经济史评论》(*The Economic History Review*)中发表的论文《西密德兰中世纪村庄的消亡》(*Deserted Medieval Villages in the West Midlands*)所提供的数据重新整理而成。

2. 此表已根据各郡所圈地面积为顺序重新排序。

圈地运动的迅速发展彻底改变了东盎格利亚地区的经济发展轨迹。其使得庄园制经济和佃农制经济在东盎格利亚地区彻底的瓦解,产生了大量的自由劳动力并积累了大量的原始资本;同时诱发了早期农业革命在东盎格利亚地区率先发生,大大提高了农业生产率,为人口大量在城市聚集奠定了条件。

(一)自由劳动力和城市人口的快速增长

圈地运动首先使得本就发育不健全的庄园制经济在东盎格利亚地区彻底瓦解,大量的农民涌入城市成为雇工。圈地运动中的大量失地农民变成了廉价的劳动力和自由农民,开始进入城市务工,再加上弗兰德尔地区大量移民的涌入,使得在16世纪末期诺维奇的人口迅速增长。

据记载,东盎格利亚地区首府诺维奇在1500年前后拥有人口1万人左右,是英格兰最大的几个城镇之一。[①]但是进入16世纪以后,诺维奇却屡遭厄运。先是1505年及1507年的两场大火摧毁了城中近1/3的建筑,近300名市民死于非命。市政厅甚至都遭到了损坏,于1513年重修。随之而来的是1549年的凯德起义。起义军一度占领了整个诺维奇。镇压义军的行动进行得并不顺利,由北安普顿侯爵(The Marquis of Northampton)率领的部队虽然攻进了诺维奇,但是受限于人数不足,也只好撤退。凯德起义最终被沃里克伯爵(The Earl of Warwick)率领的部队所镇压,城市开始逐步恢复秩序。[②]但是这次起义以及1569年的瘟疫给诺维奇带来了近1/3的人口损失,城市人口大为减少。[③]

幸而自1565年之后此区域迎来了大量移民的涌入,以及其自身毛纺织业的逐渐繁荣,农村人口由于圈地运动和庄园制的解体不再受到封建生产关系的束缚,成了自由的雇佣劳动力进入了城市,使得诺维奇的人口在1580年代恢复到了16000人,并在1670年达到了20000人(见表2)。

表2　诺福克郡主要城市人口变化 1500—1700 年

	1500年	1600年	1670年	1700年
诺维奇	10000	16000	20000	27000
大雅茅斯	4000	5500	10000	11000
金斯林 King's Lynn	4500	6000	9000	9700

注: 本表中的人口数据根据麦克瑞尔(Benjamin Mackerell)所著的《诺维奇史》(History of Norwich)、霍德森和廷盖尔(W. Hudson and C. J. Tingay)所著的《诺维奇市政记录》(The Record of the City of Norwich)、由佩吉(William Henry Page)主编的《维多利亚郡史》(Victoria County History VCH)以及现存于诺维奇档案办公室的灶台税(Hearth Tax)档案统计而成。

(二)大量的资本积累

圈地运动对当地农业发展的影响更为显著,其破坏了封建生产关系,从而使得资本主义性质的租地农场开始建立。资本主义性质农场的建立使得一些农场主获得了丰厚的利润,为诺维奇纺织业的进一步发展提供了资本。以这一

---

① Benjam in Mackerell, *History of Norwich*, Norwich, p .95 .

② Beer, B. L. *1982 Rebellion and Riot: popular disorder in England during the Reign of Edward VI*, Kent State University Press, pp. 29 ~ 79.

③ W. Hudson and C. J. Tingay, *The Record of the City of Norwich*, Vol.2, Norwich Press, p.14.

时期诺维奇最大的农场主汤森家族(Townsends)为例,其家族旗下的一个1444年仅价值19镑的占地27英亩左右的农场,在1547年发展到了107亩,并在其中饲养了2742只羊、183头牛,却只雇用了5～6个雇员。此农场的价值也从19镑飙升到84镑左右。这还仅仅是汤森家族的几个农场之一。随着圈地运动的继续和资本主义性质的农业及羊毛产业的发展,汤森家族的收入从亨利八世统治早期的地产年净收入190镑上升到了1555年的年均623镑。这样大规模的农场在16世纪的诺福克并不少见,根据记录,在诺福克的16个庄园及18个农场中,面积超过100英亩的就有16个,其中最大的超过了700英亩。①

通过圈地运动,不仅仅使得诺维奇的大地产主积累了大量的资本,同时随着城市对于羊毛和粮食需求的提升,以及其价格的上涨,东盎格利亚地区的自由农民也因此获益良多。圈地运动带来的资本积累使得东盎格利亚地区的自由农民可以有能力租赁较多的封建主的土地并雇工经营,农业中的资本主义经济关系由此产生,由此推动了之后此区域农业革命的产生和发展。马克思在其《资本论》的第一卷就曾经指出,早在15世纪的英国就已经出现了资本主义性质的"租地农场主";而到了16世纪,随着圈地运动的发展,英国在当时就出现了已经很富有的"资本主义租地农产主阶级",其中自由农民占据着重要的地位。而正是由于一些自由农民发展成为租地的农场主,从而开始在英国资本主义农业中涌现出了三个基本的阶级:地主、租地农场主以及农业工人。这种局面在自由农民占据大多数的东盎格利亚地区尤为显著。大量富裕的自由农民开始在农村租赁甚至购置地产以发展日渐兴旺的毛纺织业和资本主义农业,这不仅使得其核心城市诺维奇成为英国17世纪之后毛纺织业中心,也使得东盎格利亚地区成为英国"原工业化"发展最为典型的区域之一。

三、东盎格利亚地区的农业革命

圈地运动不仅仅为东盎格利亚地区的自由农民积累了大量的财富,为农业革命的产生提供了经济基础,同时也为东盎格利亚地区的农业技术的变革和发展商品化农业扫清了道路。东盎格利亚地区作为英国传统的农业区,凭借着圈地运动在英国工业革命之前的农业革命中也走在了时代的前列。农业革命不仅使得粮食的产量大增,以满足城市人口增加的需求,同时也促进了羊毛产量的增

---

① Joan Thirsk, *The Agrarian History of England and Wales*, Vol. 4, 1500 – 1640, Cambridge University Press, 1967, pp. 241-331.

加,为"新呢布"的兴旺提供了原料市场。

16世纪晚期,随着新移民的到来和圈地运动的进一步发展,日渐富裕的自由农民要求更高的农业生产效率和产量,这就使得早期的"农业革命"在东盎格利亚这个英国最为发达的农业区域率先发生。

首先,"农业革命"最为明显的表现即为新作物的推广和新农具的使用。弗兰德尔的移民不仅仅带来了新呢布的制作工艺,同时也带来了欧洲大陆的农作物品种和新的农具。

新作物主要包括三叶草、芜菁以及萝卜。其中萝卜于1650年开始试种,1660年代便在东盎格利亚普及。这三种新作物的特点在于既可以把土壤中的氮固定在作物的根中以保持地力,又可以为牲畜提供优质的饲料。新作物的引进一方面使得东盎格利亚地区的土壤环境和地力得以保持,为之后农作物收成大规模的增长创造了条件,同时使得畜牧有了可靠的冬季饲料的来源,为牲畜的过冬创造了条件,从而避免了以往在秋季大量宰杀牲畜的做法。

新农具主要是16世纪"荷兰发明的一种只用两匹马就可翻耕的轻犁。其在16—17世纪传入了英国,特别是诺福克和萨福克"。[1]后来的英文文献也有把这种带铁质挂板的犁叫作"荷兰犁"(Dutch Plough)或"诺福克犁"(Norfolk Plough),这种犁在经过1730年的改良之后就是后来在全英流行的罗瑟拉姆犁(Rotherham Plough)。[2]罗瑟拉姆犁呈三角形,由两匹马挽,一人扶。与矩形的重犁相比,其更加快捷、轻便有效,并迅速在全英普及。[3]由于这种犁的种种特征都和中国的铁制铧犁相当类似,也有学者认为是荷兰人把中国的铁犁技术带往欧洲才引起了欧洲和英国的"农业革命"。[4]

新农具的使用使得翻耕的效率得到了极大的提高,扩大了耕地的面积。同时圈地运动不仅仅解决了条田分割的小土地所有制的限制,也带来了大量的资本积累,促使此区域大规模排水工程得以实现。再加上荷兰的移民也带来新的排水的方法,荷兰工程师发明的排水方法每年可增6~7平方英里可耕地,[5]使得东盎格利亚地区的沼泽地开始了大规模排水造田运动。16世纪开始,在各种记

---

① 亚·沃尔夫:《十六、十七世纪科学、技术和哲学史》,周昌忠等译,商务印书馆,1997年,第52页。

② *Old and New Ploughs*. http://www.worldburnsclub.com. 2008. Retrieved April 19, 2012, p.18.

③ Phylis Deane, *The First Industrial Revolution*, Cambridge University Press, 1979, p.38 .

④ 罗伯特·坦普尔:《中国:发明与发现的国度——中国科学技术史精华》,陈养正等译,21世纪出版社,1995年,第9页。

⑤ D. H. Pennington, *Europe in The Seventeenth Century*, Longman, 1989, p. 27.

录中就不断地出现东盎格利亚地区开拓荒地的记载。最为知名的就是芬斯排水
造田计划。芬斯(The Fens)是东盎格利亚西北部的一块低地,早期被罗马人夺取
并排水而在盎格鲁–撒克逊时期被遗弃,从16世纪开始就不断地有私人来此地
排水拓荒。到了1630年代,由查理一世(Charles I)亲自主导的第一期芬斯大规
模排水计划正式开始,但是由于英国内战而中断。第二期的计划则在1650年代
由贝尔福德伯爵(Earl of Bedford)雇佣荷兰工程师沃尔姆登爵士(Sir Cornelius
Vermuyden)进行主导。所雇佣的技工全部来自荷兰。工程在前期取得了极大
的成功,大量的耕地被开垦。但是由于内战期间造成的资金紧张以及设计的缺
陷等一系列因素,此项工程在17世纪末被搁置,但斯图亚特王朝早期沼泽排水计
划最终创造了近16万公顷土地,而东盎格利亚地区在这一时期共开垦荒地约7
万英亩。第三期工程于1760年代开始,随着蒸汽机的引入工程至1820年代取得
了最后的成功。芬斯排水造田工程成功造田30.7万英亩,相当于荷兰全国1540
至1690年一个半世纪中造田数的7/10,东盎格利亚地区占了其中的大半。[①]由
沼泽地开垦出来的耕地主要为煤土,富含碳化植物,非常肥沃,由此东盎格利亚
西北部很快成了英国的粮食高产区。与此同时,东盎格利亚西部地区的石楠林
地(heathland)也得到了开垦,进一步扩大了耕地面积。[②]

　　与新农具和新耕地的发展同步进行的是东盎格利亚新的耕种方式的推广,
这就是著名的诺福克轮作制(Norfolk Four - Course System)。此种耕作制度最先
由唐西德(Viscount Townshend)于17世纪末期退休后在其诺福克的农场上试验
成功并逐渐推广到全国。这是一种四区的轮作制,即分别在四块地里耕种芜菁、
小麦、萝卜和大麦,四年内轮流更换,不让任何地块休耕,同时又能保持地力。此
耕种方法被租地的自由农民大量效仿并推广,由18世纪开始扩展至全英,最终
成了英国农田耕作制度的基础。[③]

　　由圈地运动富裕起来的自由农民推动的早期的农业革命给东盎格利亚地区
的农业带来了深远的影响,最为重要的即是大大提高了农业生产效率,增加了农

---

① C. Singer, E. Holmyald, *A History of Technology, Vol III: From the Renaissance to the Industrial Revolution 1500–1750*, [s.n.]1957, p. 270.

② Many Original Records of the Bedford Level Corporation, Including Maps of the Levels, are Now Held by Cambridge Shire Archives and Local Studies Service at the County Record Office in Cambridge, p.79.

③ G. E. Fusel and Constance Goodman, *Crop Husbandry in Eighteenth Century England: Part 2, Agricultural History*, Vol,16, No.1, [s.n.]1942, p. 69.

作物的产量,为大量自由劳动力和更多的自由农民在诺维奇的聚集提供了物质的保证(见表3)。

表3 1520—1851年诺福克郡和萨福克郡以及英格兰小麦产量估计(蒲式耳/英亩)

萨福克及诺福克郡	
年代	产量
1520	9–11
1600	11–13
1630	12–14
1670	14–16
1700	14–17
英格兰(包括威尔士)	
年代	产量
1750	15–20
1801	20
1831	23
1851	32

注:1. 此表根据刘景华教授所著的《东盎格利亚道路》及蒂格拜(Anne Digby)和费恩斯腾(Charles Feinstein)所主编的《经济社会史的新方向》(*New Directions in Economic and Social History*)所提供的数据编制而成。

2. 由于资料缺失,自1750年代之后的数据只能整理到英格兰全国(包括威尔士)的小麦亩产量。但有学者估计1790年诺福克郡的小麦亩产量为 20~24 蒲式耳。

四、结 语

东盎格利亚地区经济的区域特征相当明显。这个相对独立的地理单元对外较早地建立和低地国家的联系,使其16世纪成为低地国家移民的首选目的地,为其带来了先进的技术。同时其独立性和特殊性又使得东盎格利亚地区长期保留具有较大自由的自由农民,农业经济一直较为发达,在中世纪和近代早期处于英国的领先水平,使得自由农民较为富裕,为其之后的经济变革提供了相对厚实的经济基础,这使得在近代英国的几次变革中东盎格利亚地区都充当了领头羊的角色。

其在16世纪是全英国最先开展圈地运动的几个地区之一,不仅仅为"新呢布"的发展提供了大量自由劳动力,同时也为自由农民提供了丰厚的原始资本。

在此基础上,自由农民对于农业生产率和产量的需求促使了此区域成了英国农业革命的发源地,其在16世纪就开始了早期的农业革命,不仅仅大大提高了农业产量,使得毛纺织业和资本主义农业在此区域兴旺发达,也为大量人口在城市聚集提供了食品准备。这一切都为英国原工业化的乡村工业在此地的发展打下了坚实的基础,并引领了英国之后全国性质的农业革命,为之后的工业革命奠定了农业基础。

本文原刊载于《学术界》2016年第4期。

作者简介:

马世力,1949年生,吉林省长春市人。1982年毕业于东北师范大学历史系,获历史学学士学位。1982—1985年在东北师范大学历史系攻读世界近代史硕士学位,并获历史学硕士学位。专业为世界近现代史,研究方向为欧美现代化研究。2001年调南开大学历史学院工作,任南开大学历史学院现代教育技术研究中心主任,从事世界近代史、欧美近代化问题的研究与教学。

外来传染病与美国历史早期印第安人人口的削减

丁见民

自15世纪末"地理大发现"以来,西班牙、葡萄牙、法国、英国等欧洲国家相继在美洲进行殖民扩张。与此同时,包括欧洲、亚洲、非洲在内的"旧大陆"与美洲"新大陆"之间开始了相互交流的过程,这就是美国学者所说的"哥伦布大交换"。[1]随着欧洲人殖民活动的深化,印第安人日益卷入一个与白人和黑人接触、贸易、交流与冲突的巨大关系网中。各种船只携带着人员、货物在整个美洲流动,从欧洲传入的各种致命病菌也在不断传播。有学者提出,加勒比群岛、美洲大陆的新西班牙与北美大陆的佛罗里达、加利福尼亚等地区之间的海上贸易、信息传递、人员流动以及船舶运输等,足以使1512—1763年的佛罗里达成为一个与西班牙帝国其他殖民地一样的"流行病区"。[2]随着法国人、英国人以及荷兰人的到来,这个印白交流和冲突的网络迅速扩大。到17世纪中期,英国人的贸易将印第安人重新引入一个更为广阔的大西洋世界中,使他们日益依赖于只有欧洲人才能够提供的弹药、衣物、朗姆酒以及其他货物。跟随殖民者的步伐,从佛罗里达到大湖区,再到新英格兰的整个大西洋沿岸都成为一个范围广阔、人员流动频繁的"流行病区"。英国人、法国人、非洲黑人以及印第安人都卷入这一广阔地域的传染链条中。"旧世界"传染性疾病对当地印第安人产生了巨大的影响。

有关白人何以迅速殖民、美洲印第安人人口何以长期持续减少的原因,观察者和学者们给出了不同解释。许多人认同"黑色传奇(Black Legend)"论调,即认为欧洲人的暴力与残忍是导致印第安人迅速削减的主要原因。[3]早期的战争与暴力、殖民者对印第安人的奴役、惨无人道的劳役体制、西班牙人统治所导

---

① Alfred W. Crosby, *The Columbian Exchange: Biological and Cultural Consequences of 1492*, Greenwood Press, 1972.

② Henry F. Dobyns, *Their Number Become Thinned: Native American Population Dynamics in Eastern North America*, University of Tennessee Press, 1983, p.248.

③ Suzanne Austin Alchon, *A Pest in the Land: New World Epidemics in A Global Perspective*, University of New Mexico Press, 2003, p.4.

致的土著文化瓦解等,都成为导致土著人口下降的原因。[1]不过,从20世纪70年代开始,西方学术界日益关注疾病在世界历史上尤其是对"新世界"的影响,一种新的阐释模式出现了:来自"旧世界"的传染性疾病,而非欧洲人的暴力,导致了美洲印第安人的迅速死亡和欧洲殖民主义的成功。[2]与之相比,中国学界的相关研究主要关注殖民主义对美国历史早期土著社会的作用,强调白人征服对土著人口、社会、政治与经济的负面影响,很少考虑欧洲人和非洲人带来的传染性疾病的影响。[3]近期,已有国内学者开始关注外来传染病对北美印第安人社会的影响,如在宗教、社会关系和族群关系等方面的影响,但关于外来疾病对土著人口的影响涉及不多。[4]从整体上看,国内外学界关于外来传染病与美国早期印第安人的研究走向两个极端,即西方学者过于强调外来传染病的作用,有为白人殖民主义辩护的嫌疑;相比之下,中国学者们则主要阐释殖民主义对印第安人社会的影响,几乎忽略了外来疾病的冲击。笔者拟利用近年来收集到的相关原始资料,在吸收学界已有的研究成果的基础上,分析外来传染病对美国历史早期印第安人人口的影响,阐述疾病与殖民主义的关系,并尝试对疾病在美国早期印第安人社会变迁中的作用做出评价和定位。

一、外来传染病在北美大陆传播的方式和特点

地理大发现以来,原本隔绝的两个大陆开始了相互交流的过程,而致病微生物也成为"哥伦布大交换"中的一个重要方面。随着欧洲人、非洲人源源不断地

---

[1] Donald Joralemon, "New World Depopulation and the Case of Disease", *Journal of Anthropological Research*, Vol.37, No.1, 1982, p.110.

[2] 相关论文参见 Henry Dobyns, "Estimating Aboriginal American Population: An Appraisal of Techniques with a New Hemisphere Estimate", *Current Anthropology*, Vol. 7, No. 4, 1966; Alfred W. Crosby, "Virgin Soil Epidemics as a Factor in the Aboriginal Depopulation in America", *The William and Mary Quarterly*, Vol.33, No.2, 1976; 相关专著参见 E. Wagner Stearn, Allen E. Stearn, *The Effect of Smallpox on the Destiny of the Amerindian*, Bruce Humphers, Inc., 1945; R. G. Robertson, *Rotting Face: Smallpox and the American Indians*, Caxton Press, 2001; Paul Kelton, *Epidemics and Enslavement: Biological Catastrophe in the Native Southeast, 1492–1715*, University of Nebraska Press, 2007.

[3] 黄绍湘:《美国史纲:1492—1823》,重庆出版社,1987年;杨生茂、陆镜生:《美国史新编》,中国人民大学出版社,1990年;何顺果:《美国史通论》,学林出版社,2001年。

[4] 代表作有邱惠林:《美国印第安人口下降原因初探》,《西南民族学院学报》(哲学社会科学版)1999年第5期;洪玲艳:《欧洲流行病入侵与北美印第安人社会变迁》,《史学月刊》2015年第3期;丁见民:《北美早期印第安人社会对外来传染病的反应和调适》,《世界历史》2015年第4期;丁见民:《外来传染病与北美早期族群关系的变动》,《贵州社会科学》2015年第11期;高欢、丁见民:《外来传染病与美国早期土著民族社会文化的变动》,《历史教学》(下半月刊)2016年第9期。

来到北美大陆,"旧世界"的各种疾病也接踵而至,它们通过白人和黑人的跨大西洋航行、贸易、战争、拓殖和定居等各种殖民活动,被传播到"新世界",尤其是北美地区的印第安人中间。

欧洲殖民者的跨洋航行加速了"旧世界"传染性疾病入侵北美的步伐。1585—1587年,英国人在卡罗来纳沿海罗阿诺克岛建立殖民地的活动,对外来传染病在北美大陆的传播起到了推波助澜的作用。当时参与移民的托马斯·哈利奥特(Thomas Harriot)指出,在罗阿诺克岛的100名英国人至少经历了两场传染性疾病,结果使与他们接触的美洲土著人受到感染。这种疾病对土著人来说极为陌生,他们不知道如何治疗,甚至不知道它是什么疾病。[1]此后,英国人的越洋航行和在北美地区的各种活动不断地传播着外来疾病。天花是外来传染病中对美洲印第安人影响最大最严重的疾病之一。到17世纪30年代,随着跨大西洋航行的时间日益缩短,存活期较短的天花病毒也开始跨越大西洋来到北美东北部地区。1638年来到北美殖民地的约翰·乔斯林(John Josselyn)对横渡大西洋过程中的疾病传播情况作了详细描述。据他记载,在航行的第8天,一位乘客的仆人患上天花;到第19天,天花在乘客中流行起来;到第69天该船抵达波士顿时,船上的最后一位天花患者去世。[2]

贸易往来也是外来传染病在北美大陆传播的重要途径。自从英国人踏上北美大陆,殖民者与印第安人之间、以及印第安人各群体之间的贸易往来变得越来越频繁。印第安人用毛皮、土地乃至土著奴隶换来欧洲的酒类、日用品、生产工具等制成品。在这个过程中,北美大陆的印第安人自觉不自觉地参与到大西洋贸易体系中,成为世界经济的一个组成部分。随着贸易的开展,欧洲人、黑人与印第安人之间的餐饮和聚会逐渐增多,白人与黑人身上所携带的天花、麻疹、鼠疫、流感、痢疾和黄热病等外来传染病病菌、病毒不断传播到北美各地。在大西洋贸易网络中,黑奴贸易很快成为"旧世界"疾病传播到北美大陆的重要渠道。在近代早期的非洲,天花肆虐。当奴隶船在运送过程中发现天花或者疾病尚处于潜伏期,疾病才会最终传播到目的地。这些带有天花病毒的黑人与印第安人混合在一起后,就将天花带到了印第安人中间。从16世纪末期到17世纪,英国人将利比里亚黑人变成奴隶,从尼日尔河流域、刚果河流域输出黑奴,以取代日

---

[1] Thomas Harriot, *A Briefe and True Report of the New Found Land of Virginia*, Bernard Quaritch, 1893, pp.41-42.

[2] John Josselyn, "An Account of Two Voyages to New-England", in *Collections of the Massachusetts Historical Society*, 3rd series, Vol.3, E. W. Metcalf and Company, 1833, pp.213-220.

益减少的印第安人。1671年,卡罗来纳输入第一批黑人奴隶。1738年在南卡罗来纳发生的天花瘟疫,实际上就是由一艘从非洲奴隶船引入的。[①]其他疾病如疟疾、黄热病等,也和天花类似,通过黑奴运输船只从非洲或欧洲传播到北美大陆。有学者称,从事非洲奴隶贸易的船只在疾病网络中编织了结实的绳索,不断地把天花等疾病传播到美洲人口中。[②]

　　战争也是外来传染病在北美大陆传播的主要方式。在殖民地时期,英属北美、法属北美与西属美洲诸殖民地之间并没有固定的界限。英国人、法国人、荷兰人、西班牙人乃至各个印第安人群体在战争中不断迁移、作战、谈判,士兵、平民、官员将各种病菌或病毒带到各个区域,加速了外来传染病在北美的传播和流动。比如,1688—1691年的威廉王之战就致使天花的传播。当时,天花已经在印第安人、英国人和法国人中流行,战争则将天花病毒传播得更远、范围更广。1690年,英国人和莫希干(Mohegan)部落代表已经被天花感染,却被派遣到易洛魁部落(Iroquois),故而给后者带来了瘟疫。易洛魁人被传染后,约有三百人死亡,幸存的印第安人则拒绝参加英国人的远征。[③]法国传教士对当时流行病传播的情况进行了记载。1690年,一位传教士对殖民总督弗兰特纳克侯爵(Count de Frontenac)报告称,"一种疾病正在英国人中流行,英国人又将它传染给楼普印第安人(Loupe)",结果,英国人不得不放弃了军事行动。次年,另一位神父也提及,英国人计划派遣两支军队进攻魁北克,"天花完全制止了第一支军队的行动,也瓦解了第二支军队的企图"。[④]1756—1763年的英法战争时间长、规模大,导致传染病在更大的地理范围内传播。天花在当时的英法军队中几乎是一种普遍流行的疾病,印第安人无论是作为盟友还是敌人,都比殖民者更易于感染这种疾病。例如,1757年,英国军队向威廉·亨利要塞的法国军队投降。在英国人离开后,法国人的印第安人盟友挖出因天花感染而死亡的英国人尸体,剥掉他们的头皮,结

① E. Wagner Stearn, Allen E. Stearn, *The Effect of Smallpox on the Destiny of the Amerindian*, Bruce Humphers, Inc., 1945, pp.16-17.

② Henry F. Dobyns, "Native American Trade Centers as Contagious Disease Foci", in J. W. Verano, D. H. Ubelaker, eds., *Disease and Demography in the Americas*, Smithsonian Institution Press, 1992, pp.215-222.

③ "Count de Frontenac to the Minister", November 13, 1690, in E.B. O'Callaghan, ed., *Documents Relative to the Colonial History of New York State*, Vol.9, Weed, Parsons and Co., 1855, pp.460-461.

④ Reuben G. Thwaites ed., *Jesuit Relations and Allied Documents*, Vol. 64, Burrows Bros. Co., 1900, pp.47, 97-99.

果在无意中感染了天花病毒,很快天花就在这些印第安人军团中肆虐。①

欧洲人在北美大陆定居和拓殖也促使传染病的传播。无论是从旧世界迁移到北美的白人,还是先在东部定居后来又向西迁移的拓殖者,中间都不乏传染性疾病的携带者。这些疾病携带者在北美的定居过程中又会不断与当地的印第安人群体接触,最终将疾病传播给后者。以卡罗来纳为例。18世纪初,英国旅行家约翰·劳森(John Lawson)评论说,西维斯(Sewees)印第安人"曾经是一个强大的民族,但自从英国人定居在他们的土地上开始,到现在,他们的人口已经大大减少",在欧洲人定居之处,土著民族"很容易就感染前者所带来的任何疾病"。②西维斯印第安人并非个案。到1700年,卡罗来纳沿海的土著人口已经大大减少。18世纪末期,移民在迁移和拓殖过程中更为频繁地将传染性疾病传播到各地。1780年春,切罗基人(Cherokee)俘获一艘装载28人并向西迁移的移民船只,这艘船的乘客中有叫斯图亚特的一家人感染了天花。随后,天花很快在切罗基人中爆发,导致许多人死亡。③欧洲移民还将天花传播到了加利福尼亚。1781年,一名西班牙人回忆说,"一艘船只进入洛雷托港口,船上有一个来自索诺拉的已感染天花的移民家庭",结果,"天花就像闪电一样在各个布道站传播,甚至最为遥远的布道站也未能幸免"。此后,这些定居者又从洛雷托出发沿着海岸线在布道站之间穿梭,所到之处,天花也如影随形。④

到19世纪以后,来自世界各地的移民不仅带来了美国急需的劳动力,也传播着对印第安人颇具灾难性的传染性疾病。一位观察者指出,在19世纪中期的俄勒冈和哥伦比亚河下游地区,"印第安人每个秋季都在担心新的疾病会悄然而至",因为白人移民总是"会带来新的疾病"。随着移民源源不断地涌入,痢疾、伤寒、麻疹、百日咳、斑疹伤寒都出现在印第安人和白人中间。⑤1848年开始的淘金热,则将另外一种严重的急性传染病——霍乱——带到加利福尼亚。西去移民

① "Letter of M. de Montcalm to M. de Paulmy, Montreal", April 18th, 1758, in E.B. O'Callaghan, ed., *Documents Relative to the Colonial History of New York State*, Vol. 10, Weed, Parsons and Co., 1858, pp.698-700.

② John Lawson, *A New Voyage to Carolina*, [s.n.], 1709, p.17, "Eighteenth Century Collections Online", accessed December 18, 2014.

③ James Mooney, *Myths of the Cherokees*, U.S. Government Printing Office, 1902, p.56.

④ Elizabeth A. Finn, *Pox Americana: The Great Smallpox Epidemic of 1775-82*, Hill and Wang, 2001, p.154.

⑤ George M. Guilmet, et al., "The Legacy of Introduced Disease: The Southern Coast Salish", *American Indian Culture and Research Journal*, Vol.15, No.1, 1991, p.15.

带来的霍乱使大平原地区的土著游牧群体深受其害。当时正在大平原地区的T. J. 斯劳特(T. J. Slaughter)写道:"霍乱正在大规模肆虐",在基奥瓦(Kiowa)、夏延(Cheyenne)与阿拉帕霍人(Arapaho)中尤甚。[1]

高发病率和高死亡率是外来传染病在印第安人群体中传播的两大特点,相关数值都超出各种疾病的正常范围,也高于这些传染病在欧亚"旧大陆"的比例。

天花在"旧世界"主要是一种地方性疾病,偶尔也会演变成流行病。尽管这种疾病的发病率很高,但是其死亡率还是较低的。1707—1709年,冰岛爆发了第一次天花流行病,死亡率约为36%。[2]即使是来到北美大陆的白人移民,面对传染性疾病时的死亡率也大致如此。1765年英国人盖尔(Gale)指出,在新英格兰诸殖民地,"所有出生人口的1/14都死于天花;在通过自然方法感染天花的人中1/5—1/6的人死亡"。[3]与之相比,天花在北美印第安人中的发病率和死亡率都要高得多。1633年,北美东北部爆发了第一场天花流行。康涅狄格总督布拉德福德报告称,在康涅狄格河谷,天花和鼠疫导致"被感染者的死亡率达到900/1000以上,他们中有半数人口死亡"。[4]按照这位殖民总督提供的数字推算,当地印第安人的天花发病率大约为55.5%,而土著患者的死亡率则高达90%以上。1780年,天花大流行袭击密苏里河流域的印第安人。根据美国学者的估计,曼丹人(Mandan)、希达塔人(Hidatsa)与阿里卡拉人(Arikara)因此致死13000人,死亡率为68%。[5]

另一种急性传染病鼠疫在新旧世界产生了不同的发病率和死亡率。公元542年,罗马帝国皇帝查士丁尼一世统治时期,腺鼠疫夺去了帝国25%人口的生命,它被认为是欧洲第一次腺鼠疫暴发。1348—1350年欧亚大陆黑死病大流行时期,其病死率通常在30%~50%的范围内波动,在米兰、波西米亚和低地国家的死亡率还不足20%。14世纪,英国爆发过四次黑死病,死亡率分别为1348年是

---

[1] Ramon Powers, James N. Leiker, "Cholera among the Plains Indians: Perceptions, Causes, and Consequences", *The Western Historical Quarterly*, Vol.29, No.3, 1998, p.321.

[2] Alfred W. Crosby, Jr., *Ecological Imperialism: The Biological Expansion of Europe, 900–1900*, Cambridge University Press, 2004, pp.197, 287.

[3] E. Wagner Stearn, Allen E. Stearn, *The Effect of Smallpox on the Destiny of the Amerindian*, Bruce Humphers, Inc., 1945, pp.14~15.

[4] William T. Davis ed., *Bradford's History of Plymouth Plantation*, Barnes & Noble, Inc., 1908, p.312.

[5] Elizabeth A. Finn, *Pox Americana: The Great Smallpox Epidemic of 1775–82*, Hill and Wang, 2001, pp.270-271.

25%，1360年为22.7%，1369年是13.1%，1375年则更低，为12.7%。[1]与此相比，北美地区的情况就要糟糕很多。很多学者将1616—1619年北美新英格兰地区的第一场流行病视为鼠疫爆发。资料显示，印第安人在这场鼠疫流行病中的死亡率约为88%到99%不等。[2]根据现代一位学者的保守估算，这场流行病中土著人口损失比例仍高达75%。[3]

其他疾病，如流感、痢疾、麻疹、百日咳、猩红热等，在新旧世界的发病率和死亡率也出现了很大的差异。这些疾病在欧亚大陆都是以儿童为主要攻击对象的地方性疾病，其死亡率也很低。但是，它们在北美大陆就变成了致命的流行病，导致当地印第安人人口的严重损失。

二、外来传染病与美国早期印第安人人口的大量消减

1585年，英国人首先在卡罗来纳沿海罗阿诺克岛见证了外来传染病对当地印第安人的打击。一位白人幸存者写道："在我们离开每一个村落数日后，当地民众开始迅速死亡……一些村落死亡20人，一些村落死亡40人，一个村落死亡60人。相对于他们的人口，这些数字已经很多了。"[4]1633年，白人殖民者携带的一种传染性疾病又引发一场大规模流行病，土著人口急剧减少。1634年1月，马萨诸塞总督温斯罗普（John Winthrop）指出："据印第安人报告说，纳拉甘西特地区死亡700人。"[5]

17世纪早期，天花主要在北部殖民地的印第安人中传播，南部殖民地第一

---

① 肯尼斯·F.基普尔主编：《剑桥世界人类疾病史》，张大庆主译，上海教育科技出版社，2007年，第241~242、243、538~539页。

② Captain John Smith, "Advertisements for the Unexperienced Planters of New-England, or Any Where, or the Pathway to Experience to Erect a Plantation", in *Collections of the Massachusetts Historical Society*, 3rd series, Vol.3, E. W. Metcalf and Company, 1833, p.16; "Mourt's Relation or Journal of a Plantation Settled at Plymouth, 1621", in *Collections of the Massachusetts Historical Society*, 1st series, Vol.8, Munroe & Francis, 1802, pp.203-238; John Josselyn, "An Account of Two Voyages to New-England",in *Collections of the Massachusetts Historical Society*, 3rd series, Vol.3, E. W. Metcalf and Company, 1833, pp.293-294.

③ Sherburne F. Cook, "The Significance of Disease in the Extinction of the New England Indians", *Human Biology*, Vol.45, No.3, 1973, pp.485-508.

④ Thomas Harriot, *A Briefe and True Report of the New Found Land of Virginia*,Bernard Quaritch, 1893, p.41.

⑤ James K. Hosmer, ed., *Withrop's Journal, "History of New England," 1630–1649*, Vol. 1, Charles Scribner's Sons, 1908, pp.115,118.

次有记录的流行病爆发是在1667年的弗吉尼亚。这一年,一名感染天花的水手将这种疾病传染给当地印第安人,带来了致命性后果。一度强大的波瓦坦联盟(Pohawtan)遭到灾难性打击。据报告称:"他们的人口数以百计地死亡……这使得几乎所有部落都落入死神之手,然后消失。"[①]弗吉尼亚印第安人并不是南部唯一遭到死亡威胁的土著群体。1696年,天花由弗吉尼亚传播到卡罗来纳,导致当地半数印第安人死亡。1698年4月,总督和参事会在递交业主的一封信中说,天花导致其中一个印第安人部落几乎完全被摧毁。[②]1701年,白人旅行家约翰·劳森在卡罗来纳游历时指出,天花毁掉了"数千名土著人口","将一个个土著村落一扫而光"。[③]美国学者亨利·多宾斯(Henry F. Dobyns)指出,17世纪北美印第安人中爆发了12次天花、4次麻疹、3次流感、2次白喉、1次斑疹伤寒、1次淋巴腺鼠疫和1次猩红热。[④]

进入18世纪,北美北部和南部天花爆发得都很频繁,极大地减少了当地印第安人的数量。1733年4月,有法国人报告说:"去年秋冬之际……万塞纳先生指挥下的三个土著村落中有超过二百名迈阿密人(Miami)死亡。"[⑤]1738年,英属北美南部查尔斯顿附近的切罗基人也被天花感染。亚历山大·休厄特(Alexander Hewat)称,到1765年切罗基人口已减少到不足两千名武士。[⑥]到18世纪末期,欧洲人与大平原、西北部的印第安人开始密切接触,外来传染病肆虐的范围逐渐扩大到这些区域。1780年的天花大爆发沉重打击了密苏里河流域的土著群体。根据美国学者的估计,这场灾难导致曼丹人、希达塔人与阿里卡拉人丧生13000

---

① Thomas B. Robertson, "An Indian King's Will", *The Virginia Magazine of History and Biography*, Vol.36, No.2, 1928, pp.192-193.

② John Archdale, "A New Description of that Fertile and Pleasant Province of Carolina, 1707", in Bartholomew R. Carroll, ed., *Historical Collections of South Carolina*, Vol.2, Harper & Brothers, 1836, p.89.

③ John Lawson, *A New Voyage to Carolina*, [s.n.], 1709, pp.17, 34, "Eighteenth Century Collections Online", accessed December 18, 2014.

④ Henry F. Dobyns, *Their Number Become Thinned: Native American Population Dynamics in Eastern North America*, University of Tennessee Press, 1983, pp.15~23.

⑤ Joseph L. Peyser, ed., *Letters from New France: The Upper Country, 1686–1783*, University of Illinois Press, 1992, p.144.

⑥ Alexander Hewatt, *An Historical Account of the Rise and Progress of the Colonies of South Carolina and Georgia*, [s. n.], Vol.2, 1779, pp.64-65, "Eighteenth Century Collections Online", accessed April 15, 2012.

人,死亡率高达为68%。①1782—1783年,天花越过落基山脉到达哥伦比亚河流域,继而传播到西北部。1787年,天花首次出现在该地区的历史记录中。当年8月,探险家纳撒尼尔·波特罗克(Nathaniel Portlock)走访了太平洋沿岸的一个土著村落,他了解到,"这场疾病导致大量居民死亡",一位土著老人"痛失了10个孩子"。②

19世纪,外来传染病在北美印第安人中总计引发29次流行病,其中天花13次、麻疹5次、霍乱3次、流感、白喉和猩红热各2次、兔热病和疟疾各1次。可以说,这一百年间爆发的流行病比之前三个世纪中的任何一个都多。③除流行病爆发的次数比较多外,疾病流行的地理范围也更加广阔。仅19世纪初,北美印第安人就经历了两次大规模的流行病,分别是1801—1802年和1837—1838年的天花大流行。1801—1802年天花流行病,沿着密苏里河向北传播到各个部落,向南横扫整个大平原以及路易斯安那,向西越过落基山甚至到达太平洋沿岸。许多土著部落都遭到次流行病的沉重打击。探险家威廉·克拉克(William Clark)在日志中记录了此次天花流行对奥马哈人(Omaha)的影响:"(四年前)天花肆虐夺走该群体400名男性和女性的生命,现在该部落的成年男性不足三百人。"④庞卡印第安人(Ponca)也遭遇类似的厄运。1804年,当刘易斯与克拉克遇到该部落时,他们只剩下大约二百人。⑤后来,这场传染病越过了落基山,同样给印第安人造成了极高的死亡率。传教士杰迪代亚·莫尔斯(Jedidiah Morse)在一份报告中称,1802年天花使得从密苏里河到新墨西哥、向西再到达落基山脉的广大地区的土著人口减少一半。⑥据材料显示,1837—1838年的天花大爆发可能是北美印第安人虽经历的最严重的一次流行病。天花在数月内杀死了10000名波尼印第安人

---

① Elizabeth A. Finn, *Pox Americana: The Great Smallpox Epidemic of 1775–82*, Hill and Wang, 2001, pp.270-271.

② Captain N. Portlock, *A Voyage Round the World; But Particularly to the North West Coast in America: Performed in 1785, 1786, 1787, and 1788*, [s.n.], 1789, p.271.

③ Russell Thornton, *American Indian Holocaust and Survival: A Population History Since 1492*, University of Oklahoma Press, 1987, p.91.

④ Reuben Gold Thwaites ed., *Original Journals of the Lewis and Clark Expedition, 1804–1806*, Vol.1, Dodd, Mead & Company, 1904, pp.109-110.

⑤ John Bradbury, *Travels in the Interior of America in the Years of 1809, 1810, 1811*, Sherwood, Neely and Jones, 1819, p.96.

⑥ Rev. Jedidiah Morse, *A Report to the Secretary of War on Indian Affairs*, Howe & Spalding, 1822, p.24, 92.

（Pawnee）、1500名奥马哈人、600名奥托人（Otto）和400名密苏里人（Missouri）。①此次天花大流行致死的印第安人比过去还要多：6000~8000名黑脚人（Blackfoot）、1600名曼丹人、1000多名阿里卡拉人、1000余名克劳人（Crow）、400名达科塔人（Dakota）、4000余名阿西诺博恩人（Assinoboine）。②有旅行者估算："根据最近的描述，天花在美国西部边疆已经导致60000名印第安人死亡。"③

上述各种外来传染病在印第安人中造成的人口锐减仅仅是一些个案，而不是疾病入侵北美土著群体和他们人口损失的完整统计，但是其严重程度可见一斑。根据多宾斯的研究，从16世纪初到20世纪初，北美印第安人中爆发了多达93次传染性疾病。换言之，各种传染性疾病"在1520—1900年间，平均每四年两个半月就爆发一次"。④据保守估计，在与欧洲人接触前，今日美国所属地区的印第安人人口为750000人，降至1900年的最低点237000人，下降幅度为68%。如果按照学者们的最高估算，与欧洲人接触前的印第安人人口为900万计算，那么这个降幅则高达97%！⑤这就近乎种族灭绝了！有美国学者认为，这些外来传染病"比骑在马背上的征服者更可怕，比刀剑和枪支更致命，是它们完成了征服"，它们"是文明的先驱，基督教的同伴，入侵者的朋友"。⑥总之，外来传染病是致使美国早期印第安人人口急剧减少的重要因素之一。

三、北美印第安人大量削减的原因辨析

传染性疾病在"旧世界"的欧洲、亚洲与非洲都同时存在，也曾引发了大规模的瘟疫流行。但是为什么这些疾病在美洲会导致印第安人人口长期不断下

---

① George Catlin, *North American Indians*, Penguin Books, 1989, p.287.

②Henry Schoolcraft, *Personal Memoirs of a Residence of Thirty Years with the Indian Tribes of American Frontiers*, Lippincott, Grambo and Co., 1851, p.577.

③ H. Rvans Lloyd ed., *Travels in the Interior of North America by Maximillian, Prince of Wied*, Ackermann and Co., 1843, pp.33-36.

④ Henry F. Dobyns, *Their Number Become Thinned: Native American Population Dynamics in Eastern North America*, University of Tennessee Press, 1983, pp.15-24.

⑤ R. G. Robertson, *Rotting Face: Smallpox and the American Indians*,Caxton Press, 2001, p.131.

⑥ Gary B. Nash ed., *Red, White, and Black: The Peoples of Early North America*, Pearson Prentice Hall, 2006, pp.24-25; P. M. Ashburn, *The Ranks of Death: A Medical History of the Conquest of America*, Coward-McCann, 1947, p.98.

降？殖民主义①和外来传染病这两个因素在印第安人人口削减方面究竟是什么关系？

首先，殖民者入侵和夺取印第安人的土地，瓦解印第安人社会的传统生存模式，使外来传染病能够"乘虚而入"。诚然，外来传染病是引发北美印第安人人口削减的重要因素，印第安人对这些疾病亦缺乏免疫力。但是，外来传染病所造成的后果如此严重，主要还在于印第安人已经被驱逐出自己的土地，被剥夺了赖以为生的各种资源。

具体地说，欧洲殖民者以及独立后的美国白人通过军事行动等方式直接或间接地摧毁印第安人的粮食供应，故意破坏印第安人赖以生存的动植物资源。这种摧毁是"欧洲裔指挥官广泛采用的策略，他们在发动对印第安人战争时……摧毁他们的庄稼，并知道他们因此摧毁了部落最基本的食物供应"。②比如，野牛是印第安人的主要食物来源之一。大平原地区的野牛在欧洲殖民者到来之初有约6000头，由于遭受殖民者的疯狂屠杀，到19世纪末该物种几乎在大平原绝迹。③另外，战争和疾病夺走了许多印第安人壮劳力的生命，使土著民族不能按照传统时节及时种植和收获农作物，进而导致粮食供应中断，广泛的饥荒接踵而至。

---

① 尽管国内外学界关于殖民主义的界定存在争议，但是，战争、种族屠杀、贸易、传教、拓殖等因素都毫无疑问属于它的范畴。安尼亚·鲁姆巴（Ania Loomba）指出，殖民主义是"对其他民族的土地和各种物品的征服与控制"，现代殖民主义不仅仅是从被征服的国家榨取其贡品、资源与财富，而且还重构后者的经济，使它们卷入更为复杂的国际关系中。详见 Ania Loomba, *Colonialism/ Postcolonialism*, Routledge , 1998, pp.2-4;简—保罗·萨蒂亚（Jean-Paul Sartire）在阐释法国在阿尔及利亚的殖民主义时提出，"殖民主义是一个体系"，具有"政治支配""产品支配"亦即"经济支配"的特征。详见 Jean-Paul Sartire, *Colonialism and Neocolonialism*, Translated by Azzedine Haddour, Steve Brewer, and Terry McWilliams, Routledge , 2001, pp.9~11;中国学者高岱教授梳理和总结了马克思关于殖民主义作用的观点。马克思指出，殖民主义是适应西方资本主义的发展要求而产生，随着资本主义生产方式的演进而发展，是为资本家剥削国内外人民，为资本主义生产方式在全球建立统治地位服务的。在此基础上，高岱提出了殖民主义具有广义和狭义两种概念：从广义上讲，殖民主义作为一种历史现象，应被看作是一个独具特色的发展阶段，作为近现代历史发展整体进程的一个组成部分；从狭义上讲，殖民主义代表着一系列政策、观念和行为方式等，它指的是在现代世界体系中，西方宗主国为维护中心与外缘地区之间的不平等关系而制定的，反映了一定历史发展阶段特色的方针和政策。参见高岱：《"殖民主义"与"新殖民主义"考释》，《历史研究》1998年第2期。

② Francis Jennings, *The Invasion of the America: Indians, Colonialism, and the Cant of Conquest*, W. W. Norton, 1975, p.19.

③ Russell Thornton, *American Indian Holocaust and Survival: A Population History Since 1492*, University of Oklahoma Press, 1987, p.52.

　　土著奴隶贸易使很多土著群体对被奴役深感恐惧,很多人不敢走出村落种植和收获庄稼,影响了正常的农业生产和狩猎活动,导致他们食物供应不足、身体营养不良。1698—1699年,法国耶稣会的一个布道团发现,密西西比河流域的阔波人(Quapaw)生活在"对其敌人的经常性恐惧中",在狩猎季节也不会派其男性外出,结果他们因食物中蛋白质缺乏而引发健康问题。[1]因此,在17世纪末东南部天花大流行时,这一地区的土著社区也和因体弱未能幸免于难。

　　19世纪的西进运动在更大范围和更大程度上改变着印第安人的生活方式,致使他们常常食不果腹,饥饿已经成为土著群体的生活常态。由于春夏季节的食物短缺,使得堪萨人(Kansa)出现了严重的营养不良,于是在秋季流行病爆发时就会有更多的印第安人染病甚至死亡。[2]贸易商弗朗西斯·查丹(Francis Chardon)在其日志中写道,1837年3月,曼丹人和格罗斯文特人(Gros Ventre)的食物供应就在减少,这表明他们漫长而混乱的狩猎活动已耗尽了食物来源。[3]当天花流行之时,印第安人群体存在着普遍的饥荒,几乎丧失了狩猎的能力,[4]被疾病击倒已经在所难免。1848年,波尼人的酋长报告说,在遭到霍乱袭击之前,他们已经处于极为虚弱的状态。[5]

　　由此可见,各种外来传染病打击的是这些营养不良和绝望境地的土著民族,这也是造成传染病在"新大陆"高发病率和高死亡率的主要原因。正如理查德·怀特(Richard White)所说,一个能够抵御奴隶袭击者、保护其家园和粮食供应的民族,与那些农作物被付之一炬、偷盗一空或者根本没有播种的民族相比,面对流行病时的人口损失会小很多。[6]

　　其次,白人的殖民活动还改变了印第安人生存的自然与社会环境,为疾病的

① John J. Shea, ed., *Early Voyages up and down the Mississippi*, Joel Munsell, 1861, p.73.

② Thomas J. Farnham, *Travels in the Great Western Prairies, the Anahuac and Rocky Mountains, and in the Oregon Territory*, Vol.1, Richard Bentley, 1843, p.45; John K. Townsend, *Narrative of a Journey Across the Rocky Mountains to the Columbia River, and a Visit to the Sandwich Islands, Chili, ect.*, Henry Perkins, 1839, p.145.

③ Anne Heloise Abel, ed., *Chardon's Journal at Fort Clark, 1834–1839*, University of Nebraska Press, 1997, pp.101-104.

④ Anne Heloise Abel, ed., *Chardon's Journal at Fort Clark, 1834–1839*, University of Nebraska Press, 1997, pp.110-112.

⑤ Richard White, *The Roots of Dependency: Subsistence, Environment, and Social Change among the Choctaws, Pawnees, and Navajos*, University of Nebraska Press, 1983, p.207.

⑥ Richard White, *The Roots of Dependency: Subsistence, Environment, and Social Change among the Choctaws, Pawnees, and Navajos*, University of Nebraska Press, 1983, p.7.

引入、传播和爆发提供了一种"疾病环境"。这包括卫生状况的恶化、外来的动物马牛猪羊的入侵以及作为病菌与病毒载体的白人儿童的到来等等。

殖民活动恶化了土著民族的卫生条件,便利了疾病的传播。17—18世纪北美东南部白人袭击印第安人,抓捕后者为奴。这迫使印第安人居住在封闭拥挤、卫生条件极差的村落中,不敢外出狩猎或者收获农作物。其他地区的土著民族也是类似的情况。19世纪初期,曼丹、希达塔与阿里卡拉三部落总计19,000人。面对美国白人、苏族部落等群体的压力,这些印第安人不得不居住在密集的筑有防御工事的村落中。这些土著村落极为肮脏,各个家庭通常会在其房屋的入口外大小便。大雨会将村落道路变成泥巴、人畜粪便混合的沼泽。[1]到19世纪30年代天花大流行之前,这些村落的环境仍未发生改变。贸易商查丹的日志记录了他每个月杀死老鼠的数量,这成为土著村落中卫生状况的一个评判指标。记录显示,自从三年前来到克拉克堡至1837年8月底,他总计杀死1867只老鼠,平均每月杀死52只老鼠。[2]由此可以得出,当地土著村落中存在着众多老鼠,卫生条件自然不容乐观。

不仅如此,白人殖民者携带的动物也带来了严重的卫生问题,并有可能将各种动物携带的疾病传播给印第安人。白人殖民者将大量的猪、牛、羊、马等外来动物运至北美大陆,欧洲探险队及其定居地因此变得极为肮脏,也会沿途污染土著村落,因为这些村落还没有为应对数百乃至上千人的队伍和牲畜做好准备。因此,一旦有白人及其牲畜较大规模的入侵,他们所抛弃的垃圾和脏物就会对土著民族构成健康威胁。另外,这些外来动物也会成为传播寿命更长的寄生虫的来源。一些土著民族在北美大陆作为放牧人或者毛皮加工者,需要直接接触被感染的牲畜及其产品如牛奶、肉类与毛皮,加大了染病的风险和几率。

白人儿童的到来也成为疾病暴发和传播的载体。17世纪30年代以后,满载欧洲殖民者的船只开始成批到达北美大西洋沿岸地区,随船而来的还有许多未成年的白人儿童。1629年,新法兰西(指当今加拿大的魁北克地区)只有117名居民,新英格兰也不过500人,新尼德兰(包括今天纽约州以及新泽西州的部分地区)仅300人。而在1630—1640年间,各个殖民地的人口剧增,有700名殖民者定居在新尼德兰,13400人定居在新英格兰,连新法兰西也增加120名殖民者,其中

---

① R. G. Robertson, *Rotting Face: Smallpox and the American Indians*, Caxton Press, 2001, pp.160-161.

② Anne H. Abel ed., *Chardon's Journal at Fort Clark, 1834-1839*, University of Nebraska Press, 1997, p.133.

不少移民是儿童。[①]在欧洲,大多数传染病都是儿童病。一般来说,大多数儿童在5岁以前通常都会感染麻疹、天花、百日咳以及其他各种传染病。而这些未成年就来到"新大陆"的儿童,可能尚未获得对各种疾病的免疫力,因此,他们被认为是北美东北部印第安人爆发流行病的重要来源之一。

总之,殖民活动极大地影响了印第安人社会的正常发展,改变了他们的环境和生态系统,便利了疾病的传播和爆发,也削弱了土著民族应对外来疾病的能力,创造了外来传染病在印第安人群体中肆虐、并导致后者大量死亡的外部条件。

结 语

不可否认,欧洲人的殖民活动也直接导致印第安人人口的大量死亡,瓦解土著传统的政治、经济和文化体制。其中,战争与暴力冲突是殖民主义对美国历史早期土著社会产生重大影响最为突出的方式。根据美国国情统计局1894年的估算,1775—1890年,在与白人的个人冲突中,印第安人死亡数量超过8500人;美国政府对印第安人进行的战争有40次之多,导致后者的死亡人数约为45000人。[②]据此,美国学者鲁塞尔·桑顿得出,这一时期美国政府自己承认的印第安人死亡数字为53500人。他认为这个数字过低,故而提出1775年前战争中死亡的印第安人总数可能为107000人,理由是因欧洲人卷入部落关系而引起的跨部落战争也导致许多印第安人死亡。[③]其他殖民活动也或多或少导致北美土著人口的减少,以强制迁移为例,迁移与重新安置通常会引发印第安人社会的严重混乱,致使大量人口丧生。在19世纪30年代的强制迁移中,乔克托人丧失其总人口的15%(40000人中的6000人);奇科索人迁移据说是"一件相对平静的事件",但是也蒙受严重的人口损失。克里克人和塞米诺尔人在迁移中的死亡率大约为50%。切罗基部落在19世纪30年代的迁移中人口损失也很严重。根据官方记载,在迁移移交给罗斯酋长管理后的旅途中有1600人死亡。20世纪初,著名人类学家穆尼估计,"迁移的直接结果是4000名切罗基人死亡"。后世的人口学家

① Dean R. Snow, Kim M. Lanphear, "European Contact and Indian Depopulation in the Northeast: The Timing of the First Epidemics", *Ethnohistory*, Vol.35, No.1, 1988, pp.15-33.

② U. S. Bureau of the Census, *Report on Indians Taxed and Indians Not Taxed in the United States at the Eleventh Census: 1890*, U.S. Government Printing Office, 1894, pp.637-638.

③ Russell Thornton, *American Indian Holocaust and Survival: A Population History Since 1492*, University of Oklahoma Press, 1987, pp.48-49.

桑顿经研究得出结论说,迁移致使大约8000人死亡,占该部落总人口的50%。[①]可以说,殖民主义是影响美国历史早期印第安人人口变动的根本原因。

需要注意的是,美国早期历史中印第安人人口的持续减少不仅仅是白人殖民活动单独作用的恶果,而且还有其他因素的推波助澜,外来传染病是其中最为重要的一个。有学者指出:"疾病在人口史上的作用无论怎么强调都不过分……天花摧毁美国印第安人,不仅在于经常灭绝整个村落和部落的印第安人,而且在于传播恐惧,瓦解道德伦理,以及解体土著文化。"[②]当然,殖民活动是欧洲白人以及美国白人主观意志的结果,外来传染病则是白人殖民活动的伴生物,白人是否有意向印第安人传播疾病还有待进一步考证。

本文原刊载于《世界历史》2018年第1期,是国家社科基金项目《传染性疾病与美国早期社会研究》(项目编号:14BSS016)和教育部重点研究基地重大项目《美国历史上的社会转型研究》(项目编号:16JJD770027)的阶段性成果。

作者简介:

丁见民,河南叶县人,1999年毕业于河南师范大学,2006年在南开大学获得历史学博士。其后留校任教,现为南开大学历史学院教授。主要从事美国早期史、美国疾病史、美国种族关系史等方向的研究工作。在《世界历史》《历史研究》等刊发表论文四十余篇,并先后出版《世界现代化历程(北美卷)》(合著)、《自治与同化的悖论:美国印第安人新政研究(1933—1945)》等专著。

---

① Russell Thornton, "Cherokee Population Losses during the 'Trail of Tears': A New Perspective and A New Estimate", *Ethnohistory*, Vol.31, No.4, 1984, pp.293, 289-300.

② George K. Neumann, "Review: The Effect of Smallpox on the Destiny of the Amerindian by E. Wagner Stearn and Allen E. Stearn", *Science*, New Series, Vol.104, No.201, 1946, p.333.

核武器、美苏关系与冷战的起源

赵学功

对于冷战的起源,国内学术界的研究大都集中在意识形态、地缘对抗等方面,从核武器这一视角来揭示这一问题的成果并不多见,且限于资料等方面的原因,论述不够深入,仍有很大的拓展空间。[①]国外的相关研究集中在美国对日使用原子弹这一问题上。在冷战研究的传统学派看来,核武器与冷战的起源并无关联,美国对日使用核武器旨在减少美军的伤亡,缩短战争的进程,完全是出于军事需要,冷战起源的根本在于苏联的对外扩张和对西方深深的敌意,不论美国采取何种政策,包括就原子能事宜尽早与苏联磋商,都不能阻止冷战的发生。[②]修正派学者则认为,美国对日本使用原子弹实际上对准的是苏联,在军事上是"完全不必要的",更多地是出于政治上的考虑,旨在通过核威胁来促使苏联在东欧问题上做出让步,冷战由此肇始。在修正派的代表性人物阿尔普罗维茨看来,是杜鲁门改变了其前任政策,转而对苏采取强硬态度,才使得美苏同盟关系瓦解。伯恩斯等学者甚至称,罗斯福在原子能问题上并没有采取完全排斥苏联的政策,之所以在美英垄断和国际合作与控制两种方案间举棋不定,为的是最大限度地保持行动的灵活性,并增加与苏联谈判的筹码。[③]长期以来,两派

---

① 国内的研究参见白建才:《试论核武器在冷战发生、发展和结束中的作用》,《陕西师范大学学报》(哲学社会科学版)2000年第1期;张小明:《冷战及其遗产》,上海人民出版社,1998年,第117~123页。

② Herbert Feis, *The Atomic Bomb and the End of World War II*, Princeton University Press, 1966, pp.190~201; Robert J. Maddox, *Weapons for Victory: The Hiroshima Decision Fifty Years Later*, University of Missouri Press, 1995, pp.163-164; Wilson D. Miscamble, *The Most Controversial Decision: Truman, the Atomic Bombs, and the Defeat of Japan*, Cambridge University Press, 2011, pp.147, 151.

③ P.M.S. Blackett, *Fear, War and the Bomb: Military and Political Consequences of Atomic Energy*, McGraw-Hill(Whittlesey House?), 1949, pp.127-139; Gar Alperovitz, *Atomic Diplomacy: Hiroshima and Potsdam*, Vintage, 1965, pp.237-242; Gar Alperovitz, *The Decision to Use the Atomic Bomb and the Architecture of an American Myth*, Knopf, 1995, pp.128-129; Richard D. Burns, Joseph M. Siracusa, *A Global History of the Nuclear Arms Race*, Vol.1, Praeger, 2013, p.38.

各持己见,争论不休。①应当说,双方的观点和看法都有失偏颇,值得进一步商榷。对于战后初期美国的原子能国际控制计划,不少西方学者都给予了很高的评价,认为美国对这一问题采取了"现实主义的政策","巴鲁克计划"是基于威尔逊国际主义观念而提出的构建战后新的世界秩序的思想。这些学者将双方谈判失败的责任完全归咎于苏联,指责苏联一方面加紧核武器的研制,一方面为了避免在政治上陷于孤立,并为扭转因原子弹而造成的美苏军事力量失衡赢得时间,因而在联合国与美国展开了一场外交游戏和宣传战,由此导致冷战的发生及双方军核备竞赛的开始。②《原子弹与冷战起源》是西方学者近年出版的研究这一问题的代表性著作,使用了美、苏双方的一些新材料。该书批评苏联的外交政策和一些做法,认为核武器在美苏冷战起源过程中扮演了"中心"角色,指出苏联领导人采取一切手段不遗余力地研制核武器,是美苏关系出现紧张并恶化的重要原因。该书否认罗斯福政府或杜鲁门政府对苏实施"原子外交",认为冷战起源的责任很大程度上应由苏联承担。③这些观点和看法同样有失公允,对冷战起源的解释过于简单和片面,忽视了美苏双方在地缘政治、意识形态等方面的矛盾和分歧,并过分强调了在原子能问题上苏联政策的"僵化"。本文力图使用有关各方的档案资料和研究成果,探讨核武器在美国对外政策、美苏关系以及冷战起源中所起的作用。

一、美英核垄断政策

核武器的研制从一开始就不仅仅是军事和技术问题,而是与大国关系息息相关,原子能问题与美国对外关系构成了一个硬币的两面。对于美国总统罗斯福而言,原子弹是美国塑造战后世界一个非常有价值甚至是具有潜在决定性意

① Barton Bernstein, "The Atomic Bomb and American Foreign Policy, 1941−1945", *Peace and Change*, Vol.2, No.1, 1974, pp.1-16; J. Samuel Walker, "The Decision to Use the Bomb: A Historiographical Update", Michael Hogan, ed., *America in the World*, Cambridge University Press, 1995; J. Samuel Walker, "Recent Literature on Truman's Atomic Bomb Decision, *Diplomatic History*", Vol.29, No.2, 2005, pp.311-334; Michael Kort, "The Historiography of Hiroshima", *New England Journal of History*, Vol.64, 2007, pp.31-48.

② David Kearn, "The Baruch Plan and the Quest for Atomic Disarmament", *Diplomacy and Statecraft*, Vol.21, No.1, 2010, p.59; Larry Gerber, "The Baruch Plan and the Origins of the Cold War", *Diplomatic History*, Vol.6, No.1, 1982, p.82.

③ Campbell Craig, Sergey Radchenko, *The Atomic Bomb and the Origins of the Cold War*, Yale University Press, 2008, p.167.

义的工具。美国政府采取的政策是,在与英国保持密切合作的同时,不仅将同为战时盟友的苏联完全排除在外,甚至将核武器作为日后应对苏联的重要手段。尽管此时苏联是美国的盟友,但这是出于对付共同敌人的需要,罗斯福从来没有真的信任斯大林,双方根深蒂固的猜忌和怀疑并没有随着战争的进行而消除。在罗斯福的战后世界构想中,虽然苏联和中国也占有相当的地位,但他显然更重视与英国的关系。他曾多次明确表示,要大力扶植英国,使之成为美国战后一个可靠盟友,并在欧洲遏制苏联影响的扩大;英国作为美国的主要盟友,在战后世界秩序安排和维护世界和平方面将起着举足轻重的作用,美英合作甚至要比建立一个国际组织更为有效。因而,保持英国的强大至关重要,美国不仅要向其提供经济援助,而且也要在原子能研究方面保持全面合作。罗斯福的特别助理霍普金斯也强调,美国必须现实地认识到,在未来的任何战争中,英国都将支持美国,美国也必须与英国并肩携手,一个软弱的盟友毫无用处。[①]

同样,在英国领导人看来,原子能合作研究不仅有助于维护与加强美英关系,更关键的是可以确保英国在战后拥有对抗苏联的重要外交武器。在很大程度上,促使英国在原子能研究领域谋求与美国全面合作的一个重要原因就是对苏联的担忧。丘吉尔及其科学顾问安德森多次向美方明确表示,英国政府是从战后军事角度来全面考虑原子能问题的,拥有核武器的主要目的在于对付"来自东方的威胁",苏联将在战后成为欧洲一支最为重要的力量,并且也是英国面临的主要威胁,原子弹对英国来说不仅可以确保其在欧洲的地位,而且也是用来抵御苏联强大军事力量、维护自身安全的唯一有效工具。丘吉尔宣称,除非美英携手合作,否则苏联很可能会率先研制出这一武器,并对西方国家进行"讹诈"。[②]

毫无疑问,苏联因素在促成战时美英原子能合作方面起了重要的作用。1943年8月19日,罗斯福与丘吉尔在魁北克签署了双方在原子能研究领域进行全面合作的协议,其中明确规定没有双方的同意,不得与第三方交流任何有关原子能的情报。很显然,这里的所谓第三方指的就是苏联。根据这一协定,双方还

---

① Martin J. Sherwin, *A World Destroyed: The Atomic Bomb and the Grand Alliance*, Random House, 1977, p.114; Barton Bernstein, *The Atomic Bomb: The Critical Issues*, Little, Brown and Brown, 1976, p.97.

② Bundy, "Memorandum of Meeting at 10 Downing Street on July 22, 1943", Harrison-Bundy Files Relating to the Development of the Atomic Bomb, 1941-1946, Record Group 77, National Archives; Groves, "Diplomatic History of Manhattan Project", Record Group 77, Manhattan Engineer District Files, National Archives, p.11.

在华盛顿设立了"联合政策委员会",由美国陆军部长史汀生担任主席,具体协调双方原子能研究的合作事宜。①

既然美英领导人都将原子弹视为实现其军事和外交目标的重要工具,是今后对付苏联的"制胜武器",毫无疑问,他们都竭力维护对这一武器的共同垄断,并将任何与苏联分享原子秘密或谋求实行国际控制的建议束之高阁。美英政府的这一做法引起了一些科学家的忧虑和不安。在他们看来,美国和英国幻想长期垄断核秘密是"极为危险的"。

被英国政府派往美国参加曼哈顿工程的丹麦理论物理学家、诺贝尔奖获得者尼尔斯·玻尔是较早认识到核武器将会对战后国际关系产生深刻影响的科学家之一。他率先劝说美英领导人将原子能的研究和应用置于国际控制之下。作为在西方世界享有盛誉的学者,玻尔非常关注科学技术的进步对人类社会发展的影响。他认为,原子弹对世界各国安全造成的巨大威胁将不可避免地导致新一轮军备竞赛,"除非做出无与伦比的努力,在西方和苏联之间达成谅解和信任",否则西方国家和苏联结成的同盟在战争结束后不可能持续下去。他呼吁美国和英国尽早与苏联展开谈判,以实现对原子能的国际控制,因为"一个安全的世界必然是开放的世界",只有在相互信任的基础上才能就原子能控制达成协议,这是确保战后世界和平与稳定的唯一途径,否则就不可能有真正的安全。1944年初,玻尔多次致函英国负责原子能事务的安德森爵士等人,强调最好是由美英首先提出倡议,通过在联合国组织内部加强信任,以阻止将来的竞争,使原子能的研究符合各国共同的长远利益。②

玻尔的这一思想得到了美国最高法院法官、罗斯福总统的密友费力克斯·法兰克福特的支持。1944年2月初,玻尔在与法兰克福特会面时阐述了对原子弹给国际关系所带来的深刻影响的看法,认为原子能的研究可能给人类带来诸多福利,也可能会造成极大的灾难。因而,美国在战后面临两种可能的选择:核军备竞赛或者实行某种形式的国际控制,而美国曼哈顿工程的完成将为推进各国之间关系的友好发展提供了难得的机遇。法兰克福特显然被玻尔的观点打动了,随即将这一谈话内容转告罗斯福,并阐述了自己对原子能国际控制的看法。

---

① *Foreign Relations of the United States* (*FRUS*), The Conferences at Washington and Quebec, 1943, U. S. Government Printing Office, 1970, pp.1117-1119.

② Niels Bohr, *The Political Arena*, Elsevier, 2008, pp.87-88; Herman Feshbach, Tetsuo Matsui& Alexandra Oleson, eds., *Niels Bohr: Physics and the World*, Routledge, 2014, pp. 319~330; Abraham Pais, *Niels Bohr's Times*, Oxford University Press, 1991, p.498.

法兰克福特认为,极为重要的是,美国在这一问题上应采取主动,努力寻求与苏联就原子能控制问题达成协议的可能性;如果苏联通过自己的渠道知晓了美英的原子弹研究计划,这将造成灾难性的后果。他向罗斯福表示,玻尔对苏联科学界的研究情况非常了解,认为苏联完全有能力研制出原子弹;如果盟国在战争时期不能就原子能的国际控制问题进行讨论,战后就不可避免地出现核军备竞赛。因而,罗斯福应及早与斯大林接触,提出一项解决这一问题的建议,这是避免战后美苏关系恶化和核军备竞赛的唯一办法。他还向罗斯福强调,解决这一问题要比建立战后一个国际组织的任何计划都更为重要。罗斯福表示对他所谈论的问题"担心得要死",渴望获得任何有助于解决这一问题的意见,并表示将就此与丘吉尔进行商谈。①

罗斯福的积极回应无疑令玻尔非常兴奋。他随后向英国方面提交了数份备忘录,重申美英不可能长久地保持对核武器的垄断;战争结束后,苏联势必会全力研制这一武器;呼吁美英采取行动,并建议美英两国的科学家首先与苏联的科学家加强交流与合作。玻尔还把自己的想法写成备忘录交给了负责原子弹研制的美国物理学家奥本海默,强调各国科学家间的交流能够带来进步、理性,乃至和平。在他看来,如果美英主动将曼哈顿工程告诉苏联领导人,并使其确信这一项目不会危及苏联,那么战后的核军备竞赛才能得以避免。恰在此时,玻尔收到了苏联物理学家卡皮察的来信,邀请他前往苏联。玻尔认为这是一个极好的机会,希望罗斯福和丘吉尔能同意他接受这一邀请。

丘吉尔对有关原子能国际控制的任何建议都缺乏兴趣。实际上,在丘吉尔与玻尔会面之前,安德森等人已经多次提请他对战后原子能的控制问题加以关注,认为在筹划战后世界的安全问题时,如果没有考虑到原子能这一至关重要的问题,那么一切都将是幻想,因为世界的未来实际上有赖于原子能是用来造福于人类还是要毁灭人类。安德森认为,对美英来说,在原子能领域最为迫切的问题就是如何处理好与苏联的关系,美英应将曼哈顿工程的相关情况告知苏联领导人,并与之合作,共同就原子能的国际控制拟定一项方案,建议由外交大臣立即就这一问题展开研究。安德森还为丘吉尔草拟了一份致罗斯福的电报,要求就此与美国政府磋商。丘吉尔的回答则是"我不同意",认为发送任何这样的电报

---

① "Frankfurter to Halifax", April 18, 1945, Frankfurter-Bohr Folder, Box34, Oppenheimer Papers, Library of Congress; Richard Rhodes, *The Making of the Atomic Bomb*, Simon and Schuster, 1986, pp.526-527.

都是毫无必要的,表示坚决反对就此与苏联接触。①

丘吉尔在原子能国际控制问题上的消极立场注定了他与玻尔5月中旬的会谈无果而终。事实上,在不到半个小时的会谈中,大部分时间都是丘吉尔与其原子能事务顾问彻韦尔谈论其他的事情。最后,玻尔只得表示希望向丘吉尔提交一份备忘录,以便全面阐述自己的想法。对此,丘吉尔回答说只要不涉及政治,他很乐意听取玻尔的意见。丘吉尔的态度令玻尔十分懊丧,称他和丘吉尔说的"完全不是一种语言"。②虽然如此,玻尔还是在5月下旬致函丘吉尔,再次强调对原子能实施国际控制的必要性和重要性,为说服丘吉尔做了最后努力,但丘吉尔不为所动,只是将来函封存了事。③丘吉尔对原子能的立场在其写给艾登的一封信中阐述得很清楚,"在任何情况下,我们的政策应该是,只要我们能控制住局面,就要尽力将这一问题掌握在美国和英国人手中",并强调目前他反对任何将原子能秘密泄露给第三方或第四方的做法。④

鉴于丘吉尔对原子能国际控制态度极为冷淡,玻尔便将希望寄托在罗斯福身上。他通过法兰克福特向罗斯福递交一份7页长的备忘录,强调原子弹具有前所未有的破坏力,将彻底改变未来的战争条件,必须对此予以最迫切的关注。他认为,除非在适当的时候能切实达成控制使用这种新武器的协议,否则任何暂时的优势,即使是非常明显,都会因对人类安全构成的长久威胁而抵消。他重申,在原子能问题上各国应建立起相互信任,作为取得谅解的第一步,美国和英国应首先公开原子弹的秘密,并确立对其实施国际控制,唯有如此才能防止出现"可怕的军备竞赛"。他表示,此举有助于消除各大国之间任何猜忌的起因,未来几代人的命运将有赖于这些大国的携手合作,而现在就是美英采取行动的最为有利的时机。⑤8月26日,罗斯福邀请玻尔到白宫就原子能问题进行了长达一个半

---

① Margaret Gowing, *Britain and Atomic Energy, 1939–1945*, Macmillan Press, 1964, p.352; Joseph Lieberman, *The Scorpion and the Tarantula: The Struggle to Control Atomic Weapons, 1945–1949*, Houghton, 1970, pp.32-33.

② Margaret Gowing, *Britain and Atomic Energy, 1939–1945*, Macmillan Press, 1964 , p.355.

③ "Bohr to Churchill", May 22, 1945, Frankfurter-Bohr, Box34, Oppenheimer Papers; Kevin Ruane, *Churchill and the Bomb in War and Cold War*, Bloomsbury, 2016, p.80.

④ Martin J. Sherwin, *A World Destroyed: The Atomic Bomb and the Grand Alliance*, Random House,1977, p.108.

⑤ "Bohr to Roosevelt", July 3, 1944, Frankfurter-Bohr, Box34, Oppenheimer Papers; Abraham Pais, *Niels Bohr's Times*, Oxford University Press, 1991, p.501; Robert Gilpin, *American Scientists and Nuclear Weapons Policy*, Princeton University Press, 1965, pp.42-44.

小时的会谈。玻尔表示,反法西斯盟国在政治和经济上的分歧可能成为战后世界的主要问题,因而在世界范围内建立相互信任的合作关系是非常必要的。他认为苏联具有制造原子弹的能力和技术,也一定正在展开研制工作;在原子弹研制成功之前,或者在战争中使用之前,美、英、苏三国就原子能使用的监督问题达成协议较为容易,如果继续采取保密政策,势必大大增加苏联领导人对美英意图的怀疑,从而也就失去了一个打破双方意识形态壁垒、建立互信的前所未有的机会,建议首先恢复战争期间所中断的各国科学家之间的联系。罗斯福对玻尔的建议表示同意,称美国必须与苏联接触,并就此达成谅解,这将"开启人类历史的一个新纪元",认为苏联领导人在理解科学技术进步的重要性以及由此所带来的革命性结果方面完全是一个现实主义者。同时他还表示,在即将举行的美英首脑会晤期间,自己会与丘吉尔就这一问题进行磋商,并设法说服其改变在原子能问题上的立场。①罗斯福的态度令玻尔颇受鼓舞。1944年9月初,他致函罗斯福,再次强调现在即是有关最关切的各方考虑原子能控制问题的恰当时机,重申对核武器的有效控制关乎人类未来的前途和命运。及至1945年3、4月,玻尔仍试图努力说服美国政府尽快与苏联进行谈判。②

美国科学研究与发展局局长布什、国防研究委员会主席科南特以及参与曼哈顿工程的一些科学家也提出了大致相同的建议,认为应将原子弹以及世界上的铀矿资源和各国的原子能研究活动置于一个由各国代表组成的国际委员会控制之下,以防止出现核军备竞赛,并且在这一机构内,美国和苏联以及其他国家共同分享有关核技术。与玻尔一样,他们认为,任何一个拥有优秀科技人才的国家都能在三、四年之内达到美国和英国现有的研究水平,甚至取得优势;通过采取严格的保密措施来维护核垄断根本无济于事,甚至对原材料实施控制也难以奏效。在他们看来,保密措施虽然可以在短期内确保美国在原子能领域的优势,但从长期来看却会对美苏关系造成严重负面影响,而尽早与苏联就原子能的控制问题达成协议不仅有助于维护和加强战时盟国间的团结,而且对战后世界和平也大有裨益。不仅如此,他们还警告说,原子弹的研制只是第一步,随着核技术的不断发展,人们很快就会研制出更具毁灭性的武器,世界上任何一个国家的中心城市都将面临核打击的威胁。布什、科南特等人一直非常担心美苏之间的

---

① Stefan Rozental, *Niels Bohr*, Wiley, 1967, pp.197~199; Margaret Gowing, *Britain and Atomic Energy, 1939–1945*, Macmillan Press, 1964, p. 357.

② Niels Bohr, *The Political Arena*, Elsevier, 2008, pp.109~110; Bohr to Roosevelt, September 7, 1944; Bohr to Roosevelt, March 25, 1945, Frankfurter-Bohr Folder, Box34, Oppenheimer Paper.

秘密军备竞赛将在战后引发一场可怕的冲突。芝加哥大学22名参与曼哈顿工程的科学家则联名呼吁美国政府尽快向世人公开有关原子弹研制的信息。[①]

但是,不论是丘吉尔还是罗斯福,恰恰就是希望能够长久地维持对原子弹的垄断。尽管罗斯福曾表示非常担心原子弹可能对未来的美苏关系所产生的影响,并承诺将就此与苏联展开磋商,但他并未采取任何行动。不仅如此,他一方面指示下属对法兰克福特是如何知晓曼哈顿工程一事展开调查,同时进一步强化美英的原子能合作。1944年6月13日,罗斯福与丘吉尔就战时及战后美英控制苏联疆域之外的钍和铀矿资源达成协议,据此双方成立了"联合开发托拉斯",负责这些资源的勘探、开发等工作。美英的目标是要控制全世界已知的所有的主要铀矿资源,这是其核垄断计划中至关重要的一环。实际上,早在1943年初,罗斯福就曾指示格罗夫斯"应尽可能完全地"占有世界上的铀矿资源。格罗夫斯开始绕过国务院,就购买和控制铀、钍矿资源事宜与比利时、巴西、荷兰、瑞典等展开谈判。[②]9月18日,罗斯福、丘吉尔在纽约州海德公园会晤时,又签署一项秘密备忘录,明确规定向世界各国通报原子弹研制进展情况以便就其控制和使用达成国际协议的建议是"不可接受的",应继续将原子弹研制工作视为"绝密";在击败日本之后,为了商业和军事目的,美国和英国将继续在原子能研究方面进行全面合作,直至双方同意终止。鉴于玻尔一直主张在原子能问题上实行国际控制,这引起美英领导人的不安,决定调查他的活动,并采取必要的措施以确保其不会向苏联泄密。[③]丘吉尔甚至表示,应该拘禁玻尔,"或者无论如何也应让他知道他正处于犯下不可饶恕罪行的边缘"。[④]

就这样,罗斯福和丘吉尔通过签署秘密备忘录的方式进一步确定了日后美英原子能合作的基本原则,同时也表明了双方要共同维护对核秘密的垄断,从而

[①] Richard Hewlett, Oscar Anderson, *The New World, 1939-1946,* U.S. Atomic Energy Commission, 1962, pp.328-329; Hershberg, *James B. Conant: Harvard to Hiroshima and the Making of the Nuclear Age,* Knopf, 1993, pp.198-199; Martin J. Sherwin, *A World Destroyed: The Atomic Bomb and the Grand Alliance*, Random House,1977, p.118.

[②] "Agreement and Declaration of Trust", June 13, 1944, Harrison-Bundy Files; Jonathan Helmreich, *Gathering Rare Ores: The Diplomacy of Uranium Acquisition, 1943–1954*, Princeton University Press, 1986, p.48; Richard Hewlett and Oscar Anderson, The *New World,1939–1946,* U.S. Atomic Energy Commission, 1962, pp.285-286.

[③] *FRUS*, The Conference at Quebec, 1944, US Government Printing Office, 1972, pp.492-93.

[④] Martin J. Sherwin, *A World Destroyed: The Atomic Bomb and the Grand Alliance*, Random House, 1977, p. 284; Margaret Gowing, *Britain and the Atomic Energy, 1939–1945*, Macmillan Press, 1964 , p.358.

关闭了在这一问题上与苏联进行谈判的大门。科南特、布什对美英领导人的此次会晤极为不满，认为罗斯福在原子能问题上与英国人的合作过于密切，试图极力维护英国的大国地位，而没有考虑到此举会不可避免地会导致与苏联关系的紧张，促使其全力以赴研制原子弹，从而引发美苏之间激烈的核军备竞赛，最终引发一场战争。在布什看来，罗斯福显然认为"他能够同丘吉尔合作，拟定出一个关于原子能的美英战后协定，并通过这一协定牢牢掌握原子弹，从而或许可以控制世界和平"。①他们力图通过史汀生促使罗斯福改变政策，要求除了原子弹的制造过程外，一切重要的科学信息都应在使用前最大限度地公开，唯有如此才能降低核军备竞赛的危险，并使各国就原子能国际控制问题达成协议的可能性大为增加。他们重申，美英的核保密政策不仅是一种幻想，而且极为危险，势必对未来的国际关系产生极为严重的后果，使苏联及其他国家对美英产生疑虑。②史汀生则表示，他对美国长久地保守核秘密这一可能性并不抱幻想，并非常担心美国的做法对苏联可能造成的负面影响，但他坚持认为现在还不是与苏联共享这一秘密的时候。在他看来，鉴于核武器事关重大，苏联必须在国际乃至国内问题上做出一些重大让步才能换取美国公开这一秘密，在此之前一定不能相信苏联。罗斯福对此表示同意。显而易见，原子弹已经成为美国对苏政策的一根重要杠杆。③

因而，尽管雅尔塔会议为美苏领导人当面讨论这一问题提供了难得机会，而且罗斯福也很清楚苏联情报部分已经获悉了曼哈顿工程的存在，认识到美英继续采取保密政策将有损与苏联的关系，但他并未向斯大林提及任何有关原子能研究和曼哈顿工程的信息。罗斯福曾考虑该是向斯大林通报情况的时候了，却遭到丘吉尔的反对。丘吉尔强调，应将核秘密牢牢控制在美英手中，这对于英国战后的安全至关重要。格罗夫斯则认为，在当时，美国政府内实际上没有一个人想让苏联知悉曼哈顿工程。总而言之，美国失去了与苏联就原子能国际控制问题进行磋商并借以了解其态度的良机，而美英坚持核垄断政策只能进一步增加

---

① Bush, "Memo for Conant, September 25, 1944", Bush-Conant File Relating to the Development of the Atomic Bomb, 1940–1945, Record 277, National Archives; Hershberg, *James B. Conant: Harvard to Hiroshima and the Making of the Nuclear Age*, Knopf, 1993, p.216; Robert Dallek, *Franklin D. Roosevelt and American Foreign Policy*, Oxford University Press, 1995, p.471.

② "Bush and Conant to Stimson", September 30, 1944, Harrison-Bundy Files.

③ Stimson Diary, December 30 and 31, 1944, Yale University Library, Roll 110; February 15, 1945; Sean L. Malloy, *Atomic Tragedy: Henry L. Stimson and the Decision to Use the Bomb against Japan*, Cornell University Press, 2008, p.85.

苏联领导人对西方意图的疑虑,罗斯福的战后美苏合作构想也注定化为泡影。[1]直至罗斯福去世,美国的原子能保密政策没有任何改变。不仅如此,1945年4月初,美国还秘密出动特别行动小组到德国境内的苏军控制区,彻底摧毁了德国在该地所建的原子能设施,同时将所有相关研究资料、1200多吨铀矿石以及重水等悉数运回美国,将不能带走的物品全部予以烧毁。美国政府非常担心,一旦这些设施以及相关资料落入苏联之手,势必会对其原子弹研制工作产生极大的推动作用。[2]

二、核武器与美苏关系

随着曼哈顿工程的不断推进,原子弹的问世已经指日可待。在美国对苏关系中,核武器因素所起的作用也愈来愈大。史汀生说得很明白,在美国的原子能政策中,所有重要的问题都与苏联直接相关。[3]杜鲁门政府不仅延续了罗斯福的政策,将核武器视为实现美国政治和外交目标甚至是对付苏联的重要工具,而且还在多个场合对苏联发出核威胁。

杜鲁门在继任总统前对"曼哈顿工程"一无所知。1945年4月25日,史汀生向他汇报说,在今后四个月之内,美国将会研制成功一种"人类历史上迄今所知的最为可怕的武器",一颗这样的炸弹能够摧毁整个城市。他同时警告说,尽管美国在原子弹研制方面处于领先地位,并控制着制造这一武器的资源,但美国不可能长久地保持这一优势,最有能力很快赶上美国的就是苏联。史汀生认为,对美国和世界而言,原子弹的研制包含着巨大危险,但同时也提供了难得机遇,能否建立起一套切实可行的、使原子能得到有效控制的国际机制,关乎世界的和平和人类文明未来的命运。他强调,与其他国家分享核秘密以及在什么基础上分享将成为美国对外关系中的"一个首要问题";如果可能,必须对原子能实施控制,使其成为世界和平的保障而非人类文明的威胁,建议在战后通过建立一个国

---

① J. W. Pickersgill, D.F. Forster, *The Mackenzie King Record*, Vol.2, University of Toronto University, 1968, pp.326-327; Warren F. Kimball, *Forged in War: Roosevelt, Churchill, and the Second World War*, William Morrow, 1997, p.280; Barton Bernstein, "The Uneasy Alliance: Roosevelt, Churchill, and the Atomic Bomb, 1940-1945", *Western Political Quarterly*, Vol.29,No.2, 1976, p.228.

② Leslie Groves, *Now It Can be Told*, Harper, 1962, pp.237~238; Francis Smith, "Memorandum for the Files", April 7, 1945, Correspondence of the Manhattan Engineer District, 1942-1946, Microfilm Publication M1109, Roll2, File 7, National Archives.

③ Henry L. Stimson, McGeorge Bundy, *On Active Service in Peace and War*, Farrar, Straus and Giroux, 1971, p.636.

际机构对其进行有效的监督。史汀生同时也提出了所谓"拖延战略",认为现在与苏联就这一问题进行接触为时尚早,一切要等到原子弹研制成功之后。不仅如此,在公开核秘密之前,美国应尽可能多地占有世界其他地区的铀矿资源,以加强战后美国的谈判地位。①根据史汀生的建议,美国政府成立了一个"临时委员会",就战后原子能的研究、开发和控制等问题进行研究,并提出政策建议。

　　不少参与原子弹研制工作的科学家对于使用核武器可能造成的严重影响颇感不安,极力主张对其实施国际控制。最早推动美国政府做出研制原子弹决定的芝加哥大学冶金实验室主任西拉德极为担心美国的政策势必在战后引发一场核军备竞赛,从而带来"灾难性后果"。他在一份通过著名物理学家爱因斯坦呈交给罗斯福的报告中强调,原子弹给美国带来的暂时的某种军事优势,将由于在政治和战略上的严重失误而化为乌有;核武器的威力是如此巨大,以至于任何两个大国同时拥有它就不可能达成和平,除非这两个大国结成持久的同盟。西拉德警告说,必须对铀和原子能的研究活动实施国际控制,否则美国人口密集、工业集中的城市中心最易成为核打击目标。在他看来,美国面临的最大直接危险是,原子弹的试验将很可能导致美苏之间的一场核军备竞赛,苏联很快就会成为核大国,结果将是两败俱伤。1945年5月底,他又将此备忘录交给即将出任国务卿的贝尔纳斯。②6月中旬,经过长时间的讨论,以芝加哥大学詹姆斯·弗兰克为首的7名科学家联名向史汀生递交一份报告,强调原子弹的破坏力超过现有一切武器,并且没有有效的手段进行防御;为了避免日后出现军备竞赛,必须在相互信任的基础上立即采取措施,建立对核军备的国际核查制度,而美国对日本的突然核打击将会破坏这种必要的信任。报告认为,通过用原子弹突袭日本的办法而获得的军事优势,将由于丧失信义、造成全世界恐惧与憎恨以及国内公众舆论的谴责而化为乌有。报告建议美国应将原子弹投掷在无人居住的沙漠或荒岛上,并邀请各国派员前往参观,以见证其杀伤力,以此向全世界显示,虽然美国拥有这种威力巨大的武器,但并不投入使用;如果各国同意建立有效的国际监督,

　　① "Memo Discussed with President", April 25, 1945, Harrison-Bundy Files; Stimson Diary, April 25, May 14, 1945, Yale University Library, Roll 112; Michael Stoff, Jonathan Fanton, R. Hal Williams, *The Manhattan Project: A Documentary Introduction to the Atomic Age*, McGraw-Hill, 1991, pp.93-96.

　　② Albert Berger, *Life and Times of the Atomic Bomb*, Routledge, 2016, p.76; Leo Szilard, "Atomic Bomb and the Postwar Position of the United States in the World", *Bulletin of Atomic Scientists*, Vol.3, 1947, pp.351-353; Alice Kimball Smith, *A Peril and a Hope: The Scientists' Movement in America, 1945-47*, The MIT Press, 1971, pp.28-29.

那么美国将来也不会使用这类武器。这样,"就会为达成国际协议创造最良好的气氛"。报告表示,这种做法听起来似乎有些荒诞不经,但核武器的毁灭力之大确实无可比拟。如果想充分利用核武器的有利因素,就必须采取新的、富有想象力的方式。①7月,西拉德起草了一份有69名科学家签名的请愿书,再次强调原子能发展将为各国提供新的毁灭手段,而原子弹只代表朝这一方向迈出的第一步,在其未来发展的过程中能够取得的破坏力几乎是没有限制的;作为首先拥有这一武器的美国"也许要对开始一个无法想象其毁灭规模的时代大门而承担责任"。史汀生的特别助理向其汇报说,几乎所有参与曼哈顿工程的科学家都十分担心原子弹的研制可能带来的严重危险,认为如不能对其实施有效的国际控制,其引发的军备竞赛或许会威胁到人类文明的存在。②

在美国事关原子能事务的决策层内,也有相当一部分人清醒地认识到,考虑原子能控制和国际合作时,首要的问题是要看苏联的态度,主张美国应尽早与苏联进行磋商,通过情报分享等方式以加强双方之间的合作。布什、科南特建议,一旦原子弹研制出来,除了具体的生产细节外,其他一切资料都应立即公之于世。他们反对向日本某个城市首先使用原子弹,建议采取通过"显示"其威力的办法向日本发出威胁,除非立即投降,否则美国将对其实施核打击。③5月底和6月下旬,奥本海默与"临时委员会"中其他三名参与曼哈顿工程的科学家就对日使用原子弹问题进行了讨论,他们一致认为鉴于核秘密不可能维持太长时间,而美国的排他性政策势必会造成美苏关系的紧张,并与原子能国际控制的目标相悖,建议在即将召开的盟国波茨坦首脑会议上,如有适当时机,美国应告知苏联核武器的存在,向其说明美国打算用来打击日本,并希望今后就这一问题进行磋商,以确保这一武器成为和平的保障。他们强调,此举对美国是"极为有利的",美苏原子能合作有助于推进国际关系的改善。不仅如此,在他们看来,美国还应将这一信息同时通知法国、中国等国家,欢迎各国就加强原子能领域的国际合作献计献策。奥本海默等人强调,如果在原子弹实际使用之前提出

---

① "A Report to the Secretary of War", June 1945, *Bulletin of Atomic Scientist*, No.10, 1946, pp.2-4; Alice Kimball Smith, *A Peril and a Hope: The Scientists' Movement in America, 1945–47*, The MIT Press, 1971, pp.43-46; 371-383; Robert Gilpin, *American Scientists and Nuclear Weapons Policy*, Princeton University Press, 1965, pp.44-47.

② Richard Rhodes, *The Making of the Bomb*, Simon and Schuster, 1986, p.749; Harrison, "Memorandum for the Secretary of War", June 26, 1945, Harrison-Bundy File, Roll6, Folder77.

③ G. Pascal Zachary, *Endless Frontier: Vannevar Bush, Engineer of the American Century*, MIT Press, 1999, pp.215-216.

有关原子能研究的信息交流,将会极大地加强美国的道义地位。①这一建议得
到史汀生以及陆军参谋长马歇尔的支持。史汀生特别担心,如果在没有告知苏
联的情况下美国就向日本投掷原子弹,将会对美苏关系造成严重的影响,建议
杜鲁门若在波茨坦会议上与斯大林谈相处融洽,就应将美国研制原子弹的情况
通报斯大林,并告知美国获悉苏联也在开展这一武器的而研制工作,期盼能够
就这一武器的国际控制问题展开磋商。马歇尔也表示,应将曼哈顿工程的相关
情况告知作为盟友的苏联,甚至建议最好邀请两名苏联知名科学家实地观看即
将进行的原子弹试验。②

美国最高决策者却有着完全不同的看法,依然将核垄断视为与苏联进行谈
判、谋取外交优势的重要砝码。杜鲁门认为,美国应继续保守核秘密,就原子能
实施国际控制以及与苏联分享核秘密的时机还不成熟,苏联至少应该在波兰、罗
马尼亚、南斯拉夫以及中国东北问题上做出妥协,才能换取美国同意采取这一措
施。他确定,在成功向日本投掷第一颗原子弹之前,决不应向苏联透露任何原子
能研究的相关信息。③在新任国务卿詹姆斯·贝尔纳斯看来,核武器的威力空前,
有可能使美国在战争结束时处于发号施令的地位。他担心,一旦美国将有关信
息告知苏联,斯大林很可能会要求参与原子弹的研制工作,或者命令苏军立即对
日宣战,届时美国将处于非常困难的境地。贝尔纳斯赞同格罗夫斯的估计,即美
国在原子能研究方面远远领先于任何其他国家,苏联由于缺乏铀资源,或许需要
20年的时间才能制造出原子弹。因而,至少在一段时期内,核垄断可以为美国实
现战略目标提供更为强有力的外交杠杆。他还认为,原子弹的威力会给苏联留
下深刻影响,从而促其在东欧问题上变得"更易管理",否则要让苏联从东欧国家
撤军将非常困难。④总之,在美国外交决策者眼中,原子弹已然成为可以用来对

① Arneson, "Notes on the Basic Interim Committee Meeting", June 21, 1945, Harrison-Bundy, File
100; Richard Hewlett and Oscar Anderson, *The New World, 1939–1946*, U.S. Atomic Energy Commis-
sion, 1962, pp.356-357.

② Arneson, "Notes of the Interim Committee Meeting", May 31, 1945, Harrison-Bundy, File 100;
FRUS, 1945, Vol.2, U.S. Government Printing Office, 1967, pp.12-13; Stimson Diary, May 31, July 3,
1945; Barton Bernstein, "Roosevelt, Truman, and the Atomic Bomb, 1941–1945", *Political Science
Quarterly*, No.1, 1975, p.40.

③ Stimson Diary, June 6, 1945, Yale University Library, Roll 112.

④ Leo Szilard, "Reminiscences", *Perspectives in American History*, Vol.2, 1968, p.128; J. Samuel
Walker, *Utter Destruction: Truman and the Use of Atomic Bombs against Japan*, The University of North
Carolina Press, 2004, p.18.

付苏联的一张"王牌"。在贝尔纳斯的推动下,"临时委员会"提出建议,认为对美国最为理想的行动方针是尽快推进原子弹的制造和研究工作,确保美国在这一领域的领先地位,同时尽一切努力改善与苏联的政治关系。贝尔纳斯或许并没有意识到,美国的这两大目标其实完全相悖。①

1945年7月中旬,美、英、苏三国领导人在波茨坦召开会议,这是杜鲁门首次与斯大林见面。实际上,早在4、5月份,斯大林、丘吉尔就曾提议举行首脑会晤,以便解决当时盟国所面临的重大问题,但杜鲁门以各种理由予以拒绝,将会议日期推迟到7月中旬,即美国第一颗原子弹进行试验的预定日期。奥本海默回忆说,他和他的同事们都承受着巨大压力,要求在波茨坦会议之前必须完成原子弹的研制工作,决不能向后拖延。在杜鲁门、史汀生等看来,原子弹试验的成功将大大增加美国与苏联谈判的筹码。②7月16日试验成功的消息无疑令美国决策者大喜过望,认为这一最具毁灭性的武器不仅能彻底扭转整个战局,甚至还将改变历史和文明的发展进程。杜鲁门、贝尔纳斯、史汀生以及马歇尔等都确信,原子弹的试验成功使得苏联对日宣战已没有必要,一旦对日本使用了这一武器,在苏联出兵之前日本就已经按照美国所提的条件投降了,这也意味着今后美国可以单独占领日本。③副国务卿格鲁认为,倘若苏联参战,蒙古、朝鲜半岛以及中国东北都将落入其"势力范围",甚至中国大陆和日本最后也将难以幸免。贝尔纳斯特别关注中国东北的大连和旅顺,担心一旦苏军进入,就很难再让他们撤走。④因而,美国领导人在会议上想方设法试图阻止至少是推迟苏联对日作战,并拒绝让斯大林参与《波茨坦公告》的讨论,也没有允许其签字,这令斯大林颇为不满。马歇尔则没有等到会议结束就提前回国,旨在向苏联表

---

① Arneson, "Notes of the Interim Committee Meeting", May 31, 1945, Harrison-Bundy Files, Roll8, Folder100,Harrison-Bundy Files; Michael Stoff, Jonathan Fanton and R. Hal Williams, *The Manhattan Project: A Documentary Introduction to the Atomic Age*, McGraw-Hill, 1991, pp.114-115.

② Gar Alperovitz, *The Decision to Use the Atomic Bomb and the Architecture of an American Myth*, Knopf, 1995, pp.148~149; Kai Bird, Martin Sherwin, *American Prometheus: The Triumph and Tragedy of J. Robert Oppenheimer*, Knopf, 2005, p.304.

③ Stimson Diary, July 23, 1945, Yale University Library, Roll 113; Robert Ferrell, *Off the Record: The Private Papers of Harry S. Truman*, Harper & Row, 1980, p.54; Robert Messer, *The End of an Alliance*, The University of North Carolina Press, 1982, p.105.

④ Leon Sigal, *Fighting to a Finish: The Politics of War Termination in the United States and Japan*, Cornell University Press, 1989, p.97; Wilson Miscamble, *From Roosevelt to Truman: Potsdam, Hiroshima, and the Cold War*, Cambridge University Press, 2007, p.202.

明在远东战场上美国不再需要苏联的支持和帮助。①不仅如此，美国决策者决定，在波茨坦会议上暂不与苏联就解决世界上的其他问题进行谈判，一切都要等到对日使用原子弹之后。在贝尔纳斯看来，原子弹不仅极大地增强了美国的力量，而且将决定着美苏关系的发展，它的使用势必极大地震撼苏联领导人，对其产生影响，从而促其同意并接受美国的立场。对此，美国前驻苏大使戴维斯明确地告诫说，核威胁对苏联不可能奏效，只能增加苏联对美国的敌意，给双方关系造成难以弥补的伤害。②

丘吉尔同样认为，原子弹试验的成功可以使美英"处于更为有利的谈判地位"，这一武器或许能够促使苏联变得"听话一些"，并可以改变西方与苏联之间的力量对比。他表示，倘若苏联掌握了核秘密，很可能意味着"文明的终结"，而现在美国则可以用其来塑造世界。他甚至提出可以警告斯大林，如果苏军不从东欧撤出，美英就将包括莫斯科在内的苏联数个重要城市夷为平地。③史汀生的态度也变得强硬起来，称如果苏联领导人不对其国内政治和社会做出"根本性改革"，美国就不应与其共享核秘密。④在很大程度上是因为有了原子弹，杜鲁门此后判若两人，在谈判中充满自信，并主宰着整个会议进程。他就罗马尼亚、保加利亚、匈牙利、芬兰的"承认问题"和波兰的选举及边界问题不断对斯大林发号施令，指责苏联试图扩大在东欧、地中海地区以及土耳其的影响。⑤杜鲁门并没有像奥本海默等人所希望的那样在首脑会议期间就原子能问题与苏联展开坦率会谈，只是在 7 月 24 日与斯大林的会谈中"不经意"提到美国拥有一种破坏力特别巨大的新式武器。杜鲁门在日记中写道，斯大林"对此没有特别的兴趣"，"他的

---

① Tsuyoshi Hasegawa, *Racing the Enemy: Stalin, Truman, and the Surrender of Japan*, Harvard University Press, 2005, pp.160~165; Frank Settle, *General George C. Marshall and the Atomic Bomb*, Praeger, 2016, p.122.

② J. Samuel Walker, *Utter Destruction: Truman and the Use of Atomic Bombs against Japan*, The University of North Carolina Press, 2004, pp.64-65; Martin J. Sherwin, *A World Destroyed: The Atomic Bomb and the Grand Alliance*, Random House,1977, p.224.

③ Oppenheimer Papers; Kevin Ruane, *Churchill and the Bomb in War and Cold War*, Bloomsbury, 2016, p.129.

④ Sean L. Maloney, *Atomic Tragedy: Henry L. Stimson and the Decision to Use the Bomb against Japan*, Cornell University Press, 2008, p.133; Henry L. Stimson, McGeorge Bundy, *On Active Service in Peace and War*, Straus and Giroux, 1971,pp.638-639.

⑤ Stimson Diary, July 21, 22 and 23, 1945; Michael Stoff,Jonathan Fanton, and R. Hal Williams, *The Manhattan Project: A Documentary Introduction to the Atomic Age*, McGraw-Hill, 1991 , pp.209-210.

反应只是说很高兴听到这个消息,希望我们能够很好地对日本使用"。斯大林的这一态度令杜鲁门以及在一旁密切观察斯大林反应的丘吉尔颇感失望,贝尔纳斯等人甚至错误地认为斯大林根本没有明白杜鲁门所言的重要性。实际上,斯大林在三天之前就已经通过情报机关获悉美国原子弹试验的信息。①

1945年8月6日和8日,美国先后向广岛和长崎投掷原子弹,几乎将两个城市夷为平地。应当说,杜鲁门的这一决定主要是出于军事考虑,旨在减少美军的战争伤亡,加快战争的进程,美国研制原子弹的目的就是要赢得战争的胜利。但在客观上,却对苏联以及美苏关系都产生了极为深刻的影响。正如一名英国驻莫斯科记者所言,在苏联,每个人都认识到原子弹已经成为世界权力政治中非常重要的因素,并且确信美国对日使用这一武器的真正意图首先是要恐吓苏联。就连科南特也表示,除非尽快公开核秘密,否则苏联有理由确信,美国拥有原子弹这一事实本身就对苏联的安全构成威胁。②的确,在苏联领导人看来,美国投掷原子弹的真正目标不是日本,而是对苏联进行核讹诈,是威胁要发动一场"新的甚至是更可怕的毁灭性战争";美国的核垄断使苏联的安全陷入危险境地。③

美国对日使用原子弹对斯大林所造成的影响是多方面且复杂的。最直接的结果是促使斯大林加快苏军出兵中国东北,并于8月9日对日宣战。本来他打算在中下旬对日发起进攻,而原子弹的使用令其颇为担心,日本有可能在苏联出兵之前就已经向美国投降了。在舆论宣传方面,为了尽可能减少苏联民众以及东欧共产党领导人对原子弹的恐惧,斯大林等在公开场合对原子弹表现出不屑一顾的样子,认为从军事上来看,原子弹"并不具有重要的意义",美国现在或许只有一两颗原子弹,即使再多一些也发挥不了什么作用;美国只是试图借助原子弹进行讹诈和威胁,而不会真的发动战争。在接受英国记者采访时,斯大林强调,"我不认为原子弹像某些政治活动家所说得那样厉害。原子弹是用来吓唬神经衰弱的人的,但它不能决定战争的命运,因为对决定战争的命运来说,原子弹是完全不够的"。8月11日,苏联领导人在与到访的艾森豪威尔将军会谈时,甚至

① Harry Truman, *Years of Decision*, Doubleday, 1955, p.416; James Byrnes, *Speaking Frankly*, Greenwood Press, 1974, p.263.

② Barton Bernstein, The Quest for Security: American Foreign Policy and International Control of Atomic Energy, 1942–1946, *The Journal of American History*, Vol.60, No.4, 1974, p.1025.

③ John L. Gaddis, et al., *Cold War Statesmen Confront the Bomb: Nuclear Diplomacy Since 1945*, Oxford University Press, 1999, p. 45; Vladislav Zubok, Constantine Pleshakov, *Inside the Kremlin's Cold War*, Harvard University Press, 1996, p.42.

根本没有提及原子弹问题。苏联军方更是对原子弹采取几乎是完全无视的态度。1945年至1946年间,其公开和内部发行的报纸和期刊发表的有关原子弹的文章只有三篇。①

在外交方面,原子弹的使用无疑使苏联领导人对西方原有的疑虑大大加深。斯大林于9月中下旬数次指示正在伦敦参加盟国外长会议的苏联外长莫洛托夫,一定要在谈判中采取强硬立场,坚持到底,决不能向美英做出丝毫让步,会议的失败对苏联来说不会有任何影响。他强调,如果屈从于西方的威胁,苏联将会一无所得。因而,莫洛托夫在会议上不仅要求美英不要插手罗马尼亚、保加利亚等东欧国家的内部事务,而且还希望西方国家承认苏联在地中海以及非洲一些地区享有的权益,并提出苏联应参与战后对日本的占领。贝尔纳斯显然被激怒了。他本以为慑于原子弹的威力,苏联会变得"驯服一些",从而做出必要的让步。苏联在伦敦外长会议上之所以立场强硬,就是要向西方国家表明,尽管美国拥有核武器,但对苏联来说并不可怕,核威胁对苏联不起作用。②

或许最为重要的是,苏联领导人决定全速研制自己的原子弹。实际上,早在美国开始研制原子弹之时,苏联科学家同样开始关注原子能问题。尽管美英采取极为严格的保密措施,但从1941年秋至1945年,苏联情报部门仍陆续获得了核武器研制的近万页相关情报。③1942年底,斯大林指示国防委员会组织有关部门实施原子能发展计划,并由核物理学家库尔恰托夫负责具体的技术研究工作。波茨坦会议期间,斯大林表面上对杜鲁门所说的美国已经制造出原子弹的消息无动于衷,但实际上,他随即要求苏联有关部门加快研究速度,强调杜鲁门企图依靠原子弹来向苏联施压,"但是这种讹诈和威胁是我们所不能接受的",苏联决不能容忍任何国家拥有对苏联的决定性优势。④

美国对日使用原子弹不久,苏联领导层即于8月中旬连续召开秘密会议,商

---

① Joseph Lieberman, *The Scorpion and the Tarantula: The Struggle to Control Atomic Weapons, 1945-1949*, Houghton, 1970, p.198; Lawrence Freedman, *The Evolution of Nuclear Strategy*, Macmillan Press, 1987, p.60.

② Robert Messer, *The End of Alliance*, The University of North Carolina Press, 1982, pp.127~128; Campbell Craig, Sergey Radchenko, *The Atomic Bomb and the Origins of the Cold War*, Yale University Press, 2008, pp.97~98.

③ 刘玉宝、张广翔:《国外核情报与苏联原子弹的研制》,《历史研究》2015年第1期。

④ Stephen Zaloga, *Target America: The Soviet Union and the Strategic Arms Race, 1945-1964*, Presidio, 1993, p.27; John L. Gaddis, *We Now Know: Rethinking Cold War History*, Oxford University Press, 1997, pp.95-96.

议加快原子能研究事宜。斯大林向库尔恰托夫等人强调,美国在广岛投掷原子弹震撼了整个世界,力量均势已经被破坏,要求在尽可能最短的时间内制造出原子弹,使苏联"免受巨大的威胁"。在他看来,美国拥有原子弹而苏联却没有,这是不能接受的。库尔恰托夫表示,如果各项工作都得到全方位的支持,可以在五年之内研制出苏联第一颗原子弹。①根据斯大林的指示,苏联国防委员会于8月20日成立了一个负责管理原子能和原子弹研制工作的特别委员会,并赋予其极大的权力,主要任务首先是在苏联寻找铀矿,并设法从东欧或其他国家获得铀矿资源和原子能研究的新技术,尽快研制出原子弹。斯大林强调,研制工作一定要在中央委员会的领导下由全党来进行,并且要采取严格的保密措施。与此同时,苏联情报机构和外交官不仅广泛展开了相关情报的收集工作,而且还对广岛和长崎进行实地调查,获得了大量第一手的资料,苏联科学家据此对原子弹轰炸所造成的后果进行了分析。②尽管苏联在战后初期面临着百废待兴、医治战争创伤的艰巨任务,核武器的研制工作仍成为压倒一切的首要任务,共约有40万人直接投入到这一工作,另有其他相关工作人员近30万人,其规模远远超过美国的曼哈顿工程。斯大林于1946年1月25日指示库尔恰托夫,研究工作一定要以"俄国的规模"全面展开,在主要方面"决定性地向前推进",苏联政府将为此尽一切努力提供"最广泛、最大限度的帮助"。1946年苏联投入科学研究的预算为前一年的3倍多。③12月,苏联第一座原子反应堆投入运转。1949年8月29日,苏联的第一颗原子弹爆炸成功,宣告了美国核垄断时代的结束。

三、美国国内对原子能国际控制的争论

原子弹的毁灭性杀伤力使得原子能国际管制问题变得更为急迫和必要。在美国政府高层中,以贝尔纳斯为首的强硬派坚持将核武器视为美国与苏联讨价

---

① David Holloway, *The Soviet Union and the Arms Race*, Yale University Press, 1983, p.20; Ann Lane, Howard Temperley, *The Rise and Fall of the Grand Alliance, 1941–1945*, St. Martin's Press, 1995, pp.216-217.

② Mark Kramer, "Documenting the Early Soviet Nuclear Weapons Program", *Cold War International History Project Bulletin,* Winter 1995/1996, pp.269-270; David Holloway, *Stalin and the Bomb: The Soviet Union and Atomic Energy, 1939–1956*, Yale University Press, 1994, p.129; Campbell Craig, Sergey Radchenko, *The Atomic Bomb and the Origins of the Cold War*, Yale University Press, 2008,p.96.

③ David Holloway, *Stalin and the Bomb: The Soviet Union and Atomic Energy, 1939–1956*, Yale University Press, 1994, pp.148, 149; "Stalin's Secret Order", *Cold War International History Project*, Fall 1994, p.5.

还价的重要筹码和"一个可以用来获取外交成果的杠杆"。他确信,原子弹的使用势必已令苏联大为震撼,主张通过核威胁来促使苏联在东欧等一系列国际问题上做出妥协,坚决反对在原子能研究方面与苏联进行接触和任何形式的国际控制,要求全力加强和推进曼哈顿工程,制造出更多的原子弹,同时展开对威力更大的氢弹的研究工作,确保美国在原子能领域的优势地位。贝尔纳斯称,在讨论对原子能实施国际控制之前,必须首先确定能否制定出一套政策以谋求"体面的和平"。他认为,如果苏联连美国进入罗马尼亚、保加利亚等东欧国家都不允许,那种希望对其境内正在制造原子弹的工厂实施视察的想法简直是异想天开,所谓对原子能实施国际控制的主张不过是那些对国际政治一无所知的科学家们幼稚想法。①

美国国务院的苏联问题专家、驻苏代办凯南在一定程度上支持这一立场。他在给贝尔纳斯的备忘录中明确警告说:苏联核武器的研制将对美国的国家安全构成极大的威胁,虽然目前不会对美国发动进攻,其实力地位一旦得到大幅提升,就会毫不犹豫地采取行动。因而,如果没有适当的保证措施对苏联原子能的使用加以控制,决不能向其提供任何重要的相关情报资料,否则就是对美国重要安全利益的无视。②

史汀生则对核武器在战后美国外交政策中的作用有了新的看法,并采取了现实主义的态度。他本来认为,为了换取核武器的"中立化"或最终销毁,苏联很可能会在其意识形态、地缘政治等方面做些妥协,甚至由此促成其内部发生重大变革。③在布什、科南特等人的影响下,他开始清醒地认识到这种想法是"错误的",美国单独垄断原子能的政策会导致苏联独立展开研究,从而引发双方激烈的军备竞赛。史汀生认为,原子弹是一种极为危险的武器,而美国试图长时间的垄断不过是一种幻想。倘若美国以此作为外交杠杆或军事优势在欧洲遏制苏联,势必遭到失败,而那种将苏联内部变革作为分享原子能秘密先决条件的要求同样不可能实现。苏联内部的变革是一个长期的过程,而基于相互信任基础上的美苏原子能合作无疑将加速这一进程。在他看来,原子弹已经成为美苏关系中的核心问题,美国的做法只能促使苏联加紧研制自己的核武器。他主张,在两

① "Memo for the Record", August 18, 1945, Folder 98, Harrison-Bundy Files; *FRUS*, 1945, Vol.2, U. S. Government Printing Office, 1967, pp.56, 60-62.

② George Kennan, *Memoirs, 1925–1950*, Little, Brown, 1967, pp.296-297.

③ Henry L. Stimson, McGeorge Bundy, *On Active Service in Peace and War*, Straus and Giroux, 1971, pp.640-641.

国关系"无可挽回地恶化之前",美国应当立即就此与苏联无条件地展开谈判,以便将其原子能发展计划纳入美国主导的国际控制轨道上来。因而,史汀生对贝尔纳斯动辄以核武器威胁苏联的做法颇为不满和担心。[1]

1945年9月中旬,史汀生就原子能问题向杜鲁门提交了一份长篇备忘录,强调美国的核垄断几乎肯定会引发一场苏联与西方国家间"疯狂的"军备竞赛,从而使得原子能的国际控制变得不可能。美国现在面临两种选择:一种是他赞成的实施国际控制,这是一条风险较小的方案;另一种是贝尔纳斯所主张的"错误道路",即美国继续保守核秘密,从而导致核军备竞赛,使世界重新回到权力政治的老路。他警告说,如果美国现在无意解决这一问题,而仅仅是不断地同苏联谈判,并炫耀美国拥有这一武器,只能使苏联对美国的意图和动机愈加怀疑和不信任,促使其全力以赴研制自己的原子弹。史汀生认为,有证据表明,苏联已经启动了这一工作,对美国来说主要担心的不是苏联何时会研制出这一武器,而是当其一旦拥有这一武器,是否还愿意与其他国家合作。在他看来,美苏能否建立起一种令人满意的关系不仅与核武器密切相关,而且实际上完全由这一问题所主导。史汀生敦促杜鲁门就原子能问题尽快与斯大林进行"直接、坦率的"磋商,以便就原子能国际控制以及共同开发原子能的和平利用等问题达成协议,这是解决与苏联相关的核问题的最为现实的办法。他特别强调,双方能否达成协议关乎世界的未来。如果苏联同意这一计划,美国则暂停核武器的研制,并销毁其拥有的原子弹,同时提议在任何情况下美、英、苏都不将原子弹用于战争,除非三方同意。他还告诫杜鲁门说,"我在漫长的人生经历中所取得的主要经验教训就是,你要使一个人值得信任的唯一办法就是信任他"。[2]

在1945年9月12、21日两次内阁会议上,史汀生就原子能国际控制问题全面阐述了自己的看法,并得到商务部长亨利·华莱士、副国务卿迪安·艾奇逊、陆军部副部长罗伯特·帕特森以及布什等人的支持。华莱士认为,那种希望长久保住核秘密的"马奇诺防线式"的想法是极为危险的,美国现在面临的问题是要走向对抗还是和平。布什提醒与会者,如果苏联全力研制原子弹,会在五年之后达到

---

[1] *FRUS*, Diplomatic Papers, 1945, Vol.2, U. S. Goverment Printing Office, 1967, pp.40~41; Stimson Diary, September 4, 5, 17, 1945, Roll 113.

[2] Stimson, "Memorandum for the President: Proposed Action for Control of Atomic Bombs", September 11, 1945, Stimson Papers, Roll 113; *FRUS*, 1945, Vol.2, U. S. Goverment Printing Office, 1967, pp.41-44; Henry L. Stimson, McGeorge Bundy, *On Active Service in Peace and War*, Straus and Giroux, 1971,pp.642-646.

美国现在的水平。会后,布什还向杜鲁门提交了一份7页的备忘录,全面阐述了自己的看法,建议美国政府立即采取行动。他强调,向苏联建议交换科学情报可以打开原子能国际合作的大门,而且最后可以获致有效的控制,这一建议并不涉及泄露原子弹本身的结构和制造过程等核心秘密。①与此同时,艾奇逊、帕特森也在提交给杜鲁门的备忘录中进一步指出,在苏联领导人看来,美英原子能合作是两国联手对付苏联的"毋庸置疑的证据",而且美国宣布代表联合国对原子弹实行监管也是对苏联明显的排斥,苏联势必会做出强烈反应,他们建议应就此与苏联直接谈判,采取一切措施以避免走向一场导致相互毁灭的核军备竞赛。艾奇逊告诫杜鲁门,美国的保密政策不仅徒劳,而且极为危险,解决问题的出路在于找到一种对科学情报交流进行管理、对原子能实施国际控制的有效办法。他同样认为,如果美国坚持排斥苏联的政策,只能会进一步加深苏联的猜疑和敌视,从而使双方关系持续恶化。他建议,在与英国协商后,美国与苏联进行接触,以便就交换科学情报和在发展原子能方面进行合作达成协议,确定在充分监督的情况下放弃这类武器的研制。②

海军部长詹姆斯·福里斯特尔、格罗夫斯等人则坚决反对史汀生、艾奇逊的主张。福里斯特尔把核秘密视为"美国人的私有财产",认为"基本上属于东方国家的"苏联与日本一样不可信任,战后美苏关系不可避免地走向对抗,美国在原子能问题上提出的任何进行国际合作的建议都将被苏联视为软弱的表现,甚至将史汀生的主张称为是"绥靖",指责史汀生及其支持者试图将原子弹交给苏联人。他提出美国应代表联合国对原子弹实行监管。③格罗夫斯发表讲话称,在建立一个开放的世界从而使任何一个国家没有机会秘密扩充军备方面,核武器是美国用来谈判的有利杠杆,因而美国必须严格控制这一秘密,直至所有其他国家表现出对和平的渴望为止。他强调,只要核武器仍然存在,美国在这方面就必须是"最强大、最好和最多",甚至主张对任何谋求发展核武器的"不友好国家"发动先发制人式打击,建议在原子弹研制方面继续与英国合作,不断改进生产流程,进一步加强对世界上现有铀、钍的控制,确保美国的领先地位。这一观点得到军

---

① Bush, "Scientific Interchange on Atomic Energy", September 25, 1945, Digital National Security Archive (DNSA), Nuclear Non-proliferation, No.NP00004.

② *FRUS*, 1945, U. S. Goverment Printing Office, 1967, Vol.2, pp.48-50, 54-55; Dean Acheson, *Present at the Creation: My Years in the State Department,* Norton, 1969, pp.124-125.

③ Walter Mills, *The Forrestal Diaries*, Viking Press, 1951, pp. 95-96; James Forrestal, Atomic Bomb", October 1, 1945, DNSA, Nuclear Non-proliferation, No.NP00005.

方领导人的支持。①参谋长联席会议向杜鲁门提交的备忘录明确表示,目前美国应当"严守一切与原子弹相关的秘密",尽可能长时期地保持核垄断地位。其主要理由是:今后几年内其他国家都不会制造出这一武器;鉴于各大国在主要的国际政治问题上意见不一,核秘密的公开有可能引发一场军备竞赛,而美国城市、工业高度集中,极易遭受核打击,决不能将这种毁灭性武器交予他国;由于美国正在研发与核战有关的其他先进武器系统,在适当的国际控制措施确立之前就与他国分享核秘密是不明智的,同时也会被其他国家看作是"示弱"。因而,参联会所属的联合战略考察委员会建议在原子能方面美国应采取如下行动:确保控制所有铀矿资源;最大限度地加快原子弹的研究和生产;继续采取最为严格的保密措施,绝不向任何国家或联合国公开任何相关信息;扩大原子弹的库存,确保能够充分用来实施战略作战计划。该委员会称,对美国来说,尽可能长时间保守核秘密是唯一明智的选择。②在反对派看来,原子弹不仅是美国未来安全的有效保障,是制胜的法宝,而且还是用来与苏联进行谈判的有力杠杆和后盾,对苏联的行为可以起到威慑作用。

在美国国会,一些议员持与史汀生大致相同的看法。参议员富布赖特认为,美国对日使用原子弹使得人们对未来世界充满恐怖和不安,并动摇了对联合国的信心。他强调,美国绝不可能长久地保持对原子弹的垄断,强烈建议由联合国对核武器实施有效的国际控制;如果美国放弃垄断的企图,与苏联分享原子能技术,这将有助于加强刚建立不久的联合国的力量。他认为,在核威胁面前,美国要比苏联更为脆弱,一旦遭受突然袭击,整个国家一夜之间将陷入瘫痪。③但是,这种观点在国会中并不占主导地位。参议院外交委员会主席康纳利以及资深参议员范登堡、拉塞尔等都公开强调,美国应尽可能长时间地严守涉及核武器的所有秘密。众议院司法委员会主席萨摩斯、俄亥俄州的一名共和党议员都提出议

---

① *New York Times*, September 22, 1945; Gar Alperovitz, *The Decision to Use the Atomic Bomb and the Architecture of an American Myth*, Knopf, 1995, p.133; Gregg Herken, *The Winning Weapon: The Atomic Bomb in the Cold War, 1945–1950*, Knopf, 1980, pp.111-112.

② James Schnabel, Robert Watson, *The Joint Chiefs of Staff and National Policy, 1945–1947*, Office of Joint History, Office of the Chairman of the Joint Chiefs of Staff, 1996, pp.120, 128; The Joint Chiefs of Staff, "Memorandum for the President", October 23, 1945, DNSA, Nuclear Non-proliferation, NP00006.

③ Haynes Johnson, Bernard Gwertzman, *Fulbright: the Dissenter*, Doubleday, 1968, pp.99-100.

案,要求对任何泄露核秘密的人判处死刑。①对国会的一项调查显示,90%的受访者明确表示反对美国与其他国家分享核秘密。不仅如此,8月下旬的一次民意调查显示,高达73%的美国民众也反对将核秘密置于联合国安理会或其他机构的控制之下。②

原子能国际控制问题同样是美国科学界关注的焦点。1945年8月底,大约300多名参加曼哈顿工程的科学家联名起草了一份宣言,呼吁美国政府在原子能研究方面加强国际间的合作与交流。9月初,64名芝加哥大学的科学家联名致函杜鲁门,认为美国的核垄断只能暂时保证美国的安全;如果美国长期推行这种保密政策,只能会引发美苏之间的军备竞赛。相反,倘若美国将核秘密与联合国分享,以表示美国支持原子能国际控制,则这很可能为真正的安全和互信奠定基础。一些核科学家还发表声明,呼吁立即就原子能的发展实施国际控制,以便为国际社会永久解决这一问题做出努力。下旬,该大学就"原子能控制"问题举行专题讨论会,与会的50多人中大部分是参与曼哈顿工程的科学家。弗兰克和西拉德在会议主题发言中系统阐释了对原子能国际控制的看法。西拉德还在会后致函国务院助理国务卿威廉·本顿,强调促成原子能国际控制的关键在于与苏联达成协议。③10月,哈佛大学和麻省理工学院的515名科学家发表了五点声明,强调其他国家将很快研制出核武器;对这一武器尚无有效的防御措施;仅靠数量上的优势并不能确保美国的安全;一场核战争将摧毁相当大一部分的人类文明;唯有国际合作才能避免这一灾难的发生。④奥本海默也多次提议,美国应就原子能国际控制问题与苏联进行接触,以避免核军备竞赛的出现。他认为,苏联拥有优秀的物理学家和大量的资源,可以在很短的时间内研制出原子弹。奥本海默、加州大学伯克利校区回旋加速器实验室主任劳伦斯、核物理学家费米等人在起草的一份备忘录中建议美国政府应对国家的基本政策做出重大改变。他们确

① Shane Maddock, *Nuclear Apartheid: The Quest for American Atomic Supremacy from World War II to the Present*, University of North Carolina Press, 2010, p.36; *New York Times*, September 6; September 22; October 2, 1945.

② U.S. Department of State, *The International Control of Atomic Energy: Growth of a Policy*, US Government Printing Office, 1948, p.13; Hazel G. Erskine, "The Polls: Atomic Weapons and Nuclear Energy", *The Public Opinion Quarterly*, No.2, 1963, p.164.

③ *New York Times*, September 10, 1945; Alice Kimball Smith, *A Peril and a Hope: The Scientists' Movement in America, 1945-47*, The MIT Press, 1971, pp.93-95.

④ Paul Boyer, *By the Bomb's Early Light: American Thought and Culture at the Dawn of the Atomic Age*, University of North Carolina Press, 1994, p.52.

信,随着原子能研究的不断深入,将会研制出更多、更为有效的武器,这些武器在军事上没有任何有效的办法进行防御;他们不但不能够制定一项计划来保证美国在未来数十年中在核武器领域中的霸权地位,而且同样不能确保即使取得了这一地位就能美国使免遭最为可怕的毁灭,美国的国家安全不能依赖于科学技术的发展,建议美国政府必须采取一切必要的措施来缔结相关的国际协议,以阻止战争的再度发生。在奥本海默等人看来,合作与情报共享是避免军备竞赛的有效措施,而国际机构的建立则可以确保这种合作的进行。[1]

杜鲁门的基本考虑却是美国必须尽可能长时间牢牢控制住核武器,在任何情况下都不能放弃。8月15日,他要求美国政府相关部门采取必要的措施,以防止任何有关原子弹的研究、设计、生产过程以及军事上的使用等信息泄露,除非经过他明确批准。他还多次公开强调,决不会公开任何有关原子弹制造过程的信息。另一方面,他也不得不在原子能国际控制问题上做出一些和解姿态。10月3日,杜鲁门向国会提出咨文,强调军备竞赛将导致一场灾难,建议在原子能方面首先与英国、加拿大展开会谈,然后再与其他国家磋商,以便达成一项在原子能领域用合作代替敌对的国际协议。[2]

杜鲁门在国会的讲话受到美国社会各界尤其是科学界的广泛欢迎。哈佛大学、麻省理工学院、芝加哥大学以及洛斯阿拉莫斯实验室等机构的科学家们纷纷发表声明,支持美国政府的行动,强调原子能的国际控制是避免核军备竞赛、消除核武器给人类所造成的恐惧的唯一有效办法,而作为第一个掌握核武器的国家,美国应立即发起建立阻止战争再度发生的国际合作机制。

实际上,美国政府的态度非常消极,甚至根本没有为美、英、加三方会谈做任何必要的准备,更没有拟定出一套谈判方案,这令新任陆军部长帕特森以及布什等人颇为沮丧。[3]布什向贝尔纳斯提交一份7页的备忘录,认为美国面临的最大问题是如何与苏联进行接触,美、英、加拟定的方案也必须考虑到苏联的利益。他提出了分阶段谈判的建议:美国、英国和苏联首先同意在联合国内建立一个负

---

① Alice K. Smith, Charles Weiner, eds., *Robert Oppenheimer: Letters and Recollections*, Stanford University Press, 1980, pp. 293~294; Richard Rhodes, *The Making of the Atomic Bomb*, Simon and Schuster, 1986, pp.751-752.

② James Schnabel, Robert Watson, *The Joint Chiefs of Staff and National Policy, 1945–1947*, Office of Joint History, Office of the Chairman of the Joint Chiefs of Staff, 1996, p.116; *New York Times*, October 4, 1945.

③ John L. Gaddis, *The United States and the Origins of the Cold War, 1941–1947*, Columbia University Press, 1972, p.270.

责处理所有有关原子能研究信息的机构,并且在这一机构中苏联和西方密切合作;该机构有权对任何国家进行核裂变研究的实验室和工厂进行核查;在此基础上,各国停止研制核武器。在布什看来,要想彻底消除核武器对世界和平与安全的威胁,有赖于美国和苏联两个大国的密切合作。与此同时,帕特森提出了大致相同的谈判方案,这些建议成为美国原子能国际控制谈判的基本政策。实际上,所有这些方案都是以维护美国的核垄断地位、阻止苏联研制核武器为基础的。[①]

四、原子能国际控制计划的失败

1945年11月15日,杜鲁门与英国首相艾德礼、加拿大总理麦肯齐·金在华盛顿会晤时就原子能国际控制问题达成一致,提出在联合国成立一个委员会,并由其提出如下建议:在所有国家之间扩大交流用于和平事业的基本科学知识;采取必要措施对原子能研究实施国际控制,以保证其只用于和平用途;消除各国军备中的核武器以及其他一切大规模毁灭性的主要武器;通过视察和其他有效的保障方法,以保护履行该协议的国家不受违约及规避行为的危害。杜鲁门表示,美国要致力于通过新成立的联合国,而不是通过与苏联直接谈判的方式实现原子能国际控制的目标。[②]在发表这一公开声明的同时,杜鲁门私下则向艾德礼表示,美国将遵守罗斯福向丘吉尔所做出的承诺,在核垄断方面仍将视英国为美国的伙伴。英国方面显然对此非常满意。16日,美、英、加三国领导人签署一份秘密文件,重申三方将在原子能领域继续保持全面而有效的合作,"联合政策委员会"将以适当的形式继续存在,就二方的原子能合作事宜提出指导建议,"联合开发托拉斯"则同样行使自己的职能。此时,该机构已控制了世界各地97%的铀矿石和65%的钍矿。而由格罗夫斯与安德森负责起草的备忘录则进一步确定:除非经过协商,美、英、加三国同意不得向任何其他国家和机构及个人泄露任何信息或进行任何有关原子能的谈判;三国政府将通过购买或其他措施确保控制或占有包括三国地区在内的所有铀、钍资源,同时尽一切努力从英联邦和其他地区获取资源供应,将其置于"联合开发托拉斯"管辖之下,并在维护共同利益的原则下基于科学研究、军事和人道主义目的在三国之间按需分配;在基础科学研究方面,应继续保持全面、有效的合作;只要符合"联合政策委员会"的相关规定,在原

---

① *FRUS*, 1945, Vol.2, U.S. Goverment Printing Office, 1967, pp.63, 69–73; David Tal, *The American Nuclear Disarmament Dilemma, 1945–1963*, Syracuse University Press, 2008, pp.13–14.

② *New York Times*, November 16, 1945.

子能设施的设计、建造和运行等方面的合作原则上也是"适宜的"。①显而易见，美、英、加三方会谈的意图是旨在继续维护核垄断，并谋求利用联合国使其核垄断合法化，而这与原子能国际控制的目标显然完全背道而驰。

苏联方面本来就对美国没有邀请其参加三方会谈大为光火，而联合声明根本没有提及苏联，也没有表示要在原子能国际控制问题上与其进行磋商，这就使苏联领导人进一步认识到，西方国家不仅根本无意与苏联分享核秘密，而且还试图以此来威胁苏联。《真理报》发表文章指责美国推行的"原子外交"正把世界拖回战前的"旧时代"，并企图重建反苏集团。②苏联外交部的官员大都对西方的建议持反对态度，认为这些国家旨在利用核武器对苏联施加政治压力，以迫使其屈从于美国提出的不合理要求，削弱其在联合国以及东欧等地区的地位，使苏联降为二等国家，这一联合声明进一步强化了美国和英国对苏联的敌视。前外交部长李维诺夫甚至明确表示，在核武器方面与西方国家的任何谈判都不可能取得积极成果，对苏联来说最有利的做法就是对这一问题完全置之不理。莫洛托夫则公开警告美国，不要试图用原子弹来对苏联进行讹诈，苏联很快就将打破美国的核垄断，并明确表示不会在美国的核讹诈面前做出任何让步。③美、英驻苏大使哈里曼和克尔都认为，在苏联领导人看来，核武器已经成为美国推行外交政策的重要工具，而且也是对苏联军事力量的一种抵消，这进一步增加了其不安全感。④事实上，即使在美国国内，包括富布赖特、莫尔斯在内的一些国会议员也对美国政府没有邀请苏联参加会谈表示不满，敦促杜鲁门立即与苏联就原子能研究与控制问题展开磋商。⑤

为了促使苏联接受西方三国的联合声明，贝尔纳斯于11月底向苏联方面提议，在莫斯科举行美、苏、英三国外长会议，讨论包括原子能国际控制在内的

---

① *FRUS*, 1945, Vol.2, U.S. Goverment Printing Office, 1967, pp.75-76, 84-85.

② *New York Times*, November 12, 17, 19, December 11, 1945; Joseph Lieberman, *The Scorpion and the Tarantula: The Struggle to Control Atomic Weapons, 1945-1949*, Houghton, 1970, pp.201-203.

③ Scott Parrish, A Diplomat Reports, *Cold War International History Project Bulletin*, Spring 1992, p.21; Campbell Craig, Sergey Radchenko, *The Atomic Bomb and the Origins of the Cold War*, Yale University Press, 2008, pp.100-101.

④ *FRUS*, 1945, Vol.2, U.S. Goverment Printing Office, 1967, p.83; Vol.5, U.S. Government Printing Office, 1967, p.923; Barton Bernstein, *The Atomic Bomb: The Critical Issues*, Little, Brown, 1976, pp.133-134.

⑤ Richard Hewlett, and Oscar Anderson, *The New World, 1939-1946,* U.S. Atomic Energy Commission, 1962, p.470; *New York Times*, November 24, 1945.

一些共同关心的问题。在李维诺夫看来,这一提议意味着美英从其以前的"压力"政策后退了,转而试图就战后最为重要的一些问题寻求双方都能接受的解决办法,这是苏联奉行强硬政策的结果。①斯大林指示苏联外交部,在莫斯科外长会议上仍应坚持这一政策。12月11日,苏联外交部就美、英、加联合声明起草了一份反建议,明确提出禁止将原子能用于军事目的,停止制造并且要销毁现存的核武器。

对于美国来说,原子能国际控制无疑是此次莫斯科外长会议的核心议题。贝尔纳斯将其列为会议的第一项议程,但莫洛托夫坚持要求将其列为最后一项议程,并且在会议期间又两次提出推迟讨论这一议题,理由是苏联需要更多的时间来研究美国的方案。苏联之所以如此,就是要向西方国家表明,这一问题对苏联来说无关紧要。同时,也是为了借以观察美国是否在解决事关苏联重大利益的东欧问题上做出妥协。

起初,美国国务院拟定了一份就美苏扩大两国科学家交流和加强双方在科学情报、工程技术信息及资料方面交流的谈判文件,但遭到军方和一些国会议员的强烈反对,担心美国此举有可能会泄露制造原子弹的重要信息。福里斯特尔向贝尔纳斯抱怨,他"强烈地感到"这一方案走得"实在有些太远了"。②参议院外交委员会主席康纳利等人认为实施这一计划意味着要把原子弹"送给"苏联,强调必须首先确立一整套完整的核查制度才能开始原子能的信息交流。范登堡则表示对这一计划"极为震惊",称"我们认为科学家以及科学情报的交流纯属绥靖"。③在此情形下,杜鲁门只得指示艾奇逊致电贝尔纳斯,要求提出的任何建议事先都必须征得华盛顿的同意;除非并且直至双方就视察和安全保障事项方面达成一致,目前不得向苏联方面公开任何有关原子弹的情报,也不要就信息交流做出任何承诺。④即使如此,仍未能平息那些议员的不满。恰恰在视察以及安全保障措施问题上,美苏会谈陷入了僵局。莫洛托夫拒绝了美国提出的在原子能控制方面分阶段进行的建议,而是要求在安理会的领导下由原子能委员会直接

---

① David Holloway, *Stalin and the Bomb: The Soviet Union and Atomic Energy, 1939–1956*, Yale University Press, 1994, p.159.

② *FRUS*, 1945, Vol.2, U.S. Goverment Printing Office, 1967, pp.93, 96-97.

③ Tom Connally, *My Name is Tom Connally*, Crowell, 1954, p.287; Arthur Vandenberg, *The Private Papers of Senator Vandenberg*, Houghton Mifflin, 1952, pp.227-228.

④ *FRUS*, 1945, Vol.2, U.S. Goverment Printing Office, 1967, pp.609-610; Gregg Herken, *The Winning Weapon: The Atomic Bomb in the Cold War, 1945–1950*, Knopf, 1980, p.80.

采取行动，以确保各国的原子能研究只用于和平目的，消除各国军备中的核武器及一切大规模杀伤性武器。苏联最终同意在联合国原子能委员会框架内进行谈判，这是莫斯科外长会议取得的最主要成果。

1946年1月初，艾奇逊受命负责制定美国原子能国际控制政策。他随即要求由田纳西河流域管理局局长利连撒尔、奥本海默等组成的顾问小组提出具体建议。在利连撒尔看来，顾问小组的任务是提出一种可能被各国特别是苏联接受的方案。顾问小组认为，仅靠联合国通过的一纸协议宣布核武器为"非法"并不能解决问题，也不应将原子能的国际控制建立在制裁上，而是努力控制发展原子能所必需的材料上。经过反复讨论，顾问小组于3月中旬向国务院提交了一份政策报告，即"艾奇逊—利连撒尔报告"。该报告主要由奥本海默起草，建议成立联合国原子能开发署，由其对世界各国的核材料、技术和生产设施实行国际控制；任何国家都不得制造原子弹，美国将随即停止核武器的生产，并拆除已有的原子弹；各国可以本着和平利用原子能的目的进行研究。奥本海默认为，这种完全的透明使任何国家都不可能拥有足够的工业、技术、材料等资源来秘密制造核武器。美国舆论和社会各界普遍认为这一方案为解决原子能国际控制问题带来了希望，但实际上美国并未在原子能问题上做出任何实质性让步，苏联却不得不将其研究工作完全置于国际社会的控制之下，这对苏联来说显然不可能接受。①

在贝尔纳斯的大力举荐下，杜鲁门任命纽约华尔街的一位金融家伯纳德·巴鲁克为美国在联合国原子能委员会的谈判代表。巴鲁克在美国政界享有较高威望，特别是在参议院颇受尊重，但基本上没有涉足过外交领域，对原子能事务更是一无所知。因而，艾奇逊、利连撒尔、布什、科南特等都对杜鲁门的这一任命大为失望，奥本海默则拒绝担任巴鲁克的科学顾问。但巴鲁克决意要在原子能国际控制方面行使自己的权力。杜鲁门、贝尔纳斯都向他表示，艾奇逊、利连撒尔等人起草的报告只是一份"工作草案"，并非得到批准的政策文件，美国政府最终的方案要由巴鲁克来提出。②很快，巴鲁克就组建了自己的顾问班子，并着手对艾奇逊、利连撒尔的报告做出重大修改，从而形成了所谓的"巴鲁克计划"。

巴鲁克及其顾问认为，首先必须建立起一整套可靠的安全保障措施，美国才

---

① *FRUS*, 1946, Vol.1, U.S. Government Printing Office, 1972, pp.761-764; Kai Bird, Martin Sherwin, *American Prometheus: The Triumph and Tragedy of J. Robert Oppenheimer*, Knopf, 2005, pp.340-341.

② David Lilienthal, *The Journals of David E. Lilienthal*, Vol.2, Harper and Row, 1964, p.30; Harry Truman, *Years of Trial and Hope*, Doubleday, 1956, pp.8-9.

能拆除已有的核设施,并与苏联进行相关的信息交流;联合国应授权美国储备一些核武器来进行遏制;一旦就原子能问题达成协议,任何违反协议的国家都将会立即受到严厉的制裁和惩罚,必要时可使用武力;在原子能问题上,任何国家都不能行使否决权;在签署原子能国际控制协议之前,应由原子能开发署对包括苏联在内的世界各地的铀、钍等材料进行调查。无疑,巴鲁克的这些主张旨在维护美国对核武器的垄断,确保美国无限期地保留核武器和核工厂。尽管这一计划遭到了艾奇逊、奥本海默等人的强烈反对,认为苏联根本不可能接受,却得到了美国最高决策者的支持。杜鲁门认为,要想使原子能委员会有效地工作,必须赋予其惩罚可能的违约者的权力,赞成巴鲁克在谈判中采取强硬立场。①6月14日,在联合国原子能委员会成立的开幕式上,巴鲁克正式提出了美国的国际原子能控制的建议,并得到英国、加拿大等国家的支持。②

巴鲁克计划将苏联置于一种进退两难的境地:接受这一计划意味着将在原子能研究方面永远受制于人,并且不可能拥有自己的核武器,从而在军事力量对比方面远逊于美国;倘若拒绝,则会背负发动冷战、热衷于核军备竞赛和威胁世界和平的罪名。实际上,对于美国是否真的愿意实行原子能国际控制,苏联方面一直持怀疑态度,认为美国国内在讨论原子能问题时具有明显的"反苏"特征,美国政府和军方都不愿意朝着在原子能控制方面进行国际合作的方面迈进,而是要处心积虑地设置重重障碍,想方设法尽可能长时间维护其核垄断地位,并以此向苏联施压;除非国际原子能委员会达成的协议符合美国利益,否则美国不会遵守。对此,苏联外交部确定的行动方针是,在回击美国的消极立场同时,应尽一切努力引导国际原子能委员会的工作朝着苏联所需要的方向发展。

美国的方案遭到苏联的强烈反对,被认为是"原子外交的产物",企图"统治世界"。6月19日,苏联驻联合国代表葛罗米柯提出建议,要求签署一项永久的、对所有国家都公开的国际公约,规定缔约各国禁止制造和使用原子武器,承诺在任何情况下都不使用核武器,并禁止以利用原子能为基础的各类武器的制造和储存;要求在批准该条约3个月后销毁一切现有的核武器;任何违反公约的行为应被认为是最严重的反人道罪,应给予严厉惩罚;一切国家,无论其是否为联合

① Dean Acheson, *Present at the Creation: My Years in the State Department,* Norton, 1969, p.155; *FRUS*, 1946, Vol.1, U.S. Goverment Printing Office, 1972, pp.846~851.

② U.S. Department of State, *Documents on Disarmament, 1945-1959,* Vol.1, U.S. Government Printing Office, 1960, pp.7-16; "Baruch's Speech at Opening Session of U.N. Atomic Energy Commis-sion", *New York Times*, June 15, 1946.

国成员国,均应履行该条约的一切规定。他强调,苏联决不接受对否决权问题的任何变动,这实际上彻底否决了巴鲁克计划,同时他还要求由联合国大会和安理会来讨论这一计划。在苏联方面看来,由于联合国国际原子能委员会12名委员中,西方国家的代表有10名,占据绝对优势地位,这一机构显然不是讨论核裁军的恰当场所。[1]10月底,苏联外长莫洛托夫在联合国大会发表讲话时进一步阐述了苏联的全面裁军计划,并敦促美国放弃核垄断的企图。

苏联的核裁军计划显然也是美国所不能接受的。美国政府代表团的一位成员警告说,战后美国在军队复员方面已经走得太远了,如果现在再停止制造原子弹,"我们将处于几乎没有防御的地步,只有极少量的军队可用来对付苏联"。杜鲁门此时根本无意就核裁军问题与苏联进行认真谈判,认为苏联关于禁止使用核武器、停止生产并销毁这类武器的建议"等于要求我们销毁我们的原子弹",如果美国接受苏联的这一立场就会被"剥夺一切","我们现在因原子能方面的发现和创造而获得的优势和安全就会丧失殆尽"。他向巴鲁克强调说,在任何情况下美国都不应刀枪入库,"除非我们能够确定世界上其他国家都不会武装起来反对我们",要求他坚持既定立场。[2]

美苏双方都坚持己见,毫不退让。巴鲁克强调,鉴于事关重大,美国在原子能问题上不可能与苏联进行任何交易,苏联要么全面接受,要么停止谈判,别无其他选择。巴鲁克的态度之所以如此强硬,是基于以下几方面的考虑:其一,美国在谈判中居于主导地位,苏联则因为尚未拥有核武器而处于劣势,将不得不在关键问题上做出让步。其二,不论谈判结果如何,都不会影响美国的核垄断地位。在他看来,如果美国继续保持核垄断的话,就能够得到想要的东西,毕竟美国已经有了原子弹,而苏联没有,而且在今后一个较长时期内也不会有。他私下向共和党领袖范登堡保证说,在每一个阶段如果没有对美国的国家安全适当而又可靠的保障和保护,他决不会同意任何公开核秘密或拆除美国已有原子弹的行动。[3]巴鲁克、格罗夫斯等都对原子弹的垄断表现出异乎寻常的自信,认为苏联不可能很快制造出自己的核武器,可能需要15年或者20年的时间;杜鲁门甚

---

[1] *New York Times*, June 25, 1946; U.S. Department of State, *Documents on Disarmament, 1945-1959*, Vol.1, U.S. Government Printing Office, 1960, pp.17-24.

[2] Harry Truman, *Years of Trial and Hope*, Doubleday, 1956, p.11; Arnold A. Offner, *Another Such Victory: President Truman and the Cold War*, Stanford University Press, 2002, p.149.

[3] David Lilienthal, *The Journals of David E. Lilienthal*, Vol.2, Harper and Row, 1964, p.123; Larry Gerber, "The Baruch Plan and the Origins of the Cold War", *Diplomatic History*, No.1, 1982, p.76.

至称苏联人永远也不可能制造出原子弹。倘若谈判破裂，则可促使美国民众清醒地认识到当前所面临的危险，从而使得美国政府扩充军备的行动赢得更多民众的支持。美国政府的这一企图显然达到了预期目的。1946年11月的民意测验表明，支持美国继续制造更多原子弹的民众已从4月份的61%升至72%。[①]在某种意义上或许正因为如此，美国的谈判态度才表现出异常的僵硬，对达成协议毫无诚意。

巴鲁克关于苏联会做出让步的估计证明是完全错误的。苏联方面明确表示，对于美国的方案无论是全部还是部分都不能接受，并称美国提出的有关核查建议是对一个国家主权的侵犯。鉴于双方立场针锋相对，直至12月底谈判仍毫无进展。巴鲁克要求联合国原子能委员会举行全体会议对美国的建议投票表决，旨在将国际社会未能就原子能国际控制达成协议的责任归咎于苏联。美国的方案以10对0票获得通过，并送交安理会进一步审议，苏联和波兰投了弃权票。由于在联合国原子能委员会没有得到苏联的支持，这就意味着苏联有可能行使否决权，以阻止巴鲁克计划在安理会的通过。1947年1月，巴鲁克宣布辞去美国联合国原子能委员会代表职务。尽管在联合国的谈判仍在继续，由于美苏分歧严重，显然不可能达成协议。1948年初，联合国原子能委员会表示，谈判陷入僵局并中止活动，这也宣告了美国原子能国际控制政策的失败。

表面看来，在原子能国际控制问题上，美苏围绕着核查、主权等问题争执不下，实际上，双方的谈判主要是出于政治和道义以及宣传上的需要，都不会而且也没有为达成协议做出必要的妥协和让步。就美国而言，不论是艾奇逊—利连撒尔计划还是巴鲁克计划，实质上都是在竭力维护美国核垄断地位的同时，将苏联的原子能研究置于其监控之下。美国原子能国际控制政策之所以失败，根本原因在于这一政策的矛盾性。一方面，为了阻止苏联研制原子弹，美国决策者将原子能国际控制列为其对外政策和国家安全的核心议题，但另一方面，美国又将核武器视为实现其政治和外交目标的重要工具，无意放弃对核武器的垄断，担心一旦失去这种垄断，美国的安全就会变得异常脆弱，因为原子弹用来打击美国这类高度发达、工业集中的国家最为有效。[②]

---

① Hazel G. Erskine, "The Polls: Atomic Weapons and Nuclear Energy", The Public Opinion Opinion Quarterly, No.2, 1963, p.168.

② Maddock, *Nuclear Apartheid, : The Quest for American Atomic Supremacy from World War II to the Present*, University of North Carolina Press, 2010, pp.61-62; *FRUS*, 1946, Vol.1, U. S. Goverment Printing Office,1972, p.739.

美国向日本投掷原子弹之后，杜鲁门即发表声明称，在一个法纪荡然的世界里，原子弹如若失控，将造成极大的危险。他强调，不会公开有关原子弹研制过程及其军事用途的任何信息，美国必须担负起这一新型武器的"托管人"的角色，以保护美国以及世界其他国家免遭被全面摧毁的危险。随后他又多次表示，美国是原子弹"神圣的托管人"，不会与任何国家分享核秘密，宣称由美国来托管核武器不会对任何国家构成威胁。①不言而喻，所谓"托管"不过是"垄断"的代名词而已。杜鲁门坦承，美国的政策有可能导致军备竞赛，但美国"将处于领先地位"。就在美、英、加三国领导人会晤结束不到一周，杜鲁门就公开宣称，出于"试验"需要，美国将继续制造原子弹。②

从美国国内政治来看，自1946年初，美国政府的对苏政策变得更趋强硬。驻苏使馆代办凯南、白宫顾问克利福德和埃尔西都先后对苏联外交政策的"僵硬性"、"扩张性"以及美苏关系的发展前景做了详细分析和阐释，强调不论美国如何行事，都不会改变苏联政策的基本特性及其对西方的敌意；为了应对苏联的"威胁"，美国必须大力扩充军备，唯有实力才是使苏联领导人明白的唯一语言。这些观点赢得了美国最高决策者的赞成，并为遏制政策的出台奠定了基础。③丘吉尔则由杜鲁门陪同在密苏里州富尔顿发表演说，公开指责苏联在东欧构筑起一道"铁幕"。甚至连一直要求对原子能实施国际控制的史汀生也改变了原来的立场，建议美国政府应立即尽可能多地制造各类核武器。④可以想见，在美国决策者对苏联的敌意日渐加深的情形下，双方围绕原子能国际控制的谈判注定难以成功。

在原子能国际控制方面，美国军方一直持反对态度。太平洋战争结束不久，陆军航空兵的一位高级将领诺斯塔德即致函格罗夫斯，要求扩大原子弹的生产，以便准备将来对苏联发起进攻。他将苏联66座城市列为核打击目标，认为要彻

① U.S. Department of State, *The International Control of Atomic Energy: Growth of a Policy*, U.S. Government Printing Office, 1948, p.117; McGeorge Bundy, *Danger and Survival*, Random House, 1988, pp.133-134.

② Arnold A.Offner, *Another Such Victory: President Truman and the Cold War*, Stanford University Press, 2002, p.109; Michael D. Gordin, *Red Cloud at Dawn: Truman, Stalin, and the End of the Atomic Monopoly*, Picador, 2009, p.40.

③ *FRUS*, 1946, Vol.6, US Government Printing Office, 1969, pp.696~709; Thomas Etzold, John Gaddis, *Containment: Documents on American Policy and Strategy, 1945-1950*, Columbia University Press, 1978, pp.50-71; Melvyn Leffler, *A Preponderance of Power: National Security, the Truman Administration, and the Cold War*, Stanford University Press, 1992, pp.131-138.

④ John L. Gaddis, *The United States and the Origins of the Cold War*, Columbia University Press, 1972, p.335; Walter Mills, *The Forrestal Diaries*, Viking Press, 1951, p.200.

底摧毁这些城市至少需要123颗原子弹。这是美国军方中较早提出的对苏联实施核打击的计划。[1]美国参谋长联席会议最为担心的就是一旦苏联掌握了核武器,将会极大危及美国的国家安全,强调美国"要想确保和平时期的安全和在未来的重大冲突中获胜",就必须尽可能保持在核武器领域的优势地位。[2]1946年1月,参联会所属的联合战略考察委员会提出报告强调,在目前世界各国都完全享有主权的情况下,要想对核武器实行有效的国际控制实际上是不可能的。[3]军方领导人认为,美国的军事实力之所以在世界上首屈一指,就是因为享有核垄断。他们强调,战后美国的常规力量已大为减少,原子弹成为美国军事力量中具有决定性作用的组成部分,即使美国暂时垄断核武器,对于确保局势的稳定乃至长久的和平也是极为关键的,今后采取的任何禁止核试验的措施都将对美国造成严重的负面影响,其结果只能使美国的优势减少,而其他国家的力量却不会受到削弱。在军方领导人看来,此举将威胁到美国乃至整个世界的安全,显然不符合美国的国家利益。军方的意见是,原子弹作为一种威慑力量,对美国的安全以及对外政策的实施都是"至关重要的",目前决不能对美国制造或使用这一武器的能力进行限制。巴鲁克曾就原子能控制问题征询了多位军方高层的意见,他们的看法对巴鲁克显然产生了较大影响。[4]令军方欣喜的是,所谓的原子能国际控制谈判不过是美苏两国进行的一场宣传战而已。格罗夫斯表示,原子能国际控制的失败可以确保美国在这一领域享有更长时间的优势。更为重要的是,自1945年下半年,美国军方已将苏联视为美国潜在的最大威胁,开始拟定一系列针对苏联的核作战计划,并不断修改完善。原子弹已成为维护美国国家安全的核心力量。到1946年8月,美国制造原子弹的能力达到了每星期两颗的速度。[5]

---

[1] Lauris D. Norstad, "Memorandum for Major General Leslie Groves", September 15, 1945, Correspondence of the Manhattan Engineer District, 1942–1946, File 3, National Archives.

[2] Joint Chiefs of Staff, "Over-all Effect of Atomic Bomb on warfare and Military Organization", October 30, 1945, DNSA, Nuclear Non-proliferation, NP00007.

[3] *FRUS*, 1946, Vol.1, U.S. Goverment Primting Office 1972, p.744.

[4] Melvyn Leffler, *A Preponderance of Power: National Security, the Truman Administration, and the Cold War*, Stanford University Press, 1992, p.116; Richard Hewlett, Oscar Anderson, The New World, 1939–1946, U.S. atomic engergy Commission, 1962; Barton Bernstein, "The Quest for Security: American Foreign Policy and International Control of Atomic Energy, 1942–1946", *The JouYnal of American History*, No.4, 1974, p.1036.

[5] Steven Ross, *American War Plans, 1945–1950*, Frank Cass, 1996, pp.25-50; Michael S. Sherry, *Preparing for the Next War: American Plans for Postwar Defense, 1941–1945*, Yale University Press, 1977, pp.213-216.

即使联合国原子能委员会对巴鲁克计划进行激烈争论之时,美国于1946年7月在南太平洋的比基尼珊瑚岛上仍进行了两次核试验。在苏联看来,美国一方面赞成原子能的国际控制,一方面却不断发展和完善核武器,并将其作为在国际政治中进行讹诈的工具。受邀观看美国原子弹爆炸试验的一名苏联专家在旧金山登岸伊始即向媒体宣布,苏联多年来一直致力于原子能的研究,既有原料也有技术人员,用不了多久就会研制出自己的核武器。[①]毫无疑问,美国的核试验不仅破坏了原子能国际控制谈判,而且进一步刺激了美苏之间的军备竞赛。

结 语

长期以来,学术界有这样一种流行的观点:罗斯福远比杜鲁门熟谙国际事务,更注重大国之间的合作,如果他在1945年4月没有去世的话,美苏同盟关系或许能持续下去,而杜鲁门由于缺乏处理国际事务以及与苏联打交道的经验,没有能很好地解决美苏之间的矛盾,特别是在东欧问题上态度僵硬,最终导致冷战的发生。[②]换言之,美国领导人在关键时刻的突然更迭加速了美苏冷战的到来。这种观点或许有一定的道理,但在核政策方面,应该说杜鲁门的做法与罗斯福并无二致,都是要竭力维护美国的核垄断地位,并将其视为实现美国目标的重要手段和工具。就当时而言,核武器问题实质上体现的是美苏双边关系。格罗夫斯曾言,曼哈顿工程从一开始就是基于苏联是美国的潜在对手而进行的,所采取的安全防范措施主要也是针对苏联。从这一意义上讲,罗斯福在原子能问题上所确定的美英垄断政策实际上已经为冷战的产生铺平了道路。[③]

当然,冷战的起源是一个极为复杂的问题,既涉及美苏的长期意识形态上的分歧,也与当时双方在东欧、亚洲等地区的激烈争夺密切相关,核武器在其中都不同程度地发挥了作用。在美国领导人看来,作为一种具有毁灭性的武器,原子弹必须置于美国的绝对控制之下,只有美国担负起"监管"的责任,才能避免核战争的爆发,并使原子能研究造福于人类。另一方面,正是由于美国率先掌握了核秘密,使其对苏政策愈发强硬,不断要求苏联在东欧、中东及东亚问题上做出让步。如果没有这一武器,美国领导人的基本政策或许不会改变,但在与苏联打交道过程中态度有可能不至过于僵硬。自然,美国政府咄咄逼人的政策进一步激

---

① *New York Times*, July 4; August 13, 1946.

② Gar Alperovitz, *Atomic Diplomacy: Hiroshima and Potsdam*, Vintage, 1965, p.13.

③ Leslie Groves, *Now It Can Be Told*, Harper, 1962, p.141; Gregg Herken, *The Winning Weapon: The Atomic Bomb in the Cold War, 1945–1950*, Knopf, 1980, p.106.

起苏联的强烈反应。斯大林多次要求苏联外交部的官员在与美国人打交道时要立场坚定,决不能在美国的核威胁下退缩。同时,美国垄断核武器也使得苏联对整个东欧地区作为缓冲地带和桥头堡的价值有了新的认识。正因为如此,双方的矛盾以及对东欧的争夺变得更为激烈。

毫无疑问,核武器虽然不是冷战的产物,但在促使战时美苏同盟瓦解、冷战爆发的过程中扮演了非常独特的角色。从核武器角度而言,冷战的发生具有一定的必然性,在很大程度上是由核武器的巨大毁灭性所决定的。实际上,即使美英两国在这一问题上也是纷争迭起,更何况在意识形态、战略目标、社会制度等诸多方面都存在严重对立的美国和苏联,双方的冲突显然在所难免。战时美英两国将苏联排除在外、秘密研制核武器,无疑已经为日后三方关系的发展埋下了巨大隐患。在美国领导人看来,这一武器不仅是实力的象征,同时也是实现美国外交和政治目标的一张"王牌",是克敌制胜的法宝。同样,苏联领导人也将其视为对付美国和西方、维护国家安全的必不可少的工具。由于美国一开始就在原子弹研制方面实施严格的保密政策,并在多个场合向苏联方面进行核讹诈,试图以此促其妥协让步,这不仅大大恶化了双方关系,同时也加剧了两国在核武器问题上的较量。而"巴鲁克计划"试图通过某种形式的国际控制来达到其垄断核秘密、阻止苏联和其他国家研制核武器的目的,更使得美苏之间的猜疑和隔阂进一步加深。从根本上说,美苏在核武器问题上的矛盾和冲突是双方长久以来缺乏必要信任合乎逻辑的结果。核武器的出现不仅强化了双方在诸多问题上的对抗,而且围绕着垄断与反垄断,美苏展开了激烈的角逐,由此拉开了愈演愈烈的核军备竞赛的序幕,而这恰恰构成了冷战最基本的特征之一。

本文原刊载于《历史研究》2018年第5期,是国家社科基金项目"核武器与美国对外关系研究"(项目编号:12BSS033)阶段性成果。

作者简介:

赵学功,南开大学世界近现代史研究中心教授,兼任国务院学位委员会世界史学科评议组成员。2016年入选教育部"长江学者奖励计划"特聘教授。主要从事美国史和世界近现代史的教学与研究,出版学术专著《十月风云:古巴导弹危机研究》《巨大的转变:战后美国对东亚的政策》《富布赖特:美国冷战外交的批评者》等5部,在《历史研究》《中国社会科学》(英文版)等期刊发表论文近百篇。

《纽约时报》40年来关于中国环境报道的演变

王　薇

　　《纽约时报》创建于1851年,是美国三大报纸之一。它在美国拥有庞大的读者群,对美国国内舆论形成与美国内政外交政策的制定有重要影响。该报还是诸多国际传媒与国际组织的消息来源,对国际社会设定政治、经济、文化、外交、环境议题有不容忽视的作用。《纽约时报》报道中国生态环境问题已有百年历史。早在1913年,该报曾报道过民国时期水土流失与植树造林工程。[1]新中国成立后,《纽约时报》自1970年开始刊登关于中国环境问题的报道,涉及大气污染、水污染、土壤污染、中西部水土流失与土地荒漠化等诸多方面。近年来,该报开始关注中国环境问题的国际影响,频繁渲染中国酸雨与河流污染对周边国家的负面作用,宣称中国在非洲、东南亚与拉美的投资对当地生态环境造成破坏,夸大中国温室气体的排放对全球气候变化的影响。这些报道推动了"中国环境威胁论"的形成,对美国政府制定对华环境外交政策和引领国际社会形成对中国环境问题的舆论,产生了重要影响。

　　到目前为止,有关《纽约时报》关于中国环境问题的研究非常有限。[2]现有研究多集中于新闻传播学领域,采用新闻学、传播学、语义学的理论与方法解读国外媒体对中国环境问题的看法,鲜见从历史学、国际关系学角度诠释《纽约时报》关于中国环境问题报道的演变过程与影响因素。而且相关研究成果几乎无一例外地将考察范围限定在2000年以后的外媒涉华环境报道,对2000年之前的报道鲜有研究,未能反映外媒对中国环境问题报道的演变过程,缺乏历史纵深。若干有限地从国际关系学角度研究"中国环境威胁论"的著作提及了外媒对中国环境问题报道的几个事例,但是未做系统梳理。[3]通过检索ProQuest数据库与《纽约

---

　　[1] "China Restoring Forests: Republic Suffering Severely as Result of Stripping Woods", *The New York Times*, October 4, 1913, p. 19.

　　[2] 参见郭小平:《西方媒体对中国的环境形象建构——以〈纽约时报〉"气候变化"(2000—2009)为例》,《新闻与传播研究》2010年第4期;胡鹏、刘立:《国际主流媒体关于中国雾霾问题的新闻框架研究:以〈纽约时报〉为例》,《全球科技经济瞭望》2017年第11—12期。

　　[3] 参见于宏源:《国际气候环境外交:中国的应对》,中国出版集团、东方出版中心,2013年。

时报》官方网站数据库收录的自1970年1月至2018年10月的相关报道,剔除刊登在《纽约时报》网站上的相关网络新闻及《国际纽约时报》[①]的相关新闻,选取刊登在《纽约时报》纸质版上直接相关的新闻,共计259篇报道(见图1)。

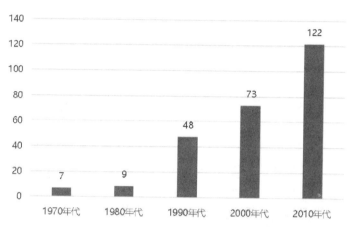

图1 《纽约时报》关于中国环境报道的数量

在既有研究基础上,将20世纪70年代以来《纽约时报》关于中国环境问题的报道放入四十年来中美关系变迁的国际背景中考察,可以厘清《纽约时报》对中国环境问题看法的演变过程及思想根源,了解美国公众对中国环境问题的基本认知和舆论趋向,对我国更有效地制定对外传播策略,更有针对性地回应"中国环境威胁论",争取国际环境治理话语权,有着重要借鉴意义。

一、从无到有的突破:1970—1978

《纽约时报》关于新中国环境问题的报道始于1970年,是最早关注中国环境问题的国际媒体之一。而绝大多数国际媒体,如日本《读卖新闻》、印度《印度教徒报》等,从20世纪90年代才开始报道中国环境问题,比《纽约时报》晚约20年。《纽约时报》关于中国环境问题的报道始于这一时期并非偶然。20世纪六七十年代,国际环保运动兴起,环境保护逐渐成为世界性议题。1972年联合国人类环境会议召开,《人类环境宣言》通过。1973年,联合国环境规划署成立。这一时期美国的环保事业也取得重要进展。尼克松总统于1969年颁布《美国国家环境法案》,美国环境保护局于1970年成立。20世纪70年代中美关系发生重要转折。

①《国际纽约时报》(*International New York Times*)系《纽约时报》公司旗下报纸,前身为《国际论坛先驱报》(*International Herald Tribune*),2013年2月更名为《国际纽约时报》。

尼克松于1972年访华,中美两国于1979年正式建交。中国代表团出席了1972年联合国人类环境会议,联合国环境规划署、世界自然保护联盟等也相继派员来华交流,中国环保领域自此开放。①在此国际国内政治背景下,《纽约时报》关于世界环境问题的报道陡然增多,关于新中国环境问题的报道也实现了从无到有的突破。

这一时期《纽约时报》关于中国环境问题的报道有七篇,新闻来源主要是中国大陆的报刊与通讯社。这是由于当时《纽约时报》在中国大陆没有记者站,无法直接进行采访,只能通过其设在香港的记者站接收来自新华社、《人民日报》《红旗》等中国大陆官媒的新闻,间接了解中国内地的动态。

最早一篇是1970年2月23日发表的《中国报道称上海通过利用废料减少污染》。该报道援引新华社消息称,上海市从工业废料中提取了"价值超过三百万美元的几百吨染料,八千吨石油,几万吨酸、碳酸钠、苯、苯酚、氯化钠、硫酸钠、硫酸铜等化学物质",正凭借"节约精神"创造性地解决工业污染问题。这篇报道的意义,不仅在于它是《纽约时报》首篇关于新中国环境问题的专题报道,更在于《纽约时报》认为这标志着"中国首次公开承认国内存在环境污染问题"。②

1971年9月18日发表的《北京发布治理工业污染的全新举措》同样具有标志性意义。报道援引《红旗》杂志一篇文章称,中国政府发布了关于治理工业三废——"废水、废气、废渣"——的全新举措。《纽约时报》对此高度评价:"这些举措标志着在中国社会高度工业化之前,北京便开始着手对付污染问题了。"这篇报道关注《红旗》的报道中对美国的评论,引用中国当时带有鲜明时代特色的语言,向读者呈现中国政府的治污决心:"工业废料在美国与日本是无法解决的问题和麻烦,这是因为资本主义制度令污染问题无法根除",而"我们必须带着大无畏的革命意志勇敢前进"。这篇报道对中国空气污染状况给予了客观评价:"在中国工业化的城市里,空气污染日渐成为一个主要问题",但中国工业发展程度还不够高,高度工业化社会中由污染引起的难题还未在中国显现。③

《纽约时报》历来关注中国参与全球环境治理的表现。早在1972年,该报报

① 温宗国主编:《当代中国的环境政策:形成、特点与趋势》,中国环境科学出版社,2010年,第27页。

② Tillman Durdin, "Chinese Report Industry in Shanghai Has Reduced Pollution by Using Wastes", *The New York Times*, February 26, 1970, p. 13.

③ Tillman Durdin, "Peking Orders Sweeping New Measures in Its Fight Against Industrial Pollution", *The New York Times*, September 18, 1971, p. 9.

道了中国参加瑞典斯德哥尔摩举行的联合国人类环境会议的新闻。这次会议是人类历史上第一次在全球范围内探讨世界环境问题的国际会议,推动了现代环保主义运动与国际环保机制的发展,促进了发展中国家与发达国家在环境问题上的协调与合作。该会议在冷战的背景下召开,苏联与除罗马尼亚外的东欧国家都因德意志民主共和国未能获准以同等地位参会而抵制这次会议,中国代表团参加会议并阐明发展中国家在环境问题上的立场,具有里程碑式的意义。①《纽约时报》在该会议召开几个月前即专门刊登新闻称中国代表团即将参加会议。②会议召开期间,该报对中国代表团的发言也给予密切关注,报道称"中国谴责美国及其他'帝国主义超级大国'为全球环境问题的主要制造者,要求它们对不发达国家给予赔偿"。③该报对中国参与全球环境治理表现的关注一直持续至今,相关报道频繁被其他国际媒体转引。

二、全方位报道的展开:1979—1988

中美建交后首个十年间,《纽约时报》关于中国环境问题的报道数量仍十分有限,但与20世纪70年代相比却具有明显不同。该报在20世纪80年代向中国大陆派驻了记者。他们改变了该报之前转引中国官媒消息的做法,基于实地考察撰写关于中国环境问题的报道,全方位地报道中国生态环境状况。

首先,该报对中国环境问题的报道涉及大气污染、水污染、水土流失等诸多方面,其报道较为客观,未展现出明显的意识形态倾向。这一阶段的报道中不乏关于中国环境保护政策的正面报道。1982年3月13日《纽约时报》报道了邓小平在北京西山植树的新闻。该报称邓小平号召中国每人植树三至五棵,以预防水土流失,阻止土地荒漠化,展示了中国领导人保护环境的决心。④20世纪80年代该报关于中国环境的相关报道不仅覆盖面增加、内容多样,而且不乏长篇报道。1981年2月14日的一篇报道用夸张的标题——《北京的冬天:冷藏室里的吸尘器口袋》来描述北京冬季沙尘与工业废气造成的大气污染。⑤自此,关于中国大气污染的报道一直在《纽约时报》涉华环境报道中占有重要地位。

---

① 徐再荣:《全球环境问题与国际回应》,中国环境科学出版社,2007年,第60~70页。

② "China to Join Talks on The Environment", *The New York Times*, January 14, 1972, p. 6.

③ "Gladwin Hill, China Denounces U.S. on Pollution", *The New York Times*, June 11, 1972, p. 8.

④ "Deng's Pines, or a Tree Grows in Peking", *The New York Times*, March 13, 1982, p. 30.

⑤ J. P. Sterba, "Peking in Winter: Vacuum-Cleaner Bag in a Freezer", *The New York Times*, February 14, 1981, p. 2.

其次,该报刊载的中国环境新闻的深度和广度相较于20世纪70年代有显著提升。这其中不乏关于中国环境问题某一方面的全景式描述,辅以专家学者的相关科研成果以增强说服力。以该报对中国土地荒漠化的报道为例,1980年2月14日刊登的《食物压力对中国生态的破坏》与1982年10月3日在头版刊登的《中国土地被侵蚀的进程》都属国际主流媒体最早关于中国土地荒漠化问题的深度报道。①其中后者引述了曼尼托巴大学地理学教授瓦克拉夫·斯密尔(Vaclav Smil)所作的关于中国自然资源状况的报告,称在过去20年中,中国丧失了30%的耕地,工业化速度加快,导致生态环境状况堪忧。

再次,中国在双边和多边领域开展环境合作与交流也是《纽约时报》关注的主题。其中关于三峡工程的报道最为典型。1986年,在三峡工程仍处于论证阶段时,《纽约时报》一篇报道详细探讨了三峡工程的利弊。该报道叙述了美国专家在三峡工程的论证中所起的作用,称美国专家自20世纪40年代即参与三峡工程的论证,而20世纪80年代里根政府、联邦机构及诸多美国私营工程建设公司为中国提供了技术咨询。该报道与20世纪90年代之后《纽约时报》关于三峡工程的新闻报道倾向明显不同,较为客观平和地陈述三峡工程的利弊。作者一方面阐述了三峡工程给周边生态环境可能带来的影响;另一方面介绍了埃及阿斯旺大坝等亚非拉地区大型水利工程建设的历史经验教训,以及发展中国家普遍面临的经济社会发展与生态环境保护间的矛盾。②《纽约时报》还持续关注中国在国际环境保护会议中的地位和作用。例如在对1982年第二届联合国全球环境大会的报道中,《纽约时报》将中国列入发展中国家,记录中国的态度,展现发展中国家与发达国家态度的不同之处。③

三、环境问题政治化的开端:1989—2000

20世纪80年代末,中美关系再度转折,《纽约时报》有关中国环境问题的报道也发生转折。1991年苏联解体,冷战中后期形成的中美共同利益基础不复存

---

① Fox Butterfield, "Chinese Ecology Upset by Food Drive", *The New York Times*, April 7, 1980, p. 12; Bayard Webster, "China's Progress Hurting Land", *The New York Times*, October 3, 1982, pp. 1, 27.

② Erik Eckholm, "Giant Dam in China Seen as a Dream or Nightmare", *The New York Times*, January 20, 1986, p. 14.

③ Philip Shabecoff, "U.N. Ecology Parley Opens amid Gloom", *The New York Times*, May 11, 1982, p. 3.

在,中美关系急转直下。自20世纪80年代末起,美国对华实施制裁,全面围堵中国。20世纪90年代,中美两国在台湾问题、南海问题、人权问题等方面摩擦不断。直至克林顿政府第二个任期,中美关系才开始缓和。1997年,中美两国发表联合声明,称两国将致力于"建设面向21世纪的建设性战略伙伴关系"。这一时期,美国国内对环境问题的认识也发生着深刻变化。1991年8月,美国公布的国家安全战略首次将环境纳入国家安全的范围。①1992年,联合国环境与发展大会在巴西举行,环境问题在国际上受到空前关注。美国媒体关于气候变化等全球性环境问题的报道开始出现。

20世纪90年代《纽约时报》有关中国环境问题的报道数量较20世纪80年代大幅增加,角度更为多元,立场也更为强硬。20世纪90年代前期,东欧剧变结束不久,美国媒体普遍带着"历史的终结"的盲目乐观情绪看待西方民主的"胜利",对社会主义中国的发展模式持质疑态度。《纽约时报》关于中国环境问题的报道集中于中国经济发展对环境所带来的负面影响,突出中国经济发展与资源环境承载能力之间的矛盾,认为中国经济的飞速发展是以环境污染和生态破坏为代价的。

1992年5月25日该报刊登在头版的长篇报道《中国的难解之题:煤炭=增长=污染》极具代表性。该文由记者伍洁芳(Sheryl WuDunn)撰写,强调中国能源结构中煤炭的压倒性地位及其给世界环境带来的影响。②1993年2月28日伍洁芳撰写的特别报道《中国受日益严重的污染影响——经济腾飞的副产品》也具有重要意义。该报道称"1992年中国已经成为世界最大的煤炭消耗国,燃烧10亿吨煤炭以满足其四分之三的能源需求。但中国官员反复声明,中国不会因为环境因素而牺牲经济发展"。③

这一时期,《纽约时报》刊登了大量关于中国大型水利工程的报道。这些报道多从自由主义立场出发,质疑中国政府修建大型水利工程的必要性与合理性。该报1991年刊登的一篇关于青海龙羊峡水电站的新闻称,该水电站虽然有利于减轻西部地区的电力短缺问题,但大型水电站会带来气温下降、土壤荒漠化等问

---

① 丁金光:《国际环境外交》,中国社会科学出版社,2007年,第34页。

② Sheryl WuDunn, The Road to Rio—Setting an Agenda for the Earth; "Difficult Algebra for China: Coal=Growth=Pollution", *The New York Times*, May 25, 1992, pp. 1, 5.

③ Sheryl WuDunn, "Chinese Suffer from Rising Pollution as Byproduct of the Industrial Boom", *The New York Times*, February 28, 1993, p. 20.

题,使牧民赖以生存的草原被沙漠侵蚀。[1]1989年至1999年,《纽约时报》刊载了45篇关于三峡工程的报道。多数报道认为,三峡工程耗资巨大,将导致水土流失并威胁水生物的生存,反对美国银行与世界银行向中国提供贷款。[2]

随着1992年《联合国气候变化公约》与1997年《京都议定书》相继签署,气候变化问题成为最重要的环境议题之一。虽然美国是当时世界温室气体排放最多的国家,但是对这一议题的公开讨论长期被美国大公司压制,[3]深度报道美国对全球气候变化影响的文章仍十分有限。而《纽约时报》关于中国温室气体排放的报道却具有超前性。早在中国温室气体排放总量远低于美国的1993年,《纽约时报》刊登了曾任美国国家科技作家协会(National Association of Science Writers)主席的该报记者菲利普·M.柏菲(Philip M. Boffey)撰写的题为《中国与全球变暖》的社论。该社论将中国的环境问题与全球变暖联系在一起,认为中国高速经济增长模式未来将对全球环境构成潜在压力。[4]此后,其他国际媒体逐渐开始关注中国温室气体排放与全球气候变化的关系。

20世纪90年代后期,中美环境合作取得重大进展。1996年4月30日《纽约时报》的一篇报道敏锐地捕捉到了这种变化,并用《中美紧张关系的例外:环境对话先行》的标题揭示中美环境合作在紧张的中美关系中的特殊地位与作用。报道指出中美环境合作的基础:"中国人口众多,经济发展迅速,城市化加速发展。世界普遍认为中国面临严重的环境污染问题。但是,中国也是环境技术的主要市场,而美国正是这一领域的世界领导者。"[5]一年后,中美双方签订了《中美能源和环境合作倡议书》,这成为两国首份重要环境合作协议。同年,克林顿就任总统以来首次就对华政策发表重要演说,将环境保护列为对美国来说至关重要的

---

① Nicholas D. Kristof, "Industry Fails as Cure-All for Western China", *The New York Times*, September 1, 1991, p. 7.

② "Sheryl Wudunn, In China, Dam's Delay Spares a Valley for Now", *The New York Times*, April 18, 1989, pp. 51, 58; Questioning Three Gorges Dam [Editorial], *The New York Times*, March 29, 1999, p. 20.

③ 参见卡尔·博格斯:《政治的终结》,陈家刚译,社会科学文献出版社,2001年,第6~7页;Timothy W. Luke, *Ecocritique*, University of Minnesota Press, 1998; Brian Tokar, *Earth for Sale*, South End, 1997; Joshua Karliner, *The Corporate Planet*, Sierra Club Books, 1997.

④ Philip M. Boffey, "China and Global Warming", *The New York Times*, December 8, 1993, p. 24.

⑤ John H. Cushman, Jr., "U.S. Strains with China: One Exception", *The New York Times*, April 30, 1996, p. 7.

六个问题之一。①

四、"中国环境威胁论"的塑造：2001—2008

2001年3月，美国宣布拒绝批准其1998年签署的《京都议定书》，主要理由是该议定书未要求中国、印度、巴西等发展中国家承担减少排放二氧化碳与其他温室气体的责任，而要求发达国家承担过多责任。2005年8月，名为"卡特里娜"的特大飓风给美国带来灾难性破坏，导致1833人死亡，美国社会深受震动。②此后，美国前副总统阿尔·戈尔（Albert A.Gore）的畅销书《难以忽视的真相》激起美国广大民众对气候变化问题的关注。在此期间，中美关系也出现了新的变化。2005年首轮中美战略对话开启，为双方进行战略层面的沟通提供了对话机制。气候变化问题与反恐、防止核扩散等全球性问题成为中美双边关系发展的新支点。③

随着环境问题成为越来越多美国民众关切的问题，《纽约时报》关于环境问题的报道数量大幅增加，其中关于中国环境的新闻数量较此前也明显增多。与之前将中国看作与印度并列的发展中国家典型代表不同，近20年《纽约时报》将中国视为全球环境的主要破坏者，开始塑造"中国环境威胁论"。

首先，在2009年哥本哈根会议召开前，《纽约时报》刊登了多篇报道，称中国的温室气体排放是导致全球气候变化的主要原因，而中国却不愿承担相应的治理责任。文章大多从中国的能源结构、行业布局入手，称煤炭在中国能源结构中占相当大比例，水泥、铝业与玻璃板制造等重污染行业在中国迅猛发展，导致中国温室气体排放总量在2007年超越美国，居世界第一。④大多数文章明显倾向于发达国家立场，对中国节能减排的意愿与能力表示怀疑。

中国在全球环境治理问题上的立场是《纽约时报》关注的重点。2007年一篇题为《联合国安理会关于全球气候变暖的讨论陷入僵局》的报道运用夸张的手法将中国描绘为反对将环境问题安全化的领导者，导致讨论陷入僵局，尽管包括美国在内许多国家的立场与中国一致，出于自身国家利益，也反对将环境

① 于宏源：《国际气候环境外交：中国的应对》，中国出版集团东方出版中心，2013年，第96~97页。
② J.唐纳德·休斯：《世界环境史——人类在地球生命中的角色转变》，赵长凤、王宁、张爱萍译，电子工业出版社，2014年，第279页。
③ 戴秉国：《戴秉国国务委员在布鲁金斯学会纪念中美建交30周年晚宴上的演讲》，《战略对话：戴秉国回忆录》，人民出版社、世界知识出版社，2016年，第371页。
④ Elisabeth Rosenthal, "China Increases Lead as Biggest Carbon Dioxide Emitter", *The New York Times*, June 14, 2008, p. 5.

问题安全化。①

其次,中国国内环境污染与资源短缺问题在这一时期受到《纽约时报》高度关注,相关报道的数量和深度都大幅增加。以该报对中国水污染的报道为例,近20年来出现了大量长篇深度报道,渲染中国水污染的严重程度。2006至2007年该报记者吉姆·亚德利(Jim Yardley)走访了黄河流域多地,对全流域的生态环境问题进行了报道,并通过刊登大幅图片渲染黄河流域生态破坏的严重性。②

该报对淮河污染问题的报道特别值得关注。2004年,美国智库对外关系委员会(Council on Foreign Relations)亚洲研究部主任易明(Elizabeth C. Economy)关于淮河流域污染问题的专著《一江黑水》出版。③该书在西方世界引起相当大的反响,《金融时报》④《经济学人》⑤等西方报刊相继刊发相关书评。《经济学人》继而刊发了长达2769字的特别报告《垃圾长城——中国的环境》,全方位地渲染中国环境污染的严重性。⑥《纽约时报》记者吉姆·亚德利(Jim Yardley)则在《一江黑水》出版后不久,基于对易明的采访与在淮河流域的实地调查,撰写了长达2908字的深度报道,并冠以相似的标题《一江黑水,中国人死于癌症:大分流》吸引读者注意。这篇新闻覆盖了两个版面,并配有两张各占半个版面的巨幅照片,报道了淮河流域因河南莲花味精厂等企业排污导致的水污染问题。该报道不仅描述了淮河流域水污染的状况,还意在证明水污染导致淮河沿岸大量居民罹患癌症。该报道还服务于一个更宏大的系列报道主题——中国城乡的"大分流",旨在渲染"中国乡村与城市差距逐步拉大,贫富差距悬殊",中国乡村面临着包括环境污染在内的种种问题,危机重重。⑦

再次,《纽约时报》还在2008年北京奥运会举办前频繁发表关于中国环境的

① Reuters, "U.N. Council Hits Impasse Over Debate on Warming", *The New York Times*, April 18, 2007, p. 6.

② Jim Yardley, "China's Path to Modernity Mirrored in a Troubled River", *The New York Times*, May 30, 2007, p. 1.

③ Elizabeth C. Economy, *The River Runs Black: The Environmental Challenge to China's Future*, Cornell University Press, 2004. 易明:《一江黑水》,姜智芹译,江苏人民出版社,2011年。

④ Victor Mallet, "Dirty Business: The Scale of China's Environmental Problems Defies an Optimistic Look", *Financial Times*, June 26, 2004.

⑤ "No Economic Fire without Smoke?—China's Environment", *The Economist*, July 10, 2004.

⑥ "Special Report: A Great Wall of Waste—China's Environment", *The Economist*, August 21, 2004.

⑦ Jim Yardley, "Rivers Run Black, and Chinese Die of Cancer: The Great Divide", *The New York Times*, September 12, 2004, p. 1.

负面新闻,政治意图明显。该报长达4417字的报道《中国崛起中污染危险至极》深度剖析环境污染对中国社会的影响:"历史上没有一个国家能够崛起成为工业大国而不用付出环境污染代价。通常环境污染需要几代人治理,耗费大量公共财富。"报道认为,中国有六亿人的饮用水受到威胁,环境问题业已对公共卫生构成威胁。①此外,还有多篇诸如《北京的奥林匹克之路:将雾霾天变蓝》的报道,②指责中国没有履行"绿色奥运"的国际承诺,策动国际舆论在北京奥运会举办前批评北京大气污染的风潮。这些文章被世界其他主流新闻媒体转载,给北京奥运会造成了负面影响。

五、国际环境领导权的争夺:2009—2018

美国民主党的奥巴马总统和共和党的特朗普总统对中美环境合作的立场存在巨大鸿沟。环境问题是奥巴马关注的重点领域。在其任内,美国政府将气候变化列为"对美国国家利益构成威胁的战略危机"的八个问题之一,③将气候变化列为"安全"问题的一个分支,认为气候变化对美国安全构成威胁。美国政界与学界广泛认为,奥巴马2015年推动《巴黎协定》的达成,与其推动《伊朗核问题协议》的达成、《跨太平洋伙伴关系协定》的签署、美国与古巴建交并列为其任内取得的最具有历史意义的外交成就。④中美两国自2013年在中美战略与经济对话框架下,成立了气候变化工作组,在新的机制下开展气候变化合作。⑤2014至2016年,中美两国元首接连发表三个联合声明,宣布各自温室气体减排目标,推动《巴黎协定》的达成与生效。在两国关系史上,这种合作的方式和力度是"没有先例的"。⑥

早在竞选总统期间,特朗普便宣称"气候变化是中国制造的骗局,中国希望

---

① Joseph Kahn, Jim Yardley, "As China Roars, Pollution Reaches Deadly Extremes", *The New York Times*, August 26, 2007, p. 1.

② Jim Yardley, "Beijing's Olympic Quest: Turn Smoggy Sky Blue", *The New York Times*, December 29, 2007, p. 1.

③ *National Security Strategy*: 2015, https://obamawhitehouse.archives.gov/sites/default/files/docs/2015 national security strategy.pdf, p. 2.

④ Jeffery Goldberg, "The Obama Doctrine: The U.S. President Talks Through His Hardest Decisions about America's Role in the World", *The Atlantic Journal*, April 2016.

⑤ 朱源主编:《美国环境政策与管理》,科学技术文献出版社,2014年,第180页。

⑥ 陶文钊:《中美关系的复杂性、矛盾性和基本经验》,《和平与发展》2019年第3期。

借此打压美国产业竞争力"。①其就任总统后,宣布美国退出《巴黎协定》,签署行政命令撤销奥巴马政府推出的《清洁能源计划》和《气候行动方案》,先后任命气候怀疑论者斯科特·普鲁特(Scott Pruitt)与前煤炭行业说客安德鲁·惠勒(Andrew Wheeler)为美国环境保护局局长,明确表示将增加能源工业的工作岗位。②美国2017年12月公布的《国家安全战略》显示,③特朗普政府已将环境问题移除出"国家安全威胁"之外。

美国国内对环境问题的看法也处在不断变化中。民主党与共和党就环境问题的诸多方面未能达成一致,共和党内部对环境问题的看法也不尽相同,气候变化怀疑论者仍占一定比例。但是,越来越多的美国民众认识到全球环境问题的严重性和紧迫性。年轻一代能够更加清醒地认识到气候变化及自然灾害的严重性,代际间环境思想的转变明显。新一代美国人,在物质充裕的环境下成长起来,比其父辈有更高层次的需求,更加注重环境保护。在美国社会,谈论治理污染和应对环境问题,具有高度合法性。即便保守势力想阻碍严格的环境立法,也不敢公然反对环境保护。④

在这种复杂的国际国内背景下,《纽约时报》近十年关于中国环境问题的报道呈现出与之前几个阶段不同的特点。首先,该报关于中国环境问题的负面报道大幅增加,中国被《纽约时报》塑造成一个在全球范围内掠夺环境资源、环境污染波及世界各地的国家。《纽约时报》的报道称,中国对木材的需求导致俄罗斯、秘鲁、巴布亚新几内亚、莫桑比克、缅甸等国森林资源遭到破坏。⑤中国游客激增以及中国投资违建旅馆使得俄罗斯贝加尔湖畔遭受环境污染。⑥《纽约时报》还基于环保组织国家资源保护委员会(National Resources Defence Council)的报告,

① Erica Goode, "What are Donald Trump's Views on Climate Change? Some Clues Emerge", *The New York Times*, May 20, 2016, p. 11.

② Jennifer Hansler, "EPA Administrator Scott Pruitt Suggests Climate Change Could Benefit Humans", *CNN*, February 11, 2018; Lisa Friedman, "Andrew Wheeler, Who Continued Environmental Rollbacks, Is Confirmed to Lead E.P.A.", *The New York Times*, February 28, 2019, p. 19.

③ Jill Colvin, "Under Trump, Climate Change Not a National Security Threat", *Los Angeles Times*, December 18, 2017.

④ 张好雨、底骞:《美国在环境议题上的分歧及对中国的启示》,《中国环境管理》2018年第5期。

⑤ "The Plunder of Myanmar", *The New York Times*, January 23, 2015, p. 18; Steven Lee Myers, "China's Voracious Appetite for Timber Stokes Fury in Russia and Beyond", *The New York Times*, April 9, 2019, p. 4.

⑥ Neil MacFarquhar, "As Chinese Flock to Siberia's lake Baikal, Local Russians Growl", *The New York Times*, May 2, 2019, p. 4.

声称中国货运船使用柴油,在世界各大港口造成污染。[1]

《纽约时报》还特别关注中国海外投资的环境影响,多篇文章批评中国在非洲、东南亚与拉美的投资致使当地环境恶化。该报一篇题为《中国的又一大输出:污染》的报道称:"中国开发银行与中国进出口银行在2005至2016年间向拉丁美洲与加勒比海提供了1410亿元的贷款,主要用于石油开采、煤矿开采、水电站建设、公路修建等。"许多开采项目集中在亚马逊雨林这类对预防气候变化有重要作用的地区,扩大该地区化石燃料生产,会导致更多二氧化碳排放。"2000至2015年间,中国向非洲发放贷款944亿美元,支持石油开采、矿物开采以及森林砍伐,修建或资助修建了约50个燃煤发电站,对非洲环境也造成破坏。[2]

其次,《纽约时报》在报道全球环境问题时,显然将中国作为美国之外最重要的对象进行密切追踪,改变了之前在有关全球环境报道中仅将中国作为发展中国家的代表简略提及的做法。虽然在1970与1980年代,美国曾是多边环境治理的"积极参与者和领导者",但是随着2001年小布什宣布退出《京都议定书》,美国进入21世纪以后一度成为全球环境治理的"消极参与者甚至阻碍者"。[3]但是《纽约时报》一直将美国视为全球环境治理的领导者,当中国在全球环境治理中发挥愈加重要作用,向国际社会提供越来越多的公共产品时,[4]《纽约时报》的相关报道将这些行动视为对美国在全球环境治理中权威的挑战。

最能体现这一倾向的是《纽约时报》在2016至2017年间关于《巴黎协定》的相关报道。2016年4月22日该报题为《追踪全球变化》的专题报道介绍了《巴黎协定》的签署状况。在说明"来自167个国家的外交官聚集纽约签署2015年12月通过的《巴黎协定》"后,文章列出的第一个国家就是中国,称"中国是世界上温室气体排放最多的国家",对中国的立场进行了详尽报道。[5]

《纽约时报》对特朗普政府退出《巴黎协定》持批评态度。但与英法等国媒体在一些报道中对中国在全球环境治理中所做贡献给予较积极评价不同,《纽约时

---

[1] Chris Buckley, "Shipping a Serious, but Overlooked, Source of China's Pollution", *The New York Times*, October 28, 2014.

[2] Paulina Garzon, Leila Salazar-Lopez, "China's Other Big Export: Pollution", *The New York Times*, July 22, 2017.

[3] 丁金光、赵嘉欣:《奥巴马执政时期美国环境外交的新变化及其影响》,《东方论坛》2018年第3期。

[4] 陶文钊:《中美关系的复杂性、矛盾性和基本经验》,《和平与发展》2019年第3期。

[5] Edward Wong, "Coral Davenport, Geeta Anand, James Kanter& Oleg Matsnev, The Key Players in Climate Change", *The New York Times*, April 21, 2016.

报》对中国能否在全球环境治理中担当领导责任持怀疑态度。2017年3月28日，特朗普签署行政命令撤销奥巴马政府的《清洁能源计划》和《气候行动方案》后，《纽约时报》认为该举动"将有效让渡美国在国际预防全球变暖的国际合作中的领导地位"。①行政命令签署后第二天，《纽约时报》便在头版刊发报道《中国势在必得环境领导权》。②

2017年6月2日《纽约时报》驻北京记者黄安伟（Edward Wong）撰写的报道《中国能否在气候变化问题上担当领袖？恐怕有难度》鲜明地反映了这种焦虑和质疑态度。报道指出，《巴黎协定》是建立在透明的基础上的，而"作为世界上碳排放最多的国家，中国拒绝国际对其排放的监控"。报道还认为，美国政府为《巴黎协定》的签订做出了重要贡献，将碳排放量居世界第三的大国印度拉到谈判桌前，强调"是美国，而非中国，敦促印度在巴黎峰会开始前许下承诺"。③6月13日，黄安伟又在《纽约时报》发表一篇文章称：14000家中国企业违反了环境法规，中国北方地区因大量燃烧煤炭成为"世界大气污染最严重的地区之一"，"令人怀疑中国是否能够在气候变化问题上充当领导角色"。④尽管《纽约时报》批判特朗普政府在气候变化问题上的立场，但关于中国在全球环境治理领导权问题上，《纽约时报》显然站在维护美国国家利益与国际权威的立场上在舆论上压制中国。

六、结　语

《纽约时报》自1970年开始报道中国环境问题。过去四十年来，作为国际主流媒体，该报的相关报道对世界认知中国环境状况产生重大影响。直到20世纪90年代，该报关于中国环境问题报道的立场，展现了一个发达的资本主义国家如何看待一个发展中的社会主义国家在飞速工业化进程中所面对的经济发展与环境承载力之间的矛盾。进入21世纪，随着中国在全球环境治理中发挥越来越重要的作用，《纽约时报》愈加关注中国环境问题的国际影响，开始塑造"中国环境

---

① Coral Davenport, Alissa J. Rubin, "Trump Signs Executive Order Unwinding Obama Climate Change", *The New York Times*, March 28, 2017, p. 1.

② Edward Wong, "China Poised to Take Lead on Climate After Trump's Move to Undo Policies", *The New York Times*, March 28, 2017, p. 1.

③ Edward Wong, "Can China Take the Lead on Climate Change? That Could be Difficult", *The New York Times*, June 2, 2017, p. 7.

④ Edward Wong, "Nearly 14000 Companies in China Violate Pollution Rules", *The New York Times*, June 13, 2017, p. 9.

威胁论",渲染中国环境问题对周边国家的影响,中国海外投资对亚非拉地区当地环境,中国温室气体排放对全球气候变化的影响,为美国遏制中国崛起制造舆论声势。

《纽约时报》关于中国环境问题的报道以负面为主。随着中美竞争的日趋激烈,负面新闻出现愈加频繁。多篇新闻忽视或淡化中国环境问题产生的历史背景,未将中国环境问题放到旧能源体制向新能源体制转变的历史进程中考察与评价,未充分考虑发达国家占据大部分世界环境容量,人均污染物排放量与资源消耗量远超发展中国家的事实。该报也刊登了部分关于中国环境的正面报道,但多集中于20世纪七八十年代。总体而言,该报对中国供给侧改革背景下减少二氧化硫等污染物排放给中国环境带来的改善、对中国提出的全球气候治理的中国方案未给予全面、客观的评价。其关于中国海外投资造成环境污染的报道,也忽视了重要背景,即西方国家或公司早已控制了亚非拉自然资源丰富而政治争议较少的地区,中国企业进入这些地区较晚,只能投向一些自然环境脆弱或政治敏感地区。[1]

《纽约时报》对中国环境问题的报道是其中国观的重要组成部分,受国际格局、中美关系、意识形态等多重因素制约。冷战结束后,世界秩序发生着深刻的变化,中美两国关系也正在发生"范式性"变化,[2]其实质是崛起大国与守成大国之间的博弈。

在中美间展开博弈的多个领域中,环境领域具有特殊地位。环境问题是人类共同面临的挑战,事关发展的可持续性,以及安全维度的拓展。环境领域的合作一度是中美两国合作力度最大的领域。随着全球环境治理的重要性和紧迫性逐渐凸显,以及中美两国博弈逐步深化,中国环境问题成为《纽约时报》愈加关注的领域。《纽约时报》渲染中国经济发展给世界环境带来的负面影响,质疑中国在全球环境治理中的作用,实质是维护美国在现行国际体系的权威,怂恿世界舆论将矛头对准中国,抹黑中国的国际形象,诋毁中国的国际影响。

本文原刊载于《南开学报》(哲学社会科学版)2019年第6期,是生态环境部资助项目"中国当代环境保护史记编纂与资料整理研究"

---

① 葛察忠、夏友富等:《中国对外投资中的环境保护政策》,中国环境科学出版社,2010年,第33页。

② 朱锋:《贸易战、科技战与中美关系的"范式变化"》,《亚太安全与海洋研究》2019年04期。

（0747-1561SITCA037）；中央高校基本科研业务费专项资金资助项目
（项目编号：63172048）成果之一。

作者简介：

王薇，南开大学历史学院世界史系副教授、硕士生导师。2007年毕业于南开大学历史学院世界史系，获学士学位。2008年毕业于爱丁堡大学历史系，获硕士学位。2013年毕业于剑桥大学政治学与国际研究系，获博士学位。主要研究方向为国际关系史、英国外交史、欧洲外交史、中外关系史。学术论文发表在 *Slavonic Review*、*World History Studies*（《世界历史》英文版）等国内外期刊。现主持国家社科基金一般项目"二战期间英美智库对战后世界秩序的规划研究"。

卡内基基金会与一战后国际秩序的构建

滕凯炜

20世纪初期特别是第一次世界大战以后,美国在国际秩序的建构中发挥了越来越重要的作用。在这一过程中,除了联邦政府以外,美国国内的非政府组织也在积极谋划国际秩序,寻求实现持久和平的方法。成立于1910年的卡内基国际和平基金会(Carnegie Endowment for International Peace)[1]汇聚了一批极具社会影响力的法律和外交精英,他们倡导"法律国际主义"(legal internationalism)理念,[2]致力于推动国际秩序法治化,即通过发展国际法、推广美国法治经验和建立一个以国际法院为核心的国际司法机制来维护国际秩序,保障和平。该基金会在美国战后规划、国联之争以及国际法院创设等历史进程中都扮演了重要角色。

关于美国与一战后国际秩序的构建,国内外学界已经有着数量可观的研究,主要着眼于威尔逊的自由国际主义思想及其外交活动,围绕政策制定、大国会议和党派政治等方面来展开讨论。[3]"威尔逊主义"(Wilsonianism)与"孤立主义"抑

---

① 下文简称"卡内基基金会"。

② 这一概念借鉴了入江昭的提法,他认为法律国际主义者主张"通过法律协议和法律制度来维系国际共同体","重视国际法和国际仲裁的作用"。参见 Akira Iriye, *Cultural Internationalism and World Order*, The Johns Hopkins University Press, 1997, pp. 3, 25.

③ 主要代表作有 Lloyd E. Ambrosius, *Woodrow Wilson and the American Diplomatic Tradition: The Treaty Fight in Perspective*, Cambridge University Press, 1987; Thomas J. Knock, *To End All Wars: Woodrow Wilson and the Quest for a New World Order*, Princeton University Press, 1995; John Milton Cooper, *Breaking the Heart of the World: Woodrow Wilson and the Fight for the League of Nations*, Cambridge University Press, 2001; Margaret MacMillan, *Peacemaker: The Paris Conference of 1919 and Its Attempt to End War*, John Murray, 2001; 王立新:《踌躇的霸权:美国崛起后的身份困惑与秩序追求(1913—1945)》,中国社会科学出版社,2015年;韩莉:《新外交·旧世界:伍德罗·威尔逊与国际联盟》,同心出版社,2002年;王晓德:《梦想与现实:威尔逊"理想主义"外交研究》,中国社会科学出版社,1995年。

或"保守国际主义"之争,被外交史家塑造为这一历史过程的主流叙事。①在现实主义者的界定下,威尔逊主义成为美国处理对外关系的"法律主义—道德主义取向"(the legalistic-moralistic approach)。乔治·凯南(George Kennan)指出,这一取向"就像一束红线贯穿于我们的外交政策中……'它'是这样一种信念:在国际领域,通过接受一些法律规则和约束系统,有可能抑制政府的混乱和危险的愿望"。②近年来,有学者试图"超越威尔逊主义",挑战传统的二元对立叙事,展示一战前后美国国际主义的多重面向和内部张力,特别是法律主义取向一面。③然而,对于非国家行为体在一战后美国对外关系和国际秩序构建中的角色和作用,

---

① 尽管(亨利·洛奇代表的)保守国际主义者与孤立主义者有着很多区别,但在当时都被视为威尔逊的反对派,很多美国学者也统称之为"阻挠的孤立主义者"(the obstructive isolationist),甚至20年代共和党政府外交也被认为是一种"孤立主义政策"。对这种叙事与研究路径的述评,参见Lloyd E. Ambrosius, *Woodrow Wilson and American Internationalism*, Cambridge University Press, 2017, pp.146-153. 国内外学界相关研究有 John Milton Cooper, *The Vanity of Power: American Isolationism and the First World War, 1914-1917*, Greenwood Publishing, 1969; Ralph Stone, *The Irreconcilables: The Fight Against the League of Nations*, University Press of Kentucky, 1970; William C. Widenor, *Henry Cabot Lodge and the Search for an American Foreign Policy*, University of California Press, 1979; 韩莉:《美国控制世界还是国联控制美国:评威尔逊与洛奇的国联盟约之争》,《首都师范大学学报》(社会科学版)2004年第3期。

② 乔治·凯南:《美国大外交》,雷建锋译,社会科学文献出版社,2013年,第136页。现实主义的相关论述还可参见 Norman A. Graebner and Edward M. Bennett, *The Versailles Treaty and Its Legacy: The Failure of the Wilson Vision*, Cambridge University Press, 2011; Robert Osgood, *Ideals and Self-Interest in America's Foreign Relations: The Great Transformation of the Twentieth Century*, University of Chicago Press, 1953.

③ 斯蒂芬·沃特海姆重点分析西奥多·罗斯福、威廉·塔夫脱和伊莱休·鲁特等政治精英的主张与活动,认为战后美国外交是威尔逊主义与"法律主义—制裁主义"(legalism-sanctionism)之争。Stephen Wertheim, "The League That Wasn't: American Designs for a Legalist-Sanctionist League of Nations and the Intellectual Origins of International Organization, 1914–1920", *Diplomatic History*, Vol. 35, No. 5, 2011, pp. 797-836. 在另一篇文章中,沃特海姆考察了强制和平联盟(League to Enforce Peace)这一激进法律主义团体在战后国际秩序构建中的角色,Stephen Wertheim, "The League of Nations: A Retreat from International Law?", *Journal of Global History*, Vol. 7, No. 2, 2012, pp. 210-232. 本杰明·科茨指出,威尔逊主义既不同于旧式的权力外交,也区别于战前美国主流的(法律主义)国际秩序思想,Benjamin A. Coates, *Legalist Empire: International Law and American Foreign Relations in the Early Twentieth Century*, Oxford University Press, 2016, pp. 162-167. 国际关系和国际法学者较早注意到19世纪末20世纪初美国外交的"法律主义取向",参见Francis A. Boyle, *Foundations of World Order: The Legalist Approach to International Relations, 1898–1922*, Duke University Press, 1999; Jonathan Zasloff, "Law and the Shaping of American Foreign Policy: From the Gilded Age to the New Era", *New York University Law Review*, Vol. 78, No. 1, 2003, pp. 240-373; Hatsue Shinohara, *US International Lawyers in the Interwar Years: A Forgotten Crusade*, Cambridge University Press, 2012.

已有研究的专题讨论仍然较少,威尔逊主义与法律国际主义的联系与区别尚未得到充分辨析。[①]本文从非国家行为体角度切入,探讨卡内基基金会如何从法律国际主义出发来思考和构建一战后的国际秩序,展现这一时期国际秩序构建过程中政治外交方案与法律主义方案之间的角力。

一、卡内基基金会的战后设计及其与威尔逊主义的冲突

19世纪末20世纪初,伴随着民族主义的高涨和殖民地争夺的加剧,世界局势变得日益紧张,如何避免国家之间的战争和实现持久和平成为国际社会面临的重大问题。一种新的国际主义观念——法律国际主义——开始出现并活跃于大西洋两岸。欧美国际法学者是这一观念的主要倡导者,主张通过国际法和国际组织更好地规约国际社会。他们积极建立国际法职业组织,推进国际法学科发展,并呼吁各国采用法律方式解决争端。[②]1871—1872年,英国和美国运用仲裁方式成功处理亚拉巴马号事件(Alabama Claims)后,国际仲裁运动不断取得进展,欧美主要国家签订了一系列双边仲裁条约。[③]1899年和1907年两次海牙和会的召开以及常设仲裁法院(Permanent Court of Arbitration)的创设,更是让人们看到司法解决国际争端的可能。

随着美国从地区性大国成长为世界强国,一些美国精英认识到,一个稳定的国际秩序与美国利益息息相关。在他们看来,欧洲的权力政治是战争的根源,而美国的政治经验,特别是建立联邦的经验和最高法院的司法实践,可以用来改变国家间交往方式。从1895年开始,这些法律和外文精英每年聚会于纽约附近的莫洪克湖(Lake Mohonk),讨论国际法与和平问题,并在1906年创建了美国国际

① 政治学者马丁·迪宾的论文关注到卡内基基金会在美国战后秩序规划过程中的重要角色,并给笔者以启发,但该文主要讨论一战结束前的历史时期,几乎没有涉及战后论争与国际法院的创设,对基金会国际秩序思想与威尔逊主义的比较也语焉不详。参见 Martin David Dubin, "The Carnegie Endowment for International Peace and the Advocacy of a League of Nations, 1914-1918", *Proceedings of the American Philosophical Society*, Vol. 123, No. 6, 1979, pp. 344-368. 关于美国民间团体对国际和平与秩序的追求, 参见 Warren Kuehl, *Seeking World Order: The United States and International Organization to 1920*, Vanderbilt University Press, 1969; C. Roland Marchand, *The American Peace Movement and Social Reform, 1889-1918*, Princeton University Press, 1972; 王立新、王睿恒:《"积极和平":美国的和平运动与一战后国际秩序的构建》,《社会科学战线》2013年第8期。

② 关于19世纪末国际法学科职业化、专业化历程,参见 Martti Koskenniemi, *The Gentle Civilizer of Nations: The Rise and Fall of International Law, 1870-1960*, Cambridge University Press, 2004.

③ 19世纪末美国与国际仲裁运动的相关研究,参见刘义勇:《十九世纪末美国仲裁主义者的文明观》,《历史研究》2014年第2期。

法学会(American Society of International Law)。①两次海牙和会上,美国政府都提出了建立国际法院的计划,凸显法律国际主义对外交政策的影响。②此后很长一段时间,美国精英大多从法律角度来思考国际秩序和美国的国际角色,谋求建立"世界法院"(world court)。正如著名国际法学家马蒂·科斯肯涅米(Martti Koskenniemi)所说,"国际司法成为一项美国事业"。③

当此之时,美国正处于进步主义改革时期,旨在解决工业化、城市化社会问题的"科学公益"(scientific philanthropy)④方兴未艾。在这个"大转折的年代",法律国际主义和进步主义相结合,推动企业家安德鲁·卡内基(Andrew Carnegie)捐资创建了一个专门从事和平事业的大型公益基金会。1910年12月,卡内基基金会正式成立,由前国务卿和陆军部长、时任联邦参议员的伊莱休·鲁特(Elihu Root)担任董事会主席和会长,国际法权威学者詹姆斯·斯科特(James Brown Scott)出任秘书长。28名董事会成员涵盖了美国政商学各界精英,特别是具有法律与外交经验的人士。⑤

---

① *Report of the Eleventh Annual Meeting of the Mohonk Lake Conference on International Arbitration*, The Mohonk Lake Arbitration Conference, 1905, pp. 128-130.

② 1899年第一次海牙和会,美国国务卿海约翰(John Hay)指示美国代表团提出建立国际法院的倡议,并由助理国务卿大卫·希尔(David Jayne Hill)设计了国际法院方案。1907年第二次海牙和会,时任国务卿伊莱休·鲁特要求美国代表团推动仲裁法院发展为一个由职业法官组成的永久性法院,詹姆斯·斯科特设计了更为详细的国际法院方案。参见 James Brown Scott, ed., *Instructions to the American Delegates to The Hague Peace Conferences and Their Official Reports*, Carnegie Endowment of International Peace, 1916; Calvin D. Davis, *The United States and the Second Hague Peace Conference: American Diplomacy and International Organization, 1899−1914*, Duke University Press, 1975, pp. 251-276.

③ 科斯肯涅米进一步指出,自19世纪到20世纪初,尽管世界各地很多哲学家、和平主义者、法律人和外交官都支持仲裁和司法解决争端,但只有美国把这一理念付诸于外交政策,也只有美国法律人有经验通过一个最高法院来解决司法争端。Martti Koskenniemi, The Ideology of International Adjudication and the 1907 Hague Conference, in Yves Daudet, ed., *Topicality of the 1907 Hague Conference, the Second Peace Conference*, Martinus Nijhoff, 2008, p. 129.

④ 关于美国"科学公益"及大型公益基金会的形成与发展,参见牛可:《美国国家构建过程中的科学公益》,《文化纵横》2020年第5期。

⑤ 其中12位董事从事过律师职业,比如美国律师协会主席约瑟夫·乔特(Joseph H. Choate);9位董事担任过美国高级外交官,比如前国务卿约翰·福斯特(John W. Foster);8位董事是大学教授包括4位精英院校校长,比如哈佛大学前校长查尔斯·艾略特(Charles Eliot)。19世纪末20世纪初,"法律人"(lawyers)逐渐成为美国庞大社会权力网络的中枢,并在外交事务中扮演重要角色。对这一现象的研究,参见 Yves Dezalay and Bryant Garth, "Law, Lawyers, and Empire", in Michael Grossberg and Christopher Tomlins, eds., *The Cambridge History of Law in America*, Vol. 3, Cambridge University Press, 2008, pp.722-730.

次年3月,董事会审议通过了基金会的章程,明确其宗旨为"促进各国间的和平事业,加快消灭国际战争,鼓励和发展一套解决国际争端的和平机制",主要目标包括:促进国际法的发展及和平解决国际争端;培育各国人民之间的友谊、增进相互认识和了解;推进对和平与战争问题的科学研究并提出维护和平的方法。①基于科学主义和法律主义的智识偏好,基金会强调知识与理性,特别是"法律科学"(science of law)在社会变革和国际关系中的力量,主张通过输出美国法和发展一套国际司法机制来维护和平。正如鲁特向董事会所强调的,基金会区别于其他和平组织的特点在于,"其工作必须基于对战争原因及其应对措施的仔细、科学和详尽的研究……我们必须像科学家一样工作,努力深究疾病的根源,而战争只是症状"。②为此,基金会设立了国际法部、教育与交流部、经济与历史部等职能部门,分别由斯科特、哥伦比亚大学校长尼古拉斯·巴特勒(Nicholas Murray Butler)和经济学家约翰·克拉克(John Bates Clark)负责,着力于促进国际法学科专业化、职业化,构筑跨国知识政治精英网络,以及谋求建构一个以国际法院为核心的国际秩序。

1914年欧洲大战爆发,以"文明"为标准的国际法秩序遭受严重冲击。在卡内基基金会看来,大战之所以爆发,正是因为战前没有建成有效的国际司法体制,尤其缺乏一个真正的国际法院来解决国际争端。1915年2月16日,基金会发布声明称,"正在进行的这场可怕的战争,并不能让我们灰心丧气,也不足以否定过去的努力,更没有理由质疑未来我们可以做出更有成效的工作。战争使人们认识到和平的可贵,它通过令人震愕和惨痛的教训来唤醒那些最麻木无知的人";战后国际关系应以法律为准绳,要建立"一个具有充分管辖权的法院"以及保障裁判有效的强制机制,这些新制度旨在"保障人权和完善个人自由",而不是"激发野心和扩大权力"。③为此,基金会积极参与美国战时及战后的各项工作,试图重塑战后国际秩序。

1917年初,随着形势的恶化,卡内基基金会主张美国进行"及时和充足的备

① "Minutes of the Second Meeting of the Board of Trustees", March 9, 1911, Box 12, Folder 5, Carnegie Endowment for International Peace Records, Rare Book and Manuscript Library, Columbia University Libraries (hereafter cited as Carnegie Endowment for International Peace Records, RBML, CUL).

② "Minutes of the First Meeting of the Board of Trustees", December 14, 1910, Box 12, Folder 5, Carnegie Endowment for International Peace Records, RBML, CUL.

③ *Carnegie Endowment for International Peace Year Book for 1915*, The Endowment, 1915, pp. 18-19.

战",并表示"持久和平的根基在于各国相互尊重国际权利。如果有国家违背了这一原则,那它不仅损害了自身的自由,也破坏了世界和平"。[①]4月19日,在美国对德宣战后不久,基金会召开董事会讨论美国参战问题,决定由国际法部来为美国政府提供对外事务上的协助,以弥补政府职能和能力的不足。得知基金会的这一决议后,国务卿罗伯特·兰辛(Robert Lansing)表示,"在国务院工作量日益增大,快不堪重负的时候",基金会带来了"有生力量"。[②]战争期间,基金会不仅为国务院承担有关国际法与战争问题的研究,还提供了重要的人力资源和物质资源,包括将华盛顿总部的一整栋大楼免费交与新成立的公共信息委员会(the Committee on Public Information)使用。[③]鲁特形容说,基金会与国务院合作密切,甚至"几乎成了国务院的一个部门"。[④]此外,基金会还为威尔逊总统的智囊"顾问团"(the Inquiry)提供各种服务。"顾问团"成员詹姆斯·T.肖特维尔(James T. Shotwell)回忆说:"斯科特博士的参与极大地增强了顾问团的力量……(他)不仅亲自投入到顾问团的工作中,保持着他一贯的活力与执行力,还带来了一批十分出色与称职的工作人员。"[⑤]

当然,卡内基基金会最重要的目标是推广法律国际主义的世界秩序与国际组织方案。4月19日的董事会还达成一项决议,即基金会将"做出特殊努力来为国际法院的建立扫除一切障碍"。[⑥]但是,此前保持沉默的威尔逊开始主导美国战后世界秩序的设计。在威尔逊的"新外交"及战后秩序蓝图里,法律失去了在美国国际思想谱系里长期所享有的显赫地位。[⑦]

从1917年1月22日"没有胜利的和平"演讲,到1917年4月2日的宣战咨文,

---

① *Carnegie Endowment for International Peace Year Book for 1917*, The Endowment, 1917, pp. 21-22.

② *Carnegie Endowment for International Peace Year Book for 1917*, The Endowment, 1917, pp. 181-183.

③ *Carnegie Endowment for International Peace Year Book for 1918*, The Endowment, 1918, p. 23.

④ Charles DeBenedetti, *Origins of the Modern American Peace Movement, 1915–1929*, KTO Press, 1978, p. 47.

⑤ James T. Shotwell, *At the Paris Peace Conference*, Macmillan Co., 1937, pp. 9-10.

⑥ *Carnegie Endowment for International Peace Year Book for 1917*, The Endowment, 1917, p. 181.

⑦ 关于19世纪末20世纪初法律在美国国际主义思想中的突出地位,还可参见 Mark Mazower, *Governing the World: The History of an Idea*, The Penguin Press, 2012, pp. 66-93; Benjamin A. Coates, *Legalist Empire: International Law and American Foreign Relations in the Early Twentieth Century*, Oxford University Press, 2016, pp. 24-38; David S. Patterson, The United States and the Origins of the World Court, *Political Science Quarterly*, Vol. 91, No. 2, 1976, pp. 279-295.

再到1918年1月8日的"世界和平纲领"（十四点），威尔逊不断向世界阐述其国际新秩序的构想。对于这些外交与国际秩序思想，学术界用"威尔逊主义"来加以概括，它包括两个方面：一是国际秩序应该建立在自由主义原则基础上，包括集体安全、自由贸易、民主政府；二是美国外交路线应该是国际主义的，即积极参与国际事务并充当领导角色。[①]威尔逊主义把自由主义和国际主义相结合，因此又被称为"自由国际主义"（liberal internationalism）。其中，"促进民主"体现了威尔逊外交的理想主义追求，而"集体安全"则是威尔逊构建新国际组织的基石。在威尔逊看来，旧秩序的均势原则无法维护和平，必须建立普遍性的国际组织，通过成员国相互确保各自的政治独立与领土完整来实现和平。国联就是这样一个国际组织，它用基于规则的权力管理和争端解决机制来取代旧的均势机制，其成员国承诺使用经济、外交甚至武力来反对侵略者，维护成员国的领土完整。[②]由此可见，威尔逊主义既反对旧外交的权力政治，也不认可法律国际主义路线。在这套体系里，国际法或国际司法机制处于边缘位置，占据核心地位的是外交与政治机制。

1918年，随着欧战形势日益明朗化，战后国际秩序和国际组织问题成为美国朝野讨论的中心议题。虽然威尔逊提出了"十四点"，但并没有明确未来国际组织的具体形制。趁此机会，基金会领导人积极与威尔逊的外交决策圈沟通，试图把法律国际主义的方案添入威尔逊的战后计划中。

在1月和2月期间，鲁特与威尔逊最信任的外交顾问豪斯上校（Edward M. House）举行了多次会谈。豪斯向威尔逊汇报称，他正努力"促使卡内基和平组织与那些相信强制和平联盟的人合作"。[③]4月11日，鲁特应豪斯邀请共进午餐，讨论建立国联事宜。出席午餐会的还有前总统威廉·H.塔夫脱（William H. Taft）、哈佛大学校长劳伦斯·洛威尔（A. Lawrence Lowell），"顾问团"成员西德尼·梅泽斯（Sidney Mezes）等人。国务卿罗伯特·兰辛因故无法出席，但寄来了关于国联问题的书面意见。其中，塔夫脱和洛威尔都是强制和平联盟（League to Enforce Peace）的发起者。该组织成立于1915年6月，除了倡导建立国际法院和发展国

---

① 王立新：《踌躇的霸权：美国崛起后的身份困惑与秩序追求（1913—1945）》，中国社会科学出版社，2015年，第83页。

② 王立新：《踌躇的霸权：美国崛起后的身份困惑与秩序追求（1913—1945）》，中国社会科学出版社，2015年，第47~48页。

③ Charles Seymour, ed., *The Intimate Papers of Colonel House,* Vol. 4, Houghton Mifflin Company, 1928, p. 8.

际法之外,还主张运用经济或武力手段来保障和平,体现出一种集体安全理念,这是以往法律国际主义所不具有的,因此也可称之为"激进法律国际主义者"。① 这次会议事先得到了威尔逊的批准,目的就是协调不同国际主义派别的意见。在提到邀请鲁特时,豪斯对威尔逊说:"正如您所知道的,鲁特属于一个不同的阵营。他的那个阵营是所谓的'世界法院'(World Court)。"②

会上豪斯首先宣读了威尔逊的来信。对于未来的国联,威尔逊表示:"我们必须从订立神圣的盟约开始,这份盟约要包含相互保证政治独立和领土完整的条款(如果和会达成的领土安排是公平和令人满意的话,这种安排就应该永久化),但是如何落实这些相互保证和义务,则应视具体情况而定。"③强制和平联盟的塔夫脱和洛威尔认为,在集体安全原则上,盟约应该制定得更明确,即国联成员国对任何违反国际公约和规则的国家自动实施经济与军事制裁。与之相对,兰辛对集体安全和武力制裁持怀疑态度,认为"一个依靠武力来维持和平的协议毫无价值……保障和平的唯一力量是一个'民主联盟'(A League of Democracies)"。④

鲁特对以上三种意见均有异议。他认为兰辛的观点过于天真幼稚,塔夫脱、洛威尔坚持的自动制裁机制会使美国卷入不必要的麻烦,而威尔逊的互相保证领土的承诺有可能使非正义的国际现状永久化。经过长时间讨论,会议最后达成三个共同原则。⑤据此,鲁特起草了一份详细备忘录,于8月16日寄至豪斯处,这份备忘录集中体现了法律国际主义者的国际秩序构想。

首先,鲁特提出了"国际共同体"(the Community of Nations)的概念。他指出,"某个破坏和平的行为事关国际共同体中每一个成员国的利益",这种唇亡齿寒、相互依存的意识是国际组织建立的思想基础,它意味着"每个国家的主权将受到

---

① 关于强制和平联盟的研究,参见 Ruhl J. Bartlett, *The League to Enforce Peace*, University of North Carolina Press, 1944.

② Charles Seymour, ed., *The Intimate Papers of Colonel House,* Vol. 4, Houghton Mifflin Company, 1928, p. 12.

③ "Woodrow Wilson to Edward House", March 22, 1918, in Charles Seymour, ed., *The Intimate Papers of Colonel House*, Vol. 4, Houghton Mifflin Company, 1928,p. 16.

④ Charles Seymour, ed., *The Intimate Papers of Colonel House,* Vol. 4,Houghton Mifflin Company, 1928, p. 14.

⑤ 这三个原则是:1.无论国家的大小和地理位置,战争关系到每一个国家的切身利益;2.和平时期应该建立某种国际机制,当世界面临战争威胁的时候,各个国家能够召开会议来共同应对,以遏制战争;3.建立一个国际法院或仲裁机构来处理国际争议。Charles Seymour, ed., *The Intimate Papers of Colonel House,* Vol. 4, Houghton Mifflin Company, 1928,p. 16.

一定的限制",从而使国际共同体具有更高的权威。^①其次,必须建立一个强有力的国际组织来代表国际公意,最重要的是国际法院,但也要包括调查委员会、国际例行会议等政治性国际组织。鲁特提到,以前的国际机制主要依靠于个别国家的发起,比如海牙和平会议,而下一步是要建立普世性的常规机制,任何两个国家的争端都要提交给国际法院"商酌"(consideration),^②或者根据争端的性质提交给相关国际组织。这个机制的背后是各国行动一致的原则,承诺共同应对国际危机。但是具体如何应对,经济还是武力制裁?对此鲁特刻意模糊化,认为国际社会应根据具体事件的不同属性来区别对待。最后,鲁特提醒说,"国际事务中最坏的情况是达成一项无法遵守的协定",因此,如果美国政府同意承担美国人民难以接受的国际义务,即使是为了维护战后和平,也将会是一个"愚蠢"的决定。^③鲁特的提醒反映了法律国际主义者一直以来的不安,他们担心威尔逊在国联问题上走得太远。

8月23日,豪斯写信回复鲁特:"我和总统一起阅读了备忘录,并进行了深入细致地讨论。"^④此前,豪斯与法律国际主义者没有什么交集,对国际法院也不感兴趣,但受到鲁特的影响,豪斯开始吸收法律国际主义的观点,他曾向威尔逊承认:"过去我一直反对国际法院,但在设计战后秩序的工作中,我逐渐发现法院是战后国际机制必不可少的一部分,甚至将成为最重要、最有效的一部分。"^⑤前一个月,豪斯受威尔逊之命起草了一份美国版的国联盟约(简称"豪斯草案"),这是威尔逊政府设计国联的第一份草案,其中就包括建立国际法院的条款。

"豪斯草案"体现了法律国际主义与威尔逊主义的结合。一方面,草案把国际法院置于战后国际秩序的重要位置。第十款规定,国际法院由不超过15名法官组成,对涉及条约问题而又无法通过外交、仲裁或其他方式解决的国际争端拥有管辖权。第十四、十五款规定,对于无视国际法院管辖权或拒绝执行其裁决的

① "Elihu Root to Colonel House", August 16, 1918, in Charles Seymour, ed., *The Intimate Papers of Colonel House,* Vol. 4, Houghton Mifflin Company, 1928, pp. 43~44.

② 鲁特特意强调,他用的是"商酌"一词,而不是"决定"(decision)。Charles Seymour, ed., *The Intimate Papers of Colonel House,* Vol. 4, Houghton Mifflin Company, 1928, p. 46.

③ Charles Seymour, ed., *The Intimate Papers of Colonel House,* Vol. 4, Houghton Mifflin Company, 1928, p. 46.

④ Colonel House to Root, August 23, 1918, in Charles Seymour, ed., *The Intimate Papers of Colonel House,* Vol. 4, Houghton Mifflin Company, 1928, p. 47.

⑤ Charles Seymour, ed., *The Intimate Papers of Colonel House,* Vol. 4, Houghton Mifflin Company, 1928, p. 31.

国家,国联成员国不仅要终止与该国的一切经济与政治交往,还应对其实施全面的经济封锁,割断其与世界其他国家的联系。另一方面,草案包含了更多集体安全的内容。它规定,国联关注的事务是"任何战争或战争威胁",对于任何违反盟约而发动侵略的国家,国联将采取一致行动,但这些行动仅限于政治和经济方面。更重要的是,第二十款明确规定,国联成员国"互相保证领土完整与政治独立"。①

对于这种混合性的方案,威尔逊本人并不满意。他亲自对"豪斯草案"进行了修改,最重要的改动有两点:一是删除了几乎所有涉及国际法院的条款;二是在经济和政治制裁措施外,添加了"使用任何武力"的军事制裁手段。②显然,威尔逊决心排除草案里法律国际主义的内容,使其成为纯粹的威尔逊主义方案。对此,豪斯表达了不同意见,尤其不满总统摒弃以国际法院为中心的国际司法机制。但威尔逊态度十分坚决,没有一点回旋余地,豪斯也只好作罢,寄希望于巴黎和会上一定会有其他国家重新提出国际法院问题。③另外,豪斯多次建议威尔逊选择鲁特担任战后和会美国代表团的成员,以吸纳法律国际主义一派的力量。不过,威尔逊又拒绝了这一提议,他对豪斯说,鲁特的脑子完全是一种"律师的思维"(lawyer's mind),而这种思维具有严重的误导性,使鲁特得出了关于国联的错误认识。④后来威尔逊还表示,"鲁特先生的名声已经变得越来越保守,如果还算不上反动的话。这会使得大家一开始就对美国代表团产生一种偏见"。⑤由此可见,威尔逊对鲁特这类法律国际主义者有种根深蒂固的不信任感。

为什么威尔逊有意地拒斥法律国际主义?大概有以下几个原因:第一,欧战爆发后,大西洋两岸普遍对国际法和海牙和会体制的效力产生了怀疑,甚至是幻灭感。在这种社会思想影响下,威尔逊不愿重蹈覆辙,而是要另起炉灶。巴黎和会期间,威尔逊对英国代表说,海牙体制背后缺乏"约束力量",而现在,"我们集

---

① 关于"豪斯草案"的全部内容,参见 Suggestion for a Covenant of a League of Nations, in Charles Seymour, ed., *The Intimate Papers of Colonel House*, Vol. 4, Houghton Mifflin Company, 1928, pp. 28-36.

② Charles Seymour, ed., *The Intimate Papers of Colonel House,* Vol. 4, Houghton Mifflin Company, 1928, p. 38.

③ Warren F. Kuehl, *Seeking World Order: The United States and International Organization to 1920*, Vanderbilt University Press, 1969, pp. 263-264.

④ John Milton Cooper, *Breaking the Heart of the World: Woodrow Wilson and the Fight for the League of Nations*, Cambridge University Press, 2001, p. 36.

⑤ Philip C. Jessup, *Elihu Root*, Vol. 2, Dodd, Mead and Company, 1938, p. 379.

会的目的就是要达成必须严格遵守的协定……我的任务就是确保没有国家或某些人搞阴谋诡计——尤其那些玩弄权力游戏的笨蛋"。①他曾解释说,"国际法几乎被法律人所垄断。法律人喜欢界限分明,他们喜欢做什么事都井井有条。如果要做和昨天不同的事情,他们就会感到不自在。他们惧怕试验。他们喜欢有航线图的海域,否则他们就不敢冒险扬帆出航",然而,建立国联相当于从一片"未经标记的海域"起航,必须"勇于接受新的事物,对旧事物也不全盘否定。从旧物件中取材,编织出适合我们现在穿的新衣裳"。②

第二,威尔逊本人对法律的态度较为消极,在他看来,法律具有保守性和固定性,它是由一系列规则和前例组成的松散的道德体系,无法直接应用到复杂多变的国际关系中。这可能与威尔逊自身的知识结构与个人经历有关,他是政治学专业出身,拥有的更多是一种"政治的思维"而不是"法律的思维"。此外,他早年一小段并不如意的法律执业经历也使他对律师产生了偏见。③当时,威尔逊轻视法律人已是公开的秘密。他的国务卿兰辛评论说:

> 威尔逊并不掩饰的一个事实是,他不看重法律专家的意见,除非是那些严格意义上的法律问题。而在其他问题上,威尔逊视法律人的反对或批评为一种技术性的细枝末节,认为对先例的执迷扭曲了他们的判断。……回顾多年来我与总统的交往,我发现他会因既存的法律或惯例限制了他所谓的正义之举而感到愤怒。我并不是说他是个不守法的人。他不是那样的,但他明显地不满那些法律限制,极不情愿地遵守它们。……我认为他尤其憎恨有谁根据一条法律的条文、概念或先例来批评他的政策……④

---

① Calvin D. Davis, *The United States and the Second Hague Peace Conference: American Diplomacy and International Organization, 1899–1914*, Duke University Press, 1975, p. 355.

② "Before the International Law Society", May 9, 1919, in Ray Stannard Baker and William E. Dodd, eds., *The Public Papers of Woodrow Wilson: War and Peace*, Vol. 1, Harper and Brothers, 1927, pp. 479-480.

③ 1882—1883年,威尔逊在亚特兰大短暂从事法律职业,但他很快放弃这条道路,前往约翰·霍普金斯大学研习政治学和历史学,参见 John Milton Cooper, *Woodrow Wilson: A Biography*, Alfred A. Knopf, 2009.

④ Robert Lansing, *The Peace Negotiations: A Personal Narrative*, Constable and Company Ltd, 1921, pp. 38-39.

　　第三,党派政治也是一个重要因素。不可否认的是,推崇法律国际主义路线的鲁特、巴特勒、塔夫脱等人,几乎都是资深共和党人,而威尔逊又恰好是一位党派成见很深的总统,在促进两党合作方面乏善可陈。关于美国和会代表团人选问题,威尔逊不仅没有提名具有丰富外交和法律经验的鲁特和塔夫脱,甚至拒绝让一个共和党核心人士加入代表团。在一次内阁会议上,当有人提名前最高法院大法官、共和党人查尔斯·休斯(Charles Evans Hughes)时,威尔逊突然打断说,"不,休斯和我不可能共处一室"。[1]不难想见,威尔逊无法接受共和党人主导的战后秩序方案。

　　此处涉及一个十分复杂而重要的问题,即国际法在威尔逊主义中的地位。学术界大体有两种观点:一种认为威尔逊看重国际法的作用,并把维护和发展国际法作为自己的重要使命;[2]另一种则认为威尔逊轻视国际法,国际法在威尔逊主义中处于边缘地位。[3]厘清这一问题的关键,在于理解威尔逊的国际法观及其与当时占主流之国际法观念的区别。诚然,作为"学者"的威尔逊和作为"总统"的威尔逊,对于国际法的看法和态度完全不同,特别是欧战爆发后,威尔逊曾在多个场合倡导国际法。[4]不过,此时的"国际法"是经过他激进改造后的国际法,与战前美国国际法学界的共识大相径庭。1918年9月27日,威尔逊对于主权问

　　① John Milton Cooper, *Breaking the Heart of the World: Woodrow Wilson and the Fight for the League of Nations*, Cambridge University Press, 2001, p. 35.

　　② 国际法学者马克·贾尼斯指出,威尔逊对于国际法的看法和态度经历了从怀疑到重视、以至于狂热的演变。另一位国际法学者弗朗西斯·博伊尔也认为,威尔逊构建的国际联盟使世界秩序建立在国际法的基础上。参见 Mark Weston Janis, *America and the Law of Nations, 1776–1939*, Oxford University Press, 2010, pp. 158-175; Francis A. Boyle, *Foundations of World Order: The Legalist Approach to International Relations, 1898–1922*, Duke University Press, 1999, pp. 8-10.

　　③ 劳埃德·安布罗修斯、本杰明·科茨和斯蒂芬·沃特海姆等历史学者指出,威尔逊一直对国际法持怀疑态度,更不信任国际法专家,不愿意未来的国联变成一个国际司法机构。参见 Lloyd E. Ambrosius, *Woodrow Wilson and American Internationalism*, Cambridge University Press, 2017, pp. 140-143; Benjamin A. Coates, The United States and International Law, 1776–1939, in Christopher R. W. Dietrich, ed., *A Companion to U.S. Foreign Relations: Colonial Era to the Present*, Vol. 1, John Wiley and Sons, 2020, pp. 412-414; Stephen Wertheim, "The League of Nations: A Retreat from International Law?", *Journal of Global History*, Vol. 7, No. 2, 2012, pp. 223-227.

　　④ 参见 "Auditorium, Chicago", January 31, 1916, in Ray Stannard Baker and William E. Dodd, eds., *The Public Papers of Woodrow Wilson: The New Democracy*, Vol. 2, Harper and Brothers, 1926, pp. 58-61; "Address of the President of United States to the Senate", January 22, 1917, *Papers Relating to the Foreign Relations of the United States, 1917, Supplement 1, The World War*, United States Government Printing Office, 1931, p. 28.

题表示："人类的共同意志已经取代了单个国家的意志"。①1919年5月9日,在对巴黎的国际法学会演讲中,威尔逊强调,尽管没有常规的制裁和超国家的权威,但国际法仍然具有真实性和有效性,因为"国际法的背后有着更为伟大的力量,那就是人类的德性(moral rectitude of mankind)",并且,"如果现在我们要激活国际法的生命力——这种生命力只有当国际法真正成为我们的道德判断(moral judgment)时才会具有——我们应当在某种程度上继续完成这场战争所赋予的使命"。②在威尔逊看来,主权属于人类共同体,而不是被民族国家所垄断;国际法代表的更多是国际道义和人类公意,而不是抽象、封闭的规则体系;新的世界秩序建立在道德基础之上,而不是法律基础。③

换言之,威尔逊重新界定了主权概念,并为国际法注入了强烈的道德因素。这种带有自然法学说色彩的国际法观与美国主流的国际法实证主义(international legal positivism)④有明显的差异,持后一种观点的鲁特、斯科特和兰辛等人认为,民族国家才拥有最高的主权,国际法是实在法而不是道德。⑤结果,与法律国际主义者相比,威尔逊只是抽象地谈论国际法原则,而不能从实体国际法层面、技术层面提出指导性意见,更没有把国际法理念应用到构建战后秩序的实践之中。

---

① "Address Opening the Campaign for the Fourth Liberty Loan", September 27, 1918, in Ray Stannard Baker and William E. Dodd, eds., *The Public Papers of Woodrow Wilson: War and Peace*, Vol. 1, Harper and Brothers, 1927, p. 254.

② "Before the International Law Society", May 9, 1919, in Ray Stannard Baker and William E. Dodd, eds., *The Public Papers of Woodrow Wilson: War and Peace*, Vol. 1, Harper and Brothers, 1927, p. 479.

③ 关于威尔逊对主流国际法观的挑战与改造,参见 Leonard V. Smith, "The Wilsonian Challenge to International Law", *Journal of the History of International Law*, Vol. 13, No. 1, 2011, pp. 179~208.

④ 对该国际法理念的阐述,参见 Lassa Oppenheim, "The Science of International Law: Its Task and Method", *American Journal of International Law*, Vol. 2, No. 2, 1908, pp. 313~356; Mark Weston Janis, *America and the Law of Nations, 1776–1939*, Oxford University Press, 2010, pp. 126~130; Richard Collins, "Classical Legal Positivism in International Law Revisited", in Jorg Kammerhofer and Jean D'Aspremont, eds., *International Legal Positivism in a Post-Modern World*, Cambridge University Press, 2014, pp. 23-49. 关于威尔逊主义与国际法实证主义的比较分析,还可参见徐崇利:《国际关系理论与国际法学之跨学科研究:历史与现状》,《世界经济与政治》2010年第11期。

⑤ 参见 "The Real Monroe Doctrine", in Robert Bacon and James Brown Scott, eds., *Addresses on International Subjects by Elihu Root*, Harvard University Press, 1916, p. 113; James Brown Scott, "The Legal Nature of International Law", *American Journal of International Law*, Vol. 1, No. 4, 1907, pp. 831-866; Robert Lansing, "Some Legal Questions of the Peace Conference", *American Journal of International Law*, Vol. 13, No. 4, 1919, pp. 631-650.

二、卡内基基金会与巴黎和会、美国的国联之争

从 1919 年 1 月巴黎和会召开到 1920 年 3 月美国参议院拒绝批准和约,这段时间是战后世界秩序与国际组织构建的关键历史时期。为了将法律国际主义方案融入战后秩序安排中,卡内基基金会在两条"战线"上积极开展工作:一条是"前线",詹姆斯·斯科特作为美国代表团法律顾问出席了巴黎和会,与国际法部工作人员一道协助美国代表团筹划和平方案;[①]另一条是"后方",伊莱休·鲁特等人坐镇国内,通过游说、访谈、通信和发表等方式参与美国国内的国联大辩论,塑造了支持修改盟约和建立国际法院的公共舆论,对美国人如何认识国联与战后国际秩序产生了重要影响。

1918 年 12 月 16 日,卡内基基金会召开董事会讨论巴黎和会及战后秩序问题。前商务与劳工部长奥斯卡·斯特劳斯(Oscar S. Straus)提出,和会面临的核心问题是,如何构建一个能够维护和平的国际机构。在这个历史时刻,基金会应发挥自身影响力促进国际司法发展,从而让"古老的(均势)游戏不复存在"。[②]哈佛大学前校长查尔斯·艾略特则提醒说,仅从基督教文明的概念来理解"司法正义"是有误的,更不能以此来指导国与国之间关系。[③]鲁特尤为重视国际关系的认知框架,认为会议应首先"彻底修改国际关系的基本理论"。他从法学层面解释说,"迄今为止,国际关系的基本理论是,破坏和平的行为只关系到有直接利益的国家。这种理论相当于法律中的民法,而不是刑法",然而,各国现在应该接受新的国际关系理论,即"国际社会中破坏和平的行为是一种刑事犯罪,每一个国家都有责任和义务去阻止和惩罚(这种犯罪)"。在此基础上,参会各国必须同意建立执行法律的机构。鲁特承认,如果没有一个强有力的国际机构,无论公共舆论听起来多么公正,也只会"消失在稀薄的空气里,伴随着无助且无望的人们的哭嚎

---

① 基金会的团队成员还有乔治·芬奇(George Finch),亨利·G.克罗克(Henry G. Crocker),阿莫斯·S.赫尔歇(Amos S. Hershey),乔治·D.格里高利(George D. Gregory)。12 月 4 日,他们与威尔逊一起登上了"乔治·华盛顿"号邮轮,从纽约起航前往欧洲,其在巴黎的一切支出由基金会负担。*Carnegie Endowment for International Peace Year Book for 1919*, The Endowment, 1919, p. 33.

② "The Meeting of the Board of Trustees", December 16, 1918, Box 13, Folder 5, Carnegie Endowment for International Peace Records, RBML, CUL.

③ "The Meeting of the Board of Trustees", December 16, 1918, Box 13, Folder 5, Carnegie Endowment for International Peace Records, RBML, CUL.

与抱怨"。①

但是,鲁特不赞同强制和平联盟的集体安全方案,认为塔夫脱等人的计划将使得未来的国际机构"制造更多战争,而不是阻止战争"。在鲁特看来,这个国际机构必须包含两个部分,一部分是国际法院,负责审理可裁判性争端;另一部分是国际和解委员会,负责处理非可裁判性纠纷。鲁特重申,他反对任何具体的、自动的集体安全协定,这次会议上美国能够接受的义务是,"如果有任何国家拒绝向国际法院递交争议或拒不遵守法院判决,美国与其他国家共同承诺,根据当时的具体情况采取明智与合适的强制措施,捍卫国际司法公正"。②总之,这次董事会确定了基金会在战后秩序规划问题上的基本政策:"未来世界应该有一个国际法院,它的功能就如同普通法院在各国内部所起到的作用那样,也就是说,通过司法途径来保障和平……各国应该达成协议,尊重国际法院的权威和管辖权,并确保它的裁判能得到执行。"③

邀请斯科特加入美国代表团是罗伯特·兰辛的决定。尽管是威尔逊任命的国务卿,但兰辛与威尔逊的国际思想存在较大分歧,他更赞同法律国际主义理念。而威尔逊也并不信任兰辛,在和会召开前,威尔逊没有向兰辛咨询过关于国联的意见,也没有向兰辛展示他和豪斯拟定的国联盟约草案。④据兰辛分析,威尔逊之所以不信任他,一是他曾多次反对武力制裁和集体安全原则,建议采用更为现实的司法机制来解决国际争端,这与威尔逊的理念针锋相对;二是威尔逊讨厌"法律界"的人,而自己恰好是其中一员。⑤确实,无论是国际思想、知识结构还是职业经历,律师出身的兰辛都是一位标准的法律国际主义者。1920年兰辛辞去国务卿后,立刻当选了卡内基基金会董事,并一度出任副会长。⑥

鉴于美国代表团缺乏一份明确的国联方案,在到达巴黎不久,兰辛就指派代

---

① "The Meeting of the Board of Trustees", December 16, 1918, Box 13, Folder 5, Carnegie Endowment for International Peace Records, RBML, CUL.

② "The Meeting of the Board of Trustees", December 16, 1918, Box 13, Folder 5, Carnegie Endowment for International Peace Records, RBML, CUL.

③ "The Meeting of the Board of Trustees", December 16, 1918, Box 13, Folder 5, Carnegie Endowment for International Peace Records, RBML, CUL.

④ Robert Lansing, *The Peace Negotiations: A Personal Narrative,* Constable and Company Ltd, 1921, p. 34.

⑤ Robert Lansing, *The Peace Negotiations: A Personal Narrative,* Constable and Company Ltd, 1921, pp. 34-39.

⑥ The List of Trustees, *Carnegie Endowment for International Peace: Summary of Organization and Work 1911-1941*, Carnegie Endowment, 1941.

表团的两位法律顾问斯科特与大卫·米勒(David Hunter Miller)起草一份盟约大纲。12月20日,斯科特等人完成大纲并提交美国代表团讨论。与"豪斯草案"理念一样,这份大纲试图融合威尔逊主义与法律国际主义,在相互保证领土完整与政治独立外,添加司法裁判机制。大纲A条规定,签约国承诺"决不侵犯其他签署或拥护盟约国家之领土完整及损害其政治独立,除非有仲裁法院判决之授权,或是由本盟约建立国际联盟之国际委员会四分之三票同意"。①此外,大纲虽然主张对违约国进行集体制裁,但除了断交以外,没有明确制裁措施,更没有提到武力,这反映了斯科特等法律国际主义者对集体军事行动一贯的反感和戒备态度。

12月23日,兰辛将盟约大纲呈送给威尔逊,并在信中写道:"我强烈地支持相互保证,因为这是国联的根本。我努力找到了一个(折中的)办法,既能实现这个目标又能平息国内外的反对声浪。在我看来,这些反对声很有可能会破坏整个计划。"②1919年1月10日,兰辛就国联问题向威尔逊汇报,当面提起斯科特的盟约大纲。威尔逊显得极其不悦,立即表示他"不愿意让律师来起草和约"!③这件事是法律人在整个巴黎和会上地位和作用的缩影,连同国务卿兰辛在内,他们始终处于一个边缘化的位置,无法真正影响威尔逊的想法和行动。④

会后,斯科特向基金会汇报时指出,巴黎和会所制造的和平注定会失败,因为"任何维护和平的国际组织或机制,无论它的名头是多么的冠冕堂皇,无论它的条款是多么的理想主义,只要它无法使战败国心甘情愿地合作,那么它就必然沦为一纸暂时的停战协定,陷入再结盟与均势的轮回之中"。⑤更让斯科特失

---

① "From Robert Lansing, with Enclosure, Secret and Urgent", December 23, 1918, in Arthur S. Link, ed., *The Papers of Woodrow Wilson*, Vol. 53, Princeton University Press, 1986, p.475.

② "From Robert Lansing, with Enclosure, Secret and Urgent", December 23, 1918, in Arthur S. Link, ed., *The Papers of Woodrow Wilson*, Vol. 53,Princeton University Press, 1986 p. 475.

③ Robert Lansing, *The Peace Negotiations: A Personal Narrative,* Constable and Company Ltd, 1921, p. 178.

④ 尽管如此,斯科特和基金会专家仍然在其他事务上发挥作用,主要是拟定会议议程和分析各国提案。在某些技术性法律问题上,威尔逊咨询了斯科特的意见,比如总统订立国际条约的权限问题。此外,基金会还向各国代表分发了许多资料,包括数量庞大的国际条约汇编、国际法前例和相关学术著作。参见 Ralph D. Nurnberger, "James Brown Scott: Peace through Justice", PhD diss., Georgetown University, 1975, pp. 258~259; "Work in the Field of International Law: Memorandum of Progress", Box 47, James Brown Scott Papers, Booth Family Center for Special Collections, George-town University Library (hereafter cited as James Brown Scott Papers, BFCSC, GUL).

⑤ *Carnegie Endowment for International Peace Year Book for 1921*, The Endowment, 1921, p. 22.

望的是,巴黎和会最终没能建立一个真正的国际法院,甚至都没怎么提到国际法和海牙和会体制。尽管国联盟约第十四条规定,行政院应在未来着手筹建国际法院,但并未明确国际法院的具体工作机制和地位。①鲁特也抱怨说:"国联体制事实上放弃了所有努力去促进或维持一个国际法、仲裁或者司法解决争端体系……"②

1919年2月,巴黎和会公开了国联盟约草案(the Draft Covenant),立即激起美国国内各种政治力量的强烈反应。即使是在所谓保守国际主义者内部,不同派别之间的态度也差异显著。塔夫脱与他的强制和平联盟是支持国联盟约的中坚力量。塔夫脱表示,尽管国联盟约与他们的理想还有一定的差距,但已经非常接近。③然而,以参议员亨利·洛奇(Henry Cabot Lodge)为首的另一批保守国际主义者却强烈地反对这份国联盟约。在洛奇看来,它是"极其危险的",因为"有一个条款要求我们保证世界上每一个国家的领土完整与政治独立",这种保证只能通过武力才能实现,而这是美国人民不会接受也无法承受的负担。④鉴于鲁特在国际事务上的权威性及其背后强大的基金会实力,不同的保守国际主义派别纷纷寻求鲁特的支持。

鲁特对国联盟约的意见集中表达在他的两份信函中,一封是给共和党全国委员会主席威尔·海斯(Will H. Hays);另一封是给参议院外交委员会主席洛奇。这两封信最能代表以基金会为中心的美国法律国际主义者在国联大辩论中的立场和态度。

1919年3月,鲁特致信海斯,指出盟约草案存在几处严重缺陷,最重要的一点是忽视国际法的重要性,缺乏解决非政治性国际争端的司法机制。鲁特认为,盟约草案中设计的国联几乎是一个纯粹的政治机构,尽管第十四条提到了国际

---

① 即使是这一条,威尔逊也曾多次把它从和约中删掉,最后在英国的坚持下,威尔逊才妥协。关于国联盟约第十四条的形成,参见 Warren Kuehl, *Seeking World Order: The United States and International Organization to 1920*, p.280. 在这个过程中,斯科特也积极争取其他国家代表的支持,向威尔逊施压。比如,塞尔维亚和会代表米伦科·范思尼奇(Milenko R. Vesnitch)就向斯科特保证,他会代表本国坚持要求写入国际法院的条款,参见 *Carnegie Endowment for International Peace Year Book for 1921*, The Endowment, 1921, p. 113.

② "Elihu Root to Will H. Hays", March 29, 1919, Box 137, Elihu Root Papers, Manuscript Division, Library of Congress.

③ 关于塔夫脱对国际联盟的态度,参见 Theodore Marburg and Horace Flack, eds., *The Taft Papers on the League of Nations,* The Macmillan Co., 1920.

④ John Milton Cooper, *Breaking the Heart of the World: Woodrow Wilson and the Fight for the League of Nations*, Cambridge University Press, 2001, p. 59.

法院,但却是一个没有具体方案的空头文件。有关国际法的所有问题都交由"一个政治机构"来处理,依据的不是"法理"而是"权宜"。鲁特建议把盟约第十三条改为:所有缔约国一致同意,将所有可裁判的国际纠纷(包括国家荣誉或核心利益)以及那些经外交渠道无法解决的争端提交至国际法院,并且保证遵守和执行国际法院的裁决。此外,还应在第十四条的基础上补充"造法"的规定,即国联行政院须定期审议国际法现状以及统一国际法规则,以推动国际法不断完善和发展。①鲁特一共提出了六个方面的意见,并表示"如果我建议的这些条款都被接受的话,美国肯定会责无旁贷地加入国联"。②鲁特的观点得到包括海斯在内许多美国精英的认同,亨利·史汀生(Henry Stimson)直接找到代理国务卿弗兰克·波克(Frank Polk),强调鲁特观点的重要意义。随后,国务院用电报将鲁特的信发送至巴黎的美国代表团。③

1919年4月28日,在盟约草案出台2个月后,巴黎和会正式通过了《国联盟约》。与草案相比,正式盟约仅仅做出了些许重要修改,比如添加了退出国联的程序和承认"门罗主义"的内容。④这显然无法让法律国际主义者满意,还有相当一部分其他国际主义派别也拒绝接受这个盟约。此后,美国国内的国联辩论变得更加激烈。民主党人坚定地为盟约辩护,称第十条是"整个盟约的灵魂",删除它就等于摘除了维护世界和平体制的心脏。⑤塔夫脱、洛威尔领导的强制和平联

① "Elihu Root to Will H. Hays", March 29, 1919, Box 137, Elihu Root Papers, Manuscript Division, Library of Congress.

② "Elihu Root to Will H. Hays", March 29, 1919, Box 137, Elihu Root Papers, Manuscript Division, Library of Congress. 鲁特的修正意见包括:可裁判性问题提交至国际法院或仲裁机构;定期召开国际法编纂会议;坚持门罗主义;限定"第十条"五年的有效期;建立裁军监督机制;行政院须召开盟约修正会议,此后各国在提前一年告知后,有退出国联之权利。

③ Philip C. Jessup, *Elihu Root*, Vol. 2, Dodd, Mead and Company, 1938, pp. 390-392. 据美国代表团法律顾问大卫·米勒回忆,鲁特的信受到巴黎和会各国关注,但主要大国对信中提出的各项修正案不以为然,尤其不愿意接受强制仲裁、监督裁军等条款,参见 David Hunter Miller, *The Drafting of the Covenant*, Vol. 1, G. P. Putnam's Sons, 1928, pp. 377-382.

④ 即盟约第一条第三款,"凡联盟会员国,经两年前预先通告后,得退出联盟,但须于退出之时将其所有国际义务,及为本盟约所负之一切义务履行完竣";第二十一条,"国际协议如仲裁条约或区域协商类似门罗主义者,皆属维持和平,不得视为与本盟约内任何规定有所抵触"。世界知识出版社编:《国际条约集(1917—1923)》,世界知识出版社,1961年,第267、274页。

⑤ John Milton Cooper, *Breaking the Heart of the World: Woodrow Wilson and the Fight for the League of Nations*, Cambridge University Press, 2001, p. 104.

盟认同盟约的修改,并在5月到7月期间发起了声势浩大的"批准和约"活动。①
另一方面,不单是以洛奇为首的保守国际主义者,连此前支持威尔逊的进步国际
主义者也强烈地反对正式盟约。许多人认为,巴黎和会达成的安排极其不公正,
而盟约第十条将迫使美国不得不去保证一个错误的结果。进步国际主义的旗舰
杂志《新共和》(New Republic)宣称"这是不惜任何代价的和平",并把和约描述为
"没有人性的怪物",批准和约就相当于"自由主义的自杀行为"。②

在这种国内形势下,洛奇转向鲁特寻求建议,因为以鲁特为首的法律国际主
义者的立场对于"稳固地控制参议院和左右批准和约的投票至关重要"。③6月19
日,鲁特写信回复洛奇,表达严重不满:

> 在重建和加强一套针对法律问题的仲裁或司法体制方面,它什么都没
> 有做。在修改和发展国际法方面,它什么都没做。这样来看,美国半个世纪
> 以来所坚持的原则仍然被完全地忽视了,留给我们的这个体制把世界和平
> 的所有希望都寄托在一个政府机构身上,它是一个"人治"而非"法治"的政
> 府,根据"政治权宜"而非"国际权利"来行动。④

这封信花了更多的篇幅来批评盟约第十条。⑤鲁特指出,"美国人民决不会
在十年或二十年后把他们的年轻人送到世界的另一端,去打一场他们不相信或
没有切身利益的战争"。鲁特特别举出了"山东问题"来证明,巴黎和会的领土或
势力范围安排是赤裸裸的现实政治,而不是基于国际法的规则和公义,"我决不
会赞成我们的国家为了保证这样的安排去打仗"。当然,鲁特的立场与威廉·博
拉(William Borah)等孤立主义者截然不同,他不反对美国积极参与国际事务,只
是强调责任和义务具体化。比如,为了维护西欧的安全,美国可以承诺保证法国
的领土安全和政治独立,"这样,我们国家里的每一个人都能清楚地理解我们所

---

① Ruhl J. Bartlett, *The League to Enforce Peace*, University of North Carolina Press, 1944, pp. 128-129.

② "Peace at Any Price", *New Republic*, Vol. 19, May 24, 1919, pp. 100-102.

③ Philip C. Jessup, *Elihu Root*, Vol. 2, Dodd, Mead and Company, 1938, p. 397.

④ "Elihu Root to Senator Henry Cabot Lodge, Dodd, Mead and Company", 1938, June 19, 1919, Box 161, Elihu Root Papers, Manuscript Division, Library of Congress.

⑤ 该条规定:联盟会员国担任尊重并保持所有联盟会员国之领土完整及现有之政治上独立,以防御外来之侵略。如遇此种侵犯或有此种侵犯之任何威胁或危险之虞时,行政院应筹行此项义务之方法。世界知识出版社编:《国际条约集(1917—1923)》,世界知识出版社,1961年,第270页。

肩负的光荣义务",但是千万别盲目地承担"一个模糊和普遍的义务"。①这次,鲁特给出了3条保留条款,并建议参议院在批准带有保留案的和约后,立刻通过决议,要求总统推动各国建立一套司法解决争端的国际机制。②

鲁特的第二封信对统一共和党人的意见起到了重要作用。威尔·海斯告诉鲁特,7月1日参议院的共和党人做了一次摸底投票,49个共和党参议员中有47人完全支持鲁特的3条保留条款,只有2人(来自北达科他州和俄勒冈州)对涉及盟约第十条的保留条款存有疑义。甚至还有2位民主党参议员表示完全支持。③洛奇对美国和会代表团唯一的共和党成员亨利·怀特(Henry White)谈道,"这份信统一了参议院的意见。毫无疑问,它还对全国的公共舆论产生了巨大的影响"。④7月7日,洛奇向鲁特反馈说,"我们的同事都偏向保留案。我想的越多,就越觉得满意,因为这是一条正确的道路……你的信发挥了重要的作用,正如我预料中的那样"。⑤历史学者约翰·库珀(John Milton Cooper)对此评论道,"他(鲁特)为洛奇及主流共和党人设定好了一个基本路线,成为他们接下来9个月里的行动指南。现在,他们已经做好准备,等威尔逊从巴黎回来后,双方将展开一场激烈的国联之争"。⑥

在国联大辩论期间,卡内基基金会主要以私人游说的方式来影响美国外交,而不是像其他团体那样进行大规模的群众动员与宣传活动。除了鲁特以外,基金会董事、教育与交流部主任尼古拉斯·巴特勒也积极游说参议员,特别是弗兰克·凯洛格(Frank Kellogg)等所谓"温和保留派"。6月11日,在参议员弗雷德里克·黑尔(Frederick Hale)的家中,温和保留派讨论并认同了巴特勒提出的盟约保

---

① "Elihu Root to Senator Henry Cabot Lodge", June 19, 1919, Box 161, Elihu Root Papers, Manuscript Division, Library of Congress.

② 3条保留条款包括:参议院必须明确拒绝同意第十条;经提前两年告知后,各国拥有退出国联的绝对权利,不受其他条件限制;接受盟约并不意味着改变美国传统的美洲政策(门罗主义),其他国家无权干涉美洲问题。"Elihu Root to Senator Henry Cabot Lodge", June 19, 1919, Box 161, Elihu Root Papers, Manuscript Division, Library of Congress.

③ Philip C. Jessup, *Elihu Root*, Vol. 2, Dodd, Mead and Company, 1938, p. 402.

④ John Milton Cooper, *Breaking the Heart of the World: Woodrow Wilson and the Fight for the League of Nations*, Cambridge University Press, 2001, p. 108.

⑤ Philip C. Jessup, *Elihu Root*, Vol. 2, Dodd, Mead and Company, 1938, p. 402.

⑥ John Milton Cooper, *Breaking the Heart of the World: Woodrow Wilson and the Fight for the League of Nations*, Cambridge University Press, 2001, p. 108.

留条款,这些条款与鲁特的保留案几乎一样,包括建立一个常设的国际法院。[1]当时有基金会工作人员建议大规模分发鲁特的信并组织宣传活动,但被鲁特拒绝。[2]作为曾经的参议员,鲁特相信影响参议院的最好办法是私下交流,而不是对议员们施加外在的舆论压力。有意思的是,鲁特的想法与威尔逊恰好相反,为了迫使参议院妥协,威尔逊进行了著名的全美演说之旅(共做了32次重要演讲及8次一般性演讲),向民众解释和约争议问题,以争取舆论支持。[3]然而,威尔逊的这些努力并未对参议院内的反对派产生实质性影响,美国参议院分别在1919年11月和1920年3月两次拒绝批准和约。

回顾国联之争,以鲁特为首的法律国际主义者是一支不容忽视的社会力量,与其他保守国际主义者既有联系也有区别。鲁特与洛奇都主张美国对维护世界和平特别是欧洲的稳定负有责任,甚至支持美国加入某种同盟性质的大国联盟,但他们坚决反对威尔逊式的集体安全原则,更拒绝将推广民主视为美国外交政策的目标。从这个角度看,他们无疑都是"现实主义者"。然而,洛奇并不看重国际法和国际法院的作用,仍旧从权力政治视角来看待国际关系,认为美国参与国际政治的根本目的是维护和扩大美国实力与利益,这是洛奇派与法律国际主义者的根本区别。[4]与洛奇相比,鲁特则表现出更多的"理想主义"倾向。当初,塔夫脱的强制和平联盟与鲁特的卡内基基金会都被看作是法律主义的旗舰组织,主要从法律的角度思考国际秩序问题,共同主张国际仲裁与司法裁判,把推广美国的最高法院制度而不是美国的民主作为外交的重要目标。但后来,强制和平联盟表现得更为"激进",强调以武力为后盾的集体安全原则,赞同威尔逊的国联方案,这又是鲁特、斯科特等"传统"法律国际主义者所无法接受的。

法律国际主义与威尔逊主义的分歧更为显著。一是威尔逊拒绝建立一套国际司法体制(国际法院和强制仲裁等),缺乏国际法的内容是鲁特对国联盟约最

---

[1] Michael Rosenthal, *Nicholas Miraculous: The Amazing Career of the Redoubtable Dr. Nicholas Murray Butler*, Farrar, Straus, and Giroux, 2006, pp. 303-304.

[2] "A League of Nations by George Finch", Box 67, Folder 2, James Brown Scott Papers, BFCSC, GUL.

[3] 韩莉:《新外交·旧世界:伍德罗·威尔逊与国际联盟》,同心出版社,2002年,第238页。

[4] 1920年2月,鲁特在纽约共和党大会上呼吁,未来的共和党总统应该致力于改革国联,使其建立在国际法的基础上。此时国联之争大局已定,洛奇开始批评起鲁特的这些法律主义主张。对此,鲁特向史汀生抱怨说,"我曾那样地帮助他们,而现在,他们欢欣鼓舞地踩在我的背上继续前进"。Diary of Henry L. Stimson, February 22, 1920, in Philip C. Jessup, *Elihu Root*, Vol. 2, Dodd, Mead and Company, 1938, p. 409.

主要的批评。二是威尔逊试图革命性地改造国际秩序与现状,必然伴随一系列的政治和社会变革,包括民族自决、推广民主等。在这些方面,鲁特等人持"保守主义"的立场,他们认为建立国际司法机制后就能有效保障和平,无须彻底改变现状,也不相信民主国家之间就一定能避免战争。三是威尔逊把集体安全原则作为国际联盟的基石,而在法律国际主义者看来,这给美国带来了不能承受的负担和义务,而且武力未必是合适的制裁措施。

究其根本,威尔逊与基金会领导者的分歧在于如何认识法律在国内社会以及国际关系中的角色。作为政治学家,威尔逊认为政治与法律不可分割,而在这之上是最高的道德原则。威尔逊对国联的理解是,"它将作为全世界人民有组织的道德力量而发挥作用"。[1]在谈到饱受批评的盟约第十条时,威尔逊强调它"仅是道义的约束,而非法律上的",并进一步解释说,"一个道德义务当然高于法律义务……具有更强大的约束力"。[2]同时,威尔逊反感19世纪末20世纪初主导美国法学思想的法律形式主义(legal formalism),[3]认为人为地设立或执行"抽象的规则"(法律)很有可能会限制"社会的自发生长"。[4]但对于鲁特等法律人而言,法律与政治、道德互相分离,这也是法律为什么成为"法律科学"的根本原因。因为法律的形式主义属性,纷繁复杂的国际问题就像美国国内问题一样,得以转化为一个又一个具体的法律问题。换言之,国际冲突可以从政治领域中剥离出来,被置于完全不同的法律领域,通过司法机制来解决。这时,一个常设的国际法院就可以依据先例和普遍规则体系来做出"中立"的判决,从而维护国际正义与世

① "At the University of Paris", December 21, 1918, in Ray Stannard Baker and William E. Dodd, eds., *The Public Papers of Woodrow Wilson: War and Peace,* Vol. 1, Harper and Brothers, 1927, p. 330.

② "A Conversation with Members of the Senate Foreign Relations Committee", August 19, 1919, in Arthur S. Link, ed., *The Papers of Woodrow Wilson*, Vol. 62, Princeton University Press, 1990, pp. 343, 361.

③ 法律形式主义的基本内涵是:法律是由一系列公理组成的精确、完整且封闭的体系,从中可以推导出法律原则和规则,将这种原则与规则适用于特定的案件就可以得到确定的法律结果,从而"掌控永是纷乱的人情世故"。封闭的规则体系和严格的演绎推理是法律形式主义的主要特征。在法律裁决中,法律形式主义强调理性的、无可争议的推理(逻辑)的重要性,而不关注法律逻辑体系之外可能的经济、社会或历史的解释。参见 Thomas C. Grey, "Langdell's Orthodoxy", *University of Pittsburgh Law Review,* Vol. 45, No. 1, 1983, pp. 1-53; Morton J. Horwitz, *The Transformation of American Law, 1870–1960: The Crisis of Legal Orthodoxy*, Oxford University Press, 1992, pp. 9~31. 斯蒂芬·菲尔德曼:《从前现代主义到后现代主义的美国法律思想:一次思想航行》,李国庆译,中国政法大学出版社,2005年,第166~193页。

④ Stephen Wertheim, "The Wilsonian Chimera: Why Debating Wilson's Vision Hasn't Saved American Foreign Relations", *White House Studies,* Vol. 10, No. 4, 2011, p. 345.

界和平。[1]

三、"鲁特的法院"：常设国际法院的创设

巴黎和会的战后安排最终是一个混合物，像"女巫调制的适应人类口味的什么成分都有一点的药剂"，[2]既有威尔逊主义的成分，也有克里蒙梭现实主义的成分。它虽然未能建立起一套维护和平的国际司法机制，但仍然给法律国际主义者留下了一个希望，这就是国联盟约第十四条，该条规定国联行政院应筹建一个国际法院，以审理具有国际性质的争议。[3]为此，在美国政府拒绝加入国联的情况下，卡内基基金会承担起美国代表的职责，派遣鲁特、斯科特率领代表团赴欧直接参与国际法院的筹建并发挥了关键作用。

1920年2月，国联行政院根据盟约第十四条的要求，设置"法学家顾问委员会"（the Advisory Committee of Jurists），召集世界最优秀的国际法学者负责拟定国际法院规约事宜。[4]3月9日，鲁特收到了国联秘书长埃里克·德拉蒙德（Eric Drummond）的邀请函。当时，美国参议院再次拒绝批准和约几成定局，这份邀请促使鲁特决定，从国联之争的政治漩涡里抽出身来，全身心投入到国际法院的创设工作中。

---

① 法学家乔纳森·扎斯洛夫把这一思想归纳为"经典法律观念"（classical legal ideology），它相信法律是中立的、非政治性的社会秩序原则，其效力并非仅仅依靠国家强制力，国际法也是如此。因此，即使缺乏世界政府的权威，国际法和国际司法机构仍然能够维护国际秩序稳定，而无须政治的参与。参见 Jonathan Zasloff, "Law and the Shaping of American Foreign Policy: From the Gilded Age to the New Era", New York University Law Review, Vol.78, No.1, 2003, pp. 247-284. 建立在"经典法律观念"上的国际关系思想对20世纪20年代美国共和党政府外交产生了深刻影响，参见王立新：《踌躇的霸权：美国崛起后的身份困惑与秩序追求（1913—1945）》，中国社会科学出版社，2015年，第90~96页。

② Antony Lentin, *Lloyd George, Woodrow Wilson and the Guilty of Germany: An Essay in the Pre-history of Appeasement*, Leicester University Press, 1984, p. 132.

③ 全文为：行政院应筹拟设立国际常设法院之计划并交联盟各会员国采用。凡各方提出属于国际性质之争议，该法院有权审理并判决之。凡有争议或问题经行政院或大会有所咨询，该法院亦可发表意见。《国际条约集（1917—1923）》，世界知识出版社，1961年，第271页。

④ 关于法学家顾问委员会的专题研究有 Ole Spiermann, "'Who Attempts Too Much Does Nothing Well': The 1920 Advisory Committee of Jurists and the Statute of the Permanent Court of International Justice", *British Year Book of International Law*, Vol. 73, No. 1, 2002, pp. 187-260. 不过作者的论述主要基于欧洲方面的材料。另见 Michael Dunne, *The United States and the World Court, 1920–1935*, Printer Publishers, 1988. 作者主要关注的是美国国内的法院之争，同时低估了鲁特和斯科特在创建国际法院中的重要作用。

在5月5日的董事会上,鲁特建议基金会派出代表团参与国际法院创建,并强调"我们已经为此奋斗了十年",而如今终于有机会能够真正建立国际司法制度。①鲁特的提议得到各位董事的积极响应。弗吉尼亚州前州长安德鲁·蒙塔古(Andrew J. Montague)指出,建立国际法院并不是一项新事务,它完全符合基金会的既定目标。前助理国务卿大卫·希尔认为斯科特应该成为代表团的成员,因为共同出席海牙和会的经历使他确信,"没有人比斯科特更了解创建国际法院运动的历史"。②最后董事会通过决议,派出以鲁特为首、斯科特为特别助理的团队参加法学家顾问委员会会议,并为此拨款5万美元。③6月1日,鲁特一行登上"新阿姆斯特丹号"前往欧洲。临行前,鲁特与斯科特谈道,他期望本次会议能为"国际社会朝向法律与正义的目标开辟一条新的道路",正如1787年费城制宪会议在美国所起到的作用。④

6月16日,法学家顾问委员会会议在荷兰海牙开幕。除了鲁特外,委员会还有9位成员。⑤根据英国代表菲利莫尔的说法,委员会把"鲁特在卡内基基金会的同事斯科特博士"视为"一位正式成员",⑥而且还推选他担任十分重要的规约起草委员会委员。在鲁特看来,委员会的工作完全是"技术性的",他们不代表任何特定的国家。相反,"在这里,他们的身份纯粹是一名专家而已。如同很多医生被召集在一起来会诊一个病例,或者很多工程师在一起商讨如何去建设一座桥

---

① "The Meeting of the Board of Trustees", May 5, 1920, Box 14, Folder 1, Carnegie Endowment for International Peace Records, RBML, CUL.

② "The Meeting of the Board of Trustees", May 5, 1920, Box 14, Folder 1, Carnegie Endowment for International Peace Records, RBML, CUL.

③ "The Meeting of the Board of Trustees", May 5, 1920, Box 14, Folder 1, Carnegie Endowment for International Peace Records, RBML, CUL. 其他成员包括詹姆斯·扬(James E. Young)、迈克尔·麦克德莫特(Michael J. McDermott)和威尔伯·芬奇(Wilbur S. Finch)。*Carnegie Endowment for International Peace Year Book for 1920*, p. 164.

④ "Root to Scott", April 19, 1920, Box 34, Folder 12, James Brown Scott Papers, BFCSC, GUL.

⑤ 分别是菲利莫尔勋爵(Walter Phillimore,英国枢密院成员)、德康男爵(Édouard Descamps,比利时国务大臣)、安达峰一郎(日本驻比利时大使)、阿尔塔米拉(Rafeal Altamira,西班牙参议员和马德里大学教授)、费尔南德斯(Raoul Fernandes,巴西代表)、哈格尔普(Francis Hagerup,挪威前首相)、拉普拉蒂尔(Albert de Lapradelle,法国巴黎大学教授)、洛德(B.C.J. Loder,荷兰法院法官)、理奇-布萨蒂(Arturo Ricci-Busatti,意大利外交部法律顾问)。

⑥ Lord Phillimore, "Scheme for the Permanent Court of International Justice", *Transactions of the Grotius Society*, Vol. 6, 1920, p. 89.

梁"。①这大概是鲁特想象中的一种理想状态,符合他一贯的科学主义态度。但实际上,除了以鲁特为首的美国代表团确属私人性质之外,委员会的其他成员都在本国政府中担任要职,实乃官方委派的正式代表。

从6月17日到7月24日,会议延续了1个多月,就建立国际法院的诸多难题进行了全面而深入的商议与辩论,最后形成了规约草案。在这一过程中,法官选任和法院管辖权是摆在委员会面前最棘手的两个难题。

早在1907年第二次海牙和会期间,鲁特和斯科特就曾试图推动各国建立一个国际法院,但因大国和小国在法官选任问题上争执不下而失败。这次,法官选任仍旧是委员会前进路上的"绊脚石"。大体而言,委员会的意见分为两派,一派支持"大国优先"原则,而另一派坚持"国家平等"原则。日本代表安达峰一郎首先提出,大国应该拥有更大的影响力,因为世界和平主要依靠大国来维系,而且大国更能代表不同的法律体系和文化。根据安达的方案,国际法院法官由13人组成,其中5人固定由大国提名。②菲利莫尔支持安达的意见,这位资深的英国法官和政治家的表态有着举足轻重的影响。他表示,只有大国拥有固定的法官席位,它们才会对法院的裁判抱有信心,从而在需要的时候用实力来确保判决的执行。③与之相对,挪威代表哈格尔普表示不能接受任何与国家平等相违背的选任方案。他认为,国际法院应该是一个纯粹的司法机构,本质上区别于行政性的国联,"在法律眼中,所有国家一律平等……政治考量不应该被带入司法解决纠纷的程序里……真正重要的是找到独立的法官,他们具备深厚的法学素养、丰富的审判经验和崇高的人格"。④

---

① Michael Dunne, *The United States and the World Court, 1920-1935*, Printer Publishers, 1988, p. 30.

② "Report of J.B. Scott on the Work of the Advisory Committee of Jurists Invited by the Council of the League of Nations to Prepare a Plan for a Permanent Court of International Justice, Presented to CEIP Board of Trustees", September 17, 1920, Box 34, Folder 7, James Brown Scott Papers, BFCSC, GUL.

③ "Report of J.B. Scott on the Work of the Advisory Committee of Jurists Invited by the Council of the League of Nations to Prepare a Plan for a Permanent Court of International Justice, Presented to CEIP Board of Trustees", September 17, 1920, Box 34, Folder 7, James Brown Scott Papers, BFCSC, GUL.

④ "Report of J.B. Scott on the Work of the Advisory Committee of Jurists Invited by the Council of the League of Nations to Prepare a Plan for a Permanent Court of International Justice, Presented to CEIP Board of Trustees", September 17, 1920, Box 34, Folder 7, James Brown Scott Papers, BFCSC, GUL.

经过1907年的教训，鲁特和斯科特这次显然是有备而来，他们提出了打破僵局的方案，以解决法官选任这一悬而未决的难题。"鲁特—斯科特方案"（Root-Scott Plan）的核心是借鉴美国1787年费城制宪会议的经验，规定法官的选任分别由国联大会与行政院同时进行，国联大会里每个国家都享有平等的投票权，而行政院则主要是由大国主导，最后在两个机构均获得多数选票的候选人当选，于是两个机构都拥有拒绝另一方选举结果的"否决权"。①制宪会议通过设立两院的方式来协调大州和小州的利益，现在，这一办法被鲁特和斯科特用来解决大国和小国之争。6月18日的会议上，鲁特谈道：

> 在1787年制宪的时候，美国碰到的问题与现在几乎一样。我们当时也都是各个独立的、拥有主权的州，它们有大有小。大的州不愿意接受平等代表权，因为这样占多数的小州将获得控制权。另一方面，小州也不肯按照人口和财富的数量来赋予大州以主导地位……解决僵局的办法是设立两院制，一个里面各州拥有平等的代表权，而另一个依据人口数量来分配席位……我恳请各位委员考虑，是否按照类似的办法在国联大会和行政院同时投票选举法官……这样做能带来很多好处……它的实际效果是，小国占多数的国联大会可以保护小国的利益，而大国主导的行政院可以保护大国的利益。②

本质上而言，鲁特—斯科特方案是"国内类比"（domestic analogy）③思维的产物，这也是卡内基基金会致力于创建国际法院的长期实践中所坚持的理念。这一方案得到绝大多数委员的支持，从而弥合了两派的分歧，从根本上克服了法官选任这一难题。法国代表拉普拉蒂尔称赞道，鲁特提出的办法"既能安抚那些期

---

① "Root Report on Endowment's Personnel Role in International Law and Permanent Court following World War I", Box 34, Folder 12, James Brown Scott Papers, BFCSC, GUL.

② "Report of J. B. Scott on the Work of the Advisory Committee of Jurists", Box 34, Folder 7, James Brown Scott Papers, BFCSC, GUL.

③ "国内类比"的基本预设是，国内与国际都是一种无政府状态，需要某种公共权威才能实现秩序；这意味着，国家间有序社会与国内有序社会的条件是相同的，而消除国际无政府状态之效应的根本途径就在于建立一个世界政府或是将国内社会中的制度和原则应用来处理国家间关系。参见 Hedley Bull, "Society and Anarchy in International Relations", in Herbert Butterfield and Martin Wight, eds., *Diplomatic Investigations: Essays in the Theory of International Politics*, Allen and Unwin, 1966, p. 35.

望贯彻国家平等原则的人的敏感情绪,又能满足那些试图给予大国以特殊影响力的人的要求"。[1]随后,鲁特又吸收了委员会的讨论意见,将法官的提名权从国联两个机构中剥离出来,改由第一次海牙和会建立的常设仲裁法院来行使提名权。[2]这样做的目的是让法律专家来挑选出称职的法官人选,从而最大限度地排除国家的政治影响。鲁特解释说:"如果同时让各国政府来提名和选举的话,那么法院在本质上就和国联没有什么差别了。法院将成为一个建立在政治考量基础上的政治机构,代表各国政府行事,它无法拥有经过精心挑选的称职的法官,更不能独立地行使司法职能。"[3]上述方案经过菲利莫尔的简单处理后,重新以英美联合方案的形式正式提交委员会审议并获通过,所以一般称之为"鲁特—菲利莫尔方案"(Root-Phillimore Plan),但是它的实质内容却是鲁特与斯科特确定的。

　　国际法院的管辖权是摆在委员会面前的另一道难题,即是否应该导入一般性强制管辖权制度(compulsory jurisdiction)的问题。从历史上看,此前国际仲裁机制一般依据的是"合意原则"(the mutual consent of States),即当事国双方都同意将争端付诸第三方机构仲裁。尽管20世纪以来强制仲裁原则得到国际社会的一定认可,但主流仍然是合意原则。对于委员会而言,创设国际法院是前所未有的事情,无例可循,而国联盟约又并未明确法院的管辖权限,因此,委员会能否超越合意原则的限制,赋予常设国际法院强制管辖权以受理未经对方国家同意的单方面诉讼?

　　对此,委员会里存在两种不同的意见。安达峰一郎自始至终反对法院的强制管辖权,提出要严格遵照国联盟约第十四条的规定,"各方提出属于国际性质之争议,该法院有权审理并判决之",即只有"各方"都提出争议后,法院才能审理。意大利的理奇—布萨蒂也倾向于维持国际仲裁制度中的自愿仲裁原则。[4]另一方面,委员会主席德康强调:"是时候在强制管辖权问题上取得进步了。世

---

　　① "Report of J.B. Scott on the Work of the Advisory Committee of Jurists", Box 34, Folder 7, James Brown Scott Papers, BFCSC, GUL.

　　② 具体程序是,仲裁法院的仲裁员依国别组成"国家团",每一个国家团提名的候选法官人数不少于2人,不多于4人,其中有一半必须是其他国家的公民,然后全部汇总形成候选人名单,提交国联大会与行政院分别选举。"Report of J. B. Scott on the Work of the Advisory Committee of Jurists", Box 34, Folder 7, James Brown Scott Papers, BFCSC, GUL.

　　③ *Procès-verbaux of the Proceedings of the Committee, June 16th—July 24th, 1920, with Annexes*, Van Langenhuysen Brothers, 1920, p. 421.

　　④ "Report of J.B. Scott on the Work of the Advisory Committee of Jurists", Box 34, Folder 7, James Brown Scott Papers, BFCSC, GUL.

界对此翘首以盼。早在1907年时，强制管辖权就已经得到了普遍承认。委员会的职责是实践这个承诺，而不要被某些模糊不清的盟约条文所羁绊，况且这些条文很可能会被修正。"[1]

鲁特的意见仍然起到决定性作用。他认为，既然委员会已经得到行政院的授权，那么它只要提出符合国联盟约精神的方案即可，也就是建立一个真正的、能发挥实际作用的国际法院。为了达到这个目的，委员会可以超出盟约的必要限制。在鲁特看来，盟约制定者只具备关于国际仲裁的一般认识，缺乏对法院的深入理解，也没有考虑到两次海牙和会以来国际司法事业的进步。鲁特提醒诸位委员，什么才算是真正的法院和标准司法程序，那就是"原告向法院提起诉讼，陈诉其理由，然后被告一方需要向法院解释和辩护，最后把决定权留给法院，由它来做出判决，而不是要求双方当事人在提交诉讼之前就达成某种合意"。[2]进而鲁特呼吁道，"我们应该努力向前迈出一步……明晰权利问题与政策问题的界限，在此范围内号召全体国家同意：所有与条约或实在法有关的权利问题都应提交至法院，诉诸司法程序"。[3]

鲁特对国联缺乏司法属性深感不满，他想借此机会突破国联体制的限制，将法律主义的基本元素注入战后世界秩序的整体构造中。鲁特的发言使大部分委员深受鼓舞，随着讨论的深入，委员会开始认同导入一般性的强制管辖权。最后委员会决定，在外交途径无法解决或不存在其他争端解决机制的情况下，常设国际法院对国联成员国之间的"法律争端"具有强制管辖权。[4]

无论是法官选任还是法院管辖权，它们关系到一个更为根本的问题，即仲裁裁判和司法裁判的选择。通常，仲裁裁判在法庭的组成、程序以及适用法规方面都尽量确保体现当事国的自由意志。争端双方可以通过协商挑选仲裁员，

---

① *Procès-verbaux of the Proceedings of the Committee, June 16th—July 24th, 1920, with Annexes*, Van Langenhuysen Brothers, 1920, p. 231.

② *Procès-verbaux of the Proceedings of the Committee, June 16th—July 24th, 1920, with Annexes*, Van Langenhuysen Brothers, 1920, p. 241.

③ "Report of J. B. Scott on the Work of the Advisory Committee of Jurists", Box 34, Folder 7, James Brown Scott Papers, BFCSC, GUL.

④ *Procès-verbaux of the Proceedings of the Committee, June 16th—July 24th, 1920, with Annexes*, Van Langenhuysen Brothers, 1920, pp. 679-680. 所谓"法律争端"，指的是某一条约或法院判决的解释以及有关国际义务和国际法的问题。起初，鲁特提议国际法院应该对各国提交的"任何国际争端"具有管辖权，但由于阻力太大，最后还是圈定为"法律争端"。"Root Report on Endowment's Personnel Role in International Law and Permanent Court following World War I", Box 34, Folder 12, James Brown Scott Papers, BFCSC, GUL.

组成临时的仲裁法庭。这既是仲裁的优势也是它的缺陷,因为在很多情况下,仲裁裁判可能会变成另一种政治妥协过程。[1]在讨论法官选任问题时,比利时的德康和意大利的理奇—布萨蒂不仅主张国家平等,更强调新法院应该建立在常设仲裁法院的基础上。[2]在斯科特看来,这些方案的实质是把新法院变成又一个仲裁法院而已。至于法院管辖权的争论,斯科特指出:"两种不同观点的区别就是司法法院和仲裁法院的区别——司法法院不必征求当事国提交争端的同意,因为只要在法院的管辖范围内,它们就必须向法院提交争端。而另一方面,仲裁法院运作的前提是,当事国双方就某一特定问题达成合意,共同将争端提交至仲裁法院。"[3]

在仲裁裁判和司法裁判的方向性选择中,鲁特和斯科特无疑是司法裁判最坚定的支持者,这也是基金会的一贯政策和目标,即未来的国际法院一定是"真正的法院",由固定且专业的法官组成,依照国际法的普遍规则审理一切可裁判性国际争端,最大限度地排除政治干扰。这种选择背后体现了不同法学理念的争锋。如前所述,鲁特、斯科特等人笃信法律形式主义,认为法律与政治可以分离,国际法是"法律科学"的一部分,国际法院本质上就是国家里的最高法院,特别是美国式的最高法院。在他们看来,国际秩序是政治秩序与司法秩序的结合,如果不是司法优先的话,两者至少也处于平等的地位。但对于许多欧洲法学家而言,政治与法律难以区分,国际法院也无法摆脱国际政治的影响,国际秩序的核心是政治安排。对此鲁特曾回忆说,"在委员会里,我们夜以继日地辩论着某些问题,但唯一的分歧其实是我们大脑深处一套完全不同的理念,而不是大家口头所表达的东西"。[4]

从委员会最后通过的《常设国际法院规约草案》来看,鲁特和斯科特成功地

① 杉原高嶺:《国际司法裁判制度》,王志安、易平译,中国政法大学出版社,2007年,第17~20页。根据法学家博伊尔的分析,有些国家之所以偏向仲裁,正是因为仲裁的政治妥协可以避免零和博弈的情况,参见 Francis A. Boyle, *Foundations of World Order: The Legalist Approach to International Relations, 1898–1922*, Duke University Press, 1999, p. 38.

② "Report of J.B. Scott on the Work of the Advisory Committee of Jurists", Box 34, Folder 7, James Brown Scott Papers, BFCSC, GUL.

③ "Report of J.B. Scott on the Work of the Advisory Committee of Jurists", Box 34, Folder 7, James Brown Scott Papers, BFCSC, GUL.

④ "Address before the Association of the Bar of the City of New York", October 21, 1920, in Robert Bacon and James Brown Scott, eds., *Men and Policies: Addresses by Elihu Root*, Harvard University Press, 1925, p. 400.

将基金会的国际法院构想写进规约草案之中。法官的选任基本按照"鲁特—斯科特方案"所设定的程序进行,强制管辖权也由规约草案的第33和34条款所确认。正如日本国际法学家杉原高岭所评论的那样:"主权国家没有自己的同意,不受国际法庭的传唤。从这一传统观念来看,委员会的提案显得颇为大胆。它明显体现出委员会意在创设一个区别于仲裁法院的、真正的司法法院的壮志豪情。"①简言之,鲁特和斯科特试图利用此次会议的机会,推动国际社会建立一套完整的国际司法体系,以之作为国际秩序的基石,从而实现卡内基基金会及美国法律国际主义者长期以来的目标与梦想。对于他们来说,海牙顾问委员会会议就是巴黎和会失败与美国错失国联之后的"第二次机会"。

但是,国联并没有完全接受委员会的规约草案。1920年10月,行政院在整体认可规约草案的情况下对它进行了部分修正,最重要的是取消强制管辖权制度,代之以必须依照当事国双方合意原则的管辖权制度(除了现行条约已经设定的强制性管辖的争端)。11月,行政院将修正后的规约草案提交给第一届国联大会审议。在国联大会的讨论中,不少国家(如哥伦比亚、阿根廷等)提出要恢复强制管辖权制度,因而引发激烈争论。最后是巴西代表提出了一个妥协方案,即在原则上确立合意管辖权之外,另行准备一个承认强制管辖权的议定书,联盟成员国可以在两者之间任意选择,这就是著名的"选择条款"(optional clause)制度。经过这些修改后,国联大会在12月13日全体一致通过草案,《常设国际法院规约》最终形成。②1921年9月,依照法院规约,国联行政院和大会共同选举出11名法官和4名预备法官(deputy judge)。次年2月15日,常设国际法院正式开庭,宣告世界上第一个国际性的司法审判机构诞生。

对于基金会的法律国际主义者来说,国联的修改无疑是令人失望的,因为它混淆了仲裁与司法裁判,在一定程度上,把两个法院(常设仲裁法院与常设国际法院)变成了两个相互竞争的机构。③但无论如何,常设国际法院是一个前所未有的国际机构,它的创设为和平解决国际争端提供了一条政治和解、仲裁裁

---

① 杉原高岭:《国际司法裁判制度》,王志安、易平译,中国政法大学出版社,2007年,第117页。

② 关于行政院与国联大会对草案的讨论与修改,详见 *Carnegie Endowment for International Peace Year Book for 1921*, The Endowment, 1921, pp. 123-131; Ole Spiermann, "'Who Attempts Too Much Dose Nothing Well': The 1920 Advisory Committee of Jurists and the Statute of the Permanent Court of International Justice", *British Year Book of International Law*, Vol.73, No.1, 2002, pp. 242-253; 杉原高岭:《国际司法裁判制度》,王志安、易平译,中国政法大学出版社,2007年,第29~32页。

③ James Brown Scott, "The Permanent Court of International Justice", *American Journal of International Law*, Vol. 15, No. 2, 1921, p. 265.

判之外的新路径,奠定了现代国际司法体系的基础。①鲁特向基金会汇报道:

> 国联行政院删除了强制管辖权条款,所以不管是仲裁还是向法院提交争端都必须是自愿的。我对此深表遗憾。尽管如此,问题还不至于那么的严重。首先,这个计划已经在那里,世界总有一天会接受,你无法将它存在的事实抹掉。况且,世界上已有十个国家的优秀代表认可了该计划,其中既有大国也有小国,这也是一个铁定的事实,任何力量无法改变。只要我们的计划是正确的,即使各国现在尚未准备充分,但未来它们一定能迈出这一步。②

在国际法院创设过程中,卡内基基金会发挥了不可替代的关键作用。法学家委员会的同事们公认鲁特为"国际法院之父",1926年英国的菲利莫尔致信鲁特称,人们一般认为这是"你和我的国际法院",但事实上,"不管怎样都是你的法院"。③而鲁特认为,这是基金会团队特别是斯科特的功劳,他对诸位董事说:"你们拨款了5万美元,使得斯科特博士和助理们得以成行。我想说的是,就海牙会议的成果来看,如果没有斯科特博士所做的工作,无论如何也无法取得这样的成果。他的在场具有无可估量的价值,因为他对会议的一切了如指掌,应对自如,包括人物、主题、程序和所有会议过程中出现的困难与问题。"④

的确,鲁特与斯科特在会上配合默契,一般是斯科特先拟订方案,再由鲁特提出。对斯科特而言,国际法院的建立证明了"卡内基基金会十年来的付出是值得的",如果不是基金会的坚持,"创设国际法院的事业早在1907年海牙和会失败之后就已经灰飞烟灭了"。他相信,"基金会的董事们完全有理由感到欣慰,正是由于他们的同意,我才不断地向世界推出一个又一个国际法院方案,也是在他们

---

① 所谓"现代国际司法体系",是指以国际法院裁判为基轴、传统的仲裁裁判与之并行、在特定领域中辅之以职能性法院的整体构造。参见杉原高岭:《国际司法裁判制度》,王志安、易平译,中国政法大学出版社,2007年,第23页。关于国际争端解决方法和制度的发展,参见J. G. 梅里尔斯:《国际争端解决》,韩秀丽等译,法律出版社,2013年。

② "Root Report on Endowment's Personnel Role in International Law and Permanent Court following World War I", Box 34, Folder 12, James Brown Scott Papers, BFCSC, GUL.

③ "Phillimore to Root", August 23, 1926, Box 141, Elihu Root Papers, Manuscript Division, Library of Congress.

④ "Root Report on Endowment's Personnel Role in International Law and Permanent Court following World War I", Box 34, Folder 12, James Brown Scott Papers, BFCSC, GUL.

的授权下,会长(鲁特)与我出席了顾问委员会的会议,并依照我们的理念与经验去构造了一个新的法院"。[①]

总之,常设国际法院的创设表明,基金会的法律国际主义事业取得了有限成功。1925 年,美国著名出版人爱德华·博克(Edward W. Bok)这样评价新成立的国际法院:"从根本上来说,世界法院是我们的构想。我们为之宣传、辩论和苦干了许多年。在几位最优秀的美国人主导下,它终于建立起来了。……它植根于美国理念并反映出我们对法院的强烈民族信仰。"[②]当时不少美国精英认为,与国联的情况不同,美国能接受并加入常设国际法院,比如哈佛大学教授曼利·哈德森(Manley O. Hudson)说道,"如果过去半个世纪里,美国外交政策有一个不变的特征,那就是我们对建立常设国际法院这一理念的支持。……对法院机构的普遍赞赏,似乎足以说明新设立的国际法院体现了美国人的愿望"。[③]然而,令基金会及国际法院支持者失望的是,由于强大的孤立主义势力的影响,美国政府自始至终没有加入这个由美国最先倡议和美国精英付出长期努力构建而成的"世界

---

① *Carnegie Endowment for International Peace Year Book for 1921,* The Endowment, 1921, pp. 130-131.

② Denna F. Fleming, *The United States and the World Court, 1920–1966*, Russell and Russell, 1968, p. 23.

③ Manley O. Hudson, *The Permanent Court of International Justice and the Question of American Participation, with a Collection of Documents*, Harvard University Press, 1925, p. 182.

法院",①这无疑是一种历史的讽刺。

结 语

一战爆发后,卡内基基金会试图借助美国参战的机会,将法律国际主义构想写进战后世界秩序的蓝图里。在美国战后规划、巴黎和会和国联之争过程中,基金会发挥了重要作用,促进了美国人对战后国际秩序以及美国国际角色的认识和理解。但威尔逊并不认同基金会的法律国际主义主张,他更关心集体安全与政治协商机制,而不是国际法与国际法院。换言之,威尔逊主义与法律国际主义是竞争而非融合的关系,这区别于凯南等现实主义者所描述的那种"法律主义—道德主义取向"范式。战后美国政府拒绝加入国联,从而放弃了充当世界领袖的角色。在这种情况下,基金会以非政府组织的身份继续参与国际秩序构建,推动创立常设国际法院,不仅成功解决了法官选任这一难题,还将一般强制管辖权导入到国际司法实践之中。常设国际法院的设立,标志着国际司法制度作为解决国际争端的重要途径步入历史舞台。

但总体而言,卡内基基金会所设计的国际秩序以及维护和平的目标在一战后并没有实现。战后国际秩序仍然建立在权力政治基础上,国联是这个秩序中最重要的国际组织,而不是国际法院。实际上,常设国际法院在战后国际关系中发挥的作用,远没有达到基金会的期望。1922年至1939年,尽管常设国际法院

---

① 实际上,20世纪20年代的三届共和党政府(哈定、柯立芝和胡佛)都主张美国应尽快加入国际法院,认为独立于国联存在的国际法院是解决国际纠纷、促进世界和平的重要机构。1926年1月,美国参议院批准了附有五项保留案的国际法院议定书,但其中第五项保留案(凡是涉及美国利益的咨询意见,在没有得到美国同意前不得提出请求)遭到国际法院成员国的强烈反对。1929年2月,同样在卡内基基金会的安排下,鲁特以私人身份前往日内瓦参加第二次法学家顾问委员会会议,与国际法院成员国达成妥协方案,即美国可以对涉及自身利益的法院咨询意见提出抗议,抗议是否有效须经过法院其他成员国投票表决。同年12月,胡佛签署了经过修改的美国加入国际法院议定书,但由于各种原因,直到二战爆发参议院也没有批准议定书。至于为什么美国没有加入国际法院,有学者认为是国会参议院的极力阻挠,也有学者认为是富兰克林·罗斯福的消极态度所致,但有一点是学者们的共识,即美国强大的孤立主义势力认为,加入国际法院会成为加入国联的第一步,并且担心法院的咨询管辖权会将美国置于国联的实际控制之下。在某种层面上可以说,法院之争的本质是国联之争的延续。参见 Denna F. Fleming, *The United States and the World Court, 1920-1966*, Russell and Russell, 1968; Robert D. Accinelli, "The United States and the World Court, 1920-1927", PhD diss., University of California at Berkeley, 1968; Gilbert N. Kahn, "Presidential Passivity on a Nonsalient Issue: President Franklin D. Roosevelt and the 1935 World Court Fight", *Diplomatic History*, Vol. 4, No. 2, 1980, pp. 137-159; Michael Dunne, *The United States and the World Court, 1920-1935*, Printer Publishers, *1998,.*

在促进国际法规则发展方面作出了一定贡献,但它未能有效解决30年代出现的重大国际危机,也无力阻止或延缓二战的爆发。[1]基金会的目标之所以没有实现,除了非政府组织的作用有限外,还与法律国际主义思想的局限性有关。首先,它排斥集体安全原则和军事制裁,使得国际司法缺乏可靠保障。而在一个国际无政府状态里,没有强制力的国际司法很难约束主权国家特别是大国的行为。[2]法律国际主义者担心美国的行动受到限制,反对承担过多的政治和军事义务,更不愿意为维护国际司法付出高昂代价,这导致法律国际主义的目标与实现目标的手段之间存在严重失衡。其次,它突出司法解决国际争端的首要地位,将国际法院视为国际秩序的核心制度,企图把所有国际争端变为法律问题,这实际上是不现实的。可裁判性争端的范围在现实国际政治中相当有限,尤其是那些容易引发战争的争端关系各国核心利益,它们不愿意诉诸第三方的司法程序。[3]事实上,美国国内的司法过程在很大程度上也受到政治过程的干扰与影响。[4]最

---

① 这段时间内,常设国际法院共受理案件66件,包括诉讼案38件,咨询案28件。法院发表判决书32件,咨询意见书27件。20世纪30年代中后期,随着国际局势的日益紧张,法院受理案件数逐年减少。1935年后,国联提交咨询意见的请求完全中断。这体现了常设国际法院在国际关系特别是危机管理中的边缘地位。二战后,国际法院(International Court of Justice)基本承袭了常设国际法院的模式,并成为联合国的主要司法机构。参见苏晓宏:《变动世界中的国际司法》,北京大学出版社,2005年,第43页;杉原高嶺:《国际司法裁判制度》,王志安、易平译,中国政法大学出版社,2007年,第34页。对于常设国际法院所做工作及其历史意义的详细分析,可参见 Ole Spiermann, *International Legal Argument in the Permanent Court of International Justice: The Rise of the International Judiciary*, Cambridge University Press, 2004.

② 有国际法学者指出,对于各国在何时以及为什么遵守国际法,最合理的解释并不是"各国已将国际法内在化,或具有一种遵守国际法的习惯,抑或受到其道德力的吸引,而仅仅是国家依据自身利益行事"。参见 Jack L. Goldsmith and Eric A. Posner, *The Limits of International Law*, Oxford University Press, 2005, p. 225.

③ 司法裁判往往意味着零和博弈,而政治办法则可以寻求相互妥协。特别是在现实主义学派看来,只要国际社会仍处于"无政府状态",那么政治与法律的界限就始终存在。在国际争端中,"政治性争端"事关国家根本利益,属于国家间权力斗争的场域,不具备可裁判性。爱德华·卡尔指出,对于"政治性争端","第一步就是走出仲裁和司法程序的死胡同,因为在这条死胡同里根本无法找到解决问题的办法"。汉斯·摩根索也表示:"政治争端——与紧张状态有关并因此关系到两国之间整体的权力分配的争端——不能通过司法途径解决。"见爱德华·卡尔:《20年危机(1919—1939):国际关系研究导论》,秦亚青译,世界知识出版社,2005年,第187页;汉斯·摩根索:《国家间政治:权力斗争与和平》,徐昕等译,北京大学出版社,2006年,第475页;徐崇利:《国际争端的政治性与法律解决方法》,《国际政治研究》2018年第2期。

④ 托克维尔称,美国的几乎所有政治问题迟早都要变成司法问题。但有学者指出,是否能够进入"法治"之内,却是一个政治问题。宪政机制实际上也是一种组织化的利益谈判机制。参见王希:《原则与妥协:美国宪法的精神与实践》,北京大学出版社,2014年,第34~36页。

后,它试图用美国的政治经验和法律制度来整合整个世界,而没有看到世界的多样性。基金会精英深受国内政治和社会经验的影响,认为美国的成功为解决国际无政府状态提供了最佳模板,追求世界秩序的"美国化"。然而,不同国家的人们对于法律与正义的判断不尽相同,各国的政治制度和法律文化也千差万别,这决定了基于美国国内经验的法律国际主义方案存在很大的局限性。从这个意义上说,基金会的法律国际主义思想带有相当程度的"理想主义"色彩,国际社会离实现建立在国家平等和普遍认同基础上的国际关系法治化目标,仍然十分遥远。

本文原刊载于《世界历史》2021年第3期,是中央高校基本科研业务费专项资金资助项目(项目编号:63212053)的阶段性成果。

作者简介:

滕凯炜,土家族,湖南凤凰人。历史学博士,2019年毕业于北京大学。中美富布赖特联合培养博士生(哈佛大学历史学系)。现为南开大学历史学院助理研究员、师资博士后。曾在《世界历史》、*Chinese Studies in History*等学术期刊发表文章,博士论文获评2019年度"北京大学优秀博士学位论文"。主持国家社科基金青年项目1项。研究方向为美国外交史、中美关系史和跨国史。

19—20 世纪初期的帝国扩张与医学研究

——以德国胶澳军医医学报告为中心的探讨

袁玮蔓

1897年11月，德国政府出兵强占胶州湾，并在次年3月迫使清政府签订《胶澳租借条约》，使胶州湾成了德国的租借地，同时派遣军队进行驻防，直到1914年11月撤离。在德国占领胶澳租借地的十七年里，驻军士兵不断受到疾病的威胁和侵害；随军而来的德国医生对此进行了细致的观察和科学的研究，并以此为基础撰写和发表了大量的医学报告。

在以往的研究中，学者们多以这些医学报告为基础，来探讨胶澳租借地的疾病、医疗与卫生。相关的研究成果主要可以分为两个方面：(1)以胶澳租借地医疗卫生情况为中心的研究，代表性的著述主要有：约翰·施雷克尔(John Schrecker)的《帝国主义和中国民族主义——德国人在山东》、[1]安奈特·比奈尔(Annette S. Biener)的《山东的德国租借地青岛(1897—1914)——殖民地化带来的社会因素的变化》[2]以及黄福得的《青岛——德国统治下的中国人(1897—1914)》[3]和《1897至1914年间德国在青岛的殖民体制与卫生建设》；[4](2)对德国胶澳军医历史作用的探讨，例如：沃尔夫冈·埃卡特(Wolfgang Eckart)的《1897—1914年间在中国的德国医生——德意志第二帝国中作为文化使命的医疗卫生业》[5]和袁玮蔓的《试析德国军医在青岛及其腹地的医疗实践和科学考察(1897—1914)》[6]等。

不过，德国胶澳军医的医学报告同时也是德国军医自身"语言行为"的结果，

---

① John E. Schrecker, *Imperialism and Chinese Nationalism: Germany in Shantung*, Harvard University Press, 1971, pp. 79-83, 214-217.

② Annette S. Biener, *Das deutsche Pachtgebiet Tsingtau in Schantung 1897–1914. Institutioneller Wandel durch Kolonialisierung*, Motzat, 2001, S. 257-289.

③ Fu-teh Huang, *Qingdao: Chinesen unter deutscher Herrschaft 1897–1914*, Projekt Verlag, 1999, S. 193‒245.

④ 黄福得：《1897至1914年间德国在青岛的殖民体制与卫生建设》，《政治大学历史学报》2008年第29期。

⑤ Wolfgang U. Eckart, *Deutsche Ärzte in China 1897–1914. Medizin als Kulturmission im Zweiten Deutschen Kaiserreich*, Gustav Fischer Verlag, 1989, S. 19-60.

⑥ 袁玮蔓：《试析德国军医在青岛及其腹地的医疗实践和科学考察(1897-1914)》，《历史教学问题》2020年第1期。

其内容和表述体现着他们的心态、意图和目的。德国历史学者余凯思（Klaus Mühlhahn）在探讨德国胶澳总督府在租借地所实施的医疗卫生措施时提出，德国当局对中国人的医学认知和得出的医学结论，为这些措施的制定和推行提供了理论支持。①在这一研究思路的启发下，本文以德国胶澳军医的医学报告为研究中心，系统地分析其中的记述内容和阐释方式，并对帝国主义时代的科学研究问题做进一步的思考。

一、德国在胶澳租借地的驻军与医疗

在德国占领胶州湾之后，占领时的军事力量不足以满足驻守胶澳租借地的任务，而且德国在中国也没有大规模的部队可供调遣。在这个背景下，德国海军部于1897年年底决定了派驻胶澳租借地的军队组织及人数。德国在胶澳租借地的驻军主力由海军陆战第三营和海军炮兵第五营组成。1898 年 1 月 26 日，来自德国的 1458 名士兵作为第一批驻军抵达了胶州湾，②之后不断有新的士兵进行增补和换防。按照惯例，德国士兵在胶澳租借地的平均服役时间为 2 年，并在每年的春秋两季进行换防。整体来看，德国的胶澳驻军人数是有所增减的，"在 1900 至 1903 年大约维持在 2500 人左右，1904 至 1907 增加至 3400 人，之后维持在约 2500 人"。③

与受德国外交部（1907 年后从外交部中独立出来的殖民部）管辖的殖民地不同，胶澳租借地被归于帝国海军部的管制之下。作为海军据点，胶澳租借地带有明显的军事性特点。这一特点使得胶澳总督府对于疾病在租借地，特别是在驻军中的传播极为敏感；因为驻军的健康不仅直接关系着军队的战斗力和租借地统治的稳定，而且体现着德国海军的海外行动能力和医学水平，是把租借地建设成为"模范殖民地"④以及德国在远东"文化展示橱窗"的重要保障。

---

① 余凯思：《在"模范殖民地"胶州湾的统治与抵抗：1897—1914年中国与德国的相互作用》，孙立新译，山东大学出版社，2005年，第299~308页。

② Hans Podestà, "Entwicklung und Gestaltung der gesundheitlichen Verhältnisse bei den Besatzungstruppen des Kiautschou-Gebietes. Im Vergleich mit der Marine und unter besonderer Berücksichtigung von Örtlichkeit und Klima im Tsingtau", *Deutsche Militärärztliche Zeitschrift*, Vol. 38, No. 14, 1909, S. 569.

③ 黄福得：《1897至1914年间德国在青岛的殖民体制与卫生建设》，《政治大学历史学报》2008年第29期。

④ 余凯思：《在"模范殖民地"胶州湾的统治与抵抗：1897—1914年中国与德国的相互作用》，孙立新译，山东大学出版社，2005年，第11页。

　　为了有效地解决胶澳驻军中的疾病流行问题,自占领之日起,胶澳总督府就采取了积极的防治措施。除了实施严格的"种族隔离"政策之外,总督府还颁布了疾病预防的公告和章程,并筹建了庞大的医疗卫生体系。例如在饮水方面,总督府不仅禁止士兵饮用未煮过的水,而且建立了中央供水系统。在垃圾处理方面,总督府规定了排泄物、垃圾的处理方式和地点,同时还修建了雨水和污水分开排放的下水道设施。预防性的措施还有:绿化当地环境,为驻军士兵建造合乎卫生要求的兵营和洗衣房,设置卫生警察监管租借地(特别是华人区)的卫生状况,建立防止传染病进入租借地的检疫站和检测食品卫生安全的卫生化学检验站等等。在医治患病士兵方面,1898年开始建设和逐步投入使用的野战医院(Gouvernementslazarett,也称驻军医院)占有重要的地位。野战医院在1904年完工,设备精良,一共可以提供265张病床。①承担医治任务的还有附属于野战医院的性病医院和麦克伦堡疗养院(Genesungsheim Meckenburghaus)。为了从病源上防治疾病,总督府还积极地支持和组织针对租借地及其周边地区的医学调研工作。

　　在胶澳租借地医疗卫生体系中发挥重要作用的主要是德国军医。1898至1914年,德国海军部向胶澳租借地共派遣了84名军医,其中每年大约有13名军医在租借地工作;②他们一般工作2至4年。③德国的军医培养制度始于普鲁士国王弗里德里希二世(Friedrich II.)在1724年设立的培养军队外科医生的"医学外科委员会"(Collegium medico-chirurgicum);至19世纪末,军医培养在德国已经比较完备,不仅有明确具体的规则章程,而且有系统提供专业课程的教育机构。④在这一制度背景下,1898至1914年间来华的德国军医基本上都接受过系统的医学教育,其中一些还具有医学博士学位。

　　德国军医在胶澳租借地的主要任务是保护驻军的健康。他们不仅在租借地

　　① 余凯思:《在"模范殖民地"胶州湾的统治与抵抗:1897—1914中国与德国的相互作用》,孙立新译,山东大学出版社,2005年,第300页。

　　② Wolfgang U. Eckart, Deutsche Ärzte in China 1897-1914, *Medizin als Kulturmission im Zweiten Deutschen Kaiserreich*, Gustav Fischer Verlag, 1989, S. 40-41.

　　③ Hans Podestà, "Entwicklung und Gestaltung der gesundheitlichen Verhältnisse bei den Besatzungstruppen des Kiautschou-Gebietes, Im Vergleich mit der Marine und unter besonderer Berücksichtigung von Örtlichkeit und Klima im Tsingtau", *Deutsche Militärärztliche Zeitschrift*, Vol. 38, No. 14, 1909, S. 572.

　　④ Frank-Peter Kirsch, "Berliner Militärärzte im Labor von 1870-1895", Dissertation, Charité-Universitätsmedizin Berlin, 2009, S. 16-17, 28-30.

的医疗卫生机构中工作,参与和影响租借地医疗体制的建立和卫生政策的实施,而且还承担着科学研究的任务。在调研考察、文献查阅以及实验研究的基础上,德国军医(包括卫生官员)撰写了大量的医学报告,主要包括调查记录、科研报告和学术文章。

德国军医进行科学研究和撰写医学报告一方面是为了向胶澳总督府制定医疗卫生政策提供资料和学理上的支持,另一方面也出于自身的研究兴趣以及带有将自己的学术研究成果与同行进行交流,共同丰富医学研究和推进医学发展的目的。所以,其中一些报告还发表在了德国专业的医学报刊和杂志上,如:《德国医学周刊》(*Deutsche Medizinische Wochenschrift*)、《柏林临床周刊》(*Berliner Klinische Wochenschrift*)、《船舶和热带卫生学档案》(*Archiv für Schiffs- und Tropen-Hygiene*)以及《德国军医杂志》(*Deutsche Militärärztliche Zeitschrift*)等。

图1《德国军医杂志》第1卷　　　　图2《船舶和热带卫生学档案·副刊》第15卷

从内容上来看,德国胶澳军医的医学报告一方面是以特定疾病的专题研究为中心。其中,对驻军健康造成极大威胁或损害的传染性疾病是德国军医关注的主要对象;探讨的具体内容涉及了疾病的起因、传染途径、流行情况以及治疗和预防的方式方法等。另一方面,一些报告比较全面地论述了胶澳租借地的医疗卫生情况,既包括驻军的疾病与健康,也包括总督府为维护驻军健康所进行的医疗卫生体系建设。可以说,对与驻军健康相关问题的关注与研究构成了这些医学报告的首要主题。

这些医学报告是我们了解当时德国医学发展以及从医学的角度观察和分析

租借地的重要史料。尽管德国军医的关注角度和研究重点会有差异,但是这些报告产生于相同的历史背景下,而且由于研究目的的相似性和研究客体的关联性,报告之间在内容上和观点上也常常互相参考、借鉴和引用;所以这些医学报告在认识视角和观点倾向上呈现出了很大的一致性。

二、医学报告中记述的驻军健康状况

根据德国胶澳军医的医学报告,肠道疾病——特别是急性肠道传染病——在驻军中的发病率很高,尤其在德国占领租借地的早期阶段。汉斯·珀德斯塔(Hans Podestà)指出:"(伤寒)在1899年秋季达到高峰。……在1899—1902年间它(痢疾)很常见,规模很大。……与国内的海军相比,盲肠炎每年都更为频繁地出现在青岛,其超出平常数目的三至四倍。"[1]埃里克·马尔提尼(Erich Martini)写道:"自1897年占领胶澳租借地以来,肠炎和细菌性痢疾作为流行病出现在每年夏季湿热的时间里。"[2]弗兰茨·克罗内克(Franz Kronecker)也强调了伤寒、痢疾以及急性肠炎在占领初期具有很高的发病率。[3]

随着胶澳租借地医疗设施的逐步完工以及卫生环境和驻军营地情况的改善,痢疾和急性肠炎仍然在驻军中定期流行;不过,与早期相比,其他肠道传染病的发病率得到了大幅下降。这一观点经常出现在德国军医的医学报告中。珀德斯塔写道:

> 虽然一系列卫生措施……使得在最初几年中盛行的许多严重的传染病……被消除或者被控制在了最低限度,但是,迄今为止,这些措施几乎没有制服住各种肠道疾病。[4]

---

[1] Hans Podestà, "Entwicklung und Gestaltung der gesundheitlichen Verhältnisse bei den Besatzungstruppen des Kiautschou-Gebietes, Im Vergleich mit der Marine und unter besonderer Berücksichtigung von Örtlichkeit und Klima im Tsingtau", *Deutsche Militärärztliche Zeitschrift*, Vol. 38, No. 14, 1909, S. 582, 588.

[2] Erich Martini, "Über die Erreger der epidemischen Darmerkrankungen Tsingtaus im Sommer 1908", *Archiv für Schiffs- und Tropen-Hygiene*, Vol. 14, No. 11, 1910, S. 333.

[3] Franz Kronecker, *Fünfzehn Jahre Kiautschou. Eine kolonialmedizinische Studie*, J.Goldschmidt, 1913, S. 19.

[4] 根据报告后文的内容,此处的肠道疾病主要指代痢疾和急性肠炎。Hans Podestà, "Entwicklung und Gestaltung der gesundheitlichen Verhältnisse bei den Besatzungstruppen des Kiautschou-Gebietes, Im Vergleich mit der Marine und unter besonderer Berücksichtigung von Örtlichkeit und Klima im Tsingtau", *Deutsche Militärärztliche Zeitschrift*, Vol. 38, No. 14, 1909, S. 596.

瓦尔特·乌特曼（Walther Uthemann）和恩斯特·菲尔特（Ernst Fürth）也指出：

> 痢疾没有跟上大多数在中国流行的传染病的下降速度。一直以来，在夏秋月份，痢疾都导致大量欧洲人患病。卫生设施取得的进展，尤其是饮用水条件的改善，并没有在痢疾方面带来所希望获得的成功。[①]

可见，尽管租借地没有摆脱痢疾和急性肠炎的困扰和侵袭，但德国军医还是肯定了驻军中包括其他肠道疾病在内的传染性疾病发病率的下降以及卫生措施在其中发挥的积极作用。而且在报告中，珀德斯塔和克罗内克还专门强调了作为肠道传染病的伤寒在驻军中发病率的下降，也都认为租借地本身基本上不再存在伤寒爆发的诱因。[②]

与很多肠道疾病发病率的逐年降低一样，在德国军医的报告中，性病在驻军中的发病率也呈现出了下降的趋势。不过，不同于肠道疾病，性病的产生和传播主要是人为因素的结果，它首先与胶澳租借地当地早已存在的娼妓行业有密切联系。其次，同很多殖民地一样，胶澳租借地也呈现出了男女比例严重失衡的状态，特别是在驻军中。士兵在租借地没有家室，文化优越感、种族主义心态以及性别歧视思想相互混杂所加剧的租借地娼妓行业的兴盛和士兵们强暴行径的频发，[③]更导致了性病的广泛传播。而且，胶澳总督府在占领初期对这些行为的默许以及对妓女和嫖娼士兵个人卫生的疏于监管，也促进了性病在驻军中的流行。

为了控制驻军中性病的产生和传播，胶澳总督府一方面在欧洲和中国嫖客方面采取了严格的"种族隔离"措施，即不允许欧洲人进入中国人光顾的妓院，同

---

① Walther Uthemann, Ernst Fürth, "Tsingtau. Ein kolonialhygienischer Rückblick auf die Entwicklung des Deutschen Kiautschougebietes", *Beihefte zum Archiv für Schiffs- und Tropenhygiene*, Vol. 15, No. 4, 1911, S. 35.

② Hans Podestà, "Entwicklung und Gestaltung der gesundheitlichen Verhältnisse bei den Besatzungstruppen des Kiautschou-Gebietes, Im Vergleich mit der Marine und unter besonderer Berücksichtigung von Örtlichkeit und Klima im Tsingtau", *Deutsche Militärärztliche Zeitschrift*, Vol. 38, No. 14, 1909, S. 582; Franz Kronecker, *Fünfzehn Jahre Kiautschou, Eine kolonialmedizinische Studie*, J. Goldschmidt, 1913, S. 21.

③ 余凯思：《在"模范殖民地"胶州湾的统治与抵抗：1897—1914年中国与德国的相互作用》，孙立新译，山东大学出版社，2005年，第304页。

时也禁止中国人进入属于欧洲人的妓院,如果违背,将受到严重的惩罚。[①]另一方面,则是通过医学手段对妓女和驻军士兵进行监控和管理。不仅对欧洲人妓院里的妓女进行定期的医学检查,还建立了专门安置中国妇女性病患者的医院;同时,驻军士兵"也要定期接受检查,提高对性病的危害及其传染性的认识",而且还要求,"每个与妓女发生过性交的男人,必须尽快在其所属海军部队的卫生所或者卫生室往尿道中注入一些硝酸银溶液,并将其阴茎彻底清理干净"。[②]

从这些措施中可以看出,胶澳总督府在驻军性病防治问题上的出发点"不是禁止卖淫",而是首先把卖淫业"看作涉及公共健康的医学问题",力图"借助行政管理章程和社会控制机构消除性病传播的可能"。[③]控制性病的产生和传播,而不是禁止卖淫业本身,这一理念在德国胶澳当局中具有普遍性。

德国军医也是在认可卖淫业在租借地存在的基础上,来对驻军中性病的流行情况进行探讨的。通过分析1897/1898至1907/1908年间租借地的性病情况,珀德斯塔指出:

> 在性病的发病率方面,青岛现在处于一个十分有利的情况。在前些年,性病的发病率逐渐递增,达到国内的2.5倍;自1900/01年起,性病发病率大幅稳定地下降,以至于在过去的几年中都没有超过国内的数字。在这一方面,青岛的卫生情况现在可以被称为是相对令人满意的。有效地监督卖淫业,教导以及针对性病的预防手段带来了这个有利的结果。[④]

从对驻军中性病发病情况的报道中可以看出,珀德斯塔把性病看成是青岛卫生状况的标志之一,并认为性病的传播是可以通过行政、教导和医学的手段得到控制。描述性病发病率下降所选择的词语,如"令人满意的"、"有利的结果"等

---

① Wolfgang U. Eckart, *Deutsche Ärzte in China 1897-1914, Medizin als Kulturmission im Zweiten Deutschen Kaiserreich*, Gustav Fischer Verlag, 1989, S. 52-53.

② 余凯思:《在"模范殖民地"胶州湾的统治与抵抗:1897—1914年中国与德国的相互作用》,孙立新译,山东大学出版社,2005年,第305页。

③ 余凯思:《在"模范殖民地"胶州湾的统治与抵抗:1897—1914年中国与德国的相互作用》,孙立新译,山东大学出版社,2005年,第303页。

④ Hans Podestà, "Entwicklung und Gestaltung der gesundheitlichen Verhältnisse bei den Besatzungstruppen des Kiautschou-Gebietes, Im Vergleich mit der Marine und unter besonderer Berücksichtigung von Örtlichkeit und Klima im Tsingtau", *Deutsche Militärärztliche Zeitschrift*, Vol. 38, No. 14, 1909, S. 589.

等,展现了他对于这一现象——驻军中的性病传播通过有效措施得到了控制——的积极与肯定的态度。

乌特曼和菲尔特也积极地认可,通过"对卖淫者的严厉监督和对军队的持续教导",性病的发病率相比于前几年有了明显的下降;而且他们认为,在租借地针对卖淫业"尽管采取了严厉的禁止和监控措施,绝对可靠的保护是达不到的"。①

经常出现在德国军医笔下的其他传染病,如:斑疹伤寒、鼠疫、天花、霍乱等等,虽然也被认为是危害驻军健康的疾病,但是根据记录,它们或者很少大规模地出现在租借地,或者由于成功的防治措施,主要在当地的中国人之间流行。比如针对1899年出现在租借地的斑疹伤寒,菲尔特写到:

> 自德国占领胶州湾以来,在青岛很少看到斑疹伤寒。较大规模的流行只出现过一次,即发生在1899年城市建设时期的中国建筑工人中间。在接下来的几年里只有个别病例的出现。②

克罗内克也指出:

> 1899年夏季来自山东内地的斑疹伤寒,除了在欧洲人中引起了6个轻微病例外,只侵袭了中国人,而且通过有力的隔离和消毒措施已经在1899年9月份消失。③

关于鼠疫、霍乱以及天花在租借地的流行情况,乌特曼和菲尔特总结了1898至1910年的数据:

> 每年在所有周边港口城市和内地都导致大量死亡的鼠疫和霍乱,由于我们的防御措施,在青岛至今没有传播扩散。……天花虽然在中国人

---

① Walther Uthemann, Ernst Fürth, "Tsingtau. Ein kolonialhygienischer Rückblick auf die Entwicklung des Deutschen Kiautschougebietes", *Beihefte zum Archiv für Schiffs- und Tropenhygiene*, Vol. 15, No. 4, 1911, S. 35, 25.

② Ernst Fürth, "Neuere Untersuchungen über Fleckfieber", *Archiv für Schiffs- und Tropen-Hygiene*, Vol. 16, No. 8, 1912, S. 243.

③ Franz Kronecker, *Fünfzehn Jahre Kiautschou, Eine kolonialmedizinische Studie*, J.Goldschmidt, 1913, S. 18.

中经常出现,并多次引起疫苗接种,但是欧洲人由于接种的保护很少受其感染。①

通过这些关于疾病在租借地驻军中流行情况的表述可以看出,在德国军医的观点中,虽然痢疾和急性肠炎一直威胁着驻军的健康,但是很多疾病,特别是很多传染病的发病率都有了明显的下降,即驻军的健康状况是不断好转的。由于德国军医是从专业角度来探讨驻军中疾病的产生原因和传播情况,所以这些结论的得出是以他们的实地观察和实验研究为基础的;但是在具体的阐释中,他们过多地是从疾病防治措施成功的角度来解释驻军健康状况的好转,即把发病率的下降主要解释为胶澳当局在医疗卫生建设方面的积极成果。

这样的阐释虽然具有一定的合理性,因为胶澳总督府的医疗卫生措施势必会推进驻军健康状况的改善,但是将这些措施归为促使驻军中病员减少的唯一或者最主要的原因,则在一定程度上反映了德国军医思想中所蕴含的帝国主义意识或者动机。因为一方面,通过这样的解说,他们论证了胶澳总督府和德国军医自身在租借地开展医疗卫生活动的合理性和有效性;而且从更广泛的意义来看,为现代西方医学进入中国提供了话语支持,这也是德国军医突出其在租借地医疗卫生方面积极成果的动机之一,正如克罗内克所写:"在实际成功的基础上,从青岛出发,西方卫生将在东方文明古国开启胜利之旅。"②另一方面,在1908—1909年,出于财政的考虑,德国国内展开了有关是否应该放弃胶澳租借地和避免继续向青岛投入大量资金的讨论。③在这一政治背景下,一些德国军医强调驻军健康状况的好转,并将其作为德国在租借地医疗卫生建设成就的一部分,还隐含着为胶澳总督府在德国国内继续获得舆论支持和财政援助的写作动机。

---

① Walther Uthemann, Ernst Fürth, "Tsingtau. Ein kolonialhygienischer Rückblick auf die Entwicklung des Deutschen Kiautschougebietes", *Beihefte zum Archiv für Schiffs- und Tropenhygiene*, Vol. 15, No. 4, 1911, S. 34.

② Franz Kronecker, *Fünfzehn Jahre Kiautschou, Eine kolonialmedizinische Studie*, J.Goldschmidt, 1913, S. 29.

③ Wolfgang U. Eckart, *Deutsche Ärzte in China 1897–1914,Medizin als Kulturmission im Zweiten Deutschen Kaiserreich*, Gustav Fischer Verlag, 1989, S. 34.

三、医学报告中建构的中国形象

受 19 世纪下半叶以来欧洲学界医学研究范式的影响,在探讨与驻军健康相关的问题时,德国胶澳军医在报告中常常用大量的文字和数据来描述探寻和分析致病细菌、真菌、病毒等微生物或者寄生虫的实验过程,提出可能的防治方法以及从中得出的相关结论。这是专业的医学写作模式;不过,在描述和解释具体的医学问题时,他们也会论及中国方面的因素——从租借地的气候、环境等自然条件到当地民众的生活习惯和思想观念,从医学的角度建构了胶澳租借地,即中国的形象。

从气候和环境的角度分析健康与疾病,在西方的医学传统中源远流长,最早可追溯至希波克拉底(Hippocratic)的著作《空气、水与地方》(*Airs, Waters and Places*),该书探讨了"气候环境如何影响健康"。①之后这一医学理论在历史的进程中得以延续和发展。

在近代西方的海外扩张中,以解决殖民者在殖民地所面临的医疗卫生问题为目的的殖民医学发展了起来。由于欧洲国家的殖民地多处于热带地区,所以,与防治、控制和消灭热带疾病相关的热带医学构成了 19 世纪以来殖民医学的核心内容。②热带医学的模式与同时代的医学发展密切相关。在 19 世纪初期的热带医学中,热带被认为"对欧洲人而言似乎充满了有害的气体",③热带医学强调气候与环境是引起热带疾病的决定性因素。随着 19 世纪下半叶以来细菌学和寄生虫学的提出,许多疾病的病因得以明确——疾病是由特定的寄生虫或者细菌所引起,而非由体液、环境或者瘴气所造成。④所以,自 19 世纪 90 年代后半期起,德国的热带医学开始主要以细菌学和寄生虫学为理论基础,将"注意力从疾病环境转向寄生虫和细菌"。⑤不过,虽然细菌学的发展"让研究兴趣从环境转变为病

---

① 李尚仁:《十九世纪中国通商港埠的卫生状况:海军医官的观点》,祝平一编:《健康与社会:华人卫生新史》,联经出版社,2013 年,第 74 页。

② 杜宪兵:《方兴未艾的殖民医学史研究》,《光明日报》2012 年 2 月 23 日。

③ 普拉提克·查克拉巴提:《医疗与帝国:从全球史看现代医学的诞生》,李尚仁译,社会科学文献出版社,2019 年,第 239 页。

④ 普拉提克·查克拉巴提:《医疗与帝国:从全球史看现代医学的诞生》,李尚仁译,社会科学文献出版社,2019 年,第 268 页。

⑤ 普拉提克·查克拉巴提:《医疗与帝国:从全球史看现代医学的诞生》,李尚仁译,社会科学文献出版社,2019 年,第 234 页。

媒传播之寄生虫疾病,并鼓励将焦点放在特定的病原",[1]但是欧洲医学工作者"十八与十九世纪对医疗地志学(medical topography)的兴趣,强化了环境决定疾病的既有观点"。[2]例如德国著名的卫生学家马克斯·冯·皮腾科费尔(Max von Pettenkofer)就一直强调"必须将环境与气候因素整合到病菌学说中",他的观点被在殖民地工作的欧洲医生广泛接受。[3]

所以说,这一时期的德国医学工作者并未完全认同建立在细菌学与寄生虫学基础上的病理学说,从气候和环境的角度来分析疾病的传统医学视角在此时仍然占有一定的地位,许多德国医生和卫生官员都从这一角度出发在海外进行着医学研究工作。

同时,对租借地气候、环境和疾病关系的观察和研究也是德国"搜集中国资讯的事业之一部分";从动机来看,"这类研究活动不尽然都出于单纯超然的求知兴趣,而是带有透过掌控知识进而征服、控制及有效利用资源与增进各种利益的帝国科学"。[4]因为对有关中国气候和环境的信息和知识的了解,有助于德国当局有效地控制和利用中国的资源,进而扩展其在华利益,"这种知识将构成未来殖民扩张和世界政治决策的基础"。[5]

在学术理念和政治现实的双重背景下,不少德国军医都对胶澳租借地的气候和环境有所关注和考察。虽然胶澳租借地在地理上并不属于热带和亚热带,但是,德国军医通常也把在这一区域所进行的医疗卫生活动归为热带医学的研究范畴——最直接的表现就是将其研究成果发表在热带医学领域的报刊杂志上;因而,他们对胶澳驻军疾病与健康的研究也构成了德国热带医学的组成部分。但是,正如台湾学者李尚仁指出的,这一时期西方人笔下的"热带"指的是"文化、政治和环境"上的异己空间;它不是地理意义上的,而是由"种族观念、医学论述与帝国扩张活动"所构成。[6]所以,德国军医对胶澳租借地名不符实地归

---

① 克尔·瓦尔顿:《欧洲医疗五百年》(卷3),李尚仁译,左岸文化出版社,2015年,第121页。

② 克尔·瓦尔顿:《欧洲医疗五百年》(卷3),李尚仁译,左岸文化出版社,2015年,第113页。

③ 普拉提克·查克拉巴提:《医疗与帝国:从全球史看现代医学的诞生》,李尚仁译,社会科学文献出版社,2019年,第240~241页。

④ 李尚仁:《十九世纪中国通商港埠的卫生状况:海军医官的观点》,祝平一编:《健康与社会:华人卫生新史》,联经出版社,2013年,第78页。

⑤ 余凯思:《在"模范殖民地"胶州湾的统治与抵抗:1897-1914年中国与德国的相互作用》,孙立新译,山东大学出版社,2005年,第295页。

⑥ 李尚仁:《十九世纪中国通商港埠的卫生状况:海军医官的观点》,祝平一编:《健康与社会:华人卫生新史》,联经出版社,2013年,第76页。

类即体现了帝国主义时代的思想痕迹。

在这一意识形态的前提下,德国胶澳军医在报告中强调,租借地的气候与环境因素导致了驻军中疾病的产生和传播。在对当时驻军中最为流行的肠道疾病进行分析时,他们不仅从士兵在租借地水土不服的角度来说明当地的气候和环境不利于驻军的健康,[①]还直接指出了中国气候和环境的恶劣影响及负面作用。[②]不局限于肠道疾病,关于出现在驻军中的其他疾病,德国军医也从这一角度做出了解释。例如珀德斯塔认为驻军中急性关节炎的发病率同其他感冒病的一样,和气候和天气条件有着明显的关系;[③]同时他还指出,眼睑炎,特别是结膜炎的发病率高于国内海军的原因,可以在"气候的负面影响中去寻找,这些负面的影响产生于风、尘、沙、炫目和热的作用之下"。[④]

尽管许多德国军医都写道,胶澳当地的气候和环境损害了驻军的健康,引发了驻军中的疾病;但是他们同时认为,这些负面的影响并不是不可避免的。在减弱和克服气候和环境因素损害驻军健康方面,马尔提尼和珀德斯塔等医生在租借地公共卫生设施建设以及士兵个人生活习惯等方面都给出了明确的建议。[⑤]

---

① Walther Uthemann, Ernst Fürth, "Tsingtau. Ein kolonialhygienischer Rückblick auf die Entwicklung des Deutschen Kiautschougebietes", *Beihefte zum Archiv für Schiffs- und Tropenhygiene*, Vol. 15, No. 4, 1911, S. 36.

② Erich Martini, "Mikrobiologische Erfahrungen bei den epidemischen Darmerkrankungen des Schutzgebiets Kiautschou und der Provinz Schantung in den Jahren 1907 bis 1911", *Zeitschrift für Hygiene und Infektionskrankheiten*, Vol. 69, No. 2, 1911, S. 389-390.

③ Hans Podestà, "Entwicklung und Gestaltung der gesundheitlichen Verhältnisse bei den Besatzungstruppen des Kiautschou-Gebietes, Im Vergleich mit der Marine und unter besonderer Berücksichtigung von Örtlichkeit und Klima im Tsingtau", *Deutsche Militärärztliche Zeitschrift*, Vol. 38, No. 14, 1909, S. 585.

④ Hans Podestà, "Entwicklung und Gestaltung der gesundheitlichen Verhältnisse bei den Besatzungstruppen des Kiautschou-Gebietes, Im Vergleich mit der Marine und unter besonderer Berücksichtigung von Örtlichkeit und Klima im Tsingtau", *Deutsche Militärärztliche Zeitschrift*, Vol. 38, No. 14, 1909, S. 590.

⑤ Erich Martini, "Über die Erreger der epidemischen Darmerkrankungen Tsingtaus im Sommer 1908", *Archiv für Schiffs- und Tropen-Hygiene*, Vol. 14, No. 11, 1910, S. 340-343; Martini, "Mikrobiologische Erfahrungen bei den epidemischen Darmerkrankungen des Schutzgebiets Kiautschou und der Provinz Schantung in den Jahren 1907 bis 1911", *Zeitschrift für Hygiene und Infektionskrankheiten*, Vol. 69, No. 2, 1911, S. 390-391; Hans Podestà, "Entwicklung und Gestaltung der gesundheitlichen Verhältnisse bei den Besatzungstruppen des Kiautschou-Gebietes, Im Vergleich mit der Marine und unter besonderer Berücksichtigung von Örtlichkeit und Klima im Tsingtau", *Deutsche Militärärztliche Zeitschrift*, Vol. 38, No. 14, 1909, S. 599-600.

在由此形成的关于胶澳租借地气候与环境的阐述中,驻军中疾病的传播与病理、租借地的气候与环境以及总督府的卫生管理等因素被结合在了一起,即作为"热带地区"的胶澳租借地,其气候和环境是不利于驻军身体健康的,是导致士兵生病的根源,可以通过公共卫生建设和个人防护手段来改善。这一阐述一方面论证了总督府采取措施改善租借地卫生环境和规范驻军个人习惯的必要性,同时也突出了军医自身在租借地工作的重要价值和积极意义;另一方面,对租借地气候和环境危害德国驻军健康,或者对德国士兵不适应当地自然条件的强调,还带有种族主义的色彩。

种族的概念在欧洲最初取自"有关宗教和社会差异的既有观点",[①]但伴随着欧洲海外扩张以来"科学种族主义"——按照解剖学和生物学的理念对种族差异进行研究,对种族进行区分和排序——的产生和传播,"种族在十九世纪中期取得了明确的生物学意义,并强调气候影响力的概念……以及天生的种族特征"。[②]在19世纪末20世纪初,种族生物学差异的观念变得十分重要,因为它支持了种族位阶(racial hierarchy)的理论,为欧洲列强的扩张与殖民提供了科学的辩护,即"某些国家或民族比较落后,因此有必要加以征服;甚至某些已经比较发达的民族也需要欧洲人的教导"。[③]从这一时代语境出发,德国军医从气候与环境的角度分析驻军疾病与健康的倾向和其得出的结论,既在一定程度上体现了当时多数德国人所坚持的自身和中国人在体质上存在差异的观念,[④]也增强了他们对自身种族身份的认同。

在追溯和探究特定的病原体方面,德国胶澳军医常常把租借地当地的中国人及其住所和日常用品归为致病微生物和寄生虫的实际载体,认为它们直接或间接地对驻军健康产生了负面影响。[⑤]

一方面,中国人的生活习惯被认为具有污染性,会引发和传播疾病。比如在

---

① 克尔·瓦尔顿:《欧洲医疗五百年》(卷3),李尚仁译,左岸文化出版社,2015年,第100页。

② 克尔·瓦尔顿:《欧洲医疗五百年》(卷3),李尚仁译,左岸文化出版社,2015年,第102页。

③ 克尔·瓦尔顿:《欧洲医疗五百年》(卷3),李尚仁译,左岸文化出版社,2015年,第104页。

④ Ernst Fürth, "Neuere Untersuchungen über Fleckfieber", *Archiv für Schiffs- und Tropen-Hygiene*, Vol. 16, No. 8, 1912, S. 244; Bruno Kaether, "Die Medizin in China", *Deutsche Militärärztliche Zeitschrift*, Vol. 36, No. 20, 1907, S. 893.

⑤ 美国学者罗芙芸(Ruth Rogaski)在其研究中也提出了类似的观点,即在19世纪末,殖民地管理机构"最直接的想法往往是,本地人口会成为微生物的携带者,影响白人健康",滋生微生物的东西和身体"往往被看成是中国人的,而那些遭受疾病威胁的往往是外国人"。详见罗芙芸:《卫生的现代性——中国通商口岸卫生与疾病的含义》,向磊译,江苏人民出版社,2007年,第185、191页。

分析肠道疾病在驻军中持续存在的原因时,珀德斯塔除了提出德国士兵水土不服以外,还指出,中国人日常处理粪便的方式恶化了租借地的卫生环境,并导致了肠病病原体的产生及其在欧洲人中的传播。[1]乌特曼和菲尔特认为,中国人在种植蔬菜水果时用粪便作为肥料,[2]和中国商贩为了保鲜以及保持蔬菜水果新鲜的外观而直接取用路边池沼和沟渠里的水进行喷洒,都是危害健康的,所以在食用中国的蔬菜水果时要特别小心。[3]

另一方面,中国人自身由于和欧洲人的接触被德国军医视为直接的传染源。这一观点主要出现在德国军医对欧洲人感染传染病原因的探讨中。在这里,"中国人的不清洁和不干净"常被作为原因提出来,比如马尔提尼在探讨痢疾病原体时写道:

> 如果在炎热时节的初期,存在着少量的阿米巴痢疾或者传染性细菌痢疾患者,那么在湿热的季节——7月、8月、9月——通过个人的接触,很容易出现突然爆发的或者缓慢蔓延的流行病。厨房和餐厅的食品室充分地提供了这一机会。只要在那里充斥着不清洁,即餐具的清洁工作由无人监督的、患有细菌痢疾或者阿米巴痢疾的中国人——(1909年斯塔比在中国人中确诊了阿米巴痢疾)没有充分地洗手和更新洗涤用水——来进行。同样的情况可以发生在私人住所的盛大庆祝活动中,在这些住处,中国人(部分也许同那些受邀的欧洲人一样生病)更多的应该是像平常一样地工作,并且为了节约时间,缺乏通常应该成为他们责任的清洁性。[4]

乌特曼和菲尔特把痢疾的传播也部分地归为同中国人的接触,不过,他们是

---

① Hans Podestà, "Entwicklung und Gestaltung der gesundheitlichen Verhältnisse bei den Besatzungstruppen des Kiautschou-Gebietes, Im Vergleich mit der Marine und unter besonderer Berücksichtigung von Örtlichkeit und Klima im Tsingtau", *Deutsche Militärärztliche Zeitschrift*, Vol. 38, No. 14, 1909, S. 597.

② 德国胶澳军医博泽(Böse)在其针对痢疾研究的报告中也提到了这一点。详见 Böse, "Beobachtungen und Erfahrungen über Ruhr in Ostasien", *Zeitschrift für Hygiene und Infektionskrankheiten*, Vol. 61, No. 1, 1908, S. 2.

③ Walther Uthemann, Ernst Fürth, "Tsingtau. Ein kolonialhygienischer Rückblick auf die Entwicklung des Deutschen Kiautschougebietes", *Beihefte zum Archiv für Schiffs- und Tropenhygiene*, Vol. 15, No. 4, 1911, S. 32.

④ Erich Martini, "Über die Erreger der epidemischen Darmerkrankungen Tsingtaus im Sommer 1908", *Archiv für Schiffs- und Tropen-Hygiene*, Vol. 14, No. 11, 1910, S. 339.

从中国人面对内科疾病的习惯来解释的：

> 中国人对内科疾病常常有着令人不可置信的冷漠，只有在病情极其严重时，他才会去寻求治疗或者卧床休息，这使得中国人——痢疾在其间时常发作——成为被迫与他们进行接触的人的健康威胁。面对这种持续严重的威胁，人们没有其他的方法，只能选择避免接触。但是，在这里生活的欧洲人每天都同当地居民有密切的接触，欧洲人从当地居民中选择他的厨师、用人，文员和下级官员，这些人在市场和商店里为他购买食物和日常用品，在这种密切关系的情况下逃避与中国人的接触是不可能的。[1]

甚至有时，在无法确定某种传染性疾病病因的情况下，或者在当时欧洲医学界已经确定了某些传染病的病原体和传播途径的前提下，德国军医还是把驻军士兵感染疾病的原因归结到中国人的身上。

比如在探讨胶澳租借地德国人（包括驻军）身体中美洲板口线虫（Necator americanus，简称美洲钩虫，属于钩虫属）的来源时，普利尔（Prieur）和菲尔特写道：

> 就我们的情况而言，无法确定感染源。但是美洲钩虫的大量存在，以及近年来来自中国南部地区——已知这些地区感染过钩虫病（可能是美洲钩虫？）——的工人的多次迁入，支持着这个假设，即中国人应该对此负责。[2]

再如关于霍乱病，在19世纪中期，英国医生约翰·斯诺（John Snow）提出了霍乱由水传播的理论，1883年德国细菌学家罗伯特·科赫（Robert Koch）已经在水中分离出了导致霍乱病发的霍乱弧菌。但是，珀德斯塔在报道1902年霍乱在胶澳驻军中发生时仍然写道：

> 欧洲人中只有12人（感染霍乱），主要是那些在中国人中居住或者因为

---

① Walther Uthemann, Ernst Fürth, "Tsingtau. Ein kolonialhygienischer Rückblick auf die Entwicklung des Deutschen Kiautschougebietes", *Beihefte zum Archiv für Schiffs- und Tropenhygiene*, Vol. 15, No. 4, 1911, S. 35-36.

② Prieur, Ernst Fürth, "Ankylostomum duodenale und Necator americanus (Stiles) in Kohlenbergwerken Schantungs", *Archiv für Schiffs- und Tropen-Hygiene*, Vol. 14, No. 19, 1910, S. 604.

职业关系同他们有亲近接触的人。其中6位患者死于这一疫病。另外6位康复者中有3位海军士兵,他们是驻军中仅有的几个霍乱病例。①

从中可以看出,珀德斯塔认为,驻军士兵本身是极少得霍乱病的,而他们感染霍乱的主要原因来自和中国人的接触。

同对气候和环境因素的负面建构一样,把中国人作为直接或者间接传染源的论述——虽然这些论述有医学理论或者实验数据的支持——也反映了德国军医的种族主义心态。在他们的观点中,中国人由于生活习惯的不卫生对居住环境产生了负面影响,由于缺少必要的医学知识很容易传播疾病,所以中国人是致病微生物以及寄生虫的携带者和传播者,构成了威胁驻军健康的因素。由此形成了一个典型的种族主义话语,即他者被等同于疫病的危险和疾病的来源。②基于这一话语,德国人同中国人之间的接触和交往被视为医学问题。德国军医认为,中国人应该对在胶澳租借地驻军中疾病的产生与传播负责任,所以,为了保证驻军的健康,在租借地实施"种族隔离"以及其他"管制"中国人的措施是必要的。

与此同时,在这些以科学为基础的论述中,还存在着一些主观性非常鲜明的解释,比如丑化中国人的生活习惯,夸大中国人卫生观念和行为的致病性等等。这些表述和观点既体现了当时欧洲社会中普遍存在的关于中国的负面看法,也是德国军医自身文化优越感的表达。所以,把中国人等同于传染源的建构,还体现着帝国主义时代欧洲社会中普遍存在的"文明化使命"(Zivilisierungsmission)的理念,即"进步的欧洲文明优越于不发达国家、劣等种族的社会,而这些国家、种族和社会应该通过欧洲人的干预和影响来实现'文明化'"。③"文明化使命"涉及欧洲人眼中"落后社会"的各个领域。在德国军医的笔下,通过说明中国人缺少现代卫生观念,来展现中国医学的无能和落后,使在中国人中灌输西方现代医学的理念和引入现代医学的制度具有合理性。

---

① Hans Podestà, "Entwicklung und Gestaltung der gesundheitlichen Verhältnisse bei den Besatzungstruppen des Kiautschou-Gebietes, Im Vergleich mit der Marine und unter besonderer Berücksichtigung von Örtlichkeit und Klima im Tsingtau", *Deutsche Militärärztliche Zeitschrift*, Vol. 38, No. 14, 1909, S. 584.

② 余凯思:《在"模范殖民地"胶州湾的统治与抵抗:1897—1914年中国与德国的相互作用》,孙立新译,山东大学出版社,2005年,第305~308页。

③ 罗梅君:《世界观·科学·社会:对批判性汉学的思考》,周克骏译,马汉茂等编:《德国汉学:历史、发展、人物与视角》,李雪涛等译,大象出版社,2005年,第16页。

所以,在"文明化使命"的理念下,德国军医在将中国人建构为传染源的同时,还明确地表达了应该在医学方面"教化"中国人的观点。乌特曼和菲尔特写道,在保护驻军健康方面,普遍和持续的成功只有这样才能够实现,即"当不断进行的、针对当地居民的医疗照顾,在当地人中引起他们对于疾病和疾病对周围人的危险的些许理解"。①马尔提尼根据1911年胶澳总督府成功阻止中国东北鼠疫蔓延到租借地的经验,具体地指出了应采取的"教化"方式,即在防疫方面对中国民众进行通俗易懂的劝导比采取卫生警察的措施更为有效。②

可以看到,在报告中,德国胶澳军医从医学的角度负面地建构了租借地的形象,也即同时代德国人笔下中国形象的缩影。③德国军医借助于医学的理论和论证将租借地病理化——租借地的气候与环境导致了驻军中疾病的流行,当地中国人是疾病的携带者和传播者;即在专业的学术分析中,融入了扩张主义、种族主义和"文明化使命"等帝国主义时代的思想和理念。这些阐释共同支持了这一观点——对驻军健康的保护不仅要针对士兵本身,也要涉及中国方面的因素;具体来说,就是要按照西方现代医学来改造租借地的环境,同时规范驻军士兵和中国居民的生活习惯。由此,总督府在胶澳租借地的德国驻军中和中国人中推行医疗卫生措施的行为获得了理论上的支持。此外,德国军医将租借地建构为"不健康"的区域,还一定程度地带有推卸责任的个人目的,因为如前面所述,总督府以及德国军医在租借地的一系列工作并未使驻军完全摆脱疾病的侵袭,痢疾和急性肠炎等传染病仍然威胁着士兵的健康。

结 论

综上可见,德国胶澳军医是根据他们在租借地的医疗卫生活动,尤其是在科学研究工作的基础上来对德国驻军的疾病和健康进行探讨的。由此形成的医学报告构成了人们了解租借地医疗卫生的史料来源,同时也反映了当时德国医学的发展情况。其中,对驻军健康威胁较大的传染性疾病是德国军医关注和研究

---

① Walther Uthemann, Ernst Fürth, "Tsingtau. Ein kolonialhygienischer Rückblick auf die Entwicklung des Deutschen Kiautschougebietes", *Beihefte zum Archiv für Schiffs- und Tropenhygiene*, Vol. 15, No. 4, 1911, S. 36.

② Erich Martini, "Über die Bedeutung der Internationalen Pestkoferenz zu Mukden (Mandschurei) 1911", *Deutsche Medizinische Wochenschrift*, Vol. 38, No. 30, 1912, S. 1420.

③ Weiman Yuan, "Zwischen Wissenschaft und Kolonialismus. Chinesische Medizin im Spiegel deutscher Darstellung in der Kolonialzeit", Dissertation, Freie Universität Berlin, 2018, S. 319 - 359.

的主要对象,对它们的流行情况、病发原因以及防治措施和效果等方面的分析构成了其医学报告的主要内容。这些学术性的探讨丰富了当时医学的研究,也推进了医学发展,不过同时,还展现了帝国主义时代的思想印迹。德国军医普遍认为,同占领初期相比,胶澳驻军的健康状况在整体上是不断好转的,这一好转主要归功于总督府在租借地所进行的医疗卫生体系建设;与这一立场相呼应的是,他们对租借地的负面建构,即将当地的气候、环境和居民解释为导致驻军不健康状态或者感染疾病的主要原因。

关于"殖民地科学"的研究一般认为,宗主国在殖民地所进行的科学研究,多为"以服务于帝国主义殖民扩张为目的应用研究",少有基础理论的研究;[1]具体到医学领域,派往殖民地的医学工作者主要探寻"威胁当地劳动力和外国统治者的地方病的起因"。[2]该论断也符合同时代德国军医在胶澳租借地的工作。就德国军医而言,他们在租借地的首要工作是维护驻军的健康,所以他们的主要关注点在于,如何通过医疗实践和医学研究来有效地降低驻军中各种疾病的发病率,并以此来凸显和提升自己工作的价值和荣誉。仅从这一点来说,很多德国军医并不一定是有意识地在充当德国在华扩张的工具;但是,科学家和驻华官员的双重身份以及时代思维方式的影响,会使他们在工作中不自觉地服务,甚至推动德国在华的扩张政策。这一特点已体现在他们的医学报告中。作为专业性学术成果的同时,他们的医学报告不仅突出了总督府以及军医自身在租借地医疗卫生活动的积极成效,还为巩固德国在胶澳租借地的统治以及扩大德国在华利益提供了理论依据。据此,应该将德国军医的医学报告看作是学术研究与扩张政策结合的产物。

所以,以对德国胶澳军医医学报告的研究为视角,我们可以看到,在帝国主义时代的科学研究中,即使是服务于扩张者自身的"学术性"研究,也难以超越时代的认知和背景,并带有一定的政治痕迹。因而,我们要从学术和政治的双重脉络来分析和探讨帝国主义时代的各项科学研究和学术成果,在认可和探究其学术意义和科学价值的同时,也要去批判和反思其中所包含的帝国主义因素,从而获得较为客观和准确的认知。

---

[1] 梁波、陈凡:《试论"殖民地科学"》,《自然辩证法通讯》2000年第6期。
[2] Lewis Pyenson, "Cultural Imperialism and Exact Sciences: German Expansion Overseas 1900–1930", *History of Science*, Vol. 20, 1982, p. 1.

本文原刊载于《自然辩证法通讯》2021年第9期是,是中央高校基本科研业务费专项资助项目"近代德国在华医疗事业与德国对华文化政策"(项目编号:632020040)成果之一。

作者简介:

袁玮蔓,吉林松原人。先后在南开大学、北京师范大学、德国柏林自由大学获得学士学位、硕士学位、博士学位。2019年7月入职南开大学历史学院,现为南开大学历史学院讲师。主要研究方向为近现代德国史、医学史、中德关系史。目前出版学术专著1部:*Medizin und Kolonialismus. Deutsche Darstellung von chinesischer Medizin vom Opiumkrieg bis zum Ersten Weltkrieg*(De Gruyter Oldenbourg, 2020),主持国家社科基金项目1项,发表学术论文多篇。

"蚊子说"与1905年美国黄热病疫情的防治

王光伟

19世纪后半期,现代医学的发展突飞猛进,包括黄热病、霍乱及结核病等众多传染病的奥秘被一一揭开。伴随着医学知识的更新,传染病疫情治理的目标、措施和程序也随之发生显著变化。1905年黄热病疫情是美国历史上最后一次大规模的黄热病流行,与以往黄热病疫情不同的是,这次疫情治理主要基于新的医学知识"蚊子说",且成效显著。对此,历史学者奥古斯丁评论道:"1905年流行病在众多方面令人印象深刻,它在整个文明世界民众的脑海里留下难以磨灭的印记,那就是运用现代科学武器取得了一次伟大的胜利。对于这个国家而言,这种做法无疑是前所未有的。"[①]鉴于此,以"蚊子说"为线索,深入考察医学知识的更新对黄热病疫情治理的影响显然具有重要的学术意义。

长期以来,国内外学界对美国黄热病的研究主要集中在20世纪以前爆发的数次疫情。[②]当然,这并不意味着1905年黄热病疫情成为学界研究的空白,也有少数学者围绕这次疫情展开讨论。本杰明·查斯克简要描述了1905年新奥尔良黄热病疫情治理的全过程。[③]安·卡里根详述了新奥尔良在普通民众中间展开公共卫生教育,宣传"蚊子说",并指出这种宣传是1905年新奥尔良黄热病治理取得

---

① George Augustin, ed., *History of Yellow Fever*, Searcy and Pfaff, 1909, p. 881.

② 代表作有 John Duffy, *Sword of Pestilence: The New Orleans Yellow Fever Epidemic of 1853*, Louisiana State University Press, 1966; J. H. Powell, *Bring Out Your Dead: The Great Plague of Yellow Fever in Philadelphia in 1793*, University of Pennsylvania Press, 1993; John H. Ellis, *Yellow Fever and Public Health in the New South*, The University Press of Kentucky, 1992; Khaled J. Bloom, *The Mississippi Valley's Great Yellow Fever Epidemic of 1878*, Louisiana State University Press, 1993; Margaret Humphreys, *Yellow Fever and the South*, Johns Hopkins University Press, 1999; Deanne Nuwer, *Plague Among the Magnolias: The 1878 Yellow Fever Epidemic in Mississippi*, The University Alabama Press, 2015; 张国琭:《1793年费城黄热病与黑人循道派的兴起》,《全球史评论》2018年第1期。

③ Benjamin H. Trask, *Fearful Ravages: Yellow Fever in New Orleans, 1796–1905*, University of Louisiana, 2005.

成效的重要因素之一。[1]他们的研究对本文的撰写具有启迪之效,但也留下了继续深入的空间。前者没有系统阐明"蚊子说"如何嵌入新奥尔良的抗疫措施,且尚未涉及"蚊子说"在全国检疫中的运用;后者未能细致讨论新奥尔良宣传"蚊子说"的方式,仅将其归结为大众传播。因此,本文将以"蚊子说"为主线,考察"蚊子说"的产生,探究普及这种医学理论的传播策略,并讨论它如何被运用于1905年美国的抗疫行动,以期对1905年美国黄热病疫情治理具有一个整体的认识。

一、从"瘴气论"到"蚊子说":医学知识的更新

黄热病最早经奴隶贸易由非洲输入美洲,出现在美洲大陆的时间可追溯至1649年。18世纪,这种疾病曾先后在波士顿、费城、纽约及巴尔的摩等地流行。进入19世纪,它逐渐在美国北方诸州销声匿迹,而在南方流行的频率越来越高,故而被时人称为"南部灾祸"(South Scourge)。[2]按照现代医学的界定,黄热病是一种急性短期性的B族病毒性疾病,一般以埃及伊蚊为传播媒介,典型症状包括发热、头疼、黄疸和蛋白尿及胃肠道出血。它的传播过程是,埃及伊蚊在黄热病感染者感染后的3~6天内吸食其血液,成为黄热病病毒的传播媒介,再经过9~18天,摄入的病毒到达唾液腺,然后伊蚊再次吸血时,把病毒传播给他人。[3]然而,在传统医学占据主导地位的历史时期内,医学界对流行病的解释主要是借助古罗马时代医学家盖伦率先提出的"瘴气"(Miasms)和"瘟疫性空气状况"(Pestilential Condition of the Atmosphere)等医学概念。19世纪,面对黄热病的威胁,不少美国医生在传统医学的基础上,就这种疾病的病因和传播方式等问题不断展开探索,提出了多种观点,主要包括"接触传染"(Contagion)、"瘴气论"(The Theory of Malaria)、"流行性空气说"(Epidemic Atmosphere)、"隐花植物起源"(Cryptogamous Origin)及"微小动物假说"(Animalcular Hypothesis)等。

数个世纪以来,"接触传染"是解释疾病来源的主要话语之一,指通过人际接触或呼吸病人周围被感染的空气,抑或接触被病人感染的物品等途径传播疾

---

① Jo Ann Carrigan, "Mass Communication and Public Health: The 1905 Campaign against Yellow Fever in New Orleans", *Louisiana History: The Journal of the Louisiana Historical Association*, Vol. 29, No.1, 1988.

② 关于美国黄热病的流行史,参见 Samuel Choppin, "History of the Importation of Yellow Fever into the United States, from 1693 to 1878", *Public Health Papers and Reports*, 1878; John Duffy, "Yellow Fever in the Continental United States during the Nineteenth Century", *Bulletin of the New York Academy of Medicine*, Vol.44, No.6, 1968.

③ 基普尔主编:《剑桥世界人类疾病史》,张大庆主译,上海科技教育出版社,2007年,第986页。

病。20世纪以前,"接触传染"同样成为论述黄热病发病机制的医学观点之一。密西西比州华盛顿县的医生莫内特(Monette)是这种观点的信奉者。他认为,黄热病可通过透气货物、毯状物和羽毛褥子等物品在两地之间传播,当承载这些物品的船舱温度偏高时,感染力增强;若温度偏低,则感染力减弱。①新奥尔良慈善医院的病理学专家施密特(Schmidt)不仅强调黄热病与天花、麻疹、猩红热同属接触传染病,而且阐明了这些疾病的病因。1879年,他在《纽约医学期刊》(*New York Medical Journal*)上发文指出,它们通过一种特殊毒素(Specific Poison)实现人传人,这种毒素是通过肺部或皮肤从感染者身体中散发出来,以气态或液态存在。②莫内特和施密特借助"接触传染",似乎阐释了黄热病传播的部分规律,但它在很多方面受到诟病,因而从未成为医学界的主流观点。

除了"接触传染","瘴气"也是微生物理论问世前用来诠释疾病病因的重要医学话语,根据盖伦的解释,它是指产生于动植物腐败、沼泽、死水及肮脏环境的有害散发物,当人吸入"瘴气",容易致病。当黄热病成为美国的灾难时,医学界亟需对传播原因作出解释,于是多数医生将目光投向"瘴气论"。本杰明·拉什(Benjamin Rush)是《独立宣言》的签署者,同时也是美国早期赫赫有名的医生,他对黄热病的论述代表了美国立国之初大部分医生的意见。他认为,黄热病乃是一种源于本地的疾病,导致1793年费城黄热病疫情的罪魁祸首是堆积在码头腐臭变质的咖啡,当然,身心疲惫、暴饮暴食及恐惧、悲痛等负面情绪作为诱因也会令部分民众容易感染这种疾病。③同拉什一样,美国陆军军医杰贝兹·赫斯蒂(Jabez Heustis)也倡导"瘴气"致病。在他看来,黄热病与间歇热、弛张热不过是同类疾病,只是病情严重程度不一。通常,感染黄热病是三种原因共同作用的结果,根本原因(Remote Cause)是"瘴气",刺激性原因(Predisposing Cause)是不服水土,诱因(Exciting Cause)是疲劳和酗酒。不过,单是"瘴气"有时也足以令人染上重症黄热病。④上述两位医生都在"瘴气"致病的基础上,提及"诱因"的作用,他

① P. H. Lewis, "Thoughts on Yellow Fever, Being a Brief Critical Noticeof the Following Recent Works", *New Orleans Medical and Surgical Journal*, No.2, 1844, pp. 31,35.

② H. D. Schmidt, "On the Pathology of Yellow Fever", *New York Medical Journal*, Vol.29, No.2, 1879, pp. 151-152.

③ Benjamin Rush, *An Enquiry into the Origin of the Late Epidemic Fever in Philadelphia*, The Press of Mathew Carey, 1793, p. 6; Benjamin Rush, *An Account of the Bilious Remitting Fever, as It Appeared in the City of Philadelphia in the Year 1793*, Thomas Dobson, 1794, pp. 29-35.

④ Jabez Heustis, *Physical Observations, and Medical Tracts and Researches, on the Topography and Diseases of Louisiana*, T. and J. Swords, 1817, pp. 113-114.

们的观点解释了同一地区的人群,为何一部分染病,而另一部分却安然无恙,进而提高"瘴气论"的解释力和可信度。

尽管"诱因"的概念填补了"瘴气论"的解释盲区,不过这种理论却难以阐明另一种现象,即垃圾满地的城市从来不缺乏大量"瘴气",可黄热病却不是年年爆发,而是在特定年份流行。为了更有理由地说明这种现象,更准确地表述黄热病的性质,"流行性空气说"也被运用。这种理论认为,在"瘴气"和特殊气候共同作用下产生的流行性空气是黄热病的病因。1844年7月,医生兰伯特(Lambert)在《新奥尔良医学和外科杂志》(New Orleans Medical and Surgical Journal)发表的一篇文章采纳了"流行性空气说"的解释框架。结合黄热病通常在夏秋之交出现,霜冻之后消失的流行特征,兰伯特解释了新奥尔良反复流行黄热病的原因。他指出,从5月至7月,新奥尔良周边的脏水和死水因受烈日暴晒而蒸发,水汽上升时,空气含水量饱和,化而成雨。这样,动植物腐败产生的"瘴气"也会被裹挟上升,随着雨水降下,进而令黄热病扩散到众多地区,而"瘴气"则明显会受到风、雨等天气的影响。另外,兰伯特也承认"偶然的接触传染"(Contingent Contagion),认为若健康者吸入黄热病病人呼出或其排泄物散发的"瘴气"也会染病。[1]新奥尔良医生爱德华·巴顿(Edward Barton)曾撰写了一份关于1853年新奥尔良黄热病疫情的调查报告,字里行间也利用"流行性空气说"来解释黄热病的流行。他强调,特定的气象状况(Meteorological Condition)和本地污物(Local Vitiation)是黄热病流行的必要因素,两者不可或缺,合力形成了"流行性空气"。在巴顿看来,特定的气象状况包括高温高湿,而本地污物指的是玷污空气、食物和水源的东西,包括各类垃圾、通风不良的公寓、墓地和沼泽等。值得注意的是,他不认同黄热病具有接触传染性,却又表示,"如果疾病从某个感染点被携带至洁净之地,它便不会传播;但若输入到一个空气不洁或空气被污染的地点,结果正好相反"。[2]根据这些医生的论述,"流行性空气说"显然是"瘴气论"的变种,为后者加上特殊气候这一限定条件,使得黄热病病因的解释更具说服力。然而,"流行性空气说"的倡导者和信奉者就黄热病是否具有接触传染性及如何传播等问题存在明显分歧,这自然暴露出该理论的缺陷与不足,也预示着关于黄热病性质的讨论还远未结束。

---

① P. A. Lambert, "An Essay on Yellow Fever", *New Orleans Medical and Surgical Journal,* Vol. 1 No. 2, 1844, pp. 4-5, 13.

② Edward Barton, *Cause and the Prevention of Yellow Fever, Contained in the Report of the Sanitary Commission of New Orleans*, Lindsay and Blakiston, 1855, pp. 3, 51, 52, 61, 70, 134.

不论是"瘴气论"抑或"流行性空气说",它们都在刻意规避一个基本问题:到底什么是"瘴气"? 甚至"流行性空气说"的拥护者兰伯特也坦承,"当前的科学无法确定瘴气的性质,也搞不清瘴气形成的原因和条件。除了知晓它们对人的身体造成影响以外,我们一无所知"。[①]"瘴气"毕竟看不见、摸不着,若是连"瘴气"究竟为何物都搞不清楚,那么以"瘴气"为基础的疾病解释体系的可信性必然也要大打折扣。

出于对上述解释理论的质疑,19世纪中期,伴随着生物学和化学的进步,黄热病的"隐花植物起源"和"微小动物假说"先后被提出。按照19世纪以前植物学的分类方法,隐花植物与显花植物相对应,指的是诸如苔藓、藻类、蕨类、地衣类及真菌等无籽植物的有机体,主要依靠孢子繁殖,而"隐花植物起源"的内涵是黄热病由某种隐花植物引起的。新奥尔良医生里德尔(Riddell)大力提倡这种医学观点。他认为,黄热病不是接触传染病,而是由某种胚芽(Germ)或孢子(Spores)引起,同时缺乏臭氧和物质腐败产生的散发物会为它们的生长繁殖提供得天独厚的环境,进而加剧黄热病的传播。[②]尽管里德尔已经提到"胚芽"和"孢子",但未能具体点明它们属于何种隐花植物。与里德尔不同,费城杰斐逊医学院教授米切尔(Mitchell)明确表示真菌(Fungi)是黄热病的致病之源。1849年,他在《关于瘴气热与流行热的隐花植物起源》(*On the Cryptogamous Origin of Malarious and Epidemic Fevers*)一书中明确指出,"藏身于潮湿黑暗的船舱或病人、死亡船员肮脏衣物的热带真菌"会大量滋生,可将黄热病从一地输入另一地,这便是黄热病既非接触传染病,又可以通过污染物(Fomites)[③]传播的缘由。[④]可见,黄热病的"隐花植物起源"至少提供了一条基本能够自圆其说的解释路径。

相较于"隐花植物起源",黄热病的"微小动物假说"似乎为阐述这种疾病的性质提供了更具说服力的解释。微小动物(Animalcule)指的是诸如变形虫或草履虫的微小生物,有时蚊子也被归到这一类别。按照"微小动物假说",某种微小动物是产生黄热病的根源。亚拉巴马州莫比尔的医生诺特(Nott)对这种假说极

---

① P. A. Lambert, "An Essay on Yellow Fever", *New Orleans Medical and Surgical Journal*, Vol.1 No.2,1844, p. 5.

② J. L. Riddell, "Opinion on the Cause of Yellow Fever", *New Orleans Medical and Surgical Journal*, Vol.10 No.6, 1854, pp. 813-814.

③ 所谓的"污染物"(Fomites)指的是与传染病患者接触过的任何物品,包括床单、毛巾、衣服、法兰绒、陶器和餐具、书籍和纸张等。

④ J. K. Mitchell, *On the Cryptogamous Origin of Malarious and Epidemic Fevers*, Lea and Blanchard, 1849, pp. 103, 106.

为认同。不过,关于这种微小动物究竟为何物及黄热病如何传播,他表示,"当前的显微观察还处于起步阶段,在探究疾病病因的问题上,化学远远落后于时代",而"昆虫或微小动物的毒素"通过何种方式传播尚不为人所知。①不难看出,诺特对"微小动物假说"的探究显然是浅尝辄止。与诺特不同的是,路易斯安那州华盛顿县的医生库克(Cooke)不仅相信黄热病的致病原(Morbific Cause)很可能是某种微小动物,而且细致考察了黄热病的传播方式。他提出,这种致病原可通过病人和"污染物"两种媒介传播。具体而言,一方面,"污染物"可携带致病原,若是后者数量充足,在任何情况下都会令易感者染病;另一方面,病人的散发物本身无害,但若是周围空气有利于"病体散发的疾病胚芽"的繁殖,便会产生黄热病。②如果用现代医学观念来考察"微小动物假说",它无疑最接近现代医学对黄热病的认知。

黄热病的"瘴气论"、"隐花植物起源"及"微小动物假说"等医学观念为它们所处的时代提供了解释黄热病的理论体系。不过,它们并未真正揭示黄热病的病因和传播规律,等到19世纪末,黄热病的奥秘才为人所知。对黄热病传播模式的科学认知最早可追溯到古巴医生卡洛斯·芬利(Carlos Finlay)。19世纪50年代,他曾先后在巴黎、费城等地学医,毕业后定居哈瓦那,潜心治病救人。哈瓦那频受黄热病流行之苦,而医学界围绕这种疾病仍旧争论不休,这自然激发了芬利对黄热病的研究兴趣。当时,法国植物学家菲利普·范蒂耶玛(Philippe E. L. Van Tieghem)编撰的《植物学》一书描述了小麦秆锈菌,后者是一种玉米寄生真菌,需要小檗植物作为中间宿主来滋生和繁殖,若是没有小檗植物作为媒介,小麦秆锈菌便不会感染玉米。受这种真菌传播规律的启发,芬利联想到蚊子与黄热病的关系,于是利用当地的蚊子做实验。③1881年8月14日,芬利在哈瓦那科学院(Havana Academy of Science)宣读了实验成果《蚊子被认为是传播黄热病毒素的媒介》(The Mosquito Hypothetically Considered as An Agent in the Transmission of Yellow Fever Poison),结论是蚊子通过叮咬可在人与人之间传播黄热病。④次年,

---

① J. C. Nott, "The Epidemic Yellow Fever of Mobile in 1853", *New Orleans Medical and Surgical Journal*, Vol.10, 1854, pp. 578-582.

② T. A. Cooke, "An Account of Yellow Fever which Prevailed in the Town of Washington, LA.", *New Orleans Medical and Surgical Journal*, 1854, pp. 606-607, 611.

③ John R. Pierce and Jim Writer, *Yellow Jack: How Yellow Jack Ravaged America and Walter Reed Discovered Its Deadly Secrets*, John Wiley and Sons, 2005, p. 80.

④ Carlos Finlay, "The Mosquito Hypothetically Considered as An Agent in the Transmission of Yellow Fever Poison", *Yale Journal of Biology & Medicine*, No.6, 1937, p. 603.

他确认只有埃及伊蚊会传播黄热病。至此,芬利发现了埃及伊蚊才是黄热病的传播媒介。不过,当时的医学界对芬利的发现持怀疑态度,"蚊子说"未引起多大反响,直到20年后才得到重视。

"蚊子说"开始得到医学界的认可要归功于军医沃尔特·里德(Walter Reed)等人。美西战争结束后,古巴沦为美国的殖民地,但当地的黄热病却成为驻古巴美军面临的卫生挑战。鉴于此,1900年5月,美国国会授权成立一个派往古巴的医学委员会,专门负责调查当地的黄热病。委员会由美国陆军的里德、詹姆斯·卡罗尔(James Carroll)、杰西·拉齐尔(Jesse Lazear)及古巴医生阿里斯蒂德斯·阿格拉蒙特(Aristides Agramonte)组成,里德是负责人。医学委员会抵达古巴时,适逢克马多斯镇爆发黄热病,这为医学委员会展开临床观察及细菌学、病理学工作提供了客观条件。6月至9月底,拉齐尔和其他实验人员以自身为实验对象,同时招募一批志愿者,冒险展开临床实验,实验方法是利用吸食过黄热病感染者血液的蚊子,再次叮咬对黄热病缺乏免疫的健康者。通过分组实验,他们得出了研究结果。10月,里德等人向美国公共卫生协会提交了医学委员会的初步调查报告,确认埃及伊蚊是黄热病寄生的中间宿主,证实了芬利的"蚊子说"。[1]

经过进一步的实验,1901年2月6日,里德在哈瓦那召开的泛美医学大会上发表了一份完整报告,丰富了"蚊子说"的内涵。这份报告的主要结论如下:第一,蚊子是黄热病寄生的中间宿主;第二,蚊子只有在感染者发病的前2天吸食其血液才会被感染;第三,蚊子感染后,至少需间隔12天或更长时间才具有传播黄热病的能力;第四,黄热病的潜伏期从41小时到5天17小时不等;第五,黄热病不是通过"污染物"传播,没必要消毒感染者接触过的衣物、床上用品或其他物品。[2]需要指出的是,关于黄热病"潜伏期"的观点,并非里德等人首创,而是受美国海洋医院服务部(Marine Hospital Service)外科医生亨利·卡特(Henry Carter)的启发。1898年夏,卡特在出现黄热病疫情的密西西比州泰勒(Taylor)和奥伍德(Orwood)两地进行研究,提出从原发病例产生到继发病例出现的时间间隔一般

① Walter Reed, James Carroll, Aristides Agramonte and Jesse Lazear, *The Etiology of Yellow Fever: A Preliminary Note*, The Berlin Printing Company, 1901, p. 16.

② Walter Reed, James Carroll, Aristides Agramonte, "The Etiology of Yellow Fever: A Additional Note", in Robert Latham Owen, ed., *Yellow Fever: A Compilation of Various Publication*, U.S. Government Printing Office, 1911, p. 87.

在2到3周。①基于此，以里德为首的委员会在卡特研究的基础上，阐明了黄热病感染者的潜伏期不超过6日。

总之，在芬利和卡特研究的基础之上，里德等人确认并进一步完善了"蚊子说"，基本阐明了黄热病的传播模式和发病规律。从此，"蚊子说"不仅逐渐成为美国医学界的普遍共识，令此前多种阐释黄热病的理论黯然离场，而且开始被运用于黄热病的预防和治理。

二、从医学界到普通民众：疫情期间"蚊子说"的社会传播

1905年夏，美国爆发黄热病疫情，不少南部州县相继出现黄热病感染者，其中路易斯安那州的疫情较为严重，作为该州首府的新奥尔良则是这场疫情的"震中"。据后来统计，1905年路易斯安那州约有超过9,300名黄热病感染者，其中新奥尔良的感染者数量在3,400人左右，死亡452人。②新奥尔良之所以成为这次疫情的"震中"，是众多因素共同作用的结果：一是濒临黄热病频发之地。新奥尔良是美国的重要港口之一，与墨西哥、古巴和中美洲国家之间的人员经贸往来频繁，来自后者的商船经常将黄热病感染者或被感染的埃及伊蚊输入。二是当地的外来移民隐瞒黄热病病例。1905年，新奥尔良的法国市场（French Market）最先出现黄热病病例，这里聚集了不少意大利移民，他们生性多疑，即使生病也不愿求医问诊，致使卫生部门难以在第一时间了解黄热病疫情的进展。三是部分地区的卫生状况十分恶劣。在法国市场，"人畜杂处，各家庭院堆积着腐烂木材、瓶瓶罐罐及废弃浴缸等垃圾"，而且"各家庭院里至少有一个不加遮盖的蓄水池，里面滋生了大量的埃及伊蚊"。老城区的卫生状况同样糟糕。那里的街道坑坑洼洼，在雨后往往形成不少小水坑，"道路两侧是排水沟，里面多是缓慢流动或停滞的死水。真菌、衣原菌和活赤虫在水流量小的地方随处可见，固体垃圾不时将排水沟堵塞，由于缺乏适当的垃圾和污水处理系统，污水的气味在盛夏始终挥之不去"。③四是新奥尔良的主要供水来源是露天蓄水池。不同于其他城市，这里家家户户都会安装露天蓄水池，用于收集雨水，以供日常使用。据估计，新奥尔

---

① Walter Reed, James Carroll, Aristides Agramonte and Jesse Lazear, *The Etiology of Yellow Fever: A Preliminary Note*, The Berlin Printing Company, 1901, p. 6.

② Benjamin H. Trask, *Fearful Ravages: Yellow Fever in New Orleans, 1796–1905*, University of Louisiana, 2005, p. 121.

③ Rubert Boyce, *Yellow Fever Prophylaxis in New Orleans*, Williams and Norgate, 1906, pp. 2-4.

良有7.5万个蓄水池,它们成为适合埃及伊蚊的繁殖之地。[1]面对这场黄热病疫情,首先摆在所有人,特别是新奥尔良人面前的是如何迅速遏制它的蔓延。

若要有效控制黄热病疫情的发展,政府必须号召民众以科学的医学知识为指导,积极配合和参与抗疫工作,而现实情况是"蚊子说"的传播受众仍主要局限于医学界人士,绝大多数普通民众对黄热病的传播规律一无所知,甚至部分医生也知之甚少。对此,新奥尔良卫生官员奎特曼·科恩克(Quitman Kohnke)心知肚明。早在1905年2月,他公开发文表示:"在一个自由国度,若要消灭蚊子,需要群体合作,无论这种合作是主动的还是被动的。为了得到必要的服从和帮助,他们必须首先了解该做什么,为什么要做,如果本国的男女老幼都了解蚊子,立法机构就会回应公众的要求,统一行动也不过是水到渠成之事,正由于缺乏这种认知,这便难比登天。"[2]疫情初期,《纽约时报》的一篇文章也表达了与科恩克类似的看法。作者指出:"如果民众见识广博,那么消灭黄热病易如反掌,但见多识广者毕竟屈指可数。……在新奥尔良这类城市,新理论的倡导者们仍需努力。"[3]鉴于此,美国各级政府与医学界、志愿组织及宗教人士等社会群体相互协作,积极利用人际传播、群体传播与大众传播等传播类型,通过多种传播媒介,有针对性地向包括工人、学生和教众在内的普通民众灌输"蚊子说",以期达到卫生教育之目的。

人际传播是宣传"蚊子说"的重要途径。在新奥尔良,不少社会团体纷纷通过私人谈话或挨家挨户拜访等形式,向成千上万的家庭告知黄热病的性质及预防办法。新奥尔良的意大利人组织选派了众多专职人员,挨家挨户走访同胞,用其母语解释必须采取哪些措施来遏制这场流行病,并要求他们予以合作。[4]妇女俱乐部(Women's Clubs)也采用登门拜访的方式在民众中间展开宣传,敦促户主

---

[1] "Yellow Fever Prevented By Mosquito Extermination", *Scientific American*, Vol. 93, No. 6, 1905, p. 99.

[2] Quitman Kohnke, "The Mosquito Question", *Scientific American Supplement* No.1518, 1905, p. 24328.

[3] Jo Ann Carrigan, "Mass Communication and Public Health: The 1905 Campaign against Yellow Fever in New Orleans", *Louisiana History: The Journal of the Louisiana Historical Association*, Vol.29, No.1, 1988, p. 7.

[4] Jo Ann Carrigan, "Mass Communication and Public Health: The 1905 Campaign against Yellow Fever in New Orleans", *Louisiana History: The Journal of the Louisiana Historical Association*, Vol.29, No.1, 1988, p. 11.

遮盖自家蓄水池,并在房间内进行熏蒸。[1]尽管人际传播具有传播速度慢的局限,不过传播者可以利用语言与受众直接交流"蚊子说",晓之以理,动之以情,同时利用表情、姿势补充语言表达之不足,而且受众也能及时反馈对"蚊子说"的看法,这种双向互动自然可以增强"蚊子说"的传播效果。

大众传播是宣扬"蚊子说"的另一个重要方式。疫情之初,联邦借助全国邮政系统向普通民众传授关于黄热病和蚊子的医学知识。1905年7月31日,公共卫生与海洋医院服务局(Bureau of Public Health and Marine-Hospital Service)编写了一张传单并印刷10万份,根据财政部长的要求,它们被寄到黄热病疫情严重的路易斯安那州和密西西比州的每家邮局,后者需在邮局布告牌上展示,并将剩余传单分发出去。这份传单题为《如何预防黄热病——没有蚊子,便没有黄热病》,不仅阐明了黄热病的传播模式和应对策略,而且介绍了蚊子的生活习性和消灭方法。[2]新奥尔良卫生部门也通过报纸等媒介向民众传递黄热病传播规律的信息。7月23日,多家本地报纸刊登了科恩克、路易斯安那州卫生局主席及奥尔良教区医学顾问委员会等共同签署的通告,告知市民,埃及伊蚊是黄热病传播的唯一途径。[3]部分民众还利用海报和广告,致力于宣传黄热病与埃及伊蚊的关系。加利克(Garlick)是新奥尔良的一名受雇张贴广告者,他用红色墨水设计了一副大型海报,来传播"蚊子说",并敦促民众遵守联邦卫生机构的规定,采用熏蒸之法消灭蚊子。这些海报被印刷数千份,全城张贴。[4]一家五金公司推销自家产品时,也不失时机地宣传何为埃及伊蚊。它刊登在报纸上的广告幽默地写道,生产防埃及伊蚊的金属网线是我们公司的特长,倘若你对埃及伊蚊一无所知,那就去问问科恩克吧。[5]大众传播具有受众广的特点,可在短时间内向整个社会传递"蚊子说"的基本内容。不过,并非所有人都能识文断字,而且这类传播方式的劝服效果也相对有限。

---

[1] Benjamin H. Trask, *Fearful Ravages: Yellow Fever in New Orleans, 1796-1905,* University of Louisiana, 2005, p.110.

[2] *Annual Report of the Surgeon-General of the Public Health and Marine-Hospital Service of the United States for the Fiscal Year 1906*, Government Printing Office, 1907, pp.135-137.

[3] Louis G. Lebeuf, "The Work of the Medical Profession of New Orleans during the Epidemic of 1905", in George Augustin, ed., *History of Yellow Fever*, Searcy and Pfaff, 1909, pp. 1068-1069.

[4] Rubert Boyce, *Yellow Fever Prophylaxis in New Orleans*, Williams and Norgate, 1906, p.58.

[5] Jo Ann Carrigan, "Mass Communication and Public Health: The 1905 Campaign against Yellow Fever in New Orleans", *Louisiana History: The Journal of the Louisiana Historical Association*, vol.29, No.1, 1988 , p. 12.

除大众传播和人际传播之外,群体传播对于"蚊子说"的普及也起到了难以替代的作用。在联邦层面,美国公共卫生和海洋医院服务部官员在包括新奥尔良在内的不少城镇召开会议并发表讲话,呼吁民众关注防蚊灭蚊的必要性。[①]在疫情的"震中"新奥尔良,得益于卫生部门、市民志愿组织及妇女组织等的协调与配合,不少社会群体或个人加入"蚊子说"的普及活动。医生群体承担了重要的宣传工作,不仅在民众集会上讲授黄热病的医学知识,甚至频繁现身工厂和学校。9月初,在市民志愿组织主席贝弗利·华纳(Beverley Warner)的安排下,医生们与该市半数左右的工人展开为时30分钟的对话。10月,不少医生随华纳先后探访51所学校,向4.3万名学生传授了相关医学知识及熏蒸灭蚊之法。[②]除医生外,教师们也在课堂上展开公共卫生教育。当新学期返校复学后,全市所有公立学校和教会学校的老师在课堂上向学生们做了5分钟的专题讲座,内容涉及"蚊子说"和黄热病的预防措施。为了提高课堂教学的效果,1.6万张教学卡片还被送往天主教学校。[③]神职人员在教堂则通过布道的形式力劝教众相信"蚊子说",按照新的医学知识行事。7月24日,奥尔良教区医学协会向市卫生局强调开展民众卫生教育的必要性,并敦促神职人员在黄热病疫情期间发挥传播医学知识的作用。[④]7月29日,新奥尔良市民志愿组织呼吁牧师向教众传播"蚊子说"。[⑤]在医学界和社会团体的呼吁下,神职人员积极向教众宣扬黄热病的传播规律。作为信教者群体中的舆论领袖,神职人员对于教众的认知和行为改变具有较强的引导作用,他们传播"蚊子说"自然事半功倍。总之,各级卫生官员、医生、教师及神职人员利用演讲、授课和布道等多种形式在包括工人、学生和教众在内的群体宣传"蚊子说",有助于后者接受这种新的医学观念,并将其内化为群体意识的一部分。

此外,还有一些令人耳目一新的宣传方式也被运用。疫情之初,市民财务委员会曾订购2.5万枚翻领纽扣,将它们发放给已遮盖自家蓄水池,并对蓄水池做

---

① *Annual Report of the Surgeon-General of the Public Health and Marine-Hospital Service of the United States for the Fiscal Year 1906*, Government Printing Office, 1907, p. 134.

② Jo Ann Carrigan, "The Saffron Scourge: A History of Yellow Fever in Louisiana, 1796–1905", PhD diss., Louisiana State University, 1961, p. 246.

③ Edmond Souchon, "Biennial Report of the Louisiana State Board of Health to the General Assembly of the State of Louisiana, 1904–1905", *The Times*, 1906, p. 38.

④ Louis G. Lebeuf, "The Work of the Medical Profession of New Orleans during the Epidemic of 1905", in George Augustin, ed., *History of Yellow Fever*, Searcy and Pfaff, 1909, p. 1072.

⑤ Rubert Boyce, *Yellow Fever Prophylaxis in New Orleans*, Williams and Norgate, 1906, p. 31.

过置油处理之人佩戴,纽扣周围写着"我的蓄水池毫无问题,你的怎么样",而中间呈现的是埃及伊蚊的图像。[1]这种翻领纽扣令每一位佩戴者成为"蚊子说"的代言人。9月中旬,商人联谊会"麋鹿俱乐部"(Elks Club)发起了一场筹集抗疫资金的活动,该活动从游行开始,包括市长在内的700多名麋鹿俱乐部成员走上街头,身穿纱布衣服,戴的帽子形似被遮盖的蓄水池,他们的游行口号是:"这个物种的雌性比雄性更加致命!"每当声音响起,围观民众总是捧腹大笑。[2]这个游行口号其实是告诉民众,黄热病是由雌性的埃及伊蚊传播,而民众的反应表明,他们显然对此已是心领神会。

综上所述,各级政府和社会团体通过人际传播、群体传播与大众传播等方式,积极利用各种传播媒介,较为有效地实现了向新奥尔良民众灌输"蚊子说"的工作,这么做的目的无非出于两端:一是统一医学认知,令普通民众配合卫生部门和志愿组织联合展开的抗疫工作;二是鼓励民众从自身做起,以新的医学理论为指导,参与防蚊灭蚊的事务。实际上,向民众普及"蚊子说"的做法自然在某种程度上有助于实现预期目的。

三、从改善卫生到防蚊灭蚊:"蚊子说"在新奥尔良黄热病治理中的运用

1905年7月22日,路易斯安那州卫生局正式宣布新奥尔良爆发黄热病。尽管难以追溯新奥尔良的"一号"病人,不过市卫生局至少在7月12日已得知当地出现黄热病疑似病例,随后的调查也显示,不少黄热病疑似病例和死亡病例最早发生在5月。[3]可以说,等到官方正式宣布疫情暴发时,防控黄热病的最佳窗口期已经丧失。面对黄热病的威胁,市政府、医学界和市民志愿组织纷纷采取行动。7月21日,路易斯安那州和新奥尔良市卫生局的官员、美国公共卫生和海洋医院服务部代表、邻州卫生官员及奥尔良教区医学协会成员召开会议,讨论如何应对黄热病疫情。22日,奥尔良教区医学协会成立医学顾问委员会,协助卫生局的工作。同日,新奥尔良市长、州卫生局主席、市卫生局主席和本市的知名人士共同

---

[1] Jo Ann Carrigan, "The Saffron Scourge: A History of Yellow Fever in Louisiana, 1796–1905", PhD diss., Louisiana State University, 1961, p. 245.

[2] Jo Ann Carrigan, "Mass Communication and Public Health: The 1905 Campaign against Yellow Fever in New Orleans", *Louisiana History: The Journal of the Louisiana Historical Association*, Vol.29, No.1, 1988 ,p. 17.

[3] Rubert Boyce, *Yellow Fever Prophylaxis in New Orleans*, Williams and Norgate, 1906, p. 17.

制定了阻止黄热病蔓延的计划,并组建了以查尔斯·詹维尔(Charles Janvier)为主席的财务委员会,负责为抗疫工作筹集资金,该委员会先后为抗疫筹集资金超过26万美元,奠定了大规模展开抗疫工作的物质基础。[1]26日,市卫生局任命华纳为市民志愿组织主席,市民志愿组织是新奥尔良抗疫工作的重要执行者,他的任务是协调新奥尔良16个区市民志愿组织的行动。至此,新奥尔良形成了以市卫生局为首,新奥尔良教区医学协会、财务委员会,以及市民志愿组织等机构为辅的抗疫组织体系。

然而,这种以市卫生局为领导的抗疫组织体系很快为人诟病。医学协会认为市卫生局的工作效率低下、组织混乱,商业利益集团也希望联邦政府亲自指挥抗疫行动,放松检疫力度,减少贸易限制。[2]8月4日,路易斯安那州州长牛顿·布兰查(Newton G. Blanchard)通过电报向时任美国总统西奥多·罗斯福转达了新奥尔良市市长、市卫生局、州卫生局及新奥尔良教区医学协会的决议,要求联邦政府接管新奥尔良的抗疫工作。在罗斯福的授权下,美国公共卫生与海洋医院服务局任命卫生官员怀特(J. H.White)为新奥尔良抗疫工作总负责人,并派遣另外24名卫生官员前往新奥尔良,协助其展开工作。怀特到任后,在各区任命一名服务部卫生官员为负责人,加强对各区市民志愿组织的集中统一管理,促使抗疫工作得以有序高效地展开。这样,新奥尔良的抗疫指挥权就基本上落入美国公共卫生和海洋医院服务部之手。不过,不论是由市卫生局直接领导,还是由美国公共卫生与海洋医院服务局卫生官员亲自指挥,新奥尔良的抗疫方针没有发生明显变化。它们不再根据"瘴气论",运用改善城市卫生和个人卫生的措施,而是基于"蚊子说",采用防蚊灭蚊的手段阻断传播途径,来遏制疫情的蔓延。

由于蚊子种类众多,埃及伊蚊仅为其中一支,同时又难以辨别哪些埃及伊蚊已被感染,因此将"蚊子说"运用于抗疫绝非易事。1905年,新奥尔良卫生局发布的一份小册子直言不讳地表达了这种看法。它指出:"就理论而言,根据这一重要发现采取的措施令预防或遏制流行病变得轻而易举。事实上,找出感染黄热病的蚊子无异于天方夜谭,而且想要确定是否已消灭所有被轻症或未知黄热病

---

[1] Rubert Boyce, *Yellow Fever Prophylaxis in New Orleans*, Williams and Norgate, 1906, p. 61.

[2] Jo Ann Carrigan, "Mass Communication and Public Health: The 1905 Campaign against Yellow Fever in New Orleans", *Louisiana History: The Journal of the Louisiana Historical Association*, Vol.29, No.1, 1988 ,p. 13.

病例感染的蚊子,更是痴人说梦。"①幸运的是,1901年新奥尔良医学协会的调查使得"蚊子说"在抗疫工作中的运用成为可能。当时,医学协会任命一个委员会来绘制该市各类蚊子的分布图。为方便起见,该委员会按照滋生地,将新奥尔良的蚊子分为三类:蓄水池蚊子(Cistern Mosquitoes)、水沟蚊子(Gutter Mosquitoes)和沼泽蚊子(Marsh Mosquitoes),而调查结果显示,埃及伊蚊最喜蓄水池,偶尔也会寻找其他栖身之所,多集中在人口密集的城市地区,很少出现在农村。②这项调查的意义在于,它使得1905年新奥尔良的抗疫工作更具针对性,灭蚊的主要目标针对蓄水池蚊子即可,而不必消灭所有种类的蚊子,从而降低灭蚊工作的复杂性。

由于埃及伊蚊通常在死水里繁衍滋生,遮盖蓄水池、并在蓄水池水面置油等措施就成为新奥尔良展开灭蚊工作的重要措施之一。7月26日,新奥尔良市卫生局派出19名工作人员,其中7人负责置油于蓄水池的水面,4人负责遮盖蓄水池,1人负责制作遮盖蓄水池的材料,并宣布逐步将人数增加到150人。③怀特接管新奥尔良抗疫工作后,加强了抗疫力量,雇佣超过1,200名工作人员,其中负责遮盖蓄水池、水面置油等事务的人数达到910人。④8月11日,怀特会见各区市民志愿组织负责人,要求各区每周冲洗一次街道旁的排水沟,对辖区内的蓄水池展开彻底检查,确保它们得到遮盖,同时使用特定种类的油对蓄水池进行置油作业,以免影响水质和口感。⑤8月23日,怀特再次向各区发出指令,在排水沟和水池里加盐。⑥另外,医学顾问委员会还曾呼吁卫生部门不要把目光仅集中在蓄水池,还需注意到家中的水壶、花瓶、墓地的骨灰盒及房前屋后的排水沟也是蚊子的重要繁殖地。⑦遮盖蓄水池、并在水面置油,以及在排水沟里加盐等做法令埃及伊蚊失去孵化成虫的有利环境,这就从源头上减少新孵化的埃及伊蚊数量,有助于控制黄热病传播。

若要在全市范围内完成所有蓄水池的遮盖和水面置油,单凭抗疫工作人员

---

① Reginald B. Leach, "The Mosquito Theory, Yellow Fever and Arsenization", *The North American Review*, Vol.187, No.626, 1908, p. 100.

② Rubert Boyce, *Yellow Fever Prophylaxis in New Orleans*, Williams and Norgate, 1906, pp. 8-9.

③ *Annual Report of the Surgeon-General of the Public Health and Marine-Hospital Service of the United States for the Fiscal Year 1906*, Government Printing Office, 1907, p. 130.

④ Rubert Boyce, *Yellow Fever Prophylaxis in New Orleans*, Williams and Norgate, 1906, p. 38.

⑤ Rubert Boyce, *Yellow Fever Prophylaxis in New Orleans*, Williams and Norgate, 1906, p. 40.

⑥ Rubert Boyce, *Yellow Fever Prophylaxis in New Orleans*, Williams and Norgate, 1906, p. 46.

⑦ George Augustin, ed., *History of Yellow Fever*, Searcy and Pfaff, 1909, p.1073-1074.

的努力显然不够,民众的配合和参与更为重要。通过宣传"蚊子说",大部分民众愿意与卫生官员合作,主动检查、遮盖自家蓄水池,不过并不是所有人都接受卫生局的建议,甚至有人反对卫生官员在蓄水池里置油,理由是置油改变了水的口感。针对这种境况,新奥尔良市议会8月1日颁布的法令规定,新奥尔良民众须用不少于18目的网布、纱布等遮盖自家蓄水池,并在蓄水池水面置油,违反者处以25美元以内罚款或30天以内监禁,抑或两者并罚。[①]这部法令为新奥尔良卫生当局强制要求民众参与灭蚊行动提供了法律支持。

尽管蓄水池遮盖和涂油等措施可以较为有效地阻止新埃及伊蚊的孵化,不过大量埃及伊蚊已活跃在这座城市,于是新奥尔良把烟熏作为展开灭蚊工作的另一项不可或缺的手段。流行期间,某些日期被指定为烟熏日,新奥尔良民众被要求燃烧硫黄,烟熏各自房屋,各区市民志愿组织甚至向无力购买者免费提供硫黄。8月11日,怀特向各区发出指示,每周指定一日为"灭蚊日",要求全市民众利用烟熏之法消灭家蚊。[②]9月1日,第一区市民志愿组织将9月2日和3日定为烟熏日,时间是上午10时至12时,并提供城内30家销售硫黄的商店名单及地址,要求民众进行烟熏。此外,它还对具体的烟熏方式提出不少建议。[③]设定"烟熏日"的合理性在于,倘若整个新奥尔良市多次同时进行烟熏,势必大大减少本地现存的埃及伊蚊数量。不过,"熏蒸日"的做法无异于"广撒网捕鱼",对黄热病感染者居住的房屋进行重点烟熏似乎更具有针对性。市卫生局曾建立一支由100人组成的队伍,专门查找发热病例,并对出现感染者的房间进行烟熏。[④]8月17日,怀特要求各区市民志愿组织负责人必须每小时向指挥部报告黄热病病例,以便在第一时间对病例所在房间展开烟熏。[⑤]"烟熏日"主要目的是根除藏身各家各户或其他建筑内的潜在传播者埃及伊蚊,而重点对黄热病病人居住的房屋展开烟熏,消灭已被感染的埃及伊蚊无异于直接摧毁了黄热病的传播媒介。

避免黄热病病人、健康者与埃及伊蚊之间的接触也是新奥尔良抗疫工作的重要内容。按照"蚊子说",埃及伊蚊必须在黄热病病人发病的前3天吸食其血液,然后至少再经过12天才具有传染性。若要阻止埃及伊蚊叮咬黄热病病人,首

① George Augustin,ed., *History of Yellow Fever*, Searcy and Pfaff, 1909, p.1100.

② Rubert Boyce, *Yellow Fever Prophylaxis in New Orleans*, Williams and Norgate, 1906, p. 40.

③ Rubert Boyce, *Yellow Fever Prophylaxis in New Orleans*, Williams and Norgate, 1906, pp. 32-33.

④ Jo Ann Carrigan, "The Saffron Scourge: A History of Yellow Fever in Louisiana, 1796–1905", PhD diss., Louisiana State University, 1961, p. 235.

⑤ Rubert Boyce, *Yellow Fever Prophylaxis in New Orleans*, Williams and Norgate, 1906, p. 42.

先要做的是尽快发现病人。7月24日,奥尔良教区医学协会向本市医生转达了怀特、医学顾问委员会及路易斯安那州卫生局的要求,他们务必及早诊断、及早汇报黄热病病例,并第一时间将病人安置在蚊帐之内。[①]8月17日,新奥尔良医学协会又提醒医生不要忽视本地的轻症黄热病病人。[②]8月30日,怀特通知各区市民志愿组织负责人,需要对曾出现黄热病病例的区域展开复查,复查的间隔时间由原来的感染病例发生后的第10天到第25天改为第15天至第30天。[③]需要注意的是,发现病人仅是阻止埃及伊蚊被感染的第一步,更为重要的是令蚊子难以接触到病人。疫情暴发后,新奥尔良市卫生局征用一座无人居住的建筑,将其改造成可容纳80名病人的黄热病隔离医院,这家医院的卫生状况不佳,不过却采取严格措施,防止蚊子叮咬病人,甚至所有病房都使用两道隔离门,两道门不得同时打开。另外,科恩克对黄热病患者病房也提出了一些要求,包括病房内要设置蚊帐,使病人在发病前3天不会被蚊子叮咬,同时封闭病房的门窗和其他缝隙。[④]显然,第一时间发现黄热病病人,然后阻止埃及伊蚊因叮咬病人而被感染,有助于阻断新奥尔良的黄热病传播链。另一方面,即使埃及伊蚊已被感染,若是它无法叮咬健康者,黄热病也不会传播,因此,健康者也被要求做好防蚊准备。8月8日,怀特在一场集会上提出,疫情流行期间,除非是去教堂、工作或者购物之外,女士们应取消不必要的外出,即使出门,也需佩戴面纱和手套,不可穿低帮鞋,以防蚊子叮咬。[⑤]怀特的建议旨在阻止被感染的埃及伊蚊叮咬健康者,这是阻断传播链条的第二个途径。总体而言,通过采取防蚊措施,避免埃及伊蚊叮咬黄热病病人和健康者,可以有效切断传播途径,阻止黄热病疫情的传播和蔓延。

基于"蚊子说",新奥尔良采用的防蚊灭蚊措施取得了不错的抗疫效果。从死亡率上看,相比前几次疫情,1905年疫情造成的死亡率要低得多。1853年黄热病疫情期间,新奥尔良的病死者总数是7,849人,1878年是4,050人,分别是1905年病死者数量的18倍和9倍。[⑥]如果说1905年黄热病疫情期间新奥尔良死亡率低的原因在于疫情本身的强度低,而非治理之功,那么这次疫情的进程足以证实

---

① George Augustin,ed., *History of Yellow Fever*, Searcy and Pfaff, 1909, pp.1069-1070.

② George Augustin,ed., *History of Yellow Fever*, Searcy and Pfaff, 1909, p. 1075.

③ Rubert Boyce, *Yellow Fever Prophylaxis in New Orleans*, Williams and Norgate, 1906, p. 49.

④ Edmond Souchon, "Biennial Report of the Louisiana State Board of Health to the General Assembly of the State of Louisiana, 1904–1905", *The Times*, 1906, p. 62.

⑤ Rubert Boyce, *Yellow Fever Prophylaxis in New Orleans*, Williams and Norgate, 1906, p. 40.

⑥ George Augustin,ed., *History of Yellow Fever*, Searcy and Pfaff, 1909, p. 1050.

新奥尔良防蚊灭蚊措施的有效性。相较于1878年疫情,两者几乎同期开始流行,然而1905年疫情的流行高峰在8月中旬,1878年疫情的流行高峰在10月份。[①]另一项证据是,1905年新奥尔良黄热病疫情在10月份基本结束,而此前当地的黄热病疫情很少在霜冻来临之前消失。换句话说,正是由于"蚊子说"的运用,新奥尔良第一次通过这项医学科学的武器,加速流行高峰的到来,成功遏制黄热病的发展,而不再仅仅依赖于寒冷天气。值得注意的是,疫情期间,"蚊子说"绝不仅限于新奥尔良运用,也为其他城市所采纳,同时还成为美国南部各州检疫措施的医学理论基石。

四、从重视污染物到关注蚊子:疫情期间"蚊子说"的检疫实践

20世纪初,美国区域之间的人员往来更加频繁,经贸联系愈发密切,这固然有助于区域之间的经济社会发展和文化往来,不过也具有潜在风险,为疾病在地区之间的迅速传播提供了便利。1905年美国黄热病疫情暴发后,新奥尔良采取的防蚊灭蚊措施为其他地方所效仿,同时包括密西西比州、佛罗里达州及德克萨斯州等地还积极采取检疫措施,阻止黄热病蔓延。不容忽视的是,1905年美国黄热病疫情期间,检疫逻辑和检疫措施已发生显著变化。20世纪以前,坚持"接触传染"的美国医生相信,黄热病可通过感染者和"污染物"传播,认为只要阻止两者输入,黄热病便不会在本地爆发,这在很大程度上影响了当时的检疫策略。相比之下,1905年疫情期间,基于"蚊子说",黄热病感染者固然仍是检疫的重点对象,但背后的检疫逻辑却截然不同,而且检疫也不再关注所谓的"污染物",而是着眼于防止埃及伊蚊的跨区域流动,控制传播媒介,切断黄热病的传播途径,进而保护非疫区的民众。

根据"蚊子说",黄热病感染者是疾病的传染源,防范黄热病感染者的跨区域流动因而成为联邦、各州及新奥尔良展开检疫工作的重中之重。疫情期间,联邦政府派出不少公共卫生与海洋医院服务局官员前往南部各州,展开跨州检疫,而他们实施检疫工作的指导方针则是8月17日发布的新版跨州检疫条例。其中的第四款规定,来自非疫区且未接触过黄热病感染者的人员可自由离开,而来自疫区或曾接触过感染者的人员应当在拘留营(Detention Camp)接受为期6天的医学

---

① Quitman Kohnke, "The Yellow Fever Epidemic of 1905 in New Orleans", *Public Health Papers and Reports,* Vol.32, 1906, p. 94.

观察,若后者不愿待在拘留营,也可自由前往非传播区域。[1]新版跨州检疫条例付诸实施后,不少联邦卫生官员和铁路公司对"传播区域"(Infectible Territory)有不明就里之感,公共卫生与海洋医院服务局便做出解释。它表示,"传播区域"指的是埃及伊蚊在美国的分布区,范围主要包括美国南部,分界线是从大西洋沿岸,经华盛顿到密苏里州的圣路易斯,再从圣路易斯到德克萨斯州的埃尔帕索。[2]根据里德等人的发现,黄热病的潜伏期从41小时到5天17小时不等,联邦卫生官员只要把来自疫区之人隔离6天,即可识别出其中的感染者。另外,在非传播区域,作为黄热病传播媒介的埃及伊蚊难以存活,即便作为黄热病传染源的感染者前往,当地也决不会流行黄热病。可见,新版跨州检疫条例深刻反映出1905年黄热病疫情期间的检疫逻辑,即充分利用"蚊子说"这一黄热病传播规律及埃及伊蚊的地理分布,在遏制黄热病蔓延的前提下,尽可能地降低检疫的负面影响。

除联邦政府外,南部各州也在第一时间采取检疫措施。伊利诺伊州的检疫政策大体上借鉴了新版跨州检疫条例。8月19日,伊利诺伊州卫生局向铁路公司发出的公告指出,来自路易斯安那州、密西西比州或其他出现黄热病的州之乘客不得在伊利诺伊州巴尔的摩和俄亥俄西南铁路线上,从西部的圣路易斯到东部的印第安纳州文森一线以南的任何地方下车,除非这些乘客已离开上述州10日以上,并能提供联邦、州或地方卫生官员签署的健康证书,否则会被送往上述分界线以北的地区。[3]与伊利诺伊州不同,密西西比州执行严格检疫。它规定,火车乘客除非能出示一份由州或地方卫生官员签署的健康证书,证实其在签发前10日里并未接触黄热病,否则不得在本州的任何地点下车。同时,在任何情况下,来自路易斯安那州的人都不得在本州境内下车。[4]密西西比州无疑是想通过切断与疫区之间人员往来的方式阻止感染者的到来,这种做法或许卓有成效,但未免失之严苛。佛罗里达州更加激进,甚至采取了"封城"措施。8月29日晚,彭萨科拉报告3个黄热病病例。31日,佛罗里达州发出第3号通告,宣布未经州卫

① *Annual Report of the Surgeon-General of the Public Health and Marine-Hospital Service of the United States for the Fiscal Year 1906*, Government Printing Office, 1907, p. 137.

② *Annual Report of the Surgeon-General of the Public Health and Marine-Hospital Service of the United States for the Fiscal Year 1906*, Government Printing Office, 1907, p. 138.

③ *Annual Report of the Surgeon-General of the Public Health and Marine-Hospital Service of the United States for the Fiscal Year 1906*, Government Printing Office, 1907, p. 189.

④ *Annual Report of the Surgeon-General of the Public Health and Marine-Hospital Service of the United States for the Fiscal Year 1906*, Government Printing Office, 1907, p. 182.

生官员允许,彭萨科拉的民众不得经铁路或水路离开这座城市,而且铁路公司和轮船公司也不得出售从彭萨科拉前往佛罗里达州任何地方的车船票。[1]总之,不论是采取宽松的检疫措施,或是切断区域人员往来,以及"封城"等严格的检疫举措,南部各州的目标无疑是一致的,那就是阻止黄热病传染源的输入,防范黄热病扩散到本地。

作为疫情最为严重的路易斯安那州,州卫生局对州内检疫做出细致安排。早在1905年7月25日,路易斯安那卫生局已经向各教区和市卫生官员陈述了本州的检疫规定。它们主要包括:第一,若某地实施检疫,须在第一时间建立拘留营,以便接纳前往当地之人,医学观察时间设定5日为宜;第二,不必对货物实施检疫;第三,城镇和教区的卫生官员互认健康证书,后者用来证明持有者在得到证书时已在当地待满5日。[2]8月1日,路易斯安那州卫生局对州内检疫做了补充说明,指出公共卫生和海洋医院服务部签发的健康证书同样有效,同时再次强调不赞成对商品或邮件实行检疫限制。[3]"不必对货物实施检疫"标志着路易斯安那州彻底抛弃了此前针对"污染物"的检疫措施,而"互认健康书"则是为了减少州内往来的阻碍和限制。当时,路易斯安那州的部分地区对"蚊子说"的认识还不够深入,实施了许多不必要的检疫限制,阻碍了铁路列车的运行,造成居民生活必需品短缺,甚至妨碍了州卫生局医疗人员前往疫区的救助活动。基于此,8月8日,路易斯安那州卫生局再次发布声明,进一步调整检疫安排。声明指出,面对下列三种情况,任何教区、城镇或社区不得阻止人员、车辆进入。一是持有非疫区卫生官员或公共卫生与海洋医院服务局卫生官员24小时内签发的健康证书,证实在签发前6日不曾到过疫区之人;二是火车或轮船乘客没有违反检疫条例;三是邮件、货物和包裹来自非疫区,或具有公共卫生与海洋医院服务局的熏蒸证明。声明还强调,如果各地继续实行不必要的检疫,州卫生局将会呼吁州政府出动民兵,恢复和维持秩序。[4]显然,由于路易斯安那州的疫情最为严重,该州不仅面临抗疫压力,更要承担维持正常生产生活的责任,若偏废后者,未及疫情

---

[1] *Seventeenth Annual Report of the State Board of Health of Florida*, The Drew Press, 1906, p. 248.

[2] Edmond Souchon, "Biennial Report of the Louisiana State Board of Health to the General Assembly of the State of Louisiana, 1904—1905", *The Times*, 1906, p. 21

[3] Edmond Souchon, "Biennial Report of the Louisiana State Board of Health to the General Assembly of the State of Louisiana, 1904—1905", *The Times*, 1906, pp. 22-23

[4] Edmond Souchon, "Biennial Report of the Louisiana State Board of Health to the General Assembly of the State of Louisiana, 1904—1905", *The Times*, 1906, pp. 23-25.

消失,恐怕早已商业凋敝,甚至会令不少民众衣食无着。因此,路易斯安那州在禁止外来感染者输入,阻止本地感染者州内流动的前提下,还竭尽全力保证正常的社会秩序。

作为疫情震中的新奥尔良,它不仅要对来自其他疫区之人实施严格检疫,更有责任防止本地感染者流动到其他地区。7月23日,怀特与经新奥尔良的5条铁路的管理人员、州卫生局主席举行会议,筹办由美国公共卫生与海洋医院服务局负责的拘留营,目的是对前往外地的新奥尔良乘客实施为期6日的医学观察。随后,拘留营在南太平洋铁路上的埃文代尔、伊利诺伊州中央铁路上的哈拉汉,以及新奥尔良和东北铁路上的斯莱德尔先后设立。①总体而言,不管是联邦、州还是新奥尔良,它们都把检疫重心集中在黄热病感染者身上。不同的是,联邦重在禁止感染者进入传播区域,各州竭力防止外来感染者输入,而新奥尔良则是把更多精力放在阻止本地感染者外流。

按照"蚊子说",埃及伊蚊是黄热病的传播媒介,被感染的埃及伊蚊则成为疫情期间各州检疫的另一个重点对象。承运香蕉的货车车厢内经常出现埃及伊蚊的踪迹,因此不少地区对香蕉运输实施检疫。7月29日,密西西比州卫生局指出:"虽然本卫生局认为货运不会传播黄热病,也不打算加以限制,但香蕉运输可能会载有被感染的蚊子,因此装载香蕉的货车不得在密西西比州境内打开。"②8月11日,美国公共卫生与海洋医院服务局向路易斯安那州、密西西比州、田纳西州、阿肯色州及佛罗里达州的卫生官员发出指令,禁止把来自疫区的香蕉运输到黄热病传播区域,不得限制其他南部港口的香蕉出货。与此同时,阿肯色州已经禁止运载香蕉的火车通过该州,即使目的地是非传播区域。③8月31日,佛罗里达州卫生局表示,货物不会传播黄热病,但必须限制来自洪都拉斯或中美洲港口的香蕉,因为被感染的埃及伊蚊可能藏身于香蕉之中,然后被运输。④除运输香蕉的货车外,埃及伊蚊不大可能栖身于其他车辆,不过,作为疫情"震中"的新奥尔良不敢掉以轻心,还是对所有从新奥尔良出发的火车、货车甚至是邮车实行烟

---

① Edmond Souchon, "Biennial Report of the Louisiana State Board of Health to the General Assembly of the State of Louisiana, 1904–1905", *The Times*, 1906, p. 19.

② *Annual Report of the Surgeon-General of the Public Health and Marine-Hospital Service of the United States for the Fiscal Year 1906*, Government Printing Office, 1907, p. 183.

③ *Annual Report of the Surgeon-General of the Public Health and Marine-Hospital Service of the United States for the Fiscal Year 1906*, Government Printing Office, 1907, p. 139.

④ *Seventeenth Annual Report of the State Board of Health of Florida*, The Drew Press, 1906, p.248.

熏,烟熏工作由公共卫生与海洋医院服务局负责。[1]疫情期间,从事烟熏的工作人员近百人,总共有33,565辆车接受了烟熏,然后装货运走。[2]阻止受感染的埃及伊蚊从疫区流向非疫区,意味着消灭非疫区潜在的黄热病传播媒介,打断传播链条,进而预防黄热病的扩散。

总之,不论是防范黄热病感染者的跨区域流动,还是阻止受感染的埃及伊蚊从疫区流入非疫区,这些措施都是基于"蚊子说"的黄热病传播理论,通过控制传染源和传播媒介,切断传播途径,进而遏制黄热病的蔓延。相较以往,1905年疫情期间的重点检疫对象从"污染物"转向埃及伊蚊,检疫流程也发生变化,带来的好处是有效减少了对地区之间商贸往来的影响。不过,限于美国联邦二元体制和地方自治的传统,美国检疫长期存在的问题和弊病在这次疫情中再次暴露出来。首先,各州的具体检疫规定相差较大。尽管联邦卫生部门将来自疫区之人的卫生观察期定为6日,但各州对观察期的规定却有所不同。同时,对于来自疫区之人是否被感染,各州的认定标准也存在较大差异。路易斯安那州、伊利诺伊州把联邦、州和地方卫生官员开具的健康证书作为证据。为防止证书造假,佐治亚州在签发证书时,创新了防伪机制,证书持有者除在证书上签名外,还需按上右手拇指的手印作为标记,而亚拉巴马州和得克萨斯州认为,个人宣誓书就可作为可靠证据。[3]其次,各州独立实施检疫规定,自然会导致重复检疫的问题,特殊情况下可能也会引起地区之间的冲突。疫情期间,密西西比州和路易斯安纳州围绕水上检疫问题甚至爆发"水战"。[4]最后,地方当局未必会完全遵从州的检疫规定。在佐治亚州,亚特兰大曾多次采取武力,抵制州卫生局的检疫指令。[5]在路易斯安那的温顿市,由于当地民众尚未接受"蚊子说",认为黄热病可通过包裹、信件等物品传播,该市曾拒绝接收邮件。[6]简言之,这些弊病和问题的直接原

---

① Edmond Souchon, "Biennial Report of the Louisiana State Board of Health to the General Assembly of the State of Louisiana, 1904–1905", *The Times*, 1906, p. 20.

② *Annual Report of the Surgeon-General of the Public Health and Marine-Hospital Service of the United States for the Fiscal Year 1906*, Government Printing Office, 1907, p. 145.

③ *Annual Report of the Surgeon-General of the Public Health and Marine-Hospital Service of the United States for the Fiscal Year 1906*, Government Printing Office, 1907, pp. 186-187.

④ 关于这场"水战"的详情,可参见 Jo Ann Carrigan, "The Saffron Scourge: A History of Yellow Fever in Louisiana, 1796–1905", PhD diss., Louisiana State University, 1961, pp. 260-262.

⑤ *Second Annual Report of the George State Board of Health of the Commonwealth of Georgia*, The Franklin Printing and Publishing Company, 1906, pp. 28-29.

⑥ Jo Ann Carrigan, "The Saffron Scourge: A History of Yellow Fever in Louisiana, 1796–1905", PhD diss., Louisiana State University, 1961, p. 259.

因就在于美国还未能形成一个高效统一的全国检疫体系,这也推动了随后的全国检疫制度改革。

余 论

19世纪后期,现代医学开始取得突飞猛进的发展,包括黄热病、霍乱、结核病等众多传染病的病因及传播途径被逐一揭开。伴随着医学知识的更新,传染病疫情治理的目标、措施和程序也出现了明显变化。以1905年美国的黄热病疫情为例,疫情治理开始主要基于"蚊子说"。在作为疫情"震中"的新奥尔良,卫生当局已不再依靠改善城市公共卫生,而是通过纱窗、蚊帐等保护病人免受蚊子叮咬,切断传播途径,利用烟熏和遮盖蓄水池等措施逐步消灭黄热病的潜在传播媒介,同时积极向普通民众宣传"蚊子说"及防蚊灭蚊的必要性,促使他们配合并参与抗疫。在全国层面,美国的检疫工作也不再把目光聚焦在所谓的"污染物",而是重点关注蚊子与人。正是在医学科学的正确指引下,1905年新奥尔良黄热病疫情得到了有效控制。

当然,"蚊子说"的致病理论还在更大范围内产生了深远影响。在国内层面,这种医学理论是20世纪初美国开启灭蚊运动的重要推动力之一。按照美国学者戈登·帕特森(Gordon Patterson)的观点,这场运动发轫于美国白人中产阶级专业人士的愿景。在他们看来,灭蚊有助于提高房产价值,鼓励旅游业,并刺激经济增长。此外,"蚊子说"的致病理论还从医学角度为这场运动的展开提供合理依据,进一步论证了灭蚊的必要性。①在国际层面,"蚊子说"被运用于美国海外殖民地的黄热病治理。美西战争结束后,古巴成为美国的殖民地,但当地的黄热病却严重威胁驻古巴美军的生命安全。在这种背景下,由里德等人证实的蚊媒理论很快被付诸实践,最终成功控制哈瓦那的黄热病。另外,20世纪初,美国接手了巴拿马运河工程,但黄热病令不少劳工染病身亡,进而耽误施工进度。鉴于此,巴拿马运河工程的卫生官员积极采取灭蚊之法,迅速根除了运河区的黄热病,扫除了运河开凿的这一重要障碍。②不论是美国在古巴的灭蚊行动,还是在巴拿马运河区的灭蚊措施,都是旨在维护其殖民统治和攫取海外利益。从这个

---

① Gordon Patterson, *The Mosquito Crusades: A History of the American Anti-Mosquito Movement from the Reed Commission to the First Earth Day*, Rutgers University Press, 2009, pp.9-10.

② 关于美国在古巴和巴拿马运河区的黄热病治理措施,详见 Joseph Le Prince, A. J. Orenstein, *Mosquito Control in Panama: The Eradication of Malaria and Yellow Fever in Cuba and Panama*, G.P. Putnam's Sons, 1916.

角度而言,"蚊子说"已然成为美国维持殖民统治的医学工具,同时服务于其海外扩张的目的。

本文原刊载于《世界历史》2021年第6期。

作者简介:

王光伟,世界史博士,主要研究方向为美国史,先后在《世界历史》《史学月刊》《史学集刊》等刊物发表论文多篇,现为南开大学历史学院助理研究员。

19世纪英国的通俗科学期刊与公众科学文化

黄相辅

19世纪上半叶是英国出版业蓬勃发展的时期。受惠于工业化机械印刷技术的普及，出版业者能高效率地生产大量廉价书刊，供应给城市里求知若渴的新兴中产与工人阶级读者。这些廉价出版品包括许多面向大众的通俗科学期刊。英语学界对于此时期科学出版与知识传播活动盛况的研究，自20世纪80年代以来累积了丰富的成果。中文世界的相关论述却十分稀少。少数谈到近代英国科学与文化的中文论著，仍聚焦在学术机构与体制的建立，或是以"绅士科学家"为代表的学术精英群体，鲜少触及借由媒体与学会组织而成形的科学公众文化。[①]李斌论18世纪科学公众知识的论文，是罕见清楚描述近代英国科学传播文化的代表，但其中对出版物的讨论仅是略为带过。[②]宋轶文、姚远对英国皇家学会《哲学汇刊》(*Philosophical Transactions*)的介绍则是针对历史上特定个案的例子，但论述以呈现数据为主，仍不离从传播学或科技期刊研究的视角发挥，并未阐述期刊如何塑造科学公众文化的历史脉络。[③]

有鉴于此，本文首先介绍英美科学史学界对19世纪科学期刊研究的概况，让读者认识此方面编史学发展的梗概。19世纪上半叶英国科学出版业的兴盛，除了工业革命带来的物质基础外，各种宗教或世俗团体推动的社会改革及启蒙教育措施，扮演推波助澜的重要作用。在形形色色的廉价期刊中，由"传播有用知识协会"(Society for the Diffusion of Useful Knowledge，以下简称SDUK)发行的《便士杂志》(*Penny Magazine*)及苏格兰出版业巨子钱伯斯兄弟的《钱伯斯爱丁堡周刊》(*Chambers's Edinburgh Journal*)，同为经常刊登科学文章的综合性期刊的代表。专门报道科学主题的通俗期刊，则以伦敦《科艺杂志》(*Magazine of Science and School of Arts*)为代表。另外，与以上通俗刊物相对的，是原本面向大众的《自

---

① 例如：柯遵科：《英国科学促进会的创建》，《自然辩证法通讯》2010年第3期；刘钝：《漫话维多利亚时代的科学文化》，《科普研究》2012年第5期。

② 李斌：《科学成为"公众知识"——18世纪英国的科学与文化》，《自然辩证法通讯》2010年第6期。

③ 宋轶文、姚远：《〈哲学汇刊〉的创办及其前期出版状况》，《中国科技期刊研究》2014年第5期。

然史杂志》(*Magazine of Natural History*),被竞争对手《自然史年鉴》整并后,转向更具专业知识的读者,力求与一般业余标本收藏爱好者做出区隔。本文举上述几种案例,说明19世纪科学期刊市场的盛况及不同发展策略,借此探讨19世纪科学社群专业化的趋势及科学事业牵涉的商业因素。

要提醒读者的是,本文并不打算做一个完整的编史学整理,仅介绍笔者认为具代表性的研究文献,点评它们对于此研究主题的贡献。这些文献的研究对象是19世纪英国(包括大不列颠、爱尔兰)发行的英语期刊,不包括同时代美国及世界其他区域的案例。在举例上难免挂一漏万,尚祈方家指正。

一、19世纪科学期刊的研究概况

科学史学界对于19世纪英语科学期刊的调查,借鉴于文化研究、出版史、书籍史与阅读史相关领域的方法甚多。在文化史领域,对于书籍与阅读行为的研究发展得很早,例如美国历史学者阿尔提克(Richard Altick)初版发行于20世纪50年代的经典著作《英格兰普通读者》,便对19世纪英格兰多元的读者群体及阅读行为有很细致的分析。①阿尔提克的研究并未局限在科学书刊,不过其勾勒出的大众读者文化,对后世有很大启发。其他文化史学者如丹屯(Robert Darnton)、约翰斯(Adrian Johns)等人对书籍史研究总结的方法论,是科学史学者经常引用效仿的对象,尝试将之运用在科学书刊的研究。托普汉(Jonathan Topham)对相关的编史学有精辟的介绍。②西科德(James Secord)对苏格兰出版家罗伯特·钱伯斯(Robert Chambers)于1844年匿名发表、造成轩然大波的《浩物自然史的遗迹》(*Vestiges of the Natural History of Creation*)的研究,是科学史领域运用这种文化研究取径的代表作。③《造物自然史的遗迹》是在达尔文之前宣扬演化论思想的畅销书。西科德分析了这本争议书籍从写作到出版、流通及读者回响各种环节,将此书作为剖析维多利亚时代早期英国科学与印刷文化的探针,呈现当时社会上不同知识分子群体在宗教、政治上紧张的张力。

---

① R. Altick, *The English Common Reader: A Social History of the Mass Reading Public, 1800-1900* (2nd Edition), Ohio University Press, 1998.

② J. Topham, "Scientific Publishing and the Reading of Science in Nineteenth-Century Britain: A Historiographical Survey and Guide to Sources", *Studies in History and Philosophy of Science Part A*, 2000, pp.559-612.

③ J. Secord, *Victorian Sensation: the Extraordinary Publication, Reception, and Secret Authorship of "Vestiges of Natural History of Creatio"*, University of Chicago Press, 2000.

若单论对通俗科学期刊的探讨,胥兹-佩恩森(Susan Sheets-Pyenson)在20世纪80年代的著作可说是开创此类研究的先驱。佩恩森起初针对维多利亚时代早期的博物学期刊进行调查,尤其是《自然史杂志》与《自然史年鉴》(*Annals of Natural History*)这两种享誉盛名的刊物。她爬梳这两种期刊的出版过程、收支和流通情况,对期刊背后的出版家、编辑等创作者的背景也仔细分析,生动地描述了当时出版市场上的商业竞争。①她后来将研究范围扩展为伦敦及巴黎两地出版的通俗科学期刊,分别比较英法两国在科学出版上的差异。②胥兹-佩恩森主张,19世纪中叶以前的英法已出现一种成熟的"低阶科学"(low science)文化,以坊间便宜、广泛流通、简明易懂的通俗科学出版品为指标。她认为低阶科学涵盖但不限于所谓的通俗科学(popular science),因为这类杂志不仅是单纯普及已知的知识,也是交流人人皆可动手试验的原创发现(或发明)的平台。③

英国及北美科学史学界在21世纪的头10年内,对19世纪科学期刊的研究投入众多项目并取得丰硕进展。这股热潮是通俗科学历史研究的一部分,毕竟期刊是19世纪公众知识传播的重要媒介,当时许多通俗科学报道常以报刊连载的形式发表。这些研究不仅针对专门的科学期刊,也注意到一般商业文艺报刊中对于科学题材的描述。例如由利兹大学、雪菲尔大学等校合作的"19世纪期刊中的科学"数据库(Science in the Nineteenth-Century Periodical, SciPer),整合数十种商业期刊,包括著名的讽刺画报《庞奇》(*Punch*),将其中内容提到科学关键词的段落加以摘要索引。④这个项目探索的期刊类型范围广泛,并衍生出数本围绕此一主题的论文集,对于有志研究19世纪英国期刊与科学文化者来说是基础的入门砖。⑤

通俗科学历史研究常使用"市场"的概念来形容19世纪在公众场域形形色色

---

① S. Sheets-Pyenson, "A Measure of Success: The Publication of Natural History Journals in Early Victorian Britain", *Publishing History*, Vol.9, 1981, pp.21-36.

② S. Sheets-Pyenson, "Popular Science Periodicals in Paris and London: The Emergence of a Low Scientific Culture, 1820–1875", *Annals of Science*, Vol.42, Noi.6, 1985, pp.549-572.

③ S. Sheets-Pyenson, "Popular Science Periodicals in Paris and London: The Emergence of a Low Scientific Culture, 1820–1875", *Annals of Science*, Vol.42, Noi.6, 1985, pp.549-572.

④ J. Topham, "Scientific Publishing and the Reading of Science in Nineteenth-Century Britain: A Historiographical Survey and Guide to Sources", *Studies in History and Philosophy of Science Part A*, Vol.31, No.4, 2000, pp.559-612.

⑤ 例如:G. Cantor, et al. *Science in the Nineteenth-Century Periodical: Reading the Magazine of Nature*. Cambridge University Press, 2004; G. Cantor and S. Shuttleworth,eds., *Science Serialized: Representations of Sciences in Nineteenth-Century Periodicals*, MIT Press, 2004.

的科学活动,以此视角去诠释同类活动或产品的商业竞争,以及读者或观众对科学的消费行为。①费芙(Aileen Fyfe)及莱特曼(Bernard Lightman)主编的《市场中的科学》论文集中,托普汉便介绍19世纪初期英国出版业对教育性的科学题材的热衷。②许多出版物是以廉价刊物或小册子的形式发行。廉价期刊成本固然便宜,要支撑起长期稳定的发行并不容易,刊物经常昙花一现或是几经整并、转型。科学出版也并非全受商业利益驱动;借由科学题材来宣扬宗教信仰或政治理念常是科学出版的动机。

学界也不乏对科学专门期刊的研究。通俗与学术专门期刊间的界线在19世纪以前并不像今日这般壁垒分明。学界因此期望借由调查期刊的编辑策略、目标读者与发行网络,来探讨科学社群如何建构内部成员的认同,并划分、巩固其边界。《哲学汇刊》就是很好的研究案例。2015年庆祝350周年的《哲学汇刊》是世界现存最古老的科学专门期刊,其编辑体制与读者网络三百多年来的变迁,可说是近代科学学术史的缩影。由费芙主持、皇家学会协助的项目"《哲学汇刊》的出版"(Publishing the *Philosophical Transactions*),便尝试从经济、社会及文化影响等不同层面,详细分析《哲学汇刊》的出版历史。这个项目的执行期自2013至2017年,除了展览、会议与结项报告外,研究团队后续的学术论著发表也正在进行。③另外,曾参与"19世纪期刊中的科学"数据库建设的研究团队,自2014至2019年也投入延伸项目"建构科学社群:19与21世纪的公民科学"(Constructing Scientific Community: Citizen Science in the 19th and 21st Centuries)。这个延伸项目以科学专门期刊为研究对象,与以大众商业期刊为主的"19世纪期刊中的科学"互补。他们最新的成果,由莱特曼、托普汉、莎托沃斯(Sally Shuttleworth)及道森(Gowan Dawson)合编的论文集已于2020年出版。④

① A. Fyfe, and B. Lightman, "Science in the Marketplace: An Introduction", A. Fyfe and B. Lightman, eds.,*Science in the Marketplace: Nineteenth-Century Sites and Experiences*, University of Chicago Press, 2007, pp.1-19.

② J. Topham, "Publishing 'Popular Science' in Early Nineteenth-Century Britain", A. Fyfe and B. Lightman, eds, *Science in the Marketplace: Nineteenth-Century Sites and Experiences*, University of Chicago Press, 2007, pp.135-168.

③ "About the Project". https://arts.st-andrews.ac.uk/philosophicaltransactions/project/.2020-10-15.

④ G. Dawson, et al. , eds., *Science Periodicals in Nineteenth-Century Britain: Constructing Scientific Communities*, University of Chicago Press, 2020.

二、工业化下的启蒙知识:《便士杂志》与《钱伯斯爱丁堡周刊》

19世纪初期英国出版业的兴盛受益于两种直接的外部因素。首先是新技术的发明提升书刊制作的效率,同时也大幅降低成本。其中最显著的功臣即为蒸汽动力印刷机:一台典型的商用机器,在1位熟练技工及1位助手操作下,1小时就可印800张。小型的手工作坊逐渐被大型的工业化印刷厂取代。造纸产业也在蒸汽动力下机械化,得以大量生产高品质的纸张供应印刷用途,是18世纪的手工造纸所望尘莫及。书刊的排版、装订虽然仍须大量劳力,但也已高度分工,像是裁切、折页及锁线装订工作多由妇女担任。[①]其次是恶名昭彰的"知识税"(taxes on knowledge)在1830年代以后逐渐放宽。19世纪初期英国政府规定任何报导新闻的报刊,每份需征收4便士的印花税,此外还有每磅纸3便士的纸张税、广告刊登每次3先令6便士的广告税。这些征税对出版业是沉重的负担,也被有识之士讥讽为知识税。1836年,英国政府将每份报刊的印花税降至1便士,纸张税及广告税减半。减税立刻造成商业出版百家争鸣的盛况,许多廉价出版物纷纷上市。[②]

出版业的兴盛也反映出新的读者需求。19世纪初期的英国社会表面虽然不似法国历经革命动荡,内部却仍暗潮汹涌。工业化使劳工涌入城市,也造成工资不均、虐待童工及环境卫生等社会问题。1819年在曼彻斯特发生群众集会请愿却遭骑兵冲撞的彼得卢屠杀事件,仅是社会矛盾的冰山一角。共和派、无政府主义及无神论者欲挑战英国王室与教会的统治权威,而在激进的革命者之外,也不乏立场较温和的改革者,推动在议会体制下的政治及社会改革。[③]温和改革派的代表人物首推辉格党律师及政治家布罗姆(Henry Brougham)。布罗姆提出普及教育、创建伦敦大学等多项教育改革倡议。拥有进步思想的知识分子当然不仅在政坛,也在文化出版界。创办《钱伯斯爱丁堡周刊》的钱伯斯兄弟(弟弟即为《造物自然史的遗迹》的匿名作者)即是当时的文化界名士,他们的出版事业赶上

---

① J. Secord, *Victorian Sensation: the Extraordinary Publication, Reception, and Secret Authorship of "Vestiges of Natural History of Creatio"*, University of Chicago Press, 2000, pp.117-123.

② S. Sheets-Pyenson, "A Measure of Success: The Publication of Natural History Journals in Early Victorian Britain", *Publishing History*, Vol.9, 1981, pp.21-36.

③ J. Secord, *Visions of Science: Books and Readers at the Dawn of the Victorian Age*, Oxford University Press, 2014.

并引领这股知识启蒙浪潮。①

《钱伯斯爱丁堡周刊》由威廉·钱伯斯（William Chambers）于1832年创办，威廉的弟弟罗伯特随后加入编辑团队。发刊词雄心十足，宣称要满足大英领域内所有子民"普遍的求知欲"。周刊内容包罗万象，包括散文、故事、伟人传记，以及科学著作的书摘，例如天文学家小赫歇尔（John Herschel）的《自然哲学研究初步》（*A Preliminary Discourse on the Study of Natural Philosophy*）。周刊在商业上获得成功，发行两年内就达到每期5万份的销量；接着10年内更提升至将近9万份。②钱伯斯兄弟是擅长经营的商人，看准了群众亟须知识性读物的商机，以《钱伯斯爱丁堡周刊》为基础，开发出一群以中产阶级读者为主力的顾客。他们的出版事业也跨足至廉价书籍、教材与百科全书，特别是发行平装"民众版"（People's Editions）丛书，以较便宜的价格重印培根、休谟与亚当·斯密等人的经典作品。这些作品过去常以精装书的形式面世，只有少数富裕的顾客才负担得起。

紧跟着《钱伯斯爱丁堡周刊》的成功，《便士杂志》在前者创刊两个月后开始发行。《便士杂志》由伦敦出版家奈特（Charles Knight）代表SDUK发行。成立于1826年的SDUK由布罗姆发起，宗旨顾名思义是向公众传播有用的知识。这是布罗姆推动的社会改革工程之一。SDUK的任务不仅有推广启蒙教育的积极目标，也有消极的防治"有害"读物的作用——借由提供良善有益的知识作为理性消遣，避免读者受到充斥激进政治思想的书刊吸引。③和钱伯斯兄弟的事业版图相同，SDUK自成立以来也出版了许多便宜的知识性丛书。《便士杂志》也是布罗姆及其支持者众多的启蒙文化项目之一。

《便士杂志》一开始便锁定包含工人阶级在内的广大群众为目标读者。这反映在其价格、编辑体例及插图的运用。《便士杂志》和《钱伯斯爱丁堡周刊》一样每

① A. Fyfe, *Steam-Powered Knowledge: William Chambers and the Business of Publishing, 1820–1860*, University of Chicago Press, 2012.

② J. Secord, *Victorian Sensation: the Extraordinary Publication, Reception, and Secret Authorship of "Vestiges of Natural History of Creatio"*, University of Chicago Press, 2000, pp.67-69.

③ J. Secord, *Victorian Sensation: the Extraordinary Publication, Reception, and Secret Authorship of "Vestiges of Natural History of Creatio"*, University of Chicago Press, 2000, p.48.

图1　《便士杂志》封面的插图"英格兰银行"，1837年5月13日。

周六出刊，每份1便士的售价，即使是基层劳工也负担得起。(19世纪中叶伦敦一般非技术性的工人、店员或女性文书职员的周薪约1英镑，相当于20先令或240便士)①《便士杂志》在编辑体例上采用"大杂烩"式的选题，每期混杂各式各样题材的报道，奈特表示这是刻意为之的策略，如此才能尽量"快速且轻松地触及很多题材"。②其中有四分之一的文字篇幅是关于旅游、古物、地理学与人类学的报道。文章也常联结在地体验，例如以游客去伦敦动物园会看见的动物为主题，描述这些珍禽异兽原生的自然环境，又如以当时迅速发展建设的铁路为引子，

---

① L. Picard, *Victorian London: The Life of a City, 1840–1870*, Phoenix, 2006, Appendix I.

② S. Bennett, "The Editorial Character and Readership of The Penny Magazine: An Analysis", *Victorian Periodicals Review*, Vol.17, No.4, 1984, pp.127-141.

搭乘火车能一日游的城镇为主题,介绍这些城镇的历史、景点与发展现况。[1]大量使用插图也是《便士杂志》的特色,在此前的英国报刊可说绝无仅有。《便士杂志》的插图不仅制作精致,在版面空间上亦相当奢侈,常占去半页甚至整页的版面,吸引读者目光。其中约有五分之一的插图主题是关于工业制造过程、机械与城市景观,如图1的伦敦街景、图2的煤矿工厂,不仅是对工业化下的英国的即景纪录,也能轻易联结工人阶级读者的日常生活经验。[2]

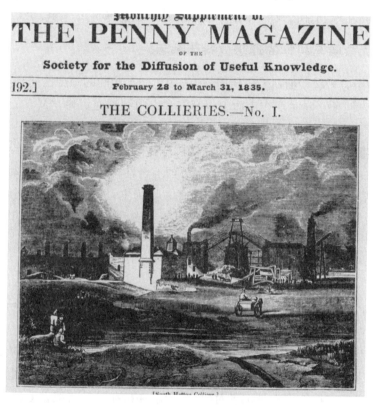

图2 《便士杂志》增刊封面的插图"南希顿煤矿场",1835年2月28日。

《便士杂志》的销售一开始也获得巨大的成功。创刊后的1832年7月至9月间,《便士杂志》每周的销量平均就超过18万份,是同时期《钱伯斯爱丁堡周刊》的

---

① S. Bennett, "The Editorial Character and Readership of The Penny Magazine: An Analysis", *Victorian Periodicals Review*, Vol.17, No.4, 1984, pp.127-141.

② S. Bennett, "The Editorial Character and Readership of The Penny Magazine: An Analysis", *Victorian Periodicals Review*, Vol.17, No.4, 1984, pp.127-141.

7倍。①然而这也是《便士杂志》的巅峰,此后销量便递减,不复起初的荣景。学者将此衰退解读为《便士杂志》争取工人阶级读者的策略失败:其内容对大部分底层民众来说,仍然嫌太枯燥且充满辉格式说教意味,难以维持长期稳定的读者。更何况大量插图的成本所费不赀,使收支难以平衡。②奈特后来不得已将售价涨为4便士,结果更加流失底层读者。反观《钱伯斯爱丁堡周刊》在钱伯斯兄弟的经营下,成功巩固一群稳定的中产阶级读者,在商业收益上更为成功。《便士杂志》最终于1845年停刊,而《钱伯斯爱丁堡周刊》持续至1956年才结束。

三、大众参与科学的理想:《科艺杂志》

《便士杂志》及《钱伯斯爱丁堡周刊》是19世纪上半叶的综合性期刊报道科学知识的代表例子。同时期在市面上也有许多专门刊载通俗科学文章的期刊,它们的读者群体兴趣偏向特定学科,也更加小众。佩恩森就将19世纪中叶的英国通俗科学期刊归纳成三种类别:普通科学、博物学,以及机械技工杂志(*Mechanics'magazines*)。第一种是报道范围不细分的综合性科学;博物学则以动物学、植物学(包括园艺学)与地质学等自然史相关领域为主;机械技工杂志则偏重新发明、科学仪器或机械设计的原理,与实用的工艺技术及制造行业关联很深。③这种分类虽然略嫌粗浅,但不失为初步理解当代通俗科学期刊类型的基础框架。

《科艺杂志》即为1840年代伦敦通俗科学期刊的代表例子。《科艺杂志》是周刊,创刊于1839年,1852年停刊,持续发行13年。当代的通俗科学期刊经常由于资金不足而停刊,大多数在创刊后撑不满两年,因此《科艺杂志》算是稳定且长寿的刊物。它的售价和《钱伯斯爱丁堡周刊》相同,每期1½便士,相较于市面上众多竞争对手来说还是便宜。由于缺乏材料,难以估计《科艺杂志》的平均销量,有一说法是达到3千份以上。④这个数字虽然远逊于《钱伯斯爱丁堡周刊》及《便士杂志》,但当时的报纸上常见记者对《科艺杂志》内容的好评,地方上的公共图书

---

① S. Bennett, "The Editorial Character and Readership of The Penny Magazine: An Analysis", *Victorian Periodicals Review*, Vol.17, No.4, 1984, pp.127-141.

② J. Secord, *Victorian Sensation: the Extraordinary Publication, Reception, and Secret Authorship of "Vestiges of Natural History of Creatio"*, University of Chicago Press, 2000, p.68.

③ S. Sheets-Pyenson, "Popular Science Periodicals in Paris and London: The Emergence of a Low Scientific Culture, 1820-1875", *Annals of Science*, Vol.42, No.6, 1985, pp.549-572.

④ D. Allen, "The Struggle for Specialist Journals: Natural History in the British Periodicals Market in the First Half of the Nineteenth Century", *Archives of Natural History*, Vol.23, No.1, 1996, pp.107-123.

馆或提供工人进修教育的技工学院（mechanics'institutes）也有订阅，可知《科艺杂志》的品质与流通量有相当的水平。

佩恩森将《科艺杂志》归类为综合性的普通科学期刊，这个判断并不完全正确。[1]《科艺杂志》的内容固然包含各种物理、化学甚至博物学题材，然而大部分篇幅仍然着重在科学仪器及工艺设计的介绍，非常强调知识呈现的实用性。图3是《科艺杂志》第1卷标题页的插画，汇集刊物中谈到的各种科学仪器与发明，也显示其偏重科技工艺的特色。因此《科艺杂志》调性上接近机械技工杂志，只是其范畴较一般的机械技工杂志更全面。《科艺杂志》的发刊词就声明其目标是介绍创新的"哲学仪器及实验"，包括化学、电学、磁学、机械与流体力学等相关知识的应用与制造。天文学及光学仪器的设计与操作也在其关注范围内，尤其是显微镜，"对于认识自然万物有极高的价值"。博物学方面，也特别关注现实生活中的应用，比如动植物标本、毛皮及珠宝的制作、保养与装饰用途。另外，发刊词也强调对工艺技术的重视，包括金属、木工、装饰艺术等相关知识。[2]从以上宣言不难看出，《科艺杂志》成立时的宗旨具有强烈的实用导向。

《科艺杂志》的创办人兼首任主编是自学成功的植物学家法兰西斯（George William Francis）。法兰西斯出身于伦敦东区的小商人家庭，家境普通，不是经济宽裕无虞的士绅阶级，所以需要靠其他营生来支持其科学兴趣。像同时代许多中产或工人阶级出身的科学爱好者一样，他靠演讲、写作来赚取收入，同时累积自己的科学声誉，期望能打入士绅精英的社交圈。法兰西斯早期在英格兰的科学生涯并不突出，中年移居澳大利亚，几经波折终于如愿创建阿得雷德植物园，担任首任园长。[3]《科艺杂志》就是法兰西斯在伦敦觅职时尝试的科学事业之一。可能由于出身不高，法兰西斯对教育有热情，著作大多是写给大众读者的通俗读物。他同情底层工匠的处境，也对工匠的实用技艺及知识很有兴趣。他在《科艺杂志》里强调：希望"工匠的实用知识，经由适当的引导下，也能通往跟饱学之士一样的发现"。[4]他期许《科艺杂志》能广纳不同阶层的读者，建设成"一流的实作者与科学人"及大众读者之间共同合作的平台。

---

① S. Sheets-Pyenson, "Popular Science Periodicals in Paris and London: The Emergence of a Low Scientific Culture, 1820–1875", *Annals of Science*, Vol.42, No.6 1985, pp.549-572.

② G. W. Francis, "Address", *Magazine of Science and School of Arts*, Vol.1, 1840, pp. 2-3.

③ B. Best, *George William Francis: First Director of the Adelaide Botanic Garden*, Privately Published by the Author in Conjunction with the Adelaide Botanic Garden, 1986.

④ G. W. Francis, "Preface", *Magazine of Science and School of Arts*, Vol.5, 1844.

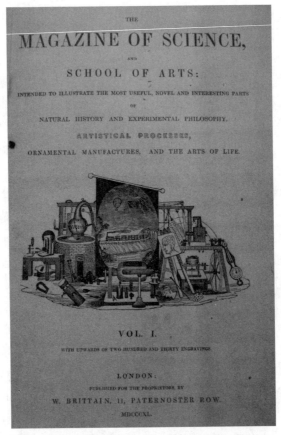

图3　《科艺杂志》第1卷的标题页及插画，1840年。

　　为了达成公众参与科学的理念，法兰西斯在《科艺杂志》上尝试的一项创举是设立"通讯"及"问题"专栏。这两种专栏都欢迎读者投书，分享他们对科学的意见或发现。问题专栏尤其特别，是读者询问科学相关问题的集锦。这些问题例如："酒精有可能结冻吗？""红玫瑰暴露在硫气中很快就变白色了，这是什么原因？"法兰西斯和他的同事会回信给读者解答疑惑，有时则会在杂志上直接答复，例如酒精会不会结冻的问题，他在问题后即简短回答："编按——不会。"①（事实上，酒精是可以结冻的，只是纯酒精的凝固点极低，摄氏−114度才结冻。浓度10%的酒精溶液大约摄氏−4度即结冻）有些问题如红玫瑰在硫气中变色的现象，明显来自读者对生活周遭事物的观察，这也是法兰西斯所希望的，鼓励读者留心

① G. W. Francis, "Queries", *Magazine of Science and School of Arts*, Vol.1, 1840, p.16.

自然现象并进而探求相关的科学知识。问题专栏十分受读者欢迎,在一年内就累积将近200题——这还不算格式不合或根本不属于科学范围的来信。尽管法兰西斯起初充满干劲,但整理并回复读者问题实在是耗费心力、时间及邮资成本的苦差事。他在持续四年后不得不放弃,宣布不再私下直接回信给读者。法兰西斯担任《科艺杂志》主编共五年,1844年将杂志转手给别人后,问题专栏也从此取消。

由法兰西斯的案例可见,借由期刊让公众都能参与科学,理想虽高,实务经营上仍有诸多困难。和同时代的其他通俗科学期刊一样,《科艺杂志》时刻面临商业竞争及如何维持稳定收支平衡的问题。

四、塑造专业领域:《自然史年鉴》

和《科艺杂志》诉求公众参与的理念及路线不同,有些期刊则致力于塑造学科领域内部成员的规范,使期刊本身成为学科专业化的有力工具。19世纪上半叶英国最负盛名的博物学刊物《自然史杂志》及《自然史年鉴》的转变,就是这种专业化策略的极佳案例。

这两种期刊原本是竞争对手。《自然史杂志》创刊较早,由苏格兰园艺家劳登(John Claudius Loudon)于1828年创办。劳登是一位富有实务经验的创业者,他在爱丁堡大学学习农业及植物学,毕业后投入园林景观设计工作,主持多处花园、温室甚至城市景观的建筑规划。他也是多产的作者,"景观设计"(landscape architecture)这一新名词就是借由他的著作推广,成为英语里此项新兴专业的名称。他陆续创办了《园艺家杂志》(*Gardener's Magazine*)及《自然史杂志》两种期刊,将其事业触角伸展至出版界。综观19世纪30年代,《自然史杂志》是英国博物学界最重要的刊物之一,无论是从事相关"哲学研究"的学者还是闲暇时爱好搜集标本的收藏家,《自然史杂志》都是他们交流科学信息、获取第一手情报的重要渠道。(图4)

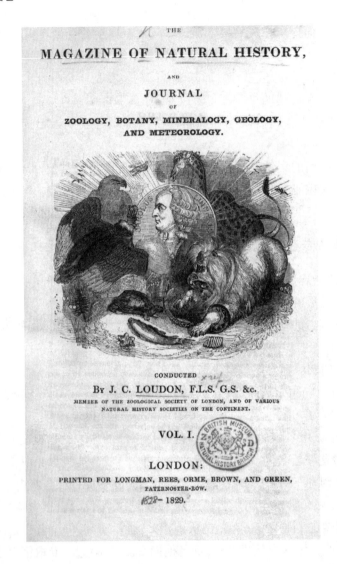

THE

MAGAZINE OF NATURAL HISTORY,

AND

JOURNAL

OF

ZOOLOGY, BOTANY, MINERALOGY, GEOLOGY, AND METEOROLOGY.

CONDUCTED

By J. C. LOUDON, F.L.S. G.S. &c.

MEMBER OF THE ZOOLOGICAL SOCIETY OF LONDON, AND OF VARIOUS
NATURAL HISTORY SOCIETIES ON THE CONTINENT.

VOL. I.

LONDON:

PRINTED FOR LONGMAN, REES, ORME, BROWN, AND GREEN,
PATERNOSTER-ROW.
1828-1829.

图4 《自然史杂志》第1卷的标题页及插画，1829年。(插画中间的肖像是瑞典博物学家林奈)

　　《自然史年鉴》则由另一群博物学者创刊于1838年，虽说创刊，实际上是由另外两种博物学刊物合并而成。在《自然史年鉴》的合伙人中，最著名的是时任格拉斯哥大学植物学教授、后来成为伦敦皇家植物园"邱园"（Kew Gardens）总管的威廉·杰克森·胡克（William Jackson Hooker）。《自然史年鉴》与《自然史杂志》竞争的时间并不长，因为前者创刊三年后，就于1841年并购后者，组成《自然史年鉴与杂志》(*Annals and Magazine of Natural History*)。①这个新的学术期刊延续至今,现在由 Taylor & Francis 出版集团以《自然史学报》(*Journal of Natural History*)之名发行。②

《自然史年鉴》一开始就打算树立新的标准来重整博物学领域的现状。《自然史杂志》的创办人兼主编劳登和法兰西斯有类似的编辑理念,都倾向广纳不同阶层的读者,让有兴趣亲近并钻研博物学知识的人都能以期刊为平台交流。这样的路线却使包括胡克在内的一部分学者不满意,认为专家与业余标本收藏家龙蛇杂处,使期刊内容良莠不齐,无益于哲学研究。因此《自然史杂志》逐渐流失专家读者。劳登也明白走"群众路线"的难处,尽力在哲学研究与公众参与两者间维持平衡,但事与愿违。1837年劳登辞卸《自然史杂志》主编后,接手的查尔士沃斯(Edward Charlesworth)缺乏劳登在博物学界的影响力,更是无法振衰起弊,《自然史杂志》最终被另起炉灶的《自然史年鉴》并购。③由以上竞争关系可知,《自然史年鉴》的合伙人们希望能建立有别于《自然史杂志》的"专用"(exclusive)模式,排除业余爱好者,以专家读者为导向。

《自然史年鉴》(以及合并后的《自然史年鉴与杂志》)采用一套严格的规范来维持期刊文章的水平,例如规定稿件中的动植物名称一律采用林奈的二名法系统。二名法系统是以拉丁文为基础的生物分类学名。对当时的人而言,熟习拉丁文仍然是代表教育程度高的一种指标,因此《自然史年鉴》的规范不仅约束文章作者,无形中也驱逐以博物学实践为闲暇兴趣、未受过教育或没有深入研究的读者。④《自然史年鉴》的做法,无疑促进了学科领域边界的划定及内部规范的形成,凸显专家及"门外汉"的区隔。科学史研究者已经辨识出许多科学期刊,例如

---

① G. Belknap, "Natural History Periodicals and Changing Conceptions of the Naturalist Community, 1828–65", G. Dawson, et al. ,eds., *Science Periodicals in Nineteenth-Century Britain: Constructing Scientific Communities*, University of Chicago Press, 2020, pp.172-204.

② "Journal of Natural History Official Website". https://www.tandfonline.com/toc/tnah20/current.2020-12-15.

③ G. Belknap, "Natural History Periodicals and Changing Conceptions of the Naturalist Community, 1828–65", G. Dawson, et al. ,eds., *Science Periodicals in Nineteenth-Century Britain: Constructing Scientific Communities*, University of Chicago Press, 2020, pp.172-204.

④ G. Belknap, "Natural History Periodicals and Changing Conceptions of the Naturalist Community, 1828–65", G. Dawson, et al. eds. *Science Periodicals in Nineteenth-Century Britain: Constructing Scientific Communities*, University of Chicago Press, 2020, pp.172-204.

19世纪后期的昆虫学期刊,都采取类似的策略以塑造学科领域的专业性。[1]

五、结论:从科学期刊变迁看科学的商业及专业化

英国的出版业自19世纪30年代起,由于印刷技术进步、征税政策放宽等各种因素,迎来兴盛的成长期。这个时期也有大量通俗科学书刊进入出版市场,争取新兴的中产或工人阶级读者。由本文的介绍,可知当时无论是综合性的商业期刊如《钱伯斯爱丁堡周刊》《便士杂志》,还是像《科艺杂志》之类以通俗科学为主题的期刊,内容都有许多涉及科学题材的报道,以低廉的价格提供读者五花八门的科学知识启蒙。兴办期刊的目的固然可能为了营利,也可能基于宗教或政治动机,例如《便士杂志》就是辉格党政治家布罗姆的社会改革计划的一环。

然而《便士杂志》争取工人阶级读者却失败的案例,显示期刊编辑理念与实际市场反应的落差。科学期刊也像市场上的商品一样,彼此间互相竞争,出版商采取不同策略期望巩固目标读者,求取收益使期刊维持生存。这种19世纪科学出版物"商业化"或"消费市场化"的现象,反映科学与当代公众文化密切的互动,英美科学史学界已有相当丰富的研究讨论。

学界最近几年也注意到,科学期刊在塑造公众科学文化方面多元的角色,特别是在推动科学专业化(professionalization,或译为职业化)的功用。19世纪中叶以前的科学社群,所谓"专业"与"业余"的区别并不明显,通俗与学术性质的科学期刊也未像今日这样壁垒分明。《科艺杂志》与《自然史杂志》就希望扩大科学社群的范围,使任何读者都能参与科学实践并交流意见,建构一种学者称之为"低阶科学"的公众文化。相对的,《自然史年鉴》就有意推动特定学科领域的专业化,订立严格的规范来排除不具备专家知识的读者。科学期刊在历史上复杂且多变的功用,对于研究科学体制变迁或学科史的研究者而言,无疑是相当具有启发性的。

本文原刊载于《自然辩证法通讯》2022年第3期,是中央高校基本科研业务费专项资金资助项目"民国时期中英知识分子对世界观的交流"(项目编号:63212041)成果之一。

---

[1] M. Wale, "Editing Entomology: Natural History Periodicals and the Shaping of Scientific Communities in Nineteenth-Century Britain", *British Journal for the History of Science*, 2019, pp.405-423.

作者简介:

黄相辅,1982年生,台湾桃园人。英国伦敦大学学院科学史与科学哲学博士,现任南开大学历史学院暨世界近现代史研究中心副教授。曾任台湾"中研院"近代史研究所博士后研究、台湾阳明大学人社中心兼任助理教授。2019年入职南开大学历史学院。研究方向为近代英国科学史、科学传播与文化史。研究成果已在 *History of Science*、*Notes and Records*、《中研院近代史研究所集刊》《自然辩证法通讯》等中英文刊物发表。

美国新闻媒体在外交问题上对公众舆论的影响

罗　宣

公众舆论是民众对国家政治、政府政策、公共问题和负责处理这些政策和问题的人所公开表示的意见。因为公众舆论多种多样且常常相互矛盾、变化无常、模糊不清,所以实际上"很难估计公众舆论在多大程度上是影响决策者的原因,以及有多大的作用"。①因此,要了解具有"构建性意义"的公众舆论对外交决策看不见、摸不着、变幻不定但却时刻存在的影响是极其困难的。早在1961年就有学者指出:"由于公众舆论在不同情形下对不同政策会有不同影响的复杂性,要精确界定公众舆论的作用着实是异常困难的问题。"而且,外交决策高层所做的决策都是多重压力、多重因素共同作用的结果。例如,国外事端的具体信息、行政机构和国会内部对事件的解释、各种来自利益集团、媒体和大众的信号等。甚至总统或国务卿本人都无法解释究竟是哪些因素促成某一政策的形成。举例来说,古巴导弹危机期间肯尼迪总统的决策是根据总统对苏联企图的揣测得出的?还是得益于与其高参的紧急会议中的集体智慧?抑或是在距离国会中期选举仅剩两周的形势下根据公众要求对古巴采取强硬政策的压力下做出的?尽管近些年来出现许多关于肯尼迪决策的研究和材料,但仍很难令人信服地分析出不同因素在其决策过程中究竟如何又起到什么作用。而要分析每位总统数以千计远不如古巴导弹危机戏剧化的外交政策中各种因素的作用,问题就更为复杂了。②因此,探讨美国媒体国际报道对公众舆论的影响,势必要根据日常状态与危机或冲突状态等情况分别进行考察,进而得出结论。

一、常态下公众舆论在外交决策中的作用

在常态下,公众舆论在美国外交决策中的作用,主要受美国社会文化与政治体制的影响,具有较强的稳定性特征。首先,公众舆论影响外交决策的渠道是相

---

① Gillian Peele, Christopher J. Bailey, and Bruce T. Cain, eds., *Developments in American Politics*, Macmillan, 1992, p.272.

② Valdimer O. Key, Jr., *Public Opinion and American Democracy*, Alfred A. Knopf, 1961, p.7.

对稳定的,公众对外交事务的态度是相对理性的,决策者对公众舆论的重视也是一以贯之的。

(一)公众舆论影响外交决策的渠道

公众舆论在对外政策上的表达方式主要可以分为"直接表达"和"间接表达"两类。直接表达主要是通过游说、请愿、申诉、联署、示威、抗议与游行等主动表达或者通过座谈会、听证会、民意调查与公民投票等被动途径来表达。间接表达指民众通过他人或机构来表达其对外事务的意见。这又可分为正式渠道(例如选举总统与国会议员)与非正式渠道(例如政党、利益集团、大众传媒)两种方式。①

但是一般情况下,公众在外交政策问题上的意见主要通过以下三种渠道传达给决策者:民意调查、利益集团和选举。但这些渠道都存在重大缺陷。

外交政策方面的民意调查往往要求调查对象就一组相关问题简单地回答"是"、"不是"或者"没有意见"。这些问题虽经精心设计,但所问及的内容无法反映调查对象对该问题的真正看法。很多民意测验也无法揭示调查对象对问题肯定或否定的程度。民意调查最能准确反映民意的情况有两种:一是围绕某一问题进行系统深入的问卷调查,二是同一个问题反复做相当长一段时间的调查,这样,学者得以比较民意前后变化,以发现民意变化倾向,得出有学术价值的结论。②

利益集团也是反映外交政策民意的重要渠道。但是,这些组织在某些问题上的观点往往是其领导人物的观点,其代表性和可靠性都值得怀疑。美国最具影响的利益集团例如美国劳联-产联(AFL-CIO)、美国退伍军人协会(American Legion)、美国商会(United States Chamber of Commerce)等就常常声称在某些外交政策问题上代表千百万会员的声音。但实际上,这些大型利益集团组织内部常常存在尖锐的意见分歧。而在更基本的问题上,作为某个利益集团组织成员的身份对于公众个人到底有多大意义?该组织能够真正代表个人的利益吗?而利益集团本身对公众个人意见又有怎样的影响呢?更何况许多公众同时隶属多个利益集团组织:工会、教会、族裔组织等等。这就使决策者衡量利益集团组织重

---

① 韩召颖:《美国政治与对外政策》,天津人民出版社,2008年,第374页。

② John E. Mueller, *War, Presidents and Public Opinion*, John Wiley & Sons, 1973, pp.1-19; Michael Wheeler, *Lies, Damn Lies, and Statistics: The Manipulation of Public Opinion in America*, W. W. Norton & Company, 1976, p.293.

要性更增加了难度。①

尽管有关选举的研究可谓汗牛充栋,但关于外交政策问题究竟如何影响选举结果,却恐怕很难得出结论性的答案。传统观点认为:对于选民来说,国内问题的重要性远远超出外交政策问题,但是,在罗斯福四次连任总统这个实例中,二战无疑是其连任的重要因素。而1960年和1968年的大选中,民众对现行外交政策的不满也很明显成为影响选举结果的砝码。总统和国会议员们一般很难判断外交政策问题在其成功获选过程中的意义,他们更无法预知其外交决策活动会怎样影响其连任。

那么,民意调查结果、利益集团提案和其他反映民意的线索所反映的民意信息能否传达给外交决策者呢? 答案也因人而异。有证据表明,20世纪30年代以来的美国总统,大都更加关注民意调查,而国会成员和国务院官员则更主要依赖各大报纸编辑和利益集团的说客来了解民情。有些官员极其重视民调报告和选民来信的信息价值,而有些人却对此不以为然;有些要员会高估某些利益集团的势力,而有些却忽视了这些势力。总之,在公众舆论对外交政策态度的问题上,决策者们更多地仰赖自己的直觉而非理性、科学的判断。②

(二)公众对美国外交决策的态度

一个地域广博、族裔和利益多元化的移民国家,在外交政策方面能够不受兼顾多重利益的使命所羁绊而裹足不前的另外一个原因,是历来每届政府都会在外交政策上有所侧重。例如,罗斯福总统第一任期内的外交工作重点是互惠贸易和中立;卡特总统当选后第一年的工作重点是搞好与苏联、中东、南美国家和地区的关系。这些工作重心之外的问题则往往不受重视。

新闻媒体也面临与政府决策同样的问题。在外交政策问题上,媒体为国际问题和外交事务问题留出的版面一般最多也不能超过10%。因此,在报道什么国家和地区,报道哪些外交决策等问题上,媒体报道的内容也必须具有高度选择性。而政府官员强调的外交问题以及国会辩论围绕的外交问题都会成为媒体外

---

① Ralph B. Levering, *The Public and American Foreign Policy, 1918–1978*, The Foreign Policy Association, 1978, pp.33-34.

② Bernard C. Cohen, *The Public's Impact on Foreign Policy*, Little, Brown, 1973, p.195; Raymond A. Bauer, Ithiel de Sola Pool, and Lewis A. Dexter, *American Business and Public Policy: The Politics of Foreign Trade*, Atherton Press, 1967, p.398.

交报道的焦点。①

因此,专门从事外交事务的组织对公众舆论和政府决策的影响会时强时弱。外交关系协会(Council on Foreign Relations)②和外交政策协会(Foreign Policy Association)③一向强调集体安全的主张在1940年比在1935年的影响要大得多。而院外"援华集团"在20世纪40、50年代对美国对华政策决策的重大影响与其在20世纪70年代初尼克松访华前后收效甚微的局面形成了鲜明的对比。④

值得注意的是,近年来公众舆论与外交决策关系中一个显著变化是公众开始对打着"国家安全"旗号掩盖外交政策信息的行径越来越持怀疑态度。二战期间,为了阻止德日窃取军事情报,美国建立了严密的防范系统。冷战期间,这一整套防范系统进一步升级,以防范苏联及其他共产主义阵营国家。但是,到了20世纪60年代初,就有人开始怀疑这套国家安全机构在防范苏联等国窃取美国国家机密的同时,更有掩盖错误、蒙蔽公众之目的。冷战期间,许多美国人认为保密是战胜共产主义的关键。但是,越战以及一系列中央情报局内部揭秘活动之后,到70年代末,保密是出于外交行为需要的观念逐渐让位于人民有权了解真相的信念。⑤

越战是20世纪五六十年代以来公众围绕是否应该放手任由外交专家处理外交事务之争的分水岭。如果专家只能制定使美军在印度支那半岛伤亡惨重和使美国社会分裂的政策,那么公众或者至少是关注型公众也许应该参与外交政策

---

① Bernard C. Cohen, "Mass Communication and Foreign Policy", in James N. Rosenau, ed., *Domestic Sources of Foreign Policy*, Free Press, 1967, p.196.

② 美国外交关系协会(Council on Foreign Relations)是美国政府重要智囊团。其成立于1921年,总部分设在纽约和华盛顿,由精英学者、舆论领袖、政府要员和对外交关系有特殊兴趣的人组成,是美国对政府最有影响力又无明显党派倾向的思想库之一;成立以来一直致力于为美国政府提供政策理念和具体策略,对美国外交决策影响颇大。它的任务主要是广泛宣传美国的外交政策,并根据权势集团的意图,对重大国际问题组织公众进行讨论,搜集"民意",发表研究报告,以影响政策的制定。美国许多政要包括多任总统都曾是该协会成员。其主办有最权威的外交政策学术研究性杂志《外交季刊》(Foreign Affairs)。

③ 外交政策协会是成立于1918年的非政府性研究组织,关注范围包括新兴大国、战乱地区、能源、美国经济、世界粮食危机、人权等内容,既有研究深度,又有传播国际局势知识的内容,还有关于世界各地的博客专题。

④ Dorothy Detzer, *Appointment on the Hill*, Holt, 1948, pp.59-60.

⑤ Ralph B. Levering, *The Public and American Foreign Policy,1918-1978*, The Foreign Policy Association, 1978, p.157.

的辩论。

过去数十年,关注外交事务的公众数量显著增加。根据2010年美国芝加哥对外关系委员会(Chicago Council on Foreign Relations,2006年更名为Chicago Council on Global Affairs)的调查,美国民众对政府对外关系新闻的关心程度如下图所示(1974年始,芝加哥对外关系委员会每四年就公共舆论与对外关系之间关系进行一次民意调查。1992年以后改为两年一次调查):

表1 美国民众对政府对外关系新闻关心程度统计结果

	Very interested (%)	Somewhat interested (%)	Hardly interested (%)	Don't follow the news (%)	Not sure/ Decline (%)	Total (%)
(N=2596)						
Year						
1974	50	34	13	3	--	100
1978	44	36	15	4	1	100
1982	45	36	13	4	2	100
1986	49	34	11	5	1	100
1990	53	33	9	5	--	100
1994	50	38	10	1	1	100
1998	45	38	14	1	2	100
2002 (telephone)	62	30	7	0	1	100
2004 (telephone)	53	34	7	7	0	100
2004 (internet)	34	49	10	7	0	100
2006 (internet)	38	46	10	6	0	100
2008 (internet)	31	47	14	8	0	100
2010 (internet)	32	49	13	6	0	100
Change in % points 2008-2010	+1	+2	-1	-2	0	0

资料来源:The Chicago Council on World Affairs, U.S. Public Topline Report: Global Views 2010, September 22, 2010, p.1. http://www.thechicagocouncil.org.

这种变化的原因主要有:更多更好的受教育机会、与其他国家和外国民众直接接触机会的增多、通过电视、网络等更多地了解和接触其他国家、更积极加入并参与外交政策组织活动、以及越战、海湾战争、伊拉克战争等过程中公众不断积累的参与外交决策的经验等等。

但是,20世纪70年代以来公众参与外交决策的经验表明,公众对外交事务了解的深入与国际商贸形式的快速发展相差甚远。包括拥有大学以上学历的大多数美国人对国际经贸的了解有限。实际上,跨国公司、国际贸易为某些人制造就业机会的同时却造成另外一些人失业,同时产生环保、能源等问题,这促进了日益紧密的国家间相互依赖与国际合作。对于这些问题,在国际危机出现时虽然会见于报端,但只是单纯报道相关消息而并未以教育公众为目的。因此,国际经济、金融危机爆发时,美国公众还不具备参与相关外交政策制定的能力,就如同他们在1965年越战逐步升级期间缺乏判断战争危机的相关能力一样。

随着20世纪70年代以来国际经贸、文化等活动的不断增加,美国公众日益倾向于将美国在国际事务中的困境归咎于发展中国家和国际组织。尤其是在美国经济出现问题时,许多美国人很自然地将其归咎于其他国家:例如美国走出金融危机的步伐缓慢是因为中国快速有效的应对危机政策而不是因为美国危机对策及实施不利;国际石油价格不断攀升和钢材市场存在不公平竞争是石油和钢材出产国哄抬价格造成的而不是美国对能源的过度需求和饱和的钢材制造市场等,都是最好的证明。美国公众很容易忽视许多联合国机构和世界银行、国际货币基金组织等其他国际组织取得的成绩,更容易将美国自己的经济问题归咎于其他国家,而忽视本国自己存在的问题。但是,在20世纪末以来相互依赖、相互依存日益显著的世界大环境下,美国势必需要避免民族主义的误区,而应该建设性地继续推动国际合作。

教育公众认识国际经济金融形势的变化、国际组织在国际事务中的重要性、以及其他外交政策问题的任务一直属于如下四个机构:联邦政府、外交政策相关组织、教育系统和大众媒体。

美国公众对联邦政府的信任在从越战到水门事件期间彻底动摇,虽然此后政府在外交政策方面的公信力有所回升,但美国公众对华盛顿对外发布的信息往往仍持谨慎态度。在政府和民众之间相互信任度真正提高之前,美国政府在具体外交政策问题上说服公众的能力和有效性将大大降低。

有研究显示,20世纪70年代美国民众参加外交政策组织的人数较之20世纪50年代大大下降。特别是越战结束后,20世纪50年代一度活跃于政坛的一些外交政策相关组织或逐渐衰败,或销声匿迹。虽然还有一些组织仍在进行全国范围的活动,却仍急需振兴其地方分支机构。没有活跃的地方团体的积极支持,没有明确具体的行动目标,许多人甚至是教育程度高的部分民众也会逐渐失去参与外交政策问题讨论的兴趣。[①]

由于政府缺乏说服力,民众参与外交政策相关组织的热情又大大下降,教育

---

① Ralph B. Levering, *The Public and American Foreign Policy, 1918–1978*, The Foreign Policy Association, 1978, p.161.

公众以使其对外交问题不再陌生的责任自然落到了教育系统和大众媒体的肩上。两者都可以使看似遥不可及的外交事务变得不那么遥远。各级教育机构向在校学生教授北美、欧洲以及其他地区的历史、文化及其所在地区的当代主要问题等相关知识。而对媒体来说,报纸可以对当代热点问题提供深度的背景解释,杂志可以经常针对某些国家地区出专刊,而广播电视的新闻节目不仅报道外交政策等充满争议和冲突的问题,而且对公众了解较少的国家和地区的社会状况和当地民众所关心的问题等进行适度的介绍,如同NPR的晚间新闻栏目"面面俱到"那样,经常就国际热点问题进行深度分析。

(三)常态下公众舆论对外交政策的影响机制

要探讨公众舆论对外交决策的影响首先要回答如下两个基本问题:什么是影响? 公众舆论对决策又具有怎样的影响? 帕森斯将"影响"作为交往过程的一种普遍符号而引入,其作用是以信念或者说服来促进互动。[①]就此问题哈贝马斯研究认为:"比方说,一些个人或一些组织可以享有这样的声望,使他们所说的话能够在不具体证明权威或提供说明的情况下对他人信念产生影响。'影响'赖以为生的是相互理解的资源,但它的基础是预支的对未经检验之信服可能性的信赖。在这种意义上,公众舆论代表的是这样的政治影响潜力,它可以被用来影响公民的选举行为或者议会团体、政府或法院的意志形成过程。当然,舆论界的由公众信念所支持的政治影响要变成政治权力——变成有约束决策的潜力——它就必须能影响政治系统中获得授权之成员的信念,并影响选民、议员、官员的行为。舆论界的政治影响——就像社会权力一样——只有通过建制化程序才能转变成政治权力。"[②]

公众舆论对外交决策的主要影响或者说是约束首先不是来自公众主动施加的压力,而是来自美国政治体制中公众舆论既定作用的影响。大多数美国总统显然相信,他们有权也有职责为其政策争取公众的支持,不应该制定过于背离公众意愿的外交政策。哈佛大学著名历史学家厄尼斯特·梅(Ernest R. May)曾这样总结道:"回顾美国历史,美国政要制定背离公众意愿的重大政策的情况

---

① Talcott Parsons, "On the Concept of Influence", *The Public Opinion Quarterly*, Vol. 27, No. 1, 1963, pp. 37-62.

② 哈贝马斯:《在事实与规范之间:关于法律和民主法治国的商谈理论》,童世骏译,生活·读书·新知三联书店,2003年,第449页。

几乎屈指可数。"[1]一个政府在制定或改变政策时,都不能不考虑舆论,否则,政策会因得不到公众的支持而难以执行和继续。例如美军最终撤出越南,实际上是舆论迫使政府改变对越南政策的结果。又如在中国加入联合国问题上,舆论也是尼克松政府决定与中国恢复外交关系的主要推手。据统计,1964年1月至1971年5月美国公众支持中国入联的比率上升了33个百分点,此上升比率在1966年还是13个百分点。如果公众态度没有转变,尼克松政府很可能不会改变其对华政策。[2]

决策者决策前后都会顾及公众的反应。决策者在考虑其他行动或政策方案时往往会对公众反应作出预判。对某行动中大众或大多数选民中引起强烈反对的预判会对决策产生巨大影响。毕竟,决策者无法预知其所有举动的政治代价。公众舆论的不可知性和潜在威慑是决策者必须顾及并约束其行事的因素。例如,1993年克林顿在摩加迪沙一战后立即撤军就是由于预判到大众会反对在索马里继续投入兵力和损伤。[3]但是,这并不意味着决策者会一味被动地规避可能引起公愤的政策。相反,他们常常制造争议,以造成积极的宣传效果。[4]有时其目的根本不是宣传,而是为了抵销可能引起的反对。而如果公众一直不明真相,那么连公众立场都无从形成。[5]决策确定之后对公众会如何反应的掌控主要以媒体为依托进行了解。

若要影响外交政策,公众不必依赖政府对民意测验或其他公众舆论征兆的感知。对于普通大众来说,对外交政策最大的影响可能在于投票选举,而在非选举年期间,为数相对较少的关注型公众则会通过各种组织对某项政策施加影响。投票选举的重要性不仅在于其通过投票更换国家领导人,还在于当选官员若要

① Earnest R. May, "An American Tradition in Foreign Policy: The Role of Public Opinion", in Willima H. Nelson, ed., *Theory and Practice in American Politics*, University of Chicago Press, 1966, p.117.

② Leonard Kusnitz, *Public Opinion and Foreign Policy: America's China Policy, 1949–1979*, Greewood Press, 1984, p.127.

③ Kull Steven, Clay Ramsay, "How Policymakers Misperceive U.S. Public Opinion on Foreign Policy", in Jeff Manza, Fay Lomax Cook, and Benjamin I. Page, eds., *Navigating Public Opinion: Polls, Policy and the Future of American Democracy*, Oxford University Press, 2002, p.208.

④ Lawrence R. Jacobs, Robert Y. Shapiro, *Politicians Don't Pander: Political Manipulation and the Loss of Democratic Responsiveness*, University of Chicago Press, 2000.

⑤ 参见 Jarol B. Manheim, *Strategic Public Diplomacy and American Foreign Policy: The Evolution of Influence*, Oxford University Press, 1997; Philip J. Powlick, Andrew Z. Katz, "Defining the American Public Opinion/Foreign Policy Nexus", *International Studies Review*, Vol.42, No.1, 1998, pp.29-61.

连任就必须不断揣测哪些政策议案可能赢得公众支持,因而赢得选票。

公众舆论对外交决策上较为熟悉的问题表现积极,支持政府决策。在公众和决策层都熟悉也都可以明智评判的外交政策问题上,公众参与外交政策的效果最好。美国决策层决策及其政策执行最有效的地区是西欧,公众对针对这一地区的政策如租借法案、马歇尔计划等都普遍持支持态度。这主要是由于大多数美国人乃西欧国家移民及其后裔,大多数人在中学和大学学习过西欧历史和文化课程,许多人更游历过许多西欧国家。另外,新闻媒体如电台、电视台、报社、杂志社等在西欧都设有大量特派驻外记者,关于西欧的国际报道也多于其他地区。①

美国与世界其他主要地区的文化联系相对少得多。到过南美、非洲或印度的美国人为数甚少,懂中文、日文、阿拉伯文或非洲语言如斯瓦西里语的人很少。美国在印度支那半岛作战时,举国仅有几百名这一地区历史文化方面的专家。即使现在,很少有人能弄清巴拉圭和乌拉圭,或者伊朗和伊拉克等国间的区别。20世纪四五十年代的研究表明,当时美国高中课本关于苏联和中东等地区的内容极为粗略,有些地方甚至错误百出。而当时报刊对苏联和印度支那半岛的报道或歪曲事实,或有意忽略,即使《纽约时报》这样声望高的报纸也是如此。②

公众舆论对公众不熟悉地区的外交政策的影响会因时因势而不同。与关注型公众具有同样文化背景、阅读同样报刊的外交决策官员在制定东南亚、拉美和中东等公众较为陌生地区的政策时往往会做出对公众熟悉地区不可能做出的决策。在这些地区,美国都曾协助推翻当政政府,或给或卖地为这些政局不稳的地区提供过数额巨大的高端武器,还支持古巴等流亡政府重返故土夺取政权。由于对这些地区知之甚少,公众对针对这些地区的外交政策往往会寻找信息捷径,"团结在国旗下",对政府决策听之任之,少有公开大辩论,因而表现为对决策没有影响。直至外交危机或冲突不断持续,民众逐渐对局势有深入了解,或有严重事端发生,如美军伤亡惨重,公众中才会发起讨论,逐渐意识到政府的投入过大,

---

① 见 UNESCO, "Foreign News in the Media: International Reporting in 29 Countries", p.41.http://unesdoc.unesco.org/images/0006/000652/065257eo.pdf.

② William J. Griswold, et al., *The Image of the Middle East in Secondary School Textbooks*, Middle East Association of North America, 1976, pp.22-27; Richard W. Burkhardt, "The Soviet Union in American School Textbooks", *Public Opinion Quarterly*, Vol.11, No.4, 1947–1948, pp.569-571; Martin Kriesberg, "Soviet News in the 'New York Times'", *Public Opinion Quarterly*, Vol.10, No.4, 1946–1947, pp.540-564; George Stanley Turnbull, Jr, "Reporting of the War in Indochina: A Critique", *Journalism Quarterly*, Vol.34, 1957, pp.87-89.

代价太高等问题。此时,也就是某外交问题成为公众关注的焦点,或公众的意见具有高度一致性时,舆论对政府决策形成强大约束力。公众舆论得以发挥其影响外交决策的作用。越战后期,尼克松政府通过谈判寻求越南问题的和平解决的举措,就是"为了平息国内舆论不满而不得不采取的办法"。①

当然,需要指出的是,在美国外交决策问题上,美国政府、媒体和公众这三者是主要参与者。但三者在决策中作用明显不同,外交政策是决策者制定的,公众通常是对其作出反应,决策者和事件本身形成了决策的议事日程。正如恩特曼所言,公众极少在外交决策上对美国政府或美国新闻媒体产生直接影响。②通常是政府和新闻媒体影响公众对其他国家的认识和看法。

二、危机或冲突状态下公众舆论与外交决策的关系

学者们通常把一般情况下的公众舆论与外交决策的关系,以及危机或冲突情况下公众舆论对于外交的作用,明确区分开来进行研究。虽然公众并不能时刻关注国际政治的变化,但冲突或危机却常常能够吸引公众的注意力。这便促使学者们进一步探究公众舆论在美国外交冲突或外交危机中实际发挥的作用。例如,有学者研究了公众舆论在美国对尼加拉瓜、③索马里④和伊拉克⑤等国外交政策决策中的作用。

公众舆论对外交决策的影响研究,因短期出现的冲突和长期存在的冲突而有极大的不同。在短期冲突中,公众与外交决策者的信息掌控相差悬殊,舆论倾向于追随总统提出的外交政策,因此使总统在左右公众的外交舆论方面具有巨大的影响,舆论因而难以对外交决策形成实质性影响。⑥但相当一批学者认为,

---

① 资中筠主编:《战后美国外交史》(下册),世界知识出版社,1994年,第620页。

② Robert M. Entman, *Projections of Power: Framing News, Public Opinion, and U.S. Foreign Policy*, University of Chicago Press, 2003, p.15.

③ Richard Sobel, *The Impact of Public Opinion on U.S. Foreign Policy Since Vietnam*, Oxford University Press, 2001.

④ Louis Klarevas, "The 'Essential Domino of Military Operations, American Public Opinion and the Use of Force", *International Studies Perspectives*, Vol.3, No.4, 2002, pp.417-437.

⑤ Eric V. Larson, Bogdan Savych, *American Public Support for US Military Operations from Mogadishu to Baghdad: Technical Appendixes*, RAND Corporation, 2005.

⑥ John E. Mueller, *War, Presidents and Public Opinion*, John Wiley & Sons, 1973;Richard A. Brody, *Assessing the President: The Media, Elite Opinion, and Public Support*, Stanford University Press, 1991.

公众舆论在持续时间较长的冲突中对外交政策的制定具有极大的牵制作用。[①]

(一)短期冲突中公众舆论的表现：团结现象

学者们早已发现，在短期出现的冲突中或者在冲突初期，公众舆论常积极支持向海外派军的政策。决策者，特别是西方国家的决策者深知自己在冲突初期的信息优势，因而经常利用甚至制造冲突以掌控舆论。"团结在国旗下"（Rally round the flag）现象（下文简称"团结"现象）便是显著的例证。

大量学术研究对"团结"现象进行了探讨。琼·李（Jong Lee）指出："一般百姓（对海外派军）的反应会掺杂有支持总统行动的爱国主义激情。"[②]美国社会文化中根深蒂固的爱国主义情结，是美国政府得以在原则上赋予每个公众言论自由、参与政治的权利的同时，在理论上众口难调的窘境下依然能够制定出公众信任的国内外决策的重要原因。美国人的爱国主义不但是对祖国的热爱，更是对美国民主体制的热爱。正因为大多数美国人对自己的政府体制引以为豪，所以他们容忍此体制的臃肿庞大且问题重重。可以说，他们的热爱带有盲目性。对他们来说，美国是世界上最好的国家。这种民族自豪感、优越感对一个国家形成强大的凝聚力至关重要，但同时也产生了负面影响：认为其他国家不如美国，因而会自觉不自觉地轻视其他国家。这种爱国主义和民族优越感不仅仅限于20世纪20年代和30年代的赫斯特报系和米高梅报团（McCormick Newspaper Group），而是随处可见。正是这种根深蒂固的爱国主义情结使得美国人不但在诸如珍珠港事件、911事件等国家直接遭受袭击时毫不犹豫地支持政府的一切反击行动，而且在诸如1917年的参加一战、1950年的朝鲜战争、1965年的越南战争和1991年海湾战争等国家没有受到直接威胁的情况下依然支持政府参战决策。尽管政府在越战和水门事件中的欺诈行为被公之于世，进而在公众中产生强烈的怀疑倾向，但在诸如古巴导弹危机等紧急情况下和短期冲突中，公众还是义无反顾地团结在以总统为首的执政府周围和国旗旗帜下。

许多研究也或多或少地肯定了在特定情况下这种短期"团结"现象的存

---

① 如 Richard Sobel, *The Impact of Public Opinion on U.S. Foreign Policy Since Vietnam*, Oxford University Press, 2001; Matthew A. Baum, "Going Private: Presidential Rhetoric, Public Opinion, and the Domestic Politics of Audience Costs in U.S. Foreign Policy Crises", *Journal of Conflict Resolution*, Vol.48, No.5, 2004, pp.603-31; Brandice Canes-Wrone, *Who Leads Whom? Presidents, Policy, and the Public*, University of Chicago Press, 2006.

② Jong R. Lee, "Rallying around the Flag: Foreign Policy Events and Presidential Popularity", *Presidential Studies Quarterly*, Vol.7, No.4, 1977, pp.253.

在。①也有学者反对如此提法,认为"团结"现象的偶发性和短期性决定了这种现象无法产生深远的政治影响。②例如,威廉·贝克(William Baker)和约翰·奥尼尔(John Oneal)研究了1933年到1992年60年间美国193次跨国军事争端,没有发现持续的"团结"现象。但是,该研究却发现,每当由美国发起争端,或对某一国际争端公开提出质疑时,"团结"现象却时有发生。该研究还发现,"团结"现象在战争全面爆发和《纽约时报》着力报道跨国军事争端的情况下表现得极为显著。该研究认为,这一"团结"现象的规模大小取决于媒体报道的力度、两党支持的情况以及白宫的措辞。③

特伦斯·查普曼(Terrence Chapman)和丹·赖特(Dan Reiter)进一步探讨了"团结"现象是否仅仅是公众对海外派军的反应。④其研究发现,1945年至2001年间的跨国军事争端中,"团结"现象出现与否绝大程度上取决于联合国是否支持派军。这一发现表明,公众能够保持长期的政策倾向,包括多边主义倾向。该研究还证明,公众能够利用信息捷径来估量某一外交政策明智与否,而公众利用的信息捷径之一就包括此文提及的一向行事谨慎的安全委员会。该委员会签署军事行动命令这一举动所发出的信号就足以成为公众的信息捷径。有趣的是,布赖恩·赖(Brian Lai)和赖特使用同样方法对英国公众进行的研究却没有发现如此倾向。⑤

马修·鲍姆对1953年至1998年间美国用兵情况的研究进一步说明,个人对使用武力的反应主要取决于其认同的共同利益。该研究发现公民所属政党及该党在政府所处地位会使公民对"团结"现象的反应截然不同。鲍姆发现,"团结"

---

① Patrick James, John R. Oneal, "The Influence of Domestic and International Politics on the President's Use of Force", *Journal of Conflict Resolution*, Vol.35, No.2, 1991, pp.307-332; John R. Oneal, Anna L. Bryan, "The Rally Round the Flag Effect in U.S. Foreign Policy Crises, 1950–1985", *Political Behavoir*, Vol.17, No.4, 1995, pp.379-401.

② Richard J. Stoll, "The Guns of November: Presidential Reelections and the Use of Force, 1947–1982", *Journal of Conflict Resolution*, Vol.28, No.2, 1984, pp.231-246; John R. Oneal, Brad Lian, and James H. Joyner, "Are the American People 'Pretty Prudent'? Public Responses to US Uses of Force, 1950–1988", *International Studies Quarterly*, Vol.40, No.2, 1996, pp.261-279.

③ William D. Baker, John R. Oneal, "Patriotism or Opinion Leadership?: The Nature and Origins of the Rally Round the Flag Effect", *Journal of Conflict Resolution*, Vol.44, No.5, 2001, pp.661-687.

④ Terrence L. Chapman, Dan Reiter, "The United Nations Security Council and the Rally' Round the Flag Effect", *Journal of Conflict Resolution*, Vol.48, No.6, 2004, pp.886-909.

⑤ Brian Lai, Dan Reiter, "Rally 'Round the Union Jack? Public Opinion and the Use of Force in the United Kingdom, 1948–2001", *International Studies Quarterly*, Vol.49, No.2, 2005, pp.255-272.

群体大都局限于反对党和非党人士。原因是与总统同属一党的成员一般在"团结"现象出现之前就已赞成总统的举措。就如同911之后美国出现的"团结"现象中所表现出的情况：布什选举记录中新赢得的选票主要来自民主党和独立党，而这些人在911之前对布什的表现是持反对态度的。①

那么，"团结"现象是否与公众舆论大体上是理性和一致的观点矛盾呢？这一问题的答案可以从众多相关研究中找到："团结"与否可能正是公众的理性反应，是其对之前所获信息产生不同倾向之间相互作用的结果。例如，迈克尔·科拉莱西（Michael Colaresi）的研究就表明，信息最终会得到证实以及不当决策会失去选民支持等可能性确保了决策者决策的可行度，也促使决策者适时适度地向公众公布对外交行动有裨益的信息。②同时，长久以来学者们也认为，"团结"现象会因当局的说辞自相矛盾或舆论精英在政策上的争论不休而偃旗息鼓。③

一般情况下，公民在决定是否支持总统举措时会特别依赖其最信任的舆论精英。④公众在信息极为不灵通的情况下，会依靠舆论精英特别是党内领袖的观点作为重要的信息来源或捷径。但是，他们只会在完全信赖如上精英的情况下才会选择如此捷径。而"团结"现象正是掌握大量信息的决策者与信息极为缺乏的公众之间取得某种均衡之后的结果。

有研究发现，为转移公众对国内问题的注意力，或为提高竞选资质，而蓄意挑起危机输出性冲突，只会对那些认为可以在大选中因此产生"团结"现象的决

① Matthew A. Baum, "The Constituent Foundations of the Rally-Round-the-Flag Phenomenon", *International Studies Quarterly*, Vol.46, No.2, 2002, pp.263-298.

② Michael Colaresi, "The Benefit of the Doubt: Testing an Informational Theory of the Rally-Effect", *International Organization*, Vol. 61, No. 1, 2007, pp.99-143.

③ 例如 John E. Mueller, *War, Presidents and Public Opinion*, John Wiley & Sons, 1973; Jong R. Lee, "Rallying around the Flag: Foreign Policy Events and Presidential Popularity", *Presidential Studies Quarterly*, Vol.7, No.4, 1977, pp.252-256; Richard A. Brody, *Assessing the President: The Media, Elite Opinion, and Public Support*, Stanford University Press, 1991.

④ Wendy M. Rahn, "The Role of Partisan Stereotypes in Information Processing about Political Candidates", *American Journal of Political Science*, Vol.37, No.1, 1993, pp.472-496; Arthur Lupia, Matthew D. McCubbins, *The Democratic Dilemma: Can Citizens Learn What They Need to Know?* Cambridge University Press, 1998; Matthew A. Baum, Tim Groeling, "Crossing the Water's Edge: Elite Rhetoric, Media Coverage and the Rally-Round-The-Flag Phenomenon", *Journal of Politics*, Vol. 70, No.4, 2008, pp.1065-1085.

策者有吸引力。①如果决策者逐步谋划上述预期效果,就极有可能颠覆公众舆论与外交决策之间的因果关系。学界对于危机输出的内在逻辑进行了深入的理论研究。格雷戈里·赫斯(Gregory Hess)和阿萨纳西亚斯·奥芬奈得斯(Athanasias Orphanides)利用主因模式进行的理论研究表明,有利于总统的信息不对称现象会产生使用武力输出危机的巨大动力。②但相关实证研究结果却没有如此确定。③有研究显示,美国在用兵上明显存在出于政治目的的现象,④但有的研究认为没有发现如此动机。⑤还有研究发现,美国总统在其支持率下降的情况下,通常更容易向海外用兵。⑥其他研究则认为,海外用兵的确能够转移公众对国内恶劣经济状况的注意力。⑦克利弗顿·摩根(T. Clifton Morgan)和肯尼思·比克斯(Kenneth Bickers)提出,总统有时会因本党选民反对其国内政策而做出向海外派兵的反应。⑧而本杰明·福德姆(Benjamin Fordham)则发现,当美国国内局势有可能促使决策者选择海外用兵以转移国内公众注意力的时候,其他国家会有意缓

① Matthew A. Baum, "Going Private: Presidential Rhetoric, Public Opinion, and the Domestic Politics of Audience Costs in U.S. Foreign Policy Crises", *Journal of Conflict Resolution*, Vol.48, No.5, 2004, pp.603-631.

② Gregory D. Hess, Athanasios Orphanides, "War Politics—An Economic, Rational-Voter Framework", *American Economic Review*, Vol.85, No.4, 1995, pp.828-846.

③ Jack S. Levy, "The Diversionary Theory of War: A Critique", in Manua I. Midlarsky, ed., *Handbook of War Studies*, Unwin-Hyman, 1989, pp.259-288.

④ Patrick James, John R. Oneal, "The Influence of Domestic and International Politics on the President's Use of Force", *Journal of Conflict Resolution*, Vol.35, No.2, 1991, pp.307-332; David H. Clark, "Can Strategic Interaction Divert Diversionary Behavior? A Model of U.S. Conflict Propensity", *Journal of Politics*, Vol.65, No.4, 2003, pp.1013-1039; William G. Howell, Jon C. Pevehouse, "Presidents, Congress, and the Use of Force", *International Organization*, Vol.59, No.1, 2005, pp.209-232.

⑤ Will H. Moore, David J. Lanoue, "Domestic Politics and US Foreign Policy: A Study of Cold War Conflict Behavior", *Journal of Politics*, Vol.65, No.2, 2003, pp.376-396; James D. Meernik, *The Political Use of Military Force in US Foreign Policy*, Ashgate, 2004; Philip B. K. Potter, "Does Experience Matter? American Presidential Experience, Age, and International Conflict", *Journal of Conflict Resolution*, Vol.53, No.3, 2007, pp.351-378.

⑥ Charles W. Ostrom, Brian L. Job, "The President and the Political Use of Force", *American Political Science Review*, Vol.80, No.2, 1986, pp.541-566; Benjamin O. Fordham, "The Politics of Threat Perception and the Use of Force: A Political Economy Model Of U.S. Uses of Force, 1949–1994", *International Studies Quarterly*, Vol.42, No.3, 1998, pp.567-590.

⑦ Karl DeRouen, Jeffrey Peake, "The Dynamics of Diversion: The Domestic Implications of Presidential Use of Force." *International Interactions*. Vol. 28, No.2, 2002, pp.191-211.

⑧ T. Clifton Morgan, Kenneth N. Bickers, "Domestic Discontent and the Use of Force", *Journal of Conflict Resolution*, Vol.36, No.1, 1992, pp.25-52.

和与美国的冲突。[①]

但是,对其他国家领导人利用向海外用兵以转移国内公众注意力的研究所得出的结论却有些模棱两可。大部分学者,特别是利用大规模跨国比较研究方法对其他国家领导人利用海外用兵左右公众舆论的研究没有发现明显的证据。例如,虽然奥尼尔和布鲁斯·拉西特(Bruce Russett)在早期的研究报告中说经济发展过缓会使所有国家和地区利用海外用兵方法输出危机的可能性增大,[②]但其补充更多国家数据的后续研究却没能发现类似结论。[③]

美国与其他国家在海外用兵上存在的差异有可能由于如下两个原因:即前文提到的短期冲突或冲突初期的"团结"现象及各国在国际体系中强弱不均的行为能力。除美国之外,很少有国家能够利用海外用兵造成"团结"现象而又不陷入战争或遭到报复。

然而,有研究认为,公众对经济增长的期望可促使国家决策者避免启用会阻碍经济发展的军事行动。[④]还有学者利用数据分析和变量分析方法研究发现,对再次当选不抱太大希望的决策者实际上不太可能挑起冲突。他们认为此前发现海外用兵的研究在理论上和方法上都存在重大缺陷。[⑤]

即使决策者偶尔利用海外用兵来转移国人视线,但海外用兵到底是否会对民主或稳定造成威胁呢?有学者就此问题进行了研究。通过一系列对公众舆论影响外交决策的个案研究,理查德·索贝尔(Richard Sobel)认为舆论可以限制外交决策,但却不能左右决策。[⑥]约翰·奥尼尔(John Oneal)和雅罗斯洛夫·蒂尔

[①] Benjamin O. Fordham, "Strategic Conflict Avoidance and the Diversionary Use of Force", *Journal of Politics*. Vol. 67, No. 1, 2005, pp. 132-153.

[②] John R. Oneal, Bruce M. Russett, "The Classical Liberals Were Right: Democracy, Interdependence, and Conflict, 1950–1985", *International Studies Quarterly*, Vol.41, No.2, 1997, pp.267-293.

[③] Bruce M. Russett, John R. Oneal, *Triangulating Peace: Democracy, Interdependence, and International Organizations*, W. W. Norton & Company, 2001.

[④] Christopher Gelpi, Joseph Grieco, "Democracy, Interdependence and the Sources of the Liberal Peace", *Jouranl of Peace Research*, Vol.45, No.1, 2008, pp.17-36.

[⑤] Giacomo Chiozza, Hein E. Goemans, "International Conflict and the Tenure of Leaders: Is War Still Expost Inefficient?", *American Journal of Political Science*, Vol.48, No.3, 2004, pp.604-619.

[⑥] 见 Richard Sobel, *The Impact of Public Opinion on U.S. Foreign Policy Since Vietnam*, Oxford University Press, 2001.

(Jaroslav Tir)则进一步研究了海外用兵能否对民主与和平造成威胁。[1]他们发现,经济发展过缓等经济因素的确会增加西方国家发动包括针对其他西方国家的海外战争的可能性。

在外交决策过程中,海外用兵实际上是"团结"现象的映照。短期战争的前景会时而诱使决策者对外用兵以转移国内压力,并期望冲突比"团结"现象的持续时间短。但以往事实证明,冲突往往会连绵不断,致使向海外用兵越发危机四伏。其部分原因是公众会对用兵带来的伤亡作出负面反应。

海外用兵的相关研究反映了外交决策各方面因素相互作用的机制。冲突除非在短期内结束(通常上这是决策者梦寐以求的结果,但往往事与愿违),否则公众与决策者之间的信息不对称现象必将逐渐缩小,决策者以转移公众注意力为目的发动的侵略性或单边军事行动,极有可能反而促使公众发现决策端倪(如党派精英的意见不一)转而反对海外军事行动,使决策者陷入危机。

对"团结在国旗下"现象的研究显示,短期冲突对决策者极为有利。危机时期,特别是牵扯美国利益的非常时期,新闻媒体自然会密切关注事态发展,相关国际报道因此会激增。如克里斯汀·奥根(Christin Ogan)等人以1900—1970年间《纽约时报》为个案进行的研究发现,相对其他时期,二战期间该报对国际事务的报道数量显著增加:1900年《纽约时报》头版中,国际报道占19%,1940—1945年间国际报道占52%,1970年则占23%。[2]此外,非常时期,新闻媒体和新闻记者乃至公众在国家利益因素[3]的作用下,爱国主义和民族主义情绪会自觉不自觉地高涨,因而产生"团结在国旗下"效应。[4]

(二)长期冲突中公众舆论对外交决策的显著影响:伤亡反应现象

在长期持续的冲突中,公众对外交政策可以起到塑造或者至少是牵制的作用。公众对外交行动中伤亡情况的反应就是长期冲突中公众舆论对外交决策影

① John R. Oneal, Jaroslav Tir, "Does the Diversionary Use of Force Threaten the Democratic Peace? Assessing the Effect of Economic Growth on Interstate Conflict, 1921–2001", International Studies Quarterly, Vol.50, No.4, 2006, pp.755-779.

② Christine Ogan et al., "The Changing Front Page of the New York Times, 1900–1970", Journalism Quarterly, Vol.52, No.2, 1975, pp.340-344.

③ Jin Yang, "Framing the NATO Air Strikes on Kosovo across Countries", Gazette: The International Journal for Communication Studies, Vol.65, No.3, 2003, pp.231-249.

④ William A. Henry III, "News as Entertainment: the Search for Dramatic Unity", in Elie Abel, ed., What's News: The Media in American Society, Institute for Contemporary Studies, 1981.

响的表现。

与"团结"现象的研究成果不同,对公众舆论与外交政策长期关系的研究主要集中在冲突本身的特点,特别是冲突产生的伤亡问题的特点,[1]或者公众对冲突成功解决的感知。[2]但围绕这些关系究竟如何运行的问题,学术界存在不少争议。一种观点认为,大多数情况下公众对伤亡的反应是消极的,这阻碍了外交政策的前后一致性和稳定性。[3]另外一种观点认为,一旦有证据表明公众代表的外交决策责任与决策精英不协调时,公众就会转而反对冲突。[4]

约翰·马勒(John Muller)的著名论断是,公众对于伤亡情况的忍耐程度基本上遵循对数函数的规律:冲突早期的少数伤亡会造成民众对冲突支持的急剧下降,而随着冲突的持续,民众反而能够承受更大数目的伤亡。[5]近来有人对马勒的论断提出异议,认为决定伤亡对公众影响的主要因素不是伤亡人数本身,而是伤亡比率[6]或伤亡趋势。[7]

从某种程度上说,马勒的伤亡反感论断为近年来对民主国家和专制国家在战争中不同表现的研究奠定了基础。例如,有些研究认为,民众对战争代价,特别是伤亡的负面反应的敏感,使民主国家的领袖比专制国家的领袖在主动发起

---

① John E. Mueller, *War, Presidents and Public Opinion*, John Wiley & Sons, 1973; Scott Gartner, Gary M. Segura, "War, Casualties and Public Opinion", *Journal of Conflict Resolution*, Vol.42, No.3, 2000, pp.278-300.

② Peter D. Feaver, Christopher Gelpi, *Choosing Your Battles: American Civil-Military Relations and the Use of Force*, Princeton University Press, 2004; Christopher Gelpi, Peter D. Feaver and Jason Reifler, "Success Matters—Casualty Sensitivity and the War in Iraq", *International Security*, Vol.30, No.3, 2005, pp.7-46. Richard C Eichenberg, "Victory Has Many Friends: U.S. Public Opinion and the Use of Military Force", *International Security*, Vol.30, No.1, 2005, pp.140-177.

③ John E. Mueller, *War, Presidents and Public Opinion*, John Wiley & Sons, 1973.

④ Eric V. Larson, "Putting Theory to Work: Diagnosing Public Opinion on the US Intervention in Bosnia", In Miroslav Nincic, Joseph Lepgold, eds., *Being Useful: Policy Relevance and International Relations Theory*, University of Michigan Press, 2000, pp.174-233; Steven Kull, Clay Ramsey, "The Myth of the Reactive Public", in Philip Everts, Peirangelo Isernia, eds., *Public Opinion and the International Use of Force*, Routledge, 2001, pp.205-228.

⑤ John E. Mueller, *War, Presidents and Public Opinion*, John Wiley & Sons, 1973.

⑥ Branislav L. Slantchev, "How Initiators End Their Wars: The Duration of Warfare and the Terms of Peace", *American Journal of Political Science*, Vol.48, No.4, 2004, pp.813-829.

⑦ Scott Gartner, "Casualties and Public Support: An Experimental Analysis", Presented at Annual Meeting of American Political Science Assocociation, Philadelphia, 2006.

军事冲突上更为谨慎,这也使他们在紧张局势下使用武力的威胁不再可信。[①]而其实际效果似乎是民主国家比专制国家更可能赢得战争,至少在短期冲突中情况如此。[②]但是,这一结果到底是因为民主国家只选择参加胜算大的冲突,[③]还是因为甘冒极大风险的对手选择与民主国家发生冲突的原因,相关研究成果还未得出结论。[④]

同样需要注意的是,学者们纷纷对马勒的伤亡反感论断提出异议。亚当·贝林斯基(Adam Berinsky)认为,即使在战争状态下,普通百姓对外交政策相关事务也知之甚少。因此,他们很少将伤亡人数等事实加入其对某一事件的总体判断中去。他提出,公众主要会关注自己信赖的精英对某外交行动英明与否的论断,并就此提供的线索作出反应。[⑤]伤亡人数、比率和趋势不一定会显著影响精英的言辞。

布鲁斯·詹特尔森(Bruce Jentleson)则提出了不同意见,他认为,决定因素不在于人员或财力的损失,而在于任务的性质,即其提出的"主要政策目标"。詹特尔森指出,执行传统军事任务的冲突(如武力对付与美方或美方联盟为敌的敌方),即使代价惨重,公众也会予以支持。但对于更为攻击性或不太传统的军事行动(如废黜他国领袖或人道主义干涉等),只有没有代价或代价不大的情况下,公众才会支持。[⑥]拉森对詹特尔森的主要观点表示赞成,认为公众对伤亡情况的反应是要看具体情况的。但是,与理查德·布罗迪(Richarc Brody)对舆论短期"团结"现象的"精英争论"的解释相类似,[⑦]拉森主张公众对某外交决策支持与否要

① Darren Filson, Suzanne Werner, "Bargaining and Fighting: The Impact of Regime Type on War Onset, Duration, and Outcomes", *Amerian Journal of Political Science*, Vol.48, No.2, 2004, pp.296-313.

② D. Scott Bennett, Allan C. Stam III, "The Declining Advantage of Democracy: A Combined Model of War Outcomes and Duration", *Journal of Conflict Resolution*, Vol.42, No.3, 1998, pp.344-366.

③ Dan Reiter, Allan C. Stam III, *Democracies at War*, Princeton University Press, 2002.

④ Darren Filson, Suzanne Werner, "Bargaining and Fighting: The Impact of Regime Type on War Onset, Duration, and Outcomes", *American Journal of Political Science*, Vol.48, No.2, 2004, pp.296-313.

⑤ Adam J. Berinsky, "Assuming the Costs of War: Events, Elites, and American Public Support for Military Conflict", *Journal of Politics*, Vol. 69, No.4, 2007, pp.975-997.

⑥ Bruce W. Jentleson, "The Pretty Prudent Public—Post Post-Vietnam American Opinion on the Use of Military Force", *International Studies Quarterly*, Vol.36, No.1, 1992, pp.49-74; Bruce W. Jentleson, Rebecca L. Britton, "Still Pretty Prudent: Post-Coldwar American Public Opinion on the Use of Military Force", *Journal of Conflict Resolution*, Vol.42, No.4, 1998, pp.395-417.

⑦ Richard A. Brody, *Assessing the President: The Media, Elite Opinion, and Public Support*, Stanford University Press, 1991.

依精英在该问题上的意见分歧情况而定。如果精英一致支持该政策,那么即使代价惨重,公众也会支持这一政策;若精英意见不一,那么哪怕是少数伤亡也可能引起公众的喧然反对。[①]

史蒂夫·库尔(Steven Kull)和克莱·拉姆齐(Clay Ramsey)提出,如果公众发现其他国家也支持某一政策时,即使伤亡惨重,公众也会支持该政策。[②]彼得·费福尔(Peter Feaver)和克里斯托弗·盖尔皮(Christopher Gelpi)则断言,公众对伤亡人数的承受能力取决于预期中的成功可能性。[③]其他无论从伊拉克战争的个案研究,[④]还是从更宽泛角度的研究也都证实了这一结论。[⑤]

有学者指出,上述研究将所有或者至少是大部分公众舆论看作意见一致的一个大众整体。[⑥]当我们意识到公众舆论并非一个声音时,就会与上述论断有重大分歧。例如,斯科特·加特纳(Scott Gartner)和加里·塞古拉(Gary Segura)在其对越南战争中的伤亡人数与公众舆论关系的考察中就介入了对种族因素的探讨。他们发现,公众对自己家乡伤亡人数的反应不同程度地影响其对战争的态度。但是,尽管美国黑人比白人对战争的支持率下降得快,但是该文作者却没有发现伤亡名单中族裔比率影响公众态度的明显证据。[⑦]

近些年来对公众舆论"框架效应"的研究,进一步探讨了公众舆论的差异性。詹姆斯·德鲁克曼(James Druckman)在研究中指出,政治上较成熟的公众与政治

---

① Eric V. Larson, "Putting Theory to Work: Diagnosing Public Opinion on the US Intervention in Bosnia", in Miroslav Nincic, Joseph Lepgold, eds., *Being Useful: Policy Relevance and International Relations Theory*, University of Michigan Press, 2000, pp.174-233.

② Steven Kull, Clay Ramsey, "The Myth of the Reactive Public", in Philip Everts, Peirangelo Isernia, eds., *Public Opinion and the International Use of Force*, Routledge, 2001, pp.205-228.

③ Peter D. Feaver, Christopher Gelpi, *Choosing Your Battles: American Civil-Military Relations and the Use of Force*, Princeton University Press, 2004.

④ Christopher Gelpi, Peter D. Feaver and Jason Reifler, "Success Matters—Casualty Sensitivity and the War in Iraq", *International Security*, Vol.30, No.3, 2005, pp.7-46.

⑤ Richard C Eichenberg, "Victory Has Many Friends: U.S. Public Opinion and the Use of Military Force", *International Security*, Vol.30, No.1, 2005, pp.140-177.

⑥ Adam J. Berinsky, "Assuming the Costs of War: Events, Elites, and American Public Support for Military Conflict", *Journal of Politics*, Vol. 69, No. 4, 2007, pp. 975-997; Tim Groeling, Matthew A. Baum, "Crossing the Water's Edge: Elite Rhetoric, Media Coverage and the Rally-Round-the-Flag Phenomenon", *Journal of Politics*, Vol.70, No.4, 2008, pp.1065-1085.

⑦ Scott Gartner, Gary M. Segura, "Race, Casualties, and Opinion in the Vietnam War", *Journal of Politics*, Vol.62, No.1, 1998, pp.115-146; Scott Gartner, Gary M. Segura, "War, Casualties and Public Opinion", *Journal of Conflict Resolution*, Vol.42, No.3, 2000, pp.278-300.

上较天真的公众相比,对精英蓄意编造的信息更有判断力。①另外又有学者考察了公众舆论的差异性是否随时间的变化而不同的问题。例如雅格布森就探讨了小布什政府期间公众舆论的碎化问题,②认为布什在选民中制造了史无前例的两极分化,在伊拉克问题上尤为如此。总之,上述研究普遍认为,不同教育、文化、种族背景的公众获取外交决策相关信息的程度也有不同,因而对主要通过新闻媒体传播信息的判断力也有所不同。虽然大多数研究将公众作为一个整体来研究,但上述研究成果却充分表明,这种研究模式只是为了澄清概念而进行的刻意简化的研究方法,而不能代表社会现实。

民众对于伤亡情况的反应说明,当精英意见一致、多国支持和属于传统军事行动等各种信息都证实某政策的可行性时,民众对于伤亡情况的承受能力就较强。由此也可推断出,当公众对某外交决策或军事行动不甚熟悉,需要进一步获取大量相关信息的情况下,公众的支持则极为脆弱。在这种情况下,公众会在对家乡士兵伤亡情况极为敏感的同时,精英意见不合的蛛丝马迹都会使公众快速做出反对该政策的反应。

美国前任国防部长施莱辛格曾对公众在外交问题上的出尔反尔表示费解:"公众情绪是出了名的变幻无常。一旦代价增长,就会迅速从热情万丈变成尖锐批评。解救被困少数群体或饥民的政策至少在起初会得到公众的支持。这不由令人想起越南战争和朝鲜战争初期民众对政府决策的大力支持。但是,一旦一次行动失败,特别是当伤亡代价与所得不成比例,民众的支持便会迅速消退。"③"团结"现象和伤亡反应现象的研究正是对公众舆论变幻不定现象的诠释。

同时,"团结"现象和伤亡反应现象的研究还反映出一个问题,即影响外交决策的不同因素或人群在收集信息的方式上有所不同,其收集信息速度上的差别则更大。如前所述,公众在信息上的劣势使他们对精英提供信息的可信度产生怀疑。但是,一旦这种信息不对称现象消失,如在时间拖延较长的危机中的情况,公众对精英所偏向的解释框架的忍耐就开始瓦解,进而在外交决策中争得独占一面的话语权。

---

① James N. Druckman, "The Implications of Framing Effects for Citizen Competence", *Political Behaviour*, Vol.23, No.3, 2001, pp.225-256.

② Gary C. Jacobson, *A Divider, Not a Uniter: George W. Bush and the American People*, Longman, 2006.

③ James Schlesinger, "Quest for a Post-Cold War Foreign Policy", *Foreign Affairs*, Vol.72, No.1, 1992-1993, p.19.

综合上述学界对公众舆论在外交决策中所起作用的研究可以看出,在危机爆发初期,即公众没有太多相关信息的情况下,其对外交决策的影响极小;但在持续时间较长的危机中,随着公众与决策精英之间信息差距的逐渐缩小,公众对外交决策的影响力也便逐渐增大。真正确定公众舆论如何影响外交决策是非常困难的。但可以肯定的是,美国外交决策者虽然比美国公众更具有国际视野,但其外交决策却要时时顾及公众的容忍度,其决策因而会受禁锢和约束。决策者认为在国际问题上,特别是涉及国际合作或向国外派驻美军部队的政策上,公众是很难被说服的。而没有公众的支持,任何行动都会陷入险境。[1]因此,公众舆论与外交决策的制定没有直接的联系,但是,外交决策者的公众舆论意识无论现在还是将来都会限制其外交决策行为。

三、新闻媒体国际报道与公众舆论

大部分美国公众对外交事务缺乏兴趣,对外交事务也不甚了解,因此一般情况下在外交政策问题上依赖总统和相关决策人的引导。正常情况下,尽管无法完全避免来自公众个人和利益集团的压力,但还是由政府根据问题轻重缓急来具体设定基本的外交政策议程,并利用新闻媒体将外交政策议程一步步传达给公众。但是,在政府内部发生重大意见分歧的非常情况下,比如一战后关于是否加入国联问题,或者越战问题,此时公众就会竞相加入外交政策的大辩论中来。而这也正是媒体得以凸显其影响的时期。

(一)公众对外交政策和国际新闻的关注程度

从理论上讲,在西方国家,政府和新闻媒体应该大力提倡公众舆论参加讨论。而政府领导人也能够顺畅地了解民意,因而在决策过程中能够在体察民意的基础上勾画顺应大众意愿的蓝图。而现实是,政府与公众之间上情下达和下情上达两个方向的信息沟通渠道都存在重大障碍。而且问题是,就算不存在信息沟通渠道的障碍,官民间本身就存在缺乏沟通了解、党派等意识形态影响等问题。

对于大部分普通公众来说,一般日常最关心的问题是个人生活和事业,其次是亲友和社区,再次是当地、所在州乃至国内问题,而对外交事务的关注排在最后。只有在外交政策问题牵扯个人利益时,例如20世纪30年代末法西斯势力侵蚀全球,又如20世纪60年代末美国陷入越战泥潭,如不予以制止势必殃及家人

---

[1] "Wilson Calls His Tour a Report to People", *The New York Times*, Sep.5, 1919; Ole R. Holsti, *Public Opinion and American Foreign Policy*, University of Michigan Press, 1996, p.110.

和亲友时,公众对外交政策问题尤为关心。但是,即使在二战进行得如火如荼之时,有学者发现,公众对国内事务的关注度是对外交事务关注度的两倍。[①]缺乏兴趣就导致信息的缺乏。1942年,当美国援助的中国军队与日军鏖战五年之后,也是英国在印度殖民统治出现深度危机之时,美国进行的一项抽样调查却显示,60%的美国人对中国或印度在地球什么位置还一无所知。[②]

在多数外交政策问题上形成有见地的观点单凭平均每天两分钟阅读和收听收看国际新闻是远远不够的。但这却是美国人均了解国际事务投入的时间。[③]有学者对20世纪50年代美国成年人跟踪新闻时事的研究结果表明,不到1%的美国人"坚持或经常跟踪国际时事,阅读诸如《纽约时报》周日版、《基督教箴言报》(*Christian Science Monitor*)、《哈珀斯》(*Harper's*)、《大西洋》月刊(*Atlantic*)、《新共和》(*New Republic*)、《当代历史》(*Current History*)、《外交季刊》(*Foreign Affairs*)、头条新闻栏目(由外交政策协会定期出版)等分析较透彻、观点较深刻的半娱乐性报刊"。[④]

除了缺乏对国际时事应有的了解,公众还任由自己的个人偏见影响其在外交政策问题上的观点。家庭背景、朋友特别是老师的观点、在大众读物或小说上读到的对某一国家或地区的偏激言辞、因其在国内问题上观点客观独到而倍加青睐的节目主持人或名人在国际问题上偏颇的观点等等,都会使公众个人在外交问题上形成偏见。这种将外交政策问题与因各种因素形成的偏见融合交织,任由偏颇的主观臆断评判客观问题的现象在心理学上被描述为扭曲来源信息以贴合先入为主的意象,这也正是李普曼一针见血指出的人类共性:"多数情况下,我们并不是先观察再判断,而是判断在先,观察在后。"[⑤]

美国公众对外交事务的了解绝大部分来自新闻媒体或来自比自己更关注新闻报道的亲友,所以了解公众对新闻媒体不同程度的关注,也是理解舆论与外交

---

① *Opinion News*, Vol.3, No.10, Novermber 7, 1944, p.6.

② Hadley Cantril, Mildred Strunk, *Public Opinion, 1935-1946*, Princeton University Press, 1951, p.265.

③ Bernard C. Cohen, *The Press and Foreign Policy*, Princeton University Press, 1963, p.251.

④ Alfred O. Hero Jr., *The Southerner and World Affairs*, Louisiana State University Press, 1965, p.45.

⑤ Brewster M. Smith, Jerome S. Bruner, and Robert W. White, *Opinions and Personality*, John Wiley & Sons, 1956, p.64; Karl W. Deutsch, Richard L. Merritt, "Effect of Events on National and International Images", in Herbert C. Kelman, ed., *International Behavior*, Holt, Rinehart, and Winston, 1965, p.146; Walter Lippmann, *Public Opinion*, MacMillan Publishing, pp.54-55.

政策关系的关键。那么到底谁对此类消息感兴趣？他们又是怎样获取消息的呢？

1. 外交事务问题上公众的不同类型

20世纪40年代末正值冷战初期，苏联在国际上的每一个举动都会令美国公众侧目。美国历史学家拉尔夫·利弗林（Ralph Levering）根据当时美国公众在外交政策问题上的关注程度、信息来源和参与程度，将公众分为如下五组人群：[①]

第一组是各大报刊的编辑，主要负责报刊国际事务的报道。他们一般都具有名牌大学国际关系专业的硕士文凭，有时间广泛阅读诸如《外交事务》等国际问题研究方面的书报杂志，经常参加诸如波士顿世界问题研究委员会等专业组织的各种会议和活动。对于苏联在捷克煽动叛乱，这群人很气愤，但对此并不惊奇。他们不相信斯大林会对西欧或美国发动侵略行动。

第二组也是大学生。这群人工作极为努力，也同样努力跟踪国际事务的最新进展。他们在二战期间参与地方各种组织，支持美国加入联合国，但现在对联合国面对核武器这样的重大问题无所作为相当失望。他们是一个新兴但迅速发展的世界性组织"世界联邦党人联合会"的活跃分子，该组织的最终目的是建立一个有效的世界性政府。

第三组的人群在二战应征入伍前上过大学。他们在20世纪30年代末40年代初美国关于孤立主义还是国际主义的大辩论中对外交政策问题产生了兴趣，而且一直尽量关注外交政策的动向。但二战结束以来，这些人在百货公司低级管理人员的工作消耗了他们大部分的时间和精力。他们没有参加任何国际事务相关组织，但他们还坚持阅读主流报刊（如《纽约时报》《时代》周刊等）上相对广泛的国际问题报道。他们相信，苏联威胁着他们为之奋斗的目标——和平，杜鲁门总统应该对苏联更强硬一些。

第四组人群一般在高中毕业后结婚生子，二战期间是普通职员，而二战结束后其工作也随着大批复员军人的回归而丢掉了。这些人有的属于波兰裔美国人，即使在战争期间美苏高度合作时期对苏联也保持着高度的戒备心理。如今，波兰落入共产党天下，他们很气愤。他们从不关注一般性的外交政策问题，只关注与波兰相关的言论和政策。

第五组人群受过四年小学教育，在同一个农场帮工，一干就是30年。他们很

[①] Ralph B. Levering, *The Public and American Foreign Policy, 1918–1978*, The Foreign Policy Association, 1978, pp.19-21.

少阅读报纸,对美国乃至本州政治从来没有兴趣,对外交政策问题就更没有任何兴趣。他们周围交往的人对了解或谈论国际问题没有任何兴趣。

第一、二、三组的人群就是阿尔蒙德所说的"关注型公众",这部分人大约在美国公众中占10%~20%。他们对国际事务充满兴趣,极为关注,因此对美国外交政策问题及其相关讯息了然于胸。在这些密切关注国内外新闻和时事的人群当中,真正能够参与游说、写申诉信及其他致力于影响外交决策活动的人少之又少。除非某一族群或某种经济利益或和平受到威胁,战争迫在眉睫,一般情况下,85%的公众都将外交决策的大权全权交由总统、国会和其他行政机构,直至下一届总统大选来临时再将外交政策问题放到竞选的时候来讨论。①但此类公众的观点只有在通过利益集团表达出来才会对外交政策有影响,因为利益集团的影响力比无形的公众大得多。

更进一步观察会发现,在这三组中,第一组人群属于公众中为数极少的群体,他们是精英,是公众中真正对外交政策有研究、有兴趣、可影响舆论的少数人。他们能够直接利用媒体宣传,适时适度地对外交政策施加影响。第二组人群大约占5%,他们属于那些旨在影响外交决策的无党派组织。第三组人群虽然熟悉外交政策问题,但可能在政见上不如第四组人群偏激。

第四、第五组人群则属于普通大众,也就是占绝大多数的对外交政策没有兴趣的民众,除非事情非常重要,否则很少或从不关心外交事务。他们在外交问题上或者一无所知,或者知之甚少,因此对外交决策没有影响。

上述分析一方面改变了过去过于笼统地对公众舆论进行分析的局面,明确了如下事实:在非危机情况下,美国公众舆论由三部分组成:其中3/4是普通群众,除非事情非常重要,其中这类群体对外交事务知之甚少;第二部分是热心的公众,占15%~20%,对外交政策保持浓厚的兴趣;第三部分是舆论制造者,也是最小一部分,他们传播信息,对外交事务作出评判,并在其他两部分公众中寻求支持者。②

另一方面,也印证了社会心理学家们反复强调的论点:和在其他问题上一样,公众舆论在外交问题上的观点根源于公众的个性和价值观。社会学家和政治学家指出,公众的观点常常受社会环境以及所属团体或组织所持观点的影响。

---

① Ralph B. Levering, *The Public and American Foreign Policy,1918–1978*, The Foreign Policy Association, 1978, p.29.

② James MacGregor Burns, Jack Walter Peltason and Thomas E. Cronin, *Government by the People*, 13th Alternative Edition, Printice Hall, 1989, p.451.

2. 公众关注国际事务和国际新闻的影响因素

美国公众舆论对外交政策的态度主要取决于教育程度(时间长短、学校水平等)、文化价值观(使用新闻媒体的模式)、党派和所属族裔的影响,而受宗教、地域、社会经济地位等因素的影响不甚显著。①

公众受教育程度直接影响其对国际事务的关注程度。由于大部分外交政策问题都相当复杂,需要对相关国家有一定背景知识的储备才能够理解,因此,不难想见,大学生,特别是受过人文学科训练的大学生一直是对外交政策保持高度兴趣、积极了解相关讯息、也愿意采取相应行动的人群。20世纪40年代末的民意测验显示,只有3%的大学毕业生对马歇尔计划一无所知,而仅受过文法学校训练或受教育程度更低的人群中,有29%的人不了解马歇尔计划。如果在外交政策问题的态度上只能知道公众一方面的信息的话,最有用的信息就是其受教育程度。②

同时需要指出,虽然受教育程度与对外交事务了解情况直接相关,但是,受过高等教育却不一定意味着会与政府外交决策唱对台戏。相反,支持美国战后对外政策诸如马歇尔计划、北约等政策的人群中,受过高等教育的人群占绝大多数。具有大学文凭的人也是支持朝鲜战争和越南战争的主要人群。约翰·穆勒的研究也发现,受过良好教育的人更具有认同国家、认同国家领导人以及认同国家使命的倾向,理解和同情国家及其决策者必须处理与众多国家外交关系的艰难,更愿意响应决策者在外交政策方面的倡议。③

此外,在世界格局发生重大变化时,受教育程度高的人群适应局势变化的能力更强,调整自己观点的速度更快、更彻底。二战期间的1942年和1943年,教育程度更高的人群对苏联的态度比一般人要友好。但是,当1945年和1946年美苏关系出现问题时,这些受教育程度高的人对此问题认识得更清楚,对苏联态度转变得也更快。而到了20世纪70年代初,当美国对华政策明显趋于缓和时,52%受过高等教育的民众认为,应该接受中国加入联合国;而只有32%

---

① Ralph B. Levering, *The Public and American Foreign Policy,1918-1978*, The Foreign Policy Association, 1978, p.28.

② Alfred O. Hero Jr., *Americans and World Affairs*, World Peace Foundation, 1959, pp.21-32; Martin Kreisberg, "Dark Areas of Ignorance", in Lester Markel, ed., *Public Opinion and Foreign Policy*, Harper and Bros., 1949, p.56.

③ John E. Mueller, *War, Presidents and Public Opinion*,John Wiley & Sons, 1973, pp.122-125.

受过中等教育的人群和26%受过初等教育的人群愿意接受中国加入联合国。①

但是,影响公众国际事务态度及其媒体利用模式的主要因素却并不是教育程度,而是民众个人对不同信息反映的不同价值观念的影响。如果人们认为他们能够在自己的社区之外有影响,如果他们的视野并不仅仅局限于自己的社区而且具有更广博的世界视野,如果他们的交际圈或所属的社团组织积极参与讨论外交政策问题,那么他们就更有可能努力了解外交政策方面的新闻,而那些缺乏个人和社会激励来源的人群就不会有此种积极性。这也许就是为什么大都市和大学一直高度关注国际事务和外交政策的原因所在。②

影响公众对外交政策态度的第三大因素是党派。对于大部分美国人来说,其党派多源自父母的影响。民主党和共和党在外交政策问题上一般分歧不大,但有时也会出现水火不容的局面。例如在珍珠港事件前罗斯福政府采取的国际干涉主义政策上,又如朝鲜战争期间在杜鲁门总统的外交政策上,都曾发生尖锐的党派大辩论。1951年当民意测验问及"对美国与其他国家交往方式满意不满意"时,48%的民主党表示满意,而只有24%的共和党人表示满意。当被问及在美国对朝战争问题上是支持杜鲁门总统还是麦克阿瑟将军时,民主党中有47%的人支持杜鲁门,42%支持麦克阿瑟,但共和党中只有7%的人支持杜鲁门,却有82%的人支持麦克阿瑟。越战期间,民主党比共和党更倾向于支持约翰逊政府的对越政策,而到尼克松政府时期,情况正好相反,共和党更支持战争。③

"关注型公众"关注局势,更了解国内外局势,因而往往不会像普通公众那样对政府外交政策不满。同样地,这些"关注型公众"没有普通民众在外交政策的党派倾向上表现得明显。例如,朝鲜战争期间,关注局势的民主党人一般会坚决支持杜鲁门政府的政策,特别在杜鲁门与麦克阿瑟将军的朝鲜作战计划之争中坚决支持杜鲁门。而关注时事的共和党人则对杜鲁门的外交政策及其与麦克阿瑟之争中的立场提出了尖锐的批评。对时局缺乏了解或不了解的共和党人和民主党人在这些问题上的分歧就没有如此明显。实际上,这些"普通公众"的共和党人和民主党人之间的意见分歧较之与其本党内的关注型人士之间的意见分歧

---

① *Gallup Opinion Index*, No. 57, March, 1970, p.15.

② Robert K. Merton, *Social Theory and Social Structure*, Free Press, 1968, pp.451-452; Alfred O. Hero Jr., *Americans and World Affairs*, World Peace Foundation, 1959, pp.107-109.

③ George Belknap, Angus Campbell, "Political Party Identification and Attitudes Toward Foreign Policy", *Public Opinion Quarterly*, Vol.15, No.4, 1951−1952, pp.605-608; Mueller, War, *President and Public Opinion*, pp. 270-271.

要小得多。究其原因,在党派间发生意见分歧的时候,关注时事的这些人士更了解党派之间究竟出现了什么样的分歧,因此他们会认同诸如国务卿艾奇逊和参议员塔夫脱这样能够明辨两党分歧的人物。①

公众在对外政策态度上第四个决定因素是族裔。作为移民国家,虽然目前移民数量较之20世纪初大大减少,但在美国许多少数族裔当中,都保持了强大的族裔意识。移民往往与母国保持紧密联系,由于这些联系,也由于母国想利用移民筹资,影响美国对本国政策,因此移民们常争取迫使美国做出对母国有利的外交决策。一战以来对美国外交政策产生过强大影响的族群有:19世纪移民潮产生的爱尔兰裔、德裔美国人,20世纪初的犹太裔、意大利裔、波兰裔、希腊裔美国人。②

族裔群体往往在如下情况下能够在外交政策上产生影响:一是族群内部形成凝聚力,团结一致;二是组织游说机构,向政府官员和媒体表明自己的观点和立场;三是决策者相关政策遇到对该族群有利的阻力。比如,20世纪国五十年代,在美国国内没有形成对苏联友好的态度之前,来自东欧的美国人就积极帮助酝酿并确定了美国政府的反苏政策。又如,精心组织下的犹太裔美国人利用广大公众对犹太问题漠不关心的局势,在建立以色列、获得杜鲁门政府支持方面连连得手。相反,两次世界大战中德裔美国人竭力维持美国中立的努力却在数量上占绝对优势的英裔、苏格兰裔、爱尔兰裔美国人的强大反对势力中败下阵来。③

宗教因素对公众外交政策态度的影响,较之对国内政策(如堕胎合法化问题)上的影响显得微乎其微。对天主教教徒来说,族裔因素可能在外交政策问题上的影响远远大于其天主教信仰的影响。而基督教新教因其派别繁多,本身就没有在外交政策问题上形成影响的潜质。虽然宗教信仰及所属教会对少数美国人在外交政策问题上的态度产生影响,但有研究却发现,没有证据表明宗教因素无法在外交政策态度上像前述四个因素那样对公众产生持续的影响。④

---

① George Belknap, Angus Campbell, "Political Party Identification and Attitudes Toward Foreign Policy", *Public Opinion Quarterly*, Vol.15, No.4, 1951–1952, pp.614-615, 621.

② Ralph B. Levering, *The Public and American Foreign Policy,1918–1978*, The Foreign Policy Association, 1978, p.25.

③ Ralph B. Levering, *The Public and American Foreign Policy,1918–1978*, The Foreign Policy Association, 1978, p.25.

④ 参见 Alfred O. Hero, Jr., *American Religious Groups View Foreign Policy, 1937–1969*, Duke University Press, 1973.

社会经济水平的差异在公众对外交政策态度上的影响也不甚显著。经济收入的高低往往与所受教育程度直接相关。虽然在外交政策上,美国社会上层、中产阶级和低收入阶层的反应不同,但分析民意测验的结果显示,这些不同更多地是出于教育背景、对新闻媒体的利用、以及政治倾向等原因。虽然不同职业的人群会在关税等国际经济问题上态度不同,但信息获取水平、政治倾向和族裔等因素远远超过职业本身对其中外交政策问题的影响。①

根源于上述各种因素而产生的公众对于外交决策的态度,理论上会产生众多异议,要根据如此众多的意志形成能够服众的外交政策的确难于登天。但实际情况是,一般公众对绝大多数外交事务毫无兴趣,很少参与外交政策的制定,因而赋予执政府游刃有余的空间进行政策的酝酿和制定。

(二)新闻媒体对舆论精英、舆论领袖的影响

在影响美国外交决策的诸多因素中,公众舆论特别是舆论领袖的作用不容忽视。1950年阿尔蒙德指出,公众舆论的影响主要来自非政府部门的一群精英,这就是他所称的"关注型公众(attentive public)",即关注时事、具有国际视野的公众。②哈贝马斯认为公众舆论的"影响是在公共领域形成、并成为较量对象的。这种斗争不仅涉及已经获得政治影响的个人和组织(比如久经考验的官员、根基牢固的政党或者像绿色和平组织、国际大赦组织这样的著名组织),也包括那些在特定公共领域获得影响的人士和专家的声望(比方说教会人士的权威、文学家和艺术家的名声、科学家的威望、体育界和演艺界的明星的公众人缘等等)。"③科恩则认为公众舆论主要来自两部分人:决策者的"亲友(intimates)",以及"专家",也就是舆论精英。④舆论精英是一群知识广博、善于言辞、集思广益、时刻关注舆论、同时又影响着舆论的一群人。通过其与决策者各种形式的联系、通过某些发表精英言论的渠道(如报纸编者按,外交政策研究期刊杂志等),舆论精英对外交

---

① Gabrial Almond, *The American People and Foreign Policy*, Harcourt Brace and Jonanovick, 1950, pp.122-127; Ralph B. Levering, *American Opinion and the Russian Alliance, 1939-1945*, The University of North Carolina Press, 1976, pp.128-129.

② Gabrial Almond, *The American People and Foreign Policy*, Harcourt Brace and Jonanovick, 1950, p.138.

③ 哈贝马斯:《在事实与规范之间:关于法律和民主法治国的商谈理论》,童世骏译,生活·读书·新知三联书店,2003年,第450页。

④ Bernard C. Cohen, *The Public's Impact on Foreign Policy*, Little, Brown, 1973,.

决策起着沟通或者代表民意的作用。①

根据美国皮尤民众与新闻研究中心的调查,舆论领袖一般可指如下人群:新闻媒体高层,外交事务专家,国家安全专家,州长、市长为代表的州及地方政府,学者(学术智囊团),宗教领袖,科学家(科学工程技术人员),参与或参与过外交事务委员会的军事专家和公众舆论等。

智囊团、专家学者及其他具有文化、政治或经济资本的人员或集团是最具有思维自主性的人群。一旦有事件发生,他们不受个人政治利益或政治策略等因素的限制,可以随时向自己熟知或可接触的人群传播信息,是可能直接影响外交政策的决策精英。他们虽然不在行政部门任职,但有时一样会对决策有影响。不过,值得注意的是,有研究显示,这些最具思维自主性的人群在新闻报道中却是最不具有影响力的人群。②

就公众舆论的具体主张如何通过舆论精英进入决策者议事日程或考虑范畴的基本范式,哈贝马斯认为:"公共领域的信息传播结构与个人生活领域之间的联系方式使得公民-社会边缘人群相对政治中心具有更敏感地感受和辨认新问题新形势的优势。过去几十年的重大问题为此提供了证据。例如日益加剧的核军备竞赛,又如和平利用原子能或像基因工程这样大规模技术项目和科学实验所包含的风险;过度开发的自然环境中的生态危机(酸雨、水质污染、物种灭绝等等);第三世界的急剧贫困化和世界经济秩序的种种问题,以及女性主义、日益增加的移民等问题,以及与此相关的多元文化主义带来的种种问题。这些问题几乎没有一个首先是由国家机构、大型组织或社会职能部门提出来的。相反,把这些问题挑出来讨论的是知识分子、关心这些问题的公民、激进的教授、自称的'倡导者'等等。由这个最边缘化的人群提出,上述问题冲破阻力进入报纸和关心这些问题的社团、俱乐部、职业组织、学术团体、大学,他们利用论坛、公民倡议活动和其他平台,加速社会运动和新的亚文化发展。后者又给予这些提议造更大的声势,对其做如此效果强烈地展示,以至于引起大众传媒关注。只有通过传媒中的有争议的展示,这样一些问题才得以为大范围公众所知,并因而在'公共议程'中获得一席之地。有时候,还需要有场面壮观的行动、大规模的抗议、持续不断的公共活动,才能使这些问题通过边缘化候选人或激进党惊人的选举成果、通过

---

① Philip J. Powlick, "The Sources of Public Opinion for American Foreign Policy Officers", *International Studies Quarterly*, Vol.39, No.4, 1995, p.428.

② Jonathan Mernin, *Debating War and Peace*, Princeton University Press, 1999.

'传统'政党纲领的延伸、重要的法院判决等等,而进入政治体系的核心,并在那里正式得到考虑。"①

拉扎斯菲尔德(Paul Lazasfeld)和克莱珀(Joseph Klapper)都曾在其突破性研究中关注过究竟是媒体还是舆论领袖更重要的问题,②但并未能提出也未能回答如下问题:舆论领袖对公众有影响的政见之中有多少是来自其参考的新闻媒体,又有多少源自其知识储备、个人意见和人生观。

遗憾的是,到目前为止,还没有关于新闻媒体与其受众之间以及新闻受众与更多更广泛听众之间信息往来的具体分析。因此,围绕新闻媒体和舆论精英的最重要的问题还悬而未决:舆论领袖究竟是新闻媒体的过滤器呢? 还是新闻媒体影响的放大器? 更确切地说,在何种情况下舆论领袖会对新闻媒体提供的信息进行剔除或补充? 有些研究已指出,舆论精英有选择地浏览新闻报道不一定就是不看、不处理③和拒绝传播不同的声音。④此外,即使有选择地浏览反映主流观点的新闻报道,也会对新闻受众热点问题的讨论有影响。因为浏览主流新闻本身就增加了人们参与公开讨论的可能性,因而也扩大了媒体对那些本不会主动了解不同观点的人群的影响力。⑤从以上研究可以得出如下结论:舆论领袖有两种作用。第一,当他们传播一方观点时,他们所起到是过滤器作用。第二,当舆论精英传播一方观点的同时也传播反方观点时,他们起到的实际上是媒体影响的放大器作用。

(三)利益集团在外交决策中的作用及媒体对其影响

美国外交决策是一个复杂的系统工程,在决策过程中,除依法享有外交权的

---

① 哈贝马斯:《在事实与规范之间:关于法律和民主法治国的商谈理论》,童世骏译,生活·读书·新知三联书店,2003年,第381页。

② Paul F. Lazarsfeld, Bernard Berelson, and Hazel Gaudet, *The People's Choice: How the Voter Makes Up His Mind in a Presidential Campaign*, Columbia University Press, 1944, Reprint, 1965; Joseph T. Klapper, *The Effects of Mass Communication*, Free Press, 1960, Reprint, 1965.

③ Hans Mathias Kepplinger, Gregor Daschmann, "Today's News—Tomorrow's Context: A Dynamic Model of News Processing", *Journal of Broadcasting & Electronic Media*, Vol.41, No.4, 1997, pp.548-565.

④ William P. Eveland Jr., Tiffany Thomson, "Is It Talking, Thinking, or Both? A Lagged Dependant Variable Model of Discussion Effects on Political Knowledge", *Journal of Political Communication*, Vol.56, No.3, 2006, pp.523-542.

⑤ 参见 Elisabeth Noelle-Neumann, *The Spiral of Silence: Public Opinion—Our Social Skin*, University of Chicago Press, 1993.

决策者总统及其领导的行政部门和国会之外,利益集团和公众舆论等其他角色也都参与其中。总统及其政府决策机构虽然在宪法和法律上与国会分享外交权,但实际上拥有更优越的决策情报系统、庞大而集中的决策机器和多种多样的决策手段,是美国外交政策的首要决策者。国会除了通过立法直接制定某些外交政策外,更多的是通过运用财政拨款权、条约批准权、批准任命权和宣战权等,对总统及其行政部门的外交决策及其执行予以监督和约束,是外交政策的重要决策者。公众舆论既是外交决策的依据,又是对决策者的约束力,是决策者力图赢得支持的主要对象,因而是影响美国外交决策的重要因素。美国对外政策涉及的范围很广,越来越多的利益集团因其利益关联而竭力对外交决策过程施加影响,因此也是探讨美国外交决策影响因素中必不可少的部分。

广义而言,利益集团是指以集团利益为基础而组成的社会组织或团体,狭义而言是指那些积极设法对议会、政府机关及其成员施加影响,提出政治权利和要求以影响政府决策的利益集团,又称"政治性利益集团"、"院外集团"或"压力集团"。

利益集团有国外利益集团和国内利益集团两大类。国外利益团指受美国对外政策影响的外国政府及其非政府性团体,他们常常采用与美国国内利益集团相似的手段和方式,影响美国对外政策的制定。国内利益集团按其关心的事务则可分为综合性团体和单一问题团体。国内综合性利益集团长期存在,成员一般限于一种职业,集团的利益不仅限于对外政策。这种团体有企业集团(美国商会、美国圆桌会议等)、行业协会(全国制造商协会等)、工会组织(劳联—产联)、农业集团(全国农场主联盟等)、种族集团(有色人种协进会等)、退伍军人组织(美国军团、海外战争退伍军人协会)等。单一问题利益集团仅仅为影响对外政策的某一问题而建立,一般在问题解决或决策做出后即消失,但有些却长期存在,例如美国—以色列公共事务委员会、华盛顿非洲事务处、美国希腊人大会等。按利益关系划分,国内利益集团又可分为经济性和非经济性两类。前者指那些因政府的对外政策而在经济上有所得失的集团,如企业集团、行业协会、工会组织和农业集团等。后者指出于非经济因素考虑(如种族关系、意识形态和环境保护等)而对政府对外政策施加影响的集团。这类集团既有综合性的也有单一问题的。外国利益集团指受到美国对外政策影响的外国政府及其非政府团体,他们常常采用与美国国内利益集团相似的手段和方式,影响美国对外政策的制定。①

---

① 唐晓:《美国外交决策机制概论》,《外交学院学报》1996年第1期。

院外集团都力图塑造人们对国际事件的看法。他们通常通过国会、各政府部门、媒体以及学术圈展开活动。作为媒体和外交政策最清晰可见的层面，利益集团的院外活动倾向性强、效果显著，颇为引人注目。相关研究显示，外国政府经常雇佣公关公司绕过或增援传统外交渠道影响外交决策。①贾罗尔·曼海姆（Jarol Manheim）也指出，公众舆论的公关技巧不但会促使国内利益集团，而且也促使国外政府直接干涉并塑造新闻报道和舆论。②

二战以来，特别是苏联解体、冷战结束以来，随着美国作为世界强国地位的确立和巩固，代表外国利益的特殊利益集团变得极其重要了。1994年，741个个人和公司按照"外国代理机构注册法"注册，定期为其政治主张在华盛顿司法部备案。③据目前在弗吉尼亚大学任教的前任美国大使，次国务卿大卫·D.纽瑟姆（David D. Newsom）的研究，在族裔利益集团中，"没有哪个集团比美籍犹太人集团在影响政策上更为成功。"院外援华集团、希腊院外集团、台湾院外集团等集团的邮件不但几乎淹没国会，而且还试图利用媒体，特别是利用电视和舆论杂志来宣传其主张。④纽瑟姆提供了大量院外集团和压力集团如何通过媒体和国会制造极具煽动性舆论的例证。⑤

有学者称，"与以往相比，现在美国的外交政策受到更多利益集团的影响"。⑥也有研究发现，在国内利益集团的压力下和国内政治新闻报道的影响下，美国外交决策议程的实质内容已与国内决策议程越来越类似，越来越受"目光短浅的院外集团和压力集团而不是深明大义的公民牵制……更糟糕的是，这些院外集团和压力集团并未代表某个群体的呼声，他们代表的仅仅是他们自己几个人的私利。曾经一方净土的美国外交决策领域，如今已经成为争夺私利的小贩的天下"。⑦

① 见 W. Lance Bennett, David L. Paletz, eds., *Taken by Storm: The Media, Public Opinion and US Foreign Policy in the Gulf War*, Chicago, University of Chicago Press, 1994, pp.131-148.

② Jarol B. Manheim, Robert B. Albritton, "Changing National Images: International Public Relations and Media Agenda Setting", *American Political Science Review*, Vol.78, No.3, 1984, pp.641-654.

③ Abbas Malek, *News Media and Foreign Relations : A Multifaceted Perspective*, Ablex Publishing Corporation, 1997, p.33.

④ David D. Newsom, "Foreign Policy Follies and Their Influence", *Cosmos: A Journal of Emerging Times*, Vol.5, 1995, pp.48-53.

⑤ David D. Newsom, *The Public Dimension of Foreign Policy*, Indiana University Press, 1996.

⑥ Peele et al, eds., *Developments in American Politics*, The McMillan Press, 1992, p.267.

⑦ John B. Judis, "Twilight of the Gods", *Wilson Quarterly*, Vol.15, No.4, 1991, p.55.

　　实际上,确定利益集团对外交决策是否有影响、有多大影响是比较困难的。这是因为第一,利益集团常常与公众和大众传媒混合在一起对外交决策施加影响;第二,立场对立的利益集团之间会互相抵消各自的力量;第三,很多利益集团影响决策是不公开的,传媒也未能予以报道。

　　利益集团和公众舆论一样对决策的影响是间接的。正如哈贝马斯所言,“社会运动、公民倡议和公民论坛、政治联盟和其他社团———一句话,市民社会的各种组合——虽然具有对于问题的敏感性,但他们所发出的信号、所提供的推动,总的来说过于微弱,不足以马上在政治系统中启动学习过程或改变决策过程”。①

　　新闻媒体和公众舆论是利益集团影响外交决策的平台。哈贝马斯曾明确指出:“那些大型的、组织良好的、在社会功能系统中根基很深的利益团体,它们通过公共领域对政治系统发生影响。但是,它们在受公开调节的谈判中,或者在非公开的施加压力过程中所依赖的那种进行制裁的潜力,他们是不能在公共领域公开使用的。”②因此,利益集团与新闻媒体的关系也与一般公众不同。代表各种族裔、各行业、商贸服务业、宗教和教育等院外组织的利益集团作为外交政策领域中重要的沟通者,不仅受媒体影响,而且也更主要地利用媒体来宣传自己的主张。他们通过在广播电视上频频露面,反复申明其主张,通过充当向国会传递信息的渠道来在外交政策审议过程中发挥相当大的影响。③在这种情况下,媒体不仅直接受利益集团和院外组织的影响,媒体报道还会体现出各利益集团认为重要和不重要的问题。在利益集团、公众舆论和新闻媒体共同参与的国内政治力量冲击下,过去曾按部就班进行的外交决策,因此增加了不稳定性。就业、爱国主义等国内问题也越来越多地影响到新闻媒体国际新闻报道的话题。这种变化会在贸易、环境、军控、国防等方面使外交决策更加复杂化。④因此,利益集团对外交决策发挥影响的主要渠道是媒体,而媒体对外交政策主要影响来源之一也是代表各种国家、政府甚至个人的,试图宣传其主张的利益集团和压力集团所进行的院外活动。但正如哈贝马斯所指出的,“在政治体系或大型组织之外运作的

---

　　① 哈贝马斯:《在事实与规范之间:关于法律和民主法治国的商谈理论》,童世骏译,生活·读书·新知三联书店,2003年,第461页。

　　② 哈贝马斯:《在事实与规范之间:关于法律和民主法治国的商谈理论》,童世骏译,生活·读书·新知三联书店,2003年,第451页。

　　③ Abbas Malek, *News Media and Foreign Relations : A Multifaceted Perspective*,Ablex Publishing Corporation, 1997, p.32.

　　④ W. Lance Bennett, David L. Paletz, eds., *Taken by Storm: The Media, Public Opinion and US Foreign Policy in the Gulf War*, University of Chicago Press, 1994, p.14.

集体行动者,通常很少有机会影响媒体报道的内容和态度。"①

　　需要注意的是,在探讨公众舆论对美国外交决策影响的过程中,人们经常会把利益集团的声音与公众舆论相混淆。托马斯·贝雷曾就此明确指出:"将压力集团的意见与公众舆论混为一谈是个常见的误区。"②这首先是因为利益集团的主张与公众舆论有着本质区别:如前所述,公众舆论总体特征是只在重大冲突或危机发生的情况下才会关注外交政策,一般情况下对外交决策听之任之,漠不关心;而利益集团则目标一致且明确、一以贯之地试图对外交决策形成影响。

　　其次,利益集团高分贝表达诉求的本领远大于其他公众,精明的操盘手能轻松地给国会议员乃至执政府制造棘手的麻烦。20世纪早期,利益集团最常用的手段是雇佣请愿团、假造信件、用电话簿中人名的名义发电报等。③此后利益集团影响美国外交决策的方式不断多样化,但总体来说主要有直接游说和间接游说两种。直接游说指利益集团直接向国会议员、政府官员陈述其立场和观点,努力同观点相近的议员及其助手、政府相关部门及其要员建立和保持密切联系,并向决策者提供有利于本集团的政策方案等活动。间接游说指利益集团通过向候选人提供捐款、志愿者和其他组织资源,以及号召本集团的选民把选票投给或不投给某些候选人等方式介入选举;通过发动选民给议员写信、打电话或拍电报、利用大众传媒刊登广告、发表谈话和演说、向新闻界发布消息和评论,向公职候选人捐助竞选经费以求得事后加报,向法院提出诉讼以利用最高法院的裁决影响政策等手段来影响政府决策。④如今,互联网、博客、推特等现代媒体和通信工具进一步增加了各种利益集团向国会议员施加压力和影响的能力。例如,在一个事件爆发后,各利益集团可以利用电子邮件,迅速地将自己的反应通知国会议员,以督促议员迅速作出表态。利益集团对决策日益专业化、系统化的影响方式也使其脱离公众而成为独具影响的舆论势力。

　　再者,利益集团的外交政策主张存在隐患。某些利益集团如某些与母国有密切经济往来的族裔可能将本族裔集团或母国的利益放在美国国家利益之上。

---

　　① 哈贝马斯:《在事实与规范之间:关于法律和民主法治国的商谈理论》,童世骏译,生活·读书·新知三联书店,2003年,第377页。

　　② Thomas A. Bailey, *The Man in the Street: The Impact of American Public Opinion on Foreign Policy*, Macmillan, 1948, p.291.

　　③ Thomas A. Bailey, *The Man in the Street: The Impact of American Public Opinion on Foreign Policy*, Macmillan, 1948, p.291.

　　④ 唐晓:《美国外交决策机制概论》,《外交学院学报》1996年第1期。

美国外交决策人员经常因此面临窘境:究竟是应该冒着失去某一族群选票的风险来维护国家利益?还是应该不顾美国国家利益受损的危险,向这些族裔集团的压力低头?从这一点上来讲,20世纪60年代早期少数族裔对外交政策的参与不能不说是导致美国与苏联对峙,与核战擦肩而过的危机的根源之一。例如,美国对古巴反卡斯特罗美籍难民的援助是导致美古关系紧张,最终导致古巴导弹危机的主要原因。①

(四)新闻媒体在外交问题上对决策者和公众舆论的影响

美国新闻自由的根基是扎根于追求民主的传统理念。政府统治和决策的权力来自大众。政府是民有、民治、民享的实体。在共和国酝酿、形成过程中和百姓在理性的争辩过程中发现共同利益的理念深入人心,也深深扎根于美国文化。

在这一民有、民治、民享的民主理念中,新闻媒体扮演着重要角色,即在政府和民众之间起"中间人"的作用,是公众的眼睛和耳朵。美国国父们大都赞同麦迪逊的观点:"一个民治政府如果没有广泛的信息,或者获得这种信息的办法,不过就是一场闹剧或悲剧或者二者兼而有之的序幕。有知识的人永远会统治无知的人。想要自己当家做主人的百姓必须用知识赋予的力量把自己武装起来。"②类似对媒体重要性的描述也不绝于耳:"如果美国人民不了解政府的所作所为,美国民主便无从谈起。"③理论上讲,媒体、公众与政府间的理想关系是媒体晓之公众以其应知的消息,人民大众决定要什么,媒体帮助将此信息反馈给决策者。④而现实中媒体对决策者和公众舆论的影响,实际上远远超过了单纯意义上沟通桥梁的作用。具体如下:

1. 新闻媒体是公众了解外交事务的重要渠道。美国民众对外交事务的了解绝大部分来自新闻媒体或关注新闻媒体报道的亲友。因此,了解民众对新闻报道关注的具体状况是理解公众舆论在外交决策中作用的关键。对于美国公众来说,新闻媒体是少数几个可以了解外国新闻和国际大事的渠道之一。通过向公

---

① George F. Kennan, *The Cloud of Danger: Current Realities of American Foreign Policy*, Little, Brown, 1977, pp.6-7.

② James Madison, *Letters and Other Writings of James Madison, Fouth President of the United States*, Lippincott & Co., 1865, vol. 3, 1816-1828, p.276.

③ Robert L. Bartley, "The Press: Adversary, Surrogate Sovereign, or Both?", in George will, ed., *Press, Politics and Popular Government*, American Enterprise Institute, 1972, p.24.

④ Martin Linsky, *Impact: How the Press Affects Federal Policy Making*, W. W. Norton & Company, 1986, p.8.

众提供所不熟悉国家的相关信息,媒体影响公众对他国舆论的潜力极大。[1]但是,美国新闻媒体中的国外新闻报道量因危机和国际事件的不同而不同。[2]美联社和合众社国外新闻报道与美国中小型报纸国际报道比较研究显示,美国中小报纸报道仅部分选用从新闻通讯社收到的国际新闻。可资利用的国际新闻总是比报纸刊载的数量多很多。[3]而且,与地方政府、总统、联邦政府、行政部门、国会相比,美国公众也更信任新闻媒体。如下图所示:

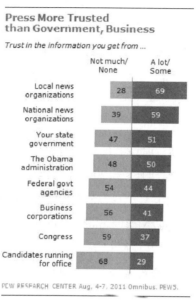

图1　美国公众对消息来源信任程度调查结果示意图

资料来源:美国皮尤公众与媒体研究中心,2011年9月22日报告。网址为:http://www.peo-ple-press.org/2011/09/22/press-widely-criticized-but-trusted-more-than-other-institutions/

在20世纪初期,普通公众获取新闻的渠道几乎完全来自报纸。但是,报纸对外交政策问题报道的水平参差不齐。例如,阅读《纽约时报》和《纽约日报》同一天对国际新闻的报道就能发现很明显的差异。报纸所不同于广播、电视报道的长处,在于它能够更深入详细地解释外交政策。不过,在这方面,期刊杂志就更具有优势,可以就某一问题或新闻提供更深入的分析与解读。因此,"关注型公

---

① Shanto Iyengar, Donald R. Kinder, *News That Matters*, University of Chicago Press, 1987, p.29.

② Doris A. Graber, *Mass Media and American Politics*, Congressional Quarterly Press, 1993, p.344.

③ G. Cleveland Wilhoit, David Weaver, "Foreign News Coverage in Two Wire Services: An Update", *Journal of Communication*, Vol.33, No.2, 1983, pp.132-148.

众"在阅读报纸之余,还阅读诸如《新共和》《大西洋月刊》(*Atlantic Monthly*)、《文学文摘》(*Literary Digest*)等类的期刊杂志。

有研究发现,虽然收音机自20世纪20年代以来迅速普及,但20世纪30年代美国大多数城镇最主要的新闻媒体依旧是报纸。二战以来,普通民众了解新闻的渠道不断拓展,广播、电视等电子媒体,逐渐成为主流渠道。但是,即便如此,"关注型公众"更侧重于新闻类期刊杂志和报纸。如20世纪40年代中期,62%受过初等教育的人群主要从收音机中了解新闻,而只有39%受高等教育的人士靠收听广播获取新闻。20世纪60年代末的研究表明,40%的大学毕业生和50%受过一些大学教育的人士靠新闻类期刊杂志了解新闻,而那些只受过初等教育或更低等教育的人群则靠收听收音机或收看电视获取新闻,只有2%受过初等教育的人群靠看期刊杂志了解新闻。①

不过,电视机普及以后,通过电视获取新闻是美国公众了解国内外局势的主要手段。根据皮尤研究中心的调查,2008年美国公众获取新闻的主要渠道(由主及次)是:地方电视台新闻节目、有线新闻电视网、晚间新闻网、日报、互联网、电视新闻杂志、早间电视新闻、NPR(National Public Radio)、电台脱口秀、有线政论节目、周日政论电视、公共电视脱口秀、新闻杂志、深夜脱口秀、宗教电台、C-SPAN、电视搞笑栏目、老杜今夜论衡(Lou Dobbs Tonight)②等。

---

① Robert S. Lynd, Helen Merrell Lynd, *Middletown in Transition: A Study in Cultural Conflicts*, Harcourt, Brace & Co, 1937, p.386; Paul F. Lazarsfeld, Harry Field, *The People Look at Radio*, University of North Carolina Press, 1946, p.43; *Media and Non-Media Effects on the Formation of Public Opinion*. Washington, American Institute for Political Communication, 1969, p.44.

② 老杜今夜论衡(Lou Dobbs Tonight)是CNN王牌节目,拥有众多观众,由Lou Dobbs主持。Dobbs是一位声誉卓著的主持人,他的主持稳重而充满活力,分析很有见地,提问尖锐,往往直击要害,再加上执着深入的追问技巧,不时让观众感到过瘾,与此同时,Dobbs将适可而止的分寸掌握得炉火纯青,从来不让被提问者尴尬。Lou Dobbs最爱攻击的是中国和墨西哥。他常常谈中国的"红色风暴"(Red Storm Rising)。他以中国制造的产品、中国崛起、中国军为威胁。因为有很多美国人看这个民粹主义的节目,所以Lou Dobbs是中美争执的原因之一。

表2　美国公众总统选举信息来源统计表

Where the Public Learns About the Presidential Campaign

Regularly learn something from...	Campaign year 2000 %	2004 %	2008 %
Local TV news	48	42	40
Cable news networks	34	38	38
Nightly network news	45	35	32
Daily newspaper	40	31	31
Internet	**9**	**13**	**24**
TV news magazines	29	25	22
Morning TV shows	18	20	22
National Public Radio	12	14	18
Talk radio	15	17	16
Cable political talk	14	14	15
Sunday political TV	15	13	14
Public TV shows	12	11	12
News magazines	15	10	11
Late-night talk shows	9	9	9
Religious radio	7	5	9
C-SPAN	9	8	8
Comedy TV shows	6	8	8
Lou Dobbs Tonight	--	--	7

资料来源: "Internet's Broader Role in Campaign 2008", Survey Report of Pew Research Center for the People and the Press January 11, 2008 . Available at: http://people-press.org/report/384/

美国主要电视媒体按照综合分类由主及次的顺序包括:地方电视台新闻、有线电视新闻、晚间电视新闻网、电视新闻杂志、早间电视新闻等;有线电视网依次包括:福克斯(Fox)新闻台、CNN、MSNBC、CNBC和C-SPAN。晚间新闻主要包括:NBC晚间新闻、ABC今晚世界新闻、CBS晚间新闻和新闻一小时等。(详见下表)

表3　美国公众新闻消费趋势一览表:电视新闻

Trend in Regular News Consumption: Television Sources

General categories	May 1993 %	April 1996 %	April 1998 %	April 2000 %	April 2002 %	April 2004 %
Local TV news	77	65	64	56	57	59
Cable TV news	–	–	–	–	33	38
Nightly network news	60	42	38	30	32	34
Network TV magazines	52	36	37	31	24	22
Network morning news	–	–	23	20	22	22
Cable Networks						
Fox News Channel	–	–	17	17	22	25
CNN	35	26	23	21	25	22
MSNBC	–	–	8	11	15	11
CNBC	–	–	12	13	13	10
C-SPAN	11	6	4	4	5	5
Evening News Programs						
NBC Nightly News	–	–	–	–	20	17
ABC World News Tonight	–	–	–	–	18	16
CBS Evening News	–	–	–	–	18	16
NewsHour	10	4	4	5	5	5

资料来源: PEW Research Center, "News Audiences Increasingly Politicized", June 8, 2004, p.5. Available at: http://people-press.org/reports/pdf/215.pdf

在纸质媒体中,《华尔街日报》在读者中可信度最高,其后报纸分别为:当地日报、《时代周刊》《美国新闻报》《纽约时报》《新闻周刊》、美联社新闻、《今日美国》《人物杂志》和《国家询问报》。

表4 美国纸质媒体公众信任度一览表

Print Media Believability

	Believe all or most 4	3	2	Believe almost nothing 1	N	Can't Rate
	%	%	%	%		%
Wall Street Journal	25	43	22	10=100	799	21
Your daily newspaper	22	43	26	9=100	909	9
Time	21	44	24	11=100	828	18
U.S. News	20	46	24	10=100	800	20
New York Times	18	40	25	17=100	821	21
Newsweek	16	45	29	10=100	809	19
Associated Press	16	43	31	10=100	863	14
USA Today	16	42	32	10=100	797	18
People	8	20	39	33=100	792	18
National Enquirer	5	9	13	73=100	855	16

Asked May 21-25, 2008. Respondents (N=1,505) each were asked about 15 randomly selected news organizations. Results based on those who could rate.

资料来源: Project for Excellence in Journalism: "Public Attitudes", The State of the News Media: An Annual Report on American Journalism, 2009. Available at: http://www.stateofthenewsmedia.com/2009/ narrative_overview_publicattitudes.php? cat=3&media=1#6internet

公众对广播电视媒体的信任度高于政府机构和官员,其中,CNN在公众当中的信任度最高,30%的调查对象认为其大部分内容可信。其后媒体按照可信度由高到低的顺序分别为:《新闻60分》、地方电视新闻、NPR、C-SPAN、NBC、ABC、MSNBC、FOX新闻台、《新闻一小时》、CBS新闻和BBC。

表5 美国广播电视公众信任度一览表

Broadcast & Cable Believability

	Believe all or most 4	3	2	Believe almost nothing 1	N	Can't rate
	%	%	%	%		%
CNN	30	40	20	10=100	928	9
60 Minutes	29	40	23	8=100	947	9
Local TV news	28	42	22	8=100	965	4
NPR	27	33	26	14=100	713	31
C-SPAN	26	42	22	10=100	732	29
NBC News	24	42	22	12=100	956	6
ABC News	24	40	27	9=100	966	7
MSNBC	24	39	25	12=100	859	13
Fox News channel	23	36	24	17=100	889	11
NewsHour	23	34	30	13=100	669	37
CBS News	22	39	28	11=100	925	8
BBC	21	38	24	17=100	648	3

Asked May 21-25, 2008. Believability ratings based on those who could rate each source, with the percent not able to offer a rating shown separately to the right.

资料来源: Project for Excellence in Journalism: "Public Attitudes", The State of the News Media: An Annual Report on American Journalism, 2009. Available at: http://www.stateofthenewsmedia.com/2009/ narrative_overview_publicattitudes.php? cat=3&media=1#6internet

　　近年来,互联网的普及使其逐渐代替报纸,成为美国年轻一代获取新闻的主要渠道。民调结果显示,因特网已凌驾报纸,成为美国人获取国内和国际新闻的主要来源。但调查也显示,电视依然是美国人偏爱的媒体。皮尤研究中心访问了1489位民众,结果70%受访者表示,他们取得国内和国际新闻的主要管道是电视。40%受访者表示,他们从因特网取得绝大部分新闻信息,较2007年9月调查时的24%显著增加,超过表示主要新闻来源是报纸的35%受访者。皮尤研究中心表示,30岁以下年轻人仅59%偏爱电视,较2007年9月调查时的68%减少(详见下表)。

表6　美国青年人新闻来源一览表

Internet Rivals TV as Main News Source for Young People*

Main source of news	Aug 2006 %	Sept 2007 %	Dec 2008 %	07-08 Change
Television	**62**	**68**	**59**	-11
Internet	**32**	**34**	**59**	+25
Newspapers	29	23	28	+5
Radio	16	13	18	+5
Magazines	1	*	4	+4
Other (Vol.)	3	5	6	+1

* Ages 18 to 29.
Figures add to more than 100% because multiple responses were allowed.

资料来源: "Internet Overtakes Newspapers As News Outlet", Survey Report of Pew Research Center for the People and the Press, December 23, 2008. Available at http://people-press.org/report/479/internet-overtakes-newspapers-as-news-source

　　另据皮尤研究中心2004年的调查显示,关心新闻的人士始终对如下媒体极为关注:NPR,NewsHour,C-SPAN,和诸如《纽约人》《大西洋月刊》和《哈珀斯杂志》等杂志。[①]

---

① PEW, "News Audiences Increasingly Politicized", June 8, 2004, p.5. http://people-press.org/reports/pdf/215.pdf.

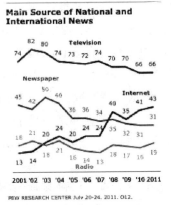

图2　美国公众国内外新闻主要来源示意图

材料来源：Pew Research Center for the People and Press. View's of the News Media, 1984–2011: "Press Widely Criticized, But Trusted More than Other Information Sources." September 22, 2011. http://www.people-press.org/

实际上，广大新闻受众需要的是有关当地百姓利益的报道，也就是被称为"软新闻"的政治新闻，①相应地并没有太多对外交政策报道的需求。但是，如前所述，长期以来学者们坚持认为，美国新闻媒体与国俱来地具有一种强烈的使命感，意在自愿完成由宪法明文赋予的晓谕天下的使命。②当这一使命与经销能力有机地结合，媒体就有可能利用有卖点的新闻作为完成使命同时获取利益的支点。但是，晓谕天下与赢利经销二者能在多大程度上互利互惠，则主要取决于新闻媒体能否将新闻按照符合公众需求的方式予以诠释。

2. 新闻媒体是向公众传达政府决策的主要载体。政府向公众发布相关政策和信息主要通过大众媒体，其次通过利益集团、政府出版物以及官员与公民个人之间往来通信进行的。报纸和电子媒体使现代总统能够将其主要政策传达给公众，也使得反对党发言人能够申诉自己的立场。一些私人组织机构常组织论坛，邀请决策官员参加会议、发表讲话和文章。1941年以来，美国政府制作出版了大

---

① Matthew A. Baum, *Soft News Goes to War: Public Opinion and American Foreign Policy in the New Media Age*, Princeton University Press, 2003; James T. Hamilton. *All the News That's Fit to Sell: How the Market Transforms Information into News*, Princeton University Press, 2003.

② 如 Thomas E. Patterson, "The United States: News in a Free-Market Society", in Richard Gunther, Anthony Mughan, eds., *Democracy and the Media: A Comparative Perspective*, Cambridge University Press, 2000, pp.241-265.

量国际问题方面的影像带、录音带和宣传资料，中国白皮书就是其中一例。此外，虽然可以在电视上频频露面，总统和其他决策官员仍经常周游全国争取国民的理解和支持。①

当然，新闻媒体一直是反映公众舆论和传达政府决策最主要的载体。但对于媒体来说，电子媒体更重视内容的娱乐性，大部分大众杂志也是如此。而报纸的版面也大块大块地充斥着广告、体育新闻、漫画、时尚和名人轶事，因此，外交政策仅仅是众多需要报道的问题中的一个。

虽然各种报纸、杂志、广播和电视报道水平参差不齐，但媒体对重大问题娱乐化的价值观念和报道取向，是理解为什么多数公众在外交政策问题几近无知的关键所在。媒体新闻报道的取向基本是首选报道暴力和自然灾害，紧随其后的是名人间的矛盾、国际争端和危机，再者是奇闻逸事。由于这种报道取向，加之版面有限，大多数国际新闻都是有关暴力或与暴力相关的报道，而大多数来自华盛顿的外交决策的新闻也多为政治领袖间的明争暗斗，此外还有总统和其他官员讲话的文字报道。总之，正如新闻自由委员会在1947年所指出的："媒体强调的是特例而非代表性，是耸人听闻而非意义重大。"②

3. 新闻媒体是决策者和公众了解民意的重要渠道。了解公众舆论一般有四种方法：民意测验结果、媒体报道、专家分析，以及与他人相关交谈留下的印象。系统科学地进行公众舆论调查的研究可追溯到1936年盖洛普民意调查的开始和两年后《公众舆论季刊》(*Public Opinion Quarterly*)的创刊。而罗斯福总统则是首位决策时参考公众舆论专家哈德利·坎特里尔(Hadley Cantril)意见的总统。③新闻媒体也向来重视对民意测验和对民意的掌控。《瞭望》新闻杂志创始人加德纳·考尔斯(Gardner Cowles)雇佣盖洛普民意测验首创者、当时还是爱荷华州立大学硕士研究生的乔治·盖洛普(George Gallup)为他的《德美因纪事报》(*Des Moines Register*)做舆论调查。《财富》杂志也曾雇佣日后与盖洛普民意测验平起平坐的罗

---

① Ralph B. Levering, *The Public and American Foreign Policy,1918–1978*, The Foreign Policy Association, 1978, pp.34-35.

② The Commission on Freedom of the Press, *A Free and Responsible Press*, University of Chicago Press, 1947, p.55; Adnan Almaney, "International and Foreign Affairs on Network Television News", *Journal of Broadcasing*, Vol.14, No.4, 1970, pp.499-509; Benjamin D. Singer, "Violence, Protest, and War in TV News: The U.S. and Canada Compared", *Public Opinion Quarterly*, Vol. 34, No.4, 1970–1971, pp.613-616.

③ Ole R. Holsti, *Public Opinion and American Foreign Policy*, University of Michigan Press, 1996, p.57.

珀民意测验创始人埃尔莫·罗珀(Elmo Roper)专门负责跟踪《财富》专栏"圆桌会议"在美国公众和政治舆论中的反响。[①]但是,不是所有的人都能及时看到民测结果,民测本身也还有不少令人质疑之处,而且遇有突发事件,也不可能马上通过民测了解民意。况且,公众舆论也不完全等同于民意调查结果。对此哈贝马斯指出:"公众舆论并不是某种在统计学意义上具有代表性的东西。它并不是单个地被问、单个地回答的个人意见的总和;就此而言,切不可把它与民意调查研究的结果混为一谈。政治民意调查如果要提供'公众舆论'的某种反映的话,在调查之前就必须先有一个在动员起来的公共领域中就特定议题进行的意见形成过程。"[②]

因此,关于公众舆论的信息大多主要来自媒体的新闻报道、新闻访谈和编者按中透露的点滴迹象。对民意测验抱怀疑态度的人、无法及时看到民测结果的人群、以及危机或冲突初期的绝大多数民众和官员都在很大程度上依赖新闻媒体的报道了解民意。[③]

4. 媒体对他国报道的频繁程度直接影响公众对该国的态度。"人们更有可能接受媒体中关于他们缺乏的直接经验或没有强烈倾向的问题等进行的报道。对于大多数北美受众来说,这种情况更多地出现在国际事务上。"[④]而这是由于外交政策问题是公众无法通过个人观察和社会交往所能获取信息的领域,因此媒体影响大。[⑤]有学者进一步研究证实,他国在新闻中的可见性与美国公众舆论对该国的看法有密切关系,该国在新闻报道出现得越频繁,也随着公众对某国家知识的积累,公众对该国的态度就越积极。[⑥]而且,电视比报纸对他国舆论的影响更

---

① Michael G. Carew, "The Interaction Among National Newsmagazines and the Formulation of Foreign and Defense Policy in the Roosevelt Adminstration, 1939-1941", Phd Diss., New York University, 2002, pp.19-20.

② 哈贝马斯:《在事实与规范之间:关于法律和民主法治国的商谈理论》,童世骏译,生活·读书·新知三联书店,2003年,第448页。

③ Susan Herbst, *Reading Public Opinion: How Political Actors View the Democratic Process*, University of Chicago Press, 1998.

④ Robert Hackett, *News and Dissent: The Press and the Politics of Peace in Canada*, Ablex Publishing, 1991, p.98.

⑤ Philip Palmgreen, Peter Clarke, "Agenda Setting with Local and National Issues", *Communication Research*, Vol. 4, No. 4, 1977, p.437.

⑥ John T. McNelly, Fausto Izcaray, "International News Exposure and Images of Nations", *Journalism Quarterly*, Vol.63, No.3, 1986, pp.546-553.

重要,这是因为有线和无线电视观众数量众多。①沿着这个逻辑推断的话,如果媒体对他国报道以正面报道为主的话,那么报道的数量越多,公众对该国的看法就会越积极。大卫·派瑞(David Perry)对有关其他国家相关新闻的阅读、知识积累和态度的研究恰恰证实了这一点。他发现,对一国相关新闻阅读得越多,一般会导致读者对该国知识的丰富和积累,也导致对该国更友好的态度。②电视实际上大大增加了国际新闻的受众,因为"没有电视的话,如果在报纸上看到有关国际新闻的内容,大部分人会直接跳过"。③

5. 新闻媒体对设定公共议程具有显著影响。新闻媒体首先具有设定解释框架(Framing)的无法避免的作用。就此阿尔蒙德曾指出:"美国人民作为整体从未直接制定关系生死存亡的外交决策。美国公众在外交政策上兴趣和声音呈显著阶梯状;无论作为信息的接受者还是制造者,人们与消息的关系绝大部分取决于其在决策结构中的位置。"④换一个角度说,公众舆论,即公众对某一问题的看法或观点,实际上并非来自其对外交事务直接参与得到的信息,而是来自被决策者及其他相关领导人、新闻媒体、或其他渠道或个人加工和解释过的信息,特别是来自新闻媒体对事件、争端、问题等进行精心挑选和预先设定了评判标准之后的报道。⑤尽管每个人头脑中对事物的认识和解释来自其信念、人际交流和媒体提供的文字和影像,其认识却无法躲避媒体解释框架的影响。就外交事务而言,极少有人能获取一手信息,大多数信息来自媒体报道,即使是新闻事件当事人与他人有选择性地言谈过程中,定位也是无法避免的。例如,在媒体关于美国国防开支过高的警示下,大众回答美国国防开支究竟应该有多少的问题时,除了新闻媒体的报道,极少能有其他渠道了解敌方军事意图和军事实力。当然,这并不是否认个人意识形态、价值取向的重要作用。无论媒体怎样报道,大多数美国人,无论是领导人、政府官员还是百姓对共产党人、恐怖分子或其他敌人都有强烈的敌意。至少在外交政策上,公众舆论几乎没有直接来自现实外交世界的。这并不

① Holli A. Semetko, Joanne Bay Brzinski, David Weaver and Lars Willnat, "TV News and US Public Opinion about Foreign Countries: The Impact of Exposure and Attention", *International Journal of Public Opinion Research*, Vol.4, No.1, 1992, pp.18-36.

② David K. Perry, "News Reading, Knowledge about, and Attitudes toward Foreign Countries", *Journalism Quarterly*, Vol.67, No.2, 1990, pp.353-358.

③ Doris A. Graber, *Mass Media and American Politics*, Congressional Quarterly Press, 1993, p.329.

④ 转引自 Bernard C. Cohen, *The Press and Foreign Policy*, Princeton University Press, 1963, pp.5-6.

⑤ Robert M. Entman, *Projections of Power: Framing News, Public Opinion, and U.S. Foreign Policy*, University of Chicago Press, 2003, p.123.

意味着每个人对媒体报道会有同样的反应,但这至少意味着大多数人的观点和反应受新闻报道的影响。

但新闻媒体最显著的影响却不在于解释政策背景和国际事务的意义,而在于引起公众对冲突和特定事件的关注,即设定公共议程。议程设定(Agenda setting)是要通过排序、选择等方法,让人选择性地看到某些画面和局部。国际事务、外交活动和对外政策等远离普通公众生活的信息,人们只能通过媒体接收、获知。这样的信息传播结构,树立了新闻媒体在传播过程中的绝对权威,使公众不仅接收媒体传递的信息,而且也接受媒体传递的观点、认识、态度。例如罗伯特·赫茨斯坦在研究亨利·鲁斯(Henry R. Luce)及其媒体帝国的政治影响时就发现:"白宫对时代公司与日俱增的影响的迷恋已深。的确,盖洛普和罗珀(Roper)民意调查开始显出一种显著的模式。每当鲁斯的出版物和电影口径一致地明确提出一种讯息,通常在其展开宣传攻势的4到5个星期之后,民意调查就能反映出公众态度随之变化。"①

正如科恩所言,"新闻媒体的角色大大超出了信息和观点的征集者。在多数时候,它可能不能成功地告诉人们怎么想,但却在告诉读者思考什么上惊人地成功。由此看来,世界在不同的人看来是不同的,这不仅取决于个人兴趣,而且取决于他们所阅读的报纸上作家、编辑和发行人为他们绘制的地图。也许地图这个观念太有局限性,因为它不能指出新闻媒体传达的政治现象的全部内涵。更准确地说,它是地名、人物、局势、事件地图,从新闻媒体甚至讨论处理问题当事人的思想这个角度来说,它是政策实行可能性、选择性和取向地图。编辑可能以为他只是印出了人们想读的内容,但他因此引起读者的注意,因而极大地决定读者思考的内容和谈论的话题,直到下一波话题到来"。②麦克斯韦尔·麦库姆斯和唐纳德·肖也曾经写道:"大众媒体能够促成个人的认知改变,能够对其思维重新排序。……它能够为我们世界的重新排序、组织。简而言之,媒体未必能够直接告诉我们怎么想,但是可以决定让我们想什么。"③

为了研究议程设置的具体影响,尚托·艾杨格(Shanto Iyengar)和唐纳德·金

---

① Robert E. Herzstein, *Henry R. Luce: A Political Portrait of the Man Who Created the American Century*, Macmillan Publishing Company, 1994, p.147.

② Bernard C. Cohen, *The Press and Foreign Policy*, Princeton University Press, 1963, p.13.

③ Maxwell E. McCombs, Donald L. Shaw, "The Agenda-setting Function of the Mass Media", *Public Opinion Quarterly*, Vol.36, No.2, 1972, pp.176.

德(Donald Kinder)[1]从受众受教育程度、党派倾向和参政热情三个角度利用调查分析的手段,具体研究了议程设置是否对教育程度高的人群影响小、对教育程度低的人群影响大? 是否对有强烈党派意识的人群影响小,对无党派人群的影响大? 是否对深度参与政治的人群影响小,对不参与政治的人群影响大等问题。

研究教育程度与议程设置的关系是因为无论是研究政治理论、时事、和评论水平等认知问题,还是对政治的关注程度以及对政治问题的感情投入程度等动机问题,抑或从参与党务工作到参加投票等各种实际政治活动问题,教育程度都是普遍认为最有效的试剂,而且其与任何检测对象之间往往都是正比关系。"受过教育的公民关心天下、知书达理、积极参与各种活动,而未受教育的公民则相反。"[2]艾杨格等将调查对象分为"高中以下"和"大学及大学以上"两种文化程度的人群。研究结果表明,教育程度不高的受众受媒体影响的程度大大高于受过良好教育的人群。

在党派归属感方面,新闻媒体也至关重要。大多数美国人在成年前后都会在民主党和共和党中选择一个党,并从此相当坚定地跟随该党。[3]而"对于普通人来说,政治是遥远而复杂的,然而普通人又时不时地被问及对政治问题的看法。最起码要面对的问题是必须在选谁不选谁的问题上自己做决定,在宣传不同的政治纲领和对时事不同看法的候选人中进行选择。在这一困境中,候选人所属党派、该党在某些问题上的立场、对时政的解释等对普通人来说都是最大的心理依靠。"[4]因此,相对而言,无党派路线可遵循的无党派人群就有可能受新闻媒体报道的影响。而调查结果表明,正如所预料的,无党派归属的独立派人群比民主党和共和党人受媒体影响更深。

在政治热情方面,美国人参与政治的热情程度差异较大。有些人对政治极有兴趣,他们广泛阅读和收看报纸、杂志、电视上与公共事务相关的内容,经常与朋友议论政治问题,不惜投入大量时间、精力和金钱作为志愿者参与各种活动,

① Shanto Iyengar, Donald R. Kinder, *News That Matters*, University of Chicago Press, 1987, pp.54-62.

② Philip E. Converse, "Change in the American Electorate", in Angus Campbell, Philip E. Converse, eds., *The Human Meaning of Social Change*, Russell Sage Foundation, 1972, p.324.

③ Donald R. Kinder, "Public Opinion and Political Behavior", in Gardner Lindzey, Elliot Aronson, eds., *Handbook of Social Psychology*, 3rd edition, Random House, 1985.

④ Donald E. Strokes, "Party Loyalty and the Likelihood of Deviating Elections", in Angus Campbell, Philip E. Converse, Warren E. Miller, and Donald E. Strokes, eds., *Elections and the Political Order*, John Wiley & Sons, 1966, pp.126-127.

对政治几乎无所不知。而更多的人则很少参与政治。为了研究这两个政治热情程度差异极大的人群面对新闻媒体影响的差别,艾杨格等从政治兴趣(多大程度关注媒体上的政治新闻)、接触媒体程度(是否看日报、看电视新闻)、谈论政治的非正规渠道(与亲友、邻居、同事谈论政治的频繁程度)、政治活跃程度(最近是否参与过竞选活动、发动邻里影响市政、给官员施压等政治活动)等方面进行问卷调查。结果显示,不关心政治的人群比热心政治的人群受媒体议程设置的影响更明显。①

艾杨格等在研究中意外发现,有些因素不受议程设置效应的影响:电视新闻报道对坚持阅读日报的人群和对不定期阅读报纸的人群产生的影响一样;对经常与亲友谈论时政的人群和不常与他人谈论政治的人群产生的影响一样;对那些熟悉所及问题的人群和对该问题不甚了解的人群影响一样;对经常收看电视报道的人群和对很少看电视的人群造成的影响一样。最后一点意义尤其不凡,因为它说明议程设置影响一般不仅仅局限于不看电视的人群。

总之,该研究结果表明:越不关心政治、远离政治的人受新闻媒体议程设置影响越大;热心政治活动的人在所有研究对象中是受媒体议程设置影响最小的人群。但是,研究也发现,正是这群热心政治的人对媒体议程的变化反应也最大。②

新闻媒体"设置公共议程的能力随政治局势变化而跌宕起伏。弱化党派之争、公众兴趣和政治参与热情的事件也减少了公众可获取的信息资源。而在平时,这些信息资源的获取可以大大增强公众抵抗电视新闻影响的能力。同样地,那些激化党派分歧、引起公众兴趣并激起其政治热情的事件可以营造更心明眼亮的公众,使其较少地被每晚晚间新闻上对国家局势的描述牵着鼻子走"。③

6. 媒体是"团结在国旗下"现象的制造者。有研究表明,"在危机时期,电视联播不可能允许缺少国内支持的外国政府向总统发起有力的挑战"。④"9·11"恐怖袭击可能如当时盛行的一句口头禅所说"改变了一切",但至少有一点没有改变,即新闻媒体制造"团结在国旗下"现象的传统角色。由于对事件缺乏深入了解,或出于对国家的热爱和忠诚,新闻记者常自觉不自觉地成为官方代言人,按

---

① Shanto Iyengar, Donald R. Kinder, *News That Matters*,University of Chicago Press, 1987, p.59.

② Michael B. MacKuen, "Exposure to Information, Belief Integration, and Individual responsive-ness to Agenda Change", *American Political Science Review*, Vol.78, No.2, 1984, pp.372-391.

③ Shanto Iyengar, Donald R. Kinder, *News That Matters*, University of Chicago Press, 1987, p.62.

④ David D. Newsom, "Foreign Policy Follies and Their Influence", *Cosmos: A Journal of Emerging Times,* No. 5, 1995, pp.48-53.

照官方的意图报道。特别是在美国遭受袭击时,新闻媒体最大限度地激发了民众的爱国热情,将其团结在总统周围。在对愤怒和爱国主义激情的感召中,新闻媒体未给官方口径外的任何其他口径留下解释空间。即使是温和的不同意见也立即遭到谴责。①

7. 媒体是公众心目中世界地图的制造者。新闻媒体在政治环境的描述上,以及为驾驭政治环境提供最佳政策建议方面对现行外交政策起到重要作用。许多年前李普曼就曾谈到过"心中蓝图"重要性:"为了游历世界,人类须得掌握世界地图。不断的困难是确保自己的需求或他人的需求不得超越波希米亚人的海岸线"。②无论如何定义国际事务的领域,无人能直接参与所有国际事务。如果有人有幸参与或目睹了重大事件,可能会了解其少数内容。但对绝大多数人来说,一般情况下对外部世界特别是对外交政策涉及的国家或地区的了解主要是通过新闻媒体得知,或者是通过对该国际地区感兴趣和关注的人得知的。对于大多数外交政策受众而言,真正有效的世界政治地图,或者说是世界行政地图是由记者和编辑,而不是地图绘制人员勾画的(例如拉丁美洲在绘图人员的地图上占据大量的空间,而在美国大多数报纸勾画的政治地图中却很少出现)。对于普通公众来说,如果没有在报纸上读到,没在收音机上听到,没在电视、电脑上看到,那么对他们来说,那些真实发生过的事务实际上就等同于没有发生过。③而事件发生所在国家和地区在公众的心目中的世界行政地图中也就没有印记。

在国家国土安全、国防开支、海外驻军等日益为世人关注的情况下,外交方面的政策选择问题也显得越来越重要,而公众对政策选择范围究竟有多大的理解也显得愈为重要。但媒体的"地图制造"的功能很容易被忽略。一来因为报纸、广播、电视等媒体已成为人们日常生活不可分割部分,媒体的潜在功能容易被人们熟视无睹;二来因为普通公众普遍倾向于认为新闻是客观的,或是认为新闻就是事实,而人们一般认为媒体潜在的影响主要来自编者按对时事的解释,因此许多人会对媒体的新闻诠释保持警醒头脑。实际情况是,新闻媒体报道具有在公众不知不觉中影响其外交观念的功能。这是媒体在外交政策上真正的影响所在。

8. 此外,新闻媒体还经常具有将公众本不关心的外交事务转变为公众关注

---

① Robert M. Entman, *Projections of Power: Framing News, Public Opinion, and U.S. Foreign Policy*, University of Chicago Press, 2003, p.2.

② Walter Lippmann, *Public Opinion*, MacMillan Publishing, 1922, p.12.

③ Bernard C. Cohen, *The Press and Foreign Policy*, Princeton University Press, 1963, pp.12-13.

焦点的特殊作用。国际传播学界的研究显示,公众对于新闻报道的喜好问题有如下双重意蕴:一方面,展现了公众为何有时对某一外交政策问题极为关注,而新闻媒体又为什么会时不时地报道该问题;另一方面也表现出媒体的独特作用。哈林指出,媒体既不会报道没有任何争议的问题,也不会报道远远超出常规争议所允许的范畴的问题。①其他学者则指出,如果大多数公众察觉到某一问题对他们的影响,该问题就有可能在公众中引起共鸣。纽曼等研究发现,远在天边的国际事务与近在眼前的日常事务在感受上的明显差异是造成选民对外交事务相对缺乏兴趣的原因。②而媒体的影响恰恰在于能够将对于公众来说本来远在天边的国际事务巧妙地转变为近在身边的事情。例如,伤亡情况会引起公众对外交政策的关注,也会导致公众对该政策群起而攻之。这一现象的运行机制目前还不很清楚,但若将新闻媒体作为参与外交决策的一分子,有些问题就可以得到解答。比如,媒体常以各地伤亡统计、国旗掩盖尸棺、死难家属悲痛欲绝等角度报道伤亡情况。简言之,媒体笔下的伤亡报道将海外军事行动转变为国内问题,使他国危机显得与公众自己的家园和社区近在咫尺。③这些关注就成为新闻媒体进一步提供一般性报道的支点,以便为公众进一步提供信息,使其得以评价之前还显得远在天边的海外危机是否值得美国的涉入。

当然,舆论的公共领域属性决定了其特性,即"公众舆论可以操纵,但不可以公开收买,也不可以公开勒索"。公众在与媒体的关系中也绝对不是完全被动的。正如哈贝马斯所指出的,"前人研究在媒体机构框架和结构,以及工作、制作节目和被利用的方式上提供了相当可靠的信息。但是,即使经过保罗·拉扎斯菲尔德之后一代人的努力,关于媒体影响的种种命题仍然充满争议。对媒体影响及其受众的研究至少消除了新闻受众被动地被媒体控制的形象。这些研究使我们注意到彼此相互交流的观众所应用的解释策略,实际上,观众可以被激发去批评甚至是反对节目内容,或者与自己的判断价值相印证"。④

如上关于新闻媒体对公众及公众舆论影响的探讨仅仅是初步总结,更为深

---

① Daniel C. Hallin, *The "Uncensored War"*, University of California Press, 1986.

② W. Russell Neuman, Marlon R. Just, and Ann N. Cragler, *Common Knowledge: News and the Construction of Political Meaning*, University of Chicago Press, 1992.

③ John H. Aldrich et al., "Foreign Affairs and Issue Voting: Do Presidential Candidates Waltz Before a Blind Audience'?", *American Political Science Review*, Vol.83, No.1, 1989, pp.123-141.

④ 哈贝马斯:《在事实与规范之间:关于法律和民主法治国的商谈理论》,童世骏译,生活·读书·新知三联书店,2003年,第451页。

入的研究还有待进一步展开。媒体报道传播的对象,也就是新闻受众不仅向未接触报道的人群传播信息,而且对这些人还具有多重影响。例如,人们看到或读到关于某种食物不健康的报道,就会警告亲友不去购买此类产品。又如,政治决策中当政客得知多数媒体强烈反对某计划,原因是某些人群会因此受益或利益受损时,他们就可能选择修改或放弃该计划。显然,新闻媒体传播的复杂性以及其他间接影响还需要步步深入地进行研究。继续深入考察,首先需要更深入地研究媒体报道对受众的影响;其次,要研究受众在媒体影响下的行为可能对他人造成的影响,而这种影响也应该属于媒体报道影响的一种;再次,要研究他人的行为反过来对受众行为的影响(反馈)。这一系列研究的深化不仅会对深入了解媒体报道对受众的影响,而且会对媒体受众对国内外决策意见反馈的模式、新闻媒体事业的发展,乃至政策或机构制度的变化都造成影响深远的连锁反应。

本文刊载于罗宣著:《美国新闻媒体影响外交决策的机制研究》(第3章),南开大学出版社,2023年。

作者简介:

罗宣,1992年本科毕业于南开大学历史系,1993—1994年在约翰霍普金斯大学-南京大学中美文化研究中心进修。1995年在南开大学历史系获得历史学硕士学位并留校于国际问题研究中心工作。1998年在南开大学历史研究所获得历史学博士学位。同年底赴美国南佛罗里达大学攻读国际关系和图书信息科学专业,2001年获得硕士学位旋即回国,在南开大学美国历史与文化中心工作。目前主要研究领域为中美关系史、媒体与美国外交、网络史学。在《史学月刊》《史学集刊》《南开学报》等核心刊物发表论文数篇,2005年出版专著《梦想与现实之间:亨利鲁斯与中国》。

编 后 记

2022年9月,我接到编纂《南开史学百年文存·欧美卷》的工作安排。在一年的编校工作中,我负责收集整理曾在欧洲史和北美史方向任教学者的代表性论文。本卷共收录35篇文章,以发表时间先后排序,文章时间跨度从20世纪70年代至今。编纂过程犹如重温南开欧美史学发展历程。在文存即将付梓之际,特此对编纂过程中提供帮助的师友和同学致以深挚谢意。

本卷大多数论文由作者本人所选,各位老师在百忙中及时将论文电子版发给我,非常感谢各位老师的支持。卷中数篇论文在作者家人和高足的帮助下选取,感谢杨令侠、李剑鸣、肖玉秋、叶民、罗宣、辜林等师友的帮助。感谢所有承担本卷文字录入和校对等繁重工作的同学,他(她)们是:杨崧愉、廉海霞、连智康和张丰。

为坚持"原汁原味"的原则,除个别文字,均保留刊发时原貌。《文存》收录曾在和现在南开史学任职教师的作品,收录的合作文章所附作者简介也为南开任职教师的简介。若编者在收集论文和沟通信息方面有不到之处,或在文字录入时出现谬误,还请各位同人海涵。

本书得以付梓,有赖于天津古籍出版社、天津人民出版社的盛情合作,感谢特约编辑王向阳老师,在本卷校对过程中,王老师认真严谨,付出辛勤劳动,谨致谢忱。

董瑜

2023年9月8日